F. 44048

LA

TRIBUNE JUDICIAIRE.

Paris. — Imprimerie de L. MARTINET, rue Mignon, 2

LA
TRIBUNE JUDICIAIRE

RECUEIL

DES PLAIDOYERS ET DES RÉQUISITOIRES

LES PLUS REMARQUABLES

DES TRIBUNAUX FRANÇAIS ET ÉTRANGERS

PAR

J. SABBATIER,

Ancien sténographe des Chambres législatives pour le *Moniteur universel.*

TOME SEPTIÈME.

PARIS

C. BORRANI, LIBRAIRE-ÉDITEUR,

RUE DES SAINTS-PÈRES, 9.

1859

LA
TRIBUNE JUDICIAIRE.

COUR IMPÉRIALE DE PARIS.

(CHAMBRES RÉUNIES).

PRÉSIDENCE DE M. LE PREMIER PRÉSIDENT DEVIENNE.

Audience solennelle du 3 novembre 1858.

DISCOURS DE RENTRÉE

PRONONCÉ

Par M. le Procureur général CHAIX D'EST-ANGE.

Messieurs,

Un usage ancien et respectable veut que chaque année, à la rentrée de vos audiences, nous venions traiter devant vous quelqu'un de ces sujets dans lesquels se résument la vie et les travaux d'un grand jurisconsulte, ou qui rappellent à la magistrature, soit la grandeur de sa mission, soit aussi l'étendue de ses devoirs. Ces sujets ont été depuis longtemps épuisés ; depuis longtemps déjà, dans de fameuses harangues ou dans des discours maintenant oubliés, les orateurs du ministère public ont essayé de leur donner une face nouvelle, et de rajeunir, par le tour ingénieux de la pensée, par l'heureux artifice du langage, ces vérités éternelles, que sans doute le magistrat trouverait déjà écrites dans son cœur, sans qu'il fût nécessaire d'en réveiller annuellement le souvenir dans son esprit.

C'est surtout sa puissance qu'il semble inutile de rappeler au magistrat. Chaque jour, en effet, dans le monde comme dans l'exercice de ses fonctions, tout vient lui donner des marques éclatantes de son autorité : le respect dont il est partout entouré, la solennité de ses audiences, ce siége élevé du haut duquel il rend ses arrêts, l'obéissance absolue qui, au nom du chef même de l'État, suit chacun de ses actes, l'autorité souveraine de ses décisions, le droit qui lui appartient de juger également et de courber sous la même loi le puissant et le faible, le riche et le pauvre ; tout enfin imprime à ses actes un caractère religieux, fait de sa parole un oracle, et inspire autour de lui la soumission et presque la crainte.

VII.   1

Loin donc qu'il soit nécessaire de lui rappeler son pouvoir, il semble que s'il en croyait ces signes extérieurs et visibles, il serait tenté de les rapporter à lui seul, de croire que c'est lui qu'on adore, et de se mettre ainsi à la place du dieu dont il n'est cependant que le serviteur et le ministre. C'est pour cela que, chaque année, en un jour solennel, lorsque après avoir demandé à Celui qui seul est infaillible, le secours de sa force, le magistrat reprend le cours de ses travaux, il est peut-être plus utile de le mettre en garde contre de dangereuses illusions : il est bon de lui rappeler qu'il est homme, qu'il a les passions et les faiblesses, compagnes inséparables de l'humanité ; que si grande que soit la dignité de ses fonctions, plus grandes sont les obligations qu'elles lui imposent, et qu'il doit enfin être encore plus esclave de ses devoirs qu'enorgueilli de sa puissance : *Magna servitus, magna fortuna!*

Mais qui donc remplira cette mission ? qui osera se lever au milieu de vous, et parmi tant de magistrats vieillis dans la pratique de leurs devoirs, qui se croira autorisé à les leur rappeler ?

Ici, Messieurs, permettez-moi d'emprunter les paroles du plus illustre chef que ce parquet ait vu à sa tête. Les ménagements dont sa modestie s'entourait, lorsque depuis si longtemps déjà il occupait ce siége avec tant d'éclat et d'autorité, conviennent bien mieux aujourd'hui à ma situation, qu'ils ne convenaient alors à la sienne : « C'est à nous-mêmes, disait M. d'Aguesseau, que » nous devons appliquer tout ce que le devoir de notre ministère nous oblige » de remettre devant vos yeux ; nous avons bien moins cherché, dans toute » la suite de ce discours, à exciter l'ardeur des autres magistrats qu'à ranimer » la nôtre ; et, dans ce jour où nous exerçons l'office de censeur, c'est à » nous principalement que nous adressons notre censure. »

Nous n'avons ici ni le temps, ni la prétention de dire tous les devoirs qui sont imposés au magistrat, ceux qu'il contracte envers le souverain, au nom duquel il rend la justice ou la requiert, envers la société au milieu de laquelle il vit, envers les justiciables, dont il est à la fois le protecteur et le juge. Ces devoirs sont si nombreux et si variés, qu'ils ne sauraient être traités dans cette rapide allocution. Mais il en est quelques-uns sur lesquels je me sens entraîné à insister davantage ; je veux parler de la modération sans laquelle il n'y a pas de justice : je veux parler aussi de la bienveillance sans laquelle il n'y a pas de véritable dignité.

J'ai l'espoir, si je me rends de moi-même un exact témoignage, que j'ai le droit de parler en faveur de la modération, sans que personne puisse me soupçonner de vouloir excuser la faiblesse. De quelque nom qu'on la décore, j'ai fait toute ma vie profession de mépriser la faiblesse, et ce n'est à mes yeux qu'une défaillance qui compromet tout ce qu'elle veut couvrir. Je ne parle donc pas d'elle, mais de cette vertu qui, laissant à la conscience ses généreuses indignations, à la loi ses sévérités nécessaires, conserve toujours néanmoins le calme et la juste mesure qui conviennent à la force : *Severitatem probo, acerbitatem nullo modo* (Cic., *de Senect.*).

La modération est partout nécessaire au magistrat, mais dans le maniement des fonctions diverses qui sont confiées à sa religion, c'est surtout dans la répression des crimes et des délits que doit éclater cette vertu qui devient d'autant plus précieuse, qu'elle est mise à de plus rudes épreuves. Il accomplit alors, en effet, une des plus grandes œuvres qu'il ait été donné à l'homme d'accomplir. Il use du droit le plus sacré, mais en même temps le plus redoutable qui ait été confié à la société.

Plus le crime est atroce, plus le péril est grand pour le magistrat. Ce n'est plus alors seulement contre sa propre indignation qu'il doit être en garde, c'est encore contre le cri de la conscience publique, qui, tout émue, juge sans savoir, condamne sans entendre, s'irrite des sages lenteurs de la loi et voudrait renverser toutes les barrières que la prudence oppose à ses aveugles colères. Pour elle, si facilement entraînée par les simples apparences, bientôt un accusé devient un coupable, et, dans son besoin ardent de répression, elle applique sans le savoir cette détestable maxime qu'on prête à l'Inquisition : *In atrocissimis leviores conjecturæ sufficiunt.*

Que fera cependant le magistrat au milieu de ce tumulte de l'opinion ? Ce n'est pas sa faiblesse que je crains. Sans doute, il ne voudra jamais sacrifier l'innocent aux clameurs de la foule. Il ne dira jamais comme le mauvais juge dont parle l'Écriture, rejetant sur d'autres la responsabilité de ses actes : *Innocens ego sum a sanguine justi hujus : vos videritis.*

Ce que je crains, c'est précisément ce besoin de justice qui est aussi dans son cœur et qui le soutient même dans l'accomplissement de ses devoirs. C'est cette passion dont le principe est si élevé, mais qui est mauvaise cependant, parce qu'elle est une passion, parce qu'elle ne laisse plus à son âme le calme qui lui est nécessaire, à son jugement sa liberté, à sa parole enfin la modération sans laquelle la justice elle-même ressemble à la violence.

Dans cette lutte qui s'engage entre le juge et l'accusé, le magistrat n'a jamais trop de fermeté contre les artifices, les dénégations, les audaces du coupable ; sa vigilance doit être incessante, sa logique inexorable. Mais aussi sa patience doit être à toute épreuve, sa modération éclatante ; il ne faut pas qu'il abuse de sa parole trop facile, de sa position si pleine d'autorité, au risque d'augmenter le trouble et les embarras d'un malheureux qu'intimide déjà le seul aspect de l'audience.

Mais pourtant, s'il est vrai de dire, avec Cicéron, que le juge au milieu des débats criminels ne doit jamais se laisser entraîner à la colère : *Prohibenda maxime est ira in puniendo* (*De Off.*, 1, 25), n'est-il pas encore plus vrai d'ajouter que, pour le bien de la justice et la dignité du juge, l'abus de l'esprit serait encore d'un plus déplorable effet ?

Tout doit être grave dans ce grave ministère, et la raillerie ne doit jamais y trouver place. C'est toujours un triste spectacle que celui d'un malheureux qui se défend, d'un coupable qui se perd. La société a le droit de le condamner ; elle n'a pas le droit de l'insulter. Tout bon mot contre lui ne serait qu'une méchante action, et il me semble qu'ici j'ai bien le droit de rappeler aux magistrats cette parole que Bossuet ne craignait pas d'adresser aux rois et aux princes de la terre : « Ne vous fiez pas à votre puissance, et qu'elle ne » vous emporte jamais à des railleries insultantes, car il n'y a rien de plus » odieux. » (Politique tirée de l'Écriture Sainte.)

Non, ce n'est pas ainsi que veut être servie la justice ! non, ce ne sont pas là les chemins légitimes par lesquels, aux applaudissements de tous, son œuvre est accomplie. L'opinion publique elle-même serait bientôt aussi prompte dans ses retours qu'elle l'aurait été dans ses violences. Elle exige du magistrat autant de calme qu'elle-même a d'emportement, et si elle veut que la force soit la compagne de la justice, elle veut aussi que la justice soit soutenue par la modération.

Je vous disais, Messieurs, que le sentiment de la bienveillance doit toujours, chez le magistrat, tempérer le sentiment de sa dignité. Sans doute ses relations avec le monde sont pleines de difficultés dont on ne lui tient pas toujours assez de compte. Dépositaire d'une autorité égale pour tous et qu'aucune considération personnelle ne doit affaiblir, il ne peut apporter dans le monde cette familiarité facile qui multiplie les relations et les rend bientôt plus intimes. La réserve, au contraire, lui est commandée par sa situation, et, en face des sévérités dont il est souvent forcé d'être le ministre, cette réserve devient pour lui une nécessité et même un devoir.

Charron, qui n'avait jamais été magistrat, mais qui, en traversant la profession du barreau avait pu apprécier la position du magistrat, Charron s'était convaincu de cette vérité : « Le magistrat, dit-il dans son livre *De la Sagesse*, » doit ne se communiquer point à plusieurs et ne se familiariser, si ce n'est » avec fort peu et iceux bien sages et sensés, car cela avilit l'authorité, trouble » et relasche la fermeté et vigueur nécessaire. Cléon, appelé au gouvernement » du public, assembla tous ses amis et renonça à leur amitié comme incom- » patible avec sa charge ; car, dict Cicéron, celuy despouille le personnage » d'amy qui soustient celuy de juge. »

Si nos mœurs actuelles n'exigent pas de tels sacrifices, si l'antiquité se montrait sur ce point trop sévère, il est pourtant juste de reconnaître que la position du magistrat lui commande une grande retenue, et le monde qui s'en étonne quelquefois devrait le comprendre et l'honorer.

Mais il faut bien se garder d'exagérer ce sentiment. La réserve ne doit pas devenir de la hauteur, et le respect de sa propre dignité est parfaitement compatible chez le magistrat avec la bienveillance et la douceur.

Ce que j'appelle ici la bienveillance, c'est ce sentiment généreux, élevé, qui, suivant Massillon, prend sa source dans l'humanité même : sentiment d'égalité, de justice, de protection, qui porte l'homme public à traiter avec bonté et douceur sans acception de fortune ni de rang, tous ceux qui ont affaire à lui. C'est, de la part du magistrat, envers le justiciable, une dignité toujours égale, un accès toujours facile, une fermeté toujours exempte de hauteur et de rudesse.

Nous avons coutume de dire que nous vivons dans un pays qui aime avant tout l'égalité. Sans doute, nous l'aimons, mais nous l'aimons presque tous à notre profit. Vous connaissez ce mot de La Bruyère : « Les hommes veulent » être esclaves quelque part, et puiser là de quoi dominer ailleurs. » Cette pensée n'est qu'à moitié vraie, et en examinant de près nos habitudes et nos travers, on demeure bientôt convaincu qu'elle renferme plus de misanthropie que de justice. Non, personne ne veut être esclave, mais nous voulons tous être maîtres. Non, nous ne voulons pas être dominés, mais nous nous laissons tous trop souvent entraîner à faire sentir aux autres le poids de notre domination. Combien d'hommes, en effet, agents de l'autorité publique, oublient facilement qu'ils ne sont que les dépositaires de cette autorité, dans le seul intérêt du public : *Personam agunt reipublicæ*, et se croyant ainsi les maîtres d'en user à leur gré, écoutent avec impatience les réclamations les plus justes, et quelquefois repoussent avec dureté celles qui ne leur semblent pas assez promptement justifiées? Il semble qu'on leur dérobe le temps qu'ils daignent consacrer à la chose publique, et plus leurs fonctions sont subalternes, plus ils s'efforcent d'en rendre l'autorité insupportable.

Cependant, nous le savons tous, tous nous l'apprenons par notre propre expérience, ce qu'on pardonne le moins à l'homme public, c'est la hauteur de ses manières, l'importance exagérée qu'il se donne, l'impatience et le dédain qu'il affecte. Par ses mauvaises façons, il amasse plus de colères et de haines que par la fermeté de ses refus, et la dureté de son accueil fait plus d'ennemis au gouvernement que la sévérité même de ses résolutions. C'est là, pour l'autorité de l'administration, quel qu'en soit l'objet, c'est là, pour la chose publique elle-même, un danger véritable, sérieux, profond, et c'est parce que toujours j'en ai été douloureusement frappé, que j'insiste ici sur un sujet qui peut, au premier abord, ne pas sembler digne d'une si solennelle occasion.

Nous nous empressons cependant de le reconnaître, s'il est vrai de dire qu'un tel sujet est, en effet, digne d'examen et d'attention, on doit ajouter que ce n'est pas ici et devant vous qu'il était nécessaire de le traiter. Dépositaires d'un si grand pouvoir qui doit toujours demeurer en vos mains populaire et respecté, dispensateurs d'une justice exacte et d'une protection égale pour tous, vous avez toujours compris que vous n'avez pas besoin d'affecter la hauteur pour faire croire à votre dignité. Chacun de vous pratique la bienveillance, non pas par un effort de raison et un calcul de vertu, mais par sentiment et par instinct. Votre nature vous inspire heureusement ce que la réflexion vous aurait enseigné. Dans ce livre *de la Sagesse*, que nous citions tout à l'heure, vous n'avez pas besoin de lire ces conseils donnés par Charron aux magistrats de son temps :

« Le magistrat doibt estre de facile accès, prest à ouyr et entendre toutes
» plaintes et requestes, tenant sa porte ouverte à tous, et ne s'absenter point,
» se souvenant qu'il n'est à soy, mais à tous ; et serviteur du public... Il doibt
» aussi esgalement recevoir et escouter tous grands et petits, riches et pauvres,
» estre ouvert à tous, dont un sage le compare à l'autel, auquel on s'adresse,
» estant pressé et affligé, pour y recevoir du secours et de la consolation. »

Quel langage, Messieurs, quels nobles enseignements ! et que dire de mieux pour élever le cœur du magistrat, lui rappeler sa mission divine, lui donner à la fois la résolution et la force de l'accomplir !

Dans ce ministère qui lui est confié, qui lui interdit sans doute de faire acception des personnes, et d'établir aucune différence entre elles, il semble cependant qu'une bienveillance plus grande, un plus tendre intérêt lui soit commandé en faveur de celui qui, privé de tout appui et de toute ressource, ne peut qu'implorer la justice ; il a besoin, pour encourager la timidité naturelle à la faiblesse, de trouver un accès plus facile, un accueil plus doux, un visage moins sévère, et puisque la justice humaine veut, dans la mesure de ses forces, se rapprocher de la justice divine, il faut qu'elle aussi ne craigne pas de dire : *Exi cito : pauperes ac debiles, cæcos et claudos introduc.*

C'est aux ministres inférieurs de la justice, à ses auxiliaires, à ceux qui, dans nos villes et nos campagnes, sont en contact plus direct avec le peuple, qui se trouvent journellement en présence de ses besoins, de ses plaintes, de ses impatiences, quelquefois de ses colères, c'est à eux que nous voudrions nous adresser en ce jour ; le dédain irrite surtout les malheureux, que pourrait souvent calmer une parole d'intérêt ou de conseil, et la gloire obscure, sans doute, mais pourtant digne d'envie de celui qui vit ainsi près d'eux, c'est de les détourner du mal, de les soutenir dans le bien, de les amener doucement à lui, et d'en devenir ainsi le maître par la confiance et le respect qu'il leur inspire.

Combien nous voudrions, dans tous les actes de ce ministère qui nous est confié, pratiquer nous-même ces vertus si essentielles aux magistrats! Combien nous serions heureux de donner nous-même à tous les dépositaires du pouvoir public, à l'appui de ces préceptes, les exemples de modération et de bienveillance que nous devons rendre à ceux qui nous suivent, comme nous-même les recevons d'en haut ! c'est là que, pour pratiquer ces vertus, nous trouverons à la fois un encouragement et un modèle.

Au milieu des épreuves diverses, des difficultés incessantes qu'entraîne avec lui le pouvoir, quel souverain plus que le nôtre se montra jamais calme et modéré ? Quand sa bonté s'est-elle trouvée défaillante ? Et peut-on dire que jamais, dans une si haute fortune, il se soit laissé entraîner par l'emportement et la colère?

C'est lui aussi, ce sont encore ses exemples, qui nous enseigneront la bienveillance. Il nous a enlevé le droit, si jamais nous avions cru l'avoir, de parler des préoccupations qui nous assiégent, pour excuser notre abord plus hautain ou notre attention plus impatiente. Partout sa modération est égale à sa fermeté; partout sa bienveillance est égale à sa grandeur. Tandis que, jusqu'aux confins du monde, il soutient par nos armes et l'éclat de son nom et l'honneur de la France, ici il va au-devant de tous nos besoins, et lui-même il veut, de ses propres yeux, les interroger et les connaître. Quel enseignement pour nous, et quel exemple ! Infatigable dans son amour du bien, accessible à tous, d'un accueil toujours bienveillant, il écoute les plaintes ou les prières ; et ceux qu'il ne peut pas satisfaire, il les encourage du moins et les console.

Aussi, devant cette sollicitude si active, devant cette bonté si affable et si simple, les populations se sentent profondément émues, les partis eux-mêmes hésitent et se rendent ; et, dans ces voyages qui sont pour lui des triomphes, d'unanimes acclamations, comme un nouveau suffrage universel, le suivent et le consacrent.

Efforçons-nous donc, Messieurs, d'entrer dans les sentiments du prince qui nous gouverne. N'oublions jamais que nous rendons la justice en son nom, et que nous devons être les représentants, non-seulement de son autorité publique, mais encore de ses sentiments intimes et personnels. Comprenons la dignité du magistrat comme elle doit être comprise ; servons le prince comme il veut être servi, et, dans l'exercice des fonctions qu'il nous a confiées, soyons, comme lui, envers tous, patients et modérés, affables et bienveillants.

Et vous, avocats, si longtemps mes confrères et toujours mes amis, c'est vous qui facilitez l'œuvre du magistrat, qui éclairez sa religion, qui préparez ses arrêts. Associés ainsi à ses travaux, vous êtes également associés à ses devoirs. Vous savez que vous êtes les premiers consolateurs de l'affligé, les premiers conseillers du pauvre, les premiers appuis de celui qu'on opprime. Vous savez que toujours votre porte et votre cœur doivent s'ouvrir pour eux, et que, sans jamais humilier leur malheur par vos dédains, vous devez avec patience chercher la vérité au travers de leurs récits, démêler le bon droit au milieu du désordre de leurs réclamations, et le faire apparaître clairement devant la justice.

Vous aussi, avoués, nous savons que vous êtes toujours prêts à nous aider dans l'accomplissement de cette tâche, et que la Cour a toujours eu raison de compter sur votre coopération et vos efforts.

Avant de terminer, Messieurs, il me reste un pieux devoir à remplir; c'est de dire quelques mots de regret et d'adieu à celui de nos collègues que la mort a frappé pendant le cours de l'année judiciaire : je veux parler de M. le conseiller Perrot dont la Cour a senti vivement la perte.

M. Perrot avait appartenu pendant seize ans au tribunal de la Seine; il en avait été longtemps un des vice-présidents les plus zélés et les plus laborieux. Depuis dix ans, il siégeait au milieu de vous, et, dès le premier jour, son mérite solide, son esprit éclairé, la bienveillance de son caractère, la simplicité de ses manières, lui avaient assuré votre estime et votre affection. Sa modestie constante aurait pu nous fournir un nouvel exemple de ces vertus dont nous vous entretenions tout à l'heure.

Un usage que je comprends et que je respecte ne me permet pas de parler ici de ceux de nos collègues qui, après avoir longtemps participé à vos travaux, s'en trouvent maintenant éloignés. J'aurais été heureux de rappeler leur vie judiciaire et leurs services; mais ils sont encore au milieu de nous. Ils nous restent toujours attachés, et leur présence, en nous consolant, m'ôte le droit de mêler leur éloge au témoignage de nos regrets.

AFFAIRE DE LA FAMILLE DE PELLEPORT

CONTRE

LE MONITEUR UNIVERSEL.

M. Rapetti, l'un des rédacteurs du *Moniteur universel*, a publié dans ce journal une série d'articles sur les Mémoires du maréchal Marmont, duc de Raguse. Dans un de ces articles, à la date du 27 juillet 1857, M. Rapetti a mêlé à ses appréciations sur le maréchal et sur sa conduite en 1814, le nom du général vicomte de Pelleport, décédé à Bordeaux en décembre 1855. La veuve du général de Pelleport et son fils ont cru voir dans cet article, relatif aux faits qui se sont passés sur l'Essonne, le 5 avril 1814, une atteinte grave à l'honneur du général, représenté comme ayant participé à une défection. Le vicomte de Pelleport a échangé quelques lettres avec M. Rapetti qui, le 3 août, insérait un nouvel article sur le même sujet. Cet article donna lieu à de nouvelles lettres qui restèrent sans réponse. Une instance fut alors introduite au nom de madame la vicomtesse veuve de Pelleport et de M. le vicomte de Pelleport, contre le gérant du *Moniteur universel* et contre M. Rapetti, pour les contraindre à rectifier dans le *Moniteur* les faits erronés et calomniateurs, suivant les demandeurs.

Me Aurélien DE SEZE, avocat, assisté de M^e Ch. DELAVILLE, avocat, et de Me CASTAIGNET, avoué, se présente pour la famille du général de Pelleport;

Me CHAIX D'EST-ANGE, avocat, assisté de Me MOULIN, avoué, est chargé de la défense du *Moniteur universel* et de M. Rapetti.

Messieurs,

Nous venons demander à la justice du tribunal une réparation qui nous est due ; que nous aurions été heureux d'obtenir de l'impartialité du *Moniteur ;* qui nous avait été promise par son gérant, et que par je ne sais quelles considérations, il nous a plus tard refusée.

Déjà, Messieurs, vous avez jugé une question identique dans une occasion rendue plus solennelle sans doute, et par l'éclat des noms qui en appelaient à votre justice, et par le talent des orateurs qui discutaient devant vous cette grave question des droits de l'histoire et de la limite de ses priviléges.

Mais les principes posés pour l'un sont posés pour tous, dans votre impartiale justice. Les reines et l'humble veuve du soldat ont des droits égaux devant vous ; et s'il pouvait y avoir une sorte de préférence, elle serait due peut-être à la famille dont tout le patrimoine est l'intacte et pure renommée du chef qu'elle pleure, et qui ne lui a laissé qu'un nom glorieux et honoré. Au surplus, laissez-moi le dire : Le nom et l'honneur d'un général français appartiennent non-seulement à sa famille, mais à l'armée, ou plutôt à la France elle-même, et sous ce rapport, j'ai presque le droit de dire ce que Me Dufaure vous disait lui-même en plaidant pour les filles du prince Eugène : « Il me » semble que je ne défends pas seulement l'intérêt particulier des enfants » d'un homme illustre, mais un intérêt supérieur, national, tout français. » La grandeur d'une nation, ajoutait-il avec beaucoup de sens, « n'est pas toute » dans ses monuments, dans ses grandes industries, dans sa prospérité maté- » rielle ; elle est bien plutôt dans le goût de l'honneur et de la fidélité, et dans » ces nobles caractères qui servent d'exemple aux uns et de leçons aux autres. »

J'ose abriter ma cause sous ces nobles paroles, et j'espère vous montrer, dans le cours de ces débats, qu'elles s'appliquent justement à celui dont je viens défendre devant vous la glorieuse mémoire entachée aujourd'hui par la calomnie.

J'expose l'objet du procès en deux mots :

On a imprimé, après la mort du maréchal duc de Raguse, les mémoires qu'il avait rédigés dans son exil. Je n'ai pas à les juger ici. Ces mémoires ont donné lieu à des appréciations très diverses, très contradictoires ; peut-être ont-ils mérité à la fois et les éloges et le blâme dont ils ont été l'objet ; peut-être aussi et l'éloge et le blâme n'ont-ils pas été exempts de passion !

Un écrivain s'est distingué entre tous par la violence de ses attaques. Dans six articles successifs publiés au *Moniteur universel,* en 1857, sous ce double titre : *Variétés, Bibliographie,* M. Rapetti, l'auteur de ces articles, prit le maréchal corps à corps, pour ainsi dire, et le fit passer sous la verge de sa colère. Je n'ai point à me poser, le tribunal le comprend bien, en défenseur officieux du duc de Raguse ; ce n'est ni de lui, ni de sa mémoire, ni de ses *Mémoires* qu'il s'agit dans ce débat, et je suis loin d'en vouloir sortir. L'événement d'*Essonne,* où le duc de Raguse a été accusé d'avoir joué le principal rôle, quoiqu'il s'en défende, ne pouvait pas échapper au critique ; il le juge avec une violence d'expression que je ne critique point maintenant, mais que je relèverai plus tard dans l'intérêt du procès actuel ; et dans le cours de ses attaques, il accuse formellement le général *Pelleport* « *d'avoir été* LUI-MÊME *de cette défection ! ! !* » Cette accusation d'autant plus grave, sous la plume de M. Rapetti, qu'elle était lancée par un homme qui écrit, quelques lignes plus haut, en parlant de ce fait d'Essonne : « La *trahison en présence de l'en-* » *nemi* est un de ces FORFAITS auxquels il importe de n'épargner *aucune* » *espèce* D'IGNOMINIE... » Cette accusation, d'autant plus grave encore qu'elle s'affichait dans les colonnes d'un journal officiel et immensément répandu, cette accusation, vous le verrez tout à l'heure, était injuste jusqu'à l'absurde. Madame veuve Pelleport, et M. le vicomte Pelleport, son fils, qui vivaient à Bordeaux où le général a laissé les plus honorables et les plus glorieux souvenirs, furent frappés, à cette lecture, comme de la foudre ! M. Pelleport demanda immédiatement une rétractation franche et complète : vous verrez plus tard si elle était due. — Loin de l'accorder, le *Moniteur* suivant ne renfermait autre chose qu'une *argumentation*, dont nous aurons à apprécier la portée et la bonne foi, où M. Rapetti cherchait à justifier la calomnie qu'il avait avancée. — De là le procès, Messieurs ; procès où nul intérêt matériel ne s'agite, mais où l'honneur d'une famille est en jeu ; procès où elle ne demande autre chose qu'une *réparation morale*, mais où elle s'appuie, pour l'obtenir, sur les lois les plus sacrées de la justice et sur les plus purs sentiments du cœur. — Est-elle fondée dans sa demande ?

Pour la justifier, permettez-moi d'abord quelques détails sur la vie du général Pelleport ; ils ne sont pas inutiles au procès. Qu'est-ce que c'était que le général Pelleport ? Comment le classer parmi ces figures guerrières si nombreuses dans notre France, et offrant des types si différents ? M. Sainte-Beuve, dans un article consacré aux « *souvenirs militaires et intimes* » du général Pelleport, souvenirs qu'il avait écrits pour sa famille, mais que son fils a fait imprimer et publier après sa mort, cherche lui-même, avec la finesse d'observation qu'on lui connaît, à diviser en catégories, ou plutôt en *familles* groupées par des ressemblances de traits, tous ces hommes auxquels la France doit sa vieille renommée militaire. Permettez-moi de vous lire quelques lignes de cet écrivain qui vous diront mieux que je ne le pourrais faire, ce qu'était le général Pelleport :

« Je n'ai certes pas la prétention d'embrasser et de dénombrer les différentes formes sous lesquelles peut se présenter le génie guerrier, la vertu guerrière. Il en est deux pourtant dont les types nous sont connus et familiers et se personnifient dans des noms qui s'expliquent d'eux-mêmes. Je parlais, il y a quelque temps, de Villars. Qui n'a salué en lui toute une race de vaillants et la plus aisée à reconnaître, brave, glorieuse, évidemment née pour la guerre, avide des occasions, impatiente de la faire naître, toujours en avant, en dehors, confiante, brillante, la plus prompte au danger, mais ardente aussi à l'honneur et à la récompense ? Une autre race de guerriers, que personnifie le nom de Catinat ou si l'on veut de Vauban, est celle des militaires qui joignent aux qualités de leur profession des mérites presque contradictoires de penseurs, de philosophes, de *raisonneurs ;* ils jugent, ils ont des idées politiques, des vertus civiles : une capacité de plus les complète, mais parfois aussi les complique ; ils y perdent un peu en relief s'ils y gagnent en profondeur. La réflexion les marque au front et leur ôte de ce qui caractérise avant tout les premiers, je veux dire l'éclair de l'entraînement. A côté de ces deux familles de guerriers, dont je n'indique que la physionomie la plus générale, il en est une autre bien essentielle, et qui, dans cette grande communauté de l'armée, constitue peut-être la plus solide, et, si l'on osait dire, la plus consistante : ce sont ces hommes, non pas glorieux, mais modestes, sensés, mais sans être ni philosophes, ni raisonneurs, s'abstenant de toute politique, qui ont le culte de l'honneur, du devoir, de la règle, toujours prêts à servir, à combattre, ne demandant rien, contents et presque étonnés lorsque leur vient la récompense, inviolablement fidèles au drapeau et au serment. Quel nom de chef pour personnifier ces races pures dont le propre est précisément de se sacrifier, de s'effacer, de se tenir au second rang partout hormis lorsqu'on est au feu et de n'avoir rien d'éclatant ? Le nom de Drouot, par exemple, peut en donner la meilleure idée. C'est à cette race avant tout honnête, intègre, scrupuleuse autant qu'intrépide, qu'appartient le général Pelleport. »

Voilà, en effet, ce qu'était le général Pelleport ; esclave de l'honneur et du devoir, intègre, honnête, intrépide, modeste et pur, pur de toute ambition comme pur de toute cupidité. Et ceux qui l'ont connu, comme moi, dans sa noble et sereine vieillesse, comme ceux qui l'avaient connu pendant plus de quarante ans de combats, l'ont tous reconnu avec bonheur dans ce portrait si bien tracé et si fidèle.

Sa vie quelque agitée qu'elle ait été par les événements, a été si simple et si unie pour ainsi dire, que le récit n'en est pas très long.

A dix-huit ans, il est appelé aux frontières par le décret du 23 août 1793, avec trois de ses frères. Un cinquième était déjà engagé volontaire ; le sixième entra plus tard dans la marine de l'État... Le septième seul, sur sept fils ! ne quitta pas la maison paternelle.

« Tel fut, dit le général dans ses *Mémoires*, le contingent imposé par la guerre à ma famille. Elle l'accepta avec une résignation patriotique, et tous, à l'exception de l'aîné, nous avons porté le mousquet ou la hache d'abordage, deux sont même morts à l'armée. »

Il entra comme soldat dans la compagnie de son canton, et c'est ainsi qu'il fit sa première campagne. Nommé successivement caporal, sergent et sous-lieutenant, il assista à tous les combats qu'eut à soutenir l'armée des Pyrénées-Orientales sous les ordres de Dugommier.

A peine le traité de Bâle, qui rétablissait la paix entre la République et l'Espagne, fut-il signé, que Pelleport et son bataillon se mirent en marche pour joindre l'armée d'Italie. Il n'est pas un combat de ces immortelles campagnes d'Italie auquel M. Pelleport n'ait pris part : Montenotte, Lodi, Castiglione, Arcole, Rivoli et tant d'autres ; sa brigade et lui-même furent partout. A Rivoli, sa brigade s'étant avancée pour prendre son poste de bataille, le général Bonaparte, qui l'avait souvent vue agir, se porta à sa rencontre et la harangua par ces simples mots :

« Brave 18°, je vous connais ; l'ennemi ne tiendra pas devant vous ! »

L'ennemi ne tint pas devant elle, et, quand les drapeaux des brigades *réduits en loques*, comme le dit le général dans ses souvenirs, furent remplacés par des drapeaux neufs donnés par le général en chef lui-même, on en remit un à la 18e, portant en lettres d'or la harangue même du général qu'il avait ordonné qu'on y brodât, avec ces mots de plus : « *bataille de Rivoli.* »

La paix de Campo-Formio fut signée après dix-huit batailles et soixante-sept combats soutenus par l'armée française. La 18e brigade passa en *Suisse* où elle fit la campagne de 98. A peine rentrée en France, elle fut passée en revue à Toulon par le général en chef, et fut embarquée pour l'expédition d'Égypte.

Pelleport prit part à cette guerre nouvelle qui grava si profondément le nom de la France sur l'éternel granit des Pyramides ; il a pu raconter toutes les péripéties de cette campagne d'Égypte, non pas seulement en témoin oculaire, mais en acteur. Il se battait à la prise d'Alexandrie et aux Pyramides ; il entrait au Caire avec Bonaparte ; il partageait les périls de l'armée pendant la révolte ; il fut de la campagne de Syrie.... La prise de Jaffa, la peste, dont un capitaine de ses parents fut victime et mourut dans ses bras ; le long et terrible siége de Saint-Jean-d'Acre ; la bataille de Montthabor, épisode brillant mais inutile de cette épopée ; la levée de ce siége, après des prodiges de courage et des assauts meurtriers qui coûtèrent la vie à vingt-trois officiers de sa brigade ; la bataille d'Aboukir, celle de Damiette, il a eu sa part de tous ces périls, de toutes ces souffrances, de toutes ces gloires, et il finit par être fait prisonnier par les Anglais au moment où notre armée elle-même était obligée d'abandonner l'Égypte.

L'ordre de la Légion d'honneur est créé ; il reçoit immédiatement cette distinction, si rare alors, et qu'il avait si bien gagnée !

L'Empire est établi ; la guerre recommence ; Pelleport quitte de nouveau la France, qu'il avait à peine entrevue depuis douze ans, et rentre en campagne. Le 18e régiment, c'est ainsi que s'appellera désormais la brigade dans laquelle il était entré en 1793 comme soldat, dont il est maintenant adjudant-major, et dont il sera bientôt colonel, prend son rang de bataille dans le corps d'armée du maréchal Soult et passe le Rhin...

Que le tribunal ne s'effraie point ; je ne veux pas l'entraîner à sa suite et à la suite de nos armées à travers l'Europe ; il me suffira peut-être de dire qu'on ne peut prononcer un de ces noms si pleins de souvenirs terribles et glorieux : Austerlitz, Iéna, Eylau, Friedland, Essling, Wagram, sans que Pelleport ait le droit d'en revendiquer sa part de travaux et de gloire. A Eylau, il reçoit trente coups de sabre et cinq coups de baïonnette, et on le *déterre* par hasard, comme il le dit, sous un monceau de cadavres. Laissez-moi vous lire quelques lignes de ses Mémoires sur cet événement. Elles sont curieuses, si l'on songe qu'elles sont écrites par l'homme le plus positif, le moins enthousiaste et le plus véridique qui se puisse jamais rencontrer, comme tous ceux qui l'ont connu peuvent attester qu'il l'était.

« Chaque bataillon du 18e se forma en colonne d'attaque et s'avança au pas de charge en suivant la direction donnée. Le premier bataillon, arrivé à une cinquantaine de toises d'une batterie ennemie, fut arrêté par un feu terrible de mousqueterie. Il essaya de se déployer ; mais cette manœuvre, inexécutable en pareille circonstance, mit la plus grande confusion dans les rangs. La cavalerie ennemie survint et culbuta le bataillon.

» Le deuxième bataillon, que je commandais, avait gagné du terrain à gauche

de la direction suivie par le premier, conformément aux ordres donnés ; je lui
avais fait prendre une allure moins vive que celle du premier, afin d'arriver en
bon ordre sur l'ennemi ; j'avais le pressentiment de ce qui me menaçait, et je voulais être en mesure de me défendre. Des fuyards du premier bataillon se jetèrent
sur ma troupe et arrêtèrent sa marche, et bientôt je fus entouré par la cavalerie
russe. Les efforts que je fis pour encourager et maintenir mes hommes me valurent
trente coups de sabre et cinq coups de baïonnette. L'on va rire de moi, n'importe..... La veille de la bataille d'Eylau, je dormais profondément, lorsque je fus
réveillé par un bruit léger : une femme belle et richement habillée était devant
moi..... « Tu seras blessé, me dit-elle, et grièvement. Ne crains rien ; tu t'en sortiras
» encore ! » Vivement impressionné par cette étrange apparition, j'allais répondre,
lorsque je m'aperçus que ma fée avait disparu..... Le lendemain je recevais trente
coups de sabre, et j'étais sauvé par un miracle. Cette histoire est étrange, mais
elle est vraie. »

Ce fut peu de temps après que Pelleport fut nommé colonel du régiment dans
lequel il était entré soldat, baron de l'empire et officier de la Légion d'honneur. Deux traits seulement pour vous faire connaître l'homme et sa loyale
nature, puisque vous avez à juger une accusation de trahison. Je les puise
dans ses Mémoires. Dans les premiers jours de 1810, son régiment reçut
l'ordre de se rendre en Hollande et d'occuper militairement Leyde et Rotterdam. Voici comment Pelleport raconte une tentative de corruption assez
séduisante dont il fut l'objet :

« Après deux mois de séjour à Nimègue, le 18e reçut l'ordre, dans les premiers
jours de 1810, de se rendre en Hollande et d'occuper militairement Leyde et
Rotterdam.

» A peine arrivé dans cette dernière ville, je fus nommé commandant supérieur
de cette partie de la Hollande. Je conservai cette position jusqu'à la réunion de la
Hollande à la France ; la croix de chevalier de l'ordre de la Réunion fut la récompense des services que je pus rendre en cette qualité.

» Plusieurs incidents, qui doivent trouver place dans des *Souvenirs intimes*
destinés à ma famille, m'arrivèrent pendant que j'occupais ces hautes fonctions, me
donnant un véritable pouvoir dictatorial. Je vais les relater tels qu'ils me sur-
prirent.

» Les ports de la Hollande étaient bloqués ; nul, sous peine d'encourir les terribles peines portées par les décrets impériaux, ne pouvait importer les produits
étrangers dans ce pays. Par suite de cet état de choses, le commerce de la Hollande
était presque ruiné, et les négociants avaient recours à toutes sortes de moyens
pour arriver à éluder les ordres de l'Empereur.

» Depuis longtemps l'une des plus riches maisons de commerce du pays (je tairai
le nom) avait eu recours à toutes sortes d'expédients pour faire entrer des marchandises anglaises en Hollande ; elle avait échoué. Un employé de cette maison,
très habile du reste, ne trouva alors rien de plus ingénieux que de proposer à ses
patrons d'acheter le colonel commandant supérieur. L'autorisation demandée lui fut
facilement accordée, et notre homme, enchanté, commença à me poursuivre de
ses prévenances et de ses obsessions. Au restaurant comme à la promenade, au
théâtre, partout enfin, je trouvais mon Allemand (il était de Hambourg), me faisant
force politesses ; il était même parvenu à lier conversation, en me parlant de l'un
de mes frères établi à Bordeaux. Jusque-là il n'y avait pas de mal, et nos relations se passaient sur le pied de la plus grande politesse, lorsqu'un jour il aborda

carrément l'affaire en question et m'offrit une somme énorme pour laisser pénétrer *quelques petits ballots* de marchandises en Hollande.

» Je le repoussai énergiquement ; il revint le jour suivant à la charge. Lui montrant alors mes épaulettes de colonel, un peu détériorées par la dernière campagne : « Vous voyez ces épaulettes, monsieur, lui dis-je, voilà toute ma fortune ; eh bien ! » si vous me répétez encore la proposition que vous me faisiez il n'y a qu'un instant, » je vous fais arrêter, et vous savez quel est le sort réservé aux personnes qui se » laissent traduire pour ce fait devant le conseil de guerre. » Je n'avais pas terminé, que mon homme était déjà loin !

» J'ai appris plus tard par sa famille, que j'ai eu occasion de voir, qu'il avait continué ses tentatives, et que, sur la plainte d'un officier de l'armée, il avait été arrêté et retenu, jusqu'en 1814, dans une prison d'État.

» Comme on peut le voir par la fin de cette petite histoire, un officier de l'armée, agissant comme moi, avait repoussé les offres de cet homme : il ne faut pas s'en étonner ; l'armée était pure, et les sentiments de l'honneur nous régissaient tous. Certes, l'armée française de nos jours pourra, si la guerre s'allumait, se montrer aussi brave que son aînée, elle ne se montrera pas plus honorable en pays étranger. Je sais que de graves accusations ont été portées, vers la fin de l'Empire, contre certains hommes. Je ne puis formuler d'opinion à ce sujet n'ayant rien constaté par moi-même ; ce que je sais, c'est qu'en 1810, toute l'armée, et par armée j'entends la réunion de ceux qui combattent, et non des fournisseurs et de tant d'autres, était restée pure et honnête. Nous ne songions pas au lendemain, nous ne pouvions y croire ; depuis 1793 nous progressions toujours ; nous n'avions donc pas d'arrière pensée. Un mot flatteur de l'Empereur, un titre de baron et quelques milliers de francs pour vivre plus tard dans une modeste aisance, telles étaient les limites extrêmes de notre ambition personnelle. En résumé, si nous étions honnêtes individuellement, il ne faut pas nous en savoir gré : *c'était l'ordre du jour !* »

Voyez-vous l'esclave de l'honneur, du devoir et *de la règle*, comme dit Sainte-Beuve ? C'était l'ordre dn jour...

Voilà pour la cupidité ! Voyons pour l'ambition :

« Vers le milieu de l'année 1811, le 18ᵉ fit partie du camp de Luetz, commandé par le maréchal duc de Reggio. Les troupes furent inspectées par l'Empereur, qui nomma à tous les emplois vacants et donna à chaque régiment deux décorations par bataillon.

» Arrivé devant le front de bataille de mon régiment, qui présentait 4000 hommes en ligne parfaitement équipés à neuf, grâce à des économies que j'avais réalisées sur la masse, et après avoir accordé quelques faveurs à mes officiers, l'Empereur parut surpris de ce que je n'avais rien demandé pour moi. Se retournant de mon côté, il me dit : « *Et vous, colonel, que demandez-vous ?* » Un peu troublé par cette question, je perdis toute contenance, et répondis naïvement : « *Mais rien,* » *sire. — Vous avez cependant une famille,* reprit l'Empereur, *que voulez-vous* » *pour elle ?* — J'ai deux frères servant Votre Majesté dans la marine ; ils font » leur chemin, m'empressai-je d'ajouter (car le maréchal Oudinot, placé derrière » l'Empereur, me faisait signe d'accepter), et je ne puis que les recommander aux » bontés de l'Empereur. — *Mais enfin, colonel,* reprit vivement l'Empereur, *je* » *veux vous accorder une faveur quelconque, que voulez-vous ?* » — Il fallait cette fois s'expliquer. Je demandai alors, je ne sais trop pourquoi, une régie de tabac pour l'un de mes frères ; l'Empereur me l'accorda et disparut.

» Je ne crois pas devoir conseiller à l'héritier de l'Empereur de suivre en cela les traditions impériales. Je suis convaincu que l'éducation de solliciteur est plus avancée de nos jours qu'en 1810. »

Voilà, Messieurs, quel était Pelleport ! Ces anecdotes le peignent tout entier. C'est à la tête de son beau régiment, fort de 4000 baïonnettes, qu'en 1812, il prend part à la guerre de Russie dans le corps d'armée du maréchal Ney. Il fut, par sa bravoure, digne d'un tel chef, et c'est tout dire ! Après la bataille de Valentina, que Napoléon appela plus tard un *combat de géants*, il reçut, des mains de l'empereur lui-même, la croix de *commandeur* ; mais sa modestie naturelle ne l'abandonne point.

« La croix de commandeur de la Légion d'honneur me fut donnée, dit-il, sur la demande du maréchal Ney, en récompense de la brillante conduite du 18ᵉ dans cette affaire. »

A ses yeux, ce n'était pas *lui*, c'étaient ses soldats qui avaient mérité cet honneur.

Au moment où la retraite allait commencer, au Kremlin même, le maréchal Ney, qui l'avait vu à l'œuvre, le propose à l'empereur comme général de brigade : « Après la campagne, répond l'empereur ; *j'ai trop besoin de mes bons colonels pour sortir d'ici !* » Et cette réponse, aux yeux de Pelleport, vaut mieux que le grade mérité.

Encore un fait, Messieurs, qui va bien au caractère honnête du colonel Pelleport. La douloureuse et funeste retraite a commencé. A Smolensk, il faut abandonner les fourgons dont les attelages, épuisés par la faim, ne pouvaient plus avancer sur cette route que le verglas rendait plus pénible. Le 18ᵉ avait une caisse renfermant 120,000 francs en or ; comment la transporter ? Le colonel divise cet or, en remet une part à chaque soldat de son régiment, en lui faisant jurer de la remettre à un camarade s'il vient à succomber. A la fin de la campagne, bien des soldats manquèrent à l'appel, *pas* UNE *pièce d'or n'y manqua* ; les 120,000 francs étaient intacts !

« Je ne sais, dit Pelleport dans ses Mémoires, si beaucoup de régiments » furent aussi heureux que le 18ᵉ ; *mais je m'honorerai toujours* d'avoir » commandé à des hommes capables d'accomplir de tels actes d'héroïsme ! »

Il a raison ; mais quel degré d'honnête influence, de confiance absolue et de dévouement le chef a-t-il dû inspirer à ses soldats pour en obtenir de tels actes !

Son régiment était alors réduit à six cents hommes. Le maréchal Ney le nomma général de brigade, ou du moins lui en conféra l'emploi en attendant sa promotion, et le chargea de commander son arrière-garde. Il faut voir avec quelle simplicité fière et modeste à la fois, le général parle de cette marque de confiance qui dit plus que tous les éloges !

« Il voulut ainsi me témoigner sa satisfaction pour le soin et le zèle que j'avais apportés à réunir, à pelotonner et même à faire combattre les hommes isolés appartenant à tous les corps de l'armée, et même aux administrations, dont je renforçais chaque jour l'arrière-garde.

» Je rappelle cette circonstance comme l'une des plus honorables de ma carrière militaire. Je suis fier de pouvoir dire aujourd'hui : *Je commandais en Russie l'arrière-garde de l'arrière-garde de la grande armée.* »

Vous connaissez maintenant, Messieurs, le général Pelleport, et je n'ai plus qu'un mot à ajouter. Rentré en France avec les débris de notre armée, de cette armée qu'il avait protégée et défendue à son poste plein de périls incessants jusqu'à la dernière heure, il fut mis à la tête d'une des brigades du 6ᵉ corps, commandé par le maréchal Marmont, et se battit sous ses ordres pendant toute la campagne de France.

Le 30 mars 1814 (il y avait alors vingt et un ans que son épée était hors du fourreau), il était sous les murs de Paris, combattant dans cette dernière lutte, lutte inégale et héroïque entre quelques hommes commandés par deux maréchaux de France et trois puissantes armées. Vers la fin de la bataille, il tomba frappé d'une balle qui le prit en pleine poitrine et qui lui traversa le corps de part en part. Laissons-le raconter lui-même, avec la simplicité et la modeste réserve de son langage, cet événement qui va vous montrer tout à l'heure, prise sur le fait, la calomnie du *Moniteur :*

«Le 30, à la pointe du jour, la division Ricard se porta au Ménilmontant. La division Lagrange était, ce jour-là, sous mon commandement; elle fut dirigée sur Belleville. Elle avait l'ordre de ne pas s'y arrêter, de pousser plus loin, et d'aller jusqu'à Romainville, s'il était possible. On soupçonnait déjà que ce village était occupé par les alliés. Les troupes sous mes ordres, après avoir débouché de Belleville, s'avancèrent avec précaution en longeant le parc de Bruyères; elles rencontrèrent bientôt l'ennemi qui s'avançait sur Belleville. Le feu s'engagea de suite ; on se battit avec acharnement. Vers dix heures, la droite et la gauche du 6ᵉ corps avaient perdu du terrain ; il fut repris quelque temps après. A midi, une colonne de quatre bataillons, conduite par le maréchal, ayant échoué dans une attaque sur le centre de l'ennemi, le 6ᵉ corps se retira et prit une position plus rapprochée de Belleville, dans la direction de Ménilmontant, au pré Saint-Gervais. L'ennemi, encouragé par ce mouvement rétrograde, mit plus de vivacité dans ses attaques, et chaque fois il présentait de nouvelles troupes. Le maréchal n'avait à lui opposer que des pelotons épars, qu'il réunissait en toute hâte pour soutenir les parties de la ligne qui venaient à fléchir.

» Le duc de Trévise, de son côté, défendait son terrain avec autant d'habileté que de courage ; mais l'ennemi, trop supérieur, le poussait jusque sous les murs de Paris. Le général Compans se retirait sur la butte de Chaumont, après avoir vaillamment défendu le pré Saint-Gervais, et la cavalerie et l'artillerie des deux corps d'armée se surpassaient par la vivacité de leurs charges et de leur feu. Les choses étaient dans cet état, lorsque deux colonnes ennemies marchèrent sur Belleville ; et déjà elles atteignaient la grande rue, lorsque le duc de Raguse nous fit dire, à Meynadier et à moi, de rassembler ce qui nous restait de combattants pour essayer de repousser l'ennemi.

» Nous réunîmes à la hâte trois cents jeunes gens armés et habillés de la veille. On battit la charge, *l'ennemi fut repoussé*, et les communications rétablies avec la barrière.

» Quel spectacle! un maréchal de France, deux généraux luttant avec trois cents jeunes conscrits pour la défense de la capitale du grand empire, voilà ce qu'on aurait pu voir dans les rues de Belleville, le 30 mars 1814. Ce dernier combat peint bien la dernière campagne tout entière, et en est le digne couronnement.

» Nous venions de chasser l'ennemi, lorsque je reçus en pleine poitrine une balle qui me traversa littéralement de part en part. Transporté à Paris sur un brancard, par deux sapeurs, personne ne voulut me recevoir dans la capitale. C'était un spectacle vraiment instructif pour l'armée, toujours si prête à verser son sang sur les champs de bataille, que de voir des Français refuser de recevoir chez eux un officier général mourant pour la patrie ! »

C'est ainsi que tomba Pelleport, à côté du duc de Raguse, lui-même tout couvert de sang, refoulant une colonne ennemie à la tête de quelques conscrits qui la chassent devant eux, et pouvant dire avec le poëte :

« Et mes derniers regards ont vu fuir les Romains ! »

Cette blessure devait être mortelle ; elle ne le fut pas, grâce à Dieu ! Et le général Pelleport a pu, pendant quarante ans encore, après ces vingt années de rude guerre où son bras ne s'était pas reposé un jour, il a pu, pendant quarante ans de plus, se consacrer à son pays. Lieutenant général, pair de France, commandant de la 11ᵉ division militaire, commandant une division de l'armée d'Espagne ; puis, quand l'âge des services militaires fut accompli, président de la commission des hospices à Bordeaux, avide de se rendre utile aux autres, comme les autres le sont en général d'être utiles à eux-mêmes.

Il mourut à Bordeaux, en 1855, à quatre-vingt-trois ans, dans la sérénité d'une âme dont la droiture avait fait la force, emportant les regrets et la vénération d'une ville entière, et laissant à sa famille ses exemples et son nom. Tout ceci se résume en un mot dans ces lignes que je relève dans ses états de service :

Total des années de service, blessures et campagnes :

» Soixante-deux ans de service militaire,
» Quarante-huit ans d'activité ;
» Vingt-cinq ans de services civils,
» Vingt campagnes de guerre,
» Dix-sept blessures. »

Voici bien en deux mots l'histoire du général Pelleport. Pardonnez-moi, Messieurs, d'avoir rappelé cette vie si pure et si bien remplie, avec plus de détails qu'il n'était nécessaire. Je me suis laissé entraîner par mes souvenirs et par l'affection pleine de respect qu'avaient pour ce glorieux soldat, et surtout pour cet homme de bien par excellence, tous ceux au milieu desquels il a longtemps vécu et a voulu mourir.

Comment la calomnie a-t-elle osé venir s'asseoir sur cette tombe honorée ? Comment a-t-elle pu accuser l'officier frappé presque mortellement le 30 mars, et qui ne put reprendre son épée qu'après de longs mois de souffrances, d'avoir, *six jours après ce 30 mars*, pris part, d'une façon quelconque, aux mouvements militaires et politiques du 6ᵉ corps, et particulièrement à ce qu'on a appelé la *défection d'Essonne*, qui eut lieu le 5 avril suivant, alors que les médecins qui l'entouraient sur le grabat où on l'avait étendu, doutaient encore s'il reviendrait à la vie, alors que Napoléon, le nommän général de division, faisait biffer son nom sur ce mot de ses camarades : « *Il est mort glorieusement sous les murs de Paris.* » Comment surtout, lorsque son fils réclama, — avec ce simple mot, qui était à lui seul une lumière éclatante : « Mon père reçut une balle en pleine poitrine le 30 mars; elle le traversa d'outre en outre ; le 5 avril, il était mourant à Paris; » comment, dis-je, la calomnie ne s'est-elle pas retirée devant l'éclat de ce fait souverain ? Comment n'a-t-on pas admis une réclamation si juste ? Comment s'est-on jeté dans l'absurde et perfide accusation subsidiaire que vous allez voir, d'une prétendue complicité d'adhésion, d'intention, d'approbation, en abusant *sciemment* de la pièce la plus insignifiante qui fut jamais?

Ce n'est pas à nous à répondre à ces questions... Nous attendons la réponse qui y sera faite. Arrivons aux deux articles du *Moniteur*. Mais pour que le tribunal les comprenne, il faut lui dire, — et c'est peut-être là le nœud du procès ; c'est peut-être la réponse aux questions que je posais tout à l'heure, — il faut dire au tribunal que le général Pelleport, dans ses souvenirs tout remplis des brillants faits d'armes du duc de Raguse, à côté duquel il avait combattu si souvent, et dans les plaines de l'Italie, et sur les bords du Nil, et dans les plaines de la Champagne : le général Pelleport a cru qu'il était de son devoir (et un devoir, quel qu'il fût, il l'a toujours accompli) de défendre la mémoire de celui qu'il considérait comme l'un des plus brillants guerriers de ce temps si fécond en guerriers illustres. Il l'a fait avec la sobriété de paroles et la calme raison qui le distinguent; mais enfin il l'a fait. Voici le passage. Il faut le connaître pour comprendre les deux articles :

« Je serais coupable si je terminais le récit de cette mémorable campagne sans venir, moi aussi, prendre la défense d'un de nos illustres chefs, du maréchal duc de Raguse. Qu'il me soit permis de le dire dans toute la sincérité de ma conviction : Marmont n'a pas trahi, ni au moment de la capitulation de Paris, ni plus tard.

» En effet, la capitulation du 30 mars fut imposée au maréchal par Joseph Bonaparte et bien d'autres hauts personnages, mais surtout par l'attitude ignoble de cette bourgeoisie parisienne, qui voulait en finir à tout prix avec la guerre et l'Empire, et qui ne cessa d'obséder le duc de Raguse depuis qu'il eut brûlé sa dernière cartouche dans les rues de Belleville.

» En ce qui touche la défection du 6e corps, c'est sur les généraux de ce corps d'armée que doit retomber toute la responsabilité de cet acte. Marmont était absent ; et en apprenant la défection de son armée, il s'écria: « *Je donnerais un bras* pour » réparer cette faute de mes généraux !—*Dites le crime,* » reprit le duc de Tarente.

» Il est constant aujourd'hui que les généraux du corps d'armée avaient mis les troupes en marche sur Versailles, malgré les ordres formels du maréchal.

» Un mot, d'ailleurs, du général Souham, commandant en chef, résume pour moi toute la polémique.

» Répondant au colonel Fabvier, qui priait le général d'attendre....., le général s'écria : *Marmont s'est mis en sûreté. Je suis de haute taille, moi, et je n'ai nulle envie de me voir raccourcir.* L'état-major crut que tout était perdu, et *chacun songea au lendemain.* »

Voilà les lignes consacrées par le général à la mémoire de Marmont. Il importe, pour le procès, d'en faire ressortir la double pensée. Laissons de côté la capitulation de Paris, qui n'est pas de notre sujet, et restons dans le fait d'Essonne. Qu'en dit le général ? Deux choses :

1° Quant au fait en lui-même, vous venez de le voir, Messieurs; il le blâme énergiquement ; il l'appelle, comme le *Moniteur*, une *défection*, par trois fois : « En ce qui touche la *défection* du 6ᵉ corps...

» Marmont, en apprenant la *défection* de son armée...

» La *défection* du 6ᵉ corps, dit-il ailleurs, n'a pas amené la chute de l'em-
» pereur, qui ne pouvait plus tenir... »

Pas un mot n'est employé pour déguiser la sévérité de sa pensée. Voilà pour le fait. C'est à ses yeux une défection. Le mot dit tout !

2° Puis, il se demande *qui en est coupable ?* « *C'est*, dit-il, *sur les généraux du 6ᵉ corps* que doit retomber toute la responsabilité de cet acte. » « Marmont était absent. En l'apprenant, il s'écria : Je donnerais un bras pour réparer cette faute... Il est constant aujourd'hui que les généraux du corps d'armée avaient mis les troupes en marche sur Versailles, malgré les ordres formels du maréchal. » Et enfin, après le mot du général Souham, qui résume pour le général, ainsi qu'il le dit, « toute la polémique, » il ajoute : « *l'état-major crut que tout était perdu, et chacun songea au lendemain.* »

Voilà la double pensée du général Pelleport sur l'événement d'Essonne. Le fait en lui-même est *coupable.* Quant aux personnes, Marmont n'en est pas *responsable ;* ce sont les généraux qui commandaient en son absence et qui ont exécuté le mouvement sur Versailles, *contre ses ordres formels*, qui en doivent porter la responsabilité devant le pays et devant l'histoire. Remarquez que je ne veux pas juger devant vous ces appréciations (ce procès n'en a pas besoin, je ne fais que les constater), pas plus que je ne veux juger les appréciations contraires de M. Rapetti, qui condamne Marmont au premier chef sur ce point.

Je respecte les immunités de la critique historique. Je lui demande seulement ce que vous avez demandé à l'histoire elle-même, de *juger* comme elle l'entend, mais de ne pas *altérer les faits* et de ne pas mettre une calomnie passionnée à la place de la vérité historique.

Voici maintenant le premier article du *Moniteur*, je dis le premier de ceux que j'attaque : il est à la date du 20 juillet 1857. Je n'en lis que la partie utile au procès :

« La défection d'Essonne, entre tous les faits du même genre qui ont signalé cette triste époque de 1814, a seule laissé dans les imaginations populaires une vive et durable impression ; pourquoi ? C'est qu'entre tous les faits du même genre, la défection d'Essonne a seule éclaté au moment critique et décisif des destinées de l'Empire ; ce qui l'a caractérisée si fortement pour le peuple dont le sens en histoire est toujours très élevé et très positif, c'est le brusque effet qui l'a suivie ; elle n'a pas été seulement une trahison, elle a été une trahison cause immédiate de ruine.

» Et nous n'insisterons pas sur un autre point de vue que celui de la politique, auquel on peut juger la défection d'Essonne. Qu'on cherche dans notre histoire militaire, on pourra y trouver des faits de guerre civile, des armées se divisant entre des drapeaux diversement français ; çà et là quelques capitulations surprises à un moment d'égarement, quelques chefs passant de leur personne d'un camp français dans un camp ennemi ; on n'y trouvera pas un corps d'armée, une avant-garde tout entière livrée à l'ennemi dans un péril extrême pour l'indépendance nationale. Un général a eu la malencontreuse idée de laisser dans ses papiers une défense, une apologie de la conduite de M. de Raguse en 1814. »

Et M. Rapetti ajoute en note :

« Le général Pelleport a oublié de laisser dans ses papiers toutes ses raisons pour excuser la défection d'Essonne, notamment celle-ci : c'est qu'il avait été lui-même de cette défection. Le nom de Pelleport figure un des premiers, avec la qualité de général de brigade, sur un acte d'adhésion à la défection d'Essonne, dont nous avons entre les mains une copie authentique. »

Voici l'accusation nettement formulée ; elle se divise en deux points : le *fait* d'abord.

« Le général Pelleport ne dit pas *toutes ses raisons* pour excuser la défection d'Essonne, *notamment celle-ci :* c'est qu'il *avait été* LUI-MÊME *de cette défection !* »

Puis la *preuve*, si je puis ainsi dire :

« Le nom du général Pelleport figure *un des premiers* sur un *acte d'adhésion* à la DÉFECTION *d'Essonne*, dont nous avons entre les mains une copie authentique. »

Dans ces trois lignes, il y a juste trois calomnies, et un mensonge de plus pour y faire croire et les couronner.

1° Il n'est pas vrai que le général Pelleport ait écrit un mot dans sa vie pour excuser la défection d'Essonne. Vous venez de l'entendre ; il la condamne énergiquement ; 2° il n'est pas vrai que le général Pelleport ait été LUI-MÊME *de cette défection ;* il était mourant, transpercé par la dernière balle russe qui ait été lancée : il était sur un lit de douleur à Paris, quand le mouvement d'Essonne à Versailles s'opérait par le 6ᵉ corps. Vous le savez maintenant, messieurs, et M. Rapetti va le reconnaître tout à l'heure ; 3° il n'est pas vrai, vous allez le voir, que le général Pelleport ait *jamais signé un acte quelconque* portant *adhésion* à la *défection d'Essonne*, et c'est ici que la per-fidie de l'accusation va vous surprendre tout à l'heure.

Et quand nous nous servons de ce mot : *triple calomnie*, il n'est pas trop fort, si l'on songe que M. Rapetti a écrit, quelques lignes plus haut, en par-lant du mouvement d'Essonne à Versailles :

« Que la *trahison en présence de l'ennemi* est un de ces *forfaits* auxquels il ne faut *épargner aucun genre d'ignominie*, » et qu'ainsi de son aveu même, c'est l'ignominie qu'il entend jeter sur la tombe du brave et loyal officier dont je défends la mémoire. 4° Il n'est pas vrai non plus que M. Rapetti ait jamais eu en mains une copie authentique d'une pièce de ce genre, car nos somma-tions les plus réitérées, même par acte, n'ont jamais pu obtenir une commu-nication du prétendu *corps de délit*, et vous allez voir à quels misérables sub-terfuges M. Rapetti a eu recours pour persuader au fils du général qu'il avait une pièce qui compromettait l'honneur de son père.

A la lecture de cet article, où le nom du général Pelleport se trouvait accolé à une accusation de trahison, tout le sang qu'il avait transmis à son fils refoula violemment vers son cœur. Il se modéra cependant et écrivit en ces termes à M. Rapetti :

« Monsieur,

» Dans un article de critique que vous venez de publier sur les *Mémoires du maréchal duc de Raguse* (*Moniteur* du 20 juillet 1857), vous dites en parlant du général Pelleport, mon père :

« Un général a eu la malencontreuse idée de laisser dans ses papiers une défense,
» une apologie de la conduite de M. de Raguse en 1814… M. le général Pelleport
» a oublié de laisser dans ses papiers toutes ses raisons pour excuser la défection
» d'Essonne, notamment celle-ci : c'est qu'il avait été lui-même de cette défection.
» Le nom de Pelleport figure un des premiers, avec la qualité de général de bri-
» gade, sur un acte d'adhésion à la défection d'Essonne. dont nous avons entre les
» mains une copie authentique. »

» Quoique la mémoire de mon père se défende d'elle-même et par le seul poids de sa haute considération, je ne puis laisser passer sans protester de telles assertions, et surtout sans faire connaître à mes concitoyens, très étonnés d'une accusation si inattendue, les motifs de ma protestation.

» Il résulte de la lecture de la page 117, tome II, des souvenirs militaires de mon père que jamais le général Pelleport n'a voulu défendre la *défection*, comme il l'appelle en propres termes, du 6e corps, mais qu'il a essayé seulement de démontrer que la responsabilité de cet acte devait incomber bien plus aux généraux sous les ordres du duc de Raguse qu'au maréchal lui-même, dont le véritable *crime*, à ses yeux, fut de se laisser aller, en 1814, aux séductions de la bourgeoisie de Paris.

» La vénération que mon père professait pour les talents militaires du duc de Raguse, la connaissance qu'il avait de la justification publiée le 1er avril 1815 par le maréchal, ainsi que la lettre du général Bordesoulle, l'opinion de l'Empereur lui-même, disant au général Drouot en 1815 : « Calmez Fabvier, j'ai dû accuser » Marmont de trahison dans l'intérêt de ma politique, » le récit enfin de M. de Vaulabelle (*Histoire des deux Restaurations*), qu'on ne peut suspecter de partialité envers le maréchal de Raguse, ont pu égarer son jugement. Il ne m'appartient pas de juger de telles questions ; le seul droit que je puisse avoir, c'est de défendre par tous les moyens en mon pouvoir l'honneur de mon père attaqué pour la première fois, et de ne pas permettre que l'on puisse admettre un seul instant que le général Pelleport a essayé, même dans les termes les plus réservés, d'excuser une *trahison au drapeau*. Non, monsieur, les souvenirs de mon père ne renferment pas une apologie de la conduite du maréchal ; ils se bornent à émettre cette opinion *que la responsabilité* du fait de la défection du 5 avril ne peut retomber en entier sur le maréchal Marmont.

» Dans la note qui accompagne votre appréciation véritablement erronée, vous dites : *Que mon père prit part à la défection d'Essonne*, et pour le prouver, vous ajoutez que son nom figure sur *un acte d'adhésion à cette défection*. Je vous dirai d'abord et avant tout, que l'on ne peut confondre la participation d'un fait matériel avec l'adhésion donnée plus tard, ce même fait étant accompli. Si l'on raisonnait ainsi, il n'y aurait pas d'officier de l'armée qui ne fût complice de tous les événements politiques qui se sont accomplis en France depuis bien longtemps, leur adhésion étant demandée après chaque révolution ; mais là, pour moi, n'est pas la question : elle est dans ce double fait que mon père n'a point pu *prendre part de sa personne ou par adhésion* à l'acte du 5 avril, par une raison toute simple que je vais vous faire connaître.

» Le général Pelleport ne suivit pas, après la bataille de Paris, le 6e corps d'armée dans sa marche rétrograde ; les soldats de sa division l'avaient laissé expirant le 30 mars dans la grand'rue de Belleville, une balle ennemie lui ayant traversé la poitrine au moment où il chargeait sous les ordres du maréchal de Raguse, à la tête de soixante conscrits, une colonne ennemie. C'est de l'histoire, monsieur, et je me permettrai à ce sujet de vous prier de vouloir bien demander au ministère de la guerre un extrait des états de service de mon père, de consulter enfin la tradition de l'armée, et vous acquerrez ainsi la certitude que le général Pelleport *presque mourant à Paris, le 30 mars 1814, n'a pu, cinq jours après, le 5 avril, capituler de sa personne à Essonne, ni même envoyer en temps utile* une adhésion pouvant avoir une influence quelconque sur les troupes placées sous ses ordres ; c'est matériellement impossible.

» Reste maintenant à examiner si mon père adhéra plus tard à la capitulation d'Essonne le 5 avril 1814, ce qui réduirait l'adhésion à une simple reconnaissance des événements militaires accomplis sans son concours et par ses camarades ; c'est à ce sujet que vous dites avoir entre les mains une pièce authentique. Vous comprendrez facilement, monsieur, que je désire vivement avoir une copie certifiée véritable de cette pièce, afin de pouvoir connaître son origine, sa date et les termes mêmes de sa rédaction ; je vous demande donc de vouloir bien me l'adresser le plus tôt possible, car je ne peux en discuter la valeur, ne la connaissant pas.

» Je termine, monsieur. La demande que j'ai l'honneur de vous adresser est toute naturelle. Ignorant la particularité de la blessure reçue par mon père, sous les murs de Paris, voyant peut-être son nom figurer, le 5 avril, sur une pièce d'état-major portant les noms des officiers du 6e corps, ou sur un acte d'adhésion générale aux événements politiques de 1814, vous en avez conclu que le général Pelleport était à Essonne, ou qu'il adhéra aux actes particuliers des autres généraux commandant les troupes sous les ordres du maréchal de Raguse. Aujourd'hui, que des explications parfaitement exactes vous sont fournies, je suis convaincu qu'en insérant cette lettre au *Moniteur*, vous voudrez bien la faire suivre d'une rectification devant donner satisfaction à une juste susceptibilité.

» Veuillez agréer, etc.   » VICOMTE DE PELLEPORT.
                                                » Ancien sous-préfet. »

J'ose dire que le devoir de M. Rapetti et du gérant du *Moniteur* était tout tracé : devoir de haute convenance, devoir de conscience même ! Cette lettre devait paraître au *Moniteur*. La loi au surplus les y obligeait. — Il n'en fut rien ; mais M. Rapetti répondit le 28 juillet à mon client une lettre, dont le Tribunal voudra bien peser tous les termes :

« Monsieur,
» Excusez-moi d'avoir tardé à répondre à votre lettre du 23 juillet, contenant une réclamation relative à une assertion publiée par moi au *Moniteur* (20 juillet 1857), sur M. le général Pelleport, votre père.

» Quand j'ai reçu votre lettre, j'ai éprouvé un assez grand embarras. Je voulais rester fidèle à ce que je crois être la vérité de l'histoire, et en même temps je tenais beaucoup à satisfaire une susceptibilité de piété filiale pour laquelle je ressens un respect sympathique.

» Après avoir beaucoup réfléchi au parti que j'avais à prendre, je m'étais arrêté à peu près à ceci : je dois publier en un volume mes articles sur Marmont ; je peux profiter de cette publication pour modifier dans mon travail un trait accidentel qui vous cause plus de désagrément particulier qu'il n'est pour l'histoire d'une réelle utilité.

» Je comptais vous faire part de mon idée, et vous demander de vouloir bien arranger cette affaire de façon à provoquer le moins possible l'attention *presque toujours maligne du public.*

» Malheureusement la vivacité mise par vous à protester contre mes assertions m'a rendu bien difficile, sinon impossible, l'adoption d'une partie de mon projet, celle qui avait pour but de *supprimer tout début public.*

» Je ne blâme certes pas votre vivacité, j'en constate seulement le résultat fâcheux, pour moi surtout, qui tiens à ne pas attacher à mes travaux le souvenir d'un déplaisir inutile.

» Je ne suis plus *seul* à me décider. Il y a dans la question *une autre personnalité que la mienne,* celle d'un journal placé dans une position *exceptionnelle.*

» Il est probable, je le crains, que je serai *obligé* de fournir au *Moniteur la preuve* à laquelle je me suis référé par mon assertion sur le général Pelleport ; si cela a lieu, vous verrez que j'ai été autorisé à relever par une observation dont je regrette le ton, les paroles, selon moi trop vertes, du général Pelleport, défendant le maréchal Marmont contre les détracteurs de mon espèce. *Dent pour dent, triste morale !*

» Cette pièce, *dont je ne vous envoie pas encore copie,* est un document *original trouvé dans les papiers de Marmont,* et dont la possession est *disputée* entre l'*État et un particulier.* A cause de ces circonstances *judiciaires,* la copie ne peut pas être produite avec son certificat d'authenticité. Mais si vous voulez bien m'adresser une personne *sûre et discrète,* je me ferai un devoir de fournir à cette personne, de vive voix, les preuves de l'*authenticité* du document en question.

» J'attends votre réponse, désireux de savoir si vous êtes d'accord avec moi pour donner à *cette désagréable affaire* la solution la moins susceptible de *provoquer la malignité du public,* celle à laquelle je m'étais arrêté et que je persiste à vous proposer.

» Veuillez bien recevoir, etc. « RAPETTI. »

Cette lettre me paraît, à moi, un chef-d'œuvre de diplomatie. Le *Moniteur* maintiendra ce qu'il a dit... c'est une personnalité *exceptionnelle !* Mais dans un volume publié plus tard, où je n'aurai plus ce gênant voisin, je vous donnerai satisfaction.... J'adoucirai la chose, le *trait* sera moins mortel ! Mais surtout ne cherchez pas un débat *devant le public...* craignez sa malignité proverbiale ! La pièce foudroyante est là.... Elle est *inédite....* Elle est *originale !!* (Le mot y est, ce qui veut dire : la signature de votre père y figure !) elle a été trouvée dans les papiers de Marmont ! (Vous comprenez la valeur historique que cela lui donne.) Enfin : elle est l'objet d'un procès entre l'État et un particulier qui *s'en disputent la possession !* Quelle importance nouvelle elle acquiert par ce procès, véritablement *inédit* celui-là, car aucun de nous n'en a jamais entendu parler ; mais qui, pour M. Pelleport, loin de Paris, devait produire un effet magique !... Ah ! s'il n'avait pas bien connu son père, il aurait eu peur ! Mais il n'eut pas peur.... Et consentant seulement à retarder sa réclamation jusqu'au prochain voyage qu'il devait faire à Paris, il écrivit à M. Rapetti les quelques mots que voici :

« Monsieur,

» Malgré les termes de votre lettre du 28 juillet, je ne redoute point la production de la pièce dont vous m'entretenez. Toutefois, je consens à retarder l'insertion de ma lettre dans le *Moniteur* jusqu'à mon prochain voyage à Paris, fixé aux premiers jours d'octobre.

» Cette manière d'agir, vous le comprenez, exige en retour le retard de la publication en volume de vos articles sur le maréchal de Raguse.

» Vous trouverez, je n'en doute pas, monsieur, dans cette contre-proposition la preuve de mon désir d'obtenir ainsi une solution convenable pour vous, mais destinée à donner entière satisfaction à ma réclamation. »

M. Pelleport était alors à Bagnères. Le 6 août, il reçoit à la fois une lettre de M. Rapetti et le *Moniteur* du 3 août. Voici leur contenu ; d'abord la lettre :

« Monsieur,

» Je reçois ce matin seulement votre lettre de Bagnères-de-Bigorre, 1er août 1857.

» Comme je le craignais, *je n'ai pas pu refuser* au *Moniteur* la production de la pièce relative au général Pelleport, votre père. Cette pièce vient de paraître dans le numéro de ce jour (lundi 3 août), et elle est sans doute déjà à votre connaissance.

» Je vous promets, monsieur, *de vous donner dans mon volume plus de satisfaction que je n'ai pu le faire dans un journal dont je ne suis certes pas le maître.*

» Veuillez bien recevoir, etc.

» RAPETTI. »

Ainsi M. Rapetti nous renvoie encore à son volume : c'est là que sera la *vraie satisfaction*, parce que c'est là que sera la *vraie vérité* ; quant au *Moniteur*, il a exigé la production de la pièce, il a fallu nous foudroyer !... L'État, le particulier, leur procès, cette possession disputée, tout cela disparaît comme par magie ; M. Rapetti avait toujours la pièce en main, comme dans son premier article, il l'a livrée à la personnalité exceptionnelle du *Moniteur*.

Voyons l'article, maintenant :

« Monsieur le vicomte de Pelleport réclame de moi une preuve à l'appui de ce que j'ai dit de l'adhésion du général son père à la défection d'Essonne.

» Le général Pelleport n'est pas un de nos martyrs, mais c'est un de nos plus glorieux soldats ; à tous les titres, il a droit à nos respects et surtout à l'impartiale justice de l'histoire.

» Je n'ai pas dit que le général Pelleport ait pris part, *de sa personne*, à la défection du 5 avril ; il y avait pour cela une trop bonne raison, c'est que le général, qui venait de faire bravement son devoir, le 30 mars, était dans son lit malade d'une blessure grave reçue par lui à la bataille de Paris, pendant que le 6e corps, auquel il appartenait, opérait sa défection, et passait d'Essonne à Versailles. Mais j'ai dit qu'il y avait un acte d'adhésion *à l'événement d'Essonne*, et que le nom de Pelleport figurait sur cet acte avec sa qualité de général de brigade. Je vais rapporter ce document ; mais, avant, quelques mots pour rappeler les circonstances. Marmont avait sur le cœur la révolte du 6e corps à Versailles, après la découverte du piége dans lequel les généraux défectionnaires l'avaient conduit.

» Pour effacer le souvenir de cette révolte qui avait failli le compromettre si violemment lui et le parti de l'intrigue, Marmont fit demander par son chef d'état-major aux officiers supérieurs et généraux du 6e corps un acte d'adhésion *à ce qui s'était passé*. Quelques-uns *obéirent*. Il est bien entendu qu'on n'avait pas mis dans cet acte des paroles repoussantes comme celles-ci : *Défection, trahison, désertion*, mais on y avait mis des paroles équivalentes et d'une signification *mora-*

lement plus grave encore, car elles impliquaient tout cet ensemble de conspirations, de révoltes, d'intrigues et de défections dont l'événement d'Essonne n'avait été qu'une particularité finale.

» Voici l'acte auquel j'ai fait allusion :

» Acte d'adhésion.

» Nous, officiers généraux et supérieurs des corps et de l'état-major composant
» le 6ᵉ corps d'armée, aux ordres de Son Excellence monseigneur le maréchal duc
» de Raguse, déclarons en notre nom et en celui de nos subordonnés, adhérer
» entièrement aux actes émanés du Sénat, du Corps législatif et du gouvernement
» provisoire, ainsi qu'au rétablissement de la dynastie des Bourbons, nos anciens
» souverains, conformément à la Charte constitutionnelle du 6 de ce mois, et nous
» promettons de prendre toujours pour bases de notre conduite l'honneur et le
» bien de notre patrie.

» Rouen, le 19 avril 1814. »

(Suivent les signatures, dont les deux premières sont celles du chef et du sous-chef de l'état-major de Marmont.)

Voilà cette pièce écrasante, inédite, originale, trouvée dans les papiers de Marmont, et dont l'État poursuit la possession au prix d'un procès ! Voilà cette pièce que Marmont, effrayé de la révolte de ses soldats à Versailles, le 5 avril, a machiavéliquement combinée pour engager ses complices défectionnaires à se lier indissolublement à sa trahison et qu'il leur a fait signer, le 19 avril, à Rouen, où il n'a point été ! Voilà cette pièce qui non-seulement renferme une adhésion formelle à la désertion en face de l'ennemi, crime digne de mort chez toutes les nations, mais qui est *moralement* plus grave encore ! ! ! Et c'est cette pièce qui a autorisé M. Rapetti à écrire ces mots qu'il tient pour outrageants... Le général Pelleport était *lui-même* de la défection d'Essonne.

Disons tout de suite que le général Pelleport n'a pas même signé cet acte (ce qui est parfaitement indifférent, je le reconnais, car je dirai tout à l'heure qu'il a signé un acte probablement identique, le 23 avril, à Paris; c'est le *Moniteur* lui-même qui va nous l'apprendre); mais enfin, il n'a pas signé l'acte du 19 avril de Rouen, par l'excellente raison qu'il n'était pas à Rouen, mais à Paris, le 19 avril. — Disons encore et surtout, pour la génération qui l'ignore, et pour laquelle écrit M. Rapetti (car nous-mêmes qui étions enfants alors, nous sommes les vieillards du temps actuel), — disons donc, pour la génération actuelle, ce que M. Rapetti cache soigneusement pour que sa calomnie ait un sens et une apparence; c'est que le *Moniteur* du temps a ressassé, dans ses longues colonnes, dix mille actes d'adhésion identiques de la part de l'armée et de tous les corps de l'État; et qu'ainsi l'armée tout entière était *elle-même* de la défection d'Essonne, y compris les soldats qui entouraient Napoléon à Fontainebleau, et qui, sous les yeux de l'Empereur et par ses ordres, envoyèrent des adhésions semblables; en sorte que l'on pourrait dire, avec le système Rapetti, que l'Empereur aussi *a été* LUI-MÊME, comme le général Pelleport, de la *défection* d'Essonne ! ! ! Ce qui devrait absoudre à ses yeux tous les autres défectionnaires.

Disons enfin que le 6ᵉ corps se rendit à Rouen, où commandait le maréchal Jourdan, lequel avait envoyé son adhésion et celle de ses troupes au gouver-

nement nouveau dès le 8 avril, et que sans nul doute, quand le 6e corps lui
arriva, il fit dresser un nouvel acte d'adhésion, comme il l'avait fait onze
jours auparavant pour les autres, et qu'on y fit figurer le général Pelleport
comme général attaché au 6e corps de l'armée, bien qu'il en fût alors détaché
par la bonne raison que vous connaissez. Ceci dit, je reprends mon récit.

M. Pelleport fils fut douloureusement surpris, lui qui n'avait cru qu'à une
erreur, de cette mauvaise foi à soutenir une accusation qui d'abord avait pu
n'être qu'irréfléchie. Cependant il ne tenait pas au bruit ; il ne tenait qu'à la
vérité et à la justice, et il espérait encore l'obtenir de ceux-là mêmes qui avaient
eu la *malencontreuse* idée, pour parler leur propre langage, d'attaquer son
père ; il écrivit encore à M. Rapetti. Vous allez voir s'il était trop exigeant :

> « Monsieur,
> » En recevant votre lettre ce matin, je me suis immédiatement fait apporter le
> *Moniteur*, et il résulte de l'examen de votre article, comme vous le reconnaissez
> vous-même, que mon père n'était point à Essonne.
> » La lecture de la pièce du 19 avril ne me permet pas toutefois de confondre
> avec vous l'adhésion donnée au rétablissement des Bourbons, adhésion honorable,
> avec l'adhésion à la capitulation du 5 avril 1814.
> » Les deux notes sont parfaitement distinctes, et votre réponse à ma réclamation
> ne saurait être suffisante. Je viens donc vous demander d'insérer au *Moniteur*,
> ainsi que dans votre publication, la réclamation suivante :
> « M. le vicomte de Pelleport, fils de M. le lieutenant général vicomte de Pelle-
> » port, ayant réclamé contre certaines assertions contenues dans les articles signés
> » de M. Rapetti, sur le maréchal duc de Raguse (23 juillet et 3 août 1857), M. Rapetti
> » reconnaît qu'il résulte des renseignements qui lui sont fournis :
> » 1° Que le général Pelleport n'était pas à Essonne le 5 avril, et que, blessé griè-
> » vement le 30 mars 1814, à Paris, il ne put prendre aucune part aux opérations
> » militaires du 6e corps, à dater de ce jour jusqu'au moment de sa dissolution ;
> » 2° Que le général de Pelleport n'a jamais adhéré à un acte quelconque, portant
> » adhésion à la capitulation d'Essonne, ni aux événements politiques du 6e corps,
> » depuis le 30 mars 1814 ;
> » 3° Que le général de Pelleport n'a adhéré, le 19 avril de la même année, qu'à
> » un acte portant approbation des actes politiques émanant du Sénat, du Corps
> » législatif et du gouvernement provisoire.
> » Si vous voulez bien signer cette déclaration au *Moniteur*, toute difficulté est
> » levée et je ne me verrai pas forcé d'en appeler en haut lieu en demandant aux
> » tribunaux d'interpréter l'acte du 19 avril, et de déclarer si je dois accepter votre
> » interprétation.
> » Je dois, monsieur, vous demander une satisfaction aussi catégorique. J'ai à
> » défendre l'honneur du nom que je porte, et je n'ai pas pour habitude, en pareille
> » matière, de me contenter d'explications aussi insuffisantes que les vôtres.
> » Veuillez agréer, etc.
>
> » Vicomte DE PELLEPORT. »

Point de réponse à cette lettre. — Il lui écrivit une dernière fois, et au
gérant du *Moniteur* lui-même.

Aucune réponse. Il fallut assigner.

Vous connaissez maintenant, Messieurs, les faits de cette cause ; il me reste
à justifier notre demande. — Que demandons-nous ? Précisément que vous

ordonniez ce que M. Rapetti et le gérant du *Moniteur* nous ont si injustement refusé ; que vous les condamniez à dire dans leurs colonnes et par votre
ordre, ce qu'ils auraient dû loyalement avouer d'eux-mêmes, à savoir : 1° que
le général Pelleport a été absolument étranger à l'événement d'Essonne ; quel
que soit le jugement qu'on puisse porter sur cet événement ; 2° que jamais il
n'a rien signé qui puisse être considéré, de bonne foi et honnêtement, comme
une approbation, une ratification, une adhésion à ce fait militaire et politique.

Sommes-nous recevables ? — Sommes-nous fondés ? — Recevables : le tribunal comprend qu'après le jugement solennel qu'il a rendu dans l'affaire des
Mémoires du duc de Raguse, après l'arrêt qui l'a consacré de son autorité
souveraine, je n'ai pas à m'étendre sur les principes ; on contestait votre compétence ; on invoquait les droits de l'histoire (et je ne crois pas que la critique prétende à des immunités plus larges) ; vous avez tout apprécié ; vous
avez proclamé votre droit, je veux dire celui de la loi du pays ; vous avez dit
quelle protection elle devait aux vivants ; vous avez dit aussi dans quelle mesure cette puissance tutélaire pouvait étendre cette protection au delà du tom-
beau même, et forcer l'écrivain à respecter un nom, une mémoire honorée ;
tout au moins à respecter la vérité dans ses jugements, et à mettre le lecteur
en mesure de peser ce jugement même. — En un mot, avez-vous dit : l'histoire a ses droits ; la vérité en a de plus grands ! Il me suffira de relire ces
textes pour poser les principes sur la compétence. Je rappelle seulement
quelques mots de M. l'avocat général à la Cour ; ils résument bien la question que vous aviez déjà résolue :

« On a douté de votre compétence pour vider ce débat, et si, devant vous, l'habile avocat de l'appelant n'y a pas insisté, c'est que sa raison a fait justice de cette
opinion ou plutôt de ce sentiment. Toutefois, Messieurs, permettez-moi d'établir
cette compétence de manière à ne pas lui laisser un adversaire, même parmi les
plus vifs partisans de la liberté de l'histoire.

» Je ne parle pas de ce que l'action des filles du prince Eugène peut avoir de
touchant, ni du singulier hommage qu'elles rendent par cette action à la justice et
à la magistrature française. Mais supposant, dès maintenant, par hypothèse, la
mémoire de leur père outragée, injustement, avec passion, sans vérité, dans un
libelle ou dans un livre, qui oserait soutenir que de cette injustice il ne naîtra pas
pour elles un droit, susceptible de varier dans son application, mais certain dans
son principe ? Sans doute, il se commet ici-bas des injustices qui ne donnent pas
lieu à une action judiciaire ; mais, en général, la liberté en toutes choses a cette
limite et cette responsabilité ; quand on en fait usage de manière à porter atteinte
à la vie, à la fortune, à l'honneur d'autrui, et qu'un débat peut s'élever à ce sujet,
ce n'est pas le souverain ni l'opinion qui jugent, c'est vous, Messieurs, c'est la
justice par votre organe.

» Vous êtes, dans l'ordre civil, le refuge des droits violés, quel que soit celui
qui les viole. Comment ! un homme se sera fait un nom glorieux par la loyauté de
son âme, par la noblesse de sa vie, par le dévouement, par la fidélité, par mille
qualités morales qui font les héros de la vie civile. Ce sera là, quoi qu'on en dise,
la plus précieuse fortune qu'il ait acquise ; elle ne se divisera pas comme son héritage ; elle sera pour les siens une richesse éternelle que le monde pourra dédaigner dans ses mauvais jours, mais qu'il estimera dans les bons. Tout à coup, sous
prétexte d'histoire, à ce nom jusque-là si pur, une flétrissure sera entachée ; on.

n'aura pas cherché à diminuer son importance, on aura tout d'un coup retranché son honneur, on aura noté d'infamie celui dont la mémoire vivait d'honneur, d'admiration et d'estime, et ses héritiers, s'il n'est plus là, ne pourraient pas trouver protection devant la justice !

» Où serait l'obstacle ? Quand le calomniateur est mort, sans doute on ne peut pas s'adresser à la justice répressive ni faire tomber sur lui un châtiment afflictif. Mais la justice civile n'est pas désarmée ; le droit peut être modifié dans son application ; il n'en subsiste pas moins, et il peut s'exercer devant vous, comme naissant d'un délit ou d'un quasi-délit.

» S'il appelle votre protection, vous ne pouvez pas la lui refuser. Vous pouvez apprécier le mal causé, l'étendue du dommage, mesurer la réparation, en déterminer le caractère et la forme ; oui, ce pouvoir est bien le vôtre, et ceux qui vous le contestent n'ont pas réfléchi à la portée de leur opinion, qui peut être à la fois injuste et impie... (1) »

Messieurs, il n'y a rien à ajouter à ces paroles, sinon qu'elles s'appliquent admirablement à ma cause ; oui, voilà un homme qui s'est fait un nom glorieux par la loyauté de son âme ; c'est Pelleport ! Par la noblesse de sa vie ; par sa fidélité à l'honneur, par mille qualités morales, c'est Pelleport ! Et *tout à coup*, quand il est mort entouré de l'estime universelle, quand il a cru laisser aux siens cette *richesse éternelle* qui s'appelle un nom respecté, qui s'appelle une vie glorieuse ; cette richesse qui ne se divise pas et ne va pas diminuant comme les autres ; cette richesse du père de famille qui s'épand sur tous comme le soleil nous donne à tous sa chaleur et sa lumière ; cette richesse que sa veuve retient en usufruit, en même temps que les enfants en jouissent immédiatement, et dont la famille entière se pare aussi sans usurpation ! tout à coup, *sous prétexte d'histoire*, ou sous prétexte de critique historique, parce qu'il plaît à un écrivain de se faire juge d'un maréchal de France et de flageller sa mémoire, il viendra flageller aussi ce nom jusqu'à lui sans tache, *le noter d'infamie* et écrire insolemment sur sa tombe ce mot odieux pour tous, mille fois odieux pour un soldat : DÉFECTION !!! Ah ! l'avocat général a trop raison : ses héritiers, s'il n'est plus là, doivent trouver protection devant votre justice !...

Vous êtes donc compétents.

Quels principes appliquerez-vous ? Voici ceux que vous avez posés vous-mêmes dans le jugement auquel j'ai déjà fait allusion.

« Attendu que l'honneur des pères étant le plus précieux patrimoine des familles, on ne saurait dénier aux enfants du prince Eugène le droit d'*établir judiciairement la fausseté des accusations dont il a été l'objet* ;

» Attendu que c'est à tort que Perrotin a prétendu que l'action formée contre lui ne reposait sur aucune base légale ;

» Qu'en effet, les lois spéciales qui ont pour objet de régler les peines applicables au délit de diffamation et d'injures commis par la voie de la presse n'ont point enlevé aux parties diffamées ou à leurs représentants l'action civile résultant du

---

(1) Réquisitoire de M. l'avocat général Oscar de Vallée, dans le procès des enfants du prince Eugène de Beauharnais contre M. Perrotin, éditeur des *Mémoires du duc de Raguse*.

principe général consacré par l'article 1382 du Code Napoléon, qui oblige l'auteur
de la faute à réparer le préjudice qu'il a causé ;

» Que cet article, à la différence des lois sur la presse, ne soumet pas seulement
le demandeur à établir le préjudice résultant de la diffamation, qu'il l'oblige en
outre à constater la fausseté du fait allégué, ce qui constitue la faute sans laquelle
il n'y aurait pas d'action, mais que par cette condition elle-même, la poursuite,
loin de nuire aux intérêts de l'histoire, lui fournit les moyens d'établir la vérité
sans laquelle l'histoire ne mérite plus son nom ;

» Que c'est dans l'intérêt de la vérité qu'on reconnaît à l'histoire le droit de formuler librement son appréciation sur les hommes et sur les événements ; mais
que les franchises et les immunités de l'histoire ne sauraient faire perdre de vue
cet objet principal, et qu'elles ne peuvent autoriser l'écrivain à *avancer témérairement des faits controuvés et en contradiction avec les témoignages les plus
graves*, et à baser sur ces assertions inexactes *des jugements qui portent atteinte
à la considération des personnes auxquelles ces faits sont imputés* ;

» Attendu qu'il est constant que, dans les passages reproduits de ses Mémoires,
le duc de Raguse s'est écarté du respect dû à la vérité ;

» Attendu que Perrotin, en éditant les Mémoires du maréchal, s'est rendu responsable de la faute de leur auteur ;

» Attendu, quant à la réparation, etc., etc. »

Ce jugement a été soumis à la Cour, lisons maintenant son arrêt :

« ..... Considérant, que les dispositions de la loi qui soumettent les auteurs
de faits dommageables à réparer le tort que leur faute a causé, ne se bornent
pas dans leur application aux choses matérielles, qu'elles embrassent et protégent
tout ce qui concerne la dignité morale des familles ; qu'il est absurde de supposer
que des héritiers auxquels on ne dénierait pas une action en responsabilité, s'il
s'agissait de meubles ou d'immeubles dégradés par imprudence, puissent être écon-
duits quand ils veulent préserver l'honneur de leur nom des atteintes de la calomnie et conserver sans altération cette partie si précieuse du patrimoine que leur a
transmis leur auteur ;

» Considérant que l'appelant oppose qu'en jugeant selon sa conscience la conduite
du prince Eugène, le rédacteur des Mémoires n'a fait qu'user des immunités de
l'histoire ; qu'en second lieu, le fait raconté par le duc de Raguse avait été publié
par d'autres écrivains ; que si ces publications avaient provoqué des protestations,
les pièces propres à démontrer la fausseté du récit n'avaient pas été rendues
publiques ; que conséquemment, le duc de Raguse était de bonne foi quand il écrivait, et qu'en caractérisant avec sévérité cette circonstance, non suffisamment
expliquée de la vie du prince Eugène, il usait de son droit ;

» Mais considérant, sur le premier moyen, que si le droit de l'histoire est de
juger avec une entière liberté les personnes et les choses ; que si même il est consacré que, lorsque cessant d'être un juge incorruptible et manquant aux devoirs
d'impartialité, de probité, de sévérité, qui sont l'âme de l'histoire, l'écrivain distribue l'éloge ou blâme, au gré de sa passion et de ses ressentiments, ses jugements,
quelque contraires qu'ils soient à la conscience publique, ne relèvent que de l'opinion, c'est à la condition que le mensonge n'entrera pas dans son œuvre ; c'est-à-
dire que les faits seront rapportés avec exactitude, *sans addition qui les dénature,
sans retranchement des circonstances qui les expliquent et en fixent le caractère*,
de manière enfin que le lecteur, soit qu'il s'agisse de louer, soit qu'il s'agisse de
blâmer, puisse apprécier personnellement et prononcer ;

» Qu'autrement, au lieu d'être le plus grave et le plus utile des enseignements, l'histoire se transformerait impunément en satire ; *que les calomnies les plus odieuses y pourraient être accréditées et les meilleurs citoyens voués au mépris ;*

» Qu'un tel système est moralement et légalement impossible ; que, pour tout fait mensonger, en quelque ouvrage qu'il se soit glissé, histoire, mémoires ou libelle, la réclamation est ouverte, et que, selon les cas, les tribunaux civils ou les tribunaux de répression sont chargés d'apprécier le dommage et d'en régler la réparation ;

» Considérant, sur le deuxième moyen, qu'en admettant que le duc de Raguse *fût de bonne foi*, et qu'au moment où il écrivait la partie de ses Mémoires relative au prince Eugène, il n'obéit point à un sentiment de malveillance, *cette circonstance ne serait pas de nature à dégager la responsabilité de l'éditeur ;*

» Considérant, en effet, que si l'excuse tirée de la bonne foi ou de l'absence d'intention peut être utilement invoquée devant les tribunaux de répression, il n'en est pas ainsi devant les tribunaux civils, parce qu'au point de vue civil, il peut, en dehors des éléments constitutifs de la diffamation, *exister un tort susceptible de réparation ;*

» Que l'imprudence et la légèreté suffisent pour autoriser l'action en responsabilité ; que, conséquemment, si celui qui entreprend d'écrire l'histoire de son temps ne vérifie pas scrupuleusement les sources où il puise, s'il accueille ou reproduit des récits mensongers, ceux dont il a blessé les intérêts pourront réclamer une réparation équivalente au préjudice qu'ils ont souffert ;

» Considérant, d'ailleurs, que le duc de Raguse, en renouvelant l'accusation dirigée contre le prince Eugène, a singulièrement aggravé le mal ; qu'au lieu d'être enseveli dans des publications oubliées ou décriées, le fait s'est trouvé consigné dans un écrit qui devait, en raison du nom et du talent de l'auteur, du rôle important qu'il a joué, des événements qui ont marqué sa carrière d'un signe fatal, exciter vivement la curiosité ;

» Qu'il est donc du plus grand intérêt, pour les héritiers du prince Eugène, qu'à défaut d'une répression pénale qu'ils n'ont pas réclamée, et que les circonstances ne justifieraient pas, le remède soit à côté du mal, et qu'en même temps que le lecteur verra l'accusation, il en voie la réfutation ;

» Confirme avec amende et dépens. »

Voilà les principes ; ils sont assez clairement déduits dans ces deux décisions pour n'avoir besoin d'aucun commentaire. Donc, vous êtes compétents ; donc, nous sommes recevables.

Sommes-nous fondés ? En d'autres termes, l'honneur militaire du général Pelleport, cet honneur qui doit rester sans tache, a-t-il été attaqué ? Le fait qu'on lui a reproché est-il vrai, quant à lui ? Y a-t-il donné une approbation quelconque ? Pour le soutenir, pour le faire croire, n'a-t-on pas dénaturé à plaisir une pièce qui, en elle-même, laissée à son sens naturel, n'a aucun rapport avec le fait d'Essonne ? N'a-t-on pas retranché sciemment, en la présentant comme *isolée*, comme *inédite*, comme ayant un caractère spécial, la circonstance qui l'explique et en fixe le vrai caractère ? Voilà les questions qui me restent à discuter... Mais déjà vous les avez résolues...

Et d'abord, nous savons déjà que le général Pelleport n'était pas à Essonne ; M. Rapetti l'avoue. Mais comment l'avoue-t-il ? Je dirais presque avec regret. Il avait dit, avec une ironie empoisonnée :

« Le général Pelleport a *oublié de laisser dans ses papiers* TOUTES SES RAISONS pour excuser la défection d'Essonne, notamment celle-ci (on insinue ainsi qu'il y en avait d'autres) : c'est qu'*il avait été* LUI-MÊME *de la défection*. Pour qui connaît le français, et M. Rapetti sait sa langue, il a été professeur de quelque chose, je crois, au collège de France ou à la Sorbonne, pour qui sait sa langue, « avoir été SOI-MÊME d'une défection, » c'est y avoir pris une part active, comme avoir été d'une fête c'est y avoir assisté soi-même ; comme avoir été soi-même d'un crime c'est en avoir été l'un des auteurs ou le complice actif tout au moins ; comme être soi-même du *Moniteur*, ce n'est pas seulement en approuver l'esprit et le lire avec plaisir, mais c'est faire partie de son personnel ou de ses écrivains. Ainsi l'accusation était carrément formulée ; et l'adhésion dont il est parlé à la suite ne vient là que comme preuve à l'appui.

M. le vicomte de Pelleport fils écrit aussitôt : « Vous n'y pensez pas, mon père était mourant ! ! »

Le fait était évident ; il était donc aussi simple que juste de dire : « C'est vrai ! je me suis trompé !... » Mais un journaliste a-t-il jamais écrit ces mots ? Sa plume s'est-elle rendue jamais coupable d'une pareille défection envers lui-même ? M. Rapetti (je l'espère pour lui), ne connaissait pas l'état du général au 5 avril, quand il écrivait sa note ; s'il l'avait su, elle serait mille fois plus odieuse. Eh bien ! pour ne pas paraître ignorant, ce qui est bien pis qu'un mensonge pour un critique, c'est un ridicule ! Il écrit hardiment :

« Je n'ai pas dit que le général ait pris part DE SA PERSONNE à la défection. » Et après cette misérable équivoque, il ajoute : « Je savais qu'il était mourant !... » Quoi ! vous le saviez ? et vous avez écrit « qu'il était *lui-même* de la défection ? » Quoi ! vous vous dites le défenseur de l'armée et vous empoisonnez ses blessés ! — Je le savais, reprend-il ; mais dent pour dent ! triste morale ! « C'est lui qui l'ajoute... — Dent pour dent ! Que voulez-vous dire ? Que vous a fait ce vieillard vénérable qui ne vous a jamais vu de sa vie ? — Ah ! ce qu'il m'a fait ! Il a défendu Marmont, et moi je l'attaque dans le *Moniteur* !... dent pour dent ! Je flétrirai la tombe de ce vieillard ! Voilà, Messieurs, comment M. Rapetti a réparé sa première calomnie ; nous n'acceptons pas cette réparation et nous vous en demandons une autre.

Deuxième question. — Le général Pelleport a-t-il jamais approuvé, même excusé le fait d'Essonne, que M. Rapetti appelle une trahison en présence de l'ennemi ? Vous avez entendu la lecture des passages qui ont inspiré à M. Rapetti cet axiome des temps barbares : œil pour œil et dent pour dent. Je le défie d'y trouver un mot d'excuse pour la défection, pour celle d'Essonne ou pour toute autre. Excuse pour le maréchal, défense pour le maréchal, je le veux ; mais pour le fait, ni excuse, ni approbation, ni défense aucune. Et pour cette seconde calomnie, quelle réparation avons-nous obtenue ? Aucune. M. Rapetti la maintient. Pour lui, l'avocat qui, plaidant pour un malheureux accusé d'un parricide, soutiendrait qu'il ne l'a pas commis, excuse, défend, approuve le *parricide...* Voilà sa morale ! Triste morale ! Eh bien ! nous demandons au tribunal de réparer sur ce point la vérité historique.

Troisième question. — Pour soutenir l'accusation, la dent, la dent venimeuse de M. Rapetti n'a-t-elle pas déchiré, de manière à la dénaturer complétement, la pièce qu'il nous oppose ? Mais d'abord, la pièce existe-t-elle ? On avoue qu'on est dans l'impossibilité de la produire. Si elle existe, le général Pelleport l'a-t-il signée? Non; ce n'est qu'impossible. Si ce n'est pas une invention, elle serait datée de *Rouen*, du 19 avril; et le 19 avril, le général Pelleport était à Paris, dans son lit, comme le 5 avril.

Mais n'importe, supposons la signature qui n'y est pas, qui n'y peut pas être; prenons la pièce comme on la donne, sans nous la produire, malgré nos sommations répétées; quelle est sa nature?

Messieurs, un changement immense venait de se produire dans le gouvernement du pays. Le 1er avril, cinq jours avant la retraite d'Essonne à Versailles, le Sénat avait nommé un gouvernement provisoire; le 2, par un autre décret, il avait prononcé la *déchéance* de Napoléon et de sa famille; le 3, les ministères étaient pourvus : MM. Henrion de Pensey, le comte Beugnot, le baron Malouet, le baron Louis, tous hommes considérables, acceptaient des portefeuilles... Le même jour, 3 avril, le Corps législatif adhérait à la déchéance prononcée par le Sénat. Le même jour, le premier corps judiciaire de l'Empire, la Cour de cassation « rend publiquement grâces au » Sénat d'avoir détruit *l'édifice du despotisme*, et aspire au bonheur de voir » s'élever *sur ses ruines une Constitution nouvelle*... —La Cour des comptes suit le même élan sous la présidence de M. Barbé-Marbois. Le conseil municipal de Paris les a précédées; la Cour impériale les suit de près. Le 5 avril, remarquez la date, la défection d'Essonne était encore ignorée, le ministre de la guerre, dans une circulaire au *Moniteur*, invite les officiers de l'armée, et ces invitations, vous savez que ce sont des ordres, à faire parvenir leur adhésion au gouvernement nouveau. Le 6 avril, un projet de Constitution est débattu; le 7, le maréchal Ney écrit au gouvernement provisoire « qu'il ne » reste plus à la France qu'à embrasser la cause de ses anciens rois. « Tous les officiers de l'armée, les chefs de corps et leurs subordonnés envoient leurs adhésions aux événements qui se sont produits, au gouvernement nouveau, à la Constitution et à la royauté nouvelles. Le *Moniteur* n'y peut suffire ! Je l'ai dit : le général Pelleport envoie la sienne le 23 avril, avec plus de soixante généraux, ignorant même qu'on ait jamais porté son nom sur une adhésion datée de Rouen, du 19, à supposer qu'il y figure. La magistrature française, l'administration, les corps municipaux, aussi bien que l'armée, tous et de toutes parts envoient des adhésions semblables. Le prince archi-chancelier de l'Empire, dont vous savez le nom, envoie la sienne, le 9 avril, de Blois même, où il était auprès de Marie-Louise. Puis, il arrive un jour où le *Moniteur* déclare qu'il est inutile de les enregistrer davantage. Voilà le fait, voilà son caractère, voilà sa nature! Et M. Rapetti croit qu'il a prouvé contre le général Pelleport « qu'il était *lui-même* de la défection d'Essonne, » ou du moins qu'il l'a acceptée et ratifiée, parce que son nom aura été porté par un chef d'état-major sur une pièce de cette nature ! Ah ! la passion a-t-elle pu l'aveugler à ce point qu'elle ait laissé place à la bonne foi ? La bonne foi n'y ferait rien, la Cour l'a dit; mais elle est *impossible !* Rappelez-vous le ton cauteleux de sa lettre ? « J'ai une pièce *originale !* Craignez la malignité du public... » Et cet autre mensonge : « La pièce est l'objet d'un procès entre l'État et un particulier qui s'en disputent la possession. » Ah ! si vous aviez dit au public: la pièce dont je me fais une arme, parce que je veux tuer cet homme qui a défendu le duc de Raguse, « dent pour dent, » cette pièce est commune à l'armée entière; il n'y a pas un chef de corps qui n'en ait écrit et expédié une semblable; celle-là était la six cent quatre-vingt-douzième du même genre; toute la magistrature de France, tous les corps municipaux en ont fait autant! Si vous aviez parlé ainsi, vous auriez été loyal dans votre haine ou dans votre folie; mais cette folie ou cette haine auraient été sans danger... Mais non! vous parlez à des hommes qui lisent le *Moniteur* du jour, mais qui n'en ont pas la collection sous les yeux; elle est rare et chère, vous le savez! et puis, c'est un document *inédit*, *original*, une trouvaille de critique. C'est Marmont qui l'a astucieusement combinée pour lier et compromettre ses complices! l'État y attache une importance telle qu'il la dispute à un particulier. Qui songera à aller voir si ses pareilles ne fourmillent pas au *Moniteur* du temps? Ainsi, vous avez faussé et dénaturé le sens de cette pièce, le caractère qui lui appartient; vous avez *retranché* les circonstances qui l'expliquent et qui la séparent du fait d'Essonne de toute la profondeur d'un abîme. La Cour vous a condamné à l'avance.

Voilà le procès, Messieurs; je l'ai exposé trop longuement; mais j'avoue qu'il me tient à cœur. Le général Pelleport avait adopté mon pays pour le sien; il l'a honoré par ce choix. Tous mes concitoyens, — tous, — l'ont suivi pieusement à sa dernière demeure, et ont déposé sur sa tombe leurs hommages et leurs regrets. Vous ne permettrez pas qu'elle soit souillée par la calomnie; vous nous la rendrez pure et sans tache comme la vie de celui qui y repose.

Audience du 19 novembre 1858.

PLAIDOIRIE DE M° GUSTAVE CHAIX D'EST-ANGE.

Messieurs,

Le sentiment auquel obéissent un fils et une veuve, lorsqu'ils viennent aux pieds de votre justice réclamer sa protection en faveur du nom qu'ils portent et de la mémoire de celui qui fut leur père et leur mari, et que la mort leur a enlevé, ce sentiment est trop respectable pour que je ne m'incline pas devant lui en commençant cette plaidoirie. On a longtemps soutenu, et mon adversaire a paru croire que je soutiendrais à mon tour qu'une pareille action ne saurait être recevable devant les tribunaux, et que la justice devait rester sourde à un pareil appel. Que mon adversaire se rassure; des fins de non-recevoir seraient indignes de ce débat, et l'on a eu raison de dire que, protectrices ailleurs, les formes et les fins de non-recevoir n'ont rien à faire là où s'agitent des questions d'honneur et de loyauté; et quant à moi, je ne comprendrais jamais qu'on pût s'adresser à la justice pour lui demander protection en faveur de ces biens matériels qui composent un héritage, et qu'on ne pût obtenir d'elle cette même protection en faveur de cet héritage moral, bien plus précieux du nom et de l'honneur paternels.

Seulement, je voudrais qu'une pareille action ne fût pas intentée à la légère; je voudrais que l'on comprît que la vie d'un homme public appartient à l'histoire, qui a le droit de lui demander compte de ses actes et de les apprécier même sévèrement; je voudrais enfin que, par une susceptibilité mal entendue et par un fâcheux entêtement, on ne s'exposât pas à compromettre les intérêts qu'on a précisément en vue de défendre et qu'on ne se laissât pas aller par un entraînement regrettable à des accusations injustes de déloyauté et de mauvaise foi contre un homme digne d'estime, contre un historien qui n'a jamais cessé d'être impartial. Voilà ce que je voudrais, et je regrette de dire que ce sont là des considérations qui paraissent n'avoir nullement préoccupé les adversaires. Il semble qu'ils aient pris plaisir à intenter et à maintenir, malgré les concessions qu'on était prêt à leur faire, le procès qui nous amène devant vous; il semble que, dans je ne sais quel intérêt, ils aient cherché à grossir le bruit autour d'un nom qui n'en avait pas besoin pour être connu et (pourquoi ne l'ajouterais-je pas?) pour être respecté comme il est en effet digne de l'être.

Aussi n'est-ce pas sans étonnement, Messieurs, que j'ai entendu mon contradicteur regretter ce procès; ce procès, mais qui donc l'a fait? qui donc a voulu y persister, malgré tout? N'avait-on pas proposé, ne propose-t-on pas aujourd'hui encore tout ce qui peut, tout ce qui doit satisfaire M. le vicomte de Pelleport? Ne lui avait-on pas dit que s'il croyait, en effet, que le nom de son père eût été injustement attaqué, le *Moniteur* était tout prêt à ouvrir ses colonnes aux rectifications qu'il voudrait envoyer, pourvu que la forme en fût convenable?

Qu'est-il arrivé? C'est que M. le vicomte de Pelleport est venu à nous la paix à la bouche, et que, tandis qu'il nous faisait croire à des sentiments auxquels nous étions heureux de nous associer, mais qui n'étaient pas les siens, là-bas, dans son département, il répandait partout qu'il allait nous faire un procès, nous traîner devant les tribunaux, et tous les journaux répétaient qu'il faudrait bien qu'il eût raison de nous. Voilà pourquoi, Messieurs, mon client écrivait avec raison à M. le vicomte de Pelleport, dans une de ces lettres dont on vous a donné lecture : « que, malgré l'intégrité de sa conviction, il eût été heureux de satisfaire une susceptibilité de piété filiale pour laquelle il ressentait un respect sympathique ; qu'il regrettait un trait accidentel qui causait à M. le vicomte de Pelleport plus de désagrément particulier qu'il n'était pour l'histoire d'une réelle utilité; mais que, malheureusement, la vivacité qu'il avait mise à protester contre cette assertion rendait plus difficile à éviter un débat public sur cette affaire. »

Cependant, malgré cette regrettable vivacité, le *Moniteur* n'a pas cessé de garder une modération qui convient à sa situation particulière. Jamais il n'a cessé d'offrir à M. de Pelleport d'ouvrir ses colonnes aux réclamations, aux rectifications qu'il pourrait désirer, et d'insérer les lettres qu'il lui plairait d'écrire. Ces offres pleines de convenance, que le *Moniteur* a toujours maintenues et qu'il maintient encore aujourd'hui à votre barre, ont toujours été repoussées. M. de Pelleport a persisté à réclamer une réparation incompatible avec la dignité du journal, avec l'indépendance de l'historien; cette réparation, Messieurs, c'est à vous qu'il vient la demander maintenant; et je ne crains pas de dire que, malgré le talent et l'éloquence de mon adversaire, vous jugerez qu'il n'y a pas lieu de faire droit à cette demande et à d'inadmissibles prétentions.

Avant d'examiner la demande de M. le vicomte de Pelleport, permettez-moi, Messieurs, de répondre un mot aux accusations injustes et souvent violentes dont M. Rapetti a été l'objet ; vous concevez qu'il ne m'appartient pas de faire l'éloge de mon client ; mon adversaire était à l'aise pour vous faire l'éloge du sien, mais la modestie d'un vivant s'accommoderait mal de ces louanges quelquefois excessives qu'on peut adresser à la tombe des morts ; mais on vous a dit avec un dédain superbe, et une hauteur insultante, que M. Rapetti avait été professeur de quelque chose au collège de France ; que voulez-vous, il n'est pas donné à tout le monde, heureusement, d'avoir été un grand guerrier, général et baron sous l'empire, général et vicomte sous la restauration, général et pair de France sous le gouvernement de juillet ; il n'est pas donné à tout le monde d'avoir reçu à une seule bataille trente coups de sabre et cinq coups de baïonnette, et de présenter des états de services sur lesquels sont inscrites dix-sept blessures ; il faut bien que M. Rapetti se console de n'avoir pas traversé de pareilles épreuves ; il a été en effet professeur de législation comparée au collège de France, et je dois ajouter que la façon brillante dont il y faisait son cours lui a valu les éloges les plus flatteurs ; quand les *Mémoires du duc de Raguse* ont été publiés, vous vous rappelez quelle indignation accueillit leur lecture ; cette indignation fut partagée par M. Rapetti ; il crut alors utile et il entreprit de démontrer qu'en 1814, Marmont, malgré tous ses efforts de justification, avait trahi l'Empereur, et que c'était cette trahison qui avait entraîné la chute de l'Empire. Comment a-t-il rempli cette tache ? Est-ce avec cette passion et cette violence auxquelles on a voulu vous faire croire, et de manière qu'on fût autorisé à vous parler *de sa dent vénimeuse, et de la verge de sa colère ;* je puis dire que ces accusations sont souverainement injustes ; et ce difficile travail a été accompli par lui de manière à lui attirer les témoignages les plus élevés de sympathie, et peut-être aussi une distinction flatteuse, qui a été une douce récompense de son labeur. Pour justifier mon client sur ce point, je ne veux invoquer que deux témoignages, dont à coup sûr mon adversaire ne récusera pas l'autorité ; le premier de ces témoignages, il l'a lui-même invoqué dans l'intérêt de sa cause, c'est celui de M° Dufaure ; plaidant devant vous au nom des héritiers du prince Eugène, M° Dufaure vous disait, en parlant de mon client, et après avoir cité son ouvrage :

« Tel est, Messieurs, le langage d'un écrivain modéré, désintéressé, impartial ; je n'ai rien à ajouter à ce que je viens de lire. »

Un autre témoignage emprunte au siége élevé qu'occupe celui qui l'a rendu à mon client, une importance particulière ; M. l'avocat général Oscar de Vallée s'exprimait ainsi, en appréciant les *Mémoires du duc de Raguse :*

« ... Le sentiment général que leur lecture m'a causé a été trop bien exprimé par M. Rapetti pour que je ne lui emprunte pas cette expression en me l'appropriant.

» M. Rapetti est un homme étranger aux passions politiques, voué à l'étude, d'une probité littéraire qui n'est pas commune, d'un talent plein de dignité et d'éclat, que le Gouvernement actuel ne s'est attaché ni dans l'enseignement, ni dans d'autres fonctions, qui est entièrement libre dans ses jugements. A peine avait-il commencé la lecture de ce livre pour en parler dans le *Moniteur*, qu'il se sentit, suivant son heureuse expression, en présence de l'ennemi.

« Alors d'un cœur ému, en homme qui va remplir une tâche pénible, qui connaît et qui partage l'indulgence de son temps pour les erreurs politiques, il s'oppose cependant à la réhabilitation de cette mémoire, et il s'écrie : « Qu'est-ce que Marmont ? etc., etc. »

Voilà des témoignages qui parlent assez haut en faveur de la modération, de l'impartialité, de la probité littéraire de mon client, et qui le justifient assez des reproches injustes et violents qu'on lui a adressés devant vous ; et quant à moi, je ne saurais comprendre que M. Rapetti, prenant la plume pour dévoiler et flageller la calomnie, se fût fait calomniateur à son tour.

Cependant, nos adversaires le soutiennent ; le général Pelleport, disent-ils, s'était fait le défenseur de la conduite de Marmont en 1814 ; et comme M. Rapetti accusait Marmont, cela a suffi pour exciter sa haine et son animosité contre le général ; œil pour œil, dent pour dent, voilà la morale qui guide M. Rapetti, celle qu'on trouve écrite dans ses lettres... Mais non, mais c'est précisément le contraire qu'il a dit, et si ses lettres parlent de cette morale, c'est seulement pour la repousser et la flétrir ; et si, en effet, c'eût été là sa morale, s'il avait été animé contre le général Pelleport de cette animosité, de cette haine à laquelle vous voulez nous faire croire, il aurait pu trouver, permettez-moi de le dire, parce que c'est là une nécessité de ma défense et du procès qu'on nous fait, il aurait pu trouver le défaut de la cuirasse.

Que le général Pelleport ait été un glorieux soldat, Dieu me garde de le contester : j'aurais mauvaise grâce à le faire, quand sur ce point mon client lui-même lui a rendu un éclatant témoignage ; et sans aller aussi loin que mon adversaire, sans être complètement persuadé que le nom de Pelleport soit un de ces noms illustres auxquels est attachée la gloire de la France, il ne m'en coûte pas, tout au contraire, de m'incliner devant cette réputation de bravoure militaire si vaillamment conquise par le général. Cela ne veut pas dire que j'accepte aveuglément tout ce que le général écrit dans ses Mémoires ; peut-être, malgré cette extrême modestie qui charme mon adversaire, ces Mémoires ne sont-ils pas tout à fait exempts d'une exagération bien difficile à éviter quand on parle de soi-même ; peut-être met-il un peu trop de fleurs dans cette glorieuse couronne que de sa main complaisante il se tresse à lui-même, et mulplie-t-il outre mesure, les coups de sabre et de baïonnette qu'il a donnés et surtout ceux qu'il a reçus. Il me serait peut-être facile de vous le démontrer ; mais à quoi bon ? Toutes ces exagérations ne diminuent pas la gloire militaire du général Pelleport et ne l'empêchent pas, comme a dit M. Rapetti, d'être un de nos plus glorieux soldats. M. Rapetti l'a dit, l'a reconnu, l'a proclamé avec une franchise et une loyauté qui suffisaient, ce me semble, pour écarter de lui le soupçon de mauvaise foi ; car cette franchise et cette loyauté ne sont guère, que je sache, dans les allures et dans les habitudes de la mauvaise foi.

M. Rapetti ajoute que le général Pelleport a droit à l'impartiale justice de l'histoire ; mais si l'impartiale justice de l'histoire voulait aller chercher dans les Mémoires mêmes du général, quelle a été, non pas sa vie militaire que nous proclamons glorieuse, mais sa vie politique qu'il raconte lui-même, l'impartiale justice de l'histoire aurait bien pu n'être pas édifiée sur le compte de ce héros de fidélité dont on vous a fait le portrait. Mon adversaire ne vous l'a-t-il pas montré comme « un de ces hommes toujours prêts à servir, à combattre, ne demandant rien, contents et presque étonnés lorsque leur vient la récompense, inviolablement fidèles au drapeau et au serment? »

Qu'on veuille avoir de l'indulgence pour les erreurs et les transactions politiques, soit; cette indulgence plaît et convient, d'ailleurs, à une société troublée comme la nôtre; mais si, comme l'a dit M. Rapetti en parlant du maréchal Marmont, on n'a pas le droit de jeter beaucoup de pierres à la femme adultère, on n'a pas le droit non plus de lui décerner les honneurs et les éloges dûs à la fidélité; et c'est s'exposer à de pénibles désillusions que de représenter comme des types de fidélité politique ceux qui ont donné les plus tristes et les plus illustres exemples d'une déplorable versatilité.

Après la bataille de Paris, la défection d'Essonne, l'abdication de l'Empereur à Fontainebleau, le général Pelleport, blessé et encore dangereusement malade, envoie son adhésion au gouvernement nouveau et au nouveau souverain que les armées ennemies viennent de ramener en France; je ne lui en fais pas de reproches et je n'ai pas besoin que mon adversaire me rappelle quel torrent d'adhésions vint alors inonder les colonnes du *Moniteur*; mais je voudrais du moins que, dans ses Mémoires, le général Pelleport n'eût pas la naïveté de s'étonner de ce que « la Restauration avait cru pouvoir confier un commandement à Paris à l'un des derniers défenseurs de l'Empire. »

Chargé par le gouvernement de Louis XVIII d'une inspection générale de l'infanterie, c'est à Grenoble que Pelleport apprend le débarquement en France de Napoléon; il prend la résolution, dit-il, « de faire taire ses sympathies pour l'Empereur, de rester fidèle au gouvernement établi et reconnu dont il est le mandataire, et de ne pas oublier, dans cette importante circonstance, qu'il a dans son portefeuille un brevet signé Louis. » Mais quand est annoncée l'entrée de l'Empereur à Paris, alors sa résolution l'abandonne et il se décide, « non sans regret, dit-il, à écrire au nouveau ministre de la guerre pour se mettre à sa disposition. »

On ouvre les bras à l'enfant prodigue, et on lui donne l'ordre de quitter les Pyrénées et de se rendre à Paris, pour concourir à la défense de la ville. Il part, mais à Toulouse il apprend le désastre de Waterloo; alors, au lieu de se hâter vers Paris, où peut-être on a plus que jamais besoin de ses services, conformément aux ordres du général Decaen il se rend à Narbonne, « pour faire reconnaître le gouvernement du roi et arborer le drapeau blanc; » et il ajoute complaisamment : « Sur le champ de manœuvres, un jeune officier du Gers cria : Vive l'Empereur! en défilant devant moi; je le fis arrêter à la tête de son peloton, et personne n'osa s'y opposer. » Puis il écrit au ministre de la guerre de la nouvelle Restauration une lettre dans laquelle il traite Napoléon d'ennemi, dans laquelle il dit que l'espoir des honneurs et de la fortune n'a jamais déterminé sa conduite, et qu'il termine en demandant qu'on n'oublie pas ses services. Il est en effet nommé par le roi commandant militaire du département du Cantal.

Ce n'est pas fini, Messieurs : Pelleport avait été nommé baron par l'Empereur, en récompense de ses services militaires et de sa bravoure ; en 1822, il change son titre contre celui de vicomte, que le roi veut bien lui accorder. Cependant la révolution de 1830 arrive, et M. Pelleport, se rendant justice à lui-même, parle de la répugnance qu'il éprouve à « changer encore une fois sa cocarde. ». Mais rassurez-vous, Messieurs, sa répugnance ne dure pas longtemps ; dès 1831 elle a diminué : il accepte le commandement supérieur de la garde nationale de Bordeaux ; puis cette répugnance devient de moins en moins vive : la cocarde se retourne tout à fait, et en 1841 il accepte la pairie ; puis enfin, après 1848, l'élection du Président réchauffant son bonapartisme, il demande et il obtient pour son fils une place de sous-préfet.

Voilà ce que je trouve dans les Mémoires militaires du général Pelleport : voilà ce héros de fidélité dont on vous a fait le portrait ; je veux bien encore une fois qu'on ne soit pas sévère pour la versatilité politique, qu'on trouve des excuses pour tous ces changements de cocarde, pour me servir de l'expression même du général ; je veux bien comprendre qu'un soldat n'ait pas eu au milieu des révolutions politiques qu'il a traversées autant de fermeté de conduite qu'il avait montré de courage sur les champs de bataille ; mais je ne comprends pas et ne puis admettre que pour les besoins de la cause on vante en lui les vertus qu'il n'a pas eues, une religion qu'il n'a pas gardée, et qu'on en fasse devant vous, je le répète, un type à part de fidélité ; mon adversaire a eu raison de dire que le général Pelleport avait été un de ces hommes toujours prêts à servir ; mais il ne devait pas ajouter qu'il avait été un de ces hommes ne demandant rien, et inviolablement fidèles au serment.

Voilà, Messieurs, ce qu'aurait pu dire M. Rapetti, voilà ce qu'il avait incontestablement le droit de dire, les Mémoires du général Pelleport à la main, et sans que personne ait pu se plaindre. Voilà ce qu'il eût dit si sa plume avait été guidée contre le général par cet impossible et inexplicable sentiment d'animosité auquel on a voulu vous faire croire ; voilà ce qu'il eût dit si sa morale eût été comme on l'a prétendu, cette morale dont il ne parle, au contraire, que pour la blâmer et pour la flétrir, œil pour œil, dent pour dent : voilà ce qu'il aurait dit.

Il aurait pu dire autre chose : c'est que dans ses Mémoires dont on vous a fait l'éloge, il y aurait matière à dix procès, à vingt procès, non pas en diffamation, puisque le général Pelleport est mort, mais contre l'éditeur, en suppression de tous les passages diffamatoires et injurieux. Les noms les plus illustres et les plus respectés, ceux mêmes de ses compagnons d'armes, Grouchy, Sébastiani, Fabvier, ceux du comte Molé, du général de Castellane, il les dénigre ou les injurie et les diffame ; les conscrits de 1814, ces braves enfants qui se sont battus comme des héros, de manière à étonner les plus vieilles troupes et à faire l'admiration des souverains alliés ; les conscrits de 1814, dont 3,000 arrivant de la Vendée aux portes de Paris, plutôt que de rendre leurs armes se firent tuer jusqu'au dernier au cri de Vive l'Empereur ! les conscrits de 1814, il les représente comme des déserteurs fuyant et se débandant de toutes parts ; voilà encore une fois ce qu'aurait pu dire M. Rapetti, si les sentiments que vous lui prêtez avaient été les siens, s'il eût écouté la voix de la haine et de l'animosité, s'il eût voulu traiter le général Pelleport

en ennemi auquel on a le droit de dire la vérité. Au lieu de cela qu'a-t-il dit?
Il a oublié les changements de cocarde avoués par le général Pelleport, il a
oublié toutes les accusations injustes et passionnées qui remplissent ses Mémoires ; il ne s'est rappelé que la gloire militaire et la bravoure du soldat, et
il a dit avec une loyauté parfaite : « Le général Pelleport, c'est un de nos plus
glorieux soldats. »

Je sais bien qu'il a dit autre chose, et ici, Messieurs, j'arrive au procès lui-
même et à l'examen de ces articles, desquels on se croit en droit de vous
demander réparation.

Vous vous rappelez comment, dans le numéro du *Moniteur universel* du
20 juillet 1857, M. Rapetti écrivait :

« Un général a eu la malencontreuse idée de laisser dans ses papiers une
défense, une apologie de M. de Raguse en 1814 ; du moins le général Pelleport
s'écrie : C'est aux militaires seuls qu'il appartient de le juger ; nous l'accorderons,
mais c'est à la condition qu'ils jugeront plus sévèrement que nous ne le faisons
nous-même, la conduite de M. de Raguse. »

Ce ne sont pas ces lignes qui ont blessé les adversaires, c'est dans la note
qui les accompagne qu'ils prétendent trouver l'abominable calomnie dont,
selon eux, M. Rapetti se serait rendu coupable. Cette note est ainsi conçue :

« Le général Pelleport a oublié de laisser dans ses papiers toutes ses raisons
pour excuser la défection d'Essonne, notamment celle-ci, c'est qu'il avait été lui-
même de cette défection. Le nom de Pelleport figure un des premiers, avec la
qualité de général de brigade, sur un acte d'adhésion à la défection d'Essonne
dont nous avons entre les mains une copie authentique. »

Après vous avoir donné lecture de cette note, mon adversaire vous a dit :
« Vous le voyez, Messieurs, M. Rapetti accuse le général d'avoir été de la
défection. Or, être d'une défection, c'est prendre part à cette défection,
comme être d'une fête ou d'un crime, c'est prendre part à cette fête ou à
ce crime. L'accusation est donc nettement formulée ; le général Pelleport a
pris part de sa personne à la défection d'Essonne, et M. Rapetti, qui sait sa
langue, sans doute, puisqu'il a été professeur de quelque chose au collège
de France, M. Rapetti sait à merveille que c'est là le sens de ses paroles. »
Mon adversaire a raison : M. Rapetti sait sa langue, et il écrit merveilleusement en français ; mais M. Rapetti sait autre chose, c'est qu'il ne faut pas
faire dire aux gens ce qu'ils n'ont pas voulu dire ; c'est qu'il ne faut pas,
quand on discute un passage d'un auteur et qu'on cherche sa pensée, couper
sa phrase en deux, faire deux morceaux, deux tronçons de ce qui compose un
tout, ne montrer qu'une des moitiés de l'idée, celle dont on veut se faire une
arme et puis laisser dans l'ombre, par une habile prétérition, l'autre moitié,
celle qui explique, celle qui complète, celle qui innocente la pensée, ou qui
du moins la fait voir sous son véritable jour ; vous concevez, Messieurs, que
je ne peux pas me livrer devant vous à une discussion quasi-grammaticale

soutenir qu'il y a *et*, tandis que mon adversaire soutiendra qu'il y a *ou*; mais lisez cette note; lisez-la d'un bout à l'autre et d'une façon complète; lisez-là sans vous arrêter, comme on l'a fait, après la première phrase qui s'explique par la seconde, et vous verrez que M. Rapetti n'a jamais voulu dire que le général Pelleport avait pris part de sa personne à la défection d'Essonne ; mais seulement qu'il avait été de cette défection, en ce sens qu'il avait signé un acte d'adhésion à la défection.

Voulez-vous cependant qu'il en soit autrement ? Voulez-vous que l'expression ait mal servi M. Rapetti, et que les mots dont il s'est servi n'aillent pas, comme dit Montaigne, là où allait sa pensée ; voulez-vous qu'en lisant cette note, même complétement, on puisse comprendre qu'en effet le général Pelleport avait pris part de sa personne à la défection d'Essonne, et qu'en effet, c'était là ce que voulait dire M. Rapetti ? Soit ; mais n'oubliez pas qu'averti par vous que c'était là le sens et la portée que vous attachiez à ses paroles, il s'est empressé d'aller au-devant de vos réclamations, de faire la rectification que vous demandiez, de déclarer énergiquement et dans les termes les plus formels, et, permettez-moi de l'ajouter, les plus flatteurs pour la mémoire de votre père, que telle n'avait jamais été sa pensée, et que jamais il n'avait entendu dire que le général Pelleport eût pris part à cette défection; n'oubliez pas comment, dans l'article qui a suivi celui où se trouvait cette note, il fait loyalement, et sans hésiter, une rectification qu'il sait être conforme à la vérité, et, comme il le dit, à l'impartiale justice de l'histoire :

« Le général Pelleport n'est pas un de nos martyrs ; mais c'est un de nos plus glorieux soldats : à tous les titres, il a droit à notre respect et surtout à l'impartiale justice de l'histoire.

» Je n'ai point dit que le général Pelleport ait pris part de sa personne à la défection du 5 avril; il y avait pour cela une trop bonne raison : c'est que ce général, qui venait de faire bravement son devoir le 30 mars, était dans son lit, malade d'une blessure grave reçue par lui à la bataille de Paris, pendant que le 6ᵉ corps auquel il appartenait, opérait sa défection et passait d'Essonne à Versailles. »

Eh bien ! Messieurs, je vous le demande, est-il possible de faire une rectification plus nette et plus catégorique ? Et sur ce point, M. le vicomte de Pelleport n'a-t-il pas obtenu de la bonne volonté et de la loyauté de M. Rapetti toutes les satisfactions qu'il pouvait désirer, et n'est-il pas permis de dire que sur ce terrain la prétention des adversaires n'est pas un moment soutenable ?

Je me résume sur ce premier point :

Jamais M. Rapetti n'a dit, jamais il n'a voulu dire que le général Pelleport eût pris part de sa personne à la défection ; et pour quiconque veut lire avec impartialité, c'est-à-dire complétement et sans la couper en deux, la note de M. Rapetti, il est évident qu'il n'a entendu dire que ceci : « Le général Pelleport a été de la défection, en ce sens qu'il a signé un acte d'adhésion à cette défection ; et puis enfin, en admettant que le sens de cette note fût obscur et qu'elle pût recevoir l'explication que veulent lui imposer les adversaires, M. Rapetti a fait une rectification trop complète, a donné aux adversaires une satisfaction trop entière pour qu'ils aient encore quelque chose à réclamer sur ce premier point. J'ai hâte, Messieurs, d'arriver au second point, qui est peut-être dans ce procès le seul véritablement digne de votre attention.

Après avoir déclaré que jamais il n'avait dit ni entendu dire que le général Pelleport eût pris part de sa personne à la défection d'Essonne, M. Rapetti ajoutait : « Mais j'ai dit qu'il y avait un acte d'adhésion à l'événement d'Essonne et que le nom de Pelleport figurait sur cet acte avec sa qualité de général de brigade ; » puis quelques lignes plus loin il donnait ce document.

Eh bien! est-il vrai que le document original existe en effet avec la signature du général Pelleport? Est-il vrai que cette pièce soit un acte d'adhésion à la défection d'Essonne? Ce sont là les deux questions de fait qui me restent à examiner.

Mon adversaire vous a dit que cette pièce n'existait pas : car, malgré toutes les démarches et toutes les sommations, on n'avait pu en obtenir communication de M. Rapetti. Il a ajouté que, dans tous les cas, cette pièce ne pouvait pas porter la signature du général Pelleport, puisqu'elle était datée de Rouen, le 19 avril, époque à laquelle le général était encore à Paris, malade de sa blessure, et que, d'ailleurs, le général ayant adhéré, le 23 avril, au nouvel état de choses, ne pouvait avoir fait, le 19, une autre adhésion qui eût fait double emploi avec celle du 23.

Et de ces deux points, mon adversaire est parti pour vous signaler la mauvaise foi de M. Rapetti, pour vous signaler ses mensonges, pour l'appeler un indigne calomniateur, pour vous le montrer inventant ou falsifiant des documents pour les besoins de sa cause ; il me semble, Messieurs, qu'avant de traiter mon client avec une pareille violence et une si grande dureté, on aurait pu, on aurait dû se demander si on était bien sûr de son fait ; or, je suis fâché d'enlever ses illusions à mon adversaire sur ces divers points, mais je suis forcé de lui dire que la pièce existe réellement, et qu'elle existe avec la signature du général Pelleport.

La pièce existe réellement, et si nous sommes restés sourds à toutes les demandes de communication des adversaires, c'est par une raison toute simple ; c'est que cette pièce, qui a fait en effet l'objet d'un procès entre l'État et les héritiers du duc de Raguse, procès dont il se peut que mon adversaire n'ait pas entendu parler, sans qu'il y ait pour cela de notre faute, cette pièce est déposée aux archives de la guerre, où on a bien pu nous la confier pour en prendre connaissance, mais où on n'a pas voulu nous la remettre, fût-ce même pour en donner communication ; voilà pourquoi, et il n'y a là rien que de très naturel, M. Rapetti écrivait à M. le vicomte de Pelleport qu'il ne pouvait pas lui envoyer cette pièce à Bordeaux, mais qu'il était tout prêt à la faire connaître à une personne sûre et discrète que pourrait lui envoyer M. Pelleport.

Ainsi la pièce existe, elle existe aux archives de la guerre, dont nous n'avions pas le droit de la tirer, mais dont le tribunal a la puissance de la faire sortir pour en avoir communication.

Non-seulement la pièce existe, mais elle existe avec la signature du général Pelleport. C'est peut-être, dit-on, un officier d'état-major qui aura mis le nom de Pelleport, sans qu'il en fût prévenu, sur une liste des officiers supérieurs du 6e corps ; ce refuge ne vous sauvera pas. Je n'ai pas dit que ce fût son nom qui fût au bas de cet acte, j'ai dit que c'était sa signature, sa signature à laquelle il a ajouté son titre de général de brigade, de manière que c'est bien lui qui a apposé son nom au bas de cet acte.

Vous dites qu'il est impossible que cet acte, rédigé à Rouen, fût signé du général, malade à Paris ; cela prouve qu'on attachait une grande importance à avoir la signature du général sur l'acte dont il s'agit, et qu'en conséquence on l'a probablement envoyé à Paris pour y faire apposer cette signature ; vous ajoutez enfin que le général Pelleport avait envoyé son adhésion au nouveau gouvernement, que le *Moniteur* du 23 renferme cette adhésion, et qu'il n'est pas possible qu'il ait donné le 19 une autre adhésion, et moi je vous réponds que c'est là un argument de la plus haute gravité, dont je me servirai tout à l'heure pour démontrer que si, comme vous le dites, le général a adhéré le 23 au nouvel état de choses et au nouveau gouvernement, l'adhésion du 19, dont il s'agit au procès, est une adhésion ayant un autre caractère et une autre portée, car sans cela elle serait un pléonasme et ferait double emploi avec celle dont vous me parlez.

Il est donc constant maintenant, malgré les inutiles, et, je puis le dire, les compromettantes dénégations des adversaires ; il est constant que la pièce citée par M. Rapetti existe réellement, et qu'elle porte non pas le nom, mais la signature de Pelleport, général de brigade.

Il me reste maintenant à vous démontrer, Messieurs, que l'acte publié par M. Rapetti est véritablement un acte d'adhésion à la défection d'Essonne, que c'est là son véritable caractère ; qu'enfin mon client a été dans le vrai, qu'il ne s'est pas trompé dans son appréciation historique, que son intelligence n'a pas mal servi son jugement lorsqu'il a dit que l'acte du 19 avril était une adhésion à la défection d'Essonne et une ratification de cette défection. Voilà ce qu'il faut que je discute devant vous.

Permettez-moi, Messieurs, de m'épouvanter d'une pareille mission ; permettez-moi de me demander si je suis compétent pour la remplir, et de m'effrayer aussi de la voie dangereuse dans laquelle on veut vous faire entrer. Quelle est la tâche qu'on veut vous faire entreprendre ? ce n'est pas seulement d'imposer à la calomnie les châtiments dont elle est digne et qu'il faut lui infliger, même lorsqu'elle prétend se cacher sous le manteau de l'histoire ; ce qu'on vous demande aujourd'hui, c'est d'apprécier, d'interpréter le sens et la valeur de documents historiques ; ce qu'on vous demande, c'est de fixer de quel côté est la vérité, de quel côté l'erreur sur tel ou tel point plus ou moins obscur, plus ou moins confus de notre histoire ; de dissiper des nuages auxquels la condition de l'histoire est d'être éternellement condamnée ; de soulever enfin de votre main humaine la pierre qui recouvre ces abîmes pour y faire éclater la lumière. Voilà ce qu'on vous demande, oubliant sans doute que ce travail interne et spécial de l'histoire est si difficile et si délicat qu'un critique célèbre, considérant l'espèce de divination qui est nécessaire à l'historien, l'appelait le *prophète du passé*.

Voilà cependant le rôle que vous impose le procès actuel, voilà la mission que vous osez entreprendre !

Puisque telle est la condition qui nous a été faite, à vous, Messieurs, d'apprécier des faits de cette nature ; à mon adversaire et à moi de les discuter devant vous, voyons si l'acte dont il s'agit est bien un acte d'adhésion à la défection d'Essonne, et pour cela, Messieurs, permettez-moi d'évoquer les plus tristes souvenirs de 1814, et de vous rappeler les circonstances dans lesquelles s'est produit ce navrant épisode de notre histoire ; j'ai besoin de le faire pour vous expliquer la véritable portée de l'acte produit par M. Rapetti.

Vous savez, Messieurs, comment, après la bataille et la capitulation de Paris, l'armée impériale se trouva réunie à Fontainebleau et dans les environs ; vous savez aussi comment l'Empereur avait assigné au maréchal Marmont, commandant le 6e corps, la position d'Essonne. Le 6e corps, fort de 12,000 hommes, se trouvait ainsi former l'avant-garde de l'armée impériale ; et, en confiant à Marmont ce poste important, l'Empereur avait dit : « Essonne, c'est là que viendront s'adresser toutes les intrigues, toutes les trahisons ; aussi y ai-je placé Marmont, mon enfant, élevé sous ma tente. »

Cependant, dans la nuit du 4 au 5 avril, obéissant, ceci paraît aujourd'hui démontré, à l'ordre qu'ils avaient reçu du maréchal, les généraux qui commandaient sous ses ordres mirent les troupes en mouvement vers Paris. Je laisse parler M. Vaulabelle :

« ... Des transports de joie éclatèrent à cette nouvelle. Enfin on allait se battre ! Le repas se prolongea au milieu des plus patriotiques effusions et de toasts nombreux portés à l'Empereur et à son triomphe infaillible. Vers minuit, quelques colonels voulurent se retirer pour prendre un peu de repos ; on les retint. L'Empereur, leur dit-on, devait arriver à Essonne avec le gros de l'armée dès la pointe du jour ; le 6e corps, désigné pour former l'avant-garde, était forcé de se remettre en mouvement vers trois heures du matin : il devenait donc inutile de se coucher. On attendit. A une heure indiquée les troupes prirent les armes, et le corps d'armée, échelonné en brigades, ayant la division de cavalerie de Bordesoulle en tête, prit, vers trois heures et demie du matin, la route de Paris. Il était nuit noire.

» ... Cependant les troupes continuaient leur mouvement. La route, contre leur attente, était sans obstacles ; les régiments d'avant-garde avançaient sans avoir à répondre au moindre qui vive ; seulement un bruit étrange qui leur venait de chaque côté du chemin, et dont l'obscurité les empêchait de se rendre compte, tenait leur attention en éveil. Enfin, à la hauteur du Petit-Bourg, l'aube du jour parut. Nos soldats regardèrent alors autour d'eux ; d'abord ils se crurent dupes d'une illusion ; bientôt un sentiment de vague inquiétude ralentit leur marche ; au bout de quelques instants, ils s'arrêtèrent frappés de stupeur ! les deux côtés de la route étaient bordés par plusieurs lignes de troupes rangées en bataille ; ces troupes, c'était l'ennemi ; le 6e corps se trouvait au milieu de l'armée russe ! Pour comble de honte, les alliés rendaient les honneurs militaires à nos régiments ; leurs fantassins portaient les armes, leurs cavaliers avaient le sabre haut, des fanfares éclataient sur toute cette double ligne. Le 30e dragons occupait la tête de la division Bordesoulle ; un général commanda de rendre le salut et d'avancer. « Si nos dragons tirent le sabre, s'écria le colonel Ordener, ce sera pour charger ! » Le général n'insista pas. Rétrograder était impossible ; ces braves gens si ardents, si fiers quelques minutes auparavant, se remirent en marche, la rage au cœur. »

On arriva bientôt à Versailles ; là éclata ce qu'on a mal à propos appelé la révolte du 6e corps, comme si, dans ce moment, les chefs de la désertion n'étaient pas les vrais rebelles. Il serait impossible de décrire le désespoir de ses héroïques soldats, qui se trouvaient ainsi livrés à l'ennemi tandis qu'ils croyaient marcher au combat ; les uns brisaient leurs armes, les autres juraient de mourir plutôt que de se rendre ; on vit des officiers arracher leurs épaulettes, disant qu'ils étaient déshonorés et qu'ils n'étaient plus dignes d'exercer le commandement. En vain les généraux se présentèrent, espérant en imposer à la sédition ; on les hua, on les siffla, on leur tira quelques coups de fusil, ils furent contraints de se retirer. Cependant il fallait prendre un parti ; la révolte se donna un chef, l'intrépide colonel Ordener. Le premier avis ouvert fut de tomber sur l'ennemi et de se faire tuer jusqu'au dernier ; on finit par s'arrêter au parti de se faire jour à tout prix et d'aller rejoindre l'Empereur à Fontainebleau.

La nouvelle de cette révolte, qui pouvait tout remettre en question, avait atterré à Paris le gouvernement provisoire et surtout le maréchal Marmont. Cette révolte enlevait au mouvement du 6ᵉ corps toute la signification qu'on voulait lui donner. Écoutez parler M. Rapetti sur ce point :

« On avait besoin de la défection d'une partie de l'armée française ; or il se trouvait qu'il n'y avait point de défection. Trompés, livrés à leur insu et malgré eux, les soldats ne montraient même pas, dans le piége où on les avait fait tomber, cette morne résignation qu'on aurait pu faire passer pour un tacite consentement. Loin de se résigner, ils avaient menacé de mort, chassé leurs généraux ; pour réparer le crime dont ceux-ci s'étaient rendus coupables, ils ne parlaient de rien moins que de braver une destruction générale et certaine. On les avait placés entre l'infidélité et la mort, ils optaient pour la mort. Or, il ne pouvait rien arriver de plus fâcheux au parti de la trahison. Marmont et ses complices n'avaient rien livré ; ils n'avaient livré qu'eux-mêmes. Ils avaient fait moins encore que de ne pas rendre le service qu'on attendait d'eux ; ils procuraient à l'armée française une occasion éclatante et terrible de manifester l'unanimité loyale de ses sentiments. »

Aussi, Messieurs, Marmont n'hésita pas ; il partit pour Versailles, où son autorité fut d'abord méconnue et sa vie presque en péril ; les historiens racontent que cependant il put se faire entendre ; il montra ses blessures ; il eut des larmes dans la voix ; il jura à ses soldats sur son honneur de maréchal que c'était leur bien qu'il voulait, et qu'il ne s'agissait que de hâter la conclusion de la paix. Ces braves gens n'étaient pas habitués à douter de la parole d'un maréchal de France ; ils s'apaisèrent, et, au lieu de continuer leur route sur Fontainebleau, ils se laissèrent diriger vers la Normandie.

Quant à Marmont, il revint à Paris, chez M. de Talleyrand ; il y fut fêté, complimenté, comme s'il eût remporté une victoire, et il put reconnaître, à l'enthousiasme des ennemis de son maître, la triste réalité de sa défection.

Cependant, Messieurs, malgré le triomphe qui lui avait été décerné à son retour, Marmont n'avait pu oublier la révolte du 6ᵉ corps, cette révolte par laquelle ses troupes avaient tout d'abord réagi contre la défection.

« ... Le duc de Raguse, écrit M. Rapeti, avait toujours sur le cœur le mouvement de révolte par lequel le 6ᵉ corps avait tout d'abord réagi contre la défection. Cette révolte n'avait pas eu lieu sans une coopération quelconque de certains chefs qui s'y étaient prêtés, qui ne l'avaient pas empêchée, qui l'avaient peut-être approuvée tout haut. D'autres chefs avaient été absents au moment de la défection, et l'on pouvait les mettre à la suite de ceux qui l'avaient plus ou moins énergiquement blâmée. Le duc de Raguse résolut d'effacer la trace de ces oppositions, de rendre impossibles toutes les suppositions de contrainte, de surprise, de dissentiment, et pour cela il imagina de faire rédiger une formule d'adhésion, dans laquelle s'inscrivaient les noms de tous les chefs du 6e corps qui avaient été étrangers ou contraints à l'acte de défection. »

« Cette formule d'adhésion, Messieurs, cette espèce d'amende honorable de la révolte, de ratification de la défection, c'est la pièce dont il s'agit au procès ; je laisse à un plus habile, à un plus compétent que moi, le soin de vous démontrer que c'est là le véritable caractère de cet acte, et M. Rapetti demandera tout à l'heure au tribunal la permission de lui lire une note, qui ne pourra, je le crois, laisser dans vos esprits aucune place au doute, qui démontrera qu'il a eu raison de dire que cet acte était un acte d'adhésion à la défection d'Essonne.

Supposons cependant que M. Rapetti se soit trompé dans son appréciation, qu'il ait mal interprété l'acte du 19 avril ; supposons que les adversaires soient dans le vrai, lorsqu'ils soutiennent que cet acte n'est qu'une adhésion ordinaire, et qu'on a eu tort de la regarder comme une amende honorable de la révolte ; supposons cela ; qu'avaient à faire les adversaires ? Deux routes se présentaient à eux, deux voies dans lesquelles ils pouvaient entrer et qui leur étaient indiquées par la loi.

Il y en avait une première ; s'ils pensaient que M. Rapetti fût de mauvaise foi dans son appréciation, il fallait l'appeler devant la justice répressive ; il fallait le citer devant la police correctionnelle, il fallait le faire condamner comme un diffamateur ; les adversaires ont compris qu'ils ne pouvaient pas le faire, et qu'en admettant que M. Rapetti se fût trompé, ils ne pourraient jamais démontrer qu'il eût voulu tromper les autres ; ils ont compris que personne ne pourrait croire à la mauvaise foi d'un homme qui publie loyalement la pièce dont il parle et sur laquelle repose son appréciation.

Si, au contraire, comme cela ne peut être douteux, M. Rapetti n'était pas de mauvaise foi, il y avait une autre voie à prendre pour rectifier ce qu'on croyait une appréciation erronée ; c'était d'user de la faculté accordée par l'article 11 de la loi de 1822, à toute personne nommée ou seulement désignée dans un journal, d'exiger l'insertion d'une réponse ou d'une rectification, pourvu que cette réponse soit convenable, et que les termes n'en soient pas injurieux. Pourquoi M. le vicomte de Pelleport n'a-t-il pas usé de ce moyen que lui donnait la loi ? Est-ce que les colonnes du *Moniteur* ne lui ont pas été ouvertes ? est-ce qu'on a refusé d'insérer sa réponse ? Est-ce que, au contraire, on ne s'est pas mis entièrement à sa disposition à cet égard ? est-ce que, aujourd'hui encore, nous ne déclarons pas que nous sommes tout prêts, comme nous l'avons toujours été, à nous conformer à cette loi et à accueillir ses réclamations ?

Ainsi, vous le voyez, Messieurs, la loi, dans sa prévoyance, n'a pas laissé les citoyens sans protection contre des faits de la nature de ceux dont M. le vicomte de Pelleport prétend avoir à se plaindre aujourd'hui. Si une calomnie se montre dans les colonnes d'un journal, celui qui s'en prétend victime appellera l'écrivain devant les tribunaux répressifs, et le fera condamner comme diffamateur. Si, au contraire, il ne s'agit que d'une appréciation historique erronée, la réfutation est permise, et la loi impose de publier cette réfutation. Voilà les moyens que la loi mettait à la disposition de M. le vicomte de Pelleport, et nous sommes encore à nous demander pourquoi il refuse la réparation qui lui est due pour réclamer une réparation qui ne saurait lui être accordée.

Cependant M. de Pelleport soutient qu'il a d'autres droits que ceux que nous venons d'indiquer, et il invoque le jugement que vous avez rendu dans une affaire récente, pour réclamer contre nous l'application de l'article 1382, comme la réclamaient et comme l'ont obtenue les héritiers du prince Eugène, plaidant contre l'éditeur des *Mémoires du duc de Raguse*.

Cette assimilation, Messieurs, entre deux affaires qui ne se ressemblent ni en fait ni en droit, je la repousse énergiquement; et je m'étonne que les adversaires n'aient pas été frappés des différences capitales qui séparent les deux espèces.

Un homme meurt, laissant dans des Mémoires qui ne seront publiés qu'après sa mort des calomnies odieuses et de révoltantes diffamations contre la génération au milieu de laquelle il a vécu, et contre ses contemporains les plus illustres et les plus respectés; ces diffamations et ces calomnies, elles reposent sur des actes faux, et dont la fausseté est établie par des documents authentiques. Que feront donc les héritiers de ceux qui ont été ainsi diffamés? Ils ne pourront pas s'adresser à la police correctionnelle, car la tombe garantit le diffamateur contre une condamnation; ils ne seront pas protégés non plus par la loi de 1822, car il s'agit d'un livre et non pas d'un article de journal auquel on puisse répondre par une rectification insérée dans le même journal. Cependant ils ne peuvent rester désarmés; que feront-ils donc? Ils demanderont et ils pourront obtenir, et ils obtiendront, en effet, qu'à côté du mensonge on place la vérité, la défense à côté de l'accusation; ils demanderont qu'on mette en regard des pièces sur lesquelles repose la diffamation, les pièces qui doivent confondre le diffamateur, afin que le lecteur, ainsi éclairé, puisse juger lui-même en connaissance de cause, afin qu'il ait en main, si je puis m'exprimer ainsi, toutes les pièces du procès, et que son jugement ne puisse pas être trompé.

Vous voyez bien qu'il ne faut pas assimiler ces deux espèces; vous voyez bien que dans l'une il s'agit d'un homme mort, tandis que dans l'autre vous avez en face de vous un écrivain vivant; que dans l'une il s'agit d'un livre posthume, tandis que dans l'autre il s'agit d'un article de journal auquel vous avez toujours le droit et la possibilité de répondre.

Voulez-vous cependant, Messieurs, qu'on puisse assimiler deux espèces si différentes, deux situations si peu semblables; voulez-vous que les adversaires puissent avoir le droit de se comparer légalement aux héritiers du prince Eugène? Je veux bien le supposer un moment, quelle que soit la répugnance de mon esprit pour une pareille assimilation; mais alors j'en appellerai, moi aussi, à cette jurisprudence qui cependant n'est pas faite pour moi, et derrière laquelle prétendent s'abriter les adversaires, et, l'arrêt de la Cour à la main, je viendrai vous demander de ne pas aller plus loin encore pour les articles de M. Rapetti, que vous n'avez été pour les Mémoires de Marmont, et de ne pas resserrer encore les limites déjà si étroites qui ont été faites à l'histoire.

Lisez, Messieurs, l'arrêt de la Cour : qu'y verrez-vous ? « Considérant, dit l'arrêt, que si le droit de l'histoire est de juger avec une entière liberté les personnes et les choses ; que si même il est consacré que lorsque cessant d'être un juge incorruptible, et manquant aux devoirs d'impartialité, de probité, de vérité, qui sont l'âme de l'histoire, l'écrivain distribue l'éloge ou le blâme au gré de sa passion et de ses ressentiments, ses jugements, quelque contraires qu'ils soient à la conscience publique, ne relèvent que de l'opinion, c'est à la condition que le mensonge n'entrera pas dans son œuvre, c'est-à-dire que les faits seront rapportés avec exactitude, sans addition qui les dénature, sans retranchement des circonstances qui les expliquent et en fixent le caractère, de manière, enfin, que le lecteur, soit qu'il s'agisse de louer, soit qu'il s'agisse de blâmer, puisse apprécier personnellement et prononcer. »

Eh bien ! moi aussi j'invoque cet arrêt, et c'est cet arrêt à la main que je repousse la demande de M. le vicomte de Pelleport.

Qu'a donc fait M. Rapetti ? il a donné, d'un document historique, une interprétation que vous croyez fausse et qu'il croit exacte : il a apprécié ce document autrement que vous l'appréciez vous-même ; il a dit : « J'y vois une ratification de la défection d'Essonne, » tandis que vous n'y voulez voir qu'une adhésion à un nouveau gouvernement ; il a eu tort ou il a eu raison ; il a été dans dans le vrai, ou bien il s'est trompé, peu importe ; mais en tout cas, il a cité l'acte qu'il appréciait ; il a publié, comme je le disais tout à l'heure, la pièce du procès, de manière qu'entre son appréciation et la vôtre, on peut juger en connaissance de cause de quel côté est la vérité ; de manière, pour m'exprimer comme l'arrêt, « que le lecteur, soit qu'il s'agisse de louer, soit qu'il s'agisse de blâmer, peut apprécier personnellement et prononcer. »

En admettant donc, ce qui est impossible, qu'on puisse, comme l'ont fait les adversaires, assimiler deux situations aussi différentes que celle des héritiers du prince Eugène et de M. de Pelleport, vous voyez, Messieurs, que l'arrêt de la Cour lui-même est la condamnation la plus éclatante de la prétention qu'on voudrait vous faire accueillir.

D'ailleurs, et c'est là, Messieurs, le dernier moyen que je veux faire valoir, a-t-on bien réfléchi à l'étrangeté de cette prétention, et les adversaires, en formulant leurs conclusions, n'auraient-ils pas dû comprendre qu'ils commettaient un anachronisme, qu'ils remontaient vers d'autres temps, et que nos lois sont aujourd'hui des lois de civilisation et non plus des lois de barbarie ?

Autrefois, dans ces temps de législation barbare dont je parle, quand un homme avait commis quelque grand crime, on le menait sur la place publique, la tête nue, un cierge allumé à la main, et là, à genoux, à la face de tous, il était forcé d'avouer son crime et d'en demander pardon à Dieu, au roi et à la justice ; c'était là ce qu'on appelait l'amende honorable, et l'amende honorable était une peine afflictive et infamante.

Je ne voudrais pas, Messieurs, qu'on m'accusât de comparer les petites choses aux grandes, mais à véritablement parler, moins le cierge et la place publique, c'est une amende honorable qu'on vous demande d'imposer à M. Rapetti. Il a dit, parce que c'était sa conviction, que l'acte du 19 avril était une adhésion à la défection d'Essonne; on veut qu'aujourd'hui, publiquement et dans les colonnes du *Moniteur*, il déclare le contraire, et qu'il signe cette déclaration de son nom. N'est-il pas vrai, Messieurs, qu'il est moralement et légalement impossible de faire à un écrivain une pareille condition, de l'abaisser à ce point, et, sous prétexte de relever la dignité de l'histoire, d'attenter ainsi à la dignité de l'historien et à la dignité de l'homme? Encore une fois, Messieurs, c'est une condition impossible que celle qu'on vous demande de faire à M. Rapetti; ce serait, je le répète, ressusciter pour lui l'amende honorable, sinon dans ce qu'elle avait d'afflictif, au moins dans ce qu'elle avait d'infamant, et l'on ne peut vous demander l'application d'une peine que la civilisation et les progrès de la dignité humaine ont fait disparaître de nos lois.

A tous les points de vue, la demande des adversaires est donc inadmissible.

J'ai fini, Messieurs, mais permettez-moi une dernière réflexion : la décision qui a été rendue dans l'affaire des *Mémoires du duc de Raguse* a imposé à l'historien le plus impartial des devoirs bien lourds et des obligations bien difficiles à remplir. Mais si vous faites un pas de plus dans la voie où vous êtes entré, je ne crains pas de dire qu'il faut que l'historien brise sa plume, et qu'il renonce à juger le passé. Et s'il ne suffit plus pour le garantir contre toutes les attaques, qu'il fournisse loyalement à l'appréciation du public auquel il parle, les documents historiques sur lesquels il fait reposer ses propres appréciations; s'il ne suffit plus, comme dit l'arrêt de la Cour, que le lecteur puisse apprécier personnellement et prononcer, vous aurez fait de la liberté de l'histoire une servitude à laquelle pas un homme de cœur ne voudra se condamner.

M. Rapetti a, je crois, l'intention de demander au tribunal la permission de lire une note.

<hr>

NOTE DE M. RAPETTI (1).

Seul de tous les corps de l'armée française, le 6ᵉ corps avait obéi aux décrets du gouvernement provisoire, commandant à l'armée de quitter les drapeaux de l'empereur Napoléon. Le 6ᵉ corps avait ainsi adhéré en acte; il n'avait donc pas à adhérer par écrit.

Pourtant, il signe une formule d'adhésion. Pourquoi? Parce qu'il avait fait défection sans le vouloir et sans le savoir, parce qu'il s'était révolté contre la défection dès qu'elle lui fut connue, parce qu'il avait à rétracter cette protestation contre sa défection.

Or, on ne peut rétracter une protestation que par le retrait des sentiments qui ont fait la protestation, et par l'admission des sentiments contraires à ceux qui ont fait la protestation; en d'autres termes, pour rétracter une protestation contre une défection, il faut ne plus repousser, mais admettre la défection.

<hr>

(1) Cette note étant en dehors des usages du Palais, nous croyons ne devoir en donner que le résumé.

L'acte du 19 avril est ainsi. indépendamment de toute autre preuve, une approbation donnée après coup à la défection du 4-5 avril.

Cette preuve principale, et je crois irréfragable, n'est pas la seule que j'aie présentée.

Je me suis demandé pourquoi l'acte du 19 avril, à côté des Bourbons qui seuls étaient alors en puissance, auxquels seuls on pouvait faire ou ne pas faire adhésion, pourquoi cet acte énumère encore, contrairement à toutes les convenances, des corps politiques d'un ordre relativement inférieur qui n'avaient plus qu'une existence nominale et problématique, et même le Gouvernement provisoire, qui avait dûment cessé d'exister ? Et j'ai répondu que cette énumération, cette évocation des pouvoirs qui venaient tout récemment de commander la défection, avaient été imposées au rédacteur de l'adhésion du 19 avril par la nécessité d'indiquer, sans le nommer, l'acte d'une défection faite en conformité des ordres des pouvoirs susdits.

Je me suis encore demandé pourquoi les fauteurs principaux de la défection n'ont pas signé l'acte du 19-30 avril. Et j'ai répondu que cette abstention s'explique bien naturellement par cette considération que ces personnages, qui étaient la défection elle-même, n'avaient pas à intervenir dans un acte destiné à rétracter une protestation contre leur propre défection.

Je me suis demandé encore pourquoi d'autres généraux du 6e corps, qui probablement ont pris part à la protestation contre la défection, se sont également abstenus de placer leurs signatures au bas de l'acte du 19-30 avril. Et j'ai répondu que cette abstention non motivée par le refus de reconnaître les Bourbons, que ces généraux ont en effet reconnus, s'explique par cette considération que ces généraux ont vu dans l'acte du 19 avril autre chose qu'une reconnaissance des Bourbons, c'est à savoir une approbation quelconque de cette défection contre laquelle ils avaient protesté et contre laquelle ils croyaient devoir maintenir leur protestation.

Je me suis demandé enfin pourquoi l'acte du 19-30 avril n'a pas été publié, bien que cet acte représentât en apparence l'adhésion très importante d'un corps d'armée, et que le gouvernement du temps fût empressé à donner la publicité la plus grande à ces sortes de manifestations. Et j'ai répondu que la non-publicité de l'acte du 19-30 avril, dont on chercherait en vain une autre raison, s'explique fort naturellement par cette considération que cet acte n'était pour personne une adhésion proprement dite aux Bourbons ; qu'on ne pouvait même pas se flatter de le faire prendre par l'opinion, alors fort instruite des faits, pour ce qu'il n'était pas, que personne alors ne s'y serait trompé ; et que tous voyaient également dans cette adhésion apparente un arrangement particulier à la position de M. de Raguse, un de ces faits de guerre civile que les partis, quels qu'ils soient, d'un commun accord, consentent à cacher et à tenir dans le secret.

J'en ai fini avec ma démonstration ; mais il me reste encore à dire quelques mots du général Pelleport, dont on trouve la signature au bas de l'acte du 19 avril.

Pourquoi ce général a-t-il signé cet acte ?

Pourquoi me suis-je occupé de ce personnage, qui n'était pas principal dans mon sujet ?

VII.   4

Telles sont les deux questions auxquelles je dois répondre. Je le ferai en peu de mots et, je n'ai pas besoin de l'ajouter, avec modération.

Mais, de ces deux questions, il en est une, la première, que je ne saurais résoudre moi-même ; je me bornerai à rapporter les faits.

M. Pelleport, blessé à la bataille de Paris, n'était pas au 6° corps lors de la défection du 4-5 avril. Ainsi, comme je l'ai dit, il n'a point pris part, de sa personne, à cette défection.

Mais, absent, on pouvait croire qu'il eût été un de ceux qui n'avaient pas approuvé la défection et qu'il aurait concouru à protester contre elle. La loyauté bien connue de son caractère l'exposait à cette honorable supposition. On le sollicita donc de signer l'acte. Il signa. Il y avait un autre général absent du 6° corps pendant la défection. Celui-ci, le général Ricard, n'a pas signé, bien qu'il se soit aussi montré, comme M. Pelleport, un partisan très zélé des Bourbons.

Comment M. Pelleport a-t-il eu cette faiblesse ? Encore une fois, je ne saurais le dire, du moins sans entrer dans l'examen d'un caractère où quelques défauts, il faut bien le reconnaître, avoisinent de bonnes et brillantes qualités. Mais si vous tenez à savoir quelque chose sur ce sujet, c'est M. Pelleport lui-même qui se chargera de vous dire comment, dans une situation peu différente, en 1815, il s'est décidé à un parti qui offre quelque analogie avec celui qu'il a pris en 1814.

En 1815, après le débarquement au golfe Jouan, M. Pelleport accepta une mission militaire ayant pour but de s'opposer aux progrès de l'Empereur, et M. Pelleport fit de son mieux pour rester fidèle à son nouveau devoir. Mais il arriva dans une ville où il fut impossible de continuer sa résistance. Voici comment il s'exprime :

« Arrivé à Montpellier, dit-il, où avait été arboré le drapeau tricolore depuis quatre jours, il me fut impossible d'en sortir pour me rendre dans ma famille. Je fus donc retenu et chargé, par les partisans de l'Empereur, de faire armer la ville et la côte de Cette, mission qui ne me convenait sous aucun rapport, car elle était en opposition avec ma conduite antérieure. Refuser, fut ma première pensée et la première expression de mon cœur ; mais en réfléchissant ensuite que ce refus pouvait avoir pour moi les suites les plus fâcheuses, sans aucune utilité pour le service du roi, j'obéis... Le maire de la ville, qui m'avait inspiré la plus grande confiance, fut témoin de la peine que j'éprouvais. » (Tome II, page 133, des *Souvenirs* du général Pelleport.)

Voilà l'homme vaillant, généreux, honnête, mais faible et perdant la tête dans une de ces circonstances où le devoir ne se présente pas à lui sous la forme du dévoûment sur le champ de bataille ou de l'exacte et sévère probité dans une gestion administrative. Il accepte une mission pour les Bourbons contre l'Empereur. Mais il arrive dans une ville où les dispositions sont très vives, et il l'accomplit, cette mission, contre les Bourbons pour l'Empereur.

Pourquoi l'homme qui cède ainsi à des circonstances très violentes, j'en conviens aisément, aurait-il résisté, une année auparavant, à d'autres circonstances non moins violentes, il faut encore en convenir ? En 1814, lorsqu'il fut sollicité de signer l'acte du 19 avril, je répéterai avec peu de variantes ses

propres paroles, n'en pouvant pas trouver de plus exactes, la première pensée et la première expression de son cœur fut sans doute de refuser ; mais
alors aussi il réfléchit qu'un refus pouvait avoir pour lui les suites les plus
fâcheuses, sans aucune utilité pour le service de l'Empereur (qui gagnait en
ce moment l'île d'Elbe), et il obéit.

Au reste, M. Pelleport se doutait bien lui-même qu'il n'avait pas précisément adhéré aux Bourbons par l'acte du 19 avril 1814 ; car cet acte, proposé
dès le 19, colporté pendant dix jours, ne fut envoyé à Paris que le 30 avril.
Or, dans cet intervalle du 19 au 30, M. Pelleport avait individuellement
adressé au ministre de la guerre son adhésion aux Bourbons, qui figure au
Moniteur du 23 avril. Mais si le général Pelleport avait déjà adhéré aux
Bourbons avant le 23, à quoi donc avait-il adhéré par l'acte collectif des
19-30 avril ?

Les *Souvenirs militaires* du général Pelleport renferment un mot profondément honnête et vrai, je me plais à le constater, un de ces mots qui feraient
tomber toutes les critiques, si l'on n'était pas en procès : « Les événements
et les circonstances, dit-il, ont souvent été au-dessus de mes forces. »

J'ai dit tant bien que mal pourquoi le général Pelleport a signé l'acte du
19-30 avril. Je serai moins gêné pour vous dire pourquoi j'ai cru devoir faire
intervenir M. Pelleport dans un débat où il n'était pas un personnage
principal.

Le général Pelleport a eu l'idée, selon moi malencontreuse, de mettre dans
ses *Souvenirs militaires* quelques mots très vifs pour justifier Marmont
d'avoir fait défection en 1814.

Je m'occupais de faire un ouvrage sur cet événement, je ne pouvais pas
laisser derrière moi une autorité comme celle de M. Pelleport, un général
du 6ᵉ corps, un homme qui devait avoir des faits une tradition certaine.

Je fis donc beaucoup d'attention à l'opinion de M. Pelleport. Mais, je dois
l'ajouter, quand j'eus bien étudié mon sujet, je trouvai ses assertions tellement..... complaisantes, que je ne perdis pas mon temps à m'étonner ; je me
demandai tout aussitôt : Quel intérêt a pu avoir ce contemporain à ne rien
savoir de cette histoire de son temps ?

Qu'on en juge. La défection de Marmont est prouvée : 1° par son traité de
défection avec le prince de Schwartzenberg, en date du 3-4 avril, publié
dans le *Moniteur* du 7 avril ; 2° par son ordre du jour au 6ᵉ corps, du 5,
publié également dans le *Moniteur* du 7 ; 3° par la proclamation de l'Empereur à l'armée, en date du 5, où la défection de Marmont est qualifiée en
des termes dignes de Napoléon Iᵉʳ, mais formels ; 4° par les ordres du jour
de deux chefs des armées ennemies, commandant des dispositions pour éche-
lonner des troupes sur les flancs et en arrière du 6ᵉ corps passant d'Essonne à
Versailles. Ces ordres du jour, donnés en conséquence du traité de défection
arrêté dès le 4, pour la nuit du 5, se trouvent dans les Mémoires du temps.

Or, le général Pelleport prétendant que Marmont n'a pas négocié, consenti,
arrêté, fait exécuter une défection, ne prend pas même la peine de s'occuper
de ces témoignages accablants. Le traité du 3-4 avril, il n'en parle pas. L'ordre
du jour du 5, il n'en parle pas. La proclamation de l'Empereur, les ordres
des généraux étrangers, il n'en parle pas davantage. Ignorait-il ces faits de

l'histoire de son corps d'armée? Je n'ose répondre. Comment soutient-il son dire? Voici tout à peu près : d'abord, une affirmation forte, puis deux historiettes, dont une impossible; puis encore une assertion violemment injuste contre cette bourgeoisie parisienne qu'il nomme *ignoble*, bien qu'elle ne se trouvât pas toute, au 30 mars, dans le *salon vert* de M. de Raguse, bien que le 29 et le 30, les mairies et l'état-major eussent été assiégés par une foule de citoyens de toutes les classes qui demandaient des armes et à qui l'on n'en donnait pas; bien que le 30 mars encore, une bonne partie de cette même population parisienne, et celle-ci toute composée de bourgeois, se battît aux barrières, égale pour le courage et le dévouement, les hommes du métier l'ont reconnu, aux meilleures troupes régulières.

Or, je me dis, une pareille ignorance de la part d'un contemporain est tout à fait inconcevable, inadmissible; il ne suffit pas, pour l'expliquer, de l'amitié que le général Pelleport professe pour le duc de Raguse. Le dévouement à l'amitié a des bornes, en politique du moins. Il faut l'illusion d'une position personnelle pour voir et pour traiter ainsi les choses historiques.

Je fis la découverte du document du 19-30 avril, et tout me fut expliqué.

M. Pelleport avait intérêt à croire que la défection du 4-5 avril n'avait pas été un projet arrêté, un traité, un acte prémédité, résolu, exécuté avec entente, mais bien une surprise, une précipitation, une panique, un malentendu, quelque chose dont tout le monde fut coupable, excepté Marmont. Mais ôtez d'un mouvement de ce genre la pensée qui conçoit un plan, le délibère, le décide, l'arrête; à la place d'un chef qui règle tout avec des complices pour une défection à faire dans un moment précis, à la place de ce chef et de ces complices avec leur dessein concerté, mettez une cohue de subalternes que des bruits vagues envahissent, qui prennent peur en voyant se succéder les courriers de Fontainebleau, qui craignent d'être saisis, *raccourcis*, comme dit l'un d'eux, et qui tout d'un coup, cédant à l'instance des dangers dont ils se croient menacés, donnent aux troupes l'ordre de décamper; vous avez un désarroi, une fuite, la dissipation d'un corps formant l'avant-garde d'une armée, l'abandon même d'un poste d'honneur; vous n'avez pas une défection proprement dite. On peut encore accumuler les épithètes d'une vertueuse indignation; mais, en réalité, le crime lui-même a disparu, et l'on a tout préparé pour qu'une logique équitable vienne un jour proclamer : Ce fut un malheur, ce ne fut pas un crime. — Or, les choses se sont-elles passées ainsi? Je sais que telle est la version de M. Raguse, de M. Pelleport, et de tous ceux qui ont voulu sinon justifier, ce qui est impossible, du moins excuser cet événement de notre histoire. Mais cette version n'est point vraie, et les choses ne se sont pas passées ainsi; je crois l'avoir démontré.

Messieurs, quand on écrit l'histoire pour établir un point contesté, on rencontre deux sortes de secours ou d'obstacles : ce sont les écrivains et les témoins. Les écrivains, s'ils ne sont pas très judicieux et très sagaces, n'ont pas de valeur par eux-mêmes; ils constatent moins la vérité qu'un état de l'opinion; ils se copient d'ailleurs presque toujours les uns les autres, et l'on peut ainsi, à son gré, s'en appuyer ou les réfuter, ou les négliger.

Mais on ne saurait traiter de la même manière les témoins : qu'ils aient ou qu'ils n'aient pas la force d'esprit ou de talent, ceux-ci sont ou paraissent être les faits eux-mêmes qui parlent, on ne peut donc pas les négliger ; sous peine d'écrire pour ne rien dire, il faut de toute nécessité en tenir grandement compte. Seulement il en est des témoins en histoire comme de ceux que l'on interroge en justice, ils ne sont pas tous également dignes de foi ; avant de les admettre ou de les rejeter, il les faut tous examiner et discuter ; et soit qu'on les admette, soit qu'on les rejette, en histoire du moins où personne ne jouit de prérogatives souveraines, il faut toujours donner les raisons que l'on peut avoir pour accepter ou ne pas accepter un de ces témoignages, dont aucun ne peut être passé sous silence.

Si M. Pelleport n'avait été qu'un écrivain, je l'aurais trouvé assez considérable pour ne pas le négliger et pour essayer de le réfuter. Mais M. Pelleport était un témoin par sa position, par les relations qui le rattachent aux affaires du 6e corps. Or, on ne réfute pas un témoin, on le récuse ; en d'autres termes, on cherche s'il n'y a pas dans sa vie une cause de partialité, un élément de suspicion. Et si l'on a le malheur de réussir dans cette recherche, on est en devoir de le proclamer. C'est là le procédé que j'ai appliqué à M. Pelleport : je n'avais pas à le réfuter, je l'ai récusé, et j'ai dit pourquoi, comme l'obligation m'en était imposée. Cette obligation, je l'ai accomplie douloureusement, me doutant bien qu'il y avait quelque part de pieuses affections que j'allais offenser, car, dans cette maudite histoire moderne, où tant d'hommes ont tenu des drapeaux si différents, on ne peut pas s'écarter un moment d'un panégyrique complice de toutes les défaillances sans déranger d'innombrables artifices de position, sans troubler toutes sortes de prétentions à l'impeccabilité, sans s'attirer les représailles de toutes les hypocrisies et de tous les orgueils, et ce qui est le plus triste, sans aller frapper au cœur une de ces personnes qui ont droit à l'illusion historique, pour qui l'illusion historique est une vertu, en qui tout ce que fut un homme revit sous cette forme désormais auguste et sacrée de la piété filiale.

Je ne me consolerais pas d'avoir répondu autrement que par un respectueux silence à la plainte dont je suis l'objet, si je n'avais pas conscience d'avoir fait tout ce qu'il était en moi de faire pour prévenir ce procès et pour me prêter aux réclamations que demandaient la loi, le bon sens et l'intérêt bien entendu des plaignants.

Vous, Messieurs, qui jugez, vous avez l'habitude de faire sans cesse prévaloir au-dessus des considérations particulières les intérêts supérieurs et généraux de l'ordre public. Vous savez quelle hauteur d'âme vous est incessamment nécessaire pour vous tenir dans cette sphère élevée et sévère où vous n'êtes accessibles qu'à la voix de la justice. Vous ne trouverez point mal qu'en écrivant une page d'histoire, j'aie songé, quoi qu'il m'en coûtât, à n'obéir qu'au devoir de dire l'inflexible vérité.

Messieurs,

Les deux plaidoiries que vous venez d'entendre, et particulièrement le discours de M. Rapetti, le dernier de nos adversaires, montrent assez combien nous avons eu raison de porter la question devant vous. Nous avons pu croire un instant, par quelques mots dits en dehors de l'audience, que des explications nous seraient données qui auraient dégagé le nom du général Pelleport d'un débat historique qui, pour sa famille, n'a d'autre intérêt que ce nom même. Loin de là : la prétention des adversaires est qu'ils ont dit précisément ce qu'ils devaient dire, et M. Rapetti a fini son discours par ces derniers mots : « Je n'ai fait que me renfermer dans l'inexorable vérité de l'histoire. » Ainsi l'honneur du général Pelleport, si l'honneur d'un général français est atteint par une accusation de *défection*, — cet honneur est encore engagé dans le débat ; il l'est plus que jamais par cette insistance.

Je n'ai pas à revenir sur la vie du général ; le tribunal le comprend bien. Je l'ai exposée dans son entier, et je crois pouvoir dire que le simple récit que j'en ai fait répondait à l'avance aux attaques qu'on a essayé de diriger contre sa mémoire, ou plutôt qu'on pourrait se permettre de diriger contre elle, car on ne l'a pas positivement attaquée. Que pouvait-on dire et qu'a-t-on dit ? — A quoi se réduisent les insinuations, je devrais dire les épigrammes des adversaires ? à ces mots, si j'ai bien compris : Le général Pelleport a servi successivement, — avec bravoure et fidélité, sans doute, — mais enfin il a servi successivement l'empire, la restauration et le gouvernement de Louis-Philippe ; il l'avoue lui-même dans ses *Souvenirs*, il a plusieurs fois *changé de cocarde*, et nous ne trouvons pas dans son caractère cette inflexibilité de principes dont le défenseur de son fils a essayé de lui faire une auréole.

Messieurs, nous vivons dans un pays malheureux, il faut bien le dire, où les pouvoirs vivent peu de temps et sont facilement renversés ; quelques heures de soleil et quelques têtes exaltées suffisent à cette tâche. Oui, ces brusques et périodiques transformations sont le malheur et la plaie du siècle ; mais je me demande comment un parti quelconque pourrait croire qu'il est permis d'attaquer publiquement la vie d'un homme, parce que cet homme qui a servi son pays par les armes, l'a servi sous plusieurs pouvoirs... Ah ! si c'est là une accusation, vous pouviez aller plus loin ; il y en a une que vous avez oubliée et que vous pouviez lui adresser aussi. Il n'a pas servi seulement les trois gouvernements que vous avez complaisamment énumérés, il s'est encore battu sous un autre dont le nom seul fait horreur. Il a servi, il s'est battu sous la *terreur*, car c'est en 93 que lui et cinq de ses frères ont pris les armes et défendu la France et le drapeau quel qu'il fût... Voilà donc où se résument les accusations auxquelles j'aurais à répondre si je suivais mes adversaires sur ce misérable terrain... Dans la vie du général Pelleport, dans cette longue carrière de près d'un siècle, si occupée, si remplie, ils n'ont rien trouvé que cela, tout le reste est à sa louange ! Mais il est vrai qu'il a servi son pays, non pas en France même, dans des positions élevées, brillantes et lucratives, non pas à la Cour, mais dans les périls, les souffrances et les fatigues de la guerre, dans les sables brûlants de l'Égypte et dans les neiges de la Russie ! Oui, il a servi son pays partout, partout où le drapeau français s'est montré... c'est vrai ! Voilà le reproche qu'on peut lui faire et dont je ne peux pas le défendre...

Insensés ! imprudents ! qui écrivez dans le *Moniteur* ou qui parlez pour lui, et qui oubliez que l'armée vous écoute et vous lit !... Insensés ! qui lui dites que ces vieux braves qui, pendant ces soixante années de discordes civiles, versaient leur sang sur tous les champs de bataille de l'Europe, — ces illustres devanciers qu'elle croit ses modèles ont bien conservé leur honneur *militaire* à force de blessures, mais qu'il leur est défendu de parler de leur honneur *politique*, parce qu'ils ont *changé de cocarde*... Imprudents ! — Laissons ce point, je n'en veux plus rien dire.

J'ai à relever une autre observation qui a aussi son importance au procès. Le *Moniteur* et M. Rapetti se sont étonnés de cette sorte d'insistance et d'acrimonie avec laquelle la famille du général Pelleport a poursuivi cet inutile procès. Pourquoi un procès, ont-ils dit, alors qu'on offre toutes sortes de réparations, de satisfactions légitimes ? Quelle est donc sa cause secrète et la pensée intime qui guide le fils du général Pelleport ? — La pensée intime de M. le vicomte de Pelleport, je ne crains pas de le dire, et le tribunal a pu en juger par la plaidoirie même prononcée en son nom, sa pensée intime, comme celle qui a été hautement exprimée, a été d'obtenir la justice que ses adversaires lui ont constamment refusée, même aujourd'hui, même devant vous. Comment le *Moniteur* et M. Rapetti osent-ils dire qu'ils ont offert à la famille du général une réparation quelconque ? Mais le tribunal n'a pas oublié, sans doute, cette lettre, la première qui ait été écrite par M. le vicomte de Pelleport à M. Rapetti, cette lettre, à la date du 23 juillet, c'est-à-dire au moment où M. Pelleport recevait le *Moniteur*. Je ne veux pas la remettre en entier sous vos yeux, mais je dois en relever les derniers mots, puisque le *Moniteur* l'a si complétement oubliée. Voici comment finissait cette lettre :

« Je termine, Monsieur. La demande que j'ai l'honneur de vous adresser est toute naturelle. Ignorant la particularité de la blessure reçue par mon père, sous les murs de Paris, voyant peut-être son nom figurer sur une pièce d'état-major, portant les noms des officiers du 6ᵉ corps, ou sur un acte d'adhésion générale aux événements politiques de 1814, vous en avez conclu que le général Pelleport était à Essonne, ou qu'il adhéra aux actes particuliers des autres généraux commandant les troupes sous les ordres du maréchal de Raguse. Aujourd'hui que des explications parfaitement exactes vous sont fournies, je suis convaincu qu'en insérant cette lettre au *Moniteur*, vous voudrez bien la faire suivre d'une rectification devant donner satisfaction à une juste susceptibilité.

» Veuillez agréer, etc.   Vicomte de PELLEPORT. »

Ainsi je vous demande, en termes exprès, l'insertion de cette lettre que j'ai le droit d'exiger de vous, vous l'avouez. Elle est écrite avec politesse et convenance ; il n'y a pas un mot qui atteigne votre dignité, qui puisse vous dispenser de l'insérer. — Vous vous y refusez cependant ; vous ne me permettez pas de répondre à un article dans lequel mon père est présenté comme le complice d'une trahison, et vous dites que vous m'avez offert toutes les satisfactions possibles !

On a eu le bon goût de ne pas défendre ici la réponse étrange que M. Rapetti a faite à cette lettre, mais dont vous n'avez pas oublié les termes. Il veut bien nous dire aujourd'hui qu'il est pénétré d'une douleur vive et sincère, alors que l'*inflexible vérité de l'histoire* l'oblige à faire une blessure cruelle au cœur d'un fils et d'une veuve ; mais enfin il ne peut donner qu'un motif pour avoir attaqué le général Pelleport et pour maintenir ses attaques ; c'est celui qu'il indiquait dans sa lettre : « Le général Pelleport a défendu Marmont ; dent pour dent, triste morale ! »

Vous dites : Oui, c'est là une triste morale, et vous ajoutez que vous l'avez vous-même flétrie, et que c'est à tort que je vous l'attribue. Comment à tort ? — De qui parlez-vous donc ? — Est-ce du général, qui avait écrit ses Mémoires sans savoir même votre existence et longtemps avant que vous eussiez pris la plume ? — du général qui était mort avant vos articles ? — Est-ce que le général Pelleport avait usé contre vous ou d'autres de cette maxime : « Œil pour œil et dent pour dent. » C'est bien à vous qu'elle revient ; c'est vous qui avez dit : Voilà un homme qui attaque les détracteurs de mon espèce, les détracteurs du duc de Raguse : eh bien ! insultons-le ! calomnions-le ! « dent pour dent. » Vous avouez, sans doute, que c'est là une triste morale, vous pouviez même dire cruelle et honteuse ; mais vous n'en usez pas moins, et vous êtes obligés de reconnaître que vous n'avez aiguisé votre dent contre la tombe du général Pelleport que parce qu'il avait défendu la mémoire de celui que vous aviez dessein d'attaquer.

Laissons cette lettre et cette morale ; ni l'une ni l'autre n'étaient une réponse satisfaisante à cette demande si juste, si légitime qu'aujourd'hui on nous fait hypocritement le reproche de n'avoir pas envoyé au *Moniteur* une lettre rectificative et de n'en avoir pas demandé l'insertion.

Cependant M. le vicomte de Pelleport ne se lasse pas ; il ne redoute pas la production de la pièce que vous lui annoncez. En effet, dans cette lettre, vous le menacez de la malignité du public, et vous l'engagez à ne pas ouvrir un débat public dont le nom de Pelleport ne sortirait pas, suivant vous, sans un nuage fâcheux. M. le vicomte de Pelleport vous dit qu'il n'est pas effrayé, qu'il ne trouve pas la satisfaction de votre lettre suffisante, et vous demande à nouveau une réparation. Avait-il tort ? était-il trop exigeant ? Le tribunal en décidera.

C'est alors que M. Rapetti envoie à M. le vicomte de Pelleport cette prétendue satisfaction du second article que nous allons lire tout à l'heure et discuter aussi rapidement que possible.

Mais la correspondance ne s'arrête pas là ! non, messieurs. Je n'ai pas voulu vous la lire tout entière, pour ne pas vous fatiguer trop longtemps ; mais puisqu'on ose dire que la famille du général aurait dû se contenter de la dérisoire satisfaction qu'on lui offrait, il faut bien que nous revenions à cette correspondance et que nous la fassions connaître jusqu'au bout. M. le vicomte de Pelleport écrit une seconde lettre à M. Rapetti, et voici ce que ce dernier lui répond :

« Paris, 3 août 1857.

» Monsieur,

» Je reçois, ce matin seulement, votre lettre de Bagnères-de-Bigorre, 1ᵉʳ août 1857.

» Comme je le craignais, je n'ai pas pu refuser au *Moniteur* la production de la pièce relative au général de Pelleport, votre père.

» Cette pièce vient de paraître dans le numéro de ce jour (lundi 3 août), et elle est sans doute déjà à votre connaissance en ce moment.

» Je vous promets, Monsieur, de vous donner dans mon volume plus de satisfaction que je n'ai pu le faire dans un journal dont je ne suis certes pas le maître.

» Veuillez bien recevoir, Monsieur, etc.,

» RAPETTI. »

Voilà la satisfaction que vous nous avez offerte : dans le journal, rien ! je n'en suis point le maître ! mais dans mon livre qui sera lu ou qui ne le sera pas... La renommée littéraire de M. Rapetti, messieurs, bien que j'apprenne aujourd'hui que j'avais eu tort de dire qu'il avait été quelque part professeur de quelque chose, alors que j'aurais dû savoir qu'il avait été professeur de législation comparée au collége de France, cette renommée littéraire de M. Rapetti, le bruit qui se fait autour de ce nom ! ne sont pas tels que la famille Pelleport dût espérer que le volume qui devait paraître un jour quelconque renfermerait une réparation analogue à l'attaque, à cette attaque qui s'était produite dans le journal le plus répandu et constituant en France ce qu'il y a de plus autorisé en matière politique. — Quoi ! le *Moniteur universel* viendra déclarer, sous la signature ou sans la signature de M. Rapetti, que le général Pelleport *s'est rendu coupable de défection*, et il suffira que M. Rapetti publie un volume perdu pour effacer ce qu'a dit le *Moniteur !* Je ne veux pas trop ajouter, par mes paroles, aux sentiments de louable modestie que M. Rapetti montrait tout à l'heure, en parlant de lui-même ; mais enfin, il faut bien le lui dire, — lui et sa plume d'historien ne sont rien dans le débat. Qu'il publie, s'il le veut, des volumes dans lesquels il dira que le général Pelleport a été un traître, il est bien possible que la famille du général Pelleport ne s'occupe pas de la question de savoir si M. Rapetti est ou n'est pas un calomniateur... Non, non ; M. Rapetti peut dire sur le général Pelleport ce qu'il jugera convenable à l'appui de ses systèmes historiques, le fils et la veuve du général Pelleport tiennent que son nom et sa vie sont au-dessus et à l'abri des attaques de M. Rapetti. Mais le *Moniteur universel*, le journal officiel, rapportant un événement de 1814, qu'il dénonce comme ayant exercé une influence décisive sur les destinées du premier empire ; le journal officiel attribuant la chute de Napoléon à la défection d'Essonne, fera figurer le nom du général Pelleport comme ayant été lui-même d'une trahison militaire, et nous devrons nous contenter de la satisfaction qui nous est promise dans des fragments que publiera plus tard M. Rapetti, sous l'autorité de son propre nom ! Et le *Moniteur* vient plaider qu'il nous a fait des offres de satisfaction, auxquelles il est étonnant que nous n'ayons pas accédé ! Non, ce ne sont pas ces offres, non, ce n'est pas cette forme de satisfaction que nous pouvions accepter, c'était notre lettre qu'il fallait insérer dans les colonnes mêmes du *Moniteur*, comme nous l'avions demandé avec l'évidence de notre droit.

M. le vicomte de Pelleport écrit une fois de plus à M. Rapetti ; il va plus loin : il ne croit pas en avoir assez fait, il admet qu'il doit écrire au gérant du *Moniteur*, lequel ignore peut-être ce qui s'est passé. Il croit que cette contestation ne peut pas rester entre M. Rapetti et lui. M. Rapetti lui a dit : J'ai écrit dans un journal *dont je ne suis certes pas le maître*. Que fait alors M. de Pelleport ? Il pense qu'il est convenable, qu'il est digne, dans sa position, d'écrire au gérant du *Moniteur* lui-même. M. le vicomte de Pelleport, à qui M. Rapetti écrit : J'ai la meilleure volonté du monde ; je ne dispose pas du *Moniteur*, je ne puis pas vous y donner satisfaction, mais je disposerai de mon volume, et je vous y donnerai toutes les satisfactions que vous désirerez. M. de Pelleport qui ne veut pas de la satisfaction du volume, mais qui comprend, après tout, qu'au fond, M. Rapetti ne peut pas, en effet, disposer en maître des colonnes du *Moniteur*, M. le vicomte de Pelleport écrit au gérant du journal une lettre que je vous demande la permission de lire pour couler cette question à fond, pour vous montrer le mobile véritable et unique du procès que nous avons fait, et pour que le tribunal ne puisse s'y tromper un moment :

« Monsieur,

» Le 27 juillet dernier, un rédacteur du *Moniteur*, M. Rapetti, analysant les Mémoires du maréchal duc de Raguse, a formellement accusé mon père, le lieutenant-général vicomte de Pelleport, d'avoir pris part à la capitulation d'Essonne, le 5 avril 1814.

» Dès que cette assertion, entièrement calomnieuse, est parvenue à ma connaissance, j'ai protesté entre les mains de M. Rapetti dans une lettre dont je vous prie de vouloir prendre connaissance, ainsi que de la correspondance échangée depuis entre M. Rapetti et moi.

» Le 3 août, M. Rapetti a déclaré dans le *Moniteur* que jamais il n'avait dit que mon père fût à Essonne, ce qui pourra paraître extraordinaire, après son insertion du 27 juillet ; mais il a maintenu que mon père adhéra à cette capitulation, il a fait connaître ses raisons. A la lecture de ce nouvel article de M. Rapetti, j'ai encore patienté et j'ai demandé à votre rédacteur d'avoir à insérer au *Moniteur*, et dans l'ouvrage qu'il doit publier sur le maréchal de Raguse, une note explicative dont je lui ai adressé les termes.

M. Rapetti ne m'ayant pas donné satisfaction, je lui ai écrit pour lui annoncer que j'allais en appeler aux tribunaux. Avant toutefois de donner à cette affaire un retentissement qui ne peut qu'être fâcheux pour le *Moniteur* et pour M. Rapetti, j'ai cru devoir vous faire connaître cet incident, en vous donnant jusqu'au 15 septembre pour faire droit d'une manière amiable à ma juste réclamation.

» Passé ce délai, ayant mis de mon côté tous les procédés, j'en appellerai, sans faiblesse comme sans passion, à la justice du pays, et je saurai défendre par tous les moyens en mon pouvoir l'honneur de mon père calomnié avec persistance, sciemment et de la manière la plus évidente.

» Veuillez agréer, etc.

» Vicomte DE PELLEPORT. »

Ainsi, messieurs, M. le vicomte de Pelleport avait écrit une première fois à M. Rapetti ; il lui avait, sur la réponse de celui-ci que vous connaissez, écrit une seconde fois; et comme il ne trouvait pas que la satisfaction qui lui avait été promise dans un volume futur et inédit fût une réponse sérieuse, il lui avait écrit une troisième lettre; et en même temps qu'il écrivait cette troisième lettre à M. Rapetti, il écrivait au gérant du *Moniteur* pour lui faire connaître ces divers incidents. — Quelle a été la réponse du *Moniteur* à cette lettre? Quelle a été la réponse de M. Rapetti à la troisième lettre de M. de Pelleport? Ces deux réponses, messieurs, ont été le silence le plus *exceptionnellement* dédaigneux et le plus insultant. Et c'est dans cette situation qu'on vient nous dire : Vous auriez dû vous contenter des satisfactions que nous vous avons toujours offertes! Ah! c'est une audace qui confond.

Ce n'est pas tout. Notre assignation est lancée; nous demandons à la justice la réparation qui nous est due pour toutes les insultes du *Moniteur*. Cette assignation, messieurs, n'est pas nouvelle; elle date de bien longtemps, elle date de plus d'un an; elle a suivi de près cette correspondance dont nous avons fait presque tous les frais, à laquelle M. Rapetti répond dérisoirement, et le *Moniteur* pas du tout. Qu'avez-vous dit, qu'avez-vous offert depuis cette assignation? nous avez-vous une fois signifié des conclusions quelconques dans lesquelles vous nous faisiez des offres quelconques de réparation? Dites-le, si vous l'osez. Vous ne le direz pas! Mais il y a plus encore; dans le cours de ces débats, ou plutôt avant que le débat s'ouvrît, dans le cours de l'année judiciaire qui vient de s'écouler, on nous dit : Mais le *Moniteur* est disposé à vous donner sans procès une réparation; laquelle voulez-vous? Nous rédigeons une rectification que nous croyions conçue dans les termes les plus convenables, tellement convenables pour ceux qui avaient attaqué la mémoire du général Pelleport, qu'il était impossible à son fils de demander soit au *Moniteur*, soit à M. Rapetti, quelque chose de plus restreint..... Cette rédaction, elle est au dossier; je ne veux pas allonger cette réplique par des lectures; mais vous pourrez la lire, messieurs, dans la salle de vos délibérations, je me borne à vous en dire la substance en deux mots. C'est presque la plaidoirie de M. Rapetti que vous venez d'entendre, car dans cette rédaction nous ne disions autre chose que ceci : Je reconnais qu'il n'y a à relever contre le général Pelleport, pour prouver sa participation au fait d'Essonne, qu'une adhésion aux actes du Gouvernement provisoire, du Sénat et du Corps législatif, et au rétablissement des Bourbons. Je reconnais que le *Moniteur* est rempli d'adhésions parfaitement identiques et qu'on les y relèverait par milliers; mais, dans mon système historique, à moi, Rapetti, je prétends qu'une adhésion de cette nature a nécessairement compris et approuvé le fait d'Essonne; c'est mon système. Voilà ce que nous demandions à M. Rapetti; pas autre chose que de dire que s'il imputait au général Pelleport quelque grief relatif à la défection d'Essonne, il ne le lui imputait que parce qu'il avait signé une adhésion commune à toute l'armée, à tous les corps de l'État, à tous les employés civils et militaires de France ! — Avec cet aveu, et le bon sens public aidant, nous étions satisfaits.....

Voilà l'historique des propositions que nous a faites le *Moniteur*. Mais qu'est devenue notre offre ainsi formulée? elle a eu le sort de nos lettres.

Et maintenant, parce qu'à l'heure même de la dernière audience, quinze jours après notre plaidoirie, on prend, à la barre, des conclusions dont nous ne connaissons pas les termes et qui ne sont pas signifiées; parce que, dans ces conclusions, on nous fait une offre dont nous n'avons pas encore pu apprécier la portée, on s'étonne que nous donnions suite à ce procès ! Je crois vraiment que je puis laisser de côté ces questions préliminaires, que justice est faite de ces récriminations, et que je peux revenir, en quelques mots, au fond du procès.

Le procès a deux points de vue : celui du droit et celui du fait. Le point de vue du fait, mon honorable adversaire l'a laissé adroitement aux soins de M. Rapetti. — Celui-ci s'est efforcé d'établir, dans son discours, que conformément à ce qu'il a écrit dans le *Moniteur*, le général Pelleport avait en effet, par l'adhésion que nous allons lire, participé à la défection d'Essonne. — Je reviendrai tout à l'heure sur ce point que ne pouvait pas essayer de défendre le bon sens de mon adversaire. — Mais en supposant même qu'en fait, le reproche fût injuste et immérité, celui-ci s'est demandé si, en droit, le tribunal pouvait rectifier la vérité historique en ce point et nous donner satisfaction. Il repousse toute analogie entre notre espèce et celle des héritiers du prince Eugène. La rectification de la vérité, en admettant qu'il y eût lieu à rectification, présenterait à l'égard du *Moniteur* des difficultés qu'elle ne présentait pas à l'égard de l'éditeur Perrotin. D'ailleurs, si le droit n'est pas le même, les faits non plus ne sont pas semblables.....

Il est difficile, sans doute, de trouver des faits absolument identiques dans deux procès différents; mais nous pouvons dire qu'au point de vue de l'analogie, il est difficile de trouver deux procès qui aient des relations et des ressemblances plus intimes.

Le prince Eugène était mort. Ses héritiers voient se produire une publication dont quelques pages incriminent la mémoire de leur père, et où il est dit que le prince Eugène a trahi Napoléon dans les derniers jours de 1814. Ici et dans le *Moniteur* nous lisons que dans les derniers jours de Napoléon, en 1814, le général Pelleport a été lui-même d'une défection qui a entraîné la chute de l'Empire. — D'une *défection*, notez ce mot, sur lequel j'appelle votre attention. On vous a dit, avec quelque raison, qu'il n'y a que peu de lignes consacrées au général Pelleport, et qu'il y a six longs articles consacrés au duc de Raguse, et qui ne nous regardent point. C'est vrai, mais le fait d'Essonne est discuté fort au long dans ces six articles; il en forme le fond; il en est le but; il y est représenté comme une défection, comme une trahison en face de l'ennemi. M. Rapetti déclare formellement, dans le cours de ses articles, que l'histoire ne peut pas jeter assez d'ignominie contre les traîtres qui reculent en face de l'ennemi. Voilà une théorie qui en elle-même sera évidemment acceptée par toute âme honnête.

Et c'est en présence de cette théorie; c'est après avoir déclaré hautement que le fait d'Essonne est une trahison en face de l'ennemi, et qu'on ne saurait flétrir trop énergiquement des lâchetés de cette nature, que M. Rapetti, passant à côté du général Pelleport, lui jette dédaigneusement ces paroles si outrageantes dans sa bouche : Vous avez vous-même pris part à la défection d'Essonne ! Voilà, messieurs, le fait du procès; on ne peut le dénier de bonne foi.

J'accorderai à mon adversaire qu'il ne faut pas comparer les petites choses aux grandes. La maxime est juste ; mais je ne saurais en accepter l'application quand il s'agit de l'honneur ! Je n'admets pas que l'honneur d'un général soit une petite chose, et celui d'un prince une grande chose. Non ! non ! l'honneur d'un prince, je le veux, est une grande chose ; mais j'affirme que celui d'un général l'est aussi. Je vais plus loin : l'honneur du plus petit et du plus infime d'entre nous est, pour lui et pour sa famille, ce qu'on peut appeler, sans emphase, une grande chose. Je n'ai donc rien à réduire dans le rapprochement des deux procès. Il y a plus que de l'analogie entre les deux causes. On disait dans la première : A un moment donné, le prince Eugène a été un traître ; et l'on dit dans la seconde : A un moment donné, le général Pelleport a été un traître.

Les filles du prince Eugène n'ont pas voulu être les filles d'un traître ; elles ont réclamé devant vous, et vous ont dit : Vérifiez les faits. Le fils du général Pelleport ne veut pas être le fils d'un traître, et vous dit comme elles : Vérifiez et prononcez ! Voici l'unique différence, et c'est en cela que je pouvais dire que les faits ne peuvent jamais se greffer identiquement les uns sur les autres ; la différence unique, c'est que l'attaque dirigée contre le prince Eugène se rencontrait dans six volumes, et que l'attaque, ici, se rencontre dans six articles. Comment cette nuance établirait-elle une différence de jugement ou une différence de principes ? Est-ce parce je pourrais vous poursuivre en diffamation, et parce que vous n'êtes pas mort ? Car il y a cette autre diffé-rence que Marmont était mort, et qu'aujourd'hui le gérant du *Moniteur*, grâce à Dieu ! est vivant, aussi bien que M. Rapetti, son écrivain.....

M. LE PRÉSIDENT. — Le tribunal ne prétend pas gêner la défense, mais il faudrait passer sur ces faits accessoires au procès.

Mᵉ DE SEZE. — Pas si accessoires, monsieur le président ; ceci se rattache au droit lui-même, tel que votre jurisprudence l'a proclamé. Au surplus, je peux m'arrêter là sur ce point, et je n'ai plus qu'un mot à dire sur le fond même de la question.

Rappelons-nous ce qu'a dit M. Rapetti. Je fais grâce au tribunal de tout ce qui précède ce qui nous touche ; je prends ces mots seulement :

« M. Pelleport a eu la malencontreuse idée de laisser dans ses papiers une dé-fense, une apologie de la conduite de M. de Raguse en 1814. »

Et en note :

« Le général Pelleport a oublié de laisser dans ses papiers toutes ses raisons pour excuser la défection d'Essonne... »

Je m'arrête à ce mot : excuser la *défection*..... Vous n'avez pas voulu dire sans doute que Pelleport a défendu Marmont en soutenant qu'il n'était pas coupable de la défection d'Essonne, car ce serait là un fait pure-ment personnel, celui-là : quand un crime est commis, qui l'a commis ? C'est une question qui se détache essentiellement du crime même. Vous avez bien voulu imputer au général la défense de Marmont, c'est-à-dire de la conduite de Marmont, admis qu'il soit que Marmont ait effectué le fait d'Essonne. Toute la note est dans ce sens. Je la reprends jusqu'au bout :

« Le général de Pelleport a oublié de laisser dans ses papiers toutes ses raisons pour excuser la défection d'Essonne, notamment celle-ci, c'est qu'il avait été lui-même de cette défection. Le nom de Pelleport figure un des premiers, avec la qualité de général de brigade, sur un acte d'adhésion à la défection d'Essonne, dont j'ai dans mes mains une copie authentique. »

Évidemment dans cet article il y avait deux choses. Il y avait que le général Pelleport était lui-même de la défection d'Essonne. Et quand je disais à la dernière audience que M. Rapetti savait le français, ce dont il convient, ce qu'il reconnaît et proclame, je ne me trompais pas ; j'ai aujourd'hui plus que jamais le droit de dire : M. Rapetti ne peut pas croire que dire en termes exprès d'un général qu'il a été lui-même d'une défection, ce n'est pas avancer qu'il a pris une part personnelle, mais seulement, et par métaphore, que plus tard il l'a approuvée.

Ainsi il dit d'une part que nous avons été de la défection d'Essonne, et puis il ajoute autre chose, c'est que nous avons donné notre signature à un acte approuvant cette défection, adhérant à cette défection.

Mais acceptons les métaphores et les figures de style de M. Rapetti, et admettons qu'il n'y ait entre nous que l'adhésion invoquée. Voyons ce qu'elle porte, et demandons-nous loyalement si M. Rapetti a pu y voir un acte d'adhésion à la défection d'Essonne, de la part du général Pelleport. Voyons ce que c'est que cet acte. M. Rapetti a bien compris que s'il se contentait de livrer au public l'acte lui-même, il portait avec lui sa réponse. En conséquence il ne l'a pas donné purement et simplement, il l'a donné avec des commentaires qu'il faut étudier :

« Le général Pelleport n'est pas un de nos martyrs, mais c'est un de nos plus glorieux soldats ; à tous les titres, il a droit à nos respects et surtout à l'impartiale justice de l'histoire. »

Il est vrai que nous n'avons droit qu'à cela ; mais nous avons droit à l'impartiale justice de l'histoire vraie, et non pas de l'histoire comme il la comprend.

« Je n'ai pas dit, continue-t-il, que le général Pelleport ait pris part, *de sa personne*, à la défection du 5 avril ; il y avait pour cela une trop bonne raison, c'est que le général, qui venait de faire bravement son devoir, le 30 mars, était dans son lit malade d'une blessure grave reçue par lui à la bataille de Paris, pendant que le 6e corps, auquel il appartenait, opérait sa défection, et passait d'Essonne à Versailles. Mais j'ai dit qu'il y avait un acte d'adhésion *à l'événement d'Essonne*, et que le nom de Pelleport figurait sur cet acte avec sa qualité de général de brigade. Je vais rapporter ce document ; mais, avant, quelques mots pour rappeler les circonstances.

» Marmont avait sur le cœur la révolte du 6e corps à Versailles, après la découverte du piége dans lequel les généraux défectionnaires l'avaient conduit. Pour effacer le souvenir de cette révolte qui avait failli le compromettre si violemment, lui et le parti de l'intrigue, Marmont fit demander par son chef d'état-major aux officiers supérieurs et généraux du 6e corps un acte d'adhésion *à ce qui s'était passé*. Quelques-uns *obéirent*. Il est bien entendu qu'on n'avait pas mis dans cet acte des paroles repoussantes comme celles-ci : *défection, trahison, désertion;* mais on y avait mis des paroles équivalentes et d'une signification *moralement plus grave encore*, car elles impliquaient tout cet ensemble de conspirations, de révoltes, d'intrigues et de défections dont l'événement d'Essonne n'avait été qu'une particularité finale. »

M. Rapetti, commentant lui-même son commentaire, disait tout à l'heure : « Il y a des choses qu'on ne se dit pas à soi-même. » Voici donc comment il l'entend : on n'avait pas mis dans l'acte ces mots fâcheux, repoussants, qu'on n'aime pas à se dire à soi-même, *défection, désertion, trahison*, mais on y avait mis des paroles équivalentes et pires, moralement plus graves, tout cet ensemble d'intrigues, de machinations, de révoltes, de conspirations dont l'événement d'Essonne n'avait été qu'une particularité finale.

Voilà, messieurs, le commentaire que donne M. Rapetti à l'acte qu'il accuse Pelleport d'avoir signé, entendant prouver, par cette signature même, sa complicité dans la défection d'Essonne. Je demande si avec un tel commentaire, nous ne devons pas trouver dans l'acte précisément ce quelque chose d'équivalent, de moralement plus grave encore que ne serait une adhésion simple à la défection d'Essonne, c'est-à-dire une adhésion volontaire, raisonnée, une approbation calculée, une espèce d'appropriation de l'ensemble d'intrigues, de machinations, de révoltes, de conspirations dont l'événement d'Essonne n'avait été qu'une particularité finale. Eh bien, voici l'adhésion que le général Pelleport a peut-être signée, qu'il n'a peut-être pas signée, je m'expliquerai tout à l'heure sur ce point; voici la pièce invoquée par M. Rapetti, pour justifier son accusation que Pelleport était lui-même de la défection d'Essonne.

« Voici, dit-il, l'acte auquel j'ai fait allusion :

Acte d'adhésion.

« Nous, officiers généraux et supérieurs des corps et de l'état-major composant le 6e corps d'armée, aux ordres de Son Excellence Monseigneur le maréchal duc de Raguse, déclarons, en notre nom et en celui de nos subordonnés, adhérer entièrement aux actes émanés du Sénat, du Corps législatif et du Gouvernement provisoire, ainsi qu'au rétablissement de la dynastie des Bourbons, nos anciens souverains, conformément à la Charte constitutionnelle du 6 de ce mois, et nous promettons de prendre toujours pour base de notre conduite l'honneur et le bien de la patrie.

» Rouen, le 19 avril 1814. »

« (Suivent les signatures, dont les deux premières sont celles du chef et du sous-chef de l'état-major de Marmont.) »

Messieurs, que M. Rapetti ait le droit d'écrire l'histoire ou des articles de critique historique, assurément je n'entends pas le lui disputer; mais qu'il pousse l'illusion jusqu'à dire, en réponse aux principes que vous avez posés et que la Cour a reconnus dans sa sagesse, qu'il n'y a dans le commentaire que vous avez entendu, donné à l'acte que je viens de lire, rien qu'une simple appréciation historique que nous devons subir sans rien dire, alors que l'acte n'est donné que pour justifier cette assertion : « Le général Pelleport a été lui-même de la défection, » alors qu'on en fausse le sens de la manière la plus audacieuse ; croire qu'en présence de cette attaque, nous n'avons qu'à courber la tête et laisser librement l'historien essayer de flétrir un nom respectable, parce qu'il lui plaît d'interpréter à sa guise l'acte le plus clair et le plus simple dans ses termes et dans sa pensée, et espérer que le tribunal permettra une telle interprétation sans avoir souci de l'honneur des citoyens, c'est méconnaître singulièrement les principes qu'il a posés dans son jugement. On prétend que dans l'arrêt qui l'a confirmé, nous allons trouver la justification de M. Rapetti. Eh bien, voyons :

« Considérant, sur le premier moyen, que si le droit de l'histoire est de juger avec une entière liberté les personnes et les choses ; que si même il est consacré que, lorsque cessant d'être un juge incorruptible et manquant aux devoirs d'impartialité, de probité, de sévérité, qui sont l'âme de l'histoire, l'écrivain distribue l'éloge ou le blâme, au gré de sa passion et de ses ressentiments, ses jugements, quelque contraires qu'ils soient à la conscience publique, ne relèvent que de l'opinion, c'est à la condition que le mensonge n'entrera pas dans son œuvre ; c'est-à-dire que les faits seront rapportés avec exactitude, *sans addition qui les dénature, sans retranchement des circonstances qui les expliquent et en fixent le caractère*, de manière enfin que le lecteur, soit qu'il s'agisse de louer, soit qu'il s'agisse de blâmer, puisse apprécier personnellement et prononcer ;

» Qu'autrement, au lieu d'être le plus grave et le plus utile des enseignements, l'histoire se transformerait impunément en satire ; *que les calomnies les plus odieuses y pourraient être accréditées et les meilleurs citoyens voués au mépris ;*

» Qu'un tel système est moralement et légalement impossible ; que, pour tout fait mensonger, en quelque ouvrage qu'il se soit glissé, histoire, mémoires ou libelle, la réclamation est ouverte, et que, selon les cas, les tribunaux civils ou les tribunaux de répression sont chargés d'apprécier le dommage et d'en régler la réparation ;

» Considérant, sur le deuxième moyen, qu'en admettant que le duc de Raguse *fût de bonne foi*, et qu'au moment où il écrivait la partie de ses Mémoires relative au prince Eugène, il n'obéit point à un sentiment de malveillance, *cette circonstance ne serait pas de nature à dégager la responsabilité de l'éditeur ;*

» Considérant, en effet, que si l'excuse tirée de la bonne foi ou de l'absence d'intention peut être utilement invoquée devant les tribunaux de répression, il n'en est pas ainsi devant les tribunaux civils, parce qu'au point de vue civil, il peut, en dehors des éléments constitutifs de la diffamation, *exister un tort susceptible de réparation ;*

» Que l'imprudence et la légèreté suffisent pour autoriser l'action en responsabilité ; que, conséquemment, si celui qui entreprend d'écrire l'histoire de son temps ne vérifie pas scrupuleusement les sources où il puise, s'il accueille ou reproduit des récits mensongers, ceux dont il a blessé les intérêts pourront réclamer une réparation équivalente au préjudice qu'ils ont souffert. »

Voilà le système adopté par la Cour. Le jugement de l'historien sur les faits contemporains ne relève que de l'opinion sans doute, mais à la condition que le mensonge n'entrera pas dans le récit des faits, c'est-à-dire que les faits seront rapportés avec exactitude, sans addition qui les dénature, sans retranchement des circonstances qui les expliquent, qui en fixent le caractère ; de manière enfin que le lecteur, soit qu'il s'agisse de louer, soit qu'il s'agisse de blâmer, puisse apprécier en connaissance de cause.

Sur cet arrêt, messieurs, qui dit si formellement que quand on rapporte les faits, il ne faut ni ajouter ni retrancher les circonstances qui en déterminent le caractère, l'adversaire nous dit : « J'ai mis les pièces au procès, et la pièce importante, c'est l'acte d'adhésion. » J'admets que vous l'avez mise au procès, quoiqu'elle n'y soit point et que je vous la demande vainement depuis un an ; mais vous l'y mettez tout altérée par votre poison ; vous l'y mettez en cachant les circonstances qui l'expliquent, en prétendant, sans aucune preuve, que Marmont l'a rédigée et qu'il s'est cru obligé, vis-à-vis de ses généraux, de remplacer la brutalité des mots *défection*, *désertion*, *trahison*, par des expressions habilement calculées, pour leur faire admettre, approuver et ratifier un ensemble d'intrigues et de conspirations qui, selon vous, avaient amené la chute de l'Empire.

Voilà ce que M. Rapetti fait de cette pièce, voilà comment il la fausse pour maintenir son accusation contre le général Pelleport. Est-ce écrire l'histoire ? Est-ce une chose honnête ? est-ce là une chose licite ? Et peut-on même invoquer sa bonne foi ? J'ai un mot à dire, sur ce point, à M. Rapetti et au *Moniteur* qui le laisse dire. Le *Moniteur* ne pouvait pas parler comme M. Rapetti, lui qui a enregistré dans ses propres colonnes tant d'adhésions identiques avec cette adhésion du 6ᵉ corps, qu'on dit signée par le général Pelleport, quand déjà Louis XVIII était sur le trône et que la Charte était publiée. Mais M. Rapetti lui-même, peut-il être de bonne foi ? Évidemment non. Je ne demande pas qu'on prononce contre lui une peine correctionnelle ; je n'ai donc pas besoin de prouver sa mauvaise foi, puisque je ne prétends qu'à une réparation morale. Mais est-il de bonne foi lorsque, citant une pièce dont vous connaissez maintenant le caractère à la fois banal et honnête, il dit : « C'est Marmont qui l'a fait signer *pour sa défense!* Préoccupé de l'accusation que l'histoire allait élever contre lui, il a senti le besoin de s'entourer d'adhésions de tous les genres, notamment de celle du 6ᵉ corps d'armée qui était à Essonne; il a calculé avec toutes les ressources d'un esprit brillant et plein de finesse les termes de cette adhésion ; il a cherché la forme la plus élastique et la plus propre à tromper l'attention de ses généraux, et en même temps à lui servir à lui-même de défense pour opposer comme un bouclier invulnérable la signature de ces braves gens à ses accusateurs, à ceux qui voudraient faire retomber sur sa tête une défection toujours odieuse, même quand elle est utile...» Vérifions. Le tribunal n'ignore pas que longtemps avant la publication de ses Mémoires, Marmont a eu à se défendre dès 1815 du fait d'Essonne. Nous savons tous que cette défense, il l'a produite dès cette époque. A-t-il alors invoqué cette pièce fameuse qui devait le protéger et prouver que la défection d'Essonne était un fait collectif, unanime, accepté par tous les officiers du 6ᵉ corps de l'armée ? A-t-il employé les ressources de cet esprit fécond et subtil, en disant à ses adversaires : Je suis garanti par tous les généraux de mon corps; voici leur adhésion au fait d'Essonne. Quand on a agi avec tant de braves soldats, quand on est approuvé par tous, on n'est pas attaquable ?— Marmont, que je sache, n'a jamais invoqué cette pièce comme une défense de sa conduite personnelle à Essonne ; il ne l'a pas sortie de son portefeuille, si elle y était. — Plus tard, le duc de Raguse a fait des Mémoires. On disait tout à l'heure qu'il n'avait été animé, en les écrivant, que par une pensée, par un sentiment, le désir de diffamer ses contemporains. On m'accordera sans peine qu'on peut trouver un autre désir dans son livre, celui de se glorifier lui-même, et celui plus légitime de défendre sa vie et sa renommée ; et nulle part il ne se couvre de cette fameuse adhésion et des signatures des généraux du 6ᵉ corps.

Ainsi, ni en 1815, quand il fut accusé officiellement de trahison pour la première fois, ni plus tard, Marmont qui a préparé ses défenses et ses Mémoires avec réflexion, avec maturité, Marmont qui a écrit six volumes sur sa vie, et qui a beaucoup parlé du fait d'Essonne, n'a jamais dit un mot de cet acte d'adhésion du 6ᵉ corps. Ayant, suivant M. Rapetti, dans la main le monument le plus solennel et le témoignage le plus authentique quand il avait à se défendre d'une accusation de trahison, il a justement oublié de dire un mot de cette pièce qu'il aurait préparée avec tant d'art, combinée avec de si habiles calculs et obtenue avec tant de ruses de style ! — Il a jeté derrière lui ce bouclier qui devait le préserver de toute blessure !... Est-ce raisonnable ? — Je tiens qu'un historien qui a fouillé si avant dans la vie et dans les pensées de Marmont, aurait dû être frappé de ce silence qui cadre si peu avec les hypothèses dont nous gratifie le *Moniteur*

Ce silence absolu que Marmont a toujours gardé sur cette pièce nous donne évidemment la meilleure attestation que jamais il ne l'a considérée comme une défense utile, et que dès lors il ne l'a pas rédigée avec ce profond calcul qu'on lui prête pour faire tomber ses généraux dans le piége habile qu'il leur aurait tendu.

Si cette première observation écarte déjà de l'esprit l'idée qu'elle ait été rédigée dans un but si peu utilisé et dans le sens que dit M. Rapetti, il est quelque chose qui l'écarte bien davantage. Comment ! voici M. Rapetti qui nous représente Marmont tendant tous les ressorts d'un esprit fécond en ressources, combinant avec un art infini les lignes qui doivent, dans un cadre restreint et sous des expressions élastiques, renfermer une adhésion à un fait de trahison militaire, sans toutefois nommer Essonne qui éveillerait l'attention, sans employer le mot *défection*, qui effrayerait toutes les consciences ; et que trouve-t-il après tant d'efforts ? Quel sera le résultat de ces combinaisons si adroites ? Que va écrire l'ingénieuse plume du maréchal pour tromper ces cœurs honnêtes et cacher sous des mots ambigus une complicité de défection ? Quoi ?... Vous le savez, messieurs ; cette plume si fine, cet esprit si fécond et si rusé ne savent que copier — mot à mot — sans y rien ajouter, sans en rien retrancher, l'acte d'adhésion *modèle*, si je peux parler ainsi, qu'ont signé tous les corps d'armée et tous les généraux les moins suspects de complicité directe ou morale dans le fait d'Essonne ; Marmont copie servilement l'acte d'adhésion de la magistrature, qui apparemment ne fut pas complice du mouvement de retraite du 6ᵉ corps sur Versailles et qui n'y pensait pas adhérer ; il copie l'acte d'adhésion des corps administratifs comme des corporations les plus in-

dépendantes et de Marmont et du pouvoir lui-même, soit de l'ancien, soit du
nouveau... Cet homme si habile n'invente rien. Que vous dirai-je? Il suffit de
lire le *Moniteur* du temps, vous y trouverez l'adhésion de toute la France
dans des termes à peu près identiques avec ceux de cet acte du 29 avril que
M. Rapetti présente comme isolé et prouvant quelque chose ! C'est au *Moniteur* que je le renvoie, le *Moniteur* qu'il avait sous les yeux et qu'il n'a pas
voulu lire, pour pouvoir, à son aise, accuser Pelleport de défection, et colorer
ainsi son histoire. — L'histoire véritable, c'est au *Moniteur* qu'il la trouvera ;
s'il veut la voir, elle y est écrite en deux mots : En 1814, la France était lassée
et laissait tomber l'empire ! — Essonne ne compte pour rien dans l'histoire
vraie de sa chute... Voilà ce que nous apprend et ce que prouve le *Moniteur*.

Mais restons-en aux généraux, à l'armée. Le maréchal Jourdan, qu'on n'accuse pas d'être un traître, commandait à Rouen, et le 8 avril, il envoyait son
adhésion et celle de ses officiers, et il y est question de Gouvernement provisoire, de Sénat, de Corps législatif, de leurs actes, sans que Marmont lui eût
soufflé traîtreusement aucune de ces expressions cauteleuses, ambiguës qui
contenaient l'approbation de tant d'intrigues, et plus particulièrement une ratification absolue de la défection d'Essonne.

Vainement nous dit-on qu'au 19 avril, il n'était plus nécessaire, il était devenu inutile d'adhérer à un gouvernement provisoire déjà sans vie, et que dès
lors la pièce cache une pensée secrète, celle que Marmont avait profondément
méditée. Je réponds que, s'il a eu cette pensée secrète, elle est restée si
secrète en effet, si bien cachée sous la généralité des termes employés et leur
conformité parfaite avec ceux qu'on retrouvait partout, que M. Rapetti a été
le seul à l'y découvrir, après quarante ans, et que le général Pelleport, qui y
allait bonnement, n'a pas su l'y voir.

Que M. Rapetti ne l'oublie pas en effet ; il ne s'agit pas ici de son livre, il
s'agit de l'accusation qu'il a *malencontreusement* portée contre un loyal soldat ;
ce n'est pas la mémoire du duc de Raguse, c'est celle du général Pelleport
qui nous importe. Ce n'est pas à Marmont, c'est à Pelleport que M. Rapetti
oppose une signature qui impliquerait une défection ou l'approbation d'une
défection. Que prouve-t-il contre Pelleport? qu'il a signé? Pas même cela !
Mais, en l'admettant, que prouve-t-il contre celui qui l'aurait signée, en
montrant l'inutilité de la pièce? Est-ce qu'une signature, demandée régulièrement par un chef, se refuse si l'inférieur la juge inutile? Est-ce que l'inférieur y peut voir autre chose qu'une adhésion loyale, alors que l'acte ne
contient que cela dans son sens le plus évident? Est-ce qu'il peut lire dans une
pensée qu'on lui cache? Est-ce qu'il devine les secrètes préoccupations d'une
conscience agitée, lui dont la conscience est paisible? Est-ce qu'il va délibérer
sur l'utilité ou l'inutilité de l'acte qu'on lui présente, quand l'acte n'a rien que
de simple ?

Louis XVIII était déjà sur le trône, dites-vous? — Raison de plus pour
que Pelleport adhérât, sans arrière-pensée, aux actes politiques des corps de
l'État qui lui en avaient ouvert le chemin... Ses camarades l'avaient tous fait ;
et non pas ceux du 6ᵉ corps seulement, mais tous ; pourquoi, sans être un
traître et sans vouloir approuver un fait de défection dont il n'était pas dit
un mot, n'en aurait-il pas fait autant? Pourquoi l'accusez-vous, lui, et

n'accusez-vous pas les autres? Pourquoi, lui, quand vous avouez qu'il était mourant, plus éloigné, plus ignorant qu'aucun de tout ce qui s'était fait depuis sa blessure? — Pourquoi? — Vous nous l'avez dit : « il a défendu Marmont, dent pour dent. » Vous n'en pouvez donner aucune autre raison.

Direz-vous que la pièce n'a pas été envoyée, comme les autres de même nature, au ministère, ce qui la rend suspecte entre toutes ; que Marmont l'a gardée par-devers lui? — Va pour Marmont, si vous croyez l'écraser par cet argument; je vous accorderai qu'il est accablant. Mais pour Pelleport? il faut bien que je vous y ramène, c'est toujours de lui qu'il s'agit ; pour Pelleport, que prouve cela? Était-il chargé, après la signature, de faire parvenir la pièce au ministre? L'a-t-il expédiée à Marmont, contre son devoir, pour lui fournir une arme *contre les détracteurs de votre espèce?* Vous n'osez pas le dire ; vous ne le pouvez pas!

Que reste-t-il donc contre lui? L'acte même avec ce qu'il a de simple et de banal, c'est-à-dire rien; rien qui vous ait permis jamais de l'accuser, dans vos articles, d'avoir été lui-même de la défection d'Essonne et de le menacer d'ignominie, sans qu'aussitôt vous insultiez toute l'armée qui a signé comme lui et adhéré dans les mêmes termes au gouvernement de 1814.

Dans les mêmes termes, messieurs, je ne saurais assez le faire remarquer, parce que c'est là que se trouve la preuve ou de la cruelle mauvaise foi de l'écrivain qui avait le *Moniteur* sous les yeux, ou tout au moins de la passion aveugle qui guidait sa plume et ne lui permettait de rien voir que ce qui flattait cette passion même.

Je ne veux pas fatiguer le tribunal, mais qu'il me permette une citation.

J'ouvre le *Moniteur* du 12 avril. Voici un corps qui n'a pas passé pour défectionnaire. Si nous fouillons dans nos vieux souvenirs, nous croyons nous rappeler que les *marins* de la vieille garde passaient pour être spécialement dévoués à Napoléon, même dans sa mauvaise fortune ; c'était à eux surtout que pouvait s'appliquer cette épithète de *vieux grognards* dont Charlet a dessiné tant de types familiers. Ont-ils, ceux-là, entendu donner adhésion à la défection d'Essonne et adhérer en même temps à l'ensemble d'intrigues qui, suivant M. Rapetti, a amené la chute de son empereur! Je n'ai pas besoin de les justifier de ce reproche. Ce n'est pas Marmont qui leur a cauteleusement fait souscrire une adhésion.

Eh bien, ouvrez le *Moniteur* du 12 avril 1814, et vous lirez :

« Nous, officiers supérieurs et officiers des marins de la garde, déclarons, en notre nom et au nom de nos subordonnés, adhérer aux actes émanés du Sénat, du Corps législatif et du Gouvernement provisoire, depuis le 2 de ce mois. »

Notez ces mots : « depuis le 2 de ce mois » ; c'est-à-dire la déchéance et tout le reste ! Pour eux, cette *triple et sinistre usurpation de puissance*, pour parler comme M. Rapetti, est régulière, légitime, acceptée, ils y adhèrent !

» ..... depuis le 2 de ce mois ; et en conséquence nous prenons l'engagement d'avoir toujours pour guide de nos actions l'honneur et le bonheur de la patrie. »

Il y a encore quelque chose de plus :

« Nous adhérons de plus au gouvernement constitutionnel. »

Vous le voyez, c'est identique, sauf la variante : «...gouvernement constitutionnel », au lieu que le 6e corps a dit : «...conformément à la charte constitutionnelle du 6 avril. »

Où est, là-dedans, l'adhésion à la défection d'Essonne? Pour vous, pour moi, pour tout esprit raisonnable et rassis, elle n'est nulle part ; pour M. Rapetti, elle est partout, et non-seulement l'adhésion à l'affaire d'Essonne, mais à toutes les intrigues, trahisons et lâchetés du temps. Elle est dans ces mots perfides, « sénat, corps législatif, gouvernement provisoire, charte constitutionnelle, etc. »

Et voilà comment on écrit l'histoire, quand on l'écrit avec ses passions et ses rancunes ; et c'est ainsi que M. Rapetti entend expliquer comment le général Pelleport, faible comme il le dépeint, a consenti à adhérer par complaisance à la défection d'Essonne et à s'en rendre le complice moral !

Voilà le procès tout entier, messieurs, et je me demande à quel point de vue on pourrait résister à notre demande. Que voulons-nous, après tout? La rectification d'une erreur qui atteint le général dans son honneur, qui n'est justifiée par rien et que jusqu'ici on n'a pas loyalement retirée malgré l'évidence.

M. Rapetti soutient devant vous, comme il l'a fait dans son article, que le général Pelleport n'a pas seulement adhéré au gouvernement de 1814, mais qu'il a pris sa part morale du fait d'Essonne !

Encore s'il avait dit dans ses articles, que ce reproche, il l'adressait à tous les officiers de l'armée ; s'il avait dit : Ma prétention d'historien, c'est que tout général, tout officier supérieur qui a servi Napoléon jusqu'au 30 mars, et qui, après l'abdication absolue de Fontainebleau a signé des adhésions dans cette forme, a, par ce fait, trahi son drapeau ; nous aurions laissé passer cette folie..... Qu'il parle ainsi, qu'il flétrisse et insulte toute l'armée, c'est de quoi il ne faudrait pas avoir grand souci, parce que chacun peut juger à son tour et apprécier à sa valeur une accusation de ce genre.

Mais quand il s'adresse à un nom ; quand il cache soigneusement cette multitude d'adhésions qu'il connaît ; quand il présente sa pièce comme inédite ; quand il veut persuader au lecteur qu'elle a un cachet tout particulier et comme une odeur spéciale de défection ; quand il déclare, ici, qu'il n'a fait qu'obéir aux inflexibles exigences de l'histoire et qu'il affirme que la calomnie du *Moniteur* ne doit pas disparaître, — ceci ne peut plus s'accepter.

Quand il dit qu'il ne nous doit rien, j'affirme qu'il nous doit quelque chose ; la réparation de ses mensonges et du préjudice moral qu'ils doivent causer.

Cette réparation, quelle sera-t-elle ? En demandons-nous une que le tribunal ne puisse pas nous offrir ?

Ah! elle ne sera jamais complète ! dans le précédent que nous invoquons, le tribunal a pu mettre le remède à côté du mal. — L'éditeur offrait d'insérer les rectifications à la fin des volumes ; vous avez exigé davantage, vous avez voulu qu'elles fussent dans le volume même ; et nous, messieurs, nous ne pouvons jamais obtenir une aussi exacte justice.

La feuille du *Moniteur* qui renfermait l'attaque, où la saisir? où est-elle maintenant ? Elle a volé dans mille mains, elle a déposé son accusation dans mille esprits. Comment en effacer la trace ? Le *Moniteur*, c'est une puissance, et quand il parle d'histoire, d'histoire contemporaine surtout, je ne sais quelle autorité, quelle authenticité vient s'attacher à ses assertions. On le croit bien instruit, lui qui a enregistré tous les faits, lui qu'on pourrait croire impartial.... Lors donc qu'il dit que le général Pelleport a été lui-même....

M. LE PRÉSIDENT. — La cause est entendue sur ce point.

M. DE SÈZE. — Je m'arrête.

M. LE PRÉSIDENT. — M. l'avocat impérial a la parole.

RÉQUISITOIRE DE M. ERNEST PINARD,

AVOCAT IMPÉRIAL.

Messieurs,

Ces débats qui touchent à tant de matières délicates ne sauraient se prolonger trop longtemps, aussi devons-nous les résumer immédiatement et conclure.

Il y a dans cette affaire une question de droit et une question de fait.

Au point de vue purement juridique, nous nous associons complétement aux paroles élevées du défenseur de M. de Pelleport, et nous précisons en quelques mots la pente logique qu'a suivie la jurisprudence pour interpréter et compléter la loi.

Oui, l'honneur est le bien le plus précieux, et à ce titre il doit avoir sa garantie. Quand les autres portions de l'héritage se fractionnent, lui reste indivisible et impérissable, passant tout entier à ceux qui continuent la famille, et qui portent le nom. Les enfants doivent donc avoir une action en justice pour défendre l'honneur paternel, qui est pour eux le premier des patrimoines (1).

Nous étendons ce principe même aux actes de la vie publique, lorsqu'on rencontre non le diffamateur ordinaire, mais le calomniateur. Autrement, il faudrait plaindre la nation qui serait assez ingrate pour demander aux citoyens qui la servent, non pas seulement leurs travaux et leur sang, mais encore un silence résigné devant de mensongères attaques.

Enfin, nous voulons vis-à-vis de telles accusations une réparation morale comme le préjudice qu'elles causent. La loi elle-même a cherché à multiplier ce mode de réparation : dans certains cas déterminés, elle permet la suppression des mémoires calomnieux (2). Lorsque le délit de diffamation est constaté, elle autorise, à titre de peine accessoire, l'insertion multipliée du jugement dans les journaux. En dehors de tout délit, elle consacre pour la personne qui se croit lésée par une assertion erronée de la presse périodique le droit de répondre, dès que son nom ou ses actes sont en cause (3). Vous avez fait plus encore, messieurs; et vous fondant sur l'article 1382 du Code Napoléon, invoquant le droit commun à défaut d'une disposition spéciale dans les lois sur la presse, vous avez étendu aux livres ce droit de réponse écrit pour les journaux. Votre jugement dans l'affaire des Mémoires du duc de Raguse, et l'arrêt qui l'a confirmé, voilà le dernier état de la jurisprudence, et ils n'ont permis

---

(1) Arrêt de la Cour de Paris, dans l'affaire des enfants de Casimir Périer, en 1839.
(2) Article 1036 du Code de procédure civile.
(3) Article 11, loi du 25 mars 1822.

qu'une chose : placer à côté de la calomnie ou de l'assertion téméraire les documents authentiques qui la réfutent, mettre la vérité à côté de l'erreur, la preuve contraire à côté de l'affirmation. C'est, en un mot, le droit de réponse consacré vis-à-vis des auteurs et des éditeurs.

Nous comprenons, messieurs, ces précautions de la loi et ce soin jaloux avec lequel la jurisprudence les sanctionne et les complète. Il est honorable pour les justiciables de trouver toujours insuffisantes les garanties qui protégent l'honneur. Il est nécessaire pour le magistrat d'intervenir et de les multiplier : car renvoyer les parties au jugement de l'opinion qui peut s'égarer, à la décision de la conscience publique, si lente à se former, ce serait abdiquer notre haute mission sociale ; ce serait exposer les esprits ardents à reculer en arrière, et à demander la solution de ces questions de personnes à des luttes privées ou à de tristes représailles.

Je respecte donc et je proclame le droit. Mais, plaçant ce débat sur un terrain plus restreint, me renfermant dans une sphère plus modeste, je viens soutenir qu'en fait, et sans désavouer aucun des principes posés, on ne peut imposer ni à M. Rapetti ni au *Moniteur*, soit la rétractation, soit la rectification judiciaire que demandent les dernières conclusions de M. de Pelleport.

Pour arriver à cette démonstration, je dois successivement résoudre plusieurs questions de fait délicates que je précise ainsi : Quel a été le but de M. Rapetti? Comment a-t-il rencontré sur sa route le général de Pelleport? Quel est le caractère de la note du 27 juillet? Quelle a été la réparation ou l'explication du 3 août? Quel était le terrain nouveau fait à la discussion par ce dernier article? Quelles appréciations peuvent être portées sur l'acte du 19 avril 1814? Rapetti a-t-il été de bonne foi dans la sienne? Ces questions résolues, nous dirons quelle est, à notre point de vue, la réparation que le jugement peut accorder à la mémoire du général de Pelleport, et quelle est la limite que nous ne devons pas franchir.

Le but de M. Rapetti a été sérieux. Ce fait me semble démontré et par l'ensemble de ses articles, et par les circonstances dans lesquelles ils se produisent.

Les funérailles de Marmont s'étaient accomplies au milieu de l'indulgence universelle. L'exil avait été si long, l'expiation si rude! Pour être juste vis-à-vis de tous, il y avait eu tant de qualités éminentes chez le capitaine, que ce sentiment-là, en présence d'une tombe, dans un pays qui aimera toujours les hommes de guerre, se comprend et s'explique. Mais la publication des Mémoires du maréchal raviva la lutte, et devait amener d'inévitables réfutations. Pour Marmont et ses amis, la défection d'Essonne n'avait été qu'un incident sans importance dans la chute de l'empire, et la responsabilité, dans tous les cas, n'en devait peser que sur les généraux commandant sous les ordres du duc de Raguse. Ce sont ces deux points que M. Rapetti a pour but de contredire et de réfuter.

La défection d'Essonne, incident sans importance! Mais l'Empereur n'avait encore abdiqué que conditionnellement ; trois plénipotentiaires traitaient en ce moment à Paris avec les alliés. On sait combien l'empereur Alexandre tenait à se créer en France une popularité et à donner une satisfaction à l'opinion de cette armée française pour laquelle il éprouvait une irrésistible admiration. A la nouvelle de la défection, les négociations se rompent, et cet argument du vœu compacte des soldats sur lequel Ney avait si vivement insisté dans les conférences, disparaissait devant des troupes divisées et changeant de drapeau.

Seconde preuve de l'importance qu'il faut attacher à l'événement d'Essonne, ajoute Rapetti : Napoléon négociait, mais en restant sous les armes. Et quand on songe à cette merveilleuse campagne de 1814, à ces luttes de géants, où l'intrépidité d'un petit nombre avait fait reculer les plus gros bataillons, à ces ressources miraculeuses que le génie poussé à bout trouve quelquefois dans le désespoir ; non, tout n'était pas dit sur les chances de ce suprême combat. Or, de par la défection, reprendre l'offensive et rompre les négociations devenait chose impossible ; l'armée impériale n'avait plus d'avant-garde ; sa base d'opérations disparaissait, et l'abdication conditionnelle devenait fatalement l'abdication absolue.

Puis vient le second point de la thèse de M. Rapetti : la responsabilité de la défection doit remonter à Marmont, et il donne ses preuves. Le 5 avril au matin, les soldats s'aperçoivent qu'on les trompe, et qu'au lieu de marcher sur Fontainebleau, ils sont sur la route de Versailles ; leur révolte proteste contre la défection. Quel est l'homme qui, au péril de sa vie (il faut le reconnaître), va dompter la révolte, consommer le mouvement de retraite et leur assigner les cantonnements de Normandie ? Marmont. Le mouvement d'Essonne s'opère en vertu d'une convention passée entre Marmont et Schwartzemberg, et prouvée par deux lettres du 3 au 4 avril, échangées entre le maréchal et le prince. Napoléon sait déjà, le 5 avril au matin, la convention qui stipule la défection, puisqu'il repousse la vie sauve et la liberté que Marmont avait exigées des alliés pour lui. Enfin, le mouvement d'Essonne est si bien arrêté et promis, que les ordres du jour des armées alliées l'annoncent le 4 avril, et prescrivent le mouvement des troupes qui doivent escorter et surveiller le corps défectionnaire.

Telle est la double démonstration de M. Rapetti sur les deux points repoussés par Marmont : importance de la défection d'Essonne ; responsabilité de cette défection remontant au duc de Raguse. Si j'ai résumé ainsi les articles de M. Rapetti, c'était pour établir qu'il a fait une œuvre sérieuse, qu'il a consulté les pièces, jugé les documents officiels, et que son but n'était ni la diffamation ni le scandale, mais l'étude patiente et laborieuse de l'histoire. Vous lirez ces pages écrites avec une logique vigoureuse et un remarquable talent de style : après cette lecture, votre appréciation sur ce point sera la mienne.

Or, dans le cours de sa déduction historique, M. Rapetti rencontre un contradicteur : c'est le général de Pelleport, qui était plus que l'écrivain, mais le témoin des événements de 1814. L'assertion contraire du général avait une grande importance, puisqu'il avait traversé lui-même chacune des phases de l'histoire contemporaine. M. Rapetti le sent, et, en présence des Mémoires du général, qui avait affirmé l'innocence de Marmont sans discuter les charges essentielles sur lesquelles s'appuyait l'accusation, il écrit la note du 20 juillet :

« Le général de Pelleport a oublié de laisser dans ses papiers toutes ses raisons pour excuser la défection d'Essonne, notamment celle-ci, c'est qu'il avait été lui-même de cette défection. Le nom de Pelleport figure un des premiers, avec la qualité de général de brigade, sur un acte d'adhésion à la défection d'Essonne, dont j'ai dans mes mains une copie authentique. »

Cette note, messieurs, est l'acte de colère du critique. Je la blâme et la repousse parce qu'elle renferme une équivoque qui motivait les réclamations les plus légitimes de la part du fils du général. En présence de cette note, M. de Pelleport pouvait sommer M. Rapetti de produire la pièce, faire insérer sa protestation au *Moniteur*, et poursuivre M. Rapetti en police correctionnelle si la pièce n'était pas produite.

Mais arrive, à la date du 3 août, une explication ou une réparation de M. Rapetti qu'il faut citer textuellement :

« Le général Pelleport n'est pas un de nos martyrs, mais c'est un de nos plus glorieux soldats ; à tous les titres, il a droit à nos respects et surtout à l'impartiale justice de l'histoire.

» Je n'ai pas dit que le général Pelleport ait pris part, de sa personne, à la défection du 5 avril ; il y avait pour cela une trop bonne raison, c'est que ce général, qui venait de faire bravement son devoir le 30 mars, était dans son lit, malade, d'une blessure grave reçue par lui à la bataille de Paris, pendant que le 6ᵉ corps, auquel il appartenait, opérait sa défection et passait d'Essonne à Versailles. Mais j'ai dit qu'il y avait un acte d'adhésion à l'événement d'Essonne, et que le nom de Pelleport figurait sur cet acte avec sa qualité de général de brigade. Je vais rapporter ce document ; mais, avant, quelques mots pour rappeler les circonstances :

» Marmont avait sur le cœur la révolte du 6ᵉ corps à Versailles, après la découverte du piège dans lequel les généraux défectionnaires l'avaient conduit. Pour effacer le souvenir de cette révolte qui avait failli le compromettre si violemment, lui et le parti de l'intrigue, Marmont fit demander par son chef d'état-major aux officiers supérieurs et généraux du 6ᵉ corps un acte d'adhésion à ce qui s'était passé. Quelques-uns obéirent. Il est bien entendu qu'on n'avait pas mis dans cet acte des paroles repoussantes comme celles-ci : *défection*, *trahison*, *désertion* ; mais on y avait mis des paroles équivalentes et d'une signification moralement plus grave encore, car elles impliquaient tout cet ensemble de conspirations, de révoltes, d'intrigues et de défections dont l'événement d'Essonne n'avait été qu'une particularité finale.

» Voici l'acte auquel j'ai fait allusion :

Acte d'adhésion.

« Nous, officiers généraux et supérieurs des corps et de l'état-major composant le 6ᵉ corps d'armée, aux ordres de S. Exc. Mgr le maréchal duc de Raguse, déclarons, en notre nom et en celui de nos subordonnés, adhérer entièrement aux actes émanés du Sénat, du Corps législatif et du Gouvernement provisoire, ainsi qu'au rétablissement de la dynastie des Bourbons, nos anciens souverains, conformément à la Charte constitutionnelle du 6 de ce mois, et nous promettons de prendre toujours pour base de notre conduite l'honneur et le bien de la patrie.

» Rouen, le 19 avril 1814. »

« (Suivent les signatures dont les deux premières sont celles du chef et du sous-chef de l'état-major de Marmont.) »

Il y a trois choses dans cette explication donnée le 3 août : 1ᵒ Le critique considère comme intact l'honneur militaire du général, qui n'a figuré ni à

Essonne ni à aucune défection ; 2° il lui impute seulement d'avoir approuvé postérieurement l'événement d'Essonne ; 3° il déduit cette approbation d'un acte écrit qu'il cite textuellement, et au bas duquel se trouverait la signature du général.

En présence de cet article du 3 août, le terrain de la discussion a changé ; MM. Rapetti et de Pelleport ne sont plus en désaccord sur les faits. La blessure du 30 mars 1814, la maladie du général le 5 avril, son absence d'Essonne, l'existence de l'acte d'adhésion du 19 avril, la teneur même de cet acte, et l'apposition au bas de la pièce de la signature du général, voilà les faits de l'affaire, et sur ces faits pas de contradiction. Sur quoi porte donc la discussion ? Uniquement sur l'appréciation d'un acte écrit, l'adhésion du 19 avril.

Or, sur cet acte il n'y a que trois appréciations possibles. Ou dire que cette adhésion constitue ceux qui l'ont signée auteurs ou complices de la défection d'Essonne, ou dire que cet acte n'est qu'une soumission pure et simple au rétablissement des Bourbons, ou dire qu'il est un bill d'indemnité, un satisfecit demandé par Marmont à ceux qui avaient commandé sous ses ordres, et destiné à couvrir l'ensemble des faits qu'on pouvait lui reprocher au milieu des désastres de 1814.

De ces trois appréciations, la première serait insensée et calomnieuse : elle ne supporterait pas l'examen, et le tort de la note du 20 juillet est de renfermer une équivoque qui permet au lecteur, en l'absence de la pièce, de s'arrêter à ce jugement erroné.

La seconde appréciation, qui qualifie l'acte du 19 avril une soumission légitime aux Bourbons, peut être admise par un esprit sérieux et de bonne foi. C'est ainsi que le fils du général interprète la pièce, et il s'appuie sur l'analogie des termes qu'on y emploie avec ceux dont se servaient les grands corps du pays pour adhérer aux Bourbons.

La troisième appréciation qui voit dans l'acte un blanc seing demandé et obtenu après coup par Marmont, est celle qu'adopte Rapetti dans son article du 3 août. A-t-il tort ou raison, au point de vue historique ? Là n'est pas, pour nous, la question. Mais a-t-il pu de bonne foi avancer et soutenir cette opinion ? Voilà un point essentiel dont la solution détermine la perte ou le gain du procès. Eh bien, messieurs, suivez M. Rapetti dans l'ordre de ses déductions, pesez ses preuves, comptez ses arguments, vous vous direz au moins ceci : son appréciation *se discute ;* qu'elle soit juste ou erronée, naturelle ou subtile, l'histoire, que le juge ne fait pas, pourra le dire un jour ; mais ce que le magistrat peut dès à présent proclamer, c'est que le jugement du critique appartenait à la sphère de la discussion libre, et qu'il ne l'a point écrit pour *calomnier*.

Voilà, en effet, résumées dans leur ensemble, les raisons qui expliquent dans une certaine mesure, on en conviendra, le point de vue auquel s'est placé M. Rapetti.

Si l'acte du 19 avril n'est qu'une adhésion ordinaire aux Bourbons, pourquoi ne la leur envoie-t-on pas ? pourquoi ne l'insère-t-on pas au *Moniteur*, lorsqu'on enregistrait dans la feuille officielle les noms des adhérents les plus humbles ? Le gouvernement n'aurait certes pas omis d'y faire figurer la pièce du 19 avril, si elle lui avait été adressée comme l'adhésion du 6° corps au nouvel ordre de choses. Mais le 6ᵉ corps, c'était l'avant-garde de la grande armée, c'était le drapeau déchiré et noirci de ces vieilles cohortes qui avaient parcouru le monde, et que le comte d'Artois voulait flatter et respecter si fort, quand il déclarait que le roi n'aurait d'autre escorte à son entrée dans Paris que des détachements de la garde impériale. Le 6ᵉ corps, c'était lui qui avait quitté l'Espagne à marches forcées pour aller se battre à Leipsick, c'était lui qui avait fait sans une halte cette terrible campagne de 1814 ; c'était lui qui en trois mois s'était trouvé à cinquante-six rencontres, et l'un de ces combats avait duré deux jours : on disait de lui qu'il avait tué plus d'ennemis qu'il ne comptait de soldats. Et le gouvernement aurait eu l'adhésion de ce corps dans l'acte du 19 avril ! et il l'aurait négligée, oubliée ! il lui aurait refusé la publicité qu'on donnait à tous, non dans l'intérêt des adhérents, mais dans celui du pouvoir nouveau auquel on adhérait. Non. Ceci est impossible, et quand on voit que cet acte est adressé à Marmont, le 30 avril, par son chef d'état-major, que Marmont n'y appose pas sa signature, qu'il ne l'envoie pas au ministre de la guerre, qu'il le garde dans ses papiers personnels, la nature et la portée de la pièce s'expliquent : c'est un bill d'indemnité demandé par le duc de Raguse ; lui seul l'a gardée, parce qu'à lui seul elle était destinée, et son but était, au cas échéant, la justification des actes du maréchal.

Voilà la première raison de M. Rapetti. Quant aux termes mêmes de l'acte, ils seront assez vagues pour vaincre les scrupules, écarter les résistances, et tromper la bonne foi des officiers subalternes ; mais ils sont aussi assez larges et assez habilement combinés pour permettre la justification désirée. Pourquoi, en effet, à la date du 19 avril, adhérer entièrement aux actes émanés du Sénat, du Corps législatif et du Gouvernement provisoire ?

Le roi Louis XVIII avait été proclamé le 6 avril, l'abdication absolue et sans condition de l'empereur Napoléon était du 11 avril ; Monsieur avait fait son entrée à Paris le 12, et gouvernait pour son frère dès le 16, en qualité de lieutenant général du royaume. Le Sénat et le Corps législatif étaient deux institutions qui ne fonctionnaient plus le 19 avril ; le Gouvernement provisoire avait disparu depuis le 15 : si l'acte du 19 avril n'est qu'une soumission pure et simple au nouvel ordre de choses, il n'était pas utile de rappeler dans son contexte toutes ces autorités qui avaient usurpé, notamment le Gouvernement provisoire qui avait été pendant quelques jours le pouvoir insurrectionnel, de les rappeler surtout quand elles n'existaient plus, et cela pour approuver et ratifier tous leurs actes.

Ah ! c'est que tous ces actes justifient ce qu'on reproche à Marmont ; c'est que la défection d'Essonne n'est que l'exécution des ordres de ce triple pouvoir qui se nomme le Sénat, le Corps législatif, le Gouvernement provisoire ; exécution accomplie par un général en chef désobéissant à l'Empereur et portant ses aigles à l'ennemi. Qu'avait dit, en effet, le Sénat dans la proclamation du 2 avril ? « Le peuple et l'armée sont déliés du serment de fidélité. » Qu'avait répété le Corps législatif, le 3 avril ? « Les Français sont dégagés de tous liens civils et militaires. » Plus énergique et plus avancé, le Gouvernement provisoire avait parlé ainsi à l'armée, le 2 avril : « Vous n'êtes plus les soldats de Napoléon : le Sénat et la France vous dégagent de vos serments. »

Le 3 avril, le prince de Schwartzemberg avait adressé en ces termes la proclamation du Gouvernement provisoire à Marmont : « J'ai l'honneur de faire passer à Votre Excellence une invitation des membres du Gouvernement provisoire à vous ranger sous les drapeaux de la bonne cause française. » Du 3 au 4 avril, Marmont avait répondu : « L'armée et le peuple se trouvent déliés du serment de fidélité envers l'empereur Napoléon par le décret du Sénat. En conséquence, je suis prêt à quitter avec mes troupes l'armée de l'empereur Napoléon. » Ainsi, dans la pensée intime de Marmont, le mouvement d'Essonne, c'était l'acte d'obéissance au Sénat, au Corps législatif, au Gouvernement provisoire. Si ces trois voix n'avaient pas parlé, l'avant-garde de l'armée n'aurait pas bougé. En demandant aux officiers de son corps d'approuver ce qu'avait fait le triple pouvoir, il déchargeait en partie sa responsabilité, il leur dictait une adhésion, non pas précisément à ce que la voix populaire appelait la défection, mais au moins aux proclamations qui l'avaient sollicitée et aux ordres qui, pour lui, l'avaient amnistiée.

Tel est le second argument de M. Rapetti ; puis, passant en revue les signatures, il trouve encore là une preuve à l'appui de sa thèse. Si les signatures des chefs de bataillon sont si nombreuses, et si l'on ne se contente pas de celles des colonels pour chacun de leurs régiments, c'est que Marmont tenait à effacer le souvenir de cette révolte du 5 avril qui avait protesté contre la défection, révolte des soldats et des officiers inférieurs contre leurs généraux, et pour laquelle il fallait une amende honorable qui serait en même temps une approbation tacite de la conduite du maréchal. Cette approbation, on se dispense de la demander à ceux qui ont pris une part active et apparente à la défection, et qui, à ce point de vue, sont dans la même situation que Marmont ; on ne la demande pas non plus à ceux dont on redoute le refus, et M. Rapetti cite les généraux Latour-Foissac et Ricard, faisant comme les autres partie du 6ᵉ corps, servant, comme les autres, la dynastie des Bourbons, n'ayant jamais hésité à se soumettre au roi Louis XVIII, mais dont la signature n'a pas figuré sur l'acte en question, soit parce qu'ils l'ont refusée, soit parce qu'on n'a pas osé la solliciter. Mais on la demande et on l'obtient facilement de ceux qui étaient absents le 5 avril, des officiers qui ne calculent qu'à demi la portée de cette complaisance, de l'homme de guerre qui n'eût jamais quitté son poste, qui, en présence de l'ennemi, eût fait bravement son devoir, et qui trouve qu'une signature de plus ou de moins est bien peu de chose devant des faits accomplis, surtout quand celui qui la demande est un maréchal de France.

Enfin, s'appuyant sur un fait révélé par le défenseur de M. de Pelleport, M. Rapetti cite l'adhésion du général du 23 avril comme la preuve évidente que celle du 19 avait un autre caractère. Si, le 23 avril, le général de Pelleport envoyait aux Bourbons son adhésion pure et simple, comme l'ont fait la plupart des commandants militaires, c'est qu'il savait bien que celle du 19 avait un autre but, et que ce but, c'était de sauver un jour Marmont s'il était attaqué.

Le duc de Raguse, dans les longues luttes qu'il a soutenues, ne semble point avoir fait de cette pièce un usage officiel. Mais qui nous dit qu'il ne s'en servait pas souvent pour se défendre et sans la publier ? En 1814, lorsque la voix populaire et le cri de l'armée commençaient à l'accuser, n'était-il pas naturel qu'il voulût recourir à cette ratification tacite, de manière à faire croire qu'il avait agi de concert avec ses officiers ? Une pareille volonté est probable lorsque l'intérêt est si puissant. Quant à son pouvoir, il était assez grand pour lui permettre d'obtenir facilement ce blanc-seing incomplet et postérieur à l'événement. N'était-il pas l'homme de la situation nouvelle qu'il avait créée ? N'était-il pas le maréchal de France qui pouvait rêver l'épée de connétable ? N'avait-il pas eu, le 5 avril, cette ovation dont parle Bourrienne, et qui, décernée chez Talleyrand, devait lui promettre un grand rôle politique et lui peser comme un remords ?

Tels sont, messieurs, les arguments sur lesquels on s'appuie pour donner à l'acte du 19 avril le caractère d'un satisfecit accordé au duc de Raguse. Je les résume. L'envoi de la pièce au duc de Raguse, son défaut d'insertion au *Moniteur*, les termes mêmes de sa rédaction, la nature des signatures qui l'accompagnent, l'intérêt du maréchal et son pouvoir pour l'obtenir : voilà le faisceau de présomptions ou de preuves qui expliquent dans une certaine mesure l'appréciation de Rapetti, et qui ne permettent pas de formuler contre elle le reproche de mauvaise foi.

Ces questions de fait ainsi résolues, nous ne pouvons plus admettre les dernières conclusions de M. de Pelleport. Il demande à M. Rapetti et au *Moniteur* une rétractation signée, ou au tribunal une rectification judiciaire. Je réponds qu'en droit et en fait ce résultat n'est pas possible.

En droit, on peut, en certain cas, supprimer un écrit calomnieux ou diffamatoire ; mais cette suppression est une peine accessoire qui suppose un délit comis. En droit, on peut prescrire l'insertion du jugement qui accueille la réclamation du plaignant ; mais ces insertions, que le juge peut multiplier à titre de réparation, ne sont encore que des peines accessoires qui arrivent après une condamnation préalable et la constatation d'un fait délictueux. En dehors de là, je ne vois pour la partie qui se croit lésée par une assertion discutable que le droit de réponse. Ce droit-là, il est écrit vis-à-vis des journaux dans l'article 11 de la loi du 25 mars 1822. Il est, en outre, consacré vis-à-vis des livres par votre décision dans l'affaire du prince Eugène. Remarquez, en effet, que si les considérants du jugement et de l'arrêt sont larges et absolus au point de vue doctrinal, leur dispositif n'a qu'un but : mettre les héritiers du prince Eugène à même de répondre à une assertion perfide ou téméraire ; leur permettre de placer un document à côté de la version qui les lèse, une défense à côté de l'attaque. La page de Marmont qui calomniait le prince Eugène, on la laisse intacte ; on ne pouvait demander à l'éditeur sa suppression pas plus qu'on ne pouvait demander au duc de Raguse vivant une rétractation. Seulement on place à la fin du VIe volume, à côté de l'accusation, trente-quatre documents officiels, pièces précieuses pour l'histoire comme pour la réputation du prince, et l'on met le lecteur en mesure de comparer et de choisir, de croire à la vérité ou à l'erreur, à la fidélité ou à la trahison : voilà la limite extrême du droit consacré dans cette cause célèbre, où l'on discutait, non plus comme ici sur l'appréciation et la valeur d'une pièce textuellement citée, mais sur des faits nettement déterminés. Le prince Eugène a-t-il reçu l'ordre de franchir les Alpes ? L'ordre était-il absolu ou conditionnel ? A-t-il été rétracté ?

Si tel est le droit, les conclusions de M. de Pelleport sont inadmissibles. Il n'est pas en désaccord sur un fait, mais sur une appréciation faite de bonne foi ; il peut la contredire, et placer au *Moniteur* des documents qui la réfutent et la protestation qui la repousse. Voilà tout.

En fait, l'admission des conclusions vous semblera plus difficile encore, quand vous aurez détaillé chacun des articles qui les composent. On vous demande d'imposer au *Moniteur* trois rectifications : la première, c'est que le général de Pelleport, blessé le 30 mars, n'a pu prendre part aux opérations du 6e corps le 5 avril ; la deuxième, c'est que le général n'a signé aucun acte portant adhésion au fait d'Essonne et aux événements politiques du 6e corps ; la troisième, c'est que son nom n'a pu paraître qu'au bas d'une pièce portant seulement approbation des actes politiques des corps constitutionnellement constitués. Or la première de ces rectifications est inutile, puisque le fait qu'elle a pour but d'affirmer a été hautement proclamé le 3 août par le *Moniteur*. La deuxième serait inexacte pour partie, puisque l'adhésion du 19 avril serait au moins un acte politique ; et c'est en lui attribuant précisément ce caractère que le défenseur de M. de Pelleport la considère comme une soumission pure et simple au régime nouveau, étrangère aux actes du soldat. La troisième enfin exigerait de la part du tribunal la solution de questions complexes réservées au jugement de l'histoire. Le Sénat et le Corps législatif étaient-ils constitutionnellement constitués lorsqu'ils faisaient les proclamations des 2 et 3 avril ? Le Gouvernement provisoire a-t-il jamais été un pouvoir constitutionnel du 1er au 15 avril 1814 ? Non, assurément. Le rétablissement des Bourbons et l'abdication du 11 avril ont-ils rendu réguliers ces actes qui violaient la constitution de l'Empire ? Questions de théorie, questions d'origine au milieu d'une commotion politique qui obscurcissait le droit, questions qui peuvent appeler les réflexions de l'historien, mais qu'il suffit de poser au magistrat pour qu'il se déclare incompétent. Non, ce n'est point à nous à dicter une solution à l'écrivain qui les discute et aux esprits qui s'en préoccupent.

Si nous repoussons ainsi en fait et en droit les conclusions de M. de Pelleport, nous reconnaissons cependant que le tribunal peut et doit lui accorder une réparation.

Cette réparation, qui ne compromet les droits de personne, c'est la reconnaissance par le tribunal d'un fait démontré pour tous. Ce fait, c'est que l'honneur militaire du général est intact.

M. Rapetti a dit de lui qu'il n'était point un martyr, mais un de nos plus glorieux soldats. Ce mot est rigoureusement vrai. De Pelleport n'a jamais aspiré à la fidélité politique ; il a servi bravement l'Empereur en 1814 ; il a commandé pour les Bourbons dans le cours de la même année, pour l'Empereur pendant les Cent-Jours, pour Louis XVIII après Waterloo. Ceci, ce n'est pas du martyre, mais ceci n'empêche pas d'être un brave et loyal soldat. Le devoir militaire ne vous impose pas cet héroïsme chevaleresque qui ne sert qu'un régime ; il vous demande seulement de soutenir de votre épée et de votre sang le pouvoir qui a reçu vos serments, et de ne jamais quitter le drapeau tant qu'il y a un drapeau debout.

Or, ce devoir militaire, Pelleport ne l'a jamais méconnu. Vous en avez pour garant cette longue carrière terminée à quatre-vingt-trois ans au milieu des regrets et de la douleur de sa ville natale. Vous en avez pour garant le respect du bien qu'il inspirait à ses soldats, quand, à la retraite de Russie, il confiait à des hommes mourants et blessés les 120,000 francs de son régiment. A la frontière, la moitié de ces braves gens avait péri ; mais la somme, dont chaque parcelle était précieusement léguée par les mourants à leurs voisins, se retrouvait tout entière. Vous en avez pour garants ses vingt campagnes et ses dix-sept blessures ; le témoignage de l'Empereur lui-même qui, à son retour de l'île d'Elbe, signalait dans sa proclamation du golfe de Jouan ceux qui l'avaient trahi, mais n'hésitait pas plus tard à accepter les services de de Pelleport comme ceux d'un honnête soldat.

C'est ce témoignage-là que votre jugement peut rendre au fils. En le faisant, messieurs, vous reconnaissez que l'honneur est un patrimoine dont il hérite ; ce fardeau, il doit fièrement le porter, et c'est là une noblesse qu'il faut savoir défendre... Oui, l'honneur, c'est le luxe de la conscience, c'est la splendeur du bien, et quand un père le lègue à ses enfants, la susceptibilité du fils qui le croit attaqué, cette susceptibilité fût-elle exagérée, sera toujours sacrée pour nous.

Afin de satisfaire à cette action de M. de Pelleport, vous pouvez, messieurs, blâmer la note du 20 juillet comme prêtant à une injuste équivoque, constater la réparation du 3 août, y ajouter vous-mêmes, en déclarant que, l'appréciation de M. Rapetti fût-elle admise, le général de Pelleport pouvait encore signer un acte aussi vague que celui du 19 avril, sans songer à l'événement d'Essonne et sans vouloir ratifier les actes du maréchal. Puis vous consacrez au profit du fils un droit absolu de réponse pour protester dans le *Moniteur* contre l'interprétation de M. Rapetti, donner un autre sens à l'acte du 19 avril, l'expliquer par d'autres documents, et nier même la signature et la pièce, si la signature ne lui semble pas conforme à celle de son père et si la copie de l'acte ne lui paraît pas authentique.

Cette réponse, elle sera facile pour M. de Pelleport. Il aura, pour la faire, plus que cet hommage rendu publiquement par le ministère public à la mémoire de son père ; il aura, permettez-moi de l'espérer, un des considérants de votre jugement. Nos paroles, elles ne sont jamais que l'expression individuelle d'un magistrat qui opine tout haut, qui parle le premier, mais qui ne juge pas. Vos sentences, au contraire, c'est la justice elle-même qui les dicte ; ce n'est pas la pensée d'un homme, mais celle d'un grand corps, et nul n'estimera compromis l'honneur d'un soldat quand vous l'aurez affirmé.

C'est donc dans la rédaction même de votre décision que sera pour M. de Pelleport la vraie réparation ; puis, si vous voulez donner à cette réparation elle-même une publicité plus grande, vous vous rappellerez que le *Moniteur* a offert dans ses conclusions subsidiaires de publier votre jugement.

Tels sont, messieurs, les détails dans lesquels nous devions entrer pour vous indiquer avec une respectueuse réserve quel genre de satisfaction vous pouvez accorder à M. de Pelleport. Si nous n'allons pas au delà et si nous avons rejeté ses conclusions, c'est que nous y voyons un péril pour les droits de l'auteur et les franchises de l'histoire.

L'arrêt de la Cour dans l'affaire du prince Eugène posait en principe que l'écrivain qui distribuait l'éloge ou le blâme au gré de sa passion ou de son ressentiment n'était justiciable que de l'opinion publique, tant qu'il n'aurait pas dénaturé les faits. Cette pensée de la Cour nous en rappelle une autre : en histoire et en critique, celui qui a des indulgences excessives, celui qui trouve le bien partout et le mal nulle part, celui-là même qui manque de sens moral au point de tout amnistier, celui-là peut vivre en repos et n'a rien à redouter. Soit; il doit en être ainsi ; mais à côté d'étonnantes indulgences, laissons à d'autres le droit d'avoir d'extrêmes sévérités.

L'histoire, dans une certaine mesure, a besoin de ces deux poids avec lesquels la nature humaine juge les hommes et leurs actes. En vertu d'une loi étrange qui exige au début de toutes les grandes choses des luttes et des contradictions, la vérité historique ne se dégage qu'après des appréciations opposées. Il y a d'abord la vérité des vainqueurs et la vérité des vaincus, et puis un jour l'or quitte le creuset; l'histoire une et impartiale jaillit de ces versions diverses, de ces opinions passionnées ; œuvre humaine, elle a dû à la lutte de devenir meilleure et plus sage que l'homme.

Si quelqu'un, messieurs, doit imiter et préparer cette impartialité, c'est nous. Oui, nous contribuons à cette œuvre de l'histoire à deux points de vue, et en punissant les calomniateurs qui la déshonorent, et en maintenant aux esprits les plus opposés leur droit d'appréciation. Dans ce dernier cas, nous servons l'histoire en ne la faisant jamais nous-mêmes.

Votre jugement, messieurs, inspiré par ces principes, pourra ne pas satisfaire ces opinions extrêmes qui manquent de justesse, comme les esprits violents manquent d'équilibre ; mais il ne sera pas non plus, croyez-le, un de ces moyens termes que la logique ne justifie pas, et qui tendent à satisfaire l'un sans mécontenter l'autre. Non ; vous aurez évité les deux écueils en traçant d'une main vigoureuse la limite des droits de chacun. « *Jus suum cuique tribuere,* » voilà votre devise ; et après votre sentence, tout le monde pourra dire : Le général de Pelleport n'a jamais failli au devoir du soldat; sa gloire militaire, consacrée par la justice, est intacte: mais en la proclamant, le tribunal a su respecter, dans la sphère libre de la discussion de bonne foi, les droits du critique et l'indépendance de l'histoire.

———

Audience du 26 novembre 1858.

JUGEMENT.

« Le tribunal, statuant sur les conclusions de la veuve et du vicomte de Pelleport, tant contre Rapetti que contre le gérant du *Moniteur universel :*
» En ce qui concerne Rapetti :
» Attendu que Rapetti, auteur et signataire d'un article inséré au *Moniteur*

universel, le 20 juillet 1857, sous le titre de : *Variétés, Bibliographie, Mémoires du maréchal Marmont*, article intitulé plus spécialement : *Défection d'Essonne*, après avoir signalé comme une trahison la conduite du duc de Raguse qui commandait en avril 1814 le 6ᵉ corps de l'armée à Essonne, s'exprime dans l'avant-dernier alinéa de la manière suivante : « Un général a eu la malencontreuse idée de laisser dans ses papiers une défense, une apologie de la conduite de M. le duc de Raguse en 1814, » et qu'il ajoute par un renvoi sous forme de note, mis à la fin de l'article, que « le général de Pelleport a oublié de laisser dans ses papiers toutes les raisons pour excuser la défection d'Essonne, notamment celle-ci : C'est qu'il avait été lui-même de cette défection ; le nom de Pelleport figure un des premiers, avec la qualité de général de brigade, sur un acte d'adhésion à la défection d'Essonne, acte dont il aurait entre les mains une copie authentique ; »

» Attendu que cette note, dans les termes où elle était conçue, contenait une assertion matériellement erronée, à savoir que le général de Pelleport aurait participé à la défection du 4-5 avril, puisque ce général, grièvement blessé le 30 mars précédent dans un combat livré sous les murs de Paris, était alors en danger de mort et hors d'état de prendre une part quelconque au mouvement de retraite opéré par le 6ᵉ corps ;

» Attendu qu'une imputation de cette nature a dû soulever la légitime susceptibilité de la veuve et du fils de Pelleport, dépositaires et gardiens de l'honneur de leur époux et père ; qu'ils avaient le droit de faire connaître la vérité et de venger la mémoire du général de Pelleport d'une accusation aussi grave qu'imméritée ; qu'à cet effet une lettre a été adressée par le vicomte de Pelleport à Rapetti, à la date du 23 juillet 1857, rectificative des assertions émises par Rapetti, mais que cette lettre n'ayant point été insérée au *Moniteur*, la veuve et le vicomte de Pelleport se sont alors pourvus par les voies judiciaires pour obtenir la réparation du préjudice moral à eux causé ;

» Que leur demande est recevable en la forme et d'ailleurs non contestée ;

» Attendu, il est vrai, que Rapetti lui-même a reconnu, dans le numéro du *Moniteur* du 3 août 1857, que le général de Pelleport n'avait pris aucune part au mouvement du 6ᵉ corps dans la nuit du 4-5 avril, et qu'il a cherché à expliquer la note du 20 juillet précédent, en déclarant, dans ledit numéro du 3 août, qu'il n'avait jamais entendu attribuer au général de Pelleport une coopération active et personnelle à la défection du 4-5 avril, mais une complicité morale résultant d'une adhésion qui avait été par lui signée le 19 avril 1814, et qui impliquerait, suivant Rapetti, une approbation de tous les événements qui s'étaient alors accomplis, et notamment de la défection du 4-5 avril ; qu'à l'appui de cette interprétation, Rapetti a donné le texte de cette adhésion, en l'accompagnant de réflexions et de commentaires qui lui paraissent propres à justifier son assertion ;

» Attendu, à cet égard, et sur le point de savoir si Rapetti a tiré de justes inductions dudit acte d'adhésion, que si cet acte, en le supposant signé par le général de Pelleport, et qui n'est d'ailleurs que la reproduction, soit dans la forme, soit au fond, de ceux qui étaient alors adressés au gouvernement nouveau, ne paraît avoir ni le sens ni la portée que lui attribue Rapetti ; néanmoins, il n'appartient pas au tribunal de prononcer juridiquement sur l'interprétation que Rapetti a donnée de ladite pièce; que cette interprétation rentre exclusivement dans le domaine de l'histoire ;

» Qu'en effet, l'historien a le droit d'apprécier avec une entière liberté et une complète indépendance les faits, les événements et le rôle que les hommes ont joué dans ces événements, d'en tirer telles conséquences qu'il juge convenables, à la double condition : d'une part, qu'il agisse de bonne foi; d'autre part, qu'il ne dénature et ne dissimule aucun des faits ou actes sur lesquels porte sa critique ;

» Que dans cet ordre d'idées, et dans ces limites, ses appréciations et ses déductions, fussent-elles erronées, ne relèvent que de l'opinion publique qui seule peut apprécier le plus ou moins de valeur, de justesse, ou de logique de ses jugements ;

» Attendu qu'il n'est pas suffisamment établi que Rapetti n'ait pas agi de bonne foi, et qu'il est constant qu'il a mis sous les yeux du lecteur le texte même de l'adhésion du 19 avril 1814 ;

» Que de ce qui précède il résulte que les conclusions de la veuve et du vicomte de Pelleport sont inadmissibles dans les termes où elles sont formulées, en ce qu'elles constitueraient une grave atteinte aux droits de l'historien, mais qu'elles sont recevables et fondées en ce qu'elles tendent à la réparation dans une juste mesure du préjudice moral qui leur a été causé ;

» Qu'en effet, il n'en est pas moins acquis aux débats que Rapetti, dans la note du 20 juillet, a émis une assertion erronée, ou tout au moins formulée en termes équivoques et qui imputait au général de Pelleport un fait de nature à porter une grave atteinte à son honneur et à sa considération, et qu'en outre il n'a pas publié la lettre du vicomte de Pelleport, rectificative de cette assertion ; qu'il y a lieu, dès lors, de faire l'application de l'article 1382 du Code Napoléon, qui oblige l'auteur de la faute à réparer le préjudice qu'il a causé;

» Que le tribunal a les éléments nécessaires pour apprécier l'importance de ce préjudice et le mode de réparation qu'il convient de prescrire;

» En ce qui touche le *Moniteur :*

» Attendu que le gérant dudit journal a déclaré qu'il était prêt à insérer dans ses colonnes, soit la lettre du vicomte de Pelleport, en date du 23 juillet 1857, soit à faire telle autre insertion que le tribunal croirait convenable de prescrire;

» Par ces motifs,

» Donne acte au *Moniteur* de ses offres ; déclare la veuve et le vicomte de Pelleport recevables dans leur action ;

» Ordonne que, suivant les offres faites par le gérant du *Moniteur*, le présent jugement sera inséré dans le *Moniteur*, dans les trois jours de la signification d'icelui ;

» Dit que la même insertion aura lieu dans un journal de Bordeaux, au choix des demandeurs ;

» Donne acte purement et simplement à la veuve et au vicomte de Pelleport des réserves qu'ils font relativement à la publication de l'ouvrage de Rapetti, et condamne Rapetti aux dépens envers toutes les parties, dans lesquels entreront ceux d'insertions au *Moniteur universel* et au journal de Bordeaux;

» Sur le surplus des demandes, fins et conclusions des parties, les met hors de cause. »

MÉDECINE TRADITIONNELLE ET HOMŒOPATHIE.

PROCÈS

DES MÉDECINS HOMŒOPATHES

CONTRE

L'UNION MÉDICALE.

Dans le courant de 1857, un jeune médecin, M. Magnan, publie un livre intitulé : *De l'homœopathie, et particulièrement de l'action des doses infinitésimales*. Il en dépose, suivant l'usage, deux exemplaires au bureau de l'*Union médicale*, et prie le rédacteur en chef de ce journal, M. le docteur Amédée Latour, de vouloir bien en faire rendre compte. M. A. Latour objecte que sa conviction est depuis longtemps faite sur l'homœopathie, que la lecture du livre de M. Magnan ne la modifiera probablement pas, que dès lors le compte rendu sera nécessairement sévère, et que, dans de telles circonstances, il lui paraît plus convenable de s'abstenir. M. Magnan insiste, préférant une critique sévère au silence de l'*Union médicale*, et ne demandant ni indulgence pour l'auteur ni complaisance pour la doctrine. Dans ces termes, M. A. Latour confie l'examen du livre de M. Magnan à un jeune écrivain de talent, M. le docteur Gallard, qui avait déjà donné à l'*Union médicale* plusieurs articles justement remarqués. Des médecins homœopathes croient voir dans le compte rendu de M. Gallard une atteinte portée à leur honorabilité. M. le docteur Pétroz et M. le docteur Léon Simon père, l'un comme président, l'autre comme secrétaire de la commission centrale homœopathique, et agissant au nom de cette commission, adressent une réponse à l'*Union médicale*, portant rétractation publique des expressions dont s'était servi M. Gallard à l'égard des médecins qui pratiquent l'homœopathie et auxquelles l'*Union médicale* a prêté sa publicité. M. le docteur Richelot, l'un des fondateurs et gérant dudit journal, refuse d'insérer cette rétractation publique.

Sur son refus, MM. les docteurs Pétroz et Léon Simon, auxquels se joignent MM. Gastier, Chargé, L. Molin, Escallier, Leboucher, Love, Gueyrard, Audouit et Desterne, assignent MM. les docteurs Amédée Latour, rédacteur en chef, Richelot, gérant de l'*Union médicale*, et Gallard, auteur de l'article, devant le Tribunal de première instance de la Seine. Leurs conclusions tendent : 1° à ce que ces Messieurs soient condamnés à 50 000 francs de dommages-intérêts ; 2° à « l'insertion du jugement à intervenir dans le journal l'*Union médicale*, ainsi que dans quatre journaux de Paris, au choix des requérants et aux frais de MM. Latour, Richelot et Gallard. »

C'est en cet état que s'engage le procès.

M⁰ Émile Ollivier, assisté de M⁰ Lesage, avoué, se présente pour les demandeurs ; M⁰ Andral, assisté de M⁰ Adam, avoué, se présente pour M. Gallard ; M⁰ Victor Lefranc, pour M. Amédée Latour ; M⁰ Bethmont, pour M. Richelot. M. Sallantin occupe le siège du ministère public.

Au cours des débats les demandeurs se désistent de leur action contre M. Amédée Latour.

Les plaidoiries sont précédées de part et d'autre de la publication de mémoires scientifiques.

PLAIDOIRIE DE M⁰ ÉMILE OLLIVIER.

Messieurs,

M. Gallard a écrit dans l'*Union médicale*, journal de médecine dirigé par M. Amédée Latour, un article contre la méthode que Hahnemann a créée et qui a pris le nom de médecine homœopathique. Les médecins qui professent cette doctrine ont trouvé l'article injurieux et diffamatoire. Pour en obtenir justice, ils auraient pu s'adresser à la police correctionnelle ; mais voulant respecter leur art jusque dans la personne de leurs adversaires, ils se bornent à vous demander une réparation civile aux termes de l'article 1382.

Permettez-moi de bien préciser la situation qu'ils entendent prendre devant vous.

Il est une loi à laquelle doivent se soumettre tous ceux qui dans une direction quelconque se livrent à la culture de la science ; c'est celle de la libre discussion. Personnellement on peut, sans redouter aucun contrôle, croire ce qu'on considère comme le plus vrai. Quand on a l'ambition, la plus noble de toutes celles qui travaillent les hommes, d'enseigner sa pensée et d'en faire une pensée collective, on ne tente une pareille entreprise qu'à ses risques et périls. On donne à chacun de ceux auxquels on s'adresse le droit d'examen et d'attaque. Si l'attaque est bienveillante et courtoise, tant mieux ! Elle a le droit d'être impunément passionnée, véhémente, acerbe ou railleuse. Ce n'est pas dans le pays qui a placé au premier rang parmi ses chefs-d'œuvre les *Petites lettres adressées à un provincial* qu'un tel principe pourrait être contesté. Mais ce qui est permis contre la doctrine ne l'est pas contre ceux qui la professent ; tant qu'ils se respectent eux-mêmes, ils sont inviolables. Il est des natures excessives et nées pour la haine qui réduisent toute controverse à un combat personnel, qui, dans une lutte d'idées, recherchent moins la défaite d'un système que l'extermination d'un ennemi. La justice les condamne autant que la charité. Contre un adversaire convaincu, on n'a que le droit de répéter la magnanime parole de Cicéron sur Dolabella, un de ses ennemis : *Consilium reprehendendum* (je blâme la doctrine), *laudanda constantia* (je loue la constance et le courage).

Je n'accuse donc pas M. Gallard d'avoir écrit que la médecine homœopathique est chimérique, absurde, meurtrière, contraire à l'expérience et à la raison ; il a le droit de soutenir cette opinion et de la communiquer aux autres. Je l'accuse de n'avoir respecté aucune des règles de la confraternité et du bon goût, d'avoir diffamé d'honnêtes gens qui pensent autrement que lui ; je ne viens pas défendre une doctrine médicale contestée, je viens défendre des médecins grossièrement outragés. Aussi dans l'article de M. Gallard je fais deux parts : l'une est consacrée à une discussion plus ou moins sérieuse ; je ne m'en occupe pas. L'autre est dirigée contre les personnes ; c'est sur celle-ci que je vais appeler votre attention.

DE L'HOMŒOPATHIE ET PARTICULIÈREMENT DE L'ACTION DES DOSES INFINITÉSIMALES.

Par le docteur A. MAGNAN. — Paris, J.-B. Baillière et fils, et Dentu.

Lettres sur l'homœopathie, ou réfutation complète de cette méthode curative.

Par P.-A. MANEC jeune. — Paris, Victor Masson.

« Tout ce qu'il y avait à dire au sujet de l'homœopathie a depuis longtemps déjà été dit et parfaitement dit, par des voix plus autorisées que la nôtre. Il n'entre pas dans notre intention de ranimer le débat sur cette question, que nous regardons comme bien et dûment jugée, car si nous comprenons que la doctrine de Hahnemann ait pu être, comme elle l'a été, discutée et même expérimentée au moment de son apparition, il nous semble difficile d'admettre qu'elle puisse encore aujourd'hui être adoptée et mise, de bonne foi, en pratique par des médecins sérieux et instruits. Telle est la seule et véritable raison qui nous empêche de nous occuper des élucubrations de MM. les homœopathes. Si nous nous décidons à nous départir de cette réserve habituelle en faveur du livre de M. Magnan, c'est que, par exception, nous croyons avoir trouvé dans l'auteur un homme sérieusement convaincu, et susceptible par conséquent de reconnaître qu'il a pu s'égarer, si on lui démontre son erreur. Je ne pense pas que M. Magnan soit notre ancien collègue d'internat, et j'ignore s'il y a ou non communauté de doctrine entre les deux homonymes ; mais je dois dire que cette similitude de nom est la principale, sinon la seule cause qui, après avoir d'abord attiré mon attention sur cette brochure, m'ait ensuite décidé à en parler ici. Je ne veux pourtant pas consacrer à cette critique plus d'importance que le sujet ne le mérite ; et loin d'essayer de reprendre à nouveau la discussion sur les doctrines homœopathiques, je me bornerai à bien préciser pourquoi cette discussion ne peut plus être ravivée.

» M. Magnan se trompe lorsque, dans sa préface, il entrevoit « le commencement » d'un débat calme, sérieux et digne de la science. » Ce débat a eu lieu ; il est clos, et il n'appartient à personne, pas même à des hommes jeunes, honnêtes, et ardemment convaincus, comme il paraît l'être, de le ranimer jamais. On ne peut, en effet, opposer que le silence et le dédain à ceux qui, battus sur les hauteurs où s'agitent les discussions scientifiques, essayent maintenant d'engager une misérable lutte sur le terrain fangeux de la pratique industrielle et de l'exploitation.

» L'homœopathie n'est plus une doctrine, encore bien moins une science. C'est un commerce exercé par quelques-uns, au détriment de la science et de l'humanité ; et s'il est une époque où l'on a pu « appliquer la méthode de Hahnemann » sans être un ignorant abject, un pauvre illuminé ou un misérable charlatan, » ce n'est certainement pas à l'époque actuelle. Il faut bien le dire à M. Magnan, puisqu'il l'ignore, les plus ardents promoteurs de la doctrine ont le bon esprit de l'abandonner dans la pratique. Chaque fois qu'ils se trouvent en présence d'une maladie grave, ils saignent, ils purgent, ils donnent des doses massives, absolument comme si Hahnemann n'eût jamais existé ; mais ils crient par-dessus les toits qu'ils font de l'homœopathie. On a vu dernièrement un des plus en renom appelé près d'une dame du grand monde, qui, vers la fin d'une maladie incurable, était affectée d'anasarque et d'ascite, lui administrer journellement *cinquante centigrammes de calomel*, et déterminer ainsi une diarrhée colliquative, grâce à laquelle l'hydropisie diminua momentanément, mais l'issue fatale fut très certainement hâtée ; ce qui n'empêcha pas l'entourage de la patiente d'être trompé par cette supercherie, et de proclamer dans tous les salons de Paris *les heureux effets du traitement homœopathique*. Je cite ce fait entre mille, et parce qu'il a eu un certain retentissement. D'autres fois, si l'homœopathe exerce dans un service hospitalier, on le voit (comme je l'ai vu moi-même dans mes voyages) se ménager de petites statistiques favorables en n'admettant pas dans ses salles les sujets atteints de maladies graves, en n'y laissant pas séjourner les tuberculeux ou les cancéreux, et en les mettant à la porte non pas seulement la veille de leur mort, mais quelquefois le jour même. On comprendra que je ne veuille nommer personne ni préciser davantage, mais ces faits sont de notoriété publique parmi les médecins ou élèves fréquentant les hôpitaux de la ville d'Europe dans laquelle ils se passent. Qui donc maintenant voudrait prendre au sérieux les travaux publiés par des hommes capables de tels actes et se donner la peine, je ne dirai pas même de les discuter, mais seulement de les lire ? — Ces travaux, du reste, ne sont pas d'habitude écrits pour les médecins : ils sont rédigés avec l'intention de capter la bonne foi des gens du monde ; ils mentent comme tous les prospectus.

» Nous n'irons pas plus loin sur ce sujet, et nous renverrons, pour tous les points non discutés ici, à l'article déjà cité de MM. Trousseau et Pidoux, et aux *Lettres* de M. Manec, dans lesquelles M. Magnan aurait pu également trouver, s'il l'eût voulu, cette « appréciation sévère mais juste » qu'il n'a su rencontrer nulle part. Nous conseillerons la lecture de ce dernier ouvrage surtout aux adeptes d'Hahnemann, car ils y trouveront un résumé de leur doctrine plus lucide et plus complet que celui auquel leurs propres auteurs les ont habitués. Chacun des points de départ de l'homœopathie y est exposé et apprécié avec clarté et impartialité ; puis l'auteur passe en revue les conséquences déduites de chacun des faits, principes parfois exacts, le plus souvent spécieux, et il a toujours soin d'indiquer, avec une sûreté de vue remarquable, le point précis vers lequel le raisonnement dévie pour passer au sophisme. Ces *Lettres* ont été publiées d'abord dans un journal étranger à la médecine, et à la suite de cette fameuse.... comment dirai-je ? comédie ou mystification, qui s'est appelée le Congrès homœopathique de Bordeaux. Et, chose remarquable, aucun des fameux paladins, qui s'étaient escrimés dans l'enceinte sacrée contre des ennemis absents, n'a osé prendre sa lance pour venir se mesurer sur un terrain neutre avec ce fameux joûteur. Est-ce que le prédicateur qui, apostrophant Voltaire du haut de sa chaire le réduisait si facilement au silence, se serait fait homœopathe ? »

Je vous le demande, Messieurs, des hommes de conviction pouvaient-ils recevoir un outrage plus blessant, et qui plus que celui-là eût pour conséquence de leur occasionner le préjudice matériel et moral contre lequel l'article 1382 assure une protection ? Si ces expressions se trouvaient dans quelque in-folio réservé aux érudits entre des mots grecs et latins, on eût pu les dédaigner. Cela n'était pas possible quand on les rencontrait dans un journal.

Néanmoins, MM. les homœopathes n'ont pas d'abord eu recours à la justice ; ils se sont adressés à M. Amédée Latour lui-même et lui ont écrit la lettre suivante :

« *A MM. Richelot, gérant du journal l'*UNION MÉDICALE, *et Gallard, rédacteur du même journal.*

» Paris, le 29 octobre 1857.

» Messieurs,

» Nous lisons dans le numéro du 24 octobre courant de l'*Union médicale* un feuilleton de M. Gallard où se trouve le passage suivant :

« L'homœopathie n'est plus une doctrine, encore bien moins une science. *C'est* » *un commerce exercé par quelques-uns au détriment de la science et de l'huma-* » *nité ;* et, s'il est une époque où l'on a pu appliquer la méthode de Hahnemann sans » être un *ignorant abject, un pauvre illuminé* ou un *misérable charlatan,* ce n'est » certainement pas à l'époque actuelle. »

» De telles expressions constituent une atteinte grave portée à l'honneur et à la considération de ceux qui défendent et appliquent la doctrine homœopathique. Il vous serait impossible de citer un seul fait qui pût motiver une pareille appréciation et en des termes aussi agressifs.

» Il y a plus : M. Gallard n'a pas même pour excuse la précipitation avec laquelle un journal est rédigé. Ses attaques ont été préparées de longue main. C'est, en effet, dans une étude bibliographique, écrite à loisir, ayant préalablement exigé un examen attentif, une critique approfondie, c'est dans un article rédigé à l'avance, disons-nous, que, de sang-froid, M. Gallard porte devant le public et contre une portion notable du corps médical les accusations les plus graves et les plus positives, sous une forme que ne justifieraient ni les emportements de la colère ni les entraînements du fanatisme.

» Or, dans une discussion scientifique, une telle passion, allant jusqu'à contester et même à nier la probité de ses adversaires et la sincérité de leurs convictions, n'est pas moins sévèrement réprouvée par la raison que condamnée par la morale et par la loi.

» Nous venons donc vous demander, Messieurs, comme c'est notre droit et notre devoir, de rétracter publiquement les expressions dont l'un de vous s'est servi à l'égard des médecins qui pratiquent l'homœopathie, et auxquelles l'*Union médicale* a prêté sa publicité. Par l'aveu d'une erreur et d'une faute commise, l'honnête homme s'honore lui-même et ne fait qu'ajouter à sa propre considération.

» A cette rétractation, vous devez ajouter la rectification de deux faits avancés par M. Gallard :

« 1° M. Gallard se trompe en affirmant que le livre de M. Manec n'a reçu aucune » réfutation de la part des médecins homœopathes ;

» 2° Il se trompe aussi lorsqu'il insinue que, ayant été plusieurs fois provoqués » à une discussion sérieuse, nous avons fui le combat, au lieu de l'accepter. »

» Nous avons entre les mains la preuve matérielle du refus fait par l'*Union médicale* de donner accès dans ses colonnes aux réponses qui lui ont été adressées par plusieurs de nos confrères.

» Les collections du *Journal de la Société homœopathique de Paris* et de l'*Art médical* sont là pour réfuter les erreurs de M. Gallard, et pour montrer avec quel soin les journaux allopathiques, et notamment l'*Union médicale*, évitent toute discussion doctrinale avec nous.

» Nous espérons de votre équité, Messieurs, que cette lettre n'aura pas le sort des réclamations qui l'ont précédée. Nous vous demandons, et, au besoin, nous vous requérons de l'insérer en entier dans le plus prochain numéro de votre journal, à titre de *protestation de notre part au nom de tous les médecins homœopathes de France*, et déclarer formellement que, dans le passage cité, les expressions de M. Gallard ont dépassé malgré lui, nous voulons bien le croire, les limites de toute polémique honnête et avouable.

» Agréez, Messieurs, nos salutations.

> » Au nom de la Commission centrale homœopathique,
>
> » Docteur PÉTROZ, président.
>
> » Docteur LÉON SIMON père, secrétaire général. »

Je ne crois pas qu'il soit possible de répondre avec plus de convenance et de dignité à une agression aussi brutale que celle de l'*Union médicale*. M. Amédée Latour a compris que ses lecteurs eux-mêmes seraient touchés d'une pareille lettre, et il en a refusé l'insertion.

Que restait-il à faire aux médecins homœopathes ? Recourir à un de ces moyens sauvages qui tendent heureusement de plus en plus à disparaître de nos mœurs, ou bien invoquer la protection de la justice ? Ils invoquent la protection de la justice ; ils vous demandent de réprimer un langage qui, en blessant ceux contre lesquels il est dirigé, fait au moins autant de mal à ceux qui l'emploient, et à la science qu'ils représentent les uns et les autres.

Notre demande est-elle recevable ? Nos adversaires ne le pensent pas ; et pour nous repousser, ils invoquent d'abord une fin de non-recevoir. Singulier argument qu'une fin de non-recevoir dans un pareil procès ! Voilà des hommes qui tous les jours nous adressent les qualifications les plus injurieuses, et quand nous les amenons au grand jour de l'audience, les sommant de s'expliquer avec nous, ils nous opposent une fin de non-recevoir !

Cette fin de non-recevoir n'est pas fondée. Elle a deux parties. La première se formule ainsi : MM. Pétroz, Léon Simon et Chargé, etc., agissent au nom d'une commission centrale homœopathique ; cette commission centrale homœopathique n'a pas d'existence légale ; elle ne constitue pas un corps moral ; conséquemment on ne peut agir en son nom. La seconde consiste à dire : MM. Pétroz, Simon, Chargé, ainsi que leurs autres confrères, ne sont pas nommés personnellement dans l'article ; d'où il suit qu'ils sont non-recevables pour défaut d'intérêt.

La première objection repose sur une erreur matérielle : il suffit de lire l'assignation pour s'en convaincre. Les demandeurs n'agissent pas en leur qualité de membres de la commission centrale homœopathique, et comme repré-

sentants d'un être moral non autorisé, ils agissent en leur nom personnel ;
seulement à leurs noms, désignations et qualités, ils ajoutent leur titre de
membres de la commission centrale homœopathique pour indiquer que s'ils
ne se présentent qu'en nombre restreint devant vous, ils ont cependant l'as-
sentiment et l'appui de tous leurs confrères.

La seconde objection doit être repoussée par une raison analogue, quoique
prise dans un ordre de faits différent. Sans doute on ne peut se plaindre
de l'attaque contenue dans un journal ou dans un livre que si l'on est désigné ; mais il n'est pas nécessaire que la désignation soit nominale ; il suffit
qu'elle résulte clairement de l'ensemble des passages. C'est ainsi que tous les
gendarmes d'une localité, tous les électeurs d'un collége, toutes les nonnes
d'un couvent ayant été diffamés, on a déclarés recevable l'action individuelle
d'un gendarme, d'un électeur, d'une religieuse (Dalloz, *Répertoire*, vᵒ Presse,
nᵒ 339).

En vertu de ces principes, notre action ne pourrait être repoussée, que si
M. Gallard avait écrit *certains médecins* homœopathes sont des charlatans et
des fripons ; dans ce cas, nous n'aurions d'autre droit que de le sommer de
préciser ses attaques et de nommer les malhonnêtes gens auxquels il a fait
allusion, et s'il ne répondait pas, de lui dire, comme le capucin cité par Pascal : *Mentiris impudentissimè*. M. Gallard n'a pas procédé ainsi. D'après lui,
tous les médecins homœopathes méritent d'être appelés fripons, menteurs et
charlatans ; il ne fait d'exception qu'en faveur de M. Magnan dont il examine
l'ouvrage.

S'il en est ainsi, s'il n'est pas possible d'être disciple de Hahnemann sans être
taxé de mauvaise foi, de charlatanisme, de friponnerie, il n'est plus permis de
soutenir que la désignation ne soit pas suffisante, et de repousser comme
n'ayant pas été nommés les représentants de la médecine homœopathique.

M. Gallard a compris lui-même que sa fin de non-recevoir lui serait une
protection insuffisante, et il a essayé de se justifier en publiant contre l'homœopathie un long factum qu'il a distribué à profusion dans cette enceinte
et au dehors. Ce factum, ne contient pas seulement une amplification de
l'article, il en est une aggravation, et nous pouvons désormais invoquer une
double cause de dommages-intérêts.

A propos du mémoire, pas plus qu'à propos de l'article, je ne m'engagerai
dans des discussions scientifiques ; si vous avez la capacité de tout comprendre, je n'ai pas la prétention de tout expliquer. D'ailleurs, et jusqu'au bout,
je maintiendrai le débat dans ces termes, dussé-je me répéter, je ne suis pas
ici pour apprécier des systèmes, mais pour juger un article. M. Gallard a-t-il
dépassé les limites de la critique loyale ? Je ne veux rien rechercher d'autre,
et, dans le mémoire, je ne relèverai que ce qui sera de nature à m'aider dans
cette recherche.

Il y a dans toute réforme deux choses à examiner : l'homme et la doctrine.
Les ennemis de la réforme attaquent d'abord l'homme ; ils essayent de le
rendre ridicule ou odieux, croyant, s'ils y réussissent, avoir beaucoup fait
contre la doctrine elle-même. M. Gallard n'a eu garde de négliger le procédé,
et, avant de défigurer l'homœopathie, il a essayé de rendre Hahnemann mé-
prisable. Écoutez-le : « Hahnemann est un rêveur, un illuminé, obéissant

aux conceptions délirantes d'un cerveau malade ou à ce que le désir immodéré de renommée peut dicter à un ambitieux vulgaire ; un jour il s'éveilla avec l'idée de réformer la médecine. »

Écoutez maintenant la vérité : Hahnemann est né en Saxe, à Meissen, le 10 avril 1755, d'un peintre en porcelaine, sans fortune. Entraîné vers la médecine par un irrésistible penchant, il vint suivre les cours à Leipsick ; pour vivre, il faisait des traductions ; de deux nuits il dormait l'une ; il put ainsi suffire à ses études et aux nécessités de la vie quotidienne. Il acquit de vastes connaissances, une grande réputation. Après huit années de pratique, il se trouvait à la tête d'une clientèle considérable, lorsqu'il découvrit que l'art qu'il pratiquait n'avait aucune réalité. Était-il le premier à penser ainsi ? Non, ce n'est pas en cela que consiste la folie qu'on lui reproche. Il n'est pas un médecin éminent qui n'ait pensé de même. Je ne veux citer que les plus célèbres :

Sydenham, l'Hippocrate anglais, a dit : *Medicina est ars garrulandi potius quam sanandi.* (La médecine est l'art de babiller plutôt que celui de guérir).

Boerhaave, dont la réputation était telle, qu'un mandarin chinois lui écrivant : « A monsieur Boerhaave, médecin en Europe, » la lettre arriva, dit de même : « Il serait plus avantageux qu'il n'y eût jamais eu de médecins dans le monde. » Par son testament, il ordonna que l'on brûlât tous ses livres et ses papiers, à l'exception d'un volume relié et doré sur tranches. On ouvrit avec empressement ce volume dans lequel on croyait trouver les plus beaux secrets de la médecine ; il ne contenait que des pages blanches. Sur la première seulement, on lisait : « Conservez-vous la tête fraîche, les pieds chauds, le ventre libre, et moquez-vous des médecins. »

Sprengel, l'historien classique de la médecine, ne pense pas différemment :

« Le scepticisme en médecine est le comble de la science : le parti le plus sage consiste à regarder toutes les opinions avec l'œil de l'indifférence sans en adopter aucune. »

Bichat, auquel une statue vient d'être élevée dans la cour de l'École de médecine, a écrit :

« On dit que la pratique de la médecine est rebutante ; je dis plus : elle n'est pas sous un certain rapport, celle d'un homme raisonnable. »

Broussais, si contestable comme créateur et si admirable comme critique, s'exprime encore avec plus de véhémence dans la deuxième édition de son examen des doctrines :

« Que l'on promène ses regards sur la société pour y voir ces physionomies moroses, ces figures pâles ou plombées qui passent leur vie entière à écouter leur estomac digérer, et chez qui les médecins rendent encore la digestion plus lente et plus douloureuse par des mets succulents, des vins généreux, des teintures, des élixirs, des pastilles, des conserves, jusqu'à ce que leurs victimes succombent à la diarrhée, à l'hydropisie ou au marasme ; que l'on remarque à côté ces obstrués

qui remplissent journellement leurs vases du produit de leurs pilules et de leurs
eaux fondantes, jusqu'à ce qu'ils aient partagé le sort des précédents; que l'on observe ces tendres créatures à peine sorties du berceau, dont la langue déjà se des-
sèche et rougit, dont le regard commence à exprimer la langueur, dont l'abdomen
s'élève et devient brûlant, dont le cœur précipite ses pulsations sous l'influence des
élixirs amers, des vins antiscorbutiques, des sirops sudorifiques, mercuriels, dépu-
ratifs, qui doivent les conduire à la consomption et à la mort; que l'on examine
attentivement ces jeunes gens d'un coloris brillant, pleins d'activité et de vie, qui
commencent à tousser, et chez lesquels on décuple l'irritation par les vésicatoires,
le lichen, le quinquina, jusqu'à ce que l'opiniâtreté des accidents les fasse déclarer
atteints de tubercules innés et associer aux nombreuses victimes de l'entité qualifiée
du nom de phthisie pulmonaire, et que l'on prononce ensuite si la médecine a été
jusqu'ici plus nuisible qu'utile à l'humanité. Je conviens bien qu'elle a rendu à
l'être souffrant le service de lui offrir des consolations en le *berçant toujours d'un
chimérique espoir;* mais il faut convenir qu'une pareille utilité est loin de la relever au milieu des autres sciences naturelles, puisqu'elle semble la placer sur la
ligne de l'astrologie, de la superstition et de tous les genres de charlatanisme. »

Hahnemann, en niant la médecine, n'était donc pas original. Voici en quoi il le
fut vraiment. Tandis que ses illustres devanciers avaient continué à exercer l'art
dans lequel ils n'avaient plus foi, Hahnemann l'abandonna, malgré sa pauvreté,
ses onze enfants et les malédictions de sa femme. « Je ne veux pas, écrivait-il à
Hufeland, en lui annonçant cette résolution, être le bourreau et le meurtrier de
mes frères. » Il se remit pour vivre au travail de sa jeunesse, les traductions et
la chimie. Il ne se serait peut-être jamais plus occupé de médecine, sans ses
enfants qu'il adorait, et à l'occasion desquels il écrit : « Chaque fois que ma
famille s'accroît, c'est une épreuve pour purifier ma conscience. » Les voyant
malades, il se demandait avec désespoir s'il était possible que Dieu eût créé le
mal sans mettre à côté le remède, lorsque traduisant la matière médicale de
Cullen, il fut frappé des explications contradictoires qu'on donnait des effets
fébrifuges du quinquina. Il résolut, selon le conseil négligé de Haller, de
l'expérimenter à l'état sain. Il obtint des effets analogues à ceux que produit la
fièvre intermittente. Ce fut pour lui la pomme que vit tomber Newton. Il
commença avec ardeur des expériences; après s'être maintenu ainsi plusieurs années en état de maladie et avoir imposé la même épreuve à beaucoup
de ses amis, il publia successivement ses livres principaux : *l'Organon,* la
Matière médicale, le *Traité des maladies chroniques,* et l'homœopathie fut
créée.

Après vous avoir parlé du savant, laissez-moi par quelques extraits de lettres
vous donner une idée de ce qu'était l'homme. « Choisissez un médecin, écri-
» vait-il en 1795, qui ne se taise pas sur le mérite de ses confrères et ne
» fasse point son propre éloge; enfin un ami de l'ordre, de la tranquillité, un
» homme d'amour et de charité. — Un mot encore, avant de le choisir, ob-
» servez bien comment il se comporte avec les malades pauvres, et si dans son
» cabinet, quand il est seul, il s'occupe de travaux sérieux. »

Le 19 juin 1829, il disait à un de ses jeunes disciples : « Ne craignez pas
» de rester sans malades. Gardez toujours votre rang. Mieux vaut souffrir de
» pénurie que d'abaisser d'un iota votre propre dignité et celle de l'art que
» vous pratiquez. » Voilà pour le charlatan : voici maintenant pour l'orgueil-

leux. « Un dernier mot. Ne m'adressez pas d'éloges, je ne les aime point. Je
» ne suis qu'un homme simple et droit, je ne fais que mon devoir. L'estime
» que nous nous devons mutuellement exprimons-la à voix basse et par des
» actes qui en portent témoignage. » La grâce de l'expression se joint ici à la
hauteur du sentiment.

Hahnemann n'est donc pas un rêveur c'est un savant de premier ordre ; ce
n'est pas un vaniteux c'est un homme droit et modeste ; ce n'est pas un charlatan, c'est un penseur de génie qui inspira toujours l'amour de l'humanité.

En parlant du créateur de l'homœopathie ainsi qu'il l'a fait, M. Gallard n'a
pas discuté loyalement, il a commis un acte de mauvaise foi, d'ignorance ou
tout au moins de légèreté.

Si de l'homme je passe à la doctrine, j'ai encore de graves reproches à
adresser à M. Gallard.

La doctrine homœopathique se compose de deux parties distinctes et qu'il
ne faut pas confondre : une méthode et un principe.

La médecine ordinaire procède par voie d'hypothèse, de divination ; elle
subordonne le remède qu'elle donne à la détermination préalable de la nature
de la maladie : *Naturam morborum ostendunt curationes.* Toute maladie selon
Galien provient du froid, du sec, du chaud, de l'humide ; dès lors au froid il
faut opposer le chaud, à l'humide le sec. Selon Paracelse, elle naît de l'influence malfaisante des astres ; pour guérir, il faut donner un métal mis en communication avec le soleil ou avec la lune. Broussais et les physiologistes qui
attribuent tous les désordres de la santé à l'irritation, prescrivent les rafraî-
chissants et les saignées plus ou moins coup sur coup ; Brown recommande
les toniques, parce qu'il fait dériver tous les maux de la faiblesse. Avec de
pareils procédés, la médecine change fondamentalement tous les vingt-cinq
ans, et l'on peut toujours répondre aux malades ce que disait Vicq-d'Azyr
consulté sur l'efficacité d'un médicament : « Hâtez-vous de le prendre tandis
qu'il guérit encore. »

La méthode de Hahnemann est l'inverse de celle que je viens d'exposer.
Selon lui, il n'y a d'admissible que ce que l'observation découvre et ce que
l'expérience atteste. Le médecin ne doit s'occuper ni de la nature ontolo-
gique des maladies ni de la *prima causa morbi*, qui nous échapperont toujours : il ne doit recueillir que ce qui est saisissable : les *cris des organes
souffrants*, les symptômes ; il ne doit s'enquérir que de ce qui est susceptible
de constatation : la cause occasionnelle du mal. Une maladie guérie est celle
dont tous les symptômes ont disparu.

Il n'est pas difficile de rattacher cette méthode au mouvement général de
l'esprit humain. Les sciences naturelles furent longtemps aussi livrées à l'hypothèse, et à la recherche des causes premières. Tant qu'il en fut ainsi, elles
restèrent stationnaires. Galilée le premier les ramena à leur loi véritable :
l'expérience. Bacon répéta le précepte si bien, qu'on lui a attribué à tort la
gloire de l'avoir restauré ; Newton l'appliqua, aux applaudissements du monde ;
Voltaire le vulgarisa en France ; cette loi est universellement acceptée, et c'est
à elle que les sciences modernes doivent leur prodigieux essor. Hahnemann a
voulu soumettre la médecine à la loi commune, et la tirer de l'ornière dans
laquelle elle était restée depuis Galien. Quel que soit d'ailleurs le sort de son

système, il sera immortel par cette entreprise, comme Descartes l'est resté par son *Discours sur la méthode*, quoique l'absurdité des tourbillons soit depuis longtemps démontrée.

A côté de sa maxime maîtresse, Hahnemann en a formulé quelques-unes accessoires, que les mêmes vues ont dicté, et qui peuvent se formuler ainsi : Il faut expérimenter les médicaments sur l'homme sain et sans mélange de drogues *galéniques*. — Il n'y a pas des maladies, mais des malades; pas de symptômes prépondérants, mais un ensemble de symptômes. — Il ne faut pas tenir compte seulement de quelques effets des médicaments, des effets premiers et sur les organes ; mais encore des effets de réaction et de ceux sur les fonctions et la sensibilité.

M. Gallard a le droit de n'être pas satisfait de pareils préceptes, et de penser qu'il vaut mieux se livrer aux illusions et se nourrir de chimères, mais il est coupable d'avoir prêté à Hahnemann l'erreur qu'il a combattue toute sa vie, et d'avoir soutenu que le but que le médecin allemand s'est proposé, c'est la recherche des causes premières !

J'arrive au principe de la doctrine de Hahnemann et je continue à me demander, non s'il est vrai, mais si M. Gallard l'a loyalement rapporté. Le médicament qui guérit, dit Hahnemann, est celui qui produit sur l'homme à l'état sain des effets analogues à ceux que la maladie développe chez le malade : *Similia similibus*.

M. Gallard conteste ce principe par trois raisons; parce qu'il repose sur une expérience mal faite; parce qu'il a pour conséquence forcée ce qu'il y a de plus invraisemblable, de plus inadmissible, de plus absurde, les globules, les *infiniment petits;* parce qu'il est condamné par l'expérience.

Je n'examinerai pas si l'expérience sur le quinquina a été bien ou mal faite; cela est du débat scientifique : je constate seulement que Hahnemann a vérifié son principe sur cent trente-cinq substances et non sur une seule.

Je débarrasserai également la cause des infiniment petits. Agissent-ils ou n'agissent-ils pas? La question est toute de fait, aux incrédules il n'y a qu'à répondre : Voyez et touchez.

J'apprendrai seulement à M. Gallard, qui paraît l'ignorer, que les infiniment petits ne sont pas la conséquence forcée de la loi des semblables; Hahnemann a découvert le principe en employant des doses allopathiques ; ce n'est qu'avec le temps, et à la suite d'expériences répétées, qu'il en est venu aux petites doses. Même alors, comme il n'était pas un esprit étroit et exclusif, il a reconnu que l'on pouvait recourir aux moyens allopathiques lorsqu'il existe une cause occasionnelle, qu'il faut écarter avant tout, dont la suppression suffit souvent au rétablissement de la santé, et aussi lorsqu'un danger pressant ne laisserait pas le temps d'agir à un médicament homœopathique. (*Organon*, § 67.) La seule conséquence de la loi des semblables, c'est une atténuation dans les doses; on comprend en effet qu'il faille une quantité de substance moindre, quand on agit dans le sens de la maladie que lorsqu'on la heurte. Reconnaîtrait-on qu'il faut donner des doses plus considérables que les infiniment petits, l'homœopathie tout entière resterait debout. Le docteur Peschier l'a écrit il y a bien des années déjà.

« Les variantes dans l'administration des remèdes ne constituent qu'une thérapie plus ou moins sagace, plus ou moins heureuse, mais ne changent rien au point de départ. Ainsi nous regardons l'administration de plusieurs gouttes de suc d'aconit dans le rhumatisme aigu comme un procédé tout aussi homœopathique, que celle d'un seul globule aconitisé. » (Chargé, *Études médicales*, p. 48.)

Après avoir assigné aux principes des infiniment petits sa véritable place, je dois les défendre contre les railleries banales que mon contradicteur reproduira sans doute avec grâce, mais qui ne seront pas plus sérieuses sur ses lèvres qu'elles ne l'ont été sous la plume de M. Gallard.

Supposez, vous dira-t-on, une sphère, ayant pour centre la terre et capable de renfermer la lune, le soleil et les étoiles, remplie d'esprit-de-vin, jetez dans cette sphère une goutte d'un médicament quelconque, vous obtiendrez la vingt-troisième dilution et les homœopathes vont jusqu'à la trentième !

On a déjà bien des fois répondu à cette plaisanterie, qu'il ne faut pas juger les dilutions homœopathiques d'après les règles des progressions arithmétiques. Il est évident que la décillionième partie d'un quantité quelconque ne peut produire que le décillionième d'action de la quantité première ; sans cela la fraction vaudrait autant que l'unité. Je n'ai aucune envie de contredire M. Gallard sur ce point. Mais d'après les homœopathes la trentième dilution n'est pas une fraction de l'unité grain, c'est autre chose. Selon eux, chaque médicament a des actions physiques, chimiques et curatives. La trituration et la dilution ont pour but d'éliminer les qualités physiques et chimiques et de dégager les qualités curatives. La préparation homœopathique est une transformation et non une division, un dégagement et non une atténuation ; elle ne produit pas le plus avec le moins ; elle traduit en acte ce qui était en puissance, elle crée un agent nouveau, plus actif que le corps duquel il s'est formé. En un mot quand Hahnemann prend une goutte de suc d'aconit qu'il mélange, agite, secoue successivement dans trente fois cent gouttes d'alcool, et qu'il administre à cette trentième dilution, il donne quelque chose de nouveau, et non la décillionième partie d'une goutte de suc d'aconit.

Critiquez cette théorie, dites qu'elle n'est pas démontrée, rejetez-la ; mais ne vous bornez pas à la railler et à la présenter *a priori* comme ridicule et contraire au bon sens !

Les expériences, voilà le dernier argument de M. Gallard contre la médecine homœopathique. Les hommes les plus considérables de l'ancienne médecine les ont tentées à diverses époques, et ils n'ont jamais obtenu que des résultats négatifs. M. Andral a expérimenté sans succès en 1835 ; Broussais, M. Bally, et enfin M. Natalis Guillot n'ont pas été plus heureux. Cet argument, je l'avoue, m'avait d'abord effrayé. Aussi, quel n'a pas été mon étonnement, lorsqu'ayant consulté mes honorables clients, j'ai appris d'eux que toutes les allégations reproduites par M. Gallard avaient été démenties.

Par un sentiment de convenance que le tribunal appréciera, je ne parlerai pas des expériences de M. Andral. Les premières expériences de Broussais furent, il est vrai, contraires à l'homœopathie ; les dernières lui furent tellement favorables, que l'on peut affirmer que Broussais est mort homœopathe. Pourquoi M. Gallard l'a-t-il caché ? Il pouvait d'autant moins l'ignorer, que le fait est rapporté dans les lettres de M. Manec, qu'il cite à chaque instant. Et M. Manec sent si bien la gravité du témoignage, que, pour en amoindrir la force, il prétend que Broussais est mort fou ; ce qui est peu vraisemblable, s'il est vrai que, deux heures avant sa mort, il ait dicté sur son journal : « mangé une soupe, » ajoutez : « trouvée bonne. »

MM. Léon Simon et Currie ont protesté contre les affirmations de M. Bally. M. Currie notamment prétendit qu'un registre d'observations avait été ouvert, et que ce registre déposait en sa faveur : il écrivit à M. Bally pour en obtenir la représentation ; M. Bally répondit qu'il avait perdu le registre dans le déménagement de sa bibliothèque. Pourquoi M. Gallard a-t-il omis ces circonstances ? Pourquoi a-t-il passé sous silence le démenti adressé à M. Natalis Guillot ? Pourquoi surtout n'a-t-il rien dit des expériences que M. Teissier fait à Beaujon depuis des années ? Ces expériences sont publiques ; elles sont poursuivies par un homme honnête, intelligent ; elles prouvent la puissance de l'homœopathie ; l'administration, après enquête, a permis qu'elles continuassent en dépit des dénonciations et des clameurs. N'en pas parler, est-ce d'une discussion honnête et loyale ?

Après avoir examiné ce que M. Gallard a écrit de Hahnemann de sa méthode et de son principe, j'arrive aux accusations accessoires.

L'homœopathie, affirme M. Gallard, est l'objet de la réprobation universelle ; on a vu des doctrines repoussées, on n'en a vu aucune combattue avec autant d'unanimité. En vérité, quand on lit de pareilles lignes on serait tenté de croire que leur auteur n'a jamais lu le journal dont il est un des collaborateurs. A-t-il oublié le cri d'alarme que M. Amédée Latour poussait en 1853 :

« Mes chers confrères, l'homœopathie *gagne du terrain ;* le flot monte, monte à vue d'œil..... La voilà, dit-on, avec la jeune et belle impératrice, entrée dans le palais de César. De temps en temps nos sociétés médicales voient s'éloigner de leur giron des membres jusque-là restés fidèles. Le mois dernier, encore, une de ces sociétés a été affligée par une lettre de démission, basée sur une *désertion vers l'homœopathie* et adressée par un confrère qui avait donné des gages à la science sérieuse. Où ALLONS-NOUS ? Où ALLONS-NOUS ? »

Récemment, le baron Seutin, allopathe et président de l'Académie de médecine de Belgique, montait à la tribune du Sénat, et demandait qu'on donnât droit de cité dans le Codex officiel aux formules homœopathiques.

« *Il y a aujourd'hui beaucoup d'homœopathes.* Il faut que leur pharmacie soit fournie et surveillée aussi bien que celle des allopathes.
» *Je ne suis pas l'ennemi de l'homœopathie. Il y a des faits qui constatent qu'elle rend des services, et elle est peut-être appelée à en rendre davantage encore* (26 juin 1858). »

Le sort de l'homœopathie a été semblable à celui de son fondateur. Lorsqu'en 1820, Hahnemann vint de Leipsick s'établir à Kœten, il faillit être lapidé. Lorsqu'en 1835 il le quitta pour aller en France avec sa seconde femme, il fut obligé de se dérober pendant la nuit à la reconnaissance des habitants.

Aujourd'hui il a une statue à Leipsick, et ses ouvrages ont eu d'innombrables éditions. Il en a été de même de l'homœopathie : elle existait à peine il y a quelques années, aujourd'hui elle est partout ; en France, elle a le public pour elle ; en Allemagne et en Angleterre, elle possède des chaires, des hôpitaux, des cliniques. C'est le cas de dire à notre Aristarque : « Les gens que vous tuez se portent assez bien. »

Ce qui prouve encore le néant des homœopathes, toujours d'après M. Gallard, c'est que ses adeptes ne s'adressent qu'aux gens du monde, et jamais aux savants. L'argument est comique venant d'un admirateur des lettres de M. Manec sur l'homœopathie. Savez-vous où ces lettres ont été publiées ? Dans *le Papillon*, journal des beaux-arts et des théâtres d'Agen. La passion est une belle chose pour empêcher de voir la vérité ! Il ne s'est jamais rien dit et écrit dans le domaine de la science contre l'homœopathie que les médecins homœopathes n'y aient répondu par des livres imprimés, non pas chez Dentu, éditeur de nouveautés, ainsi que vous le dites à tort, mais chez Baillière, le libraire de l'Académie de médecine. L'Académie condamne l'homœopathie : réponse de M. Simon ; M. Trousseau la bafoue dans un discours d'ouverture : réponse de M. Simon ; M. Manec publie ses lettres : réponse de M. Jousset ; M. Bonnet nie l'homœopathie : réponse de M. Crétin ; certains médecins marseillais calomnient Hahnemann : réponse de M. Chargé. J'en passe, et des meilleurs.

Que dirai-je de cette autre affirmation de M. Gallard : l'homœopathie ne se recrute que parmi les officiers de santé. Si vous aviez mieux lu les statistiques, monsieur, vous y eussiez appris que les allopathes comptent un officier de santé sur sept praticiens, et les homœopathes seulement un sur six. Je m'étonne vraiment que quand on n'est reçu docteur que depuis trois ans, on se permette de parler avec si peu de respect d'hommes aussi vénérables que les docteurs Pétroz, Gastier, Simon, Chargé, Molin, Tessier, Gueyrard, Cabarrus, etc. Les uns sont chevaliers, les autres officiers de la Légion d'honneur, tous ont composé des ouvrages sérieux, tous ont eu, comme allopathes, une clientèle considérable avant de se dévouer à l'homœopathie. Les jeunes médecins qui s'élèvent à côté d'eux sont dignes de les seconder, plusieurs ont été internes, lauréats des hôpitaux.

Enfin, M. Gallard reproche aux homœopathes d'avoir employé eux-mêmes contre les allopathes un langage aussi violent que celui dont il s'est servi lui-même ; il cite, à l'appui de son assertion, des passages de Hahnemann ou de ses disciples.

Écartons Hahnemann ; ses livres ont été publiés dans un pays autre que le nôtre ; ils ont été composés par un homme qui a passé plusieurs années barricadé chez lui ; il n'est donc pas surprenant qu'ils contiennent des expressions un peu vives : elles sont bien permises contre ceux qui expriment leur opinion à coups de pierre.

Les disciples de Hahnemann ne sont jamais sortis des limites de la plus rigoureuse convenance ; ils ont toujours respecté la personne de leurs adversaires. Le mémoire rédigé par le docteur Simon est un modèle d'urbanité et de discussion courtoise. Dans les livres de presque tous les homœopathes, je trouve le même caractère. M. Chargé écrivait :

« M. Andral est une des sommités de l'École de Paris, et le souvenir de tout ce que j'ai puisé de bon et d'utile dans ses leçons me fait un devoir de protester d'avance contre toute insinuation qui aurait pour but de déconsidérer son talent et son caractère; mais l'estime la plus profonde, la reconnaissance la plus vive, ne peuvent cependant m'interdire tout droit d'examen. »

Quant aux attaques contre les doctrines elles-mêmes, quelle que soit leur dureté, elles ne sont rien autre que la répétition de ce qui se dit couramment à l'école. La médecine allopathique emploie des moyens cruels, disait M. Audouit. Est-ce que M. Piorry ne l'avait pas dit avant lui dans la séance de l'Académie du 13 novembre 1855 :

« Mais, au point de vue humanitaire, pense-t-on qu'il soit convenable d'employer aussi fréquemment qu'on le fait les agents proclamés dérivatifs ou révulsifs? Il n'est pas, sans doute, un médecin, j'aime à le croire, qui les emploie pour faire *seulement quelque chose ;* car ce quelque chose est souvent un affreux moyen.

» Le sinapisme, appliqué dans des cas de délire, a fait croire souvent au pauvre insensé qu'il était déchiré en morceaux ; la douleur causée par les pustules que déterminent le tartre stibié et l'huile de croton est aussi pénible que celle qui est provoquée par l'éruption du zona ; le vésicatoire, le cautère à demeure, sont les sources de la plus grande incommodité, et, en été, d'une puanteur immonde; les sétons sont de hideuses malpropretés qui inspirent le dégoût chez un cheval ou un chien, et font horreur chez l'homme fort bien sans séton ; les moxas sont les instruments d'une sorte de torture que les lois humanitaires ont bannie des arrêts de la justice. Quand je vois sur de jeunes malades, sur de belles filles, la peau couverte de cicatrices qu'ont produites les ventouses scarifiées, les vésicatoires à demeure ; quand, trouvant ma propre peau sillonnée des marques qu'y ont laissées la moutarde, les cantharides, le tartre stibié, les sangsues, etc., je me demande si la médecine ne pourrait pas être moins cruelle, si elle ne devrait pas tenir plus de compte de la douleur, si, aux yeux du médecin, les formes sont indifférentes ; si, *pour eux-mêmes, ils seraient aussi prodigues d'exutoires qu'ils le sont pour leurs malades?*

» Ému de pitié pour ceux qui souffrent, j'ai conjuré mes honorables confrères de n'avoir recours à ces moyens qu'alors qu'on ne peut faire autrement. Je leur demande surtout de flétrir ces malheureux empiriques qui, lors de l'agonie que cause la présence des mucosités écumeuses dans les bronches, osent, dans leur ignorance, porter une pelle rougie à blanc sous la plante des pieds, ou promener un cautère transcurrent sur la région de l'épine. »

« Nous affirmons, écrit M. Escallier, que chez les malades il y a quelquefois empoisonnement. » Est-ce que M. Castelnau n'avait pas dit de même, le 12 septembre 1852, dans le *Moniteur des hôpitaux :*

« Si l'on bannit des services hospitaliers l'homœopathie, qui ne peut avoir d'autres inconvénients que son inaction, comment faire comprendre à des hommes éclairés qu'on y tolère des méthodes qui érigent en moyens thérapeutiques *l'empoisonnement? »*

Et à combien d'autres avant lui de pareils aveux ne sont-ils pas échappés! Écoutez Stahl : « Sept malades sur dix succombent à des médicaments donnés en temps inopportun, ou en trop grande quantité; « Trousseau : « Nous avons longtemps considéré le fer comme un médicament ; aujourd'hui nous décla-

VII.   7

rons que déjà plusieurs fois nous avons vu des malades dont la mort semblait pouvoir être imputée à l'administration des préparations martiales. » Non-seulement MM. les médecins homœopathes répondent avec politesse ; mais chaque fois qu'une attaque se produit contre eux, avant de la discuter, ils la reproduisent *in extenso*. C'est ainsi qu'ils ont successivement inséré dans leur journal l'article de M. Gallard et son Mémoire. Si M. Amédée Latour avait usé envers eux des mêmes procédés : nous ne plaiderions pas aujourd'hui.

J'ai terminé ma discussion, et j'espère que le tribunal me rendra cette justice, que je ne me suis pas un instant écarté du plan que je m'étais tracé. J'ai constamment évité ce qui entrait dans le débat scientifique, et je me suis borné à prouver que M. Gallard avait défiguré l'homœopathie et n'en avait présenté qu'une caricature. J'ai prouvé que les infiniment petits n'étaient pas la conséquence forcée de la loi des semblables ; j'ai replacé sous son véritable jour cette loi importante, quoique secondaire ; j'ai démontré que si l'on peut différer d'avis sur la supériorité scientifique des médecins homœopathes, on ne peut qu'être d'accord sur la supériorité, le courage et l'urbanité de leur polémique ; j'ai établi enfin qu'ils n'étaient pas tous des officiers de santé, et que s'ils s'adressent aux gens du monde pour les guérir, c'est toujours aux savants qu'ils s'adressent pour exposer leur doctrine.

Ce procès n'est pas un procès d'argent. Quelle que soit la somme que vous allouiez, elle appartient dès à présent aux pauvres ; je n'insiste donc pas sur le chiffre des dommages-intérêts. Ce que nous sollicitons de vous, c'est un jugement qui, sans s'expliquer sur l'homœopathie, reconnaisse que le bénéfice du droit commun est acquis aux homœopathes comme à tous les autres citoyens, et qu'il n'est pas permis de les insulter, de les calomnier impunément.

Messieurs, chaque fois qu'apparaît une doctrine nouvelle, les représentants les plus accrédités des doctrines en vogue, l'accueillient avec incrédulité, raillerie et dédain ; il en est ainsi non-seulement dans le domaine ondoyant des sciences philosophiques et morales, mais encore dans la sphère plus certaine des sciences naturelles. Quand Harvey proclama la circulation du sang, il eut pour adversaire celui auquel Bartholin dédiait son travail sur les vaisseaux lymphatiques en l'appelant le plus grand anatomiste de la France et du monde, Riolan, lequel disait : « Je préfère être dans l'erreur avec Galien que circulateur avec Harvey. » L'ancienne Faculté ne repoussa pas seulement la circulation du sang ; elle proscrivit la chimie, l'anatomie, la physiologie. La Faculté nouvelle poursuit à outrance l'homœopathie ; c'est tout naturel. Il ne faut pas s'indigner de cette résistance, ni en prendre occasion de mépriser les savants souvent dignes de respect qui en donnent le signal. L'esprit humain, même chez les meilleurs, n'a qu'une force limitée d'assimilation. Arrive le moment où l'on n'a plus la puissance de se recommencer, de se renouveler ; c'est un héroïsme intellectuel donné à peu de s'arrêter dans les années finissantes pour devenir de maître écolier ; la plupart pratiquent ce que Fouquet, le fondateur des études cliniques en France, disait des idées nouvelles de son temps : « Ce sont de jeunes personnes, je suis trop vieux ; ce n'est pas la peine de faire connaissance avec elles. » Ceux qui poursuivent le progrès doivent être indulgents pour ceux qui défendent la tradition même avec intolérance, ne serait-ce que pour obtenir de leurs successeurs, des égards semblables à ceux qu'ils auront eus pour leurs devanciers. La résistance d'ailleurs est sans danger ; elle ne peut rien contre la toute-puissance de la vérité. Elle est utile, car elle force la doctrine nouvelle à conserver son élan, à fortifier ses preuves, à préciser ses formules, à agrandir ses conceptions. Malheureusement, à côté des esprits élevés que la fatigue seule empêche de marcher, et qui résistent parce que des convictions scientifiques les y obligent, il y a ceux qui s'arrêtent par impuissance, et qui résistent parce que leurs intérêts sont menacés. Leurs actes se ressentent de leurs mobiles : l'incrédulité, la raillerie et le dédain ne leur semblent pas suffisants ; ils ont recours à la colère, à la haine, à la calomnie, à la persécution. L'homœopathie a rencontré ces deux espèces d'adversaires ; elle respecte les premiers, elle vous défère les seconds. Au premier rang de ceux-ci, M. Amédée Latour ; il est par position l'ennemi de l'homœopathie ; nous n'avons rien à lui dire. Il n'en est pas de même de M. Gallard ; il est jeune et plein de talent, et ce n'est pas moi qui voudrais attrister un jeune homme qui s'élance vers l'avenir. S'il y a eu quelque chose de vif dans mes paroles qu'il l'oublie, et qu'il me laisse lui rappeler un trait de la vie d'Hippocrate :

Un jour, les Abdéritains l'appelèrent et le prièrent d'administrer de l'ellébore, le remède contre la folie, à un de leurs concitoyens qu'on nommait Démocrite. Hippocrate se rendit à leur désir ; il trouva le philosophe sur une montagne auprès de la ville. Après avoir passé une partie de sa vie à admirer les astres se mouvant en silence dans le ciel radieux de la Grèce ou à pénétrer les secrets de la nature, Démocrite s'était crevé les yeux pour n'être plus troublé dans ses méditations. Hippocrate demeura de longues heures avec lui, et lorsqu'il revint vers la ville plein d'admiration, il dit à ceux qui l'avaient mandé : « O Abdéritains, ce n'est pas lui qui a besoin d'ellébore ! » Que M. Gallard étudie Hahnemann, qu'il expérimente, et qui sait ? (ce serait la seule peine que je voudrais avoir à réclamer contre lui) peut-être dira-t-il un jour aux maîtres et aux confrères dont il a trop vivement épousé les passions : « O mes confrères ! ô mes maîtres ! ce ne sont pas eux qui doivent être critiqués, attaqués, détruits ! »

PLAIDOIRIE DE M⁰ ANDRAL.

Messieurs,

Lorsque j'ai lu l'assignation envoyée à mon client, j'ai eu peine à comprendre le procès qui nous est fait. L'article incriminé a paru dans un journal scientifique ; il a été ignoré du public ; il n'a eu aucun autre retentissement que celui que lui ont donné les adversaires. Je n'apercevais donc pas l'utilité de cette éclatante réparation qu'on sollicite de vous. Je comprends que les héritiers d'un grand nom vous demandent de protéger la gloire de leur famille contre des imputations calomnieuses : il s'agit alors de faits que vous pouvez facilement apprécier, et la haute impartialité de vos jugements leur donne l'autorité de l'histoire. Mais ici, dans le débat qui vient d'être porté devant vous,

vous êtes, permettez-moi de vous le dire, vous êtes radicalement incompétents : vous ne pourrez pas, vous ne voudrez pas vous prononcer sur le mérite de telle ou telle théorie médicale ; dès lors qu'attend-on du procès actuel ? Lors même que les demandeurs triompheraient dans leurs prétentions, lors même que vous déclareriez excessive et condamnable la vivacité des expressions employées par M. Gallard, qu'est-ce que cela prouverait ? Que M. Gallard a eu tort dans la forme, mais non qu'il a eu tort dans le fond. Qu'y gagneraient les adversaires ? L'espoir incertain d'un si mince résultat n'a pu inspirer la demande.

Le but vrai du procès nous a été révélé par la plaidoirie que vous venez d'entendre. En écoutant si pompeusement exalter Hahnemann, exalter l'ho-mœopathie, exalter le mérite particulier et éminent des demandeurs, vous avez compris que ce qu'on cherche dans le procès, c'est de la publicité. Vous connaissez ces industriels qui se sont fait un nom et surtout une clientèle en multipliant les procès, gagnés ou perdus, peu leur importait ; l'exemple a tenté et l'homœopathie a emprunté la voix de mon honorable confrère pour vanter ses recettes. Si, ce que je crois impossible, nous perdons notre procès, votre jugement, habilement interprété, deviendra une consécration légale de l'ho-mœopathie. Si, comme je l'espère, nous gagnons notre cause, on vous enve-loppera, permettez-moi de vous le dire, dans l'anathème qu'on lance contre l'Académie et la Faculté ; on rappellera que les parlements ont nié tous les progrès et persécuté tous les novateurs. Déjà M. Pétroz, M. Simon et les autres demandeurs, dans la prévision sans doute de leur défaite judiciaire, se sont modestement comparés (voy. le Mémoire) à Galilée ; on reprendra, on déve-loppera la comparaison, et que le procès soit perdu ou gagné, l'ode éloquente que vient de chanter la bouche inspirée de mon contradicteur ira célébrer au loin les merveilles de l'homœopathie ; c'est tout ce qu'on veut, tout ce qu'on espère. — On pourrait adresser des Mémoires à l'Académie de médecine et à la Faculté ; on ne le fait pas, parce qu'on aurait le malheur d'être confondu ou de n'être pas lu. On s'adresse à vous, parce qu'en matière scientifique, les sophismes peuvent vous surprendre, et parce que le public suit vos au-diences.

Quel que soit le mobile du procès, il faut le discuter. Nous disons d'abord que la demande n'est pas recevable. Mon adversaire s'étonne et s'indigne que, dans une cause de ce genre, on oppose une fin de non-recevoir ; c'est fuir le débat, dit-il, après l'avoir provoqué. Nous lui prouverons que nous ne fuyons pas le débat ; mais nous ne pouvons pas ne pas dire qu'en droit nous trouvons non-recevables les demandeurs, dont aucun n'a été nommé ni désigné dans l'article incriminé. Je n'insiste pas sur ce point qui sera développé avec plus d'autorité que je ne le saurais faire par Mᵉ Bethmont et Mᵉ Lefranc.

Je ne dirai rien non plus de la personne des demandeurs ; je veux conserver au débat le caractère général que lui ont donné l'article et le Mémoire de mon client. Je reconnaîtrai seulement pour faire plaisir à mon adversaire qui paraît y tenir beaucoup qu'on a trouvé parmi les homœopathes, pour les représenter au procès actuel, deux chevaliers et un officier de la légion d'Honneur.

Je ne m'occuperai pas davantage des vieilles épigrammes et des petites ma-ces de toutes sortes que mon adversaire a accumulées dans sa plaidoirie. Nos clients ne se sont pas sentis atteints et la médecine qui a survécu à Molière survivra bien, il faut l'espérer, aux coups de mon honorable contradicteur.

Au fond, comment est né le procès ?

Vous le savez, messieurs, M. Magnan, médecin homœopathe, a fait un livre sur l'homœopathie. L'*Union médicale* ne songeait pas à s'en occuper et à ouvrir une polémique sur une question irrévocablement jugée dans l'esprit de tous les savants. Mais M. Magnan est venu, comme font les auteurs, porter son livre au journal. On lui a objecté qu'il était bien difficile d'en parler, qu'il savait l'opinion qu'ont tous les médecins de l'homœopathie, et qu'on ne pourrait juger son œuvre qu'en termes qui peut-être le blesseraient. M. Magnan a insisté ; ce que veut un auteur c'est qu'on parle de lui, fût-ce pour l'attaquer. On lui a donc promis de rendre compte de son livre et on a naturellement confié ce soin au rédacteur habituellement chargé de la partie bibliographique, M. Gallard. M. le docteur Gallard est un jeune médecin laborieux et distingué, lauréat des hôpitaux (médaille d'or) ; il a fait dans l'*Union médicale* de nombreux articles de critique, qui jamais n'ont soulevé une seule réclamation. J'ai mis au dossier la collection de ces articles ; si le tribunal veut y jeter les yeux, il verra que M. Gallard ne se départit jamais d'un langage sérieux, digne, modéré. Pourquoi a-t-il appliqué à l'homœopathie des termes qui jamais ne s'étaient placés sous sa plume ? Je le ferai aisément comprendre au tribunal en lui disant ce qu'est l'homœopathie.

L'article parut : M. Magnan qui seul était nommé ne réclama pas. Douze messieurs qui n'étaient ni nommés ni désignés directement ou indirectement réclamèrent et écrivirent au journal une lettre que Mᵉ Ollivier vous a lue ; le journal n'a pas publié cette lettre parce que ses auteurs étaient sans qualité pour en réclamer l'insertion, parce que l'article ne dépassait pas les bornes de la critique, parce que la lettre était injurieuse pour le rédacteur. La lettre n'ayant pas paru, on nous fait un procès en dommages-intérêts ; on nous demande 50 000 francs, ce qui prouve qu'en fait d'argent les homœopathes ne croient pas à la puissance des infiniment petits.

Vous connaissez les faits. Quel est le principe qui régit la matière ? Le principe c'est la liberté la plus absolue. Oui, la vie privée doit être murée. Oui, les personnes doivent être respectées ; non-seulement il ne faut pas les nommer, mais il ne faut pas à l'aide de ces subterfuges dont parle l'adversaire et que je réprouve autant que lui les désigner indirectement, cela est incontestable ; mais lorsqu'aucun nom propre n'est prononcé ni indiqué directement ou indirectement, lorsqu'en un mot les individus sont respectés, les doctrines sont livrées à une appréciation sans limite. Ces discussions seront-elles toujours calmes et modérées ? Cela serait peut-être désirable, cela n'est pas possible ; le théologien qui prêche la charité, le jurisconsulte qui enseigne le droit, le philosophe qui recommande la modération ont contre leurs adversaires des emportements dont vous connaissez la violence. La science aussi a ses généreuses ardeurs, ses fécondes passions, ses saintes colères et aussi ses mépris qu'il faut savoir comprendre et respecter. Chez le médecin, à cet amour passionné de la science se mêle le sentiment non moins sacré de la dignité professionnelle. Dans les carrières libérales où nous sommes pour ainsi dire solidaires les uns des autres, ne comprenez-vous pas les sentiments qui animent les hommes honnêtes et convaincus, lorsqu'ils voient se glisser et se confondre avec eux des praticiens qui déshonorent cette profession à laquelle ils se sont voués, cette profession, objet de leur amour et de leur respect? Nous, avocats, nous bénissons chaque jour l'institution salutaire des conseils librement élus qui maintiennent les saintes traditions de notre ordre. Si les médecins avaient des conseils de discipline, il y aurait peut-être moins d'homœopathes. Privés de cette précieuse tutelle, les médecins gémissent des pratiques de toutes sortes qui compromettent la dignité de leur art. La vie des hommes leur est confiée ; imaginez leur indignation lorsque à côté d'eux, sous le même nom qu'eux, on donne au public, incapable de juger et d'apprécier, des remèdes séduisants, parés de sophismes spécieux, recommandés par d'apparents succès, trompeurs pourtant et dangereux. Non, vous ne refoulerez jamais les sentiments qu'excitent dans leurs cœurs les industriels qui tendent tous les jours leurs piéges à la crédulité publique sous le nom de somnambulisme, de magnétisme ou d'homœopathie.

Dans l'erreur, comme dans le vice, il y a des degrés. Il y a des erreurs sincères et en quelque sorte respectables ; nées de la recherche consciencieuse de la vérité, ces erreurs sont souvent le chemin que, dans son imperfection, l'esprit humain est condamné à suivre pour arriver aux grandes découvertes. Ainsi, dans la médecine, il y a, comme on s'est malignement plu à vous le dire, des systèmes bien divers, également sérieux et sincères. Entre les partisans de ces divers systèmes naissent de vives polémiques, ardentes et passionnées, que domine cependant le respect de l'adversaire. Mais à côté de l'erreur honnête et savante, vous apercevez le mensonge volontaire, calculé, le mensonge qui est une spéculation ; vous apercevez ces théories creuses qu'enfantent chaque jour, en toute espèce de choses et de sciences, l'esprit malade, la cupidité et l'orgueil de bas étage. A ces folies et à ces mensonges on ne doit ni ménagement ni respect. Qui distinguera? dites-vous : la conscience publique. Appelez les chefs glorieux de nos écoles pauvres illuminés, misérables charlatans, ignorants abjects ; ils ne réclameront pas, mais l'opinion indignée vous renverra vos impuissantes injures. Tenez, l'un de vous, M. Audouit, a spirituellement accusé l'Académie de « couvrir de lauriers la terre qui cache ses bévues. » Moins susceptible que le comité central homœopathique, l'Académie ne s'est pas émue. La justice ne peut ni ne doit rien à ceux que ne protége pas la conscience publique, que ne protége pas leur propre conscience.

Voyez, messieurs, où mènerait la théorie des adversaires. Ou bien il faudrait décider qu'aucune théorie, si mensongère qu'elle soit, ne pourra jamais être flétrie des noms qui lui conviennent ; ou bien il faudrait ouvrir d'interminables enquêtes et classer les doctrines, dire celles qui seront ou vraies ou du moins respectables et celles qui ne le seront pas.

Décider qu'il n'est jamais permis d'appeler de son nom le charlatanisme, ce serait lui assurer une impunité immorale et dangereuse, ce serait outrager la science dont les imposteurs usurpent le nom. En discutant sérieusement certaines choses, on les accréditerait. Si une doctrine est telle que, dans l'opinion de tous les corps savants, elle suppose l'ignorance ou la mauvaise foi, on a le droit de le dire, à condition de ne pas attaquer les individus. En un mot, si l'on discute avec les savants, il faut chasser les vendeurs du temple.

L'un des demandeurs l'a compris lorsqu'il a écrit ces lignes :

« L'homœopathie est vraie ou mensongère. L'homœopathie est une mystification ou une doctrine sérieuse. Dans le premier cas, *on ne saurait trop se hâter d'en délivrer le monde en ouvrant les yeux aux* CRÉDULES *et en démasquant les* FOURBES (1). »

M. Gallard a fait ce que lui conseillait M. Chargé.

Si vous ne couvrez pas tous les mensonges, toutes les folies, toutes les chimères d'une inviolable prérogative, vous ne voudrez pas davantage établir dans toutes les sciences des catégories ou proclamer dans les arts une vérité juridique : l'autorité de vos jugements est trop sacrée pour que vous la compromettiez dans ces matières essentiellement mobiles et incertaines.

Si vous êtes compétents à un degré quelconque, une seule question peut être posée devant vous : l'écrivain qu'on poursuit est-il de bonne foi ? S'il est de mauvaise foi, s'il a cédé à un sentiment d'envie ou de basse rivalité, je veux bien que vous réprimiez ses calomnies et ses honteux calculs. S'il a été de bonne foi, s'il a servi ou cru servir la science, qu'il soit ou non dans l'erreur, vous respecterez la sincérité de ses efforts et vous l'abandonnerez au seul juge de qui relève l'écrivain consciencieux, l'opinion publique. Ainsi, messieurs, la liberté la plus absolue doit être laissée aux discussions scientifiques sauf deux restrictions, le respect des personnes et la bonne foi des critiques. Ces principes sont si certains que, sans les proclamer d'une manière aussi absolue, il ne l'aurait pas pu sans condamner sa cause, l'adversaire ne les a pas contestés, il a cherché à les éluder, et pour cela vous a cité des procès de gendarmes qui n'ont aucune analogie avec la cause.

Appliquons ces principes au procès. Aucun des demandeurs n'est personnellement ni nommé, ni désigné, ces messieurs reconnaissent eux-mêmes qu'ils agissent uniquement comme homœopathes, et que rien dans l'article incriminé ne s'adresse particulièrement à M. Pétroz, à M. Simon ou à tout autre.

Dès lors, une seule question se présente, et mon confrère l'a senti, car c'est sur ce point qu'il a dirigé tout l'effort de sa puissante parole. M. Gallard a-t-il été de bonne foi dans l'article et dans le Mémoire ? Car, vous avez dû le remarquer, messieurs, l'article qui est la cause et l'origine du procès a complétement disparu dans la plaidoirie de mon adversaire. Il vous l'a lu et il n'en a plus parlé. C'est au Mémoire qu'il s'est attaché, et à mon grand étonnement, je l'avoue, ce n'est plus l'article que j'ai à discuter devant vous, c'est le Mémoire que j'ai à défendre. Les révélations qu'on y trouve ont donc bien cruellement blessé les adversaires qu'ils en demandent la suppression avec une si ardente et si inquiète énergie.

Sur l'article, je n'aurai qu'un mot à dire. La phrase qui a surtout blessé, irrité les adversaires est, le tribunal le sait, une phrase empruntée textuellement à M. Magnan ; le rédacteur qui rendait compte de son livre l'a retournée, suivant l'usage constant de la critique. M. Magnan, en effet, avait écrit :

« A l'horreur qu'inspirait le nom seul de l'homœopathie a succédé en général un certain esprit de tolérance. *On peut aujourd'hui appliquer la méthode de*

____

(1) Chargé, *l'Homœopathie et ses détracteurs.*

Hahnemann sans être un ignorant abject, un pauvre illuminé, ou un misérable charlatan ; on peut se faire traiter par cette méthode sans tomber dans le ridicule et sans passer pour avoir perdu le sens commun..... »

Pensant le contraire, nous avons dit :

« S'il est une époque où l'on a pu « appliquer la méthode de Hahnemann sans » être un ignorant abject, un pauvre illuminé, ou un misérable charlatan, » ce n'est certainement pas à l'époque actuelle. »

Jamais ces mots ne se sont rencontrés sous la plume de mon client. S'il s'en est servi cette fois, c'est qu'il les a trouvés dans le livre de M. Magnan ; c'est comme s'il eût dit : « M. Magnan croit qu'il y a eu une époque où l'on ne pouvait guère appliquer la méthode de Hahnemann sans être un ignorant abject, etc., mais il pense que cette époque est passée. Nous croyons, au contraire, qu'après les expériences qui ont été faites, il est moins permis que jamais de pratiquer l'homœopathie à peine d'être ce que dit M. Magnan. » J'insiste sur ce que les termes dont on se plaint ont été empruntés à M. Magnan ; quoique M. Gallard se les soit appropriés, la situation n'est pas la même que s'il les eût introduits dans le débat. Du reste, et pour ne pas prolonger une stérile discussion de mots, j'accorde que l'article et le Mémoire décèlent un grand mépris pour la doctrine et pour la pratique homœopathiques.

Ce mépris est-il justifié ou du moins sincère? Pour établir la bonne foi de M. Gallard et pour répondre aux provocations de l'adversaire, je ne puis pas, messieurs, faire devant vous un cours de médecine : j'en serais incapable et vous ne me le permettriez pas. Je veux seulement vous citer quelques faits que le bon sens suffit à apprécier; je veux surtout vous indiquer l'opinion d'hommes éminents dont l'autorité à vos yeux couvrira M. Gallard ; je veux enfin produire devant vous des expériences dont la valeur vous sera garantie par le nom des expérimentateurs.

Mon client a cru devoir indiquer comment était née dans l'esprit de Hahnemann la doctrine assez harmonieusement baptisée homœopathie. Il a parlé sans ménagement, cela est vrai, de l'homme qui avait osé dire qu'avant lui tout le monde s'était trompé et que les médecins ses contemporains étaient tous « des fourbes, des fripons et des ivrognes. » Vous avez entendu quelle colère ces attaques contre Hahnemann ont inspirée à l'adversaire. Je ne conteste pas à mon honorable confrère le droit de faire l'oraison funèbre de Hahnemann ; mais je conteste aux demandeurs le droit de prendre le fait et cause de ce réformateur allemand. S'il est étrange de voir les demandeurs réclamer pour l'homœopathie le privilége d'une inviolabilité semblable à celle que la loi accorde aux grands corps de l'État, il est plus étrange encore d'entendre dire qu'on ne peut pas parler de Hahnemann sans insulter M. Pétroz, M. Chargé et M. Léon Simon qui ne sont pas, que je sache, ses neveux. Vous avez proclamé avec raison que les héritiers d'un nom historique pouvaient se plaindre des injures adressées à l'auteur de leur gloire ; il faudrait, suivant les adversaires, étendre cette jurisprudence si sage et si généreuse à la famille scientifique et dire que les sectateurs de tout système se relient au père de leur doctrine par je ne sais quelle chaîne mystérieuse qui leur donne les droits du sang. Énoncer une pareille prétention, c'est la ruiner.

A vrai dire je crains que la statue que mon honorable confrère vient d'élever à Hahnemann entre Galilée et Newton, ne soit placée un peu trop haut et ne tombe d'elle-même ; en tout cas, elle n'offusque pas nos regards et je ne m'arrête pas à la renverser. Je laisserai donc Hahnemann abandonnant sa clientèle, sacrifiant tous ses intérêts pour ce qu'il considérait comme le service d'une doctrine nouvelle, se faisant maudire par sa femme qui, par parenthèse, l'a si peu maudit, cela est de notoriété publique, qu'elle est venue à Paris continuer son commerce....

Me OLLIVIER. — C'est sa seconde femme, ce n'est pas la première.

Me ANDRAL. — La vie de votre grand homme n'est pas si connue que je n'aie pu ignorer qu'il avait eu une seconde femme ; je vous demande pardon de cette grave erreur.

Hahnemann était un chimiste sans notoriété, un médecin sans clientèle, parce que, vous a dit l'adversaire, sa conscience lui défendait de soigner les malades avec les ressources imparfaites de l'ancienne médecine. Quoi qu'il en soit, vers 1790 il trouve dans Cullen que le quinquina qui guérit la fièvre intermittente donne aux personnes bien portantes de la chaleur, de la rougeur, une certaine élévation de pouls qui a quelque analogie avec la fièvre, et de ce fait unique, incomplétement observé, il conclut aussitôt que pour guérir une maladie, il faut rechercher le principe de cette maladie, et appliquer un remède qui, administré à une personne saine, lui donnerait cette même maladie, *similia similibus curantur*. Les premières observations de Hahnemann ont été publiées sept années seulement après la théorie. Mon client a donc été dans le vrai quand il a dit que Hahnemann avait inventé son système *à priori* et l'avait annoncé au monde, avant de l'avoir soumis au contrôle d'une sérieuse expérience. Ici, je l'avoue, j'ai été confondu quand j'ai entendu dire que Hahnemann avait le premier introduit l'observation dans la science.

Il n'est pas besoin d'être du métier pour savoir que depuis qu'elle existe la médecine repose sur l'observation, bien ou mal faite, dirigée dans un sens ou dans un autre, plus ou moins comptée ; mais nécessairement pratiquée par toutes les écoles. Aujourd'hui encore ce que la médecine invoque au lit de chaque malade, c'est le conseil de l'expérience ; Hahnemann, au contraire, affirme à priori une théorie et l'impose à tous les cas, à tous les sujets.

« Comment, dit-il (*Organon*, page 30), l'ancienne école a-t-elle pu prendre cette aveugle force vitale pour sa meilleure institutrice, pour son guide unique, imiter sans réflexion les actes indirects et révolutionnaires qu'elle accomplit dans les maladies, la suivre enfin comme le meilleur et le plus parfait des modèles, tandis que la *raison*, ce don magnifique de la divinité, nous a été accordée pour pouvoir la *surpasser infiniment* dans les secours apportés à nos semblables. »

Hahnemann a écrit cela et vous osez dire qu'il a substitué dans la science l'observation au raisonnement. De quel côté est la bonne foi ? Le tribunal l'aperçoit déjà.

Mon client avait reproché à Hahnemann de s'être égaré dans la recherche des causes premières, folle tentative qui confond la témérité de tous ceux qui s'y engagent. Les adversaires ont senti quel discrédit cette origine jette sur leur doctrine ; aussi ont-ils crié à la calomnie ; c'est leur mot, quand ils sont embarrassés : « Loin de se mettre à la poursuite des causes premières, ont-ils dit (Mémoire, page 14), Hahnemann les repousse sans merci ni pitié. » J'ouvre Hahnemann (*Organon*, pages 183, 204, 252, 267; *Traité des maladies chroniques, passim*) et j'y trouve que toutes les maladies, sans exception, doivent être attribuées à trois miasmes : la syphilis, la sycose et la gale, la gale qui, par parenthèse, n'est pas un miasme, mais un insecte qu'on aperçoit au microscope. « Il n'y a pas de maladie dont la cause première ne soit le produit d'un de ces trois miasmes ou prétendus miasmes. » C'est la découverte de cette origine, de *cette cause première* des maladies qui permet à Hahnemann de leur appliquer un traitement logique et certain :

« Nous passons, dit-il, au traitement des maladies chroniques dont la guérison devient d'après ce qui a été dit sur la matière de leur *triple origine*, sinon facile, du moins possible, chose qui avait été absolument impossible (ainsi jusqu'à lui on n'avait jamais guéri personne) avant qu'on en connût la *source*. » (*Traité des maladies chroniques*, t. 1, p. 131.)

La médecine traite les maladies d'après les symptômes qu'elle observe, sans se préoccuper des causes premières. Hahnemann cherche l'origine et d'après l'origine découverte par lui prescrit un spécifique, c'est-à-dire un remède certain. M. Gallard a-t-il calomnié l'homœopathie en lui reprochant de chercher la cause première des maladies? Encore une fois de quel côté est la bonne foi ?

Remarquez-le, messieurs, et cela seul vous tiendra en garde, ce n'est pas une réforme partielle que tente timidement Hahnemann, ce n'est point une pierre qu'il apporte à l'édifice de la science. Le fruit du travail et du génie de tant de siècles est par lui rejeté avec mépris ; jusqu'à lui l'esprit humain a fait fausse route. Plus hardi que Newton, il commence par affirmer ; lui seul est grand et la règle *similia similibus* est seule vraie.

Le quinquina, qui guérit la fièvre *intermittente*, la donne-t-il réellement? Les homœopathes disent oui ; tous les corps savants, excepté l'Université de Cleveland (Ohio), disent non. Vous apprécierez, messieurs, et si par hasard vous voulez approfondir cette question que je ne peux pas discuter ici, vous voudrez bien vous reporter aux pages 8 et suivantes de notre Mémoire. J'ajouterai seulement que vous connaissez tous des personnes, notamment des jeunes filles qui prennent du vin de quinquina sans que cela leur donne la fièvre, et puis, je mettrai sous vos yeux un défi assez curieux publiquement porté par un professeur distingué de l'École de médecine de Bordeaux aux homœopathes.

« En présence d'une commission composée de tous les homœopathes que vous voudrez et d'un nombre égal de confrères choisis par moi, je m'engage solennellement à prendre, pendant huit jours de suite (me soumettant d'ailleurs au régime prescrit par l'homœopathie), une quantité de quinquina égale à celle qu'on donne ordinairement comme fortifiant ou comme fébrifuge, ou bien les préparations de quinquina homœopathiques, le tout à votre choix ; et si ces préparations me causent un accès de fièvre caractérisé par les trois périodes (frisson, chaleur, sueur), je promets de consacrer 500 francs à l'œuvre de charité que vous m'indiquerez, et je signe de mon nom.   » JEANNEL, d. m. p.

» Si, au contraire, l'expérience ne réussit pas, vous ne devrez rien..., que vous taire. »

Ce défi n'a pas plus été relevé qu'un défi du même genre porté à M. Simon par le docteur Marmorat. Nos clients renouvellent ces défis à la barre.

J'en ai dit assez pour établir au moins que M. Gallard a pu croire de bonne foi que le quinquina ne donne pas la fièvre, et c'est tout ce qu'il me faut.

Quoi qu'il en soit et que le quinquina donne ou non la fièvre, Hahnemann a essayé sa théorie : *similia similibus*. Il s'est mis à donner aux malades qui venaient le consulter les substances qu'il croyait les plus propres à produire la maladie qu'il s'agissait de guérir. Le résultat a été fatal, c'est M. Magnan, l'homœopathe, qui va vous le dire après Hahnemann.

« Les aggravations dont Hahnemann fut souvent témoin l'obligèrent à descendre à de petites doses, telles qu'une goutte, une demi-goutte, et même un quart de goutte de teinture.... Mais dans certains cas, ces doses déjà minimes ayant semblé encore trop fortes, il fallut atténuer davantage. » (Magnan, *De l'homœopathie*, p. 87 ; *Organon*, *passim.*)

Le remède que Hahnemann avait inventé aggravait la maladie : qu'imagine Hahnemann ? Au lieu de reconnaître son erreur et de s'arrêter, il diminue de plus en plus la dose du remède au point de ne rien donner. Jusque-là plus on donnait d'une substance, plus elle agissait. « *Nous avons changé tout cela*, » dit Hahnemann ! Une goutte aggrave la maladie : on la noie dans une série de dilutions ; on arrive à ne donner que de l'eau claire, et, par conséquent, à ne plus faire aucun mal aux malades, au moins par l'effet du remède.

Nous arrivons, messieurs, à la seconde et dernière théorie de l'homœopathie, à la théorie des *infiniment petits*, aux célèbres globules enfin. La règle *similia similibus* que vous connaissez, jointe à la théorie des *infiniment petits* que vous allez connaître, c'est toute l'homœopathie.

Mais ici mon contradicteur nous arrête ; il reproche à mon client d'avoir, de mauvaise foi, attribué une importance excessive aux globules qui ne sont, dit-il, qu'un accessoire indifférent de l'homœopathie et ne touchent point au fond de la doctrine. Que la théorie des infiniment petits soit principale ou accessoire, on ne peut nier qu'elle a été professée et pratiquée par Hahnemann, qu'elle est pratiquée et professée par tous les homœopathes de nos jours. Dès lors, M. Gallard a été dans son droit en la rangeant parmi les dogmes de l'homœopathie, peu importe que ce dogme soit essentiel ou secondaire. On n'est pas tenu de savoir que parmi vos dogmes il y en a auxquels vous attachez une foi entière, d'autres auxquels vous n'accordez qu'une demi-confiance et que néanmoins vous pratiquez chaque jour aux risques et périls de la pauvre humanité.

Mais je vais plus loin et je dis que les globules sont la partie essentielle de votre système, parce que c'est grâce à ces globules que vous séduisez le public qui les trouve faciles à prendre ; parce que de notoriété publique vous les prescrivez chaque jour ; parce que dans tous vos écrits vous en vantez la puissance ; parce que Hahnemann en recommande l'emploi *exclusif*, et maudit ceux de ses disciples qui s'écarteraient jamais de la règle des infiniment petits (1) ; parce que la loi des semblables appliquée sans ce correctif serait

____

(1) Voyez notamment *Organon*, pages 314 à 338.

tellement meurtrière qu'elle ne pourrait pas être appliquée un seul jour.

Mais, nous a-t-on dit, la théorie des infiniment petits est si peu essentielle en homœopathie, que Hahnemann a commencé par administrer des doses ordinaires. — M. Gallard à qui vous feignez de vouloir apprendre ce dernier fait, l'ignore ou le conteste si peu, qu'il l'a raconté dans son Mémoire; moi-même je viens de l'indiquer au tribunal. Mais vous avez oublié d'ajouter que la règle *similia similibus* appliqué avec les doses *massives* aggravait constamment l'état des malades, et qu'alors Hahnemann, pour sauver son système, a été obligé d'inventer les infiniments petits; c'est lui-même qui l'a dit, et le dernier de vos auteurs, M. Magnan, l'a répété; le tribunal se le rappelle. Il faut donc ou renoncer à appliquer la loi des semblables ou recourir aux globules : les deux principes se tiennent, puisque l'un rend l'autre praticable. — Si vous donnez un médicament à dose massive, c'est que ce médicament est emprunté à la méthode traditionnelle; si vous restez fidèles à la loi des semblables, il faut recourir aux infiniments petits, *à peine de tuer le malade*. Si vous abandonnez à la fois ces deux lois inséparables, vous n'êtes plus homœopathes. Vous ne pouvez donc pas retirer de la discussion la théorie des infiniments petits que vous pratiquez et que vous ne pouvez pas ne pas pratiquer, à moins d'abandonner votre système tout entier... ou de tuer infailliblement tous vos malades.

Vous cherchez à écarter cette question parce qu'elle vous embarrasse; quand ils prennent vos globules, vos malades ne savent pas ce qu'ils prennent et vous voudriez bien qu'ils ne l'apprissent pas. Les demandeurs, dans leur Mémoire, ont naïvement appelé cette question « le côté le plus épineux du débat » (page 55). Oui, c'est le côté épineux, mais vous, plus habile, vous dites : c'est le côté indifférent!

Ce que j'ai à révéler au tribunal est si invraisemblable que je veux laisser parler Hahnemann. Si je vous disais, sans citer textuellement, comment se préparent les globules, vous ne me croiriez pas, messieurs.

« On prend un grain de la poudre de ces substances, un grain de mercure coulant, une goutte de pétrole au lieu d'un grain, etc., et on le met sur environ le tiers de cent grains de sucre de lait pulvérisé, dans une capsule de porcelaine; on mêle ensemble les deux poudres avec une spatule d'os ou de corne, et on broie le mélange avec une certaine force pendant six minutes; puis pendant quatre autres minutes on presse la masse avec le pilon contre le fond de la capsule pour la rendre bien homogène, et l'on continue pendant quatre minutes à la broyer avec une égale force sans y rien ajouter. Cela fait, on consacre encore quatre minutes à la presser de haut en bas et de bas en haut avec le pilon, et on la dépose sur le second tiers du sucre de lait, auquel on la mêle un instant avec la spatule; on la broie d'une manière égale pendant six minutes, puis on la presse encore pendant quatre, et enfin on la rebroie de nouveau avec force pendant six autres; alors, après avoir consacré quatre autres minutes à la presser, on y ajoute le dernier tiers du sucre de lait, qu'on y mêle bien au moyen de la spatule, et on termine l'opération en broyant fortement pendant six minutes, pressant pendant quatre et rebroyant de nouveau pendant six. (Combien, demandait Argan, combien est-ce qu'il faut mettre de grains de sel dans un œuf? — Six, huit, dix, répondait Diafoirus, par les nombres pairs, comme dans les médicaments par les nombres impairs.) La poudre ainsi obtenue, continue Hahnemann, est conservée dans un flacon bouché, qui porte le nom de la substance avec la suscription $\overline{100}$, indiquant que le remède qu'il contient est à la centième puissance (c'est-à-dire, en langue vulgaire, qu'il ne contient plus qu'un centième).

» Pour élever alors la substance à $\overline{10\,000}$, ou à la dix-millième puissance, on prend un grain de la poudre $\overline{100}$, on le met dans la capsule avec le tiers de cent grains de sucre de lait récemment pulvérisé ; on mêle le tout ensemble avec la spatule, et l'on procède comme ci-dessus, en ayant soin que chaque tiers soit deux fois broyé avec force pendant six minutes chaque fois, et pressé dans l'intervalle pendant environ quatre minutes, avant qu'on ajoute le second et le troisième tiers du sucre de lait, après l'addition de chacun desquels on recommence de la même manière. Tout étant fini, on met la poudre dans un flacon bouché, avec la suscription $\overline{10\,000}$, indiquant que la matière médicinale se trouve au dix-millième degré de dilution (c'est-à-dire qu'elle ne contient plus qu'un dix-millième).

» En agissant de même avec un grain de cette nouvelle poudre, on la porte à $\overline{1}$, c'est-à-dire à la millionième puissance (c'est-à-dire qu'on n'y laisse qu'un millionième de goutte ; ce n'est pas encore ce qu'on administre).

» Ainsi chaque dilution exige six fois six minutes de broiement et six fois quatre minutes de frottement, ce qui fait plus d'une heure pour chacune.

» Pour établir de l'uniformité dans la préparation des médicaments homœopathiques, et notamment des antipsoriques, au moins sous forme de poudre, il est nécessaire que toutes les substances médicinales soient amenées à la millionième puissance, ni plus ni moins. De cette manière on a ensuite un point de départ fixe pour préparer les dissolutions et les dilutions nécessaires de ces dissolutions. Tous les médicaments qui ont été amenés en poudre à la millionième puissance se dissolvent dans l'eau et dans l'alcool, et peuvent ainsi être réduits sous forme liquide.

» La première dissolution ne peut point avoir lieu avec de l'alcool pur, parce que le sucre de lait ne se dissout point dans ce véhicule. On l'opère donc au moyen de l'alcool aqueux, que l'on prépare d'une manière uniforme en mêlant ensemble par dix secousses, c'est-à-dire par dix tours de bras, cent gouttes d'eau distillée et cent gouttes d'alcool absolu, tous deux à la température des caves.

» On verse cent gouttes de l'alcool aqueux ainsi préparé sur un grain de la poudre médicamenteuse ($\overline{1}$) amenée à la millionième puissance. (C'est donc un millionième de grain qu'on verse dans cent gouttes.) On bouche le flacon, on le tourne lentement sur lui-même jusqu'à ce que la poudre soit dissoute, et on le secoue deux fois, c'est-à-dire par deux tours de bras. Cela fait, on met le nom du médicament sur le flacon, avec la suscription $\overline{100}$. Une goutte de cette liqueur (le centième d'un millionième), qu'on fait tomber dans quatre-vingt-dix-neuf à cent gouttes d'alcool pur, après quoi on bouche le flacon, et on lui imprime deux secousses, donne un médicament que l'on marque $\overline{10\,000}$. Une autre goutte de celui-ci (le dix-millième d'un millionième), qu'on secoue également deux fois dans un flacon avec quatre-vingt-dix-neuf ou cent gouttes d'alcool pur, procure un nouveau médicament, auquel on donne pour signe $\overline{\overline{1}}$. (Le dix-millième d'un millionième n'est que la seconde dilution ; aucun homœopathe ne l'emploie. Hahnemann va jusqu'à la trentième dilution, et il n'emploie presque jamais une dilution inférieure à la dixième.) « On continue de même pour toutes les dilutions qui doivent être portées à des degrés supérieurs de puissance, en ne donnant chaque fois que deux secousses au mélange. (On a perfectionné la théorie : on va maintenant jusqu'à la seize-millième dilution, le dix-millième d'un millionième de grain divisé par 1 suivi de 16 000 zéros! Je renonce à faire le calcul, et je constate seulement ce qu'est la seize-millième dilution.)

» Comme la secousse ne doit avoir lieu que par des coups modérés du bras dont la main tient le petit flacon, ce qu'il y a de mieux à faire, c'est de choisir des flacons dont la capacité soit telle que les cent gouttes du médicament étendu les remplissent jusqu'aux deux tiers, ni plus ni moins. » (*Exposition de la doctrine homœopathique ou Organon de l'art de guérir*, par S. Hahnemann, accompagnée de fragments des autres ouvrages de l'auteur et suivie d'une pharmacopée homœopathique ; nouvelle traduction par Jourdan. Paris, 1832, pages 440 et suivantes.)

Vous voyez, messieurs, qu'il n'est nécessaire de recourir à aucune plaisanterie, usée ou non, pour faire toucher du doigt le ridicule de la théorie. Mon adversaire a eu tort de dire que nous avions sur ce point calomnié l'homœopathie ; je crois que cela n'est pas possible ; nous avons d'ailleurs textuellement cité Hahnemann ; si, suivant son expression, l'homœopathie telle que nous la représentons tombe dans le grotesque, c'est à Hahnemann qu'il faut s'en prendre.

Pour mieux comprendre l'opération prescrite en termes assez nuageux par le père de l'homœopathie, imaginez que vous prenez un flacon, que vous y mettez une goutte d'un liquide quelconque, d'éther, par exemple ; qu'ensuite vous rincez trente fois le flacon, et qu'à la trentième fois vous n'y laissez qu'une seule goutte ; vous croirez que cette goutte est une goutte d'eau, vous vous tromperez grossièrement, l'homœopathie vous dira que cette goutte, c'est de l'éther à la trentième dilution.

Ce n'est pas tout, et les doses ainsi réduites sont encore souvent trop fortes. Écoutez, messieurs :

« Le quinquina, dit Hahnemann, est un des plus puissants médicaments végétaux... Je trouve qu'une seule goutte de teinture, assez étendue pour ne contenir que la quadrillionième partie $\left(\dfrac{1}{1\,000\,000\,000\,000\,000\,000\,000\,000}\right)$ d'un grain (*sic*) est une dose souvent même trop forte, mais constamment suffisante pour opérer tout ce que le quinquina peut produire en pareil cas, et qu'il est fort rare d'être obligé d'en faire prendre une seconde au malade pour procurer la guérison. » (*Organon*, page 395.)

Mais on a trouvé un moyen très ingénieux de fractionner encore ces gouttes, contenant un quadrillionième de grain de médicament, et qui constituent une dose *souvent trop forte* :

« Ce qu'il y a de mieux à faire, c'est d'employer de petites dragées en sucre de la grosseur d'un grain de pavot (globules) ; une de ces dragées, imbibées du médicament, forme une dose qui *contient environ la trois-centième partie d'une goutte* (la trois-centième partie du quart d'un millionième de grain !) car trois cents dragées de la sorte sont suffisamment imbibées par une goutte d'alcool ; en mettant une semblable dragée sur la langue sans rien boire ensuite, on diminue considérablement la dose. Mais si le malade, étant très sensible, on éprouve le besoin d'employer la plus faible dose possible, et cependant d'arriver au résultat le plus prompt, *on se contente de faire respirer le sujet une seule fois dans un petit flacon contenant une dragée* (le trois-centième d'un quart de millionième de grain !) *de la grosseur d'une graine de moutarde, imbibée du liquide médicinal très étendu. — Après que le malade a flairé, on rebouche le flacon, qui peut servir ainsi des années sans perdre sensiblement de ses vertus médicinales.* » (*Organon*, p. 323, et *Traité des maladies chroniques*, t. 1, p. 203.)

Est-ce un ignorant, un illuminé, un charlatan qui a écrit ces lignes ? Je ne sais ; tout ce que je puis dire au tribunal, c'est que le passage que je viens de lui lire n'est pas emprunté au célèbre chapitre des chapeaux d'Aristote, mais bien à l'*Organon*, « *livre écrit*, c'est Hahnemann qui le dit, *sous la dictée de l'Être suprême,* » (page 323.)

Ce trois-centième d'un quart de millionième de grain est tellement énergique encore, qu'il ne faut le porter ni à cheval ni en voiture ; les secousses qu'éprouverait le remède lui donneraient une force capable de foudroyer un homme (Manec) !

Ce ne sont pas seulement les poisons, les remèdes énergiques que Hahnemann réduit ainsi, mais les matières inertes les plus inoffensives, le lycopode, par exemple , cette poudre jaunâtre que les pharmaciens mettent dans les boîtes de pilules, et qu'on répand sur les jambes des petits enfants pour les empêcher de se *couper*. Écoutez encore :

« Lorsque la poudre de lycopode a été soumise au traitement que l'art homœopathique fait subir à toutes les substances naturelles brutes, lorsqu'on en a réduit un grain au millionième degré d'atténuation en le broyant pendant trois heures avec trois fois cent grains de sucre de lait, qu'on a dissous un grain de cette poudre dans cent gouttes d'alcool aqueux et qu'on a imprimé deux secousses du bras à la liqueur (c'est-à-dire qu'on a le centième d'un millionième de grain), il résulte de là un médicament qui, même à la plus petite dose possible, celle d'un à deux globules de sucre qu'on en imbibe, agit encore avec beaucoup trop de violence pour qu'on puisse l'administrer dans les maladies où il convient d'y avoir recours. On ne saurait même se servir de la dilution au billionième, à cause de sa trop grande énergie ; c'est seulement au sextillionième de degré de dilution que le médicament devient applicable : encore même ne doit-on donner aux malades irritables et faibles que celles à l'*octillionième et au décillionième* (*le décillionième d'un millionième de grain !*) La dose est d'un ou tout au plus deux globules de sucre qu'on en imbibe. » (Tome I, p. 414.)

« Le lycopode à cette dose agit avantageusement pendant quarante, cinquante jours et même quelques jours de plus... Celui qui en a pris peut causer régulièrement sur des sujets élevés, même abstraits, mais s'embrouille quand il s'agit de choses ordinaires ; il prononce, par exemple, le mot *prune* quand il voudrait dire *poire.* » (*Symptôme*, 14.)

Ne croyez pas, messieurs, que je me permette des plaisanteries indignes de votre audience ; je cite textuellement. Ces *symptômes* qui font autorité en homœopathie et constituent à eux seuls les observations qu'on vous a si pompeusement vantées, ne sont qu'une suite de remarques hasardées et décousues, sans méthode et sans critique, comme celles que je vais lire au tribunal. (*Traité des maladies chroniques*, page 419.)

« Davantage de taches de rousseur sur le côté gauche de la face et sur le nez (*Symptôme* 78) ; yeux cernés de bleu, au bout de douze jours (*Symptôme* 87). En se mouchant, on éprouve des élancements dans l'oreille et l'on a ensuite de la peine à parler (*Symptôme* 137). Élancements et douleur térébrante dans une dent creuse, au bout de douze heures (*Symptôme* 206).

» Une femme (qui a pris la dose de lycopode que vous savez) redoute d'être seule (*Symptôme* 860). Aliénation mentale (*sic*) et fureur, qui s'exprime par de la jalousie, des reproches, des prétentions, un caractère impérieux, au bout de douze jours (*Symptôme* 889). »

Tout cela pour un dix-millionième de grain de lycopode, la matière la plus inerte du monde ! Si nous passons au mercure, la même dose donne, au bout de huit jours, l'envie de prendre les passants par le nez ! Mais je m'arrête, j'en ai trop dit.

Quelque opinion qu'on ait de la crédulité humaine, on est saisi de stupeur quand on voit accréditées de pareilles folies, je me sers du mot le plus modéré. Que les gens du monde se laissent séduire, parce qu'ils ne lisent pas, parce qu'ils ne peuvent pas lire Hahnemann, cela se conçoit; mais que des docteurs qui l'ont lu y croient ou prétendent y croire, c'est ce qui passe toute imagination. Maintenant, messieurs, vous devez comprendre qu'on parle sans respect et sans ménagement de ces choses et des gens qui les pratiquent!

L'important était de donner crédit à la recette; parer les globules de noms grecs ou hébreux n'eût pas suffi. Hahnemann qui connaissait merveilleusement le cœur humain, et sous ce rapport c'était un homme de génie, Hahnemann qui savait le parti infini qu'on peut tirer de la crédulité publique, quand on méprise assez les hommes pour se faire un système de les tromper hardiment, Hahnemann inventa la *Potentification* par la secousse. Le mot n'est pas de moi, comme bien vous pensez. Vous avez vu, messieurs, avec quel soin minutieux et quelle doctrinale assurance Hahnemann prescrit le nombre, la durée, et pour ainsi dire la forme des secousses; il oublie seulement de dire si elles doivent être données de la main droite ou de la main gauche. C'est que suivant lui, ces secousses cabalistiques créent par le frottement dans les globules une puissance dynamique; quelque chose de vague, d'indéfini, de mystérieux, de magique; quelque chose d'incompréhensible et d'imperceptible, dont mon adversaire vous a parlé avec toute la souplesse de son talent, sans, je crois, parvenir à vous le faire bien comprendre et saisir, parce qu'on ne comprend pas, on ne saisit pas le néant.

Sans doute, il y a des corps auxquels le frottement donne certaines qualités nouvelles; c'est ainsi que le frottement de certaines matières produit l'électricité ou la chaleur, mais il n'est pas besoin d'être médecin pour savoir deux choses : la première, c'est que le frottement n'agit que sur un très petit nombre de matières; la seconde, c'est que dans tous les cas ses effets ne sont que momentanés. Dire que le frottement donne à tous les corps sans exception, au charbon de bois par exemple, des propriétés physiques que ces corps une fois frottés conservent indéfiniment, c'est choquer le bon sens non moins que les notions les plus élémentaires de la physique.

Mais prenez garde, dit mon adversaire : dans cette goutte que nous soumettons à des dilutions successives, il y a un principe médicinal utile pour guérir une maladie déterminée, et puis d'autres principes inutiles ou même contraires : le but et le résultat de nos dilutions, c'est d'extraire la partie essentielle du médicament, en la dégageant de tous les autres principes. — Messieurs, le sophisme est spécieux; ce qu'on prétend faire, la médecine le fait tous les jours, en extrayant par exemple le sulfate de quinine du quinquina. Mais pour que l'opération soit sérieuse, il faut deux conditions : la première, que vous indiquiez l'agent à l'aide duquel vous dégagez la matière médicamenteuse; la seconde et la principale, que vous déterminiez d'une manière précise la force que vous conservez. C'est ce que vous ne faites pas, ce que vous ne pouvez pas faire. Vous soumettez toutes les matières à un dissolvant unique, le sucre de lait. Qui peut admettre qu'une matière aussi inerte que le sucre de lait ait une action uniforme sur les corps les plus divers, lorsqu'il faut à la chimie tant de réactifs différents pour opérer ses moindres expériences. A quel moment se dégage cette force nouvelle qui va miraculeusement guérir les maladies les plus rebelles ? Quelle est cette force ? Comment s'est-elle produite ? Dans quel atome réside-t-elle ? Vous ne pouvez pas même l'indiquer. Ce n'est pas une force dégagée, dites-vous, c'est une force créée ; vous oubliez que l'homme ne crée rien ; ce que vous faites, c'est de réduire à rien la goutte primitive que vous soumettez à vos préparations ; ce que vous créez, c'est le néant.

Vous pouvez nommer l'agent de cette force que vous vantez ? sans agent, il n'y a pas de force physique. Cessez donc de parler « de cette force médicinale, distincte de la force chimique ou physique. » Je ne sais qui peuvent tromper ces mots qu'a deux fois répétés mon adversaire, j'ose avouer que le sens m'en échappe complétement. *Une force médicinale sans agent physique ni chimique ni même matériel ?* Les médicaments auraient-ils donc une âme ?

Hahnemann qui compte franchement sur le merveilleux et sur l'absurde de sa doctrine pour réussir ne s'épuise pas à d'impossibles explications ; il ne cherche pas à paraître raisonnable, il semble prendre à tâche de jeter à la raison des défis qui la surprennent et la réduisent en la confondant. « La maladie, dit-il hardiment, est immatérielle, à la maladie immatérielle j'oppose un remède immatériel, » mots qui se retrouvent à chaque page de l'*Organon* (voy. notamment p. 14 et 15). Cette imprudente témérité vous effraye et vous appelez à votre secours les sophismes que le tribunal connaît ; vos habiletés de langage ne sont pas plus heureuses que l'audace de votre maître. Que vous osiez vous vanter de guérir avec un principe immatériel, ou que vous attribuiez à vos remèdes je ne sais quelle force dynamique, imperceptible, impalpable, innommée, ou bien encore que vous prétendiez « *traduire en actes* (je continue à citer et à ne pas comprendre) *les puissances curatives cachées,* » il n'y a qu'à répéter vos paroles pour les réfuter.

Le bon sens suffit pour faire justice de ces inintelligibles sophismes. Laissez-moi cependant vous indiquer, messieurs, le résultat des analyses chimiques faites par Orfila :

« Les mandats que j'ai souvent reçus de la justice (notez que l'illustre chimiste agit en vertu de mandats de justice et qu'élevé à l'honneur d'être votre auxiliaire il est, dans ces expériences qui décident de la vie des hommes, placé bien au-dessus de toutes les préoccupations de rivalités et de préjugés scientifiques) pour analyser les médicaments débités par les homœopathes, m'ont mis à même de constater qu'il n'existe aucune substance appréciable dans les prétendus remèdes homœopathiques. Je sais aussi, et j'affirme sur l'honneur, que peu confiants dans un système qui ne peut amener aucun résultat heureux dans une foule d'affections aiguës, plusieurs homœopathes administrent des médicaments à doses allopathiques. »

Les homœopathes sentent si bien l'invraisemblance de leur théorie sur la puissance des remèdes immatériels et des forces dynamiques insaisissables qu'ils ont essayé de trouver quelque chose dans leurs globules. Aux pages 40 et suivantes de leur Mémoire, ils relatent longuement leurs expériences qu'ils opposent à celles d'Orfila. Nous pourrions récuser ces expériences signées de je ne sais quels noms obscurs et dénuées de toute preuve ; je veux bien les accepter : elles ne portent que sur un petit nombre de matières et s'arrêtent à la quatrième dilution, ou peut-être à la cinquième. Ainsi donc, de leur propre aveu, dans la plupart des globules qu'ils administrent au pauvre monde, les homœopathes ne trouvent eux-mêmes aucune trace de puissance médicamenteuse. « Il est vrai, dit le Mémoire adverse, page 42, que la physique, la chimie et même le microscope ne permettent de constater la présence réelle du médicament dans les préparations homœopathiques que dans une limite très restreinte. Cela prouve-t-il contre elles, ou plutôt contre la puissance encore très limitée de ces moyens d'investigation ? On peut dire sans témérité qu'elles déposent de l'impuissance de ces sciences, et ne prouvent absolument rien contre les préparations homœopathiques. »

Il est impossible de se tirer plus gaiement d'embarras. Le bon sens, la chimie, la physique, les sciences les plus avancées et les plus certaines dans leurs puissantes investigations condamnent l'homœopathie. De par messieurs Pétroz, Simon et compagnie, le bon sens, la physique et la chimie qu'ils n'ont pas encore eu le temps de refaire sont enveloppés dans le même anathème que la médecine.

Mais, dit-on, dans les marais Pontins et en Pologne, il y a des miasmes dans l'air qui donnent la fièvre ; il y a des virus qui communiquent des maladies contagieuses ; la science n'a pas encore su trouver dans ces miasmes, dans ces virus le principe morbide. Pourquoi les globules ne contiendraient-ils pas, eux aussi, un principe non point morbide mais médicamenteux que la science encore imparfaite ne saurait analyser ? — Ce qui empêche de retrouver dans les miasmes et les virus dont vous parlez le principe morbide, ce n'est pas la ténuité de ce principe, c'est sa qualité. La chimie n'a pas encore découvert de réactif qui dégage ce principe ; dans vos globules, au contraire, il s'agit de retrouver des principes auxquels s'appliquent des moyens d'analyse connus, puisqu'à une dose supérieure on les retrouve aisément. Êtes-vous d'ailleurs plus avancés que nous ? Savez-vous quelle est la nature et l'action de ces miasmes, de ces virus ? Vous ne le savez pas. Vous partez donc de l'inconnu pour en tirer des inductions hasardées ; cela n'est pas sérieux : on ne fonde pas une science, on ne joue pas la vie des hommes sur des analogies qui reposent elles-mêmes sur des hypothèses.

Qu'a dit M. Gallard sur cette question des globules ? Que les globules ne contenaient rien et n'étaient que de l'eau claire. A-t-il eu raison de le dire ? Vous l'apprécierez, messieurs, mais en tout cas on ne contestera plus, je l'espère, qu'il ait pu le dire de bonne foi. Vous ne pouvez pas exiger de lui qu'il croie à l'efficacité de vos globules, tout ce que vous pouvez demander, c'est qu'il en rapporte fidèlement la nature et la préparation. Or, à la page 36 de leur Mémoire, les adversaires eux-mêmes ont été obligés d'avouer que son exposition sur ce point a été, dans le mémoire comme dans l'article, rigoureusement exacte.

Vous savez, messieurs, ce que sont les globules, permettez-moi maintenant de vous dire quelle est leur vertu. La médecine dont on s'est fait un malin plaisir de narguer l'impuissance, hélas ! trop réelle et trop fréquente, la médecine sait que Dieu ne lui a pas permis d'affranchir l'homme de la maladie et de la mort ; écoutez comment elle se définit elle-même : « La médecine est un art qui guérit quelquefois, qui soulage souvent, qui console toujours. »

Écoutez maintenant Hahnemann : « Il faut, dit-il, qu'on guérisse le malade ; le soulager n'est rien ; j'enlève la maladie ; quelque temps après mon traitement, il n'en reste rien (1). » Messieurs, les gens qui promettent une guérison radicale et instantanée, avec des remèdes sans odeur ni saveur, vous savez le nom qu'ils ont dans la langue.

Mais ce ne sont pas seulement les maladies ordinaires que Hahnemann prétend ainsi guérir ; semblable à ce docteur qui discutait *de re omni scibili et quibusdam aliis*, Hahnemann a des globules pour toutes les maladies qui existent et pour quelques autres encore. Ainsi il a un globule qui guérit instantanément la mélancolie, un globule pour le fou-rire, un globule pour le chagrin d'amour, etc.

Laissez-moi vous dire, messieurs, comment le grand docteur traite la monomanie suicide : Sans doute il ne donne pas, comme Sganarelle, « *un fromage préparé où il entre de l'or, du corail, des perles et quantité d'autres choses précieuses ;* » mais il donne de l'or à la *quadrillionième puissance*. Bien des malheureux que la misère pousse à ce dernier crime seraient peut-être sauvés si on leur donnait un peu d'or, mais il faudrait sortir de la dose homœopathique :

« Du broiement continué pendant une heure d'un grain d'or avec 100 grains de sucre de lait en poudre, résulte une préparation qui a déjà beaucoup de vertu médicinale. Qu'on en prenne 1 grain, qu'on le broie encore pendant une heure avec 100 grains de sucre de lait, et que l'on continue d'agir ainsi jusqu'à ce que chaque grain, arrivé à la dernière préparation, contienne 1 *quadrillionième* de grain d'or, on aura alors un médicament dans lequel la vertu médicale de l'or sera tellement développée, qu'il suffira d'en prendre 1 grain, de le renfermer dans un flacon et de le faire *respirer quelques instants* à un mélancolique chez lequel le dégoût de la vie est poussé jusqu'au point de conduire au suicide, pour *qu'une heure après ce malheureux soit délivré de son mauvais démon et ait repris le goût de la vie.* » (*Organon*, p. 358.)

Sont-ce des charlatans, sont-ce des illuminés qui ont écrit et qui pratiquent ces choses-là ! Mon client a posé l'alternative sans la résoudre, vous trouverez qu'il s'est montré indulgent !

Le tribunal se rappelle que la science consultée a répondu comme le bon sens que les globules ne contiennent aucune matière médicamenteuse appréciable. Cependant ces médecins si prévenus, si arriérés, si ennemis de tout progrès ont pensé que dans toutes ces folies il y avait peut-être une vérité et que l'honneur de la science, l'intérêt de l'humanité commandaient de fouiller ce chaos ; ils ont voulu, suivant la spirituelle expression de M. Trousseau, « expérimenter *même quelque chose d'aussi absurde que l'homœopathie.* » Des expériences ont été faites partout, en France et à l'étranger.

Je ne vous parlerai que des expériences faites en France, afin que vous puissiez apprécier leur valeur d'après le nom de leurs auteurs.

---

(1) Sur la prétention de Hahnemann de guérir radicalement toutes les maladies (*Organon*, in-8, notamment pages 125, 235, 257, 260.)

Je ne puis cependant résister au désir de vous raconter une histoire arrivée à Vienne. Pendant plusieurs mois un pharmacien de cette ville a donné de l'eau claire à toutes les personnes qui demandaient un remède homœopathique ; personne ne s'en est aperçu, personne ne s'en est plaint, excepté un seul médecin homœopathe qui une fois a reproché au pharmacien d'avoir donné une dose trop forte (1). Le même fait s'est reproduit à Marseille, ainsi que l'établit une pièce jointe au dossier et que j'ai communiquée à mon adversaire, sans que le cours merveilleux des cures homœopathiques ait été interrompu. Dans leur Mémoire les adversaires ont répondu par un sourire de dédain et par un accès d'indignation vertueuse contre les pharmaciens. Je n'approuve pas les pharmaciens, mais je suis obligé de dire que se fâcher ou sourire ce n'est pas répondre, et la petite histoire reste au procès avec de fort sérieuses conséquences.

Un autre fait qui n'est pas moins curieux est raconté par un des agrégés les plus distingués de la Faculté de médecine, M. Béhier. Je laisse la parole au spirituel docteur dont la véracité ne peut être mise en doute par personne :

« Un commerçant en soie, d'une nation étrangère, pensa un beau matin à se faire médecin homœopathe. Je n'invente ni ne brode rien ici, Messieurs. Il vint à Paris, et, comme de juste, ne pouvant y obtenir le diplôme de docteur en médecine, malgré la connaissance de madame Hahnemann, qui continuait ici de traiter les malades, avec l'aide de qui vous savez, notre commerçant tourna ses regards vers une université étrangère. Sans quitter Paris, moyennant une somme désignée, il fut reçu docteur de cette docte université. Il voyait alors, à la campagne, dans une maison tierce, un médecin avec lequel il tentait toujours sans succès, mais au grand ennui de ce dernier, de causer médecine. Un jour, fatigué par une telle insistance, notre confrère conduit le fâcheux vers une réunion de dames, et là : « Vous avez certainement de l'aconit sur vous, lui dit-il. — Oui! » Et l'homœopathe bien en règle tire de sa poche une petite boîte contenant plusieurs petites fioles, dont une qu'il présente renfermait environ cent cinquante petits globules de ceux dits d'aconit. (Le tribunal sait que l'aconit est un poison redoutable.) Notre confrère verse le tout dans sa main gauche, pour que les assistants puissent bien voir. « Si on avalait tout cela, selon vous, ajoute-t-il, on serait bien malade. — Oh! on serait perdu! » Le médecin non homœopathe avala alors la totalité. On était deux heures avant dîner. Le pauvre homœopathe, de bonne foi (celui-là n'était qu'un illuminé!), était dans une anxiété grande et suivait l'autre partout. Il se rassura à dîner en voyant combien peu le terrible aconit, préparé cependant sous les yeux de madame Hahnemann, avait altéré un appétit allopathique. On avait procédé par doses massives, comme il faut le faire, de l'aveu même des homœopathes, quand on procède sur l'homme sain (p. 39 du Mémoire adverse), et on n'éprouva rien, pas même quarante-huit jours après. Heureusement, notre confrère avait eu affaire à des médicaments homœopathiques de bonne foi ; si j'en crois certains discours, je ne voudrais pas recommencer cette expérience, les alcaloïdes extraits de substances très violentes pouvant revêtir la forme de globules d'aussi faibles dimensions que les globules dits homœopathiques et pouvant leur être substitués tout à fait par mégarde à doses très médicales. Je ne rapporte ce fait, dont je puis attester la parfaite authenticité, que pour montrer, etc... »

---

(1) *Bulletin général de thérapeutique*, t. IX, p. 400.

Je passe à des expériences, sinon plus concluantes, cela n'est guère possible, du moins plus scientifiques. M. le professeur Trousseau, assisté de M. le docteur Gouraud, fait prendre à des élèves en médecine toute la série des remèdes homœopathiques ; aucun n'en éprouve le moindre effet.

Vous dites que M. Trousseau n'a pas su administrer les préparations homœopathiques à une dose convenable. En supposant que l'éminent professeur ne soit pas aussi capable que vous de comprendre et d'appliquer Hahnemann, je conçois qu'il n'ait pas obtenu l'effet que vous auriez produit ; mais si ces globules avaient eu une propriété médicinale, s'ils avaient eu la vertu de produire chez l'homme sain la maladie qu'ils devaient guérir, bien ou mal administrés ils auraient produit un effet quelconque ; ils n'ont rien produit, absolument rien, donc ils ne contenaient rien.

Je passe aux expériences sur les malades. Les premières ont été faites par Broussais ; elles ont, c'est l'expression de mon adversaire, *confondu* l'homœopathie : mon client n'a donc pas été de mauvaise foi quand il a invoqué l'autorité de Broussais. Mais l'adversaire ajoute qu'à l'heure de sa mort Broussais s'est fait homœopathe ; l'auteur sur la foi duquel on avance ce fait déclare, il est vrai, que l'illustre médecin avait alors perdu la tête. On conviendra que cette remarque affaiblit singulièrement la valeur du témoignage invoqué. Je ne sais ce qui en est de ces anecdotes ; ce que je sais c'est qu'à son lit de mort, Broussais a dit que n'ayant trouvé d'âme dans aucun des corps qu'il avait disséqués, il niait l'existence de l'âme. Non, l'homme qui a écrit cela au moment de paraître devant Dieu n'avait plus sa raison !

Après Broussais, M. Andral a expérimenté l'homœopathie. Mon adversaire, dans un sentiment dont je le remercie, a déclaré qu'il ne discuterait pas les expériences de M. Andral. Cette réserve qui n'est pas sans habileté m'embarrasse, et cependant je me dois à ma cause ; ma présence aux débats ne peut enlever à mon client l'autorité qu'il emprunte à ces expériences ; je les exposerai, d'après le Mémoire de M. Gallard, sans les discuter. « Elles ont eu lieu à l'hôpital de la Pitié, devant un concours nombreux d'élèves et de médecins. Le professeur a divisé en deux séries les cent trente ou cent quarante individus qu'il a soumis à l'emploi des médicaments homœopathiques.

» Les expériences de la première série ont eu pour but de savoir si les médicaments ont la propriété de produire sur l'homme sain des maladies semblables à celles que ces médicaments peuvent guérir. Tous les résultats ont été négatifs. Dans la deuxième série, il a cherché à constater si les médicaments guérissent réellement. *Constamment la médication homœopathique a été* NULLE *dans ses effets*, et il a fallu le plus souvent se hâter de recourir à la médication ordinaire pour arrêter le cours de la maladie. La relation de ces expériences après avoir été présentée sommairement par M. Andral à l'Académie de médecine (séance du 17 mars 1835) a été publiée, avec tous les détails nécessaires dans le *Bulletin général de thérapeutique*, t. VI, p. 318, par M. le docteur *Vernois*, qui était alors son interne et qui est aujourd'hui médecin de l'hôpital Necker, et médecin consultant de l'Empereur. »

Dans leur Mémoire, les adversaires veulent bien reconnaître la loyauté de l'expérimentateur ; mais ils lui reprochent de n'avoir pas suffisamment étudié les livres de Hahnemann et d'avoir porté un jugement erroné sur les symptômes caractéristiques des maladies qu'il s'agissait de soigner. Le tribunal appréciera.

Si l'on donne « à ceux qui sont en position de diriger des expériences, » suivant l'expression du mémoire adverse, si on leur donne le moyen d'appliquer leur théorie dans les hôpitaux, sans doute le résultat changera et l'on obtiendra enfin ces guérisons infaillibles radicales, instantanées que promet l'homœopathie. Vous allez en juger, messieurs. L'épreuve a été tentée « par un *certain* Bally, » comme a dit mon adversaire ; c'est le vénérable Bally qu'il fallait dire, le doyen de l'Académie de médecine et des médecins des hôpitaux, un homme dont personne, excepté les demandeurs, n'a jamais contesté la sévère loyauté.

Afin que ses expériences pussent être plus concluantes, M. Bally en confia la haute direction à deux homœopathes, MM. Currie et Léon Simon :

« M. Currie, dit M. Bally, traita des malades homœopathiquement, pendant quatre ou cinq mois, avec des médicaments qu'il avait fait venir d'Allemagne, de la même pharmacie où Hahnemann faisait préparer les siens. Un registre fut tenu par M. Currie et par M. Gross, interne de M. Bally. Au bout de quatre à cinq mois, M. Currie se retira en avertissant qu'il remettait la suite des expériences à l'année prochaine. On ne le revit plus. Je dois déclarer, ajoute M. Bally, que de tous les malades ainsi traités, PAS UN SEUL N'A GUÉRI. Deux faits font exception, les voici : Le premier concerne une femme affectée de cancer de la matrice. Elle est sortie après trois ou quatre mois de traitement, se disant soulagée. Quinze jours après, elle est rentrée à l'hôpital pour la même affection, et elle y a succombé. L'autre observation a trait à une de ces affections qu'on appelle aujourd'hui fièvres typhoïdes : *deux hommes entrèrent presque en même temps dans mon service*, affectés tous les deux de symptômes presque absolument semblables. *M. Currie en prit un qu'il traita homœopatiquement, je traitai l'autre par la méthode ordinaire.* Mon malade guérit en dix-huit jours, celui de M. Currie ne sortit qu'après trois ou quatre mois. »

M. Simon conteste l'exactitude de ces conclusions et se plaint que M. Bally ne produise pas de preuves écrites à l'appui de ses paroles. Que M. Simon fasse lui-même ce qu'il demande à M. Bally, qu'il produise des preuves, le détail authentique des guérisons par lui obtenues ; jusque-là il risque fort qu'on s'en tienne à la parole de M. Bally.

A Lyon, en 1832, M. le docteur Pointe, médecin en chef de l'Hôtel-Dieu, confia à un autre des demandeurs, M. Gueyrard, une salle de trente lits, à la seule condition d'assister à ses visites. « Quinze malades ont été traités, dit M. Pointe, sans aucun résultat avantageux. M. Gueyrard, interpellé plusieurs fois à ce sujet, en est lui-même convenu. Trois fois, pendant le cours de ses expériences, et de concert avec ce docteur qui en reconnut la nécessité, nous nous sommes écartés de la doctrine de Hahnemann... Ces expériences ont duré dix-sept jours, et n'ont cessé que parce que l'expérimentateur s'est volontairement retiré. » (Compte rendu par M. Pointe, *Gazette médicale*, 1833, p. 708.) Savez-vous comment M. Gueyrard explique sa retraite, sans pouvoir, du reste, contester les résultats énoncés ? Il s'est retiré, dit-il, parce qu'une nuit l'interne de service a pratiqué une saignée à un malade qui sans cela allait mourir, et parce qu'on a fait dans la salle, par ordre de l'administration, les fumigations hygiéniques d'usage ! Il faudra donc laisser de fétides odeurs empoisonner l'air des hôpitaux, si l'on veut y introduire l'homœopathie ? — Je voudrais savoir si l'odeur d'un cigare fumé dans la rue, montant à dose homœopathique, n'empêcherait pas dans les maisons l'action des globules !

En 1849, M. Nathalis Guillot, professeur à la Faculté de médecine, appelle M. Tessier à la Salpêtrière que ravageait le choléra et lui confie neuf malades ; les neuf malades sont mortes (voir dans notre Mémoire, p. 40, la lettre de M. Guillot). Sans doute M. Tessier ne les a pas tuées, mais enfin il ne les a pas empêché de mourir, malgré la puissance infaillible du spécifique. M. Tessier a répondu ; il n'a pas nié que ses neuf malades fussent mortes, il a seulement prétendu, ce qui est facile à dire, qu'il avait été appelé trop tard : il ne fallait pas alors accepter l'épreuve.

Ainsi, pour écarter ces expériences dont mon honorable confrère n'a pu méconnaître la gravité, on répond que M. Andral n'a pas su appliquer le traitement et quant aux autres médecins qui ont ouvert leurs salles aux homœopathes, on répond tranquillement qu'ils sont de mauvaise foi. Je ne sais ce que le tribunal pensera de ces arguments ; mais ce que je constate, c'est qu'en relatant ces expériences, mon client n'a rien avancé qui ne fût rigoureusement exact. A-t-il eu tort de croire à la parole de ses maîtres ? Ces expériences sont-elles décisives, comme il le pense, ou sans portée, comme le disent les adversaires ? Peu importe au procès ! Ce qui importe c'est que sur ce point comme sur tous les autres, la bonne foi de M. Gallard est évidemment à l'abri de tout reproche.

A côté de ces expériences, quelle valeur voulez-vous que nos clients puissent attribuer aux merveilles qu'on raconte de l'homœopathie. Quand on voit que les homœopathes échouent toutes les fois qu'ils sont soumis à un contrôle sérieux et éclairé, on a le droit de tenir pour suspects les succès qu'ils s'attribuent, ou que leur prête le monde si facile à séduire et à égarer. — Qu'un médecin guérisse, nul le remarque ; cela paraît tout naturel. Mais qu'un homœopathe guérisse ou ait l'air de guérir, on se récrie, on s'étonne, on admire et vos adeptes eux-mêmes racontent le fait comme un miracle. C'est ainsi que l'incrédulité même que vous provoquez augmente à votre profit le bruit qui se fait autour de vous : « Je connais, nous dit-on de toutes parts, je connais telle » personne qui a été soignée par un homœopathe. — Vraiment ! elle n'est pas » morte. — Bien au contraire, elle a guéri ! — C'est prodigieux ! Cela tient du » miracle ! » Or, nous aimons les miracles ; nous sommes ainsi faits que nous croyons ce qu'on nous dit d'autant mieux que c'est plus invraisemblable. La nouveauté, le merveilleux nous enchantent, et la mode entraîne les plus sages. « Nous louons ce qui est loué, a dit Labruyère, bien plus que ce qui est louable. » Je n'entends donc contester en rien la vogue qu'obtient l'homœopathie dans le monde, et mon adversaire ne m'embarrasse nullement quand il cite les paroles de M. Amédée Latour, reconnaissant que l'homœopathie gagne du terrain.

Cette vogue qui selon nous ne prouve rien, pour vous, c'est tout ; nous le savons, et nous vous le reprochons. Vous vous adressez au monde qui ne peut pas juger la valeur de vos doctrines ; on ne vous voit pas porter de mémoires aux académies. Les académies, dites-vous, refusent de vous écouter ; assiégez leurs portes et, si la vérité est avec vous, vous les forcerez. En attendant ouvrez des cours libres où vous appellerez la jeunesse studieuse. Mais non, vous n'osez pas plus affronter le jugement des élèves de nos écoles que celui de leurs maîtres. Si M. Gallard vous a calomniés en disant ce que je répète ici, indiquez les cours que vous faites, citez les mémoires que vous avez lus à l'Institut. Mais nous avons l'aveu de l'un des demandeurs, M. Escalier, qui a laissé échapper ces lignes : « L'homœopathie n'ayant pu faire parmi les » médecins de propagande bien active..., elle s'est insinuée dans l'intérieur de » tous les ménages. » Du temps de Guy-Patin, il existait déjà des praticiens en vogue offrant au public des remèdes faciles et trompeurs, et le vieux médecin appelait cela : « *lécher les malades et aboyer la science.* »

Je disais que les succès de vogue me sont suspects. Sans citer Sgnanarelle qui, en définitive, rendit la parole à Lucinde et fut pendant tout un jour le plus grand médecin de son temps, Mesmer et Cagliostro ont eu autant de vogue que Hahnemann, et Voltaire, en son *Dictionnaire philosophique*, à l'article *charlatan*, notez ceci, raconte qu'un certain Villars fit fortune et guérit beaucoup de malades, en vendant au prix de 6 livres, des bouteilles d'eau de Seine. Enfin l'un des vôtres, le docteur Davasse, ce qui n'est point de nature à calmer mes méfiances, compare nommément l'un de vous et l'un des plus connus au chat sauvage et grand chasseur de la fable qui regarde ses succès par le petit bout de la lorgnette, et ses revers par le gros bout.

Ce n'est pas, messieurs, que j'entende dire que les homœopathes n'ont jamais guéri personne. Nous connaissons tous des gens dignes de foi qui disent, qui croient avoir été guéris par eux. Ce qu'affirment nos clients, c'est que l'homœopathie n'a jamais triomphé d'aucune maladie *organique*, parce que les maladies organiques ne peuvent jamais céder que devant une médication réelle. Quant aux maladies aiguës, même celles dont le nom effraye le plus, les fluxions de poitrine par exemple, elles peuvent guérir d'elles-mêmes ; sans doute, elles exigent souvent des remèdes énergiques, mais souvent aussi elles cèdent, vaincues par les seules ressources de la nature. Il peut ainsi vous arriver, sinon de guérir, du moins de laisser guérir un grand nombre de maladies aiguës, et le monde étonné se fait l'écho complaisant et enthousiaste de vos chants de victoire. Hippocrate a depuis longtemps proclamé cette vérité que confirment les succès de vos globules, si succès il y a : *Optima medicina interdum non medicinam facere.*

Je vais plus loin, et j'accorde aux homœopathes des succès non plus apparents, mais réels, quand il s'agit de certaines maladies nerveuses ; leur mérite est alors d'agir sur l'imagination et dans ce genre de maladies, la foi peut tout. Ce ne sont pas sans doute leurs remèdes qui opèrent, c'est la confiance qu'ils inspirent. On a fait à ce sujet de curieuses expériences dont j'emprunte le récit à notre Mémoire page 30 :

« M. Trousseau, qui avait vu des malades se plaindre d'éprouver des symptômes étranges après avoir pris des globules homœopathiques, lesquels ne produisaient rien sur des médecins, bien que ces derniers en eussent pris d'abord un seul par jour, puis deux, puis dix, puis enfin quatre-vingts sans résultat aucun, eut l'idée de faire la contre-épreuve. — Voici comment il s'y prit : Il fit préparer des pilules composées uniquement de farine de froment parfaitement pure et de gomme arabique ; puis leur donna un nom qui pût frapper l'imagination de ses malades, et ne les leur administra qu'en prenant des précautions exagérés pour augmenter encore à leurs yeux l'importance du remède. Cet essai réussit parfaitement bien, et les malades attribuèrent à ces pilules, soit des accidents, soit des améliorations passagères, également manifestes, mais dont elles étaient bien certainement innocentes. Cependant elles eurent autant d'action que les plus héroïques d'entre les médicaments homœopathiques avec lesquels elles peuvent marcher de pair. — C'est dans le service de M. Récamier, à l'Hôtel-Dieu, que furent faites ces curieuses expériences, dont la relation fut publiée par M. Pigeaux sous ce titre : *Étonnantes vertus homœopathiques de la mie de pain* (*Bullet. de thérap.*, t. VI, p. 128).

» Pour moi, dit à son tour M. Béhier, j'ai vu des pilules de mie de pain amener un effet purgatif ou un effet diurétique, selon l'indication que je donnais au malade. Aujourd'hui encore, j'ai vu ces pilules produire chez une hystérique des symptômes que je lui signalais à l'avance, et atténuer ceux qu'elle éprouvait auparavant. Pourquoi les remèdes homœopathiques n'auraient-ils pas un effet du même genre ? » (Page 69.)

Ces témoignages vous sont-ils suspects ? Écoutez un homœopahe, le docteur Griesselich : « Il est incontestable que de véritables guérisons ont été déterminées par l'eau pure. » Enfin, Hahnemann lui-même conseille l'action mesmérique du magnétisme... à dose homœopathique (*Organon*, p. 328). C'est avouer assez clairement combien il compte sur l'imagination de ses malades.

L'homœopathie sincèrement pratiquée peut donc, je le répète, non pas guérir mais laisser guérir les maladies nerveuses et un grand nombre de maladies aiguës. Cependant l'homœopathie appelle souvent à son aide des moyens plus efficaces. Il y a des médicaments des plus énergiques, des alcaloïdes par exemple, qui peuvent être mis en globules en tout semblables aux globules homœopathiques. J'ai eu l'honneur de lire tout à l'heure au tribunal un passage dans lequel Orfila constate que les homœopathes administrent souvent des remèdes allopathiques. Vous récuserez Orfila ? Je produis des consultations signées d'un homœopathe, de M. le docteur Davet, qui prescrit des remèdes formellement interdits par Hahnemann. Enfin, on me remet à l'instant, et je communique à mon adversaire un document qui passera sous les yeux du tribunal, c'est le registre authentique d'un pharmacien de Paris, j'y trouve plus de deux cents ordonnances prescrivant des remèdes allopathiques et signées par des homœopathes ; parmi eux, je rencontre le nom de deux des demandeurs, de M. le docteur Gastier et de M. l'officier de santé Love (car si les demandeurs ont leur officier de la Légion d'honneur, ils ont aussi leurs officiers de santé.) Dans le Mémoire qu'ont signé MM. Love et Gastier, ils protestent qu'ils ne sont pas des *insufficientistes*, qu'ils ne sont pas de ceux qui allient les pratiques de la médecine traditionnelle à l'homœopathie, et cependant je prouve qu'ils font tour à tour, et peut-être indifféremment de l'homœopathie et de l'allopathie. Je rapproche les deux faits ; je ne veux pas les qualifier.

Messieurs, l'homœopathie et la médecine ne sont pas des systèmes divers qu'on puisse, dans une certaine mesure, allier et combiner ; leurs principes sont contraires, leurs règles et leur méthode sont contradictoires ; l'une des doctrines est la négation de l'autre : on ne peut donc pas, de bonne foi, les pratiquer l'une et l'autre. Hahnemann, avec qui nous sommes d'accord sur ce point, l'a solennellement proclamé avant nous. Aussi quand, à l'exemple de MM. Love et Gastier, vous faites à la fois de l'homœopathie et de l'allopathie, vous le dites peut-être tout bas au malade que cela enchante. Vous ne l'avouez pas tout haut; vos confrères vous démasqueraient.

J'allais oublier M. Tessier qui n'a sacrifié ni clientèle ni position, mais seulement suivant l'énergique expression de M. Béhier, l'estime de ses collègues; je croyais même, avant d'entendre les doléances de mon adversaire, que l'homœopathie lui avait donné une riche et nombreuse clientèle. Il est non pas directeur, comme on l'a dit, mais l'un des médecins de l'hôpital Beaujon; il y suit, à son gré et sans persécution aucune, les méthodes qui lui conviennent; il y obtient, dites-vous, de merveilleux succès que vous reprochez à mon client d'avoir passés sous silence. Je veux parler le moins possible de M. Tessier qui n'est pas au procès. Pour justifier la bonne foi de mon client, je vous dirai seulement que s'il n'a pas parlé des succès de M. Tessier, c'est qu'il a de bonnes raisons de ne pas croire à leur sincérité; c'est que de notoriété publique; M. Tessier saigne et purge autant que personne. Si d'ici à la huitaine, je vous rapportais la preuve que M. Tessier fait de l'allopathie tout comme M. Love et M. Gastier, qu'en diriez-vous? réclameriez-vous encore pour l'homœopathie le bénéfice de ses succès?

Oui, les succès du monde, les succès même d'hôpital obtenus sans surveillance et sans contrôle, nous sont éminemment suspects; succès exagérés, succès dus à l'énergie de la nature ou à la puissance de l'imagination, quand ils ne sont pas dus à de basses supercheries; succès qui s'évanouissent et disparaissent dès qu'ils sont soumis à l'œil exercé d'un homme de l'art! Si vous avez encore des doutes sur ce point du débat, laissez-moi, Messieurs, rapprocher des chants de triomphe de l'adversaire une aventure qui éclaire singulièrement la cause.

En 1854, tous les journaux de Lyon et de Marseille publiaient une lettre de l'un des demandeurs, du docteur Chargé, celui qui représente parmi les plaignants les officiers de la Légion d'honneur, à la grande satisfaction de mon honorable confrère qui vous a si complaisamment et tant de fois rappelé ce titre scientifique. Dans cette lettre, M. Chargé raconte qu'il a soigné quatre-vingts cholériques à Marseille sans avoir un seul décès. Le choléra est, hélas! un de ces rédoutables fléaux qui confondent la faiblesse de la science humaine, et la médecine a la douleur de se voir le plus souvent impuissante et désarmée devant ses effroyables ravages. M. Chargé, sur quatre-vingts cholériques, n'avait pas perdu un seul malade! Écoutez son bulletin qui fait pâlir les récits de Martine et ceux de Toinette glorifiant ses propres mérites, vantant les succès de Sganarelle:

« Après la bataille, je compte mes pertes, et je trouve zéro. J'ai bien le droit de chanter victoire.

» Quatre-vingts cholériques traités par l'homœopathie sans un décès! Le chiffre est exorbitant pour nos adversaires, je le comprends très bien, mais il a ses analogues dans notre école, et *mieux encore.* »

Quatre-vingts guérisons sur quatre-vingts malades atteints du choléra, cela semblerait assez à tout autre, cela ne suffit pas à M. Chargé! En vérité, son *mieux encore* a été oublié par Molière.

Quoi qu'il en soit, l'année suivante, Marseille étant de nouveau ravagé par le Choléra, M. Honnorat, maire et député de cette ville, appelle l'heureux M. Chargé et lui propose de prendre le service d'une des salles de l'Hôtel-Dieu. Vous allez voir, messieurs, ce que deviennent les succès tant vantés. Ce n'est point un confrère envieux et passionné, c'est un homme aussi impartial qu'honorable, sans préjugés, puisqu'il a appelé M. Chargé, qui va vous raconter le résultat des expériences cette fois authentiques de M. Chargé, c'est M. Honnorat :

« Marseille, le 30 octobre 1855.

» Monsieur le Président,

» ...... J'ai l'honneur de vous communiquer le résultat des expérimentations faites à l'Hôtel-Dieu au sujet du traitement des maladies-cholériques par le système homœopathique.

» Le 31 août j'écrivais à ce sujet à M. Chargé...

» Le 1er septembre, dans la matinée, M. Chargé me fit connaître qu'il se mettait à ma disposition, et je l'accompagnai à l'Hôtel-Dieu où je le mis en rapport avec la commission administrative.

» Cette commission lui confia le service de deux salles pour le traitement des cholériques par la méthodes homœopathique.

» Ces salles furent acceptées par M. Chargé.

» Il fut ensuite question du mode d'admission des malades.

» Je proposai d'envoyer alternativement un malade dans le service des médecins homœopathes, et un dans celui des médecins ordinaires de l'établissement.

» M. Chargé ayant exprimé le désir qu'il y eût un jour d'admission pour les uns et un jour pour les autres (il ne put donc y avoir aucune partialité dans la distribution des malades), le service fut établi dans ces conditions, de telle sorte qu'à partir du jour même, 1er septembre à six heures du soir, les malades qui entraient dans le service des médecins allopathes furent distingués de ceux qui y étaient entrés antérieurement, afin de servir à la comparaison des résultats obtenus par chaque système de traitement.

» M. Chargé désigna lui-même l'élève de l'Hôtel-Dieu qui serait spécialement attaché à son service.

» Il demanda que les membres du corps médical de l'Hôtel-Dieu ne pussent être admis dans les deux salles en dehors des heures de ses visites. Cela lui fut accordé. Il ne fut fait d'exception à cette mesure en faveur du premier chef interne de l'Hôpital, M. Rampal...

» Les choses ainsi établies, M. Chargé commença ses visites à l'Hôtel-Dieu le 3 septembre à six heures du matin. — Le lendemain, le nombre des malades admis dans ses salles devenant assez considérable, il jugea nécessaire d'organiser son service de telle manière que des soins fussent donnés le plus promptement possible aux malades qui lui seraient confiés.

» Trois de ses collègues, docteurs en médecine, MM. Jollier, Rampal et Gillet, se mirent à sa disposition, ainsi que M. Conillier son élève particulier, et divers jeunes gens pris parmi ses plus fervents adeptes.

» Mais dès le 7 septembre, après avoir reçu 26 malades, M. Chargé éleva de nombreuses plaintes. Ses collègues négligeaient le service dont ils s'étaient chargés, l'élève qu'il avait choisi n'était presque jamais à son poste, les sœurs ne paraissaient jamais dans la salle, les infirmiers manquaient, il était lui-même à bout de force ; aussi, en homme consciencieux, il annonça qu'il aimait mieux se décider à une retraite qui lui était pénible, que de continuer un service qu'il ne pourrait pas faire dans des conditions convenables.

» Le samedi 8 septembre, il me fit connaître sa détermination, et dès ce moment les salles de l'homœopathie ne reçurent plus de malades.

» Pendant ces huit jours d'expérimentation, 26 malades y avaient été introduits, il en est mort 21.

» Pendant ce même temps les salles des médecins allopathes ont reçu 25 malades cholériques, sur lesquels 14 ont succombé....

» Le maire de Marseille,

» Signé : HONNORAT. »

Qu'a répondu M. Chargé à cet éclatant démenti qu'il s'est donné lui-même ? Qu'il manquait d'auxiliaires, qu'il succombait à la fatigue. Vous venez de l'entendre, la vérité est que pour vingt-cinq malades il avait quatre élèves des hôpitaux, choisis par lui, et plusieurs jeunes gens pris parmi ses plus fervents adeptes ; du reste, l'effet sur l'opinion publique fut tel que M. Chargé qui avait à Marseille une clientèle considérable a quitté cette ville pour n'y plus revenir. M. Chargé n'est pas seulement jugé par ses confrères, il ne l'est pas seulement par le témoignage impartial de l'honorable maire de Marseille, il l'est par les homœopathes eux-mêmes, et dans l'*Art médical*, M. Davasse, son confrère en Hahnemann, conteste les succès de 1854 et constate les défaites de 1855.

M. Chargé avait dit qu'il guérissait tout le monde ; il a perdu plus de malades qu'aucun de ses confrères. Je comprends que les histoires de ce genre ne soient pas du goût des homœopathes qui, tout à l'heure, citaient M. Chargé comme une de leurs gloires. Mais lorsqu'on rencontre de pareils faits, on a bien le droit de les apprécier, de les caractériser ; la science le veut, l'intérêt public l'exige, la justice ne peut le défendre. Contestez l'autorité de M. Andral, de M. Trousseau et de tous vos maîtres, contestez la bonne foi de M. Honnorat, après avoir contesté celle de M. Bally et de M. Guillot : vos impuissants démentis, vos explications embarrassées n'obscurciront pas une vérité aussi éclatante que la lumière du jour. Vous guérissez, quand personne ne vous voit ; vous êtes frappés d'une soudaine impuissance dès qu'on vous surveille. M. Gueyrard, M. Chargé, M. Tessier, M. Simon, ont été publiquement mis aux prises avec la maladie ; obligés de pratiquer réellement ce qu'ils enseignent, ils ont dû, après quelques jours de désastreux essais, avouer leur défaite et se retirer confondus. L'homœopathie est jugée par ses propres œuvres.

Suis-je dans l'erreur ? les expériences de M. Chargé à Marseille ne sont-elles qu'une suite de succès ? La lettre de M. Honnorat à la main, j'établis du moins sur ce point, comme sur tous les autres, la bonne foi de mon client.

Ce n'est pas assez, messieurs, et, pour établir plus victorieusement encore la loyauté si témérairement attaquée de M. Gallard, je veux vous citer l'opinion des corps savants et des maîtres illustres dont il a été, dans son article et dans son Mémoire, le modeste mais sincère interprète. Vous savez quelle est l'Académie de médecine ; composée de tout ce que la science compte d'hommes éminents, ce n'est pas seulement la compagnie médicale la plus illustre du monde, c'est un corps officiellement investi d'une sorte de haute juridiction sur toutes les questions qui se rattachent à la science ou à la pratique de la médecine. En 1835, une société homœopathique demandait l'autorisation de fonder des dispensaires et un hôpital spéciaux. Consultée à ce sujet par le ministre de l'instruction publique, l'Académie répondit en ces termes, après une discussion solennelle qui occupa trois séances :

« Chez nous comme ailleurs l'homœopathie a été soumise en premier lieu aux rigoureuses méthodes de la logique, et tout d'abord, la logique a signalé dans ce système une foule de ces oppositions formelles avec les vérités les mieux établies, un grand nombre de ces contradictions choquantes, beaucoup de ces absurdités palpables qui ruinent inévitablement tous les faux systèmes aux yeux des hommes éclairés, mais qui ne sont pas toujours un obstacle suffisant à la crédulité de la multitude.

» Chez nous comme ailleurs, l'homœopathie a subi aussi l'épreuve des faits ; elle a passé au creuset de l'expérience, et chez nous comme ailleurs, l'observation fidèlement interrogée a fourni les réponses les plus catégoriques, les plus sévères ; car si l'on préconise quelques exemples de guérison pendant les traitements homœopathiques, on sait de reste que les préoccupations d'une imagination facile, d'une part, et d'autre part les forces médicatrices de l'organisme en revendiquent à juste titre le succès. Par contre, l'observation a constaté les dangers mortels de pareils procédés, dans les cas fréquents et graves de notre art où le médecin peut faire autant de mal et causer non moins de dommage, en n'agissant point du tout, qu'en agissant à contre-temps. La raison et l'expérience sont donc réunies pour repousser de toutes les forces de l'intelligence un pareil système. »

On vous a dit que M. Guizot, rejetant comme l'œuvre du préjugé et de la passion le vœu de l'Académie, avait fait droit à la demande des homœopathes ; c'est une erreur ; l'illustre homme d'État, que l'Université avait l'honneur d'avoir à sa tête, a autorisé la formation d'une société libre que personne ne songeait à interdire ; mais il n'a pas permis l'ouverture d'un dispensaire gratuit où de pauvres gens seraient venus compromettre leur santé et leur vie. A défaut de M. Guizot, c'est M. Léon Simon qui se charge d'infirmer l'arrêt du docte aréopage. M. Simon qui n'a pas l'honneur de faire partie de l'Académie et un certain M. Croserio, son ami, ont désiré prendre part à la discussion. L'Académie n'a pas violé pour eux les usages de toutes les compagnies savantes ; elle ne les a pas appelés à la tribune, elle ne les a pas consultés. En conséquence, et de par M. Simon, je cite textuellement le mémoire adverse : « La résolution de l'Académie est frappée de nullité. » On ne s'en tient pas là et on compare cette pauvre Académie au tribunal révolutionnaire qu'on ne s'attendait guère à voir en cette affaire... Plût à Dieu que le tribunal révolutionnaire eût consacré trois séances à juger ses victimes et qu'il n'eût jamais voté que des ordres du jour ! La France aurait une horrible page de moins dans son histoire ! Elle aurait moins de deuils et moins de crimes à pleurer !

En 1855 on offre à l'Académie je ne sais quelle œuvre homœopathique ; le bureau, par un vote sans précédents, refuse l'hommage de la brochure et la renvoie à son auteur. Je produis la délibération que le bureau de l'Académie nous a confiée comme pour intervenir au débat et protéger M. Gallard de son éminente autorité.

Ne comprenez-vous pas, messieurs, que par cette délibération l'Académie n'a plus voulu seulement nier, mais flétrir l'homœopathie. Je m'arme de cette décision et je dis : l'Académie ne vous condamne pas comme des hommes qui se trompent, elle vous repousse comme des gens qui trompent, comme des indignes qui n'ont rien à voir avec la science. Mon client a donc eu raison de le dire : « Le débat scientifique est clos, » votre place est sur ce terrain fangeux où se débattent toutes les pratiques suspectes et ténébreuses qui vivent de la crédulité publique.

Après l'Académie, la Faculté de médecine. En 1843, c'est le célèbre professeur Trousseau qui, dans un discours solennel d'ouverture flétrit l'homœopathie en des termes que je voudrais pouvoir placer sous les yeux du tribunal. Hier, c'est M. Lasègue que la jeunesse des écoles, émue du procès actuel, sollicitait de faire une leçon sur l'homœopathie et qui s'exprimait ainsi au milieu des applaudissements de son ardent auditoire :

« Puisque vous me le demandez, je vais consacrer une leçon à vous parler de Hahnemann et de sa doctrine ; je vous en parlerai sans passion ; mais ne vous attendez pas à ce que je vous en parle avec respect, car il ne le mérite pas. Hahnemann a différé de Mesmer et de Cagliostro, en ce que ces derniers avaient euxmêmes foi dans les erreurs qu'ils accréditaient, tandis que Hahnemann a cherché à tromper tout le monde, sans avoir l'excuse de s'être trompé lui-même.» (*Leçon de M. Lasègue, sténographiée.*)

J'espère, messieurs, ne pas établir seulement la bonne foi, mais aussi la modération de mon client ; pour cela, permettez-moi encore quelques citations, ce seront les dernières.

M. Bouillaud : « L'homœopathie est un charlatanisme meurtrier... L'expérimenter encore, ce serait assassiner. »

M. Soubeiran, directeur de l'École de pharmacie, professeur à la Faculté de médecine : « L'homœopathie est le comble de la folie ou de l'impudence.»

M. Trousseau : « L'homœopathie est la médecine des charlatans. »

M. Marc, premier médecin du roi Louis-Philippe : « On pourrait citer jusqu'à trois homœopathes à Berlin, un fripon et deux ignorants. »

M. Manec : « Les homœopathes sont réduits à l'absurde quand on les serre d'un peu près ; rien de plus facile même que de les convaincre de mauvaise foi. Ainsi M. Chargé, etc. »

Je m'arrête, Messieurs, je ne veux pas faire de personnalités.

La *Gazette hebdomadaire*, journal officiel, publié sous les auspices du ministère de l'instruction publique, ne parle jamais des homœopathes que pour les nommer fourbes et charlatans.

Enfin M. Requin, professeur de la Faculté, membre de l'Académie de médecine, médecin de l'Hôtel-Dieu :

« Quel beau mot que l'homœopathie, mais quel dommage que ce ne soit qu'un passe-port pour une rêverie tudesque qui, sous un masque scientifique, n'est au fond rien autre chose que déception et mensonge !... Voilà les divers noms sous lesquels se présente, ou plutôt se dissimule pédantesquement, comme quelque chose de sérieux, une des mystifications pseudo-scientifiques les plus risibles et les plus damnables dont notre pauvre espèce humaine ait été jamais dupe ou victime. Comprimons pourtant le rire sur nos lèvres déjà frémissantes ; contenons l'indignation toute prête à déborder de notre cœur (cela n'est pas sans peine, je l'avoue) car je ne me pique pas d'être du nombre de ceux qui gardent une impartialité béate entre l'erreur et la vérité, entre les panacées du charlatanisme et la médecine hippocratique, baconienne ou positive ; j'ai une haine vigoureuse, et je m'en vante, contre tout ce qui me paraît être évidemment absurdité et jonglerie. »

Après avoir cité un passage extrait d'un ouvrage de M. Léon Simon, que l'on présente comme une réponse écrasante aux arrêts de l'Académie de médecine, M. Requin ajoute :

« Voilà comment raisonnent ces messieurs ; que vous en semble, lecteurs sensés ? Quant à moi, je jure que pour ne pas être aveugle à l'évidence de ce raisonnement, pour ne pas être incrédule à cette prophétie, *il faut véritablement avoir l'esprit illuminé*, par grâce ou par disgrâce spéciale.

» Arrière donc, messieurs, les insuffisientistes qui emploient tantôt la médecine ordinaire, tantôt l'homœopathie, regardant cette dernière comme insuffisante (ce sont les éclectiques), tiers parti justement repoussé de droite et de gauche entre le camp des vrais homœopathes et le nôtre ! Arrière, vous, praticiens amphibies ! Vous, Janus à double langage ! Vous, chauves-souris de l'homœopathie, qui dites comme il vous plaît : tantôt je suis souris, et tantôt je suis oiseau. Vous ne prenez le nom d'homœopathe que comme une enseigne et pour allécher certaines gens ; je ne devrais vous signaler que pour mémoire...

» Ce que nous repoussons de toutes nos forces (écoutez bien ceci, Messieurs), c'est d'admettre l'homœopathie, même de nom, dans la sphère de la médecine honnête et raisonnable. Lorsqu'un mot est devenu l'enseigne du charlatanisme, lorsqu'il ne fait que couvrir sous un faux vernis d'apparence scientifique, l'industrialisme médical le plus éhonté, y eût-il dans ce mot un point de vue vrai, mieux vaudrait le proscrire et le rayer comme étant à jamais d'ignominieuse mémoire ; mais ce n'est pas là le cas. »

« Tu as aussi, ô XIXᵉ siècle ! tes hontes et tes plaies ; sans compter bien des points que je ne veux ni ne dois toucher, sans sortir de la compétence du médecin, tu as l'homœopathie, le magnétisme animal, la phrénologie cranioscopique, trois fausses sciences avec leurs professeurs et leurs adeptes, avec leurs journaux et leurs gros livres. Voilà qui sera, certes, à trois cents ans de distance, un triple sujet de risée pour la postérité ! » (HOMŒOPATHIE, *Supplément au Dictionnaire des dictionnaires de médecine.*)

Qu'oppose l'adversaire à ces éloquentes et unanimes condamnations ? Il répond que la science est de sa nature routinière et repousse systématiquement tous les progrès ; il veut même bien l'excuser en raison de son grand âge et pardonne aux vieux académiciens de ne point aimer les jeunes idées qu'il compare à de poétiques *jeunes filles*. Messieurs, le talent de mon adversaire s'est vainement épuisé à relever ce thème banal usé au service de tous les charlatanismes et de toutes les folies. Oui, la science a de sages, d'heureuses lenteurs ; elle ne joue pas la vie des malades sur la foi du premier venu ; mais elle inscrit avec joie toute découverte éprouvée, comme une victoire sur la maladie et quelquefois sur la mort. Semblable en quelque sorte, permettez-moi cette comparaison qui peut sembler étrange, mais qui a le mérite de rendre parfaitement ma pensée, semblable à cette admirable constitution anglaise qui ne se laisse ni surprendre et envahir par les trompeuses promesses des révolutions, ni devancer par aucun progrès légitime, ni arrêter dans l'effort souvent douloureux d'une réforme jugée nécessaire, la science n'est ni prompte ni rebelle aux innovations. Sans doute elle ne s'est point inclinée devant Mesmer ni devant Cagliostro, ni devant Hahnemann ; mais quand Bichat mourait à trente ans, ses maîtres s'enorgueillissaient de se faire ses disciples et les découvertes de ce grand homme devenaient la loi de l'enseignement.

Il a fallu, répétez-vous pour la centième fois, trente ans pour faire accepter la théorie de la circulation du sang ; oui, cette théorie a été longtemps discutée, mais dès le premier jour elle comptait parmi ses adeptes des hommes comme Fagon, et au bout de trente ans, elle était universellement admise. Voilà plus de soixante ans que l'homœopathie est inventée, quel homme considérable a-t-elle gagné à sa cause ? Sans parler de la vapeur, des applications de l'électricité et de tant de découvertes étrangères à la médecine, la vaccine, le sulfate de quinine, le chloroforme et bien d'autres procédés aussi nouveaux sont nés depuis l'homœopathie et à peine connus sont entrés dans le domaine de la science et de la pratique générale. C'est qu'en effet, il n'y a pas de science plus facile et, pour ainsi dire, plus ouverte au progrès que la médecine ; science imparfaite et inachevée, elle le reconnaît elle-même, science d'observation et d'expérience, elle n'est pas enfermée comme l'homœopathie dans de rigoureuses formules ; ce qui a permis à l'un des maîtres les plus illustres de la Faculté de Paris, M. Chomel, de la nommer *l'école du bon sens et du progrès*. Vous-mêmes, vous l'avez reconnu, lorsque, croyant railler, vous avez complaisamment remarqué que la médecine change tous les vingt-cinq ans de système. Je vous en remercie, vous avez répondu à l'avance aux reproches de routine et de préjugés que vous alliez nous adresser.

Pourquoi, après tout, les médecins n'adopteraient-ils pas l'homœopathie s'ils la croyaient vraie, aussi bien que toute autre nouveauté. Vous m'accorderez bien qu'il y a parmi eux quelques honnêtes gens à qui leur conscience défendrait « de torturer et de martyriser les pauvres malades par l'allopathie, » suivant la gracieuse expression de l'un de vous, s'ils croyaient à l'efficacité de votre système aussi facile à étudier pour les médecins qu'à pratiquer pour les malades. Leur intérêt même serait d'accord avec leur conscience ; il ne s'agit ici ni de position, ni de clientèle à abandonner, l'homœopathie ne demande pas de tels sacrifices à ses adeptes. Si des gens, sans nom et sans titres scientifiques, qui traînaient leur obscurité dans les rangs inférieurs de la pratique, ont pu tout à coup en arborant l'enseigne de l'homœopathie se faire une fort lucrative célébrité, à quelle situation ne se seraient pas élevés les maîtres de la science si, croyant l'homœopathie vraie, ils se fussent mis à la tête de la réforme, et lui eussent apporté l'autorité toute-puissante de leur nom ?

Voulez-vous, je vous le concède, que la Faculté que vous accusiez tout à l'heure de changer trop souvent de système, se condamne tout à coup à l'immobilité, qu'elle ait contre l'homœopathie je ne sais quelle prévention exceptionnelle dont il vous serait assez difficile d'indiquer la cause ? A côté des maîtres dont l'esprit et la conscience engourdis par les ans ne peuvent ou ne veulent pas s'éclairer, il y a des jeunes gens pleins de zèle et d'ardeur, dont l'oreille n'est point encore endurcie et que n'effrayerait même pas la ressemblance de vos idées avec de gracieuses *jeunes filles*. La jeunesse, en toutes choses, est amie du progrès ; instinctivement attirée vers l'avenir, elle a une sorte de préjugé naturel contre tout ce qui est ancien, contre tout ce qui est venu avant elle en ce monde ; elle a beau aimer et respecter ses maîtres, ce lui est un malin plaisir de les critiquer et de les trouver en défaut ; le rêve éternel de chaque génération, c'est de faire sa révolution. Pourquoi les élèves de nos écoles refusent-ils de vous suivre ? Il ne s'agit point pour eux « d'abandonner une position abritée à l'ombre d'institutions séculaires, » ils ont, bien au contraire, le désir ardent, légitime, généreux, de se faire un nom et de reculer les limites de la science qu'ils aiment ; ils ont l'impérieux besoin de se faire une clientèle ; vous leur offrez le moyen facile de devenir du même coup riches et célèbres ; car à défaut d'autre mérite, l'homœopathie a celui d'exiger si peu de science ou de développer si subitement l'esprit que du premier coup ses adeptes arrivent à la renommée et à la fortune. Pourquoi vos succès de société ne les tentent-ils pas? Pourquoi sont-ils sourds à vos appels, comme M. Gallard sera sourd aux aimables encouragements dont vous avez bien voulu l'honorer à la fin de votre plaidoirie, après l'avoir indignement injurié et calomnié ? C'est que vos doctrines et vos pratiques révoltent leur conscience autant que leur bon sens.

Vous récusez l'Académie ! à côté d'elle, au-dessous d'elle il y a de nombreuses sociétés où se réunit cette jeunesse studieuse et ardente ; pépinières de l'avenir, ces sociétés ont souvent produit de grands travaux ; de précieuses découvertes sont sorties de leur sein. Vous en êtes bannis ; il n'y a pas une seule de ces sociétés dont les portes vous soient ouvertes, et je produis les décisions qui ont exclu ceux de leurs membres qui se sont par exception engagés dans vos rangs. Le procès que vous nous faites a ému ces jeunes et savantes sociétés ; toutes, elles ont adhéré aux paroles de M. Gallard et témoigné à l'auteur leur vive sympathie dans des délibérations dont la lecture fatiguerait le tribunal, mais qui sont au dossier. Lorsque a paru le Mémoire dont vous demandez la suppression, ces sociétés plus ardentes encore contre vous que la vieille académie, en ont, dans un vote unanime, ordonné l'impression à leurs frais. Honorable et puissante adhésion qui montre mieux que mes paroles au tribunal, ce que les médecins de tous les âges et de toutes les situations pensent de la pratique homœopathique ! Pour vous faire bien saisir l'énergie de la réprobation que soulève dans le corps médical cette pratique, permettez-moi, messieurs, d'emprunter à un auteur que l'adversaire a invoqué, à M. Manec, un article du règlement de l'Association générale des médecins de la Seine.

« Tout membre qui acceptera une consultation avec un somnambule, un magnétiseur, un homœopathe ou tout autre charlatan de cette espèce, sera considéré comme démissionnaire. »

Quoi qu'en ait dit l'adversaire, l'homœopathie inspire partout le même mépris qu'en France. Ainsi, en Angleterre, dans ce pays où règne si glorieusement la liberté individuelle, où on laisse toutes les doctrines et toutes les idées se débattre sous l'œil sensé du public, où l'on aime même assez l'excentricité, l'homœopathie est honnie, conspuée. La première école du royaume, le collége d'Édimbourg a retiré les brevets délivrés par lui à ceux de ses élèves qui ont déserté vers l'homœopathie. A Londres comme à Paris, les médecins regardent leur honneur engagé à ne pas se trouver en contact avec les *globulistes*, comme on dit de l'autre côté de la Manche, et aux dépens de leur

VII. 9

intérêt, mais à l'honneur de leur conscience, à Londres comme à Paris, ils refusent de se trouver en consultation avec les homœopathes, les somnambules et les magnétiseurs. Récemment, le premier chirurgien d'Angleterre, Ferguson se rencontre fortuitement auprès d'un malade avec un globuliste ; le lendemain Ferguson se croit obligé d'écrire au *Times* pour protester qu'il n'a point adressé la parole au globuliste et qu'il n'a opéré le malade que parce qu'en l'abandonnant au globuliste il l'eût condamné à une mort certaine. La lettre est au dossier.

Cet écho universel de réprobation et de mépris qui frappe partout le nom de Hahnemann et de ses disciples, ce n'est point le sourd bourdonnement de la rivalité et de l'envie ; c'est, vous le sentez, messieurs, c'est le cri de la science outragée ; c'est le cri de la dignité professionnelle compromise, c'est le cri de l'honneur, c'est le cri de la conscience : ce cri, vous le comprendrez, et vous le respecterez.

Ces colères, ou pour mieux dire, ces mépris, naissent-ils d'un sentiment vrai ou d'un préjugé ? Peu m'importe m'écrierai-je encore ! je ne demande pas la condamnation de l'homœopathie, je demande l'absolution de M. Gallard dont on a si imprudemment attaqué la bonne foi. Qu'a-t-il donc fait ? Après avoir fidèlement exposé les principes de la doctrine homœopathique et fidèlement reproduit les expériences dont cette doctrine a été l'objet, il a aussi fidèlement résumé les marques de la réprobation universelle qui la frappe. Il a dit que tous les corps savants, tous les maîtres de la science avaient irrévocablement condamné l'homœopathie ; est-ce vrai ? C'est la seule question du procès. On proteste et on dit que M. Bretonneau fait exception et que nous aurions dû le signaler comme un partisan, ou comme un demi-partisan de l'homœopathie. Je défie l'adversaire d'apporter une ligne du célèbre médecin, contenant une adhésion à l'homœopathie.

Vous avez entendu, messieurs, l'exposé des doctrines et des faits homœopathiques ; vous avez apprécié les expériences de toutes sortes qui ont été faites ; vous avez écouté l'opinion de tous les savants dignes de ce nom, les arrêts de la Faculté et de l'Académie ; vous avez prêté votre bienveillante attention à la voix des sociétés libres ; vous avez lu sur le front de l'homœopathie les marques de flétrissure et de mépris que lui ont imprimées en traits ineffaçables les hommes les plus autorisés. Vous voyez que de tous ceux qui ont parlé de la doctrine de Hahnemann, M. Gallard a été le plus modéré ; sa parole a été l'écho fidèle mais plutôt affaibli du corps médical tout entier que vous frapperiez en le frappant.

Un mot, messieurs, il en est temps, de la question juridique. Les adversaires se placent sur le terrain de l'article 1382 ; je leur demande quelle qualité ils ont pour agir contre nous. Nous avons attaqué les homœopathes, et ils sont homœopathes, disent-ils. Sont-ils homœopathes ? Je n'en sais rien. Vous comprenez que je ne le conteste pas sérieusement, mais je veux vous montrer le danger d'accueillir ces demandes de fantaisie qui s'appuieront sur des titres que le premier venu peut invoquer, parce que ces titres uniquement de convention ne sont nulle part définis et n'ont aucun caractère légal, homœopathes ici, globulistes en Angleterre, éclectiques à Beaujon, insuffisantistes ailleurs ; qu'est-ce après tout qu'un homœopathe ?

Vous êtes homœopathes, je le veux bien ; mais je n'ai eu en vue aucun de vous personnellement, je n'ai désigné aucun de vous, que venez-vous donc me demander ? Vous n'avez pas le droit de vous porter mandataires de tous les homœopathes de l'univers et si, comme vous le dites maintenant, vous agissez en votre propre et privé nom, il faudra donc qu'après vous je soutienne un procès contre les 3000 individus qui, dites-vous, font de l'homœopathie et contre tous ceux encore qui pour me demander des dommages-intérêts s'improviseront homœopathes, ce qui n'est pas difficile. Vous voyez bien que votre action est inadmissible.

En la supposant recevable, la demande n'est pas fondée. Il faut, pour triompher, que vous prouviez que je suis sorti de mon droit, et je n'en suis pas sorti. Il faut encore que vous établissiez que je vous ai causé un préjudice appréciable. Or, je prie le tribunal de ne pas l'oublier, j'ai écrit dans un journal scientifique que les médecins lisent seuls ; que leur ai-je appris, que leur ai-je dit sur vous qu'ils ne sussent, qu'ils ne pensassent, qu'ils n'eussent lu dans tous les livres classiques de la médecine ?

Vous demandez maintenant la suppression de notre Mémoire, non pas la suppression de tel ou tel passage, mais la suppression du Mémoire tout entier ; c'est un singulier moyen de prouver que nous vous avons calomniés, en vous accusant de fuir les discussions scientifiques ! Pour une fois que nous consentons à discuter avec vous, vous, les amis du progrès, les fils de Galilée, vous demandez, au lieu de nous répondre, la suppression judiciaire de nos écrits ! Mais, messieurs, pour avoir le droit de demander la suppression de notre Mémoire, il faudrait au moins que les adversaires eussent mis dans le leur quelque modération : à toutes les pages ils prodiguent à M. Gallard de grossières injures ; notamment aux pages 59, 78 et 100, ils l'accusent de mauvaise foi, et le traitent de diffamateur et de calomniateur. Quand on parle ainsi de ses adversaires, on perd le droit de se plaindre de la vivacité de leur langage. Au reste, messieurs, vous avez sous les yeux notre Mémoire ; si vous daignez le parcourir, vous reconnaîtrez que le langage de M. Gallard, sévère pour la doctrine, est digne et modéré pour les personnes. Laissez-moi vous lire une page où vous jugerez quelle est la mauvaise foi des adversaires quand ils prétendent qu'aucune exception n'est faite et que tous ils sont déclarés *fripons*, mot qu'a bien souvent répété mon confrère et qui cependant ne figure ni dans l'article ni dans le Mémoire. Mon adversaire penserait-il qu'il eût dû s'y trouver ?

« Jusqu'à présent (dit M. Gallard, page 73) nous n'avons parlé de l'homœopathie qu'en la prenant au sérieux et en considérant les hommes qui la pratiquent comme profondément convaincus de son efficacité. Mais il ne faut pas croire qu'il en soit toujours ainsi. Nous voulons bien admettre que, parmi les homœopathes, il se trouve un petit nombre de médecins consciencieux qui, abusés par cette chose nouvelle et mystérieuse importée d'Allemagne, font abnégation de tout ce qu'ils savent pour adopter les théories de Hahnemann et se laisser guider par ses enseignements ; *credo quia absurdum*, disent-ils. Mais ceux-là comprennent parfaitement tout ce qu'une telle doctrine a d'opposé avec la science réelle, avec la médecine classique, et, les plaçant l'une et l'autre dans un antagonisme constant, ils n'ont jamais pu s'arrêter à l'idée de les associer dans leur pratique.

» Pour eux, « il est absolument interdit de mélanger le traitement homœopa-
» thique avec les remèdes préconisés par l'ancienne médecine, une telle association

» serait monstrueuse (1), » car «l'homœopathie est une doctrine nouvelle qui pré-
» tend être complète, qui n'admet rien en partage, qui veut être victorieuse ou
» terrassée (2). » Ce sont, nous le croyons fermement, de parfaits honnêtes gens
(qui vous empêche de vous ranger dans cette catégorie ? Pourquoi voulez-vous
absolument figurer parmi les charlatans et, comme vous le dites, parmi les fripons), incapables de nuire à leur prochain..., sciemment du moins ; mais qui à
nos yeux ont un seul tort, et celui-là est immense, c'est de ne pas vouloir nous
permettre de les appeler des ignorants ou des illuminés. Ils ont foi dans ce qu'ils
prêchent, d'accord, mais *croire* n'a jamais été le synonyme de *savoir*, et la médecine n'est pas une *religion*, c'est une *science*. »

Vous ne condamnerez pas, messieurs, ce Mémoire sérieux, modéré, sincère
que toutes les sociétés médicales de Paris se sont approprié.

Ainsi la demande doit être repoussée à tous les points de vue. Aucun des
demandeurs n'est nommé ni désigné, soit directement soit indirectement, dans
l'article ou dans le Mémoire. Pourquoi, lorsque vous rencontrez les mots
d'*industriels*, de *charlatans*, d'*ignorants*, d'*illuminés*, pourquoi accourez-
vous devant le tribunal, et vous écriez-vous à l'envi : *me, me adsum?* C'est
vous qui vous reconnaissez ; c'est vous qui vous diffamez. Ce n'est pas moi
qui vous calomnie ; je ne pensais pas à vous quand j'ai écrit.

L'article et le Mémoire qui sont déférés au tribunal contiennent la critique vive et passionnée, mais sincère d'une doctrine qui, dans l'opinion du
corps médical tout entier, déshonore la science, compromet la dignité professionnelle et expose gravement la santé publique. Messieurs, si après les
faits qui vous ont été révélés, après les témoignages que je vous ai apportés,
vous condamniez mon client pour avoir avec tant d'autres trouvé sous sa
plume les mots de charlatans, d'ignorants, d'illuminés, il faudrait rayer ces
mots du dictionnaire ; car jamais ces mots ne trouveraient un emploi aussi bien
justifié. Mais non, vous ne condamnerez pas mon client, ce jeune homme sincère, plein de talent et d'espérance, dont mon confrère lui-même proclamait
tout à l'heure le mérite et l'avenir. Vous ne le condamnerez pas pour avoir
révélé ce que de laborieuses études lui ont appris ; vous ne le condamnerez
pas pour avoir répété ce que ses maîtres lui ont enseigné. Je ne sais s'il a tort
ou raison dans ses appréciations ; mais il est de bonne foi, et c'est tout le
procès. Si tous les médecins, si tous les corps savants du monde se trompent,
M. Gallard est excusable d'errer avec eux ; si les illustres professeurs que
l'État lui a donnés ont perverti son esprit et sa conscience et l'ont imbu de
préjugés surannés ; si Hahnemann seul est grand et si les demandeurs sont
ses prophètes, le tribunal pardonnera à M. Gallard d'avoir suivi la foi de
maîtres que l'univers estime et respecte. Mais non, M. Gallard ne s'est pas
trompé ; tout ce qu'il a dit est vrai, vrai devant le bons sens, vrai devant la
science, vrai devant l'expérience, vrai devant la conscience publique, et je le
place en finissant sous la protection de ces belles paroles de Pascal que vous
avez eu tort d'invoquer : « Si c'est une impiété de manquer de respect pour
la vérité, c'est une autre impiété de manquer de mépris pour le mensonge. »

---

(1) Andrieu, *Traitement homœopathique du choléra*, p. 30,
(2) Magnan, *L'homœopathie*, p. 7.

OBSERVATION DE Mᵉ ANDRAL.

Messieurs,

Je demande au tribunal quelques minutes d'attention pour m'expliquer sur deux points de fait et répondre un mot à de nouvelles conclusions.

J'ai donné lecture à l'audience dernière d'un article du règlement de l'*Association des médecins de la Seine*, article textuellement emprunté à une brochure qui fait autorité en cette matière et que mon adversaire a invoqué comme moi, à la brochure de l'honorable M. Manec. Je n'avais pas eu le temps de vérifier l'exactitude de la citation. Depuis l'audience, j'ai fait écrire à M. le secrétaire de l'Association ; il a répondu en ces termes :

« Vous me demandez si nos statuts interdisent l'entrée de notre association aux médecins homœopathes ?

» Aucune interdiction de ce genre n'existe dans nos statuts, mais pas un seul des dix-sept cents membres qui composent l'association n'exerce l'homœopathie.

» Cependant beaucoup d'entre nous, vous le savez, sans se laisser rebuter par l'inanité puérile des doses de l'homœopathie, se sont donnés la peine d'étudier consciencieusement cette doctrine et n'ont pu y rien trouver qui méritât quelque confiance. »

Il résulte de cette lettre que l'article dont j'avais invoqué l'autorité comme figurant dans le règlement de l'*Association des médecins de la Seine*, ne s'y trouve pas ; cet article a sans doute été emprunté par M. Manec à l'une des Sociétés d'arrondissement qui toutes proscrivent les homœopathes. Mais, afin qu'il n'y ait pas d'équivoque et que l'on n'exagère pas la portée de la rectification spontanée que j'ai faite dans un sentiment de loyauté que le tribunal comprendra, je constate qu'il y a dans mon dossier, parmi les pièces que j'ai communiquées à mon adversaire et au ministère public, plus de trente lettres officielles émanant soit de sociétés libres soit de l'*Association générale des médecins de la Seine*, où le mot de *charlatan* est sans cesse appliqué aux homœopathes. J'ajoute, qu'en fait, aucun homœopathe n'a été admis à faire partie de cette grande association qui contient tous les médecins honorables de Paris, sans aucune acception de système.

Un mot des conclusions additionnelles qui viennent d'être prises par les adversaires. Le tribunal se rappelle qu'à la quinzaine, Mᵉ Ollivier avait reproché à M. Gallard d'avoir faussement accusé ses clients de faire parfois de l'allopathie ; c'était, suivant lui, une des calomnies les plus noires de M. Gallard. Pour établir sur ce point, comme sur tous les autres, la bonne foi et même la véracité de M. Gallard j'ai dit que le matin même on m'avait fourni la preuve que M. Love, l'un des demandeurs, suit souvent les règles de la médecine traditionnelle, et j'ai ajouté que cette habitude commune à tous les homœopathes explique une partie de leurs succès. A ce propos, mon adversaire a signifié des conclusions dans lesquelles il demande acte au tribunal de la déclaration faite par moi, que M. Love est un de ceux auxquels a fait allusion M. Gallard, lorsqu'il a calomnieusement accusé les homœopathes de faire de l'allopathie sous le nom d'homœopathie.

Le tribunal voit le sens et la portée de cette déclaration. Ce que ces conclusions prouvent, c'est que les demandeurs sentent eux-mêmes la non-recevabilité de leur action et qu'ils s'épuisent en efforts pour établir que l'un d'eux a été personnellement attaqué. S'ils s'ingénient à ce point pour se créer un droit, c'est qu'ils n'en ont pas. Mais le tribunal ne peut pas pour leur donner qualité leur accorder acte d'un fait inexact. Je n'ai pas reconnu un seul instant que mon client, M. Gallard, eût eu en vue M. Love, personnellement, soit dans le Mémoire soit dans l'article. J'ai dit, au contraire, et j'ai répété cent fois que mon client, en discutant et en jugeant la doctrine homœopathique, n'avait entendu faire aucune allusion personnelle à qui que ce fût ; j'ajoute ici, mon adversaire peut en demander acte, que le nom même de M. Love était complétement inconnu à mon client quand il a écrit son article. L'existence de cet officier de santé n'a été révélée au corps médical que par le procès qu'il nous fait ; c'est son premier acte scientifique. J'ai dit au contraire que j'avais appris *le matin seulement* que M. Love était un de ces homœopathes qui prennent l'enseigne d'un système à la mode pour attirer les pratiques et suivent en réalité les préceptes traditionnels qu'ils dénigrent.

Maintenant je donne au tribunal la preuve de ce que j'ai avancé. Je produis d'abord des consultations signées par M. le docteur Davet, médecin homœopathe, consultations qui prescrivent des remèdes allopathiques sévèrement interdits par Hahnemann : des purgatifs, des eaux minérales, des lavements d'orgeat, etc.

En second lieu, messieurs, je produis un registre de M. Rébillon, pharmacien, demeurant rue de Sèvres, n° 73. Le tribunal sait que les pharmaciens sont obligés par la loi de transcrire textuellement sur un registre soumis à une surveillance rigoureuse et spéciale les ordonnances des médecins. Sur ce registre que j'ai communiqué à mon adversaire, il y a plus de 250 ordonnances émanant de divers médecins homœopathes et prescrivant soit des doses *massives*, soit des remèdes sévèrement interdits par Hahnemann. Pour ne pas mettre au débat des noms étrangers au procès, je ne citerai que le nom de deux des demandeurs, M. le docteur Gastier et M. l'officier de santé Love. Si j'insiste sur cette qualité d'officier de santé, c'est pour répondre à une observation de mon adversaire. Il a vivement reproché à M. Gallard d'avoir dit que l'homœopathie se recrutait parmi les officiers de santé et il vous a présenté je ne sais quelle statistique dont il a pris je ne sais où les éléments ; je ne ferai pas de statistique, je me permettrai un simple rapprochement. Dans la Faculté qui compte trente professeurs, dans l'Académie qui se compose de soixante membres, dans ces jeunes et savantes sociétés qui sont la pépinière de la Faculté et de l'Académie, je défie qu'on trouve un seul officier de santé ! Parmi les douze grands hommes que l'homœopathie montre fièrement au monde, parmi ce comité qui personnifie la science nouvelle dans ce qu'elle a de plus illustre, qui est son aréopage, son cénacle, son institut, pour trouver douze noms il a fallu prendre un officier de santé : cela ne permet-il pas de dire que l'homœopathie se recrute parfois parmi les officiers de santé?

Enfin, messieurs, puisqu'on a jeté dans le débat le nom de M. Tessier qui s'était prudemment tenu à l'écart et qu'on a invoqué ses expériences, je suis obligé de répondre : j'ai avancé que M. Tessier s'écartait sans cesse des règles de l'homœopathie et j'en ai conclu que ses succès, vrais ou faux, ne prouvaient pas l'excellence des globules; j'apporte la preuve de ce que j'ai dit.

Voici le registre tenu par un interne de M. le docteur Tessier, à l'hôpital Beaujon. Cet ancien interne, le docteur Dumont-Pallier, en nous remettant ce registre, nous a imposé l'obligation de dire qu'il avait été, malgré lui et par une nécessité de service, l'interne de M. Tessier que volontairement il n'aurait pas choisi comme maître. Ce registre, dont on ne peut contester l'authenticité, prouve à chaque page que dans tous les cas graves M. Tessier s'écarte de la méthode de Hahnemann, qu'il purge, qu'il saigne, qu'il suit tous les procédés de l'école traditionnelle. Pourquoi alors prend-il le nom, l'enseigne d'homœopathe? Pourquoi? Je ne veux pas le dire : le tribunal le devinera sans peine.

J'ouvre ce registre au hasard et je tombe sur un malade atteint d'insomnie; M. Tessier commence par le traiter homœopathiquement : *similia similibus;* il faut bien justifier de temps en temps son enseigne! pour guérir l'insomnie, M. Tessier prescrit donc le café, *coffœa cruda;* mais le café n'ayant fait qu'augmenter l'insomnie, comme tout homme de bon sens l'aurait prévu, M. Tessier (ô Hahnemann, pardonne-lui!), M. Tessier prescrit l'opium à dose ordinaire, *julep opium.* Nous avons donc eu le droit de dire que les guérisons obtenues par M. Tessier, à Beaujon ou ailleurs, ne prouvent pas en faveur de l'homœopathie, puisque de ses propres expériences, il résulte que sans cesse leur auteur s'écarte de l'homœopathie.

M. LE PRÉSIDENT. — M⁰ Andral, posez-vous des conclusions en réponse à celles qui ont été prises au nom des demandeurs?

M⁰ ANDRAL. — Oui, M. le président, nous les poserons au cours de l'audience.

M. LE PRÉSIDENT. — Et en rectifiant ce qui vous paraîtrait erroné.

PLAIDOIRIE DE M⁰ VICTOR LEFRANC.

Messieurs,

Il fallait avant tout que la question scientifique fût vidée, non pas que la justice ait à décider ce qui n'est pas de son domaine, mais parce que la justice doit toujours tout connaître pour tout mesurer. Elle doit, par exemple, savoir la nature, la cause, l'intensité de la conviction d'un écrivain à qui l'on reproche une sévérité injurieuse, afin de pouvoir ainsi apprécier équitablement l'énergie de ses expressions en la comparant avec l'énergie de sa bonne foi. Cette tâche appartenait naturellement à celui qui l'a remplie, et par le droit du nom qu'il porte, et par le droit du talent qu'il a montré.

Quant à moi, messieurs, il ne me reste qu'une chose à faire, c'est de vous dire que si c'est là la cause, ce n'est pas là le procès ; que le procès est en dehors de la question scientifique. J'ai dit à dessein que si c'était là la cause, ce n'était pas le procès. En effet, qu'avons-nous à faire aujourd'hui ? nous avons à nous souvenir que nous sommes dans un palais de justice, et que je suis un avocat ; que nous avons à discuter des intérêts.

Reprenons donc du premier mot notre vieille langue de droit, notre vieille méthode de plaidoirie : parlons avant tout des fins de non-recevoir, de la qualité pour agir et du fondement des actions. Messieurs, nous allons en premier lieu étudier le personnel des défendeurs ; tous ceux qui le sont doivent-ils l'être, et tous ceux qui devraient l'être le sont-ils ? et cela nous le demandons, non pour décliner le débat, mais pour l'éclairer. Nous aurons, en second lieu, à examiner au fond la nature du procès, soit dans l'occasion qui le fait naître, soit dans la gravité du fait qu'il nous reproche. Enfin, nous aurons à étudier avec non moins de soin le personnel des demandeurs, afin de nous assurer s'ils ont qualité pour agir, et si leur action est fondée. Cette tâche n'est lourde que pour deux raisons : elle vient aride et froide après une discussion intéressante ; elle nous ramène aux carrières du droit que vous êtes habitués à parcourir et où vous savez porter la lumière ; elle vous fait attendre une autre parole, non pas plus convaincue, mais plus autorisée que la mienne ; j'avais dû, l'année dernière, la remplacer absente ; présente aujourd'hui, je suis chargé de la devancer : je n'ai fait que changer de péril.

Je parcours successivement et rapidement les trois points que je viens d'indiquer au tribunal.

Et d'abord, étudions le personnel des demandeurs.

Tous ceux qui sont dans le débat devraient-ils y être ? Non ! On a mis en cause l'Auteur, le Gérant, le Rédacteur en chef. C'est un grand luxe de personnel. Le Signataire devait suffire. Vous aviez en lui la pensée, la volonté, la signature, la personnalité. Pourquoi le Gérant ? Pourquoi l'être moral, la signature collective, l'instrument de publicité ? Hommes de science et de plume, soyons plus ménagers des responsabilités accessoires. Pourquoi surtout le Rédacteur en chef ?... mais je me trompe, à l'entrée de l'audience vous vous êtes désistés envers lui, c'est bien ! C'est peut-être un peu tard, mais il n'est jamais trop tard pour reconnaître qu'un Rédacteur en chef couvre les absents, contrôle les inconnus, mais n'a jamais à doubler ceux qui ont un nom et qui le signent.

Mais ce n'est pas tout : si vous avez mis, si vous maintenez dans le débat plus de défendeurs qu'il ne devrait y en avoir, y avez-vous mis du moins tous ceux qui devraient y être ? Non ! A côté de l'Auteur, à côté du Gérant, il manque bien des complices : il y manque les Auteurs les plus éminents, où M. Gallard trouve la source et la confirmation de son opinion ; les Corps savants légalement ou librement constitués qui représentent la science médicale ; les Professeurs qui l'enseignent, l'État lui-même qui en paye l'enseignement et qui en protége l'exercice.

Et encore une fois ne vous méprenez pas sur la portée de ces fins de non-
recevoir ; nul de nous ne décline la responsabilité de l'article, et chacun
l'accepte tout entière. Mais, en matière de Presse, les principes ne sont à personne, car ils sont à tous et nul n'a le droit de les abdiquer en face de ceux
qui paraissent les oublier.

Et maintenant, quel que soit le personnel, j'examine la nature du procès
dans son occasion et dans sa gravité. L'occasion est singulière, et elle sera
instructive pour le jugement que nous attendons avec confiance. Quelle est-
elle ? un des vôtres, un homœopathe, M. Magnan fait un livre sur l'homœopathie et principalément sur les doses infinitésimales que vous savez, et que je
n'ai plus à décrire devant vous. M. Magnan demande avec instance que notre
journal s'occupe de son livre. On refuse, parce qu'on ne peut être que
sévère, impitoyable. M. Magnan insiste, préférant la blessure au silence, et
acceptant toutes les conséquences de son insistance. Il a le nom, il est le frère
d'un collègue d'internat du rédacteur des articles bibliographiques ; M. Gallard cède et écrit l'article en s'excusant sur cette raison même.

Voilà l'occasion. Étudions maintenant la situation que cette occasion fait au
journal. A quoi devra veiller le Gérant ? A quoi devra veiller le Rédacteur en
chef ? Devront-ils veiller à ce qu'on dise son fait à la doctrine, au livre, à l'auteur ? C'était un droit, un devoir, peut-être, car, messieurs, il ne faut point
oublier que ce journal représente la médecine séculaire (ce n'est pas une
raison pour être mauvaise que d'être ancienne), la médecine enseignée
par l'État, la médecine dont tous les grades sont conquis et payés par les
élèves, la médecine qui seule a des diplômes authentiques, des corps officiels
pour la représenter, des lois pour la protéger. Le livre, au contraire, représente la médecine excentrique, celle qui en naissant accuse et nie l'autre, celle
qui insulte et se plaint, celle qui a des maximes absolues qu'elle proclame et
des pratiques pleines de souplesse qu'elle cache.

Que pouvait-on exiger, messieurs ? pouvait-on espérer une capitulation,
une désertion, du gérant d'un journal ainsi placé ? non sans doute. Seulement
les convenances sociales tempèrent le cri même de la conscience : ici, elles
feront avant tout mettre l'auteur hors de cause ; on fera en sa faveur cette
exception que font toujours les personnes bien élevées en faveur des personnes
présentes ; on achètera ainsi le droit d'être sévère, impitoyable, pour le livre
dont l'examen est l'objet de la critique. Mais, cet hommage rendu aux convenances, les devoirs de la conscience et de la profession n'en parleront que
plus haut ! On attaquera sans ménagement la doctrine, on poursuivra l'erreur
à outrance.

Et cependant au milieu même de cette sévérité, on emploiera, on retour-
nera les expressions mêmes de l'auteur, du champion de la médecine adverse,
et on ne mettra dans ses paroles que la rudesse qu'il avait lui-même mise dans
les siennes. M. Magnan avait dit dans son livre, avec une apparence de fatuité
ironique : j'espère que le temps est arrivé où l'on peut enseigner et pratiquer
l'homœopathie sans passer pour « un ignorant abject, un pauvre illuminé ou
un misérable charlatan. » Que répond-on à M. Magnan ? Que ce temps n'est
pas venu, qu'il est passé ! Qu'est-ce que c'est que ceci ? C'est la réfutation
ironique d'une allégation ironique ; c'est surtout la prédiction de la mort pro-

chaîne d'une doctrine qu'on regarde comme une erreur sans racine et sans avenir. Eh bien ! est-ce qu'il n'est pas permis de dire : « Vous mourrez, parce que vous êtes l'erreur, » et de le dire avec sévérité ?

Tout est mortel, messieurs, excepté la vérité ; tout est mortel, et rien ne l'est plus que ces inventions d'hier, ces élucubrations de quelques-uns qui disent : — La science n'est pas ce qu'elle doit être ; ce que les grands hommes ont accepté comme la science n'est rien ; c'est nous qui sommes la science nouvelle, la science tout entière ; nous venons de naître, mais nous vivrons toujours, et c'est vous, vous le résumé épuisé, vous le fruit déchu des siècles passés, c'est vous qui mourrez à jamais !

Mais, mon Dieu ! tous les négateurs ont tenu ce langage ; tous ceux qui veulent arriver et qui ne savent pas faire leur place dans ce monde, se plaignent et s'écrient que la société est mal faite, que le choix n'est pas libre, qu'il y a trahison, supercherie dans la manière dont cette société est conduite ; tous veulent être à la première place après avoir supprimé les autres, qui sont devant ; tous se disent immortels parce qu'ils sont nouveaux et on verra sans cesse accuser de tendances rétrogrades et d'aveuglement dans l'esprit, ceux qui, comme nous, restent au service des vieilles causes, des vieilles vérités. Mais nous avons le droit de frapper sans ménagement l'erreur qui vient ainsi nous défier et qui a la prétention d'être immortelle ; nous avons le droit de parler son langage et de dire aux réformateurs : Votre doctrine est insensée ; elle est morte en naissant !

Nous avons surtout, et non plus aux yeux du monde seulement, mais même aux yeux de la justice, nous avons le droit de dire tout ce que nous pensons de cette doctrine, à la condition de ne nommer personne, de ne désigner personne. Sous l'abri de ce silence, nous avons le droit de faire connaître les sources de l'erreur et d'en indiquer les conséquences. Or, telle est notre situation dans la cause actuelle ; nous n'avons attaqué, nommé, désigné personne, excepté celui dont nous parlions, et qui ne se plaint pas ; tous les autres ont été laissés dans le vague.

Nous avons dit qu'il y avait parmi les homœopathes une classe d'hommes, ignorants ou crédules, qui se livraient sans remords à la pratique d'une doctrine dangereuse surtout parce qu'elle est impuissante, et qui n'est utile que lorsqu'elle est inactive. Nous avons dit que d'autres, en proie aux préoccupations d'une concurrence à la voix de laquelle il leur était impossible de se soustraire d'une manière complète, descendaient des hauteurs de l'illuminisme et se rapprochaient furtivement de la vérité ancienne. Nous avons flétri ces hommes, déserteurs de leur croyance, qui conservaient encore leur drapeau ; mais les adversaires les désavouent plus haut que nous ; ce sont eux qui ont donné à ces hérétiques de leur religion, à ces *Puséites* de leur orthodoxie, le nom dédaigneux d'*Insufficientistes*, parce qu'ils quittent parfois l'absolu de l'homœopathie pour revenir à l'allopathie et lui demander des secours qu'ils ne trouvent pas dans leur doctrine. Ce sont ceux-là que nous avons attaqués principalement, excluant ainsi tous nos adversaires, si l'on en croit le Mémoire, où ils prétendent ne pas être Insufficientistes. Nous n'apprenons qu'aujourd'hui qu'il y en a parmi eux qui pratiquent cette négation de leur doctrine.

Eh bien ! dans cette occasion, voyez donc le rôle qu'a joué M. Richelot et la part de responsabilité qui lui incombe. Supposons un instant une dissidence qui n'a pas existé entre lui et son rédacteur : supposons que M. Richelot ait dit à M. Gallard : — Voilà un livre dont l'auteur désire qu'on rende compte. — Supposons que M. Gallard ait manifesté des ardeurs, que M. Richelot ait eu besoin de tempérer en lui disant : — N'insultez pas ce jeune auteur ! — et M. Gallard aurait cédé à cette invitation. — Quant à la doctrine, — aurait ajouté M. Richelot, — vous pouvez, vous devez l'attaquer. — Et M. Gallard alors a été entraîné d'autant plus vigoureusement vers la critique qu'il a été plus prudent et plus poli envers l'auteur. Il y a mieux, sa sévérité a été spécialement dirigée contre les Insufficientistes que l'auteur condamne, que les adversaires désavouent, et auxquels d'une manière générale, mais, je le repète, sans nommer, sans désigner personne, il a imputé de la mauvaise foi, du mercantilisme, du charlatanisme.

L'auteur du livre, les Insufficientistes eux-mêmes, bien d'autres encore, gardent le silence, et voici que douze personnes se choisissent entre elles, se donnent de leur propre autorité le titre si vague d'homœopathes, se disent insultés, et demandent 50 000 francs de dommages-intérêts ! Est-ce que c'est là une situation qui puisse amener une condamnation contre le gérant et même contre l'auteur de l'article ?

Et maintenant que le procès a été examiné au point de vue de l'occasion qui l'a fait naître, il est facile de juger l'offense au point de vue de la gravité qu'on lui attribue.

Où serait cette gravité ? Serait-elle dans cette imputation générale de mauvaise foi, de mercantilisme, de charlatanisme, d'ignorance, d'illuminisme ? Mais la forme est alternative, et non cumulative ; mais le fond est à l'adresse de la doctrine générale, de la pratique générale ; rien qui s'applique personnellement à aucun des demandeurs ; tout est à peu près dirigé contre l'Insufficientisme qu'ils repoussent.

Les demandeurs sentent si bien que l'article ne les a pas même désignés, qu'ils n'essayent même pas de se prétendre désignés par le seul fait cité dans l'article, et qui ne s'applique à aucun d'eux ; ils le sentent si bien, qu'ils tentent maintenant de se dire atteints personnellement en ce sens que leurs noms ont été prononcés à la dernière audience. Mais les faits dont on a parlé sont postérieurs à l'instance, et par suite, aucun de ces faits ne pouvait être dans l'esprit de M. Gallard au moment où il écrivait.

La gravité de l'offense n'existe donc pas pour les demandeurs, et la doctrine homœopathique n'a pas le droit de s'en plaindre d'une manière abstraite devant vous.

Cette gravité serait-elle dans le refus d'insertion d'une réponse à notre article ? Les adversaires, qui changent souvent le terrain du combat parce qu'ils voient qu'ils l'ont mal choisi, essayent de tout bouleverser dans la cause ; et comme ils ont un besoin immodéré, une soif ardente de publicité, comme ce procès n'a été fait que pour la publicité, et qu'ils comprennent que cette publicité va leur manquer s'ils s'en tiennent à la diffamation qui ne la permet pas, les adversaires nous ont fait signifier des conclusions toutes contraires à celles qui avaient servi de base à leur attaque et à leur défense. Il ne s'agit plus pour eux de demander la réparation d'une diffamation, il s'agit d'obtenir justice du refus d'insertion dans notre journal d'une réponse à notre article. Dans cette réponse, ils nous demandaient la rétractation de cet article, ils réclament des dommages-intérêts en raison du refus de cette insertion. Eh bien ! il est facile de démontrer que nous avons eu raison de ne pas insérer cette lettre. En effet, il suffit de la lire pour être convaincu qu'un jugement même n'en pourrait jamais ordonner l'insertion dans le journal auquel elle est adressée. Voici un passage qui suffira pour vous en convaincre :

« Nous venons donc vous demander, messieurs, comme c'est notre droit et notre devoir, *de rétracter publiquement* les expressions dont l'un de vous s'est servi à l'égard des médecins qui pratiquent l'homœopathie, et auxquelles l'*Union médicale* a prêté sa publicité. Par l'aveu d'une erreur et d'une *faute commise*, l'honnête homme s'honore lui-même et ne fait qu'ajouter à sa propre considération.

» A cette rétractation *vous devrez* ajouter la rectification, etc. »

Et plus loin :

« Nous vous demandons..... de *déclarer formellement* que, dans le passage cité, les expressions de M. Gallard ont dépassé malgré lui, nous voulons bien le croire, les limites de toute polémique *honnête et avouable*. »

Vous le voyez, messieurs, on nous demande là une rétractation formelle, une amende honorable catégorique, une insulte même pour un confrère, un ami, un collaborateur ; il n'est personne qui consente à insérer une lettre pareille, alors même qu'il aurait à se reprocher des torts que nous n'avons pas eus. Le tribunal a refusé dans une affaire récente, une insertion qui pouvait ressembler à une rétractation ; il s'est borné à ordonner l'insertion du jugement lui-même, et assurément le tribunal, qui n'a pas deux poids et deux mesures, n'accordera pas aux homœopathes ce qu'il n'a pas accordé à la famille d'un homme signalé comme un défectionnaire.

Et maintenant, vous connaissez la nature du procès : vous en savez l'occasion, vous avez pu mesurer la gravité de la prétendue offense. Il faut encore examiner à qui elle s'adresse, et qui a qualité pour s'en plaindre.

Sur ce point, nous adressons trois questions aux adversaires, et ils se sont préparé trois réponses. Nous leur demandons : Pourquoi est-ce vous qui vous plaignez? Ils nous répondent : Parce que les expressions dont vous vous êtes servis sont de nature à blesser dans leur considération tous ceux qui défendent, qui enseignent et qui pratiquent la doctrine homœopathique. Nous leur demandons alors: Mais pourquoi vous tous? — Parce que nous sommes des particuliers, une société particulière, qui avons été atteints par les offenses que vous avez dirigées contre la doctrine. — Mais alors pourquoi vous seuls, vous n'êtes pas les seuls homœopathes ? — Parce que nous sommes membres de la commission centrale homœopathique ; parce qu'à ce titre nous expliquons l'absence de nos confrères que nous défendons ainsi indirectement et suffisamment.

Nous demandons à nos adversaires la permission de ne pas nous contenter de leurs réponses. Nous répétons nos trois questions et nous y répondons à notre tour. Pourquoi vous ? Vous n'êtes ni nommés ni désignés. Pourquoi vous tous ? Vous n'avez aucun lien civil, administratif, scientifique ; vous ne pouvez avoir aucun lien judiciaire. Pourquoi vous seuls ? Vous ne représentez personne. Si vous réussissez, les autres viendront comme vous, au même titre que vous ; car si vous êtes offensés, ils le sont comme vous, autant que vous ; tous pourront donc venir après vous. Il n'est personne qui, lors même qu'il ne serait pas membre de la Société centrale homœopathique, ne puisse venir dire comme vous : J'ai été attaqué par M. Gallard dans la doctrine que je professe, je n'ai pas voulu me lancer le premier dans un procès, mais je viens aujourd'hui derrière ceux qui ont engagé la lutte, et je demande que le tribunal prononce pour moi la condamnation qu'il a prononcée pour eux.

C'est ainsi qu'en vous généralisant vous tombez dans la fin de non-recevoir, et qu'en vous restreignant, vous tombez dans l'inconséquence de l'isolement. Dans le premier cas, c'est la qualité qui vous manque, dans le second, c'est la cause qui vous fait défaut ; ou plutôt c'est vous qui faites défaut à la cause, car vous n'êtes pas la cause tout entière ; et pourtant vous imaginez de prendre une qualité qui ne vous appartient pas, pour essayer de représenter ceux qui n'en veulent pas poser. Ce n'est ni judiciaire ni logique.

Il vous faut choisir nettement la qualité en laquelle vous agissez. Êtes-vous une collection agissant comme collection ? Ah ! nous comprenons : nous avons pu, restant polis pour l'auteur, être injurieux pour la collection et les représentants officiels de cette collection. La collection aura pu sentir l'injure, les représentants officiels agiront et obtiendront réparation pour elle. N'êtes-vous pas une collection, et n'agissez-vous pas comme collection ? Ah ! nous ne comprenons plus : nous n'avons pas pu vous blesser, puisque nous ne vous avons ni nommés, ni désignés. Vous n'avez pas une face qui puisse ressentir l'injure, une bouche qui puisse s'en plaindre, une main qui puisse en tirer ou en recevoir réparation. N'étant pas la collection, vous ne pouvez être la doctrine ; vous pouvez être dans la doctrine injuriée, vous n'êtes pas dans l'injure adressée à la doctrine.

Mais vous avez beau dire aujourd'hui, vous avez, dans l'origine, agi comme collection.

Voyez votre sommation du 4 novembre 1857. Cette sommation est à la requête de deux de vous seulement, MM. Pétroz et Simon. Tous deux déclarent *agir en qualité de président et de secrétaire général de la Commission centrale homœopathique.* Tous deux *signent en cette qualité.* Tous deux *agissent pour tous* ceux qui défendent ou appliquent la doctrine homœopathique.

Voyez votre assignation. Elle est moins précise sans doute, mais elle rappelle la sommation et répète les qualités pour les deux personnes qui avaient signifié cette sommation ; l'assignation ajoute le titre de *membres* pour les autres, mais elle motive identiquement.

Voyez vos conclusions rectificatives : vous y essayez de fuir la prétention collective qui vous rend non recevables, mais en vain. La nécessité d'une explication prouve la justesse de notre observation. L'explication que vous y donnez *à posteriori* laisse le passé debout, ravive ce qu'elle veut effacer, montre la collection en la taisant ; la collection reste à la dose homœopathique, et moi profane, j'ai compris qu'elle n'en est que plus forte. Et, en effet, forcés de vous restreindre comme nombre, vous essayez de vous grandir comme représentation; forcés de rapetisser votre demande comme chiffre, vous voulez au moins la grossir comme signification.

Je termine sur ce point en faisant remarquer au tribunal que de tous ces efforts, de toutes ces tergiversations pour rendre possible une condamnation, il doit retirer cet avertissement, qu'on ne désire une condamnation que pour l'exploiter comme une consécration.

Et maintenant, après avoir dit aux adversaires : Vous avez beau dire, vous avez agi comme collection, je leur dis : Vous avez beau faire, vous n'avez jamais été, vous n'êtes pas une collection, vous le reconnaissez vous-mêmes dans la note de la première page de votre Mémoire :

« Les docteurs indiqués font tous partie de la Commission centrale homœopathique instituée par une délibération du Congrès homœopathique de Paris, dans la session de 1855. Cette Commission n'ayant pas d'existence légale, les membres qui la composent ont introduit l'action en leur nom personnel. Ils ont indiqué leur qualité de membres de la Commission centrale, pour que le tribunal sache pourquoi leurs confrères ne se sont pas joints à eux en plus grand nombre. »

Ainsi voilà votre aveu formel : Vous n'êtes pas une collection ; ni autorisée par l'administration, ou ancienne et consacrée par le temps ; ni cohérente et reconnaissable, ni scientifique. Dès lors, vous ne pouvez intenter aucune action en justice en cette qualité. Ne parlez donc plus de vos confrères silencieux, vous ne suppléez pas leur silence, vous n'avez pas le droit de l'expliquer. En allant au fond des choses, vous reconnaîtriez que si tous vos confrères ne font pas ce procès avec vous c'est, ou qu'ils le blâment, ou qu'ils ont l'idée de le faire après vous si vous réussissez.

Et voyez, messieurs, la gravité de l'observation que je fais en ce moment. Si nous avions affaire à une collection, tout serait fini après le jugement ; nous serions définitivement absous ou condamnés. Avec le système des adversaires au contraire, rien ne serait limité, tout serait à recommencer. Après avoir payé 50 000 francs pour douze, soit pour chacun 4166 fr. 66 cent., nous aurions la même somme de 50 000 fr. par douzaine d'homœopathes, ou de 4166 fr. 66 c. par tête d'homœopathe ! Car vous n'êtes ni seuls, ni tous ; il y en a d'autres avant vous, avec vous, à côté de vous, après vous ; derrière vous sont les Insuffisientistes. Vous ménagés, évités, apaisés, payés, les autres en demanderont autant ; les Insuffisientistes n'en seront que plus blessés ; aujourd'hui vous, demain tous ! *Turba ruit ou ruunt*, le procès successif, le procès universel. A 50 000 francs par groupe de... Combien êtes-vous ? Combien seront-ils ? Quelle propagande ! Ceux qui enseignent ! Ceux qui défendent ! Ceux qui étudient..... Ceux qui croient, peut-être !

Ah ! il ne faut pas, comme on le faisait à la dernière audience, sourire avec dédain de ce que nous appelions nos fins de non-recevoir ; ce sont les règles éternelles de la justice, ce sont ces formes, vraie sauvegarde du fonds. Non ! nul n'a le droit de se plaindre d'une publicité scientifique ou autre, s'il n'a été personnellement désigné. Nul n'a le droit de se dire représentant d'une doctrine s'il n'en est le représentant officiel par un acte de l'autorité, ou du moins par une possession certaine et constatée par tous ceux qui professent la même doctrine; et alors même que cette possession existerait, elle ne créerait pas un intérêt collectif pouvant donner lieu à une action collective.

Êtes-vous du moins une classe de citoyens contre lesquels nous ayons essayé d'ameuter une autre classe? Non! il y a des classes ouvrières, propriétaires, commerçantes; des professions artistiques, libérales, scientifiques; des nomenclatures administratives ou politiques : il n'y a pas une classe d'homœopathes.

Mais, enfin, je le suppose un instant, fussiez-vous une collection ou une classe, est-ce que nous n'avons pas dans nos souvenirs ce qui a été dit des Juges par les plaideurs et par Racine; des Professeurs par les professeurs; des Médecins, par vous aujourd'hui, c'est l'injure; par Molière autrefois, c'était la moquerie; des Avocats par tout le monde; des Hommes par les femmes, des Femmes par les hommes? Est-ce que chacun se plaint de ce qu'on dit de tous? On vous a cité bien mal à propos, à la dernière audience, un exemple qui ne prouve absolument rien. On vous a parlé d'une injure adressée aux gendarmes de telle localité. Mais on a oublié de citer la localité et de dire qu'il n'y avait que trois gendarmes. Or, quand une injure s'adresse à une collection de trois individus, on ne peut pas dire qu'elle ne les atteint pas personnellement. Encore une fois, vous n'êtes pas ni une collection définie, ni une classe distincte dans le monde ; vous n'êtes pas une société officielle, vous ne pouvez donc pas agir collectivement en justice.

Agissez-vous au moins comme simples particuliers? Ah! oui, vous le dites aujourd'hui, vous disiez hier le contraire. Mais si vous êtes de simples particuliers, alors ce n'est pas vous qui avez fait la sommation à laquelle vous nous reprochez de n'avoir pas obéi ; d'autres que vous l'ont faite, et ils n'avaient pas le droit de la faire, et ils n'ont pas suivi et vous ne pouvez vous l'approprier. Oubliez vos titres, ils sont inutiles, ils sont superflus, ils trompent. Que diriez-vous d'un médecin de Paris dénonçant un exercice illégal fait à Perpignan? Est-ce que cela serait possible?

Dès lors, vous n'êtes ni nommés ni désignés; comment seriez-vous diffamés? Dès lors, vous n'avez pas le droit de réponse; comment auriez-vous le droit d'action? Quelle est, en effet, la condition essentielle du droit de réponse? c'est d'avoir été au moins désigné.

Est-ce que par cela seul qu'on aurait dit, et on l'a dit souvent : tous les avocats sont des ignorants, ou des chicaneurs de mauvaise foi, tous les médecins des charlatans, est-ce que chaque avocat et chaque médecin aurait le droit de s'écrier : Je suis suffisamment désigné, car on a désigné les avocats et les médecins sans exception? Non évidemment. Eh bien! l'article a dit : Les médecins homœopathes sont des charlatans. Est-ce qu'il s'ensuivra que tous les médecins à qui il plaira de se dire homœopathes, auront le droit de se regarder comme désignés et de faire insérer une réponse? Non évidemment; pour répondre, il faut être interpellé. Or, je le répète : il est palpable que la négation du droit de réponse entraîne *à fortiori* la négation du droit de réparation.

Le précédent que l'on tend à créer est dangereux, il mènerait à des procès sans fin, à des condamnations sans limites si on l'appliquait à tous, ou a une inconséquence immorale, à une illégalité flagrante, si on refusait de l'appli- à quelques-uns.

En effet, messieurs, sans vouloir entrer dans des énumérations inutiles, et en me tenant strictement dans les limites de ce qui est nécessaire pour le jugement que vous avez à prononcer, permettez-moi de vous arrêter un instant sur ce que nous et nos pères avons vu : Toutes les sciences, toutes les doctrines ont été mêlées, superposées; chacun a voulu faire un monde nouveau; est-ce que le vieux monde de Dieu tel qu'il l'a fait, et de l'homme tel qu'il est, serait seul à n'avoir pas la parole? A travers ces combats insensés, il y a eu évidemment des choses nouvelles excellentes, de vieux abus qui sont tombés, des lumières qui se sont faites. Il y a eu évidemment des vérités qui n'ont pas été reconnues le premier jour, mais qui l'ont été longtemps après. Il y a eu des erreurs qui se sont défendues héroïquement, qui ont retardé le progrès, c'est vrai! Mais il y a eu encore plus d'innovations prétendues qui ont entravé le progrès au lieu de le servir, plus de vieilles expériences qui l'ont servi même en le retardant. La Vérité est fille de l'initiative et de l'examen. L'erreur seule s'irrite des attaques, et seule elle y succombe. Aussi, laissez faire la liberté, elle ne tue que les morts.

Voyez les sectes religieuses, les opinions philosophiques, les systèmes historiques, les luttes littéraires, les partis politiques, les doctrines scientifiques; là aussi, l'erreur a parlé haut, et s'est tue: là aussi la vérité a parlé ferme, et a triomphé. Voyez surtout les habitudes professionnelles, et je m'arrête à celles-là sans m'appesantir sur le reste. Voyons, je vous le demande, n'y a-t-il pas deux manières de comprendre notre profession d'hommes de loi? Est-ce qu'il n'y a pas parmi ceux qui l'exercent des hommes qui la comprennent d'une certaine façon, suivant les règles et les traditions, sous l'aile de leurs anciens, sous le regard de la magistrature, et qui se croient et se disent, par-dessus tous, pleins de conscience et de respect pour les formes et les règles de la justice? N'y a-t-il pas d'autres hommes, au contraire, qui s'occupent de la pratique des affaires d'une certaine façon qui n'est pas la nôtre? N'y a-t-il pas certaines catégories dans lesquelles il nous est permis de dire que la conscience n'a pas un empire aussi absolu, que celle que vous aimez, messieurs, à rencontrer parmi nous? Eh bien ! quand on dit de ceux qui s'écartent ainsi du sein de cette collection respectable qu'on appelle le Barreau, qu'ils ne sont pas dignes du titre d'avocat, quand on dit qu'ils se laissent aller à des pratiques incompatibles avec l'inscription au tableau, certes, ce sont là des choses bien graves; mais elles sont utiles à dire, elles combattent des tendances mercantiles, elles combattent une indépendance qui n'est que l'irrégularité; aussi, pourvu qu'on ne désigne personne, nul n'aura le droit de répondre : c'est de moi que vous avez parlé ! Je fais ce que vous dites être mal, donc vous m'insultez ! — Ne voyez-vous pas que s'il en était ainsi, les tribunaux seraient obligés de consacrer le mal en lui accordant une réparation, ou de s'associer au blâme, en repoussant la plainte !

Disons donc que la plainte, que la réparation appartiennent exclusivement aux personnes désignées, ou aux êtres collectifs reconnus.

Il résulte de là que les adversaires n'ont pas plus le droit de se plaindre seuls au nom d'une collection qui n'existe pas, qu'ils n'ont le droit de se plaindre tous au nom d'une solidarité qui n'existe pas davantage. Et encore une fois, que les adversaires n'écartent pas par le dédain ces considérations de droit. Il a été facile de voir que pour eux, il ne s'agit ici ni de droit, ni de justice, ni de réparation; qu'en réalité même, ce n'est pas de leur honneur qu'il s'agit. Ils savent bien qu'ils ont dit de nous ce que nous disons d'eux, ce que nous pensons de leur doctrine. Ils savent bien que ce sont eux qui, les premiers, ont accusé le corps médical d'être composé d'assassins; ils savent bien que partout les médecins disent d'eux que ce sont des charlatans, mais dans le sens de la doctrine générale, et non pas dans le sens de la désignation personnelle. C'est dans ce sens que nous disons de l'homœopathie, qu'elle est l'erreur, qu'elle est l'intrigue.

Que les adversaires renoncent donc à plaider; mais surtout qu'ils ne nous répondent pas (ils l'aimeraient mieux, je le sais): Nous sommes Galilée, et vous êtes le mur de la prison où nous écrivons la parole immortelle, le stigmate ineffaçable: *Eppur si muove!* Nous sommes Christophe Colomb, et vous êtes, ou Gênes sa patrie qui le méconnaît, ou les convives qui ne savent pas faire tenir l'œuf debout, ou les évêques qui condamnent le génie, ou le roi qui donne des fers à qui lui donne un monde. Qu'ils ne disent pas: Nous sommes les martyrs, et vous êtes les bourreaux! Non! les martyrs ne plaident pas, ils confessent; ils ne demandent pas des dommages-intérêts et de la publicité, ils sèment des doctrines et des dévouements.

Je vous l'ai dit, à notre point de vue, ce procès est une hérésie; au vôtre, il serait du prosaïsme.

RÉPLIQUE DE Mᶜ ÉMILE OLLIVIER.

Messieurs,

En me levant pour répondre aux deux plaidoiries que vous venez d'entendre, j'éprouve, je l'avoue, un certain embarras. J'avais indiqué avec sincérité le but de ce procès; j'avais dit : Nous ne venons pas vous demander un examen de la doctrine homœopathique, devant aboutir à une approbation ou à un blâme, nous venons vous prier de reconnaître que les médecins homœopathes ne sont pas hors la loi, et qu'on ne peut ni les injurier ni les diffamer. Malgré une telle déclaration, nos adversaires nous accusent de ne pas croire à notre procès, de ne nous soucier que médiocrement de son succès; à les entendre, nous n'avons pas voulu appeler le droit à notre aide, nous n'avons pensé qu'à fixer sur nous l'attention du public, à faire une réclame. J'ignore si ceux au nom desquels on a prononcé ces étranges paroles ont l'habitude « des pensées de derrière ». Je sais seulement que ceux que j'ai l'honneur de représenter n'en connaissent pas l'usage, et qu'ils pensent ce qu'ils disent. Rien ne le prouve mieux que ma plaidoirie; si les médecins homœopathes attendaient de moi un programme, ils ont été, vous l'avouerez, messieurs, singulièrement déçus dans leur attente. Vous le serez encore plus dans la vôtre, mon adversaire, si vous avez espéré que m'en tenant à des considérations générales ou à des arguments scientifiques, je dédaignerais le droit. Aujourd'hui plus que jamais c'est sous sa protection que je me place ; c'est lui que j'invoque ; c'est en lui que je me confie comme toujours ; vous allez entendre sa voix, vous allez apprendre de lui s'il est permis d'outrager, de calomnier et puis de se glorifier de ses outrages et de ses calomnies !

L'article de M. Gallard excède-t-il les bornes de la critique permise ? S'applique-t-il aux demandeurs? Est-il de nature à exiger une réparation ? Oui, avais-je répondu à ces diverses questions. Qu'a objecté mon premier. adversaire à mes diverses affirmations? Il s'est d'abord fait modeste : Nous ne vous avons pas insultés, a-t-il dit, nous avons repoussé avec énergie l'erreur que vous propagez, mais nous vous avons respecté, nous n'avons désigné aucun de vous, c'est vous-mêmes qui vous êtes diffamés en vous reconnaissant. Puis entraîné par l'inspiration, cette ivresse de l'esprit, qui comme l'autre, arrache la vérité, il s'est écrié : M. Gallard vous a appelés des charlatans et des fourbes, il a eu raison ; en vous fustigeant et en vous flétrissant, il a imité les plus illustres de ses maîtres, et il a mérité comme eux la reconnaissance publique : l'erreur, le charlatanisme, n'ont pas droit au respect. Après cette belle apostrophe, mon adversaire s'est adressé aux malades qui appellent des médecins homœopathes, et ne pouvant les accuser de charlatanisme, il les a déclarés des niais et des dupes ; enfin, quoiqu'il eût affirmé que l'article de l'*Union médicale* ne s'appliquait à personne, il a déclaré lui-même que les accusations de supercherie qui y sont contenues s'adressent à MM. Chargé, Love, Davé, Tessier.

Mon honorable adversaire a accouplé ainsi deux systèmes contradictoires. Si l'un est vrai, l'autre est faux ; pour les condamner je n'ai qu'à les invoquer successivement l'un contre l'autre. Pour prouver qu'il nie à tort d'avoir insulté les médecins homœopathes, je n'ai qu'à rappeler la partie de sa plaidoirie dans laquelle il se glorifie de l'avoir fait ; pour prouver qu'il est répréhensible de s'être glorifié de ses injures, je n'ai qu'à m'armer de la partie de sa défense dans laquelle il nie que sa critique ait été injurieuse. Ainsi contre lui je n'ai besoin que de lui-même, et sa défense s'annule par ses propres contradictions. Ma réplique serait donc superflue, si je ne craignais que nos juges, divisant ce qu'il a réuni, n'adoptassent l'un ou l'autre de ses systèmes ; cette crainte m'oblige seule à les examiner tous les deux.

Le premier consiste à nier non pas que l'article soit injurieux, le contraire est trop évident, mais qu'il le soit contre les personnes. Mᵉ Lefranc l'a répété après Mᵉ Andral : il ne s'applique qu'aux doctrines.

Je ne veux pas fatiguer le tribunal d'une nouvelle lecture de l'article de M. Gallard, je me borne à lui rappeler les diverses allégations que nous déférons spécialement à sa justice.

M. Gallard écrit :

« L'homœopathie ne peut être adoptée et mise en pratique de bonne foi par des médecins sérieux et instruits. »

Est-ce là une attaque contre une doctrine ou une injure contre des hommes ?

Il ajoute :

« On ne peut opposer que le silence et le dédain à ceux qui, battus sur les hauteurs où s'agitent les discussions scientifiques, essayent maintenant d'engager une misérable lutte sur le terrain fangeux de la pratique industrielle et de l'exploitation. »

Est-ce d'une doctrine qu'on peut parler ainsi, ou bien des hommes qui la professent ?

Il poursuit :

« L'homœopathie n'est plus une doctrine, encore bien moins une science. C'est un commerce exercé par quelques-uns au détriment de la science et de l'humanité. »

Est-ce une doctrine qui exerce un commerce ?

Il dit encore :

« Les plus ardents promoteurs (voilà qui est très spécial), les plus ardents promoteurs de la doctrine ont le bon esprit de l'abandonner dans la pratique. Chaque fois qu'ils se trouvent en présence d'une maladie grave, ils saignent, ils purgent, ils donnent des doses massives absolument comme si Hahnemann n'eût jamais existé ; mais ils crient par-dessus les toits qu'ils font de l'homœopathie. »

Cela s'applique-t-il à la doctrine ou aux hommes ? Ce n'est pas tout, il précise :

« On a vu dernièrement un des plus en renom appelé près d'une dame du grand monde (je vous raconterai tout à l'heure l'histoire de cette dame du grand monde) qui, vers la fin d'une maladie incurable, était affectée d'anasarque et d'ascite, lui administrer journellement *cinquante centigrammes de calomel*, et déterminer ainsi une diarrhée colliquative, grâce à laquelle l'hydropisie diminua momentanément, mais l'issue fatale fut très heureusement hâtée ; ce qui n'empêcha pas l'entourage de la patiente d'être trompé par cette supercherie, et de proclamer dans tous les salons de Paris *les heureux résultats du traitement homœopathique.* »

Est-ce de la doctrine qu'il s'agit ici, ou des hommes qui la pratiquent ?

M. Gallard continue :

« Qui donc maintenant voudrait prendre au sérieux les travaux publiés par des hommes capables de tels actes et se donner la peine, je ne dirai pas même de les discuter, mais seulement de les lire ? »

Encore une fois cela s'applique-t-il à la doctrine ou aux hommes. Comment ! voilà des livres que vous ne voulez pas lire, non pas parce qu'ils contiennent des erreurs, mais parce qu'ils sont l'œuvre de gens coupables d'actions malhonnêtes, de médecins qui ne croient pas en ce qu'ils écrivent, qui abusent de la crédulité publique ; vous soutenez tout cela, et puis vous prétendez que vous n'attaquez qu'une doctrine. Allons donc ! un peu de bonne foi, et laissez tomber vos masques. Ce n'est pas la doctrine que vous attaquez, ce sont les hommes ; et vous ne les attaquez pas par amour de la vérité, parce que la passion de la science vous transporte, mais parce que les malades les appellent, parce qu'ils soulagent, parce qu'ils guérissent, parce qu'ils font des conquêtes journalières sur vos domaines; ce n'est pas leur malhonnêteté qui vous indigne, c'est leur succès !

M. Gallard conclut :

« Si nous consentons à nous départir de notre réserve habituelle en faveur du livre de M. Magnan, c'est que, par exception, nous croyons avoir trouvé dans l'auteur un homme sérieusement convaincu, et susceptible, par conséquent, de reconnaître qu'il a pu s'égarer, si on lui démontre son erreur. »

Voilà qui est clair ; dans ce dernier paragraphe M. Gallard pose une règle et une exception : La règle, c'est que tout homme qui se prétend homœopathe est de mauvaise foi. L'exception, c'est que M. Magnan seul est convaincu. Vous êtes des magistrats de cœur et de bonne foi, je m'adresse à vous comme à des jurés, et je vous le demande, ces injures ne sont-elles pas les plus grossières qu'on puisse adresser à des hommes ? Ne sont-elles pas de nature à exciter l'indignation, la colère, la révolte ? Supposez-vous un instant unis à des médecins homœopathes par les liens de l'amitié ou de la famille, ne sentiriez-vous pas l'outrage jusqu'au fond de votre âme, et ne vous écririez-vous pas comme moi : Non, dans un pays comme la France, dans un pays d'urbanité et de loyauté, il ne peut pas être permis de parler ainsi ; il ne peut pas être permis de respecter si peu les lois du goût et de la confraternité, il ne peut pas être permis de violer aussi audacieusement l'inviolabilité à laquelle a droit tout honnête homme !

M. Gallard l'a compris lui-même, et aussi a-t-il moins songé à justifier son article qu'à l'atténuer : « Aurai-je été sévère, dur, excessif, a-t-il dit ; vous n'avez pas à vous en plaindre. Je ne songeais à écrire ni sur l'homœopathie, ni sur les homœopathes, lorsque M. Magnan est venu solliciter de moi un article. Attaquez mon livre, m'a-t-il dit, mais parlez-en ; tous les auteurs sont ainsi. J'ai donc parlé du livre de M. Magnan : qu'il ne s'en prenne qu'à lui, si ce que j'en ai dit est désagréable ; c'est lui qui l'a voulu. » Cette atténuation est sans valeur, elle n'aurait de force que contre M. Magnan. Or cet honorable médecin a été fort gracieusement traité par M. Gallard et il ne réclame pas. Est-ce que ceux qui se plaignent sont allés vous prier de parler du livre de M. Magnan et des homœopathes ? Est-ce qu'ils ont sollicité qu'on s'occupât d'eux, même pour les insulter ?

Du moins, ajoute M. Gallard, on reconnaîtra que les expressions les plus sévères de mon article « misérable charlatan, ignorant abject, pauvre illuminé, » ont été empruntées à M. Magnan lui-même. Il faut être possédé du désir inextinguible de publicité pour esssayer de faire du bruit à propos de qualifications empruntées à un homœopathe lui-même. Cet argument n'est pas indigne du plus subtil des casuistes, d'Escobar lui-même. Jugez-en : M. Magnan écrit : « On peut aujourd'hui appliquer la méthode de Hahnemann sans être un ignorant abject, un pauvre illuminé, ou un misérable charlatan. » Que fait M. Gallard ? Il renverse la proposition et il dit : « S'il est une époque où l'on a pu appliquer la méthode de Hahnemann sans être un ignorant abject, un pauvre illuminé, ou un misérable charlatan, ce n'est certainement pas à l'époque actuelle. » Il renverse la proposition de M. Magnan, il dit non où celui-ci a dit oui. Et il appelle cela *citer*. Le mot est charmant : je l'engage à ne pas citer souvent ainsi, sinon il n'en est pas à son dernier procès. Comme nous sommes ici pour discuter sérieusement, je n'insiste pas.

Je me hâte de reconnaître que la troisième atténuation invoquée par M. Gallard est plus spécieuse. Il l'a fait résulter du passage suivant de son mémoire :

« Jusqu'à présent, nous n'avons parlé de l'homœopathie qu'en la prenant au sérieux et en considérant les hommes qui la pratiquent comme profondément convaincus de son efficacité. Mais il ne faut pas croire qu'il en soit toujours ainsi. Nous voulons bien admettre que parmi les homœopathes, il se trouve un petit nombre de médecins consciencieux qui, alléchés par cette chose nouvelle et mystérieuse importée d'Allemagne, font abnégation de tout ce qu'ils savent pour adopter les théories de Hahnemann et se laisser guider par ses enseignements : « *Credo quia absurdum*, » disent-ils. Mais ceux-là comprennent parfaitement tout ce qu'une pareille doctrine a d'opposé à la science réelle, à la médecine classique, et les plaçant l'une et l'autre dans un antagonisme constant, ils n'ont jamais pu s'arrêter à l'idée de les associer dans leur pratique.

» Pour eux, « il est absolument interdit de confondre le traitement homœopathique avec les remèdes préconisés par l'ancienne médecine, une telle association serait monstrueuse ; car l'homœopathie est une doctrine nouvelle qui prétend être complète, qui n'admet rien en partage, qui veut être victorieuse ou terrassée. » Ce sont, nous le croyons fermement, de parfaits honnêtes gens, incapables de nuire à leur prochain... sciemment du moins, mais qui, à nos yeux, ont un seul tort, et celui-là est immense, c'est de ne pas vouloir nous permettre de les appeler des ignorants ou des illuminés. Ils ont foi dans ce qu'ils prêchent, d'accord ; mais croire n'a jamais été le synonyme de savoir, et la médecine n'est pas une religion, c'est une science.

» Cependant, qu'on le sache bien, ceux qui croient réellement en l'homœopathie sont les moins nombreux ; d'autres, plus habiles, sans doute, mais certainement moins honorables, profitent de l'engouement du public pour l'homœopathie, qui est, il faut le dire, autant à la mode de nos jours que le baquet de Mesmer a pu l'être dans le siècle dernier. »

Vous voyez bien, a-t-on dit, que M. Gallard reconnaît lui-même que les homœopathes peuvent être honnêtes, convaincus de ce qu'ils pratiquent. S'il en est ainsi, répondrai-je à mon tour, pourquoi a-t-il écrit le contraire dans l'article ? La rétractation du mémoire n'efface pas l'article qui le précède, elle ne servirait qu'à nous donner contre M. Gallard le témoignage de M. Gallard lui-même. Mais ce qui tranche tout, c'est que cette rétractation n'est pas sincère. M. Gallard ne reconnaît ici l'honnêteté des homœopathes en général que pour mieux écraser celui qui est l'objet spécial de sa haine : l'honorable M. Tessier. Dès qu'il perd de vue ce but, et qu'il n'oppose plus les homœopathes purs aux insufficientistes, mais les homœopathes quelconques aux allopathes, dans son mémoire même, il répète que ce sont tous des fripons, et que les combattre ce n'est plus une question de science, mais d'honnêteté et de dignité professionnelle ; de telle sorte que sa modération accidentelle et calculée est encore plus coupable que ses injures !

J'ai rétabli la vérité des faits. Il est désormais constant que l'article de M. Gallard est dirigé non contre la doctrine homœopathique, mais contre le médecins homœopathes ; non contre quelques-uns, mais contre tous, et qu rien ne l'excuse. Il ne me reste qu'à rechercher si le droit permet de le poursuivre. Les principes sont constants et reconnus par nos adversaires aussi bien que par moi. On ne peut réclamer contre un écrit que si l'on a été désigné, mais il n'est pas nécessaire que cette désignation soit individuelle, il suffit qu'elle résulte de l'ensemble de l'écrit. Rechercher si les demandeurs sont recevables, c'est donc rechercher s'ils ont été suffisamment désignés. Comment le révoquer en doute ? Si tous les médecins homœopathes sont des fripons, sauf M. Magnan, il est certain que MM. Pétroz, Gastier, etc., sont atteints par ces qualifications et qu'ils peuvent les relever.

Mᵉ Lefranc ne le croit pas, et il a opposé à cette prétention le dilemme suivant : Vous agissez comme collection, ou vous agissez comme individus. Si vous agissez comme collection, vous êtes non recevables ; n'ayant pas une existence légale, vous êtes le néant. Si vous agissez comme individus, vous n'êtes pas davantage recevables ; n'étant pas nommés, vous êtes sans intérêt.

Nous n'agissons pas comme collection ; nous ne sommes pas un être moral autorisé par la loi, nous ne pouvons introduire une action judiciaire en cette qualité ; si une sommation a d'abord été libellée au nom MM. Pétroz, président, et Léon Simon, secrétaire de Commission centrale homœopathique, l'assignation a été délivrée au nom de tous les demandeurs individuellement, et le titre de membre de la Commission centrale homœopathique n'a plus été qu'une désignation pareille à celle de chevalier ou officier de la Légion d'honneur, ajoutée aux noms et prénoms.

Je reconnais donc moi-même la vérité de la première partie du dilemme ; suis-je atteint par la seconde ? Est-il vrai qu'agissant en ma qualité d'individu, je n'aie aucun intérêt ? Non. Je suis désigné, atteint, ainsi que je l'ai prouvé, j'ai donc un intérêt. Mais, dit mon adversaire, pour que vous fussiez recevables, il serait nécessaire que tous les médecins homœopathes de France se joignissent à vous ; sans cela, après ce procès jugé, rien ne serait terminé, et l'on verrait surgir une légion d'homœopathes vrais ou faux, qui tous réclameraient à leur tour des dommages-intérêts. Qu'importe, répondrai-je ? Où avez-vous lu dans la loi, mon adversaire, où avez-vous vu dans la jurisprudence une doctrine aussi monstrueuse que la vôtre ? Comment, si plusieurs personnes sont attaquées ensemble, il suffira de l'opposition d'une seule pour rendre toute action impossible ? Il y a des manières très diverses de recevoir l'injure. Bossuet raconte avoir connu un saint homme qui, lorsqu'il était outragé, se jetait à genoux, et les bras levés au ciel, demandait à Dieu de pardonner au pécheur et d'attendrir son âme. Si cette manière d'exercer la vengeance est touchante, elle est peu juridique. La loi ne nous demande pas tant de résignation ; si quelques-uns de ceux qui sont atteints par une injure collective se contentent d'une vengeance aussi chrétienne, les autres ne sont point contraints d'imiter leur vertu ; et s'il ne leur convient pas de se jeter à genoux et de lever les yeux au ciel, ils peuvent introduire une action en justice ; s'il ne leur convient pas de demander à Dieu de changer l'âme de l'offenseur, ils peuvent demander à la justice de lui donner une leçon salutaire. Sans doute d'autres pourraient à la rigueur intenter après nous un procès semblable à celui-ci. En fait, cela ne sera pas, puisque nous agissons au nom de tous. Cela serait-il ? A qui la faute ? Si le délit que vous avez commis est tel

que beaucoup en aient été atteints. pouvez-vous trouver dans cette circonstance que vous avez vous-même créée une raison d'impunité? Pensez donc
aux conséquences de cette opinion. On serait puni quand on aurait insulté une
personne ; dès qu'on en aurait insulté cent, on serait inviolable. A mesure
que le délit s'étendrait, au lieu de devenir plus grave, il deviendrait innocent.
On ne pourrait pas dire : Un tel, banquier juif, est un voleur ; mais on
pourrait dire : Tous les juifs sont des voleurs. On ne pourrait pas imprimer :
Tel juge est un prévaricateur, et l'on pourrait dire : Tous les juges sont des
prévaricateurs. On ne pourrait pas accuser un prêtre déterminé d'être un
misérable, et l'on pourrait prétendre que tous les prêtres sont des misérables.
On ne pourrait pas soutenir que tel fonctionnaire est un fripon, et l'on pourrait affirmer que tous les fonctionnaires sont des fripons. Un tel système renverse toutes les barrières que la loi a opposées à l'injure et à la diffamation ;
il assure l'impunité aux diffamateurs habiles, et il laisse pour toute ressource
à leurs victimes, non le pugilat, que les mœurs repoussent autant que les lois,
mais le duel, que les mœurs tolèrent encore, et que tout homme d'honneur
doit réprouver. Non, je le soutiens au point de vue de la morale, aussi bien
qu'au point de vue de la loi, il n'est pas possible de faire contre une collection
d'individus plus que contre un individu. Si l'injure est défendue contre un
seul, à plus forte raison l'est-elle contre plusieurs.

Je reconnais que l'individu atteint en même temps que d'autres l'est
moins fortement que s'il avait été seul désigné ; le coup perd en force ce
qu'il a en étendue. Aussi j'admets sans hésiter une différence entre le cas où
l'individu qui se plaint est nommé, et celui où il est compris dans une attaque
générale, quoique précise. Quand l'individu est nommé, le tribunal n'a à
résoudre que les questions suivantes : L'écrit est-il injurieux ? A-t-il occa-
sionné un préjudice? Quand l'individu n'est pas nommé, il doit se demander,
en outre, si l'intention de l'écrivain a été de comprendre celui qui réclame
dans son attaque générale.

Dans notre espèce l'affirmative est évidente. Sans doute la qualité d'homœopathe ou d'allopathe étant le résultat d'un acte individuel de la volonté
peut être variable, et n'a pas la fixité, la certitude légale de la plupart des catégories que j'ai citées à titre d'exemple; mais il n'y a rien à conclure, sinon
que les demandeurs auront à justifier qu'ils professaient la doctrine homœopathique au moment de la publication de l'article dont ils se plaignent. Ce
point ne fait aucun doute en ce qui concerne les médecins que je représente.
Je dis plus, il est certain qu'en parlant des plus *ardents propagateurs de la
doctrine*, M. Gallard les a eus précisément en vue : de telle sorte que l'attaque
n'est générale que dans la forme ; en réalité, elle est individuelle.

Bien d'autres que les homœopathes ont eu les idées que je développe, les
tribunaux les ont constamment partagées. Voici en quels termes M. Dalloz le
constate (*Répertoire*, vᵒ PRESSE).

« On a dû remarquer que la loi accorde le droit de réponse à ceux qui ont été
nommés ou *désignés* dans un article de journal. — Il est donc sans importance
que le nom de la personne qui veut faire insérer sa réponse ne se trouve pas dans
l'article qui y donne lieu, si d'ailleurs elle y est clairement désignée.

» Quant aux réunions de personnes, il faut se conformer aux règles générales sur les actions. — Si la réunion forme un être moral reconnu par la loi, l'action peut être intentée en son nom.

» Lorsqu'une fraction seulement d'un corps reconnu par l'État a été diffamée, l'action doit s'exercer individuellement par ceux qui ont été attaqués. — Aussi a-t-il été jugé que, lorsqu'une imputation diffamatoire a été adressée aux gendarmes d'une telle ville, les individus composant cette réunion peuvent intenter une action en réparation en leur nom direct et personnel. » (Crim. rej., 25 février 1830, aff. le *Constitutionnel*, voy. n° 1114. V. en ce sens M. de Grattier, t. I, p. 344, n° 1122.)

« Les électeurs forment une partie très notable de la nation ; mais ils ne constituent pas un corps distinct et organisé qui ait le droit d'agir en justice. En conséquence, il a été décidé que des électeurs qui se prétendent diffamés, comme tels ne peuvent exercer qu'une action individuelle en réparation de ce délit. » (Rennes, 15 février 1838, aff. électeurs de Vannes, voy. n° 897, 5°, n° 1124.)

En résumé, je vous défère un article dans lequel, ne se contentant pas de déclarer une doctrine folle et meurtrière, on ajoute que ceux qui la professent sont des charlatans, des fripons ; à côté de cet article, un mémoire dans lequel on a écrit que ces charlatans étaient surtout les plus ardents promoteurs de la doctrine ; une plaidoirie dans laquelle, précisant plus encore, on a nommé MM. Chargé, Simon, Davé, Love, Tessier. Si de telles désignations ne sont pas suffisantes, il faut renoncer à en trouver qui soient précises ?

Ma réponse à la fin de non-recevoir est donc péremptoire. Si l'on avait accepté le débat ainsi que je l'ai offert, j'aurai terminé, et je ne sache pas qu'il y ait eu jusqu'ici, dans mes paroles, quelque chose qui ressemble à une réclame. Mais après avoir détruit le premier système de mes adversaires, il est nécessaire que je combatte le deuxième. Vous vous rappelez qu'il consiste en ceci : Quelle que soit la rigueur des accusations contenues dans l'*Union médicale*, M. Gallard n'est pas répréhensible parce que ces accusations sont vraies ; fussent-elles fausses, elles ont été produites de bonne foi.

Dans cette théorie il est un point que j'accepte : c'est que la preuve fournie de la vérité des faits rendrait notre action mal fondée ; je nie que la bonne foi ait une influence égale. Notre action, ne l'oublions pas, est en dommages-intérêts et non en diffamation. Si l'action était en diffamation, le prévenu pourrait exciper de sa bonne foi, mais la preuve des faits lui serait interdite. Les homœopathes fussent-ils des charlatans et des fripons, s'il les en avait accusés avec intention de nuire, il serait condamné. L'action étant en dommages-intérêts, la bonne foi n'a plus qu'une importance accessoire ; puisque la simple imprudence, aux termes de l'art. 1382, fait naître des dommages-intérêts, elle peut servir à modérer la condamnation, elle ne peut l'écarter. La recherche de la vérité des faits prend au contraire une importance décisive. Et voilà quel est, après le respect de notre art, le principal motif qui nous a décidés à préférer l'action civile à l'action correctionnelle. MM. Gallard et Richelot, après une condamnation correctionnelle, eussent pu dire : Nous avons succombé parce que nous n'avons pas été admis à la preuve. Si nous avions été devant la juridiction civile, nous aurions établi que M. Tessier a tué la duchesse de M..., que MM. Simon ou Chargé ont commis des actes épouvantables ! Vous êtes devant la justice civile, le champ vous est ouvert, prouvez, prouvez que nous sommes des charlatans et des fripons, alors aucune condamnation ne saurait vous atteindre ; sinon soyez confondus, et n'espérez pas qu'une prétendue bonne foi vous protége contre la peine que méritent les calomniateurs !

M. Gallard n'a pas même à prouver la vérité de ses affirmations contre la doctrine homœopathique. Hahnemann, a-t-il dit, est un Mesmer, un Cagliostro sans conviction ; il s'est proposé la recherche des causes premières ; sa doctrine ne repose que sur l'expérience mal faite du quinquina ; elle rompt avec la tradition ; les expériences la condamnent, les corps officiels la proscrivent, le ridicule la poursuit. Que tout ceci soit vrai ou faux, cela importe peu : M. Gallard a pu se tromper sans courir aucun danger. Je ne lui demande que la preuve de l'accusation qu'il a portée contre les médecins homœopathes et que son défenseur a ainsi reproduite ; je cite textuellement d'après mes notes et d'après la plaidoirie sténographiée : « Les homœopathes » administrent les remèdes les plus énergiques sous le nom de globules. »

Si le fait est vrai, c'est une infamie, prenez acte de mes paroles. S'il y a des médecins homœopathes qui, en disant aux malades : Je vous donne des globules, leur administrent des doses allopathiques, flétrissez-les, chassez-les de cette enceinte, vous rendrez un service à l'homœopathie elle-même. Mais si le fait n'est pas vrai, si votre accusation est calomnieuse, oh ! alors, condamnez les écrivains qui osent répandre de pareils mensonges, ou déclarez les homœopathes hors la loi !

Pour savoir si M. Gallard a prouvé que les médecins homœopathes donnent des remèdes allopathiques sous forme de globules, il importe de préciser avant tout les principes homœopathiques, de déterminer dans quelle mesure Hahnemann a rompu avec la tradition, et de rechercher s'il a absolument interdit l'emploi des moyens traditionnels ou allopathiques. Or voici ce que je trouve dans l'*Organon* :

« Ces vérités incontestables, qui s'offrent d'elles-mêmes à nous quand nous interrogeons la nature et l'expérience, expliquent d'un côté pourquoi la méthode homœopathique est si avantageuse dans ses résultats, et démontrent de l'autre l'absurdité de celle qui consiste à traiter les maladies par des moyens antipathiques et palliatifs.

» Ce n'est que dans des cas extrêmement pressants, où le danger que la vie court et l'imminence de la mort ne laisseraient point le temps d'agir à un médicament homœopathique, et n'admettraient ni des heures, ni parfois même des minutes de délai, dans des maladies survenues tout à coup chez des hommes auparavant bien portants, comme les asphyxies, la fulguration, la suffocation, la congélation, la submersion, etc., qu'il est permis et convenable de commencer au moins par ranimer l'irritabilité et la sensibilité à l'aide de palliatifs, tels que de légères commotions électriques, des lavements de café fort, des odeurs excitantes, l'action progressive de la chaleur, etc. Dès que la vie physique est ranimée, le jeu des organes qui l'entretiennent reprend son cours régulier, parce qu'il n'y avait point ici maladie, mais seulement suspension ou oppression de la force vitale qui, d'ailleurs, se trouvait par elle-même dans l'état de santé. Ici se rangent encore divers antidotes dans les empoisonnements subits : les alcalis contre les acides minéraux, le foie de soufre contre les poisons métalliques, le café, le camphre (et l'ipécacuanha) contre les empoisonnements par l'opium, etc. »

Les disciples purs de Hahnemann ont admis les mêmes principes. Le vénérable M. Pétroz, dont on ne peut prononcer le nom sans s'incliner, qu'une longue vie de probité et d'honneur place au-dessus de toutes les attaques, déclare dans le journal de la Société gallicane du 1er février 1858 que le traitement de la syphilis, de certaines affections cutanées réclame l'administration de doses minimes, mais non infinitésimales.

M. le docteur Léon Simon, dans ses remarquables commentaires sur l'*Organon*, écrit page 556 :

« Je me souviens d'avoir été appelé l'an dernier pour une fièvre intermittente pernicieuse algide. J'arrivai au milieu de la nuit ; la malade était au troisième accès ; elle était glacée comme un cadavre, le pouls filait sous le doigt, l'oppression était extrême, une vive douleur existait dans la région du péricarde ; les yeux étaient éteints. La malade faisait ses adieux à sa famille, disant qu'elle se sentait mourir ; la respiration devenait râlante. En face d'un danger imminent, je n'hésitai pas un instant à couvrir de sinapismes les extrémités inférieures et supérieures et à faire prendre par cuillerées à bouche du vin de Bordeaux pur. Au bout d'un quart d'heure la réaction se rétablit ; au froid glacial succéda une chaleur intense telle, que la malade disait qu'elle se sentait comme brûlée. La chaleur s'éteignit peu à peu, et l'apyrexie survint sans que la malade eût à traverser le stade de sueur. »

Il raconte ensuite que, dans un danger imminent de congestion cérébrale chez une dame au huitième mois de sa grossesse, il avait pratiqué une saignée, et il ajoute :

« Aujourd'hui, après trente-trois ans de pratique médicale et vingt-deux ans de pratique homœopathique, je saignerais encore dans un cas semblable. »

M. le docteur Chargé s'exprime de même dans ses *Études médicales* de 1838, p. 2 :

« Ainsi on leur a dit : L'homœopathie est une médecine qui ne saigne pas alors même que la saignée est urgente et ne peut être différée sans que la mort s'ensuive ; l'homœopathie administre des médicaments tellement divisés à l'infini, que toute action de leur part est impossible. L'homœopathie donne des poisons qui tuent ou qui guérissent, mais qui toujours jouent la vie du malade à *quitte ou double*, etc., etc. Les gens sensés n'ont pas voulu de cette médecine ; ils ont raison de ne pas en vouloir, ils n'en voudront jamais. Mais heureusement, telle n'est pas l'homœopathie : elle saigne quand la nécessité de désemplir promptement le système circulatoire, ou de débarrasser un organe essentiel à la vie d'une trop grande quantité de sang qui le comprime, rend indispensable la saignée ; elle n'administre pas de poisons : ceci est une atroce calomnie que rien ne justifie ; enfin elle emploie des substances qui ont une action bien positive et déterminée, et de plus, laisse le praticien libre de donner les médicaments par grains, par onces et par livres, etc., etc. » .

Dans ces différents cas, Hahnemann et ses disciples n'administrent pas les médicaments pour guérir, mais comme palliatifs, ou pour écarter l'obstacle qui s'oppose à l'action régulière de la force vitale. Le soulagement étant obtenu et l'obstacle écarté, ils ont recours, pour guérir, aux médicaments donnés aux doses infinitésimales.

D'autres médecins que les disciples purs de Hahnemann, nommés les *insufficientistes*, et qui s'appellent eux les *éclectiques*, vont encore plus loin ; ils pensent que, même dans certains cas ordinaires, pour guérir et non-seulement pour pallier, on peut recourir à des moyens allopathiques ou traditionnels.

Ceci posé, que voulez-vous établir ? Que dans certains cas, tel ou tel médecin homœopathe s'est servi des médicaments et des procédés allopathiques ? Pour cela il n'était pas nécessaire de produire des registres de pharmacie ni d'obtenir des héritiers du marquis de Rancoigne l'oubli de tous les liens qui ont existé entre leur parent et le docteur Davet ; il n'était pas nécessaire de venir à l'audience armés de pièces qui vous ont été livrées par trahison, il suffisait d'ouvrir nos livres, vous y eussiez lu l'aveu public, formel, ancien, de ce que vous alléguiez. Si vous aviez été moins ignorant de la doctrine homœopathique, vous n'eussiez point présenté comme une découverte ce qui se trouve depuis des années dans tous nos écrits.

Mais vous n'avez pas dit seulement que les médecins homœopathes recouraient à des moyens allopathiques, vous avez ajouté qu'ils administraient des remèdes allopathiques sous forme de globules. C'est en cela que consiste la véritable gravité de votre accusation. Que produirez-vous pour l'appuyer ? Les lettres intimes de M. Davet avec le marquis de Rancoigne, un registre de pharmacie et une histoire sur M. Tessier.

Les lettres de M. Davet ne prouvent rien. M. Davet, en soignant le marquis, donnait quelques conseils à la marquise, qui était entre les mains d'un médecin allopathe ; une fois il prescrivit à son client des eaux minérales et des lavements d'orgeat. Cette prescription déguisait-elle un globule ?

Le registre du pharmacien ne signifie pas davantage. J'y trouve des ordonnances allopathiques signées par MM. Simon et Love.

Me ANDRAL. — Je n'ai pas nommé le docteur Simon.

Me ÉMILE OLLIVIER.—A l'audience, c'est possible ; mais je lis dans le registre de votre pharmacien que toutes les ordonnances allopathiques des médecins homœopathes sont entourées de rouge : or, je vois entourées de rouge les ordonnances du docteur Simon. Si je ne m'expliquais pas, le Tribunal pourrait penser qu'il s'agit du docteur Léon Simon ; vous avez un grand intérêt à ce qu'il le croie, afin de discréditer auprès de lui un de ceux qui représentent avec le plus de fidélité la doctrine pure de Hahnemann. Je ne tomberai pas dans le piége, et ne serait-ce que pour démontrer la loyauté de vos arguments, je dirai au Tribunal que le docteur Simon signalé par le pharmacien est un médecin allopathe fort occupé, de la rue Vanneau, et non le médecin homœopathe Léon Simon, qui habite rue Saint-Lazare.

Le docteur Love du registre est bien le médecin homœopathe, demandeur au procès ; seulement il est faux que dans ses ordonnances il prescrive des médicaments allopathiques sous forme de globules, il les ordonne ouvertement et dans le style des formules traditionnelles ; je dois ajouter que les prescriptions de cette nature remontent toutes aux années 1849 et 1852, pendant lesquelles M. Love hésitait encore entre l'allopathie et l'homœopathie.

Reste l'histoire relative au docteur Tessier. Écoutez-la et rougissez de votre imposture.

M. Tessier soignait la duchesse de M... Cette dame pratiquait l'homœopathie avec intelligence, avec ferveur ; elle avait l'habitude de faire apporter de la pharmacie des tubes remplis de médicaments, et les potions se préparaient en sa présence. Elle était atteinte d'une hydropisie générale et d'une hydropisie de poitrine. Trois fois elle se trouva sous le coup d'une suffocation imminente ; chaque fois, M. Tessier lui administra un gramme de calomel dans du sirop de fleur de pêcher. Et savez-vous où fut préparé ce médicament qui n'avait pas l'apparence de globules? Chez M. Blondeau ou chez M. Goblet, les pharmaciens allopathes ordinaires de la duchesse. Chaque fois cette médication intelligente sauva la malade ; et si la maladie est devenue enfin la plus forte, du moins les derniers jours ont été reculés, rendus moins pénibles : c'est le témoignage que M. le duc de M... rend à M. Tessier dans une lettre que j'ai entre les mains, lettre dans laquelle, en lui envoyant un objet précieux qui avait appartenu à la duchesse, il ajoute : « Nous vous prions tous de penser quelquefois, en le voyant, à la reconnaissance que nous conserverons toujours pour vos soins si dévoués et pour la manière dont vous avez su adoucir les derniers moments de celle que nous pleurons. »

Vous n'avez donc rien prouvé contre aucun médecin homœopathe, et vous méritez d'être condamnés pour les avoir injustement accusés. Du moins étiez-vous de bonne foi? Il y a deux espèces de mauvaise foi qui correspondent à deux mots du langage juridique : le dol et la fraude. Imputer à quelqu'un des faits faux auxquels on ne croit pas soi-même, c'est commettre un dol. Les lui imputer en y croyant, mais sans avoir pris toutes les précautions pour s'éclairer, c'est commettre une faute. En droit, on est responsable du dol aussi bien que de la faute. Je ne veux pas rechercher avec acharnement si l'article de M. Gallard contient le dol plutôt que la faute. J'accepte avec plaisir la supposition la plus favorable ; j'admets qu'il a été très convaincu et que c'est l'entraînement de la jeunesse, de la passion qui a guidé sa plume ; je me borne à soutenir qu'il a commis dans sa critique des erreurs qu'il eût évitées en étudiant mieux. Je le prouve en examinant ses diverses attaques contre la doctrine homœopathique elle-même.

Je ne reviendrai pas sur ce qui concerne Hahnemann. Quand mon honorable contradicteur aura étudié sa vie, que, de son propre aveu, il ignore, il comprendra qu'il faut être aveuglé par la haine pour insulter ce grand homme de bien et ce savant immortel. Je laisse M. Lassègue à ses déclamations, et je ne rappelle au Tribunal que les paroles de M. Marchal de Calvi et de M. Imbert-Gourbeyre, l'un et l'autre allopathes :

« Hahnemann fut un homme de génie », dit le premier (*France médicale et pharmaceutique*, 1855). — « On ne sait pas assez, dit le second, que le célèbre médecin allemand a été en pharmacodynamie l'homme le plus savant *qui ait jamais existé*, vivant de longues années dans la poussière des bibliothèques, compulsant toutes les grandes collections scientifiques, journaux, traités, mémoires, thèses, observations. Depuis Hippocrate jusqu'à nos jours, il a analysé tout ce qui avait pu être dit sur les propriétés réelles des médicaments ; il a surtout largement puisé dans le siècle précédent, siècle toxicophile, commencé par Melchior Frick, continué par Storck et sa brillante école. De sorte que, en exposant les propriétés des médicaments anciennement connus, il n'a fait que raconter la tradition ; bien plus, il les a vérifiées lui-même, et malgré une méthode d'exposition qui paraît bizarre, malgré les détails qui semblent minutieux, on ne peut s'empêcher d'être frappé de l'accord qui existe entre Hahnemann et ses devanciers. Pour se convaincre de tout ce que j'avance, il suffit de lire tout ce que le médecin allemand a écrit en particulier sur l'arsenic ; et en résumé, pour être logique, il faut accepter Hahnemann sur le terrain de la pharmacodynamie, ou nier toute l'observation ancienne. » (*Gazette médicale de Paris*, 1858.)

Si j'ai peine à comprendre que M. Gallard se soit si légèrement expliqué sur Hahnemann, je comprends encore moins sa prétention de donner l'expérience pour base à l'ancienne médecine, et d'imputer à l'homœopathie la recherche des causes premières : Est-ce l'homœopathie qui dit : « *Contraria contrariis curantur*, tel est le dogme qui domine toute la thérapeutique : mais encore une fois, pour faire l'application de cette loi fondamentale à l'art de guérir, il faut connaître la nature des maladies. » (Bouillaud, *Philosophie médicale*, p. 319.) — Est-ce l'ancienne médecine qui a inspiré ce passage de l'*Organon* : « Comme cette loi thérapeutique de la nature se manifeste hautement dans tous les essais purs et dans toutes les expériences sur les résultats desquels on peut compter ; que, par conséquent, le fait est positif, peu nous importe la théorie scientifique, la manière dont il a lieu. Je n'attache aucun prix aux explications que l'on pourrait essayer d'en donner. » (*Organon*, § XXIII.) — La vérité est que l'expérience n'est, pour l'ancienne médecine, que, l'empirisme, et que selon l'aveu de Sprengel (t. V, p. 382), elle a toujours emprunté sa base à la philosophie dominante. L'expérience, presque abandonnée depuis Hippocrate, date, dans la médecine moderne, de Hahnemann.

M. Gallard n'est pas plus heureux relativement à la loi des semblables qu'il ne l'a été sur Hahnemann et sa méthode. Elle ne repose, a-t-il dit, que sur une expérience mal faite. Autant de mots, autant d'erreurs. Ce n'est pas après une seule expérience que Hahnemann a été amené à la loi des semblables ; après l'expérience du quinquina, il eut un soupçon, il n'arriva à la certitude qu'après de nombreux essais, *à posteriori et non à priori*, pour parler le langage de la scolastique. Il l'a raconté lui-même :

« Dans les articles que j'ai ajoutés à la *matière* de Cullen, j'ai déjà fait observer que le quinquina administré à hautes doses provoque chez les sujets impressionnables, jouissant d'ailleurs d'une bonne santé, un véritable accès de fièvre qui offre beaucoup de ressemblance avec celui de la fièvre intermittente, et que c'est *probablement* à cette propriété qu'il doit de surmonter et de guérir ainsi cette espèce de fièvre : l'expérience que j'ai maintenant me permet d'affirmer positivement cette assertion. » (P. 21.)

Hahnemann n'a jamais soutenu que le quinquina donnât la fièvre intermittente, il a dit qu'il produisait une fièvre analogue à la fièvre intermittente ; c'est aussi l'avis de Bretonneau, que MM. Velpeau et Trousseau s'honorent d'avoir eu pour maître :

« L'observation de chaque jour prouve que le quinquina donné à haute dose détermine chez un grand nombre de sujets un mouvement fébrile très marqué. Les caractères de cette fièvre et l'époque à laquelle elle se manifeste varient selon les individus. Le plus souvent, des tintements d'oreille, la surdité et une sorte d'ivresse précèdent l'invasion de cette fièvre. Un léger frisson s'y joint. Une chaleur sèche, accompagnée de céphalalgie, succède à ces premiers symptômes, s'éteint graduellement et se termine par de la moiteur. Loin de céder à de nouvelles et à de plus fréquentes doses de ce médicament, la fièvre causée par l'absorption du principe actif du quinquina ne manque pas d'être exaspérée. »

Le même témoignage se rencontre dans un Mémoire lu à l'Académie des sciences par M. A. Chevallier :

« M. Zimmer, fabricant de sulfate de quinine à Francfort, a reconnu que les ouvriers employés à la pulvérisation du quinquina dans sa fabrique étaient atteints d'une fièvre particulière qu'il désigne par le nom de fièvre de quinquina. Cette maladie, selon M. Zimmer, est assez douloureuse pour que des ouvriers qui en ont été atteints aient renoncé à la pulvérisation du quinquina, et aient quitté la fabrique. »

Enfin voici comment s'exprime un des médecins les plus instruits, les plus honnêtes et les plus dignes de respect et de créance, le savant M. Pidoux, dans la sixième édition de son *Traité de thérapeutique* en collaboration avec M. Trousseau, t. II, p. 338 ; ces paroles sont motivées par l'observation de Bretonneau que je viens de reproduire :

« Ces effets physiologiques du quinquina, signalés dans les termes mêmes qu'on vient de lire dans la première édition de notre *Traité de thérapeutique*, avaient été *méconnus et niés* par la plupart des médecins de notre pays ; mais depuis quelques années des travaux d'abord à l'étranger, et ensuite en France, ont été faits sur cette matière, et bien que les auteurs se soient attribué l'honneur d'une découverte qui appartient tout entière à M. Bretonneau, et que nous avions consignée dans un ouvrage devenu classique, leur témoignage n'en est que plus précieux, et aujourd'hui il n'est pas de médecin, un peu attentif, qui n'ait tous les jours l'occasion de constater les faits sur lesquels nous venons d'insister.

» La surdité ordinairement passagère que cause l'ingestion d'une assez forte dose de quinine peut, dans quelques cas, devenir plus inquiétante et plus durable. Le docteur Ménière, médecin de l'institution des Sourds-Muets de Paris, et qui a fait de si intéressantes recherches sur les troubles de l'ouïe, a vu des individus qui, après l'usage longtemps continué du sulfate de quinine à hautes doses, ont conservé des tintouins pendant plusieurs années ; il cite également le fait d'un enfant qui devint sourd IMMÉDIATEMENT après l'administration du sulfate de quinine, et chez qui la surdité resta complète durant plusieurs années et ne put être entièrement guérie. »

On conviendra qu'en présence de ces autorités, nous n'ayons pas à nous inquiéter beaucoup du scepticisme de M. Béhier et des fanfaronnades de M. Jeannel de Bordeaux !

Hahnemann ne base pas la loi des semblables seulement sur ses nombreuses expériences ; il n'imite pas Paracelse qui, après avoir voyagé pendant dix années sans ouvrir un livre, inaugura son cours en livrant aux flammes tous les ouvrages anciens; il commence l'*Organon* par un chapitre intitulé *Des guérisons homœopathiques dues au hasard*, et il ajoute : « Mon but, en agissant ainsi, a été de faire voir que la médecine homœopathique AURAIT PU ÊTRE TROUVÉE AVANT MOI. » Les exemples rapportés dans ce chapitre sont curieux, je ne veux citer que celui relatif à la guérison des brûlures, dont Sydenham, Fernel, Hunter, se sont occupés. Pour guérir une brûlure, la loi des contraires exige qu'on expose au froid l'organe affecté; or l'expérience a démontré même aux médecins allopathes, que le meilleur moyen de guérir une brûlure, c'est d'approcher l'organe malade du feu ou de l'entourer d'alcool et de térébenthine. J. Bell raconte qu'une dame s'étant brûlé les deux bras avec du bouillon, il plongea l'un dans l'eau, et il entoura l'autre d'essence de térébenthine ; au bout d'une demi-heure le dernier ne causait plus de souffrances, tandis que le second continua pendant des heures à être douloureux ; dès que la malade le retirait de l'eau, elle y ressentait des douleurs bien plus aiguës, et la guérison de ce bras exigea beaucoup plus de temps que celle de l'autre. Rien n'est plus aisé à expliquer. Tout médicament a deux actions, l'action première et l'action seconde, ou si, vous le préférez, une action et une réaction ; l'action passe, la réaction dure. Si l'action première est contraire au mal et le soulage, l'action seconde lui sera semblable et l'exaspérera ; si l'action première est semblable au mal et l'aggrave, la réaction lui sera contraire et le guérira. M. Trousseau a reconnu lui-même la vérité de cette observation d'où découle la loi des semblables, lorsqu'il remarque que les gens exposés habituellement à un foyer ardent, tels que les forgerons et les cuisiniers, ont le teint pâle, qu'il en est de même des habitants du Midi, tandis que les gens qui vivent en plein air et les habitants du Nord sont plus généralement colorés. « Pendant qu'ils sont exposés à la chaleur du soleil, dit le brillant professeur, il y a *fluxion* sur la face, mais le phénomène secondaire, c'est la *défluxion*, s'il m'est permis de me servir de ce mot. » (*Union médicale*, 15 juillet 1856.)

Hahnemann, après avoir invoqué les expériences anciennes, cite les passages des écrivains qui ont soupçonné l'homœopathie « non pas, dit-il, pour établir l'excellence de cette méthode qui s'établit toute seule et d'elle-même, mais pour échapper au reproche d'avoir passé ces espèces de pressentiments sous silence, pour m'arroger la priorité de l'idée. » Aucun n'est plus formel que le danois Stahl :

« La règle admise en médecine de traiter la maladie par des remèdes contraires ou opposés aux effets qu'ils produisent (*Contraria contrariis*) est complétement fausse et absurde. Je suis persuadé, au contraire, que les maladies cèdent aux agents qui déterminent une maladie semblable (*Similia similibus*) : les brûlures par l'ardeur d'un foyer dont on approche la partie, les congélations par l'application de la neige et de l'eau froide, les inflammations et les contusions par celle des spiritueux. C'est ainsi que j'ai réussi à faire disparaître la disposition aux aigreurs par de très petites doses d'acide sulfurique, dans des cas où l'on avait inutilement administré une multitude de poudres absorbantes. »

Aux citations d'Hahnemann j'en ajouterai une de saint François de Sales, pour prouver qu'il y a longtemps déjà que les personnes étrangères à la médecine connaissent la loi des semblables (*Traité de l'amour de Dieu*, liv. II, chap. 20) :

> « Les médecins méthodiques ont toujours en bouche cette maxime, que les contraires sont guéris par leurs contraires ; et les spagiristes célèbrent une sentence opposée, que les semblables sont guéris par leurs semblables. Or, quoi qu'il en soit, nous savons que deux choses font disparaître la lumière des étoiles : l'obscurité des brouillards de la nuit et la plus grande lumière du soleil ; et de même nous combattons les passions en leur opposant de plus grandes affections de leur sorte ; l'amour sensuel et terrestre sera ruiné par l'amour céleste, ou comme le feu est éteint par l'eau, à cause de ses qualités contraires, ou comme il est éteint par le feu du ciel à cause de ses qualités semblables plus fortes et prédominantes, Notre-Seigneur use de l'une et l'autre méthode en ses guérisons spirituelles. »

Tant d'arguments et tant de faits ont-ils été renversés par les expériences de MM. Andral, Orfila et Trousseau ? Avant de l'examiner, permettez-moi de vous soumettre trois observations importantes.

Quand on doit apprécier des expériences, il ne faut pas se décider par l'honnêteté de ceux qui les ont faites. On peut être fort honnête et se tromper. Guy-Patin est un type d'honnêteté autant que d'esprit et d'entêtement, et il écrivait à son ami Falconnet : « Le quinquina ne guérit pas la fièvre intermittente, et nous l'avons abandonné. *Jacet ignotus et sine nomine pulvis.* » Riolan était un honnête homme, et il a combattu les expériences d'Harvey. Mariotte était un honnête homme, et il ne réussit pas d'abord en répétant les expériences de Newton sur le prisme. Je suis très convaincu de la sincérité et de la loyauté des médecins qui nient l'homœopathie ; je suis non moins convaincu de la sincérité et de la loyauté de ceux qui l'affirment. Honnêteté pour honnêteté, MM. Pétroz, Simon, Chargé, Gastier, Tessier, Molien, Love, Cretin, etc., sont les égaux de MM. Andral, Orfila, Bally, Trousseau, etc.

En second lieu, l'insuccès de quelques expériences ne prouve rien contre une doctrine. C'est de M. Andral que je l'ai appris dans la discussion sur la fièvre typhoïde : « Telle méthode donne aujourd'hui des succès qui demain donnera des revers. Bien plus, la même méthode entre des mains différentes donne simultanément des succès et des revers. A qui croire ? »

Enfin, quand on veut expérimenter selon les conseils d'Hahnemann, il faut distinguer les expériences sur l'homme à l'état sain et les expériences sur le malade. Pour agir sur l'homme à l'état sain, il est nécessaire de recourir à des doses massives, aux teintures mères ; les doses infinitésimales n'agissent qu'après un très long temps ; elles ne sont efficaces tout de suite que sur le malade. Un exemple vulgaire vous rendra sensible la raison de cette différence. Quand on a la gorge malade, on ne peut supporter le vin, les épices et certains mets, tandis qu'on les supporte naturellement quand elle est saine. De même une petite quantité de médicament agira sur un organe sensible et disposé à subir un remède approprié, tandis qu'il faut une plus grande quantité pour opérer le même effet sur un organe vigoureux, et sans rapport morbide avec la subtance médicamenteuse. Ceci me permet d'écarter les expériences sur cent cinquante globules d'aconit avalés par le docteur Béhier. Cent cinquante globules d'aconit ne pouvant équivaloir à une dose massive, ce que M. le docteur Béhier ignore, en vertu de cette maxime allopathique qu'on peut combattre ce qu'on ne connaît pas, il est tout simple qu'il les ait avalés, et qu'il ait bien dîné ensuite. Le médecin homœopathe qui, selon son récit, l'a menacé d'effets effroyables s'il affrontait l'épreuve, était un ignorant, ou, ce qui est plus probable, il a voulu se moquer de lui.

Ces principes posés, j'examine d'abord l'expérience de M. Orfila. M. Orfila, chimiste éminent, a analysé, vous a-t-on dit, des médicaments homœopathiques, et il n'y a rien trouvé : *ex nihilo nihil.* Je suis convenu moi-même qu'au delà des premières dilutions, les réactifs chimiques ne révélaient plus rien ; mais cela ne prouverait contre la puissance des infiniment petits qu'autant qu'il serait établi en même temps qu'aucune substance n'est active dès qu'elle échappe aux réactifs chimiques. Or, voici ce que les savants nous apprennent sur cette question.

« La chimie, dit un des savants les plus éminents et les plus dignes d'admiration, M. Littré, a pour domaine la matière inorganique. Dans le milieu vivant, toutes les qualités qu'elle possède à un degré si éminent tournent contre elle ; ce qu'elle veut mesurer ou peser n'est ni mesurable ni pondérable ; ce qu'elle veut assujettir à des proportions a pour caractère d'en changer sous les moindres influences ; ce qu'elle veut prévoir n'est pas susceptible de prévision par le côté chimique. » (*Revue des Deux-Mondes*, 1ᵉʳ janvier 1855.) Dès lors qu'y a-t-il d'étonnant, si l'appareil de Marsh, un composé de tubes bruts et inertes, rend manifestes jusqu'à des millionièmes de grammes d'arsenic, que l'organisme humain, doué d'une vitalité si puissante et d'une sensibilité si exquise, ressente l'action des médicaments aux doses infinitésimales ? Que de faits l'attestent ! Autrefois les champs de Pœstum étaient couverts de roses, la campagne de Rome était peuplée d'une race forte et saine ; dans un diamètre de plus de cinq lieues, sur les voies Flaminienne et Appienne s'élevaient des tombeaux splendides, des arcs de triomphe, des monuments dignes du peuple roi. Aujourd'hui la fièvre règne seule sur les champs où furent les roses, et sur ceux où s'étendaient les voies qui conduisaient les peuples dans la capitale du monde ; à certaines époques de l'année on n'y rencontre plus que des hommes hâves, pâles, défaits, rongés par un mal intérieur, suivis de femmes et d'enfants grelottants ; des miasmes meurtriers infectent l'atmosphère, et cependant les réactifs chimiques n'ont rien saisi dans l'air de Pœstum ou de la campagne de Rome qui ne se trouvât dans l'air des pays les plus salubres. M. Babinet le constate et il ajoute :

« En général, la quantité de matière nécessaire pour agir sur le système nerveux et sur nos organes est extrêmement petite. On a analysé chimiquement l'air infect pris dans l'égout de Montmartre et celui qui avait été recueilli dans un espace libre et bien isolé sur les quais, près du pont de la Concorde, et chimiquement parlant, on les a trouvés identiques. Un morceau de musc qui avait fourni pendant vingt ans des émanations odorantes à l'air libre n'avait rien perdu de son poids. L'air qui donne les fièvres de marais et celui de la Zélande, qui donne constamment les fièvres d'automne, ne déposent rien d'appréciable aux réactifs les plus sensibles. Quelles influences physiques faut-il donc imaginer ou admettre ? » (*Revue des Deux-Mondes*, octobre 1854.)

M. Chevreul a recueilli les mêmes faits que M. Babinet : « Il peut y avoir dans l'atmosphère une matière délétère qui échappera au chimiste parce qu'elle est en proportion trop faible. Ainsi, bien que plusieurs analyses d'eau de Seine prises au-dessous des lieux les plus propres à la vicier n'aient rien fourni de concluant, il est permis d'admettre avec Thouret, Tenon, Parent-Duchâtelet, qu'il y peut entrer des principes d'infection qui se révèlent seulement par leurs effets sur l'organisme. » (Lévy, *Traité d'hygiène*, t. II, p. 579.)

M. Bouchardat, certainement aussi digne de foi qu'Orfila, a raconté à l'Académie des sciences, dans les séances des 24 et 31 juillet 1843, une expérience encore plus concluante. Il a dissous un milligramme d'iodure de mercure dans vingt litres d'eau ; il y a plongé successivement quelques poissons ; en quelques secondes ils sont tous morts ; et cependant, ajoute-t-il : « Cette proportion de sel mercuriel est tellement faible, un *millionième*, *qu'elle échappe aux réactifs chimiques les plus sensibles.* »

Si les doses infinitésimales produisent des effets d'empoisonnement entre les mains d'un savant, pourquoi entre les mains d'un homœopathe ne produiraient-elles pas des effets curatifs ? Les médecins allopathes que la passion n'aveugle pas l'ont reconnu, et après les témoignages empruntés à la science générale, je puis invoquer ceux non moins précieux que me fournira la médecine elle-même.

Boerhaave (*Tractatus de viribus medicamentorum*) : « *Medicamenta dividi possunt in partes adeo minutas, ut imaginationes vim penè eludant quæ retinebunt vires.* »

Hulfeland, le premier médecin de l'Allemagne de son temps :

« Se laisser prévenir contre ce moyen par l'extrême petitesse de la dose, ce serait oublier qu'il est ici question d'un effet dynamique, c'est-à-dire d'un effet sur le vivant, et qu'on ne peut apprécier ni par les livres ni par les grains. Quel est celui qui a pu déterminer pondérativement l'arome, ou bien la quantité d'un virus nécessaire pour produire un effet quelconque ? Étendre une substance, est-ce donc constamment l'affaiblir ? Et le liquide qui s'étend ne peut-il être un véhicule qui développe en elle une propriété nouvelle, un nouveau mode d'action plus subtil que celui qu'elle possédait auparavant ? »

Kopp ne fut pas d'abord aussi favorable, et dans le premier volume de ses *Memorabilia* il attaquait l'homœopathie ; après l'avoir publié, il se livra à de nouvelles expériences, et dans le second volume il déclara ceci :

« Si j'étais appelé à prononcer comme juré, ma conscience ne me permettrait pas de prononcer autrement : Oui, les décillionièmes déploient des vertus curatives déterminées. »

Sans être aussi explicite que les précédents, un adversaire de l'homœopathie, M. Pidoux, reconnaît l'importance des atténuations médicamenteuses :

« Si l'on veut obtenir leurs effets spéciaux, il faut généralement administrer les médicaments à petites doses, car alors leurs effets communs sont très peu sensibles. Veut-on, au contraire, agir davantage par leurs effets communs que par leurs effets spéciaux, il convient de les donner à doses beaucoup plus fortes. Ce principe est capital en thérapeutique.

» Qui ne sait que le bichlorure de mercure manifeste d'autant mieux ses effets spécifiques, sa vertu antivénérienne, que quand, donné à petites doses, suspendues de temps en temps, il ne détermine aucun effet physiologique, c'est-à-dire aucun effet commun ; et que, d'autre part, du moment que ceux-ci apparaissent, ce médicament ne nuit pas seulement aux voies digestives, mais qu'il n'exerce plus aussi bien son action antisyphilitique ?

» Il y a bien peu de médecins qui sachent voir dans l'ipécacuanha autre chose qu'un vomitif. A la vérité, si on le donne à hautes doses, tous ses effets spéciaux se perdent dans son action émétique. C'est pourtant un tonique du poumon et de l'intestin, mais qu'on n'éprouve qu'en l'administrant à faibles doses. » (*Introduction*, p. 88.)

Mon adversaire s'est écrié, en parlant de Broussais : « N'invoquez pas ses expériences de la dernière heure ; il n'avait pas l'usage de ses facultés, l'homme qui dictait dans son testament : J'ai cherché l'âme partout avec mon scalpel, et je ne l'ai pas trouvée : donc elle n'existe pas. » Broussais avait raison ; on a beau fouiller dans le corps humain, disséquer les muscles, plonger le regard dans les chairs palpitantes, suivre les nerfs dans leur circuit intérieur, on ne trouve pas l'âme. Quelle est sa nature ? où réside-t-elle ? Dans quel organe a-t-elle son siége principal ? Comment vient-elle en nous, comment nous quitte-t-elle ? Nul ne répondra jamais à ces questions, qu'il est d'une curiosité indiscrète de trop sonder ; et cependant l'âme existe. Quel aveuglement a empêché mon adversaire de s'apercevoir qu'après avoir blâmé Broussais, il l'imitait, lorsque reproduisant contre les doses homœopathiques l'argument du scepticisme contre l'existence de l'âme, il disait : « J'ai cherché partout les infiniment petits avec des réactifs chimiques, et je ne les ai pas trouvés : donc ils n'agissent pas. » Comme Broussais, il a raison : on a beau consulter les réactifs chimiques les plus actifs, diviser, fouiller, on ne trouve rien dans les dernières dilutions. Pourquoi l'action des infiniment petits ? Qu'est-ce qui la produit ? A quelle loi se rattache-t-elle ? Nous l'ignorons, nous ne l'apprendrons peut-être jamais, et cependant les infiniment petits agissent. Est-ce donc le premier phénomène que nous ne puissions ni nier ni expliquer ? Ne sommes-nous pas entourés de causes mystérieuses qui nous dominent sans que nous puissions les découvrir ou les écarter ? L'homme n'est-il pas semblable à ces filles de Niobé, qui tombent à droite, à gauche de leur mère, atteintes par des flèches que lance une main invisible ?

J'aurais désiré ne point m'expliquer sur les expériences de M. Andral, je ne puis me taire après l'insistance de mon confrère ; du moins je serai bref, et je n'oublierai pas le respect que je dois à un des princes de la médecine, à un homme puissant par la science et par la clientèle, à un professeur de la Faculté, à un membre de l'Académie, à un écrivain et à un homme loyal.

L'objection principale contre les expériences de M. Andral, c'est que lorsqu'il les fit, en 1834 et 1835, il était, suivant l'expression de M. Maxime Vernois, un de ses élèves, dans *une ignorance obligée* (*Analyse complète et raisonnée de la matière médicale de Hahnemann*). Les principaux ouvrages d'Hahnemann, notamment la matière médicale, n'étaient point traduits, et

M. Andral ne sait pas l'allemand. Ses expériences portent témoignage des faibles connaissances qu'il avait en homœopathie. J'en prends une au hasard : « *Donné Bryone trentième dilution; symptômes prépondérants : douleurs vagues; effet nul.* » Il suffit d'avoir parcouru l'*Organon* pour savoir que, d'après Hahnemann, il n'y a pas de symptômes prépondérants, mais un ensemble de symptômes, et que le médicament approprié est celui qui correspond à l'ensemble de ces symptômes et non à quelques-uns d'entre eux, et aux symptômes particuliers de préférence aux symptômes généraux. S'attacher à un symptôme prépondérant pour essayer de le combattre, c'est faire de l'allopathie, et non de l'homœopathie. Les citations incomplètes de M. Béhier sont sans force en présence de tant de passages dans lesquels Hahnemann a condamné cette pratique. Il était donc nécessaire que bryone, donné d'après un diagnostic aussi vague et aussi peu hahnemanien, ne produisît pas d'effet. Les expériences de M. Andral n'eussent été concluantes que si, faites dans des conditions entièrement contraires aux préceptes du médecin de Kœthen, elles avaient donné un résultat favorable; leur insuccès confirme l'homœopathie plutôt qu'elle ne la détruit. Je dirai donc à M. Andral père : Vous êtes un maître illustre, vous connaissez tout ce que la médecine a de plus secret dans le présent comme dans le passé, vous avez expérimenté de bonne foi, mais vous n'aviez pas approfondi assez la doctrine de Hahnemann lorsque vos essais ont eu lieu ; ce qui me permet à moi, ignorant, de dire à vous que tous les savants saluent comme une de leurs gloires : votre insuccès ne prouve rien. Vous l'avez reconnu vous-même, lorsque quelque temps après, vous écriviez dans le 7ᵉ volume du *Bulletin de thérapeutique :*

« Sans préjuger ici la question que les homœopathes ont soulevée dans les derniers temps sur la propriété qu'auraient les agents curatifs de déterminer dans l'organisme les maladies qu'en allopathie on se propose de combattre par eux, nous croyons que c'est là une vue qu'appuient quelques faits incontestables, et qui, à cause des conséquences immenses qui peuvent en résulter, mérite au moins l'attention des observateurs. A supposer, ce qui est très probable, que Hahnemann soit tombé à cet égard dans l'exagération si facile aux théoriciens, parmi les faits nombreux qu'il cite à l'appui de ses opinions, il est certain qu'il en est quelques-uns qui sont parfaitement en harmonie avec sa pensée ; que l'on répète ces expériences, il est vraisemblable que l'on verra surgir quelques autres faits aussi authentiques. Qu'un esprit vigoureux médite ces faits, qu'il les compare, après les avoir explorés sous toutes leurs faces, qui sait les conséquences qui en pourraient jaillir? « Nous ne savons le tout de rien, » disait Montaigne ; si nous savions le tout de quelque chose, quel progrès immense pourrions-nous ajouter! car nous aurions le critérium de la vérité complète. »

Votre appui dans ce procès, c'est sans doute, mon adversaire, votre talent, mais aussi le nom que vous portez : engagez donc M. Gallard à comparer ses paroles à celles de votre père, et apprenez-lui comment les maîtres de la science traitent les doctrines, même lorsqu'ils les repoussent !

Je conclus sur les expériences des allopathes par l'extrait suivant de Laënnec, l'inventeur de l'auscultation, rapportées par M. Bouillaud (*Clinique médicale*, p. 93) :

« Il est des espèces d'observations critiques dont je ne dirai que peu de mots, ce sont celles de quelques médecins qui, après de très légers essais, ont dit qu'ils n'avaient pas pu reconnaître tel ou tel signe stéthoscopique, qu'ils n'ont pas trouvé la *pectoriloquie*, même dans le cas où le poumon était fortement excavé, qu'ils l'ont trouvée dans d'autres cas où le poumon était tout à fait sain, etc.

» Il est facile de répondre à ces sortes d'objections. Si tel médecin qui ne s'est jamais sérieusement occupé de chirurgie voulait à quarante ans se mettre à faire des opérations de la taille sans préparation et sans conseil d'aucun chirurgien exercé, il pourrait lui arriver de tailler des gens qui n'ont pas de pierre, de ne pas trouver la pierre où elle existe, de ne pouvoir pas même faire pénétrer le cathéter dans la vessie, etc., surtout s'il opérait avec le désir de trouver la chose impraticable, comme semblent avoir fait la plupart des observateurs dont je viens de parler. Il y a d'ailleurs des sourds, et il n'en existe pas de pires que ceux qui ne veulent pas entendre. »

Après ce que j'ai déjà exposé dans ma première plaidoirie, il n'est pas nécessaire que je m'étende beaucoup sur les expériences faites par les homœopathes dans des hôpitaux d'allopathes. Pour revenir sur celles de M. Bally, j'attendrai qu'il ait retrouvé son registre, et avant de vous entretenir de nouveau de M. Natalis Guillot, j'attendrai qu'il ait répondu aux démentis de M. Tessier. Quant aux autres, celles de MM. Gueyrard et Chargé par exemple, je les caractériserai d'un mot : Elles ont été de vraies mystifications de la part de ceux qui les ont proposées. M. Gueyrard soumet quelques malades au régime homœopathique ; pendant son absence un interne entre dans sa salle, et pratique une saignée sans l'en avertir et quoiqu'il n'y eût aucune urgence.

Les faits relatifs à M. Chargé sont plus graves.

Au milieu d'une épidémie cholérique qui désolait Marseille, le maire appelle le docteur Chargé et lui demande de se rendre à l'Hôtel-Dieu pour y montrer les ressources de l'homœopathie. Bien qu'il ait écrit en 1838 dans ses *Études médicales* qu'il ne fallait jamais consentir à expérimenter dans des hôpitaux d'allopathes, entraîné par l'amour de l'humanité et obéissant à l'élan d'une riche nature, le docteur Chargé accepta et se mit à l'œuvre, consacrant jours et nuits à ses malades. Au bout de *trois* jours et non de *huit*, ainsi que l'a écrit à tort le maire de Marseille, il se retira. Pourquoi ? Est-ce par impuissance ? Non, par conscience, parce qu'il était impossible de se rendre plus longtemps complice de la comédie qu'on jouait ; le service était dans un état d'abandon complet, ni élèves, ni infirmiers, ni couvertures. Il avait été convenu que les malades seraient répartis par portions égales dans le service homœopathique et dans le service allopathique ; néanmoins on envoyait au docteur Chargé tous les malades désespérés, notamment trois femmes au vingtième jour de la fièvre typhoïde. La retraite du docteur Chargé a été une protestation et non une défaite. Rien ne prouve mieux la sagesse de sa décision que ce qui arriva après son départ. Les allopathes qui, au fort de l'épidémie, avaient perdu proportionnellement moins de malades, au moment de l'épidémie décroissante perdirent presque tous les entrants, dix sur onze, cinq sur six, huit sur onze. Le docteur Chargé n'était plus là pour recevoir leurs morts ! Après ces détails, le tribunal comprendra que je n'ai pas à prouver que ce n'est pas la honte d'un échec qui a chassé le docteur Chargé de Marseille.

L'accueil qu'il reçoit quand il y retourne, les sympathies qui éclatent autour de son nom, le vengent suffisamment des insultes de ses envieux!

Que mon adversaire ne crie pas à la calomnie, qu'il ne prétende pas qu'en alléguant de pareils faits j'exagère. Pour ma justification, je n'ai qu'à rappeler le passage du mémoire dans lequel M. Gallard ne rougit pas d'avouer qu'à Paris, des élèves chargés de distribuer des remèdes homœopathiques ne donnaient que de l'eau pure filtrée, par simple espièglerie, ajoute-t-il. Ainsi, voilà un malade qui est peut-être à toute extrémité, les moments sont tous précieux : le médecin lui prescrit un remède ; l'élève, sans nul souci de l'humanité, du devoir, de la probité médicale, lui donne de l'eau, et M. Gallard, pour cet acte odieux, n'a d'autre qualification que celle d'espièglerie. Après de tels aveux, quelle foi voulez-vous qu'inspirent vos expériences? Vous les commencez dans l'ignorance de l'homœopathie, la passion vous égarant, vous les poursuivez avec des supercheries : est-il surprenant qu'elles échouent?

Aussi, dès qu'elles sont faites dans des conditions sérieuses, elles réussissent : « Nos registres attestent, écrivaient le 2 janvier 1846, les administrateurs de l'hospice de Thoissey, que depuis l'entrée en fonction de M. Gastier, le nombre des décès, relativement au nombre des malades admis à l'hospice, a été moindre qu'auparavant; que les dépenses en remèdes ou frais de pharmacie ont été presque nuls, et que le service, devenu plus simple, plus facile, a été sensiblement allégé. » — L'administration, à Paris, a constaté des résultats identiques dans le service de M. Tessier, à Sainte-Marguerite. Pendant les trois années 1849, 1850, 1851, il y a eu, dans le service de l'homœopathie, 399 décès sur 4663 entrants ; soit 85 pour 1000. Pendant les mêmes années, dans le service de la médecine ordinaire, il y a eu 411 décès sur 3724 entrants; soit 113 pour 1000. Et cependant même chez eux les médecins homœopathes sont obligés de lutter contre les fraudes. Un jour le docteur Tessier s'aperçut qu'un interne donnait à son insu des pilules d'opium à l'une de ses malades.

Les principes homœopathiques rétablis, les expériences appréciées, m'efforcerai-je de prouver qu'Hahnemann n'est pas ridicule, et que quelques exagérations évidentes ne prouvent rien contre sa doctrine? Non, messieurs, vous savez mieux que moi que les inventeurs sont comme ces enfants qui, pour franchir un fossé, le dépassent. La postérité abandonne leurs exagérations et garde leurs découvertes. Ce n'est pas, d'ailleurs, aux médecins allopathes qu'il convient d'invoquer le ridicule. N'entendent-ils pas l'éclat de rire que leur pratique a arraché à tous les siècles. Léon X eut pour successeur Adrien VI, un théologien austère après un épicurien. A peine arrivé à Rome, le nouveau pontife fut épouvanté d'y trouver l'antiquité triomphante ; il annonça des projets de réforme ; il parla d'effacer le jugement dernier, de disperser les statues rassemblées au Belvéder, ces statues que Michel-Ange, dans ses dernières années, venait toucher de ses mains défaillantes, pour conserver jusqu'au bout les jouissances de l'art. *Sunt idola antiquorum*, disait-il. La mort le surprit avant l'exécution de ses projets. Il y eut à Rome une explosion de joie formidable ; le peuple courut à la maison de Giovanni Antracino, le médecin du défunt, l'entoura de guirlandes, et écrivit sur la façade : « Le sénat et le peuple romain au libérateur de la patrie ! »

Combien de fois nos littérateurs n'ont-ils pas répété les sarcasmes des Romains de la renaissance; et Molière, aussi versé dans la médecine que dans la philosophie et dans la science des passions humaines, n'a-t-il pas résumé, en des paroles éternelles, la polémique du passé, lorsque dévoré par la maladie et à la veille de mourir, il disait dans le *Malade imaginaire* : « Les médecins savent la plupart de fort belles humanités, savent parler en beau latin, savent nommer en grec toutes les maladies; mais pour les guérir, c'est ce qu'ils ne savent pas du tout. Recourir aux médecins n'est permis qu'aux gens vigoureux et robustes qui ont des forces de reste pour porter les remèdes avec la maladie. »

Si l'homœopathie n'est pas ridicule, est-elle délaissée? Mon adversaire a essayé de vous le persuader. La découverte de Harvey, a-t-il dit, était universellement acceptée trente ans après sa divulgation; il y a soixante ans que l'homœopathie lutte, qu'a-t-elle conquis? Ce rapprochement est une erreur. La circulation du sang est de 1619; quarante ans après, Fagon l'ayant soutenue dans sa thèse, voici, d'après Fontenelle, ce que la Faculté pensa de cet acte : « Étant sur les bancs, il fit une action d'une audace signalée, qui ne pouvait guère, en ce temps-là, être entreprise que par un jeune homme, ni justifiée que par un grand succès; il soutint dans sa thèse la circulation du sang. Les vieux docteurs trouvèrent qu'il avait défendu avec esprit cet étrange paradoxe. »

L'homœopathie est vieille de soixante ans, si l'on reporte sa naissance aux premiers ouvrages de Hahnemann; elle n'a que vingt-trois ans, si l'on prend pour point de départ son établissement en France. Examinez son état : je ne parle pas de l'Allemagne, où elle a des cliniques, à Vienne notamment, obligatoires, nous raconte le docteur allopathe Galavardin, au même titre que les cliniques ordinaires; de la Belgique, où elle compte deux représentants dans l'Académie, les docteurs Varlez et Carlier; de l'Angleterre, où elle possède des hôpitaux et des cliniques ; de l'Italie, où elle a été saluée par les maîtres de l'art; du nouveau monde, où elle domine. Restez en France, écoutez les bénédictions qui s'élèvent de tant de familles; comptez les paroles de reconnaissance de tant de malades guéris après que la médecine traditionnelle les avait déclarés incurables; entrez dans les salles trop étroites de ses dispensaires gratuits: voyez le pauvre converti, comme le riche l'est depuis longtemps; et puis demandez-vous si ce sont là des signes de défaite et d'abandon. Ah! si l'homœopathie était délaissée, vous ne seriez pas si fort en colère !

La méthode de Hahnemann est encore bien souvent impuissante, mais quand elle ne peut plus rien, elle ne torture pas; elle est, si j'ose dire, douce envers la mort, elle ne trouble pas les dernières heures du mourant; elle n'en fait pas, avant même qu'il ne soit plus, un objet d'horreur pour ceux qui l'entourent; sous prétexte de le retenir encore, elle ne lui ravit pas le plus sublime et le dernier des droits de la liberté humaine, celui de s'en aller dans la possession de soi-même, le sachant et le voulant !

Messieurs, rien n'est plus noble, rien n'est plus respectable que l'indignation inspirée par l'amour de la science contre le charlatanisme; mais rien n'est plus déplorable, rien n'est plus bas que l'indignation qu'inspire contre une doctrine nouvelle l'ardeur des passions envieuses. Je ne me plains pas des violences de la Vérité. La Vérité, je le sais, a une parole rude, amère parfois, mais elle ne se montre jamais la ceinture dénouée et l'écume à la bouche; elle est belle à contempler jusque dans ses colères, et si l'on employait devant elle la langue de M. Gallard, elle ne la comprendrait pas!

RÉPLIQUE DE Mᵉ ANDRAL.

Messieurs ,

Mon adversaire a invoqué des faits et produit des citations que je voudrais vérifier. Le tribunal comprendra que dans une matière aussi étrangère à mes études ordinaires il m'est presque impossible de répondre d'une manière précise et décisive, sans en référer sur plusieurs points à mon client; je lui demanderai donc de continuer l'affaire à une prochaine audience et de m'accorder une demi-heure de réplique.

M. LE PRÉSIDENT, *après avoir consulté le tribunal*. — Le tribunal est décidé à finir aujourd'hui les débats de cette affaire.

Mᵉ ANDRAL. — Je me soumets au désir du tribunal.

Le but principal de la plaidoirie que vous venez d'entendre, c'est la glorification pratique de l'homœopathie qui par la bouche éloquente de son avocat vante ses petits succès et se recommande de son mieux à la confiance du public. En vain mon honorable contradicteur se défend-il de cette pensée dont l'ont pénétré ses clients et qui le domine à son insu. Non, vous n'êtes pas indignés! Si vous étiez indignés, vous trouveriez d'autres accents. Mais vous avez cru l'occasion bonne pour appeler l'attention sur votre mérite collectif et un peu sur votre mérite individuel, et vous êtes partis en guerre. C'est nous, dites-vous, c'est nous que l'envie, que l'inquiétude étouffent! Nous nous débattons contre vos succès, contre vos progrès, et nous laissons éclater une colère dont vous vous glorifiez comme d'un aveu. — Banale réponse à l'usage de tous les génies méconnus et de tous les novateurs de bas étage! on se trompe d'ailleurs sur nos sentiments : ce n'est pas la colère, c'est le mépris qu'inspirent à mon client les pratiques homœopathiques. Vous nous avez mieux compris quand, résumant notre pensée, vous vous êtes écrié un peu plus tard : « *Le mépris pleut de toutes parts sur l'homœopathie.* »

Je ne répondrai ni à vos récriminations qui ne donneront le change à personne, ni aux éloges complaisants que vous vous êtes donnés à vous-mêmes; mais je répéterai plus que jamais, après vous avoir entendus une seconde fois, que ce que vous cherchez dans ce procès, c'est la publicité. Que ce soit chez vous « une pensée de derrière ou une pensée de devant », il n'y a personne dans cette audience qui ne le sente et ne le comprenne. Qui donc a fait le procès et tiré de l'oubli notre article pour faire tant de bruit autour de Hahnemann et de ses disciples? Est-ce vous? — Si inquiets que nous soyons de vos succès, nous nous tenions modestement en repos dans les bureaux de

notre journal, et nous ne songions pas à parler au public. C'est vous qui avez
provoqué le débat ; c'est vous qui avez ameuté la foule, sans doute pour qu'elle
vous entende. Mais je laisse aller la réclame à son adresse, et je me hâte
d'arriver à ce qui peut toucher le tribunal.

On a voulu me mettre en contradiction avec moi-même et me battre,
a-t-on dit, avec mes propres armes ! J'aurais commencé par nier qu'il y eût
dans l'article ou dans le mémoire aucune allusion personnelle ; puis, *entraîné
par l'ivresse de la parole*, j'aurais appliqué à chacun des demandeurs toutes
les accusations contenues dans l'article et dans le mémoire. Il y a là une confusion facile à détruire. J'ai constamment dit et je répète que dans l'article
comme dans le mémoire M. Gallard n'a eu *personnellement* en vue aucun des
demandeurs. Mais lorsque vous êtes venus ici, lorsque vous nous avez som-
més de justifier nos assertions (ce sont les termes mêmes dont vous vous êtes
servis), nous avons dû prendre des noms propres à titre d'exemple, et ces
noms nous les avons naturellement choisis parmi les demandeurs. Dans l'article et dans le mémoire nous n'avons fait aucune allusion personnelle, directe
ou indirecte ; le procès commencé, nous vous avons discutés, vous qui nous
attaquiez ; c'était notre droit, et les vérités que nous vous avons dites pour les
nécessités de la défense ne peuvent rétroactivement donner à l'article une
portée que l'article n'avait pas.

Mais dans l'article même, nous dit-on, ce n'est pas seulement la doctrine
que vous attaquez, ce sont les hommes, quand vous dites par exemple :
« *L'homœopathie est un commerce exercé par quelques-uns au grand détriment de la science et de l'humanité.* » — Non, quand nous avons écrit ces
lignes, nous n'avons pas mis en cause *des personnes, des individus* qui aient
qualité pour se plaindre. A côté de la doctrine il y a la pratique, et si j'ai le
droit d'attaquer la doctrine, j'ai également le droit d'attaquer la pratique,
pourvu que je reste dans des termes généraux, pourvu que je ne désigne
personne. J'ai dit que la doctrine était absurde ; j'ai ajouté et j'ajoute
encore que la pratique est illusoire, dangereuse, mensongère ; mais je n'ai
désigné individuellement aucun de vous ; je ne suis donc pas sorti de mon
droit. Dans les sciences qui ne sont pas uniquement spéculatives, il est impossible de discuter la théorie sans discuter la pratique.

Le tribunal me permettra d'opposer aux histoires d'électeurs et de gendarmes de mon adversaire un procès qui a eu un grand retentissement et qui
a avec l'affaire beaucoup plus d'analogie. Je ne nommerai personne. Un très
grand industriel, je pourrais même dire un très grand personnage, avait dans
un prospectus vanté outre mesure certaine affaire métallurgique ; un autre
industriel publia une lettre dans laquelle il traita de mensongères les promesses du prospectus. L'industriel attaqué poursuivit l'autre en diffamation,
et le prétendu diffamateur répondit : « Je suis venu pour éclairer le public,
pour dire que l'affaire pour laquelle on appelait ses capitaux était mauvaise, que
les promesses que l'on faisait étaient mensongères ou d'une extrême légèreté. »
Et le tribunal et la cour admirent ce système et renvoyèrent le prétendu diffamateur, parce qu'ils virent dans la lettre publiée un acte de loyale discussion, un avertissement salutaire pour tant de gens disposés à croire de préférence ceux qui mentent. J'ai dit que je ne nommerais pas les parties, mais le

compte rendu de l'affaire se trouve dans la *Gazette* et dans le *Droit* de 1853, au mois de juillet, si je ne me trompe.

Les droits qu'on accorde à l'industrie, on ne les accorderait pas à la science? On pourrait mettre le public en garde contre les entreprises qui menacent sa fortune, et l'on ne pourrait pas le prémunir contre les guérisseurs qui compromettent sa santé et sa vie? Le bon sens et la jurisprudence sont d'accord pour donner à la critique le droit de discuter nonseulement les théories, mais aussi les pratiques des hommes qui sollicitent en quelque matière que ce soit la confiance publique.

« Mais, dit l'adversaire, nous ne sommes pas devant un tribunal correctionnel, vous ne pouvez pas invoquer ici votre bonne foi, comme vous n'avez cessé de le faire. Le tribunal vous a répondu, dans l'affaire Pelleport, qu'il ne vous suffit pas de prouver votre bonne foi, qu'il vous faut encore établir l'exactitude des faits que vous avez avancés. » Je ne sais si l'analogie entre le procès actuel et l'affaire Pelleport est parfaite; mais je veux bien l'admettre; j'accepte la discussion sur ce terrain; seulement, si, comme je l'espère, je gagne mon procès, il en résultera que dans l'opinion du tribunal tout ce qu'a dit M. Gallard est vrai. C'est vous qui l'aurez voulu. Je n'aurais pas osé attribuer une telle portée au jugement que je sollicite et que j'espère; je vous remercie, et je prends acte de vos paroles.

Je quitte donc avec mon adversaire le terrain de la bonne foi où il s'était placé lui-même à la dernière audience et qu'il abandonne aujourd'hui, sans doute parce qu'il sent ses pas défaillir, et j'examine rapidement si tout ce qu'a dit M. Gallard est non-seulement sincère, mais exact.

Ici encore une équivoque qu'il faut que je relève. Je n'ai pas prétendu que vous veniez dire à vos malades : « Ceci que vous allez prendre, c'est de l'aconit à la trentième dilution, » et qu'ensuite au lieu d'aconit à la trentième dilution, vous leur donniez de la belladone à dose *massive;* je ne suis pas convaincu qu'on ne le fasse pas quelquefois et qu'on ne donne pas de temps à autre des alcaloïdes sous le nom de globules. Je crains même que vous n'ayez blessé des gens que vous ne voulez pas blesser en déclarant « infâme » un procédé qui n'est peut-être pas tout à fait inusité. Mais comme je n'en ai pas la preuve dans les mains, je ne l'ai pas dit...

M⁰ ÉMILE OLLIVIER. — Je vous demande pardon, vous l'avez dit!

M⁰ ANDRAL. — Permettez-moi de croire que je me souviens en général de ce que je dis.

Ce que j'ai dit et ce que je maintiens, le voici : Plusieurs parmi vous prennent l'enseigne de l'homœopathie pour se recommander; ils empruntent ce nom que prône la mode, je ne le conteste pas, et puis quand on est venu à eux précisément parce qu'ils se disent homœopathes, ils soignent suivant les règles de la médecine ordinaire les malades qui ne peuvent pas juger leurs ordonnances et qui ne savent pas ce qu'on leur donne. Je crois même, et je ne m'en repens pas, que j'ai appelé cela une supercherie. Puis, apportant la preuve de ce que j'avançais, j'ai cité M. Love et M. Gastier comme s'écartant souvent des règles qu'ils préconisent. Aujourd'hui, messieurs, on ne conteste pas qu'on fait tantôt de l'homœopathie, tantôt de la médecine, au gré des circonstances, on devrait peut-être dire au gré du hasard ou des clients auxquels avant tout il faut plaire. On ne le nie pas, on s'en vante même, et l'on cite quelques petites phrases où messieurs les homœopathes daignent honorer de leur approbation quelques-uns des remèdes qu'emploie la médecine traditionnelle. Pourquoi donc cette déclaration vient-elle si tard? Pourquoi, dans la première plaidoirie, lorsque vous railliez si agréablement les incertitudes et les tergiversations de la médecine, pourquoi n'avez-vous pas avoué que vous alliez d'un système à l'autre? Quand on a chanté les merveilles de la doctrine nouvelle, pourquoi n'a-t-on pas indiqué que les réformateurs avaient la rare sagesse d'emprunter quelque chose à leurs devanciers? On eût par là répondu à l'un des plus graves reproches que nous ayons dirigés contre Hahnemann? Pourquoi dans le Mémoire a-t-on dit tout le contraire? Pourquoi M. Pétroz, M. Simon, M. Gastier, M. Love, M. Chargé, qui viennent dire aujourd'hui qu'ils pratiquent alternativement les deux doctrines, ont-ils écrit à la page 88 de leur Mémoire qu'ils ne sont pas de ceux qui allient jamais les deux pratiques? Pourquoi? C'est qu'on ne prévoyait pas les preuves que nous avons apportées. Vous vous rappelez, messieurs, avec quelle ardeur, quelle insistance, quelle inquiétude, mon adversaire témoignait à la dernière audience le désir bien légitime de voir les pièces que j'annonçais. Ces pièces, je les ai communiquées, et alors on a proclamé qu'on avait jamais fait ni dit autre chose. Aveu tardif et suspect !

Sans citer M. Andrieu, M. Magnan, et d'autres qui sont indiqués dans notre Mémoire (p. 76), écoutez ce que dit sur ce point Hahnemann :

« L'homœopathie *ne verse pas une seule goutte de sang; elle ne purge pas et ne fait jamais vomir ni suer* (vous vous dites disciples d'Hahnemann, et vous saignez, vous purgez); elle ne répercute aucun mal externe par des topiques, et ne prescrit ni bains chauds ni lavements médicamenteux ; elle n'applique ni vésicatoires, ni sinapismes, ni sétons ou cautères; jamais elle n'excite la salivation ; jamais elle ne brûle les chairs jusqu'à l'os avec le moxa ou le fer rouge, etc. » (*Organon*, Préface.)

Et ailleurs :

« Il faut avoir bien peu approfondi l'étude de l'homœopathie, n'avoir jamais vu aucun traitement homœopathique bien motivé, n'avoir point su juger jusqu'à quel point les méthodes allopathiques sont dénuées de fondement, et ignorer quelles suites, les unes mauvaises, les autres effrayantes, elles entraînent, pour vouloir faire marcher ces détestables méthodes de pair avec la véritable médecine et les représenter comme des sœurs dont elle ne saurait se passer. *L'homœopathie pure, qui ne manque presque jamais son but, qui réussit presque toujours, repousse toute association de ce genre.* » (*Organon*, p. 138.)

Vous nous avez dit : « Supprimez les infiniment petits, l'homœopathie restera debout. » Et vous vous dites les disciples de Hahnemann ? — Comment l'ombre du grand homme, du rival de Bacon et de Descartes, de Newton et Galilée, ne s'est-elle pas dressée devant vous pour vous anathématiser? Ouvrez donc son *Organon* aux pages 301 et 153, et vous y lirez :

« Une dose plus forte que la nécessité ne l'exige, même du remède le plus ho-mœopathique, agit avec trop de violence et porte un trouble trop grand, trop prolongé dans les facultés morales et intellectuelles, pour qu'on puisse de bonne heure reconnaître l'amélioration dans l'état de ces dernières. Je ferai remarquer ici que *cette règle si importante* est une de celles contre lesquelles pèchent le plus les médecins qui passent de l'ancienne école à celle de l'homœopathie. Aveuglés par le préjugé, ils s'abstiennent des plus petites choses, des solutions les plus étendues des médicaments, et se privent ainsi des plus grands avantages que l'expérience en a mille et mille fois retirés ; *ils ne peuvent faire* ce qu'accomplit le véritable homœopathe et se donnent *à tort pour ses disciples.* « Et le maître vous accuse de « n'agir ainsi que pour vous épargner la peine de chercher le remède homœopa- » thique, ou plutôt pour *ne pas vous donner celle de devenir médecin homœopa-* » *thiste, tout en ayant l'air de l'être.* »

Après Hahnemann, permettez-moi de citer l'honorable M. Requin :

« Arrière donc, s'écrie le savant académicien, arrière, tiers parti justement re- poussé de droite et de gauche entre le camp des vrais homœopathes et le nôtre ! arrière, vous, praticiens amphibies ! vous, Janus à double langage ! *vous, chauves- souris de l'homœopathie,* qui dites comme il vous plaît, tantôt *je suis souris,* et tantôt *je suis oiseau !* VOUS NE PRENEZ LE NOM D'HOMŒOPATHES QUE COMME UNE ENSEIGNE ET POUR ALLÉCHER CERTAINES GENS. » (Requin, *Homœopathie,* Sup- plément au *Dictionnaire des dictionnaires de médecine.*)

Hahnemann et Requin, d'accord sur ce point, ont raison : La médecine et l'homœopathie n'ont pas des règles diverses, mais contraires. Je l'ai déjà dit, l'une est la négation de l'autre; il sera impossible d'allier leur pratique, tant qu'on ne pourra pas dire que les deux préceptes *Contraria contrariis* et *Si- milia similibus* sont synonymes : les gens sincères et honnêtes des deux côtés s'y sont refusés jusqu'à ce jour, et ils s'y refuseront tant que l'arithmétique dira que 2 et 2 font 4.

Mais soit ! Les demandeurs sont plus accommodants. Ils combinent, ou du moins ils pratiquent indifféremment les deux systèmes contradictoires. Hahnemann, a-t-on dit, l'a prescrit lui-même, ce qui doit vous étonner, messieurs, après les passages que je viens d'avoir l'honneur de vous lire. Hahnemann l'a prescrit dans quelques cas rares, exceptionnels, et les re- gistres que je produis prouvent qu'on le fait sans cesse. M. Tessier donne de l'opium pour guérir de l'insomnie. L'insomnie est-elle une maladie subite, mortelle, qui demande un remède instantané ? — Mais quoi ? Vous sai- gnez chaque jour, dites-vous ! Comment conciliez-vous cette déclaration avec cette excuse que vous présentiez au nom de M. Gueyrard, avant de prévoir vos aveux forcés. M. Gueyrard à qui on avait confié une salle d'hô- pital à Lyon, a interrompu les expériences parce qu'une nuit un interne avait saigné un malade qui sans cela allait mourir, et qu'un homœopathe qui se respecte ne peut voir saigner ! Et maintenant vous dites que tous vous saignez tous les jours, tant qu'on veut ! C'est ainsi que Dieu veut que le men- songe se confonde de lui-même en se contredisant.

De tout ceci, messieurs, laissez-moi retenir une leçon assez instructive. Je remercie les demandeurs d'avoir reconnu que, dans tous les cas graves, urgents, ils ont recours aux règles de la médecine traditionnelle. Les remèdes qu'ils nous empruntent, disent-ils à la vérité, ne sont que des *palliatifs*, et, quand on les a administrés, on recourt bien vite aux globules, qui seuls guérissent. Palliatifs tant que vous voudrez! palliatifs me sont chers, s'ils me sauvent la vie, tandis que de votre propre aveu vos tout-puissants globules, avant de me guérir radicalement, me laisseraient mourir! Tenez, le monde a raison; il n'est pas votre dupe autant qu'il en a l'air, et instinctivement il devine ce que vous valez : on vous appelle pour de petits maux qui n'inquiètent guère, ou pour des malades désespérés qu'on ne peut plus compromettre. Mais dans les cas graves, sérieux, qui cependant laissent quelque espérance, on se méfie des globules et des globulistes.

En tous cas, messieurs, en soutenant à la dernière audience que les homœopathes recourent souvent aux règles de la médecine traditionnelle, je n'avais qu'un but, expliquer certains succès apparents de l'homœopathie. J'ai eu raison au delà de mes espérances. Je disais que l'excellence de l'homœopathie n'était pas démontrée par certains succès de ville et même par certaine clinique de l'hôpital Beaujon, parce qu'en ville et à Beaujon on appelait souvent à son aide d'autres moyens que l'homœopathie. Non-seulement je l'ai prouvé, mais on l'avoue. Qu'on ait tort ou raison d'allier les deux systèmes, les adversaires ne peuvent plus dire que les guérisons obtenues par eux prouvent l'efficacité des globules, puisque si souvent, pour les obtenir, de leur propre aveu, ils recourent à toute autre chose que les globules.

A ce propos, sans nommer personne, mon client avait parlé dans son article d'une dame morte à la suite d'une dose de calomel qui lui avait été prescrite par un médecin homœopathe, et M. Tessier vient dire, par la voix de mon adversaire, je ne sais à quel titre et de quel droit, car il n'est pas au procès : « C'est moi qui ai prescrit cette dose de calomel. » Et là-dessus mon adversaire est venu jeter dans le débat des noms et des douleurs que, ce me semble, on aurait dû mieux respecter...

Mᵉ ÉMILE OLLIVIER. — J'en ai l'autorisation !

Mᵉ ANDRAL. — Vous avez l'autorisation de M. Tessier, je ne sais pas si vous avez celle de la famille.

Mᵉ ÉMILE OLLIVIER. — Pourquoi dites-vous donc ce que vous ne savez pas?

Mᵉ ANDRAL. — Je ne le dis pas, je le demande pour l'apprendre. Quant à moi, qui n'ai pas cette autorisation, je ne suivrai pas mon adversaire dans la chambre de cette illustre morte pour tirer argument de son agonie aux yeux du public; je ne troublerai pas la reconnaissance de sa famille! Non, non, sur ce point, je ne dirai qu'une chose, c'est que M. Tessier, qui n'est pas au nombre des demandeurs, n'a le droit de me demander aucune explication. S'il nous fait un procès, nous lui répondrons. Je ne sais même pas si c'est en effet de lui qu'a entendu parler mon client.

Mais M. Chargé est bien au nombre des demandeurs; or on nous accuse de l'avoir calomnié, en racontant les expériences faites par lui à l'Hôtel-Dieu de Marseille. Nie-t-on que dans les journaux et dans une petite brochure enrichie de nombreux certificats comme on en voit à la quatrième page des feuilles publiques, M. Chargé a annoncé que sur 80 cholériques à lui confiés, il en avait « guéri 80 sans en perdre un seul », et que, dans certains cas, « il avait fait *mieux encore* »? Non. Nie-t-on que, appelé l'année suivante à faire des expériences à l'Hôtel-Dieu de Marseille, il a perdu les trois quarts de ses malades? On ne le nie pas davantage ; mais on dit que ses confrères écoulaient méchamment sur sa salle tous les cas désespérés. Or, dans le rapport officiel que le tribunal connaît, un témoin bien impartial, M. Honnorat, maire de Marseille, a constaté que les malades qui se présentaient étaient alternativement dirigés, *sans choix aucun*, un jour sur la salle de M. Chargé, et le lendemain sur celle de son confrère. Cette réponse me suffit et suffira à tout le monde.

Passant des personnes aux choses, Mᵉ Ollivier reproche à mon client d'avoir dit à tort que Hahnemann s'était contenté d'une seule expérience sur le quinquina pour proclamer la règle *Similia similibus*. Il a, s'est-on écrié, expérimenté sur 135 substances. Ce que mon adversaire nomme les expériences de Hahnemann, c'est ce chaos de symptômes dont j'ai déjà cité quelques-uns au tribunal. Un malade prend un décillionième de grain d'un médicament quelconque ; huit jours, trente jours, cinquante jours après, il éprouve une douleur dans une *dent creuse* et *dans un cors* (*sic*), ou après avoir un peu trop dîné il éprouve un sentiment de plénitude (*sic*), ou bien encore il a un rêve triste ou érotique (tout cela est textuel et pris au hasard), chacun de ces faits très naturels est attribué à l'effet du médicament et devient un symptôme. Je défie qu'on me montre un homme de bon sens ayant lu ces prétendues expériences et les prenant au sérieux.

Malgré moi, vous me ramenez toujours à Molière, et quand je lis vos expériences, je songe à Sganarelle prescrivant à la muette Lucinde de prendre du pain trempé dans du vin, parce que « les perroquets apprennent à parler en mangeant de cela ». La *vertu sympathique* du pain et du vin trempés ensemble, reconnue par l'exemple des perroquets, c'est un symptôme, c'est une expérience à la façon de Hahnemann. Quoi qu'il en soit, messieurs, Hahnemann a lui-même dit et répété à toutes les pages de son ouvrage que l'idée de son système lui avait été inspirée par les remarques de Cullen sur le quinquina. Sur ce simple indice, il a conçu et mis au jour son système. Dix ans seulement, dix ans après, les expériences en question sont venues de gré ou de force confirmer la théorie affirmée *à priori*. C'est tout ce qu'a dit mon client ; ici encore il a donc été dans le vrai.

Le quinquina donne-t-il ou ne donne-t-il pas la fièvre intermittente? Comme moi, mon adversaire reconnaît que cette question ne peut être discutée ici. Cependant, pour charmer l'auditoire, on cite M. Bretonneau et un honorable chimiste, M. Chevallier. Cela ne fait rien au procès, mais cela pare le système. En ce qui touche M. Bretonneau, auquel on fait dire ce qu'il n'a pas voulu dire, je répète cette simple question à nos adversaires : Peuvent-ils me citer une seule ligne où M. Bretonneau ait, soit directement, soit indirectement, adhéré à l'homœopathie? Je les en défie. Si donc il repousse l'homœopathie, c'est qu'il ne pense pas ce que vous lui faites dire. Ce que M. Bretonneau a observé, comme M. Chevallier, comme bien d'autres, c'est que le quinquina donne certains symptômes dont l'ensemble a été nommé *fièvre quinique*. Mais, d'une part, cette fièvre n'est pas *intermittente*, et c'est l'*intermittence* que le quinquina guérit dans la fièvre comme dans les névral-

gies et d'autres maladies. La fièvre intermittente est même la seule que ce
végétal guérisse. D'autre part, le quinquina ne guérit pas la fièvre quinique.
Or, pour que les expériences invoquées confirmassent la règle *Similia similibus*, il faudrait : 1° que le quinquina, qui *guérit la fièvre intermittente,
donnât la fièvre intermittente ;* et 2° que le quinquina, qui *donne la fièvre
quinique, guérît la fièvre quinique.* Or ni l'une ni l'autre des deux propositions n'est confirmée par les expériences même qu'invoque l'adversaire ;
ni l'une ni l'autre n'est exacte. M. Gallard a donc eu raison de dire que le
quinquina ne donne pas la fièvre, le genre de fièvre qu'il guérit, et l'homœopathie s'écroule tout entière avec la base fragile que lui a donnée son fondateur. En tous cas, et que le quinquina donne ou ne donne pas la fièvre,
ce qu'a dit M. Gallard, c'est que MM. Andral, Bouillaud, Double, Trousseau, etc., c'est que la Faculté, l'Académie et tous les corps savants d'Europe
étaient, sur ce point, d'un avis contraire à celui de Hahnemann. Le fait est
vrai. Vous ne pouvez condamner mon client pour avoir énoncé un fait vrai.
Quelle que soit l'autorité de ces expériences et de ces décisions, M. Gallard a
eu le droit de les invoquer, à la seule condition de les rapporter exactement.

Mais, dit-on encore sur ce point, vous ne pouviez ignorer qu'il y a dans la
science des faits certains, incontestés, qui confirment la règle *Similia similibus*. Ainsi, on met de la neige sur les membres gelés ; ainsi encore on met
de l'alcool, on aurait même pu ajouter de l'éther, sur les membres brûlés.
— Messieurs, l'analogie qu'on veut tirer de ces faits est spécieuse et m'aurait
facilement embarrassé ; mais on l'avait déjà invoquée dans le Mémoire adverse,
et j'en ai à l'avance obtenu la facile explication. On met de la neige sur les
membres gelés, non parce que la neige pourrait geler un membre sain, mais
parce que la neige est moins froide que le membre gelé, et sert comme de
transition pour le [préparer à recevoir l'impression d'agents plus chauds. La
neige est en quelque sorte un calorique relatif qu'on emploie pour empêcher
le membre gelé d'être saisi par le contact de corps trop chauds. C'est ainsi
qu'à un homme qui meurt de faim on administre les liquides les plus légers
avant de lui donner des aliments plus substantiels. Quant à l'alcool, il
s'évapore rapidement, et produit alors du froid, en dégageant, pour se l'approprier et la dissiper, la chaleur du corps sur lequel on l'applique. Et si l'on
préfère l'éther qui est plus inflammable que l'alcool, c'est parce que ce liquide
est encore plus volatil, et par conséquent soustrait une plus grande quantité de calorique aux parties avec lesquelles il est mis en contact. Telles
sont les explications que j'ai cru comprendre et que j'espère avoir fidèlement
rendues de ces phénomènes auxquels on avait su prêter une physionomie
toute différente. Aux hommes du métier, on n'oserait pas présenter des arguments si faciles à résoudre ; mais vous le savez déjà, ce n'est pas aux savants
qu'on s'adresse. Qu'importe que les arguments soient vrais, pourvu qu'ils
puissent satisfaire la foule ? En tous cas, je m'étonne qu'on vous demande de
condamner mon client non plus même pour avoir dénaturé, mais pour avoir
omis tel ou tel fait qu'il vous convient de citer. Cela revient à dire qu'à
peine de mauvaise foi, il aurait dû prévoir tous vos arguments, bons ou mauvais, et les développer !

J'arrive (je vous demande pardon du désordre de ma marche, mais je passe en revue, comme je le puis, comme elles me reviennent à l'esprit, les objections principales de l'adversaire), j'arrive à un point plus grave. Les expériences faites sur l'homme sain par MM. Andral, Trousseau, Béhier, etc., etc., n'ont aucune valeur, nous dit-on; sur l'homme sain, ce n'est point à dose homœopathique, c'est à dose massive qu'il faut agir! Hahnemann l'a dit! — Messieurs, on avait déjà élevé cette objection dans le Mémoire; on l'a répétée à cette audience. Je regrette qu'on n'ait pas indiqué le passage de Hahnemann où serait formulée cette règle. Du reste. je m'empare de la déclaration, et j'ai été bien aise d'entendre mon adversaire dire que lui-même il aurait assez de confiance dans l'innocuité des globules pour prendre 150 globules d'aconit sans aucune crainte. Comment? tout à l'heure, on nous disait que les globules sont impuissants dans les cas graves et urgents; maintenant on les déclare impuissants sur l'homme sain. Ces globules terribles qu'on peut à peine contempler, qu'il suffit de respirer pendant une seconde pour être radicalement guéris des maladies les plus invétérées, ne font absolument rien ni sur les gens bien portants, ni sur les gens très malades; il leur faut, pour agir, des maladies faites exprès?

De qui se moque-t-on ici? Je comprendrais encore qu'un globule ne fît pas grand effet; mais que cent cinquante globules pris d'un coup ne produisent absolument aucun effet, même sur un homme sain, c'est ce que je ne puis m'expliquer qu'en me rappelant qu'ils ne contiennent rien. L'homœopathe de M. Béhier n'était pas de votre avis, et il avait prédit au spirituel médecin qu'il serait tué sur place. Savez-vous, messieurs, pourquoi les demandeurs posent en principe que les globules ne font rien sur l'homme sain, c'est que l'expérience est trop facile à faire.

Mais il y a ici une étrange contradiction que je ne puis m'empêcher de relever. Quand vous voulez prouver contre le bon sens que les globules contiennent un principe médicinal, vous dites que chaque dilution crée, développe, *potentifie* la force médicamenteuse ; puis, quand vous avez à expliquer pourquoi les globules ne produisent aucun effet sur l'homme sain, oubliant ce que vous venez d'affirmer, vous répondez que les dilutions ont épuisé le médicament et ne lui ont pas laissé assez de force. Les dilutions, nous dites-vous maintenant, ont enlevé à l'aconit l'énergie nécessaire pour agir sur une personne bien portante. Les dilutions n'ont donc pas augmenté, développé la puissance de l'aconit? Vous revenez au bon sens, et je vous en félicite. Mais que devient la théorie fondamentale des infiniment petits? Que devient cette force mystérieuse, impalpable, imperceptible, mais dynamique et toute-puissante que vous aviez tout à l'heure si péniblement créée?

Ce que je constate, moi, c'est que, de votre aveu, nous avons très exactement indiqué la manière dont se font les dilutions, et que nous avons été dans le vrai en disant que vos globules ne contiennent que des octillionièmes ou des décillionièmes de grain, et moins encore. Cela me suffit pour repousser votre demande et aussi pour former l'opinion des gens de sens.

Sur cette question des globules....

M. LE PRÉSIDENT. — Le tribunal trouve que ces questions sont suffisamment expliquées.

PLAIDOIRIE DE M° BETHMONT.

Messieurs,

Il y aurait inconvenance de ma part, après l'observation que vient de faire
le tribunal, à rentrer dans cette partie des débats où les doctrines scientifiques
se sont trouvées en jeu. D'ailleurs, je dois déclarer ma complète insuffisance.
Ces questions, qui constituent le véritable intérêt du procès, ne sont pas de
mon domaine. Je n'oserais pas dire qu'elles ne sont pas du vôtre, cependant
je le pense; mais c'est à vous d'apprécier ces choses.

Je suis devant vous uniquement pour examiner la question de savoir si le
gérant de l'*Union médicale*, que je représente plus particulièrement, est
coupable, soit d'avoir laissé insérer l'article qui vous est déféré, soit d'avoir
refusé l'insertion de la sommation qui lui a été adressée au nom d'une collection de personnes qui prenaient des qualités qu'elles n'ont pas le droit de
prendre pour agir en justice.

Voilà très particulièrement le procès que j'ai à plaider. Permettez-moi de
dire d'ailleurs que cette question qui divise la médecine en deux camps,
nous, pauvres tributaires de la maladie et de l'art de guérir, nous ne sommes
jamais complétement libres. Quant à moi, je ne me sens pas l'être. Je conserve
un souvenir à tous ceux qui dans des moments difficiles, douloureux, m'ont
rendu des services; il peut se trouver, je ne veux pas que mon client le sache,
que peut-être j'aurai quelque jour consulté un homœopathe; le globule qu'il
m'a donné, tout infinitésimal qu'il a pu être, m'a laissé, je ne sais pas quoi,
mais quelque chose que j'appellerai, si vous voulez, de la reconnaissance. J'ai
lu dans les pièces de ce procès une belle définition de la médecine. Elle doit,
dit-on, guérir quelquefois, soulager souvent, consoler toujours. Il y a donc
des médecins qui guérissent, il y a des médecins qui soulagent; et, quant à
moi, je ne veux pas méconnaître que messieurs les homœopathes, s'ils ne savent
pas guérir et soulager, sont de la classe des médecins qui consolent. En telle.
sorte que je m'en tiens à mon procès et que je m'y renferme.

Qu'est-ce que M. Richelot, et qu'est-ce qu'on lui impute? M. Richelot est
le gérant de l'*Union médicale*, journal publié sous le patronage d'un grand
nombre de médecins éminents. M. Richelot préside à la rédaction d'une
feuille qui est essentiellement scientifique. Lisez-la si le temps vous le permet, et si votre amour des questions qu'elle traite vous y conduit; je n'hésite pas à dire que vous n'y verrez aucune attaque personnelle d'aucun genre;
c'est une feuille de discussion. Pour moi qui ai l'honneur de défendre
M. Richelot, et qui, par conséquent, suis un peu obligé de lire la feuille qu'il
m'envoie, j'y ai vu des discussions très passionnées, où les homœopathes
n'étaient pour rien, où les allopathes étaient pour tout, et se disaient des
choses très sévères par amour pour la vérité. Si ces discussions s'animent,
elles vont même parfois jusqu'aux personnes, parce qu'il est extrêmement

difficile de qualifier une erreur sans un peu qualifier et atteindre celui qui la commet. Quand ce journal a parlé de vous, messieurs les homœopathes, il ne pouvait être moins énergique, sévère contre la doctrine; il a été plus réservé pour ceux qui la pratiquent. Mais de l'agression, de la compétition, de la concurrence, comme l'a dit mon adversaire (je regrette l'introduction de ces paroles dans la cause, elles me révoltent et m'indignent), de l'agression, de la compétition, nous n'en avons jamais fait contre vous. Vous exercez notre profession, vous y introduisez une erreur, nous le croyons, nous le disons : à aucun titre vous n'avez à nous appliquer ce reproche de concurrence commerciale dans l'exercice d'une profession qui doit être essentiellement libérale. Ceci nous blesserait, si nous ne savions pas toutes les colères que peut inspirer une cause désespérée.

Revenons à M. Richelot. Que s'est-il passé? On a voulu qu'il parlât de l'homœopathie; il ne le voulait pas, il n'a pas d'estime pour cette doctrine : que voulez-vous? vous ne pouvez pas obtenir l'estime par jugement. C'est autrement que cela s'obtient : c'est au temps, au travail, à l'honorabilité qu'il faut le demander. L'estime n'est pas le fruit de l'agitation, c'est un fruit d'un autre ordre, et qui naît, croît et mûrit dans d'autres conditions. M. Richelot ne voulait donc pas qu'on parlât dans l'*Union* de la brochure de M. Magnan; on insista, et M. Richelot dit : Rendez compte de l'œuvre de M. Magnan. On en rend compte. Qui en rend compte? Un homme distingué, et qui d'ordinaire est chargé de ces travaux.

Vous voyez que ce n'était pas un acte d'hostilité; c'était, sous l'obsession d'un auteur très désireux qu'on parlât de lui, un travail à faire sur un livre qui venait de paraître. Avait-on dit à M. Magnan qu'en rendant compte de sa brochure on en parlerait avec respect? Avait-on pris quelque engagement? Non, on n'en pouvait pas prendre. Je crois même, sans connaître M. Magnan, que si on l'eût consulté, il aurait eu le bon goût de demander qu'on parlât de lui avec sincérité. Le critique, la plume à la main, rend hommage à celui qui vient d'écrire. Ce n'est pas un hommage de simple convenance? Non, il le trouve sincère; il trouve dans son écrit un ton général qui lui permet des compliments à sa loyauté; c'est un homœopathe loyal, convaincu. Il lui rend cette justice! Et puis dans le compte rendu de l'œuvre, il aborde la question scientifique. Il ne pouvait pas parler d'autre chose! Vous ne vouliez pas qu'à l'instar du poëte, ne voulant pas parler de M. Magnan, il parlât de tout autre ouvrage et renouvelât l'histoire de Simonide.

Dans son travail, M. Gallard rencontre un passage, celui où l'auteur avait dit : « Ce n'est pas à l'époque actuelle qu'on peut prétendre que la doctrine homœopathique ne peut être exercée que par *un ignorant abject, un pauvre illuminé, ou un misérable charlatan.* » Le jeune auteur, avec une confiance charmante et de bonne foi, croit à l'avenir de sa doctrine. « Ce n'est pas une doctrine qu'il faille accepter, dit-il, aveuglément, par pure délicatesse et simple urbanité; c'est une doctrine qui veut être victorieuse et qui ne veut être acceptée qu'à ce titre. » M. Gallard ne peut pas aller jusque-là. Il regarde l'homœopathie comme une doctrine sur laquelle on peut encore discuter quand on rencontre des hommes comme M. Magnan, qui la pratiquent de bonne foi, et il lui répond : « Vous vous trompez; c'est au contraire à l'époque actuelle qu'on doit proclamer ce que, selon vous, il n'est plus permis de dire, car la lutte est close, la science a protesté, les maîtres vous ont jugés. » M. Gallard retourne donc une phrase de l'auteur, il ne fait pas autre chose.

Mon honorable contradicteur, avec plus d'habileté que d'exactitude, se récrie : « C'est étrange, ce système de défense. Quoi ! j'aurais dit : « Je suis un honnête homme. » Un écrivain viendra, et, retournant ma phrase, mettant une négation là où je plaçais une affirmation, là où j'avais dit : « Je suis un honnête homme, » il dira : « Vous êtes un malhonnête homme, » et cette phrase ainsi retournée ne sera pas une injure ! »

Je vous en demande pardon, cette assimilation n'est pas admissible ; la raison et le bon sens procèdent d'une autre sorte. Non, vraiment, lorsque dans un ouvrage je vois cette phrase pleine de suffisance : « L'époque actuelle n'est plus l'époque où l'on peut dire que la médecine homœopathique est une doctrine, etc., » il est très permis de reprendre la phrase et de dire : « Vous vous trompez ; c'est au contraire à l'époque où nous sommes que la chose peut se dire ; car des expériences ont été faites, des études consciencieuses ont permis de juger cette doctrine. » Et quand on prend une phrase qu'on rencontre et qu'on la retourne, on répond à un défi, on répond à une témérité. On la reprend et on la retourne pour dire : « C'est une erreur, vous croyez le débat clos par la victoire, il est clos par la défaite. » Ce n'est pas là une façon d'insulter les gens, c'est une façon de rétorquer une affirmation téméraire devant laquelle on ne peut pas courber la tête.

J'ajoute que quand vous avez dit que ce procès n'était pas un procès en diffamation, vous vous êtes encore trompés, il n'a au contraire d'intérêt que parce que c'est un procès en diffamation. S'il s'agissait d'une doctrine, le juge pourrait bien avoir un avis, mais il ne pourrait pas décider. Il faudrait qu'il déclarât que c'est une question qui prend des proportions extrajudiciaires, qui présente des difficultés insolubles pour les hommes qui n'ont pas fait des études spéciales. C'est donc au fond, puisque nous n'avons nommé personne, une façon de diffamation latente que vous signalez à la justice ; c'est comme diffamés, et à ce titre seulement, que vous pourriez nous poursuivre.

Que si avec votre connaissance du droit, qui est grande, vous voulez nier qu'il s'agit d'une diffamation ; que si par amour de la publicité, vous voulez absolument qu'on parle de vous, nous sommes plus modestes, nous aurions mieux aimé que ces débats eussent lieu sans bruit, sans éclat ; mais enfin, si l'amour du bruit et de la publicité vous possède à ce point qu'il faille à tout prix qu'on parle de vous, permettez que, pour vous complaire, nous ne laissions pas changer la nature du débat. Restons franchement ce que nous sommes, et que le procès reste ce qu'il est. Si nous vous avons diffamés, il y a faute, et nous sommes responsables. Or, nous avons la conscience que nous n'avons jamais voulu vous diffamer. En rendant compte d'un de vos ouvrages, nous avons apprécié la doctrine au profit de laquelle vous avez pris les armes, et je dis à cet égard au tribunal, au point de vue de la diffamation, que, dans la phrase incriminée, nous avons laissé à ceux qui pratiquent la doctrine homœopathique *une option* qui exclut toute idée d'offense personnelle.

Après avoir reconnu que M. Magnan était sincère et loyal, nous avons dit que pour exercer et pratiquer la doctrine homœopathique, il fallait être ou *un igno-*

rant abject...... Je ne trouve pas ces expressions gracieuses, mais je n'y vois pas une injure formelle, parce que nous appeler ignorants les uns les autres, c'est malheureusement si commun, que nous-mêmes qui parlons d'une manière plus urbaine que ne l'est la plupart du temps le langage dont on se sert, nous ne sommes pas toujours exempts de cette mauvaise habitude ; je crois donc en général qu'il faut savoir se laisser appeler ignorants... de savants à savants, c'est surtout ce qu'il faut savoir faire. (*Sourires.*)

Après « abject ignorant » il y a *pauvre illuminé.* Remarquez que ce sont toujours des alternatives, « *abject ignorant* ou *pauvre illuminé* ». Eh bien, « pauvre illuminé », quand on discute une doctrine nouvelle ; « pauvre illuminé », quand on s'adresse à Hahnemann qui a écrit les choses bizarres, excentriques que vous savez, et il en a écrit de plus excentriques et de plus bizarres encore ; quand on écrit ces choses, il ne faut pas se plaindre de « pauvre illuminé ». Je vois même de la bienveillance dans ce mot-là. Quand je dis à quelqu'un : « Pauvre illuminé, » je ressens pour lui je ne sais quelle douce commisération. Je n'hésite pas à dire qu'on ne peut pas, dans une discussion, empêcher « pauvre illuminé » de passer. C'est la qualification la plus bénigne possible de l'erreur : « Pauvre illuminé ! ! ! »

« *Misérable charlatan...* » Oh ! par exemple, je ne recommanderais pas ce mot. Des charlatans, il y en a parmi les homœopathes, je le pense ; il y en a peut-être parmi les allopathes. Mais où vous avez tort, c'est de vous précipiter sur « misérable charlatan », de vous l'appliquer, car vous savez que vous avez un choix entre trois possibilités : « abject ignorant, pauvre illuminé, et misérable charlatan. » Je ne vois pas pourquoi vous prendriez la dernière. Quoi qu'il en soit, cette expression que je n'ai pas forgée, que je vous ai empruntée en la retournant, n'est pas meilleure pour être de vous, et si j'avais à recommencer, comme je n'aime pas les procès, j'en choisirais peut-être une autre. Là n'est pas la question ; notre triple alternative n'était pas une qualification qui pût être nécessairement, volontairement, ni pour aucun de vous individuellement, injurieuse.

Je veux, messieurs, vous dire très rapidement un mot sur ce qui me paraît être le droit.

L'adversaire a répondu à la plaidoirie de M⁰ Lefranc, sous laquelle je voulais m'abriter par le silence. Il a répondu que la collectivité n'existait pas. M⁰ Lefranc avait dit *collection,* on a dit *collectivité.* Mais collection ou collectivité, ce n'est pas là ce qui agit, selon vous. Si l'être collectif n'existe pas, vous avez donc fait *une sommation* pour un être collectif qui n'existe pas ; dès lors cette sommation était nulle. Nous avons eu raison de ne pas obtempérer. Vous n'êtes pas un être collectif, vous êtes quelques homœopathes, les paladins de l'homœopathie, vous avez voulu prendre fait et cause pour ceux qui ne se mêlent pas dans le procès. Quelques-uns des plus notables ne l'approuvent pas, ils préfèrent la pratique silencieuse, et peu jaloux de cet éclat qui vous plaît tant, ils ne s'y mêlent pas. Vous avez cependant pris un air de collection alors que vous ne le deviez pas. Sous ce rapport, vous l'avez reconnu, votre action est nulle. Il reste que j'ai à répondre à dix ou douze d'entre vous, le nombre n'importe pas à l'affaire. Savez-vous que vous m'embarrasseriez beaucoup, moi, qui défends M. Richelot, et qui veux le défendre sérieusement. M. Richelot a permis qu'on parlât dans son journal de misérables charlatans que je ne connais pas, de gens ignorants que je ne connais pas, de pauvres illuminés que je ne connais pas, que l'auteur ne nomme pas : et douze ou treize homœopathes viennent se plaindre de ces expressions qu'ils s'appliquent ! Pourquoi se les appliquent-ils ? Ils ont tort. Ils veulent, au profit de ce qu'ils croient la science, faire une démonstration personnelle. Ils ont espéré obtenir de vous la guérison d'une blessure qu'ils se font ainsi et que nous ne leur avions pas faite. Il leur répugnait de se dire personnellement insultés, outragés, alors ils ont imaginé de se transformer en un être collectif, ils ont pris à droite et à gauche des présidents et des secrétaires, pour pouvoir dire : C'est une injure générale qui nous émeut ; elle ne nous atteint pas, elle atteint le corps homœopathique. Erreur, cent fois erreur ! il n'y a pas de corps homœopathique.

Que vous soyez des *negotiorum gestores*, que vous ayez derrière vous des homœopathes à défendre, cela juridiquement ne se peut. Veuillez nous dire au nom de qui vous nous demandez ces dommages-intérêts, quels sont ceux qui se croient insultés ? Vous reculez, personne ne veut de ce rôle.

Quand on examine sérieusement, on arrive à trouver la vérité, à trouver que c'est purement et simplement une doctrine scientifique qui a la prétention de faire juger qu'elle est à l'abri des sévérités et des emportements de la critique. Une doctrine n'a pas ce droit-là. Une doctrine arrive dans le monde inconnue ; par cela seul qu'elle est nouvelle, elle révolte les doctrines anciennes. Est-ce une bonne doctrine ? Ce n'est pas la question. Les lectures qu'on m'a forcé de faire m'ont donné là-dessus des ébranlements douloureux. Quand j'ai vu les effets de vos globules qui, à des distances de quarante jours, peuvent me faire dire *prune* alors que je veux dire *poire*, je me suis effrayé. M. Richelot est venu m'apporter un rapport fait à la Société médicale, j'ai dû le lire, et à mesure que j'ai lu, j'ai été encore plus déconcerté. Je ne prétends pas qu'avec des lectures faites pour l'audience on puisse juger de pareilles choses ; seulement, j'ai senti ébranler le peu de confiance que dans des moments de souffrance, moi aussi, j'aurais pu avoir pour vos globules.

Il serait impossible, si nos adversaires avaient raison de critiquer, de juger aucune doctrine. Broussais avait presque mis les sangsues sur un trône ; il en faisait un usage extraordinaire. Cela tenait à une conception scientifique qu'il avait et qu'il a cherché à faire dominer. C'était un homme d'un grand talent, il a eu ses adeptes. On a connu la doctrine de Broussais, on l'a critiquée, et comme il ne ménageait pas le sang, on a fait de sa doctrine une doctrine d'assassin. Broussais assassin !!! C'est une métaphore ! Il faut, quand on parle d'hommes comme Broussais, savoir accepter les excès et les métaphores. Mon confrère doit comme moi accepter les métaphores ; c'est là ce qui colore le langage, c'est là ce qui fait que quand vous exagérez, vous plaisez encore. La métaphore fait pénétrer dans l'esprit beaucoup de vérités qui sans elle n'en approcheraient pas. La métaphore scientifique, il faut savoir l'accepter aussi, et ne pas prendre pour des outrages des termes violents que le mouvement de l'esprit suggère, mais qui ne sont ni clairement définis, ni volontairement lancés à votre adresse.

Messieurs, on pourrait dire beaucoup de choses, et je ne veux pas les dire, sur la nécessité de la liberté des discussions scientifiques. Je soumets au tribunal ce qui me paraît plus clairement résulter de ces faits. N'est-il pas évident que quand ils demandent 50 000 francs de dommages-intérêts, les adversaires ne font pas état d'un grand amour pour cette liberté. Pour nous rassurer, ils nous disent que ces 50 000 francs, s'ils les obtenaient de vous, ils les donneraient aux pauvres. Ces 50 000 francs ne sont donc que le prétexte ; dans les dernières conclusions ils s'en tiennent à la publicité ; ils demandent que nous soyons tenus d'incérer dans l'*Union médicale* la condamnation qu'ils espèrent. En effet, c'est vraiment pour cela que nous sommes poursuivis. La doctrine homœopathique, qui soutient une lutte et qui la soutient avec persévérance, voudrait qu'on lui vînt un peu en aide. Un peu de publicité, un jugement qui fournirait l'occasion de faire une réclame pour la doctrine homœopathique, seront assez du goût de nos adversaires ; c'est le but qu'ils poursuivent. Je dis que ce but n'est pas légitime, que la science ne procède pas ainsi ; il valait mieux répondre à M. Gallard qui terminait par un défi. Faisons des expériences, vous dit-il, faites-les avec nous, voyons vos globules, étudions vos infiniment petits. Si vous êtes la vérité, vous êtes obligés de vous faire reconnaître. Comme vous êtes une doctrine expérimentale, il faut continuer, continuer toujours vos expériences. Voilà ce que la science comporte, et ce que l'amour de la science peut offrir.

J'ajoute, messieurs, quant *aux termes* de la sommation qui nous était faite, que c'était une sommation qui ne nous était faite que pour être refusée. Les termes inacceptables le prouvent

Avez-vous jamais vu un homme, pour peu qu'il se respecte, consentir à écrire « qu'il se rétracte parce qu'il a fait une polémique *malhonnête et non* » *avouable ?* » voilà les termes de cette sommation. En vérité, je vois bien que le défenseur n'était pas là, non pas que je mette en doute le savoir-vivre et le savoir-écrire des auteurs de la protestation ; mais c'étaient des hommes passionnés, violents : on ne demande jamais à un homme d'écrire qu'il a fait une polémique contraire à l'honnêteté et non avouable. La chose est claire. Vous n'avez fait votre sommation que pour être refusés. Ce que vous cherchiez, c'était l'audience. Eh bien ! de l'audience, j'espère qu'il sortira ceci, que vous étiez sans qualité pour agir comme vous avez agi en vous disant les représentants de l'homœopathie ; en second lieu, que vous êtes sans qualité, même en ce moment, parce que si vous voulez agir personnellement, vous n'avez pas ce droit, aucun de vous n'ayant été nommé ni désigné. Je puis et dois dire plus, sans vous faire de concession, uniquement parce que c'est la vérité, on ne songeait pas à vous, hommes de l'homœopathie. On songeait à l'homœopathie elle-même, c'est à l'homœopathie qu'on a dit toutes ces choses : il appartient essentiellement à ceux qui pratiquent la science depuis longtemps, lorsque vous venez parmi eux, lorsque vous voulez vous imposer, lorsque vous affirmez votre doctrine avec le sentiment de cette supériorité qui révolte les consciences ; je dis, il leur appartient, à ceux-là, de défendre les vieux principes, de déclarer que vous n'êtes que l'erreur, et de vous poursuivre à ce titre.

Il leur appartient, quand vous vous signalez comme une doctrine ayant de l'unité, de l'absolu, de vous dire que vous pourriez bien n'être que des éclectiques, et qu'alors vous devez ne pas faire tant de bruit.

Vous faites l'éloge de M. Tessier.... M. Tessier? je ne le connais pas ; je ne
suis chargé de l'attaquer ni de le défendre ; quelque éminent qu'il puisse être,
il n'est rien ici, il a le bon esprit de n'être pas du procès, Il est, m'apprenez-vous, médecin en titre d'un hôpital ; il fait, m'apprenez-vous encore
l'allopathie de temps à autre, de l'homœopathie plus souvent, et vous ajoutez
que parmi les homœopathes, c'est un éclectique. Eh bien, un éclectique, c'est
un homme qui partage sa confiance entre plusieurs principes ; un éclectique
en médecine, c'est un médecin qui croit à ce que croient la plupart des
médecins, que l'homœopathie peut quelquefois soulager, très souvent consoler, et qu'il ne faut pas l'exclure. Un éclectique, c'est un médecin qui donne
parfois des globules, mais qui, la plupart du temps, saigne et purge. Un
éclectique de ce genre, savez-vous ce que je lui reprocherais ? ce serait, au
lieu de faire simplement ce qu'il croit utile au point de vue de son art, au lieu
de se qualifier de médecin tout simplement, ce serait de prendre une qualification déterminée, de se dire homœopathe, et de se signaler à ce titre. Voilà
ce que je lui reprocherais si j'avais ce droit-là, parce qu'il me paraît qu'il est
dans les conditions des médecins ordinaires. Il n'y a pas un seul de ces grands
noms qui ont figuré dans le procès qui ne soit un éclectique. S'il lui était
démontré que des globules fussent utiles, il pourrait bien les ordonner, il ne
serait pas homœopathe pour cela, il ne s'en ferait pas un titre particulier. Il
pourrait dire, je fais de l'homœopathie et de l'allopathie, mes moyens de
guérir, et je prends mes éléments partout où je les trouve.

Nous attaquons ceux qui font d'une doctrine une enseigne ; qui disent :
Nous savons tout, les autres ne savent rien ; Hahnemann, c'est notre patron,
c'est lui qui a découvert l'art de guérir, on ne le connaissait pas avant lui.
Ce sont là de mauvaises pratiques médicales qui n'annoncent pas la vraie
science.

Quand nous rencontrons une doctrine dangereuse, nous avons le droit de
l'attaquer. Quand nous la surprenons prenant à la vieille science ses méthodes
sans les avouer, nous la surprenons en pratique déloyale, et nous avons le droit
de l'attaquer. Nous avons le droit de l'attaquer à la condition de ne désigner
personne, de ne diffamer personne. Je ne puis pas m'empêcher, en terminant,
de le redire, toutes les fois que j'attaque une erreur énergiquement et bien
sincèrement, je ne puis pas me flatter que l'homme qui professe cette erreur
me saura bon gré de mes attaques ; je ne puis pas me flatter que l'homme
qui professe cette erreur ne la soutiendra pas avec l'énergie du désespoir.
S'il fallait, par ménagement humain, porter l'indulgence pour les hommes
jusque-là que nous absoudrions leurs erreurs, en vérité nous aurions perdu
tous les droits de la critique, la science serait sacrifiée, le mensonge aurait
le trône du monde. Il n'y siége que trop, et dans tous les genres ; c'est une
suite de l'infirmité humaine : ne l'aggravons pas.

Dans un temps où l'on écarte la presse des affaires du gouvernement, il y
a une grande part au moins à laisser à la liberté scientifique. Il ne faut pas
proclamer qu'il y a des doctrines qui ont planté leur drapeau dans la science
sans qu'il soit permis aux doctrines soit anciennes, soit contemporaines, de
frapper sur ce drapeau et de chercher à le faire tomber. C'est là ce qui a paru
à M. Richelot être de son devoir. Il est le gérant d'un journal purement

scientifique. Il a fait faire ce compte rendu, et quand il l'a examiné, il a trouvé qu'il disait à l'homœopathie ce qu'on est en droit de lui dire; il a cru qu'il pouvait, sans mauvaise conscience aucune, laisser passer l'article. Ma conviction est qu'il a fait ce qu'il avait le droit de faire, et que l'en punir serait un coup fatal porté à la liberté de la presse scientifique. J'espère que le tribunal repoussera la demande.

OBSERVATION DE M⁰ ÉMILE OLLIVIER.

Mon honorable contradicteur a plaidé avec beaucoup d'esprit, c'est son habitude; cependant je n'ai que deux mots à répondre à sa plaidoirie, pour la réfuter. Il ne s'agit pas de savoir si M. Gallard a pu appliquer aux médecins homœopathes les qualifications d'ignorant abject, pauvre illuminé, misérable charlatan. Ces expressions ne sont pas les seules qui soient injurieuses, et dont nous nous plaignions. Il s'agit également de savoir si l'on a pu écrire : « *L'homœopathie ne peut être adoptée et mise en pratique de bonne foi par des médecins instruits. L'homœopathie n'est plus une science, c'est un commerce exercé par quelques-uns au détriment de la science et de l'humanité. Les travaux écrits par des hommes capables de tels faits ne doivent pas être discutés, pas même lus : ils sont rédigés avec l'intention de capter la bonne foi des gens du monde, ils mentent comme tous les prospectus,* etc. » Si M. Gallard s'était borné à dire comme mon honorable contradicteur : « Quand une doctrine a levé son drapeau, il est permis de frapper sur ce drapeau et de le faire tomber, » il n'eût fait qu'une métaphore innocente! Malheureusement il s'est permis des affirmations plus sérieuses, et c'est de ces affirmations que nous demandons justice.

Audience du 3 décembre 1858.

RÉQUISITOIRE DE M. L'AVOCAT IMPÉRIAL SALLANTIN.

Messieurs,

Il y a un point qui nous a frappé dans les débats auxquels vous avez consacré deux audiences. L'habile et éloquent défenseur des médecins homœopathes est venu vous dire : Ce n'est pas un débat scientifique que le tribunal est chargé de juger, je me garderai bien d'amener la discussion sur le terrain de la science; il ne s'agit que d'une question de droit ordinaire, une simple question de dommages-intérêts. Au nom de M. Gallard, qui a le rôle principal parmi les défendeurs, on vous a tenu à peu près le même langage; cependant, malgré cette promesse solennelle, le débat judiciaire a disparu bien vite.

Dans l'intérêt des médecins homœopathes, on vous a fait l'apologie de leurs doctrines et l'on a cherché à vous en expliquer les principes fondamentaux. De son côté, M. Gallard a oublié qu'on lui demandait 50 000 francs de dommages-intérêts, et s'est mis à frapper à coups redoublés sur les adeptes de Hahnemann.

Nous en plaindrons-nous ? Nous aurions tort, en vérité, après les excellents discours que vous avez entendus; d'ailleurs, il faut bien le dire, pour les parties, il n'y a qu'une cause, c'est celle qui a été plaidée. Qu'est-ce que le procès judiciaire en présence du procès scientifique, procès qui date de loin, et qui n'est pas près de finir?

Quant à nous, messieurs, qui n'avons à défendre ni les lauriers déjà vieux de l'Académie de médecine, ni le jeune et aventureux drapeau de l'homœopathie, nous ne suivrons pas les parties sur le terrain qu'elles ont choisi, et nous tenterons de ramener la question au seul point dont vous avez à connaître.

L'objet du procès, messieurs, vous le savez. Dans une revue médicale (numéro du 24 octobre 1857), M. Gallard a publié un article de bibliographie à l'occasion d'un ouvrage récent d'un médecin homœopathe, M. Magnan. M. Magnan avait exalté la médecine qu'il pratique. M. Gallard, qui croit à la vieille médecine, a pris la plume pour la défendre des attaques dirigées contre elle par M. Magnan, et il a fait une critique vive, amère même de la doctrine de Hahnemann.

L'article de M. Gallard est considéré comme une injure dans le camp adverse, et douze médecins homœopathes viennent se poser en champions de la doctrine outragée. Nous sommes insultés, disent-ils, nous sommes traités de charlatans, d'illuminés, d'ignorants abjects; nous ne pouvons tolérer ces injures, et nous venons demander au tribunal de nous accorder la réparation de cet outrage en condamnant à 50 000 francs de dommages-intérêts M. Gallard, auteur de l'article, et M. Richelot, gérant du journal. Voilà tout le procès, messieurs.

Une première objection vient naturellement à l'esprit. Pourquoi est-ce M. Chargé, ou M. Pétroz, qui vient faire ce procès? De quel droit douze médecins se posent-ils comme les défenseurs nés de la doctrine homœopathique, les vengeurs de la mémoire de Hahnemann? Pourquoi y a-t-il douze demandeurs, et non un seul? En d'autres termes, ont-ils qualité pour agir?

Dans notre loi, il y a un principe incontestable, c'est que, pour former une action, il faut y avoir un intérêt; pour demander la réparation d'un préjudice, il faut avoir subi un dommage. Si le fait d'autrui est un délit portant atteinte soit à l'ordre public, soit à une collection d'individus reconnus par l'État comme constituant un corps, c'est le ministère public qui en demande réparation, et qui vient, au nom de la société, requérir la punition du coupable. Si le fait d'autrui ne constitue ni crime ni délit, et cause seulement un préjudice quelconque à un particulier, c'est celui-ci qui a seul le droit de s'en plaindre.

Que contient donc l'article de M. Gallard? a-t-il attaqué l'ordre public? a-t-il violé une loi pénale? Non, certes, et comme représentant de l'action publique, nous n'avons rien à lui reprocher. A-t-il attaqué M. Pétroz, M. Escalier, M. Crétin, voire même M. Simon? Mais ils ne sont pas nommés. Lisez l'article de M. Gallard, et vous n'y verrez le nom que d'un seul médecin homœopathe, M. le docteur Magnan, qui ne se plaint pas et ne forme aucune demande. Sont-ils au moins désignés? Y a-t-il une phrase, un mot, qui puisse faire supposer que M. Gallard a eu dans sa pensée de faire le portrait de M. Escallier, de M. Leboucher, de M. Love? Non; M. Gallard n'a désigné personne.

Qu'a-t-il donc fait? Retournant une phrase de M. Magnan, il a dit que l'homœopathie était une doctrine jugée; qu'elle n'avait fait ni un pas ni un progrès, et que si l'on avait pu dire autrefois, comme M. Magnan le prétendait, que cette doctrine n'était pratiquée que par des ignorants abjects, de pauvres illuminés ou de misérables charlatans, on était encore en droit de le dire : voilà son crime !

Et M. Love et chacun des demandeurs de s'écrier : Entendez-vous le blasphème ! c'est moi qu'il désigne ! un charlatan, c'est moi; un illuminé, c'est moi; un ignorant, c'est moi ! vite qu'on le condamne à 50 000 francs de dommages-intérêts.

En vérité, messieurs les homœopathes, vous avez la fibre bien sensible ! Pourquoi ce mot de charlatan vous fait-il dresser la tête? Avez-vous donc la conscience inquiète? vous nous donneriez peut-être le droit de le supposer.

Discutons sérieusement. Vous n'avez qu'un seul argument, vous dites : Nous sommes homœopathes, et M. Gallard a attaqué les homœopathes d'une manière générale; il n'a pas fait d'exception, donc ses injures, ses outrages nous blessent en pleine poitrine.

Nous ne raisonnons pas médecine ici, mais nous raisonnons droit, et nous disons : Vous n'êtes ni nommés ni désignés; or, vous n'avez pas le droit de vous plaindre. Voulez-vous que nous nous placions en dehors du droit? nous vous dirons encore, au nom du sens commun vulgaire : Vous êtes sans qualité, et vous n'avez pas d'action, parce que les attaques de M. Gallard sont générales, et qu'à cause de leur généralité elles ne peuvent vous atteindre. Admettre le contraire, ce serait interdire toute critique, toute discussion scientifique.

Qu'un écrivain, par exemple, soit assez hardi pour dire son opinion, bonne ou mauvaise, sur certains de nos littérateurs modernes; que, se souvenant de ces temps illustrés par Molière, Corneille et Racine, il fasse un parallèle entre ces hommes immortels et ceux qui prétendent de notre temps tenir le sceptre des lettres; qu'il déplore la pente fatale suivie par ces faiseurs de drames et de vaudevilles, qui oublient que le théâtre doit être un enseignement pour les mœurs et non un lieu de corruption et une école où la foule apprend à applaudir le crime et à admirer tous les vices ; qu'il flétrisse ces fabricants de romans insipides qui ne vivent que de scandales, qui travestissent impudemment l'histoire de nos pères, qui calculent leur renommée sur le nombre de lignes ou de mots qu'ils ont écrits, et vendent leur littérature en gros et en détail comme des ballots de marchandise ; que cet écrivain châtie comme ils le méritent ces journalistes de bas étage, dont la plume appartient à qui les paye, qui pour un écu outragent aujourd'hui ce qu'ils encensaient hier : cet écrivain croira sans doute avoir fait une action louable, car sa conscience ne lui reprochera rien. Peut-être s'attendra-t-il à être attaqué par les armes dont il s'est servi : il sait qu'il s'est exposé à des critiques et à des pamphlets, rien de plus juste, c'est de bonne guerre ; mais devra-t-il subir des procès sans fin ! lui faudra-t-il plaider contre tous les journalistes de France, contre tous les vaudevillistes de France, contre tous les romanciers d'Europe, et donner à chacun 50 000 francs ?

En vérité, cette supposition est absurde, et il faut être médecin homœopathe pour concevoir une semblable pensée ; je suis sûr, quant à moi, que parmi ces hommes de lettres dont je parlais tout à l'heure, il n'y en aurait pas un qui songerait à faire un semblable procès.

Voulez-vous un autre exemple. Que n'a-t-on pas dit, que n'a-t-on pas écrit sur le caractère français ! Les Français sont légers et présomptueux ; ils manquent de persévérance, ils sont toujours prêts à courir les aventures, etc., etc. Eh bien ! est-ce qu'en ma qualité de Français j'aurais le droit d'actionner et de poursuivre l'écrivain qui aurait publié de pareilles choses ? Est-ce que j'aurais le droit de lui dire : « Je suis Français ; or, comme vos attaques sont générales, je les prends pour moi, et j'entends que vous me donniez des dommages-intérêts. Après moi, vous aurez peut-être à plaider avec tous mes concitoyens ; il vous faudra soutenir un nombre infini de procès avec des millions d'adversaires ; c'est possible, mais cela ne me regarde pas ; en attendant, je prétends que vous m'avez causé un préjudice, et je veux que vous me payiez 50 000 francs.

L'écrivain en question ne sera-t-il pas fondé à répondre : « Pourquoi prenez-vous pour vous ce qu'il m'a plu d'écrire. Vous ai-je nommé ? vous ai-je désigné ? De quoi vous plaignez-vous alors ? Passez votre chemin, je ne vous connais pas. » Cet écrivain aura mille fois raison, et nous dirons comme lui à M. Pétroz et aux autres demandeurs : Comme particuliers, vous n'avez pas qualité pour former une action utile, parce que les attaques de M. Gallard ne vous atteignent pas, parce que ces attaques sont générales et non personnelles, parce que, dans cet article dont vous vous plaignez à tort, vous n'avez été ni nommés ni désignés.

Si MM. Pétroz, Crétin et autres n'ont pas droit, comme particuliers, de former une action, sont-ils au moins fondés à se plaindre comme représentant une collection d'individus ? Qu'est-ce que ce comité homœopathique dont ils se disent membres ? Est-il reconnu ? Est-ce un corps constitué, protégé par nos lois ? Non, et à ce titre encore, nous avons le droit de leur dire : Vous n'avez pas qualité, car vous ne représentez rien.

Parlerai-je de cette demande d'insertion d'une lettre de MM. Pétroz et Simon ? Ce que nous venons de dire pour l'article de M. Gallard s'applique également à cette demande. M. Simon et M. Pétroz ne sont pas nommés dans l'article de M. Gallard, ils n'ont pas le droit d'y répondre comme particuliers ; ils n'ont pas le droit d'y répondre comme membres de je ne sais quel comité qui n'a pas d'existence légale. Ainsi, à quelque point de vue que nous examinions la demande des médecins homœopathes, elle nous paraît mal fondée.

Je pourrais m'arrêter ici, messieurs, car cette fin de non-recevoir me paraît péremptoire. Mais, par une courtoisie évidente, M. Gallard n'a pas insisté sur ce point; il a accepté bravement le débat, comme ces chevaliers d'un autre temps, qui étaient toujours prêts à entrer en lice dès qu'il y avait quelques coups de lance à recevoir ou à donner, ou qu'ils voyaient une cause juste à défendre.

Voyons donc si au fond il y a dans l'article publié quelque chose qui ait motivé suffisamment cette levée de boucliers. Je ne vous lirai pas cet article; je l'ai lu et relu; j'ai lu également la note qu'on incrimine au même titre, et voici l'impression que j'ai ressentie.

J'ai vu là une œuvre scientifique, une discussion vive, passionnée, amère, si vous le voulez! M. Gallard croit à son art, il croit que la médecine, comme toute science humaine, est l'œuvre des temps, œuvre sérieuse à laquelle chaque génération a apporté sa part de travail et de conquête. Un jour, cependant, c'était presque hier, un médecin allemand s'est levé et est venu dire : « L'humanité tout entière s'est trompée depuis quatre mille ans, elle a été dupée par des fourbes qui usurpent le titre de médecins; il faut, comme l'a fait Paracelse, il faut brûler les œuvres d'Hippocrate et de Galien ; tous les médecins qui ont suivi leurs préceptes sont des insensés, des empoisonneurs, des assassins !... Heureusement pour l'humanité que je suis là pour la sauver ! J'apporte, en effet, le secret de la science, et ce secret consiste en trois mots : *Similia similibus curantur.* »

M. Gallard n'a pas cru Hahnemann sur parole; il a discuté et examiné sa doctrine, et n'a vu en lui qu'un imposteur. Par hasard il lui tombe sous la main un livre d'un adepte de Hahnemann, c'est un hasard heureux ; car, s'il faut en croire les allopathes, les homœopathes sont fort disposés à appliquer à la science et à la doctrine écrite le principe de leurs médicaments, et ils se contentent d'une doctrine à dose infinitésimale; leurs livres, en effet, sont rares.

Suivrai-je M. Gallard dans les appréciations qu'il a présentées, soit dans son article, soit dans la note qu'il vous a distribuée? vous raconterai-je avec lui toutes les singularités et les bizarreries de la médecine homœopathique? relirai-je ces pages étranges du livre fondamental de Hahnemann, dans lesquelles celui-ci expose la composition des médicaments fantastiques qu'il emploie et fait connaître le résultat des épreuves qu'il a faites sur sa personne? vous raconterai-je avec quelle naïveté il attribue à une poussière de charbon, à un atome de phosphore la succession des phénomènes et des impressions personnelles qu'il éprouve pendant trente ou quarante jours, n'oubliant pas, dans sa sincérité, de déclarer que tel jour, à telle heure, le remède produit invariablement chez lui un dérangement du cerveau?

Faut-il vous rappeler les succès ou les infortunes de ses élèves? les épreuves malheureuses qu'ils ont faites dans les hôpitaux de Paris ou de Marseille? Parlerai-je enfin de ce hasard singulier qui fait que le médecin homœopathe réussit toujours quand il est seul, tandis que ses malades meurent lorsque apparaît une ombre de médecin allopathe; comme le jeune Andragoras dont parle Martial, qui, bien portant la veille, mourut le lendemain subitement :

In somnis medicum viderat Hermocratem.

Non, messieurs, tout ceci ne nous regarde pas ; tous ces faits, **toutes ces** expériences sont du domaine de la science, et vous n'avez pas à en connaître.

En vérité, messieurs, vous auriez fort à faire si vous étiez appelés à juger les querelles des médecins, et votre tâche serait impossible, je ne crains pas de le dire, si vous étiez obligés de les mettre d'accord.

Nous n'avons pas seulement les représentants de la médecine traditionnelle et les homœopathes; nous n'avons pas seulement les spiritualistes, les matérialistes, les rationalistes, les humoristes, les insufficientistes, etc., etc.; si vous acceptiez de vous faire juges de leurs différends, vous verriez bientôt apparaître une légion d'autres praticiens qui viendraient à leur tour vous demander de proclamer l'excellence de leurs systèmes.

Dans notre siècle de libre arbitre, la diversité en fait de médecine est poussée à sa dernière limite. Tel a la prétention de guérir toutes les maladies avec de l'eau froide, tel par la seule influence de sa volonté magnétique. Nous avons des somnambules qui devinent le principe du mal, et, par une sorte d'intuition miraculeuse, voient en même temps au fond de l'Inde ou du Pérou la plante qui doit apporter la guérison. Je vous fais grâce de l'armée des empiriques qui viennent munis chacun d'un remède spécial, unique, guérissant tous les maux.

Qui songerait, messieurs, à vous constituer juges de semblables questions? Pouvez-vous proclamer l'excellence de telle ou telle doctrine, l'efficacité de telle pommade, la nouveauté de telle formule? Non, encore une fois, non, et de semblables débats ne peuvent être de votre domaine.

Quant à nous, nous proclamons notre incompétence absolue, nous n'aurions pas la témérité de nous prononcer sur la foi de notes faites pour l'audience, soit en faveur d'un système, soit en faveur d'un autre; nous tenons d'ailleurs l'homœopathie pour une doctrine utile et sincère lorsqu'elle est pratiquée par des hommes convaincus comme les demandeurs; en tous cas, nous sommes prêts à déclarer que nous croyons qu'on peut être fort honnête homme tout en étant médecin allopathe ou homœopathe. Laissons donc de côté la partie scientifique de la brochure et de la note de M. Gallard qu'il ne nous appartient pas d'apprécier.

Si nous écartons la discussion de principes, que reste-t-il?

Rien en vérité, ou bien peu de chose du moins.

Sans doute, M. Gallard a été vif et agressif, et il aurait mieux fait de ne point écrire cette phrase qui a si vivement impressionné ses adversaires. Il s'est laissé entraîner par une ardeur irréfléchie que nous blâmons et nous condamnons. L'injure ne sert à rien et ne doit être l'arme que des mauvaises causes.

Mais quel est le caractère de sa brochure? Ce n'est, nous le répétons, qu'une discussion scientifique. Que les homœopathes lui répondent, c'est leur droit; qu'ils démontrent qu'il a tort et qu'ils ont raison, c'est leur droit; mais c'est devant un autre tribunal que ce débat doit être porté, car vous ne pouvez, messieurs, vous constituer en académie. D'ailleurs, il faut bien le reconnaître, M. Gallard n'a fait que suivre une mauvaise tradition. On vous le disait avec infiniment d'esprit à votre dernière audience: « Entre savants, il faut se passer quelque chose. » Il n'est que trop vrai qu'entre médecins, la discussion n'a pas toute la modération désirable.

J'en trouverais la preuve dans une note imprimée que l'un des demandeurs a fait distribuer hier, M. le docteur Crétin. M. Crétin, qui se plaint vivement des injures de M. Gallard. M. Crétin, qui ne veut pas qu'on dise des homœopathes qu'ils sont des charlatans ou des illuminés; M. Crétin, qui veut que M. Gallard soit condamné à payer 50 000 francs de dommages-intérêts pour avoir prononcé de semblables blasphèmes; M. Crétin, lorsqu'il prend la plume, donne, lui aussi, un singulier exemple de sa modération.

Savez-vous en quels termes il traite les partisans de la doctrine adverse? On les avait accusés de ne pas sortir d'une routine fatale, d'avoir nié jadis la circulation du sang; que sais-je encore? Ils avaient répondu qu'ils acceptaient toute découverte utile, et ils avaient cité comme exemples le chloroforme et l'éther, qui ont été accueillis avec empressement.

Eh bien ! voilà ce qui indigne M. Crétin. Ils ont accepté l'éther, mais ils ont refusé je ne sais quel médicament, la glycérine, qui serait une sorte de panacée universelle. Quelle faute ! quel crime !

« Ah ! dit-il, s'il s'était agi d'un agent qui, comme l'éther, comme le chloroforme, comme l'amylène, tue rapidement, entre les mains même des plus habiles opérateurs et porte chaque semaine le deuil dans une nouvelle famille, le progrès eût été accepté d'enthousiasme. Mais il s'agissait d'un agent qui à ses propriétés inoffensives joint l'efficacité aujourd'hui la moins contestée dans les affections les plus graves, la fièvre typhoïde, les affections pultacées, couenneuses, gangréneuses, la phthisie elle-même, on le repousse sans examen et de parti pris. »

Ainsi, il n'y a pas d'équivoque. Vous croyez peut-être que les médecins allopathes songent à guérir leurs malades? Non. Ils n'ont qu'une pensée, c'est de les tuer au plus vite ; et s'ils trouvent une substance dont le résultat certain doit être d'amener la mort immédiate de leurs clients, ils l'appliqueront avec enthousiasme.

M. Crétin ne s'en tient pas à ces attaques générales; il a un tel besoin de frapper à tort et à travers, qu'il prend à partie un des médecins les plus illustres, les plus justement honorés de la Faculté. Cette fois, il le nomme : c'est M. le docteur Trousseau. Savez-vous avec quel respect il parle de ce maître de la science :

« Ce n'est plus le ridicule seulement, comme du temps de Molière, de le Sage, de Voltaire, que nous pourrions opposer à nos adversaires, c'est pis encore, comme vous pouvez vous convaincre par la lecture d'une leçon de M. Trousseau : « M. Trousseau se vante hautement d'avoir accepté un moyen préconisé par un ignoble charlatan, qui n'est autre que l'instrument de la plus révoltante débauche. »

Voilà donc M. Trousseau qui n'est que le plat valet d'un ignoble charlatan, le propagateur et l'admirateur d'un instrument de la plus révoltante débauche. Les compliments de M. Crétin sont peu agréables en vérité; M. Gallard avait dit d'une manière générale : « misérable charlatan ». M. Crétin fait mieux, il rend l'épithète plus dure encore, et l'applique à l'un des médecins les plus éminents de notre époque.

Ce n'est pas tout, car dans sa brochure M. Crétin parle de beaucoup de choses, et il se demande quel sera le jugement que le tribunal pourra rendre. Il finit ainsi la lettre qu'il adresse à son habile défenseur :

« Je laisse à votre éloquence si sympathique et si entraînante la tâche trop facile d'éclairer le tribunal et de lui demander que si, par impossible, son jugement était favorable au gérant et au rédacteur de l'*Union médicale,* si dès lors son diplôme n'assurait plus au docteur la liberté de ses convictions, l'indépendance de sa pratique, la dignité de sa profession, on verrait du moins nos adversaires donner au monde le spectacle d'une mêlée sans nom, où spiritualistes et matérialistes, vitalistes et organicistes, humoristes et solidistes, rationalistes et empiriques, se renverraient les épithètes dirigées contre nous par M. Gallard, et transformeraient la discussion scientifique en une arène tumultueuse où, à défaut de meilleures raisons, et le vocabulaire des injures étant épuisé, le pugilat deviendrait le dernier argument. »

Vous le voyez, messieurs, M. Crétin n'y va pas de main morte, et ce sont des coups de poing qui vont clore le débat. Pauvre M. Gallard ! Il se trouve en vérité dans une alternative fâcheuse : ou bien il lui faudra payer 50 000 fr.; ou bien, si par impossible vous ne prononciez pas contre lui une condamnation, il devra se mettre en garde et se résigner à recevoir les coups de poing de M. Crétin et sans doute de ses autres adversaires. Douze contre un, ah ! la partie n'est pas égale.

Voilà cependant où la passion aveugle peut conduire. Nous blâmions tout à l'heure M. Gallard ; nous lui reprochions ses phrases trop vives, trop violentes ! Mais que dirons-nous à M. Crétin qui a été plus vif et plus violent encore ? Nous dirons à tous les deux : Laissez là ces épithètes injurieuses, ces attaques injustes et passionnées qui ne doivent pas se trouver dans une discussion sérieuse ; abstenez-vous de semblables querelles qui ne peuvent profiter ni à l'un ni à l'autre et qui ne font que nuire à l'art respectable que vous pratiquez tous deux par des moyens divers. Mais, en tout cas, que vous ayez tort ou que vous ayez raison, ne venez pas soumettre vos dissentiments à un tribunal qui ne peut connaître de vos débats scientifiques et qui ne peut prononcer sur la valeur de vos doctrines.

Un mot encore, messieurs, et j'ai fini cette trop longue discussion. On vous a dit, dans l'intérêt des médecins homœopathes, que le procès qu'ils faisaient actuellement était un procès sérieux, dont le seul but était d'obtenir une réparation légitime.

On vous a dit, dans le sens contraire : Les médecins homœopathes, en actionnant M. Gallard, ne se proposent qu'une chose, c'est de faire parler d'eux et de spéculer sur la publicité de votre audience.

Messieurs, il y a quelque chose de vrai dans cette double version. Nous ne mettons pas en doute la bonne foi de M. Pétroz et des autres demandeurs, ils ont cru, à tort selon nous, que les attaques de M. Gallard les atteignaient et ils en ont demandé réparation. Nous croyons aussi, comme le disent leurs adversaires, qu'ils ne regrettent en aucune façon la publicité que doit recevoir ce singulier procès. Mais, pour nous, il y a une autre cause qui les a déterminés à venir à votre barre, et nous dirons notre pensée tout entière.

Quand la doctrine de Hahnemann pénétra en France, il y a cinquante ans, elle fut accueillie par un sentiment général d'incrédulité, et pendant trente ans on ne parlait de son système qu'à cause de sa singularité. Cependant quelques médecins aventureux eurent l'idée d'appliquer cette doctrine bizarre ; quelques succès, une mise en scène habile, attirèrent l'attention du public, et la clientèle des médecins nouveaux s'accrut avec rapidité.

La vieille Académie de médecine s'en émut, et elle crut qu'il était de son devoir d'examiner sérieusement quelle foi on devait avoir dans les préceptes de Hahnemann.

Vous savez ce qui se passa alors ; on fit venir les livres du novateur ; on discuta ses principes, des essais eurent lieu dans les hôpitaux de Paris sous la direction des médecins les plus consciencieux.

Le résultat de ces épreuves fut fatal à l'homœopathie. Battue sur le terrain de la science, confondue sur le champ des expériences, l'homœopathie ne voulut pas s'avouer vaincue, et elle se tourna vers le public, qui l'avait accueillie avec plus de faveur que les savants. Ses efforts furent couronnés de succès, et ce succès, il faut bien le reconnaître, n'a fait que grandir et se développer. Eh bien ! c'est ce succès qui a exalté les homœopathes actuels ; fiers de leur clientèle nombreuse, voyant leurs rangs grossir chaque jour, ils ont cru que le temps était venu d'élever autel contre autel, drapeau contre drapeau ; aussi quand la vieille Faculté lui rappelle ses défaites passées, l'homœopathie se lève et répond fièrement : Je suis maîtresse du terrain, vous ne me chasserez plus du temple de la science.

> C'est à vous d'en sortir, vous qui parlez en maître ;
> La maison m'appartient, je le ferai connaître.

Messieurs, c'est sous l'empire de ce sentiment que le procès actuel a été commencé ; que les homœopathes nous permettent de le leur dire, ils se sont trop hâtés, et ils ont poussé trop tôt ce cri de victoire.

Qu'ils laissent de côté d'abord ce mystère dont ils s'entourent ; qu'ils essayent de coordonner leur doctrine et de la mettre d'accord avec la raison et le sens commun ; qu'ils publient des livres dans lesquels ils expliqueront scientifiquement leur système et leurs principes ; qu'ils viennent enfin faire publiquement des expériences sérieuses, et qu'ils démontrent que leur succès n'est dû ni au hasard ni aux caprices de la mode. Oh ! alors les portes de l'Académie s'ouvriront d'elles-mêmes ; l'opinion publique, l'opinion des savants et des ignorants leur donnera la réparation qu'ils demandent, et nul ne songera à les traiter d'ignorants abjects, de pauvres illuminés ou de misérables charlatans.

Audience du 10 décembre 1858.

—

JUGEMENT.

« Le tribunal, etc. :

» En ce qui touche Latour, rédacteur en chef de l'*Union médicale*,

» Attendu qu'il y a désistement des demandeurs à son égard, le met hors de cause et les condamne envers lui aux dépens ;

» En ce qui concerne Richelot, gérant dudit journal, et Gallard, auteur de l'article incriminé ;

» Attendu qu'aucun des demandeurs n'est nommé ni même désigné dans ledit article ; que si, parfois, l'outrage adressé à une généralité de personnes nettement classée et définie par la loi ou par des marques certaines, peut donner ouverture à une action civile individuelle, il n'en saurait être de même de l'attaque dirigée contre un simple système, notamment contre une méthode médicale quelconque, soit homœopathique, soit allopathique, et contre ceux qui la pratiqueraient, toute indication de personnes étant évitée ;

» Qu'en effet, en un tel cas, la qualité de celui qui déclare prendre pour lui l'offense comme partisan plus ou moins absolu des idées soit nouvelles, soit anciennes, échappe à toute définition sûrement circonscrite et à toute vérification admissible et concluante ;

» Attendu que l'introduction au débat oral d'un fait spécial à Love, l'un des demandeurs, doit, d'après les circonstances qui l'ont amenée et accompagnée, rester étrangère à la solution du procès, et qu'il n'y a pas lieu d'en donner acte, comme Pétroz et consorts le demandent par leurs conclusions ;

» Attendu, d'ailleurs, qu'abstraction faite de la question scientifique, que le tribunal n'a point à apprécier, l'article de Gallard, s'il renferme plusieurs phrases regrettables, n'a fait, dans celle qui paraît aux yeux des demandeurs contenir la plus grave offense, qu'en retourner une du livre dont il rendait compte ;

» Que la portée en est même atténuée par une option qui, pour être désobligeante, enlève néanmoins à la pensée de l'auteur le caractère véritable d'outrage ; que, dans tous les cas, il n'y aurait aucun préjudice justifié ;

» Par ces motifs,

» Déclare Pétroz et consorts non recevables dans leur demande principale en dommages-intérêts, et conséquemment dans leurs conclusions incidentes à fin de suppression du Mémoire distribué et d'insertion dans l'*Union médicale* d'une rétractation ;

» Condamne tous les demandeurs aux dépens envers Richelot et Gallard. »

————

M. GAUTHIER,

COURTIER EN VINS,

CONTRE M. LE COMTE VÉSIN DE ROMANINI,

CONSUL GÉNÉRAL DE NICARAGUA,
MINISTRE PLÉNIPOTENTIAIRE DE GREYTOWN.

**Vente de titres nobiliaires et de décorations étrangères.
Mandant et Mandataire.**

Les avocats plaidants sont : Mᵉ MAUGRAS, assisté de Mᵉ GUÉDON, pour M. Gauthier; et Mᵉ JAYBERT, assisté de Mᵉ BERTINOT, avoué, pour M. Vésin, dit comte de Romanini. Le siége du ministère public est occupé par M. le substitut BARET DU COUDERT.

PLAIDOIRIE DE Mᵉ MAUGRAS.

Messieurs,

Ce petit procès va vous donner la mesure de l'audace avec laquelle certains faiseurs spéculent sur la vanité humaine et de l'ingratitude qu'ils témoignent ensuite aux naïfs intermédiaires de leurs étranges trafics; je veux parler de cette industrie interlope, qui, dans notre société parisienne, en l'an de grâce 1858, tient boutique de titres de noblesse frelatés, de décorations de mauvais aloi et de croix appartenant à des ordres fantastiques. Il paraît, à voir ces choses, que la descendance de M. Jourdain n'est pas près de s'éteindre. M. Vésin, notre adversaire, en sait quelque chose; un mot sur lui. Dire ce qu'il est n'est pas facile. Véritable Protée, sur le papier timbré, il s'appelle Vésin tout court; il est qualifié de marchand de vins de Toscane et de pâtes alimentaires; il est domicilié rue Richelieu, 62, et pour donner plus d'intérêt à ses énonciations, il a mis entre les mains de son avocat des brevets d'invention pris par lui pour la préparation de la semoule, du vermicelle et de plusieurs pâtes d'Italie. Tout cela est bien notoire; mais lisons ses cartes de visite : il ne s'agit plus que de M. le comte de Romanini, consul général de l'État de Nicaragua, ministre plénipotentiaire de la république de Greytown. Cette énumération est déjà assez longue ; il paraît pourtant qu'il n'eût tenu qu'à M. Vésin qu'elle le fût davantage, car il est commandeur et grand-croix de je ne sais combien d'ordres étrangers, qu'il a eu la modestie de passer sous silence ; il est vrai qu'il n'a pas non plus rappelé le titre d'ancien écuyer de l'Hippodrome, auquel, selon mon client, il aurait pourtant droit. M. Vésin est enfin, et c'est à ce point de vue que le procès qui s'agite aujourd'hui va vous le montrer, marchand de titres nobiliaires et de décorations.

Quant à M. Gauthier, mon client, il est de son état courtier en vins. Mis en relations avec M. Vésin, à raison même de son métier, il a subi le charme que devait exercer sur un homme simple et facile à dominer un personnage affublé de distinctions honorifiques et tout luisant de croix et de crachats. M. Gauthier a eu un moment d'éblouissement. M. Vésin s'en est aperçu et a résolu d'en profiter. Voici comment il a chargé M. Gauthier de faire la place pour les décorations et les titres. M. Vésin avait en magasin une forte partie de brevets nobiliaires en blanc et datés de 1830.

Je ne me charge pas de rechercher le nom de la puissance qui les avait délivrés ; je laisse à mon adversaire cette tâche peut-être difficile. M. Gauthier, quant à lui, ne pensa même pas à s'enquérir de la chose. M. Vésin lui promettait, en cas de placement, de beaux bénéfices ; il lui fit même espérer plus que de l'argent. Pour être courtier, mon client n'en avait pas moins son grain d'ambition ; il crut comprendre que ses démarches seraient récompensées non-seulement avec de l'argent, mais aussi avec quelque décoration. Qui sait ? avec un titre de noblesse peut-être.

M. Gauthier accepta donc le mandat qui lui fut confié ; il eut tort, je le lui ai déjà dit et je le répète ici ; mais si ce mandat, accepté et exécuté, l'a entraîné dans des dépenses, il est certain que M. Vésin lui en doit le remboursement.

M. LE PRÉSIDENT. — Comment établissez-vous le mandat ?

Mᵉ MAUGRAS. — Monsieur le président, j'ai là une correspondance qui va passer sous les yeux du tribunal. En effet, en exécution du mandat qu'il avait accepté, M. Gauthier fit insérer, le 27 décembre dernier, dans la *Patrie* et le *Siècle*, la réclame suivante :

« On offre à une personne riche le moyen de paraître avec éclat et dignité dans la haute société. S'adresser à M. D. D., poste restante. »

Cette réclame a été rédigée par M. Vésin. Je sais qu'il le nie ; nous n'avons pas retrouvé l'original ; mais mon client affirme qu'il était de la main de M. Vésin. Toujours est-il que l'avis fit merveille. Les vanités s'émurent, les ambitions s'éveillèrent. Que de convoitises excitées par ces quelques lignes. Jugez-en par les lettres qui arrivèrent de tous côtés au mystérieux M. D. D., c'est-à-dire à M. Gauthier ; écoutez :

« Châlons-sur-Saône, le 30 octobre 1857.

» Monsieur,

» J'ai douze mille francs de rente, j'ai vingt-sept ans et demi, suis garçon et possède ce que l'on nomme l'éducation et l'instruction d'un certain monde.

» Suis-je dans les conditions que vous demandez?

» Agréez, Monsieur, mes civilités empressées,

» M. C., propriétaire. »

« Livry (Seine-et-Oise).

» Monsieur,

» Je viens de voir dans un journal que vous offriez de paraître dans la haute société : veuillez, je vous prie, me dire de quoi il s'agit et à quelles conditions.

» Agréez, etc.   » C... »

« Paris, le vendredi.

» Réponse à M. C..., rue Laffitte, sur l'objet qui établit la position sociale que vous offrez.

» Visible le matin jusqu'à dix heures et demie, détails s'il vous plaît. »

« Neuilly, le 31 octobre.

» Monsieur,

» Je suis seul et indépendant, ma fortune est de même, je pense pouvoir *remplir* les conditions que vous proposez. Dans l'*attante* de votre réponse, agréez, Monsieur, l'assurance de ma parfaite considération.   A. D. »

« Paris, samedi 31 octobre.

» Prière de vouloir bien donner de plus amples détails ; continuer l'anonyme, si on le désire, jusqu'à plus ample et plus complète entente, et répondre à M. le comte L. L., poste restante.

» On part pour la campagne le 6 novembre, répondre avant autant que possible. »

Je m'arrête. Le tribunal voit que la réclame avait produit ses fruits. Toutes les lettres furent communiquées par M. Gauthier à M. Vésin ; on répondit aux correspondants qu'il s'agissait de titres de noblesse à vendre. Ces messieurs, loin de se montrer désappointés par cette confidence, redoublèrent d'ardeur ; les lettres se multiplièrent; en voici quelques-unes qui établissent le rôle d'intermédiaire que mon client a joué dans ces étranges négociations.

Ainsi cet habitant de Neuilly, à la fortune indépendante et qui pousse l'amour de l'indépendance jusqu'au mépris de toutes les règles de l'orthographe, répondait aux explications qui lui étaient données :

« Neuilly, le 3 novembre 1857.

« Monsieur,

» Je viens de recevoir votre lettre et m'empresse de répondre si, comme vous dites, il y a titre à vendre ou un brevet de décoration. Voyez bien si cela est bien claire, et informé vous du prix, afin d'être bien fixé, et de qu'elle pays, car je pense que s'est étranger.

» Dites bien à la personne que si c'est titres sont transmissibles, j'accepte, mais je ne verserai aucun argen sans titres au moins bien régularisés. Il faut bien nous entendre. Je suis très droit en affaires. Me dire le prix et la nature des titres.

        » Votre dévoué.

» Réponse le plus tôt possible. »

Quelques jours plus tard, c'est encore lui qui écrit :

        « Neuilly, le 11 novembre.

    » Monsieur,

» Je me suis rendu ce matin rue de Rivoli, 32, et j'ai demandé M. Louis. La concierge m'a répondu : Inconnu. Ayez donc la bonté de me dire un nom auquel je puisse avoir accès ; soyons francs. J'attends de nouveau votre réponse. »

Voici maintenant le correspondant de Livry :

    « Monsieur,

» Ainsi que vous me le proposez, je désire être en relation avec la personne dont vous me parlez pour traiter l'affaire en question ; indiquez-moi un rendez-vous pour samedi ou dimanche prochain à Paris, je m'y rendrai.

    » J'ai l'honneur de vous saluer,   C... »

M. C... vint en effet. On s'entendit très bien. M. Vésin mettait à la disposition de M. C... un titre de comte. On était sur le point de conclure quand M. C... s'avisa d'une petite difficulté. Il est né en 1832 ; or, le brevet dont il allait faire marché était daté de 1830. Que M. Vésin, par la grâce de Dieu et en vertu de je ne sais quelle mystérieuse délégation, ait le droit de faire d'un vilain un gentilhomme, passe encore ; mais, à coup sûr, tout le pouvoir de M. Vésin ne peut aller jusqu'à faire qu'un homme ait été anobli deux ans avant sa naissance. On essaya de tourner l'obstacle ; on proposa au père de M. C... de faire l'acquisition pour son compte. M. C... père, moins entiché de noblesse que son fils, s'y refusa et obtint même de ce dernier qu'il rompît leur négociation commencée.

M. Vésin ne fut pas plus heureux rue Laffitte ; là aussi il s'agissait d'un titre de comte. Mais le correspondant voulut traiter directement avec la personne qui possédait les brevets. Il écrivit à M. Gauthier :

    « Monsieur,

» Vos explications me paraissent assez loyalement exprimées pour que je croie pouvoir peut-être donner suite à une partie des objets qu'elles signalent. Je vous autorise donc à venir chez moi mercredi 4 décembre, à dix heures du matin, ou jeudi 5 courant, même heure, pour causer de l'affaire que vous proposez et voir si nous pouvons aboutir. »

M. Vésin et M. Gauthier vont au rendez-vous. M. Vésin prend la parole ; il expose l'affaire. J'en suis fâché pour son éloquence ; mais elle produisait un effet désastreux ; car M. G... voyant à qui il avait affaire, congédia, pour ne pas dire plus, et M. Gauthier et M. le comte de Romanini.

Restait le second correspondant de Paris, dont la lettre suivante vous montre M. Gauthier dans l'exercice de ses fonctions d'intermédiaire.

« Je vous sais gré, Monsieur, des renseignements que vous m'avez envoyés, mais je trouve qu'ils laissent dans le vague le seul côté important de cette très singulière opération. »

Ce côté sérieux, le voici :

« La personne qui veut caser ses titres, voire même sa protection, a certainement un but honorable, j'aime à le supposer ; mais il me paraît de toute évidence que ce n'est pas un caprice d'original qui lui a dicté sa conduite, mais bien plutôt le désir de tirer parti des facilités qui lui sont données de céder ses faveurs en retour d'autres avantages pécuniaires, soit de services à rendre.

» En conséquence, je vous prie de vouloir bien m'informer (si c'est de votre compétence) de quelle manière la personne en question désire être rémunérée de ses concessions, ou plutôt pour quelles transactions elle désire concéder ses priviléges.

» En second lieu, je voudrais bien savoir quelle position exacte a cette personne dans la société française, par exemple, tant de fortune environ, une place dans un ministère, dans une administration civile, privée, etc. ; en un mot, savoir l'honorabilité de cette personne dans les cadres de la société parisienne.

» Et pourquoi on cherche un inconnu plutôt qu'un membre de sa famille, si on en a, ou un ami du moins.

» Voici la raison de toutes ces questions :

» Dans le mot *riche* de l'annonce j'ai cru voir un fort appel de fonds. Cette qualification de riche étant essentiellement relative, je dois vous dire, dès l'abord, que je ne possède que 1300 livres de rente en pension dotale, vu que je suis marié. J'aurai au moins un jour de 30 000 à 35 000 francs par héritage direct. J'aime à habiter la province, porte un vieux nom très honorable, passe annuellement trois mois à Paris, et de tous les avantages offerts ne désirerais qu'un peu d'appui pour arriver à une position quelconque, soit politique, soit à la cour.

» Officier très bien noté à son dossier ministériel, démissionnaire de l'un des corps spéciaux, vingt-neuf ans, voilà pour les garanties physiques et morales.

» Je quitte Paris demain. Répondre le plus tôt possible à M. F.-L. L..., poste restante, à Angoulême. Ne pas plier votre lettre simplement, mais bien la mettre sous enveloppe, cachet de cire et pain à cacheter par-dessous.

» Pour répondre au dernier alinéa de votre lettre, j'ajouterai que je désire m'entretenir sérieusement de cette affaire dans le but suivant :

» Capable, si j'en crois les excellentes notes de mes anciens chefs, je suis d'un caractère fort décidé, aime l'imprévu, l'action ; suis, il est vrai, assez ambitieux, mais par-dessus tout j'ai horreur des voies déshonnêtes ; et enfin, je le confesse, ne poursuis cette entreprise aussi bizarre que peu rationnelle plûtot pour satisfaire à un fort attrait de curiosité et d'amour de l'excentricité que dans l'espoir d'arriver à une fin qui, rentrant dans les limites du convenable et du presque avouable, me permette de souscrire aux conditions sans doute exigibles.

» Dans tous les cas, je ne conclurai rien sans garanties (mutuelles au besoin) légales, dans leurs suites probables et improbables.

» Si donc vous croyez pouvoir répondre à cette trop longue lettre, veuillez bien vous pénétrer de son esprit, et négligeant le style décousu qui la caractérise, en bien peser tous les mots, afin de répondre aussi catégoriquement que possible, sans détours ni arguments à deux tranchants.

» J'ai l'honneur de vous saluer, etc. »

Cependant, quelques mois s'étaient écoulés, et M. Gauthier attendait toujours la réalisation des séduisantes promesses que lui avait faites M. Vésin. M. Gauthier avait fait nombre de démarches; il avait eu tous les embarras de ces négociations mystérieuses dans lesquelles il s'était imprudemment lancé. Avaient-elles réussi? M. Vésin dit non. M. Gauthier est assez disposé à croire que M. Vésin lui a dissimulé avec soin ses succès pour n'avoir pas à les récompenser. Toujours est-il que jusqu'à présent il n'a rien reçu; il a donc renoncé au métier de dupe qu'il avait fait trop longtemps; puis, ne pouvant vaincre la résistance de M. Vésin, il l'a assigné en payement de 500 francs; de là le procès.

Maintenant qu'il est constant que M. Gauthier n'a agi dans les circonstances que je viens de rappeler qu'en qualité de mandataire, est-ce que M. Vésin peut soutenir que ce n'est pas lui qui a donné à mon client le mandat dont s'agit? Nous ne produisons pas un mandat écrit, c'est vrai; nous n'avons pas un traité formel et précis; en peut-il être autrement? Voulez-vous pourtant la preuve que M. Vésin nous a chargé d'un mandat? Je la trouve dans deux lettres émanées de M. Vésin lui-même, qui est trop habile pour écrire souvent, adressées par lui à M. Gauthier. Je lis la première :

« Ce 27 octobre 1857.

» M. Vésin de Romanini a l'honneur de présenter ses civilités à M. Gauthier, et le prie de vouloir bien lui faire tenir l'adresse de la personne en question, à Londres. M. Vésin part demain matin. »

Or, c'est également à cette date du 27 octobre 1857 que se place l'insertion dans la *Patrie* et dans le *Siècle* de la réclame dont le tribunal connaît la teneur.

La seconde lettre de l'adversaire est plus explicite; elle est du 8 janvier dernier :

« Paris, le 8 janvier 1858.

» Monsieur,

» Vous êtes surpris, dites-vous, de mon silence, et vous me demandez où j'en suis avec les personnes que nous avons vues ensemble?... Moi, Monsieur, je suis fort étonné de votre manière d'écrire. Nous n'avons pas vu des personnes. Mais vous m'avez fait jouer un rôle auprès d'une personne rue Laffitte, dans le temps, qui ne me convenait nullement, aussi je crois vous l'avoir fait comprendre verbalement; alors je me serais bien pris garde d'aller rechercher cette personne.

» Si vous avez, lui dit-il dans cette même lettre, une autre personne, maintenant, et sérieuse, ayez l'obligeance de vous entendre avec elle et de bien vous expliquer. Si vous avez besoin de renseignements, je vous les donnerai, et vous me ferez connaître dans quels termes vous traitez l'affaire, et vous aurez enfin la bonté de ne me mettre en rapport avec les personnes que lorsque toutes les difficultés, s'il y en avait, auraient été aplanies, et qu'il n'y aurait plus qu'à conclure et à faire les échanges.

» Je vous dirai en outre, Monsieur, que je n'ai pas l'habitude de recevoir des lettres, et surtout des lettres qui traitent d'affaires, et d'affaires aussi délicates, pliées de manière à ce que tout le monde puisse les lire et connaître mes affaires aussi bien que moi et avant moi. Cette manière de plier les lettres qu'ont certains bureaux n'est pas du tout polie, au contraire. Lorsque vous aurez besoin de m'écrire, ayez donc l'obligeance de mettre une enveloppe à vos lettres, ou de les plier de sorte que moi seul je puisse les lire, sans passer avant sous les yeux du porteur, du concierge et des domestiques. »

Les premières lignes de cette lettre démontrent surabondamment combien M. Vésin était étroitement associé aux négociations de M. Gauthier. Le tribunal n'oubliera pas l'allusion faite à la malencontreuse visite de la rue Laffitte. Il y a plus, les expressions mêmes employées indiquent la nature des relations de l'auteur de la lettre et du destinataire.

De l'ensemble de ce document, quoique le mandat n'y soit écrit nulle part, ressort la preuve de l'existence du mandat. Cela est incontestable. L'adversaire l'a bien compris ; aussi, devant une telle pièce, il ne parle pas du mandat ; mais, par ses conclusions subsidiaires, il demande que, pour le cas où le tribunal croirait qu'il y a un mandat, il déclare du moins que le mandat ne s'appliquait qu'à des cessions de brevets d'invention et de perfectionnement. Oui, selon M. Vésin, il n'aurait chargé M. Gauthier que de placer des brevets relatifs à la préparation de pâtes alimentaires. Quoi ! il ne s'agissait entre ces messieurs que de semoule et de vermicelle ? C'est à propos de macaroni qu'on aurait mis dans les journaux des réclames énigmatiques ; et ces correspondants mystérieux, dont les lettres ont passé sous vos yeux, pourquoi ont-ils pris tant de soin pour dissimuler leurs démarches ? Le secret ! Mais il n'était pas seulement recherché par les personnes avec qui M. Vésin et M. Gauthier étaient en rapport ; il était commandé par M. Vésin lui-même ; les lettres devaient être adressées poste restante, et dans le dernier document que je viens de vous lire, on voit M. Vésin reprocher à M. Gauthier de ne pas s'envelopper d'assez de ténèbres. A qui fera-t-on croire que tout ce luxe de précaution et de prudence n'a été déployé que pour arriver à vendre un brevet d'invention et qu'on a fait l'honneur d'un secret si bien gardé à des pâtes alimentaires ? un tel argument n'est pas sérieux.

M. LE PRÉSIDENT. — Expliquez-vous sur le chiffre de votre demande.

Mᵉ MAUGRAS. — A cet égard je n'ai qu'une observation à présenter au tribunal ; mon client a fait des dépenses d'insertion dans les journaux ; il a été obligé à des démarches qui pendant trois mois ont absorbé tout son temps et l'ont empêché de s'occuper de ses affaires et de sa profession. A bout de tant d'ennuis et de peines, M. Gauthier a inutilement réclamé de M. Vésin l'indemnité à laquelle il a droit, M. Vésin refuse de le payer, ou plutôt il le paie en une monnaie d'aussi mauvais aloi que les titres et les brevets de noblesse dont il tient boutique ; il lui écrit des lettres d'injures et de menaces dont voici un échantillon :

« M. Gauthier, rue de Rivoli, 32, l'homme qui est assez effronté et impudent pour envoyer à une personne paisible une assignation à la fois injurieuse, calomnieuse et diffamante, dans le seul but manifeste de lui extorquer de l'argent, ne peut être qu'un mauvais sujet, un homme de mauvais antécédents, qui doit déjà être connu par la police et le parquet, méprisé par la société, et qui doit être châtié comme il le mérite. Fort dans cette opinion, nous avons voulu savoir à qui nous avions affaire, et nous avons été édifié. Une femme ne se trouvait pas toujours chez les concierges et chez les autres pour gêner par sa présence leurs libres manifestations; les informations ont été complètes, et M. le procureur impérial, à qui nous avons remis une plainte contre vous en diffamation, aura à statuer. »

Mon client demande une indemnité de 500 francs. Le tribunal appréciera ; je m'en rapporte complétement à sa sagesse.

PLAIDOIRIE DE Mᵉ JAYBERT.

Messieurs,

Mon premier soin, en prenant la parole, doit être de rendre au procès sa véritable physionomie, aux parties en cause le caractère et la situation qui leur appartiennent; tout a été en effet étrangement confondu par mon contradicteur. Ce n'est pas à lui que j'en fais le reproche ; trompé par son client, il vous a raconté un roman en croyant vous exposer les faits. C'est ainsi que, sous la foi de son client, il vous a représenté M. le comte de Romanini comme un inconnu, un faiseur, venu on ne sait d'où, et tombé un beau matin sur le pavé de Paris pour y exercer une industrie sans nom. Ce qu'est mon client, je vais vous le dire ; il est Italien, c'est un Toscan. A Florence, sa patrie, il est justement estimé ; il s'est occupé de littérature ; il a édité un Dictionnaire universel italien très remarqué. Je ne prétends pas faire l'énumération de tous les écrits qui lui ont mérité une place honorable parmi les écrivains de son pays.

Il réside à Paris. Voulez-vous savoir quelle y est sa situation? Lisez le *Courrier de Paris* du 15 janvier ; dans les colonnes de ce journal, vous trouverez une protestation des Italiens habitant Paris contre l'attentat dont la veille quelques-uns de leurs compatriotes s'étaient rendus coupables. Or, en tête de cette adresse, l'un des premiers, figure M. le comte de Romanini, qui a pris l'initiative de cette manifestation. Il y a plus, M. le comte de Romanini est consul général à Paris de la république de Nicaragua. J'ai là, entre les mains, le journal officiel de cet État ; la nomination de mon client aux fonctions que je vous indique y est portée dès le lendemain du jour où la république de Nicaragua est régulièrement constituée. J'ajoute que M. le comte de Romanini est également ministre plénipotentiaire de Greytown.

Mon adversaire a beaucoup plaisanté sur le dernier titre, mais il est bien réel pourtant ; car la république de Greytown existe et a parfaitement le droit de se faire représenter par un agent diplomatique. Est-ce que j'ai besoin maintenant de discuter une à une la valeur des décorations et des croix que porte M. le comte de Romanini? Il me suffit de dire qu'il est honoré de tous les ordres du pays où il est né, et des républiques qui l'ont accrédité à Paris. Ce fait seul suffit à montrer que mon client ne ressemble guère au portrait de fantaisie qu'on vient de tracer devant vous. Voilà donc l'homme qui a eu le malheur de se trouver en rapport avec M. Gauthier, qui se donne pour courtier en vins, et qui est, à vrai dire, un agent d'affaires sans ressources. M. Gauthier, un jour, s'est adressé à mon client; il lui a demandé un emploi dans sa maison. Celui-ci pensa que M. Gauthier ne pouvait guère prétendre qu'à faire partie de sa domesticité; autre était l'ambition de M. Gauthier. M. le comte de Romanini s'intéressa à lui, et voilà ce que dans sa bienveillance pour lui il imagina :

Avant d'être le personnage considérable que vous connaissez, M. Vésin, qui, en dehors des titres dont il est aujourd'hui revêtu, est un homme très honorable, distingué par son caractère, s'était consacré à la science et à l'industrie; il avait fait quelques inventions, et il avait obtenu un certain nombre de brevets. Dans sa nouvelle situation, mon client, devenu comte, consul général, ministre plénipotentiaire, ne pouvait par lui-même ni exploiter ces brevets ni en négocier la cession. Il offrit à M. Gauthier de se charger de ces opérations; celui-ci d'accepter avec empressement; et alors M. le comte de Romanini lui promit, en cas de réussite, une rémunération.

On parlait tout à l'heure d'un mandat donné par mon client à l'adversaire; voulez-vous qu'il y ait eu mandat ? Je vous défie d'en trouver un autre que celui que je vous indique; rien de plus, rien de moins.

Voilà pourtant à la suite de quels faits bien simples et bien honorables de sa part, M. le comte de Romanini s'est trouvé compromis par les intrigues de cet agent d'affaires à qui il avait voulu rendre service.

En effet, M. Gauthier a la fantaisie de faire les annonces dont maintenant il répudie la responsabilité. Ces réclames, cette publicité, ces provocations à la curiosité publique, tout cela est l'œuvre de M. Gauthier, quoi qu'il dise.

Quant aux négociations qui ont suivi, elles ont été conduites par l'adversaire. M. le comte de Romanini n'en a su que ce que celui-ci lui racontait. M. le comte de Romanini croyait qu'il s'agissait de la vente de ses brevets d'invention. C'est ainsi qu'il est allé au rendez-vous de la rue Laffitte, persuadé qu'il allait ratifier la cession définitive dont il avait confié le soin à M. Gauthier. Je n'ai pas besoin d'ajouter que si, pour hâter la conclusion de cette affaire, M. Gauthier s'était avisé de faire espérer à l'acquéreur, soit des croix, soit des titres nobiliaires, ç'avait été de sa propre autorité et à l'insu de mon client, qui était demeuré étranger à cette honteuse intrigue; il n'en a eu la connaissance que lorsqu'il a vu la personne elle-même avec laquelle avait négocié M. Gauthier; je n'ai pas de peine à avouer que là s'est, en effet, passée une scène des plus pénibles pour M. le comte de Romanini. » Je veux vendre des brevets d'invention, dit-il tout étonné à son interlocuteur, et vous me demandez des titres et des décorations. Qu'est-ce que cela signifie ? »

Cela signifiait qu'on avait odieusement abusé du nom et de la situation d'un homme parfaitement honorable. L'interlocuteur de M. le comte de Romanini l'a compris; il a adressé à M. Gauthier des reproches un peu vifs, mais très mérités. À l'égard de mon client, il a été ce qu'il devait être, c'est-à-dire poli et convenable; M. le comte de Romanini n'a été ni congédié ni mis à la porte; il ne s'était rien passé pendant l'entrevue de contraire aux convenances et aux égards que se doivent des hommes bien nés et de bonne compagnie; l'entrevue s'est terminée sans éclat.

Mais je me demande, Messieurs, où l'adversaire veut en venir en soutenant que mon client l'avait chargé de vendre · croix et titres de noblesse. Est-ce qu'un tel mandat, s'il avait existé, serait licite? Non, évidemment non, car son objet serait contraire aux lois et à l'ordre public ; et, dans ce cas, quelle action aurait donc M. Gauthier ? A quel salaire a-t-il le droit de prétendre ?

Je n'en dis pas davantage, Messieurs ; la demande de M. Gauthier n'est nullement fondée. A l'appui de ses allégations il n'apporte aucune justification ; ce qu'il a voulu, c'est faire du scandale autour du nom de mon client. M. le comte de Romanini pouvait faire hautement avorter cette machination en se réfugiant derrière ses dignités, en excipant de ses titres de consul général et de ministre plénipotentiaire ; il n'y a pas pensé un instant. Fort de son bon droit, il n'a pas craint d'affronter à votre barre les passions qui, pour spéculer sur sa bourse, ont attaqué son honneur. Ces passions, il est sûr de les confondre ; il a confiance en la justice française.

<hr>

CONCLUSIONS DE M. L'AVOCAT IMPÉRIAL BARET DU COUDERT.

Messieurs,

Nous n'avons, nous, qu'à nous occuper de l'existence du mandat et de sa cause. Cette existence et cette cause nous semblent surabondamment démontrées par la correspondance qu'on a fait passer sous vos yeux, et devant ces lettres, il nous semble impossible de soutenir que ce mandat eût un autre but que la négociation de ces titres de noblesse et de ces décorations.

C'était là un mandat illicite ; son exécution a cependant entraîné Gauthier dans des dépenses dont il exige le remboursement, dans des démarches dont il demande la rémunération.

Le tribunal ne peut, selon nous, intervenir dans des opérations aussi ténébreuses, aussi mystérieuses. Le dernier mot de ce procès, c'est que Vésin de Romanini et Gauthier ont été, dans tout le cours de ces négociations, les complices d'une série de mauvaises actions. Tous deux se proposaient de faire des dupes, et ces croix et ces titres étaient les moyens sur lesquels ils comptaient pour arriver à leurs fins. Ai-je besoin de rappeler, en effet, que c'est au souverain seul qu'il appartient de récompenser le mérite et la bravoure par des croix et des titres ; le souverain seul a la libre disposition de tous ces parchemins et de toutes ces décorations ; il est donc évident que jamais Vésin n'a eu en sa possession les titres que Gauthier faisait mirer aux yeux du public pour l'éblouir et le tromper.

Nous estimons par toutes ces raisons qu'il y a lieu de débouter Gauthier de sa demande ; mais nous estimons aussi que, tout en flétrissant le mandat et celui qui l'a reçu, le jugement doit également atteindre le sieur Vésin de Romanini.

JUGEMENT.

« Le tribunal,

» Attendu que des documents produits, il résulte que Vésin, dit comte de Romanini, aurait donné à Gauthier le mandat de le mettre en rapport avec des individus auxquels on devait faire obtenir, soit des décorations, soit des titres honorifiques ;

» Attendu que, quelque peu honorable que fût l'objet de cette mission dont Gauthier avait consenti à se charger, il est constant que, pour l'exécution de ce mandat, il a fait des déboursés dont il a le droit de demander le remboursement ;

» Attendu que des rapports de cette nature ne peuvent donner aucun droit à des honoraires ;

» Attendu que le tribunal a les éléments nécessaires pour apprécier l'importance de ce qui peut être dû ;

« Condamne Vésin, dit comte de Romanini, à payer à Gauthier la somme de 25 francs, avec intérêts tels que de droit, et condamne Vésin, dit comte de Romanini, aux dépens. »

Audience du 23 février 1859.

Présidence de M. BENOIT-CHAMPY, premier président.

Mᵐᵉ HÉBERT contre M. HÉBERT.

Demande en séparation de corps.

M. Hébert, parti jeune et pauvre pour l'Amérique, en revenait en 1845 avec un certain pécule. Il rencontre dans le monde une belle jeune fille de dix-huit ans, dont il devient amoureux et qu'il épouse. Une parfaite harmonie paraît régner d'abord entre les époux. Elle ne devait pas durer. La division éclate bientôt entre eux et aboutit aux récriminations les plus graves, qu'ils produisent aujourd'hui l'un contre l'autre en justice. La femme accuse son mari de l'avoir prostituée pour de l'argent ; celui-ci reproche à sa femme de s'être prostituée pour son propre compte.

Mᵉ Lachaud, assisté de Mᵉ Billaut, avoué, soutient la demande de madame Hébert ;

Mᵉ Alfred Vellaud, assisté de Mᵉ Saint-Amand, avoué, présente la défense de M. Hébert ;

M. Sallantin, substitut de M. le procureur impérial, occupe le siége du ministère public.

PLAIDOIRIE DE Mᵉ LACHAUD.

Messieurs,

Madame Hébert, pour laquelle je me présente, est issue d'une famille modeste, mais honnête, et le mariage qu'elle a contracté n'est pas, ainsi qu'on cherchera peut-être à l'insinuer, un honteux marché : elle avait à peine vingt ans, elle avait une grande beauté, présent souvent funeste, une grâce parfaite, une âme facile à entraîner ; son caractère, l'imprudence ordinaire de son âge la laissaient sans défense contre toutes les séductions dont elle était entourée, et lui rendaient plus nécessaire qu'à toute autre la protection éclairée d'un mari : on devait croire que ce guide sûr, elle le trouverait chez un homme de trente-huit ans.

Telle n'a pas été la conduite de M. Hébert : à peine marié, il jetait sa femme dans le tourbillon d'un monde dissipé, il l'entourait d'hommes jeunes et brillants, riches surtout, ne se montrant jaloux que de ceux qui ne l'étaient pas. Quand vous lirez la correspondance de ce mari, vous verrez, Messieurs, quels épouvantables conseils il donne à sa jeune femme.

Les deux époux vivaient dans un luxe inouï, ils avaient un train de maison effréné, on avait chevaux, voitures, de nombreux domestiques : tout cela a duré dix ans, dix ans d'une vie élégante et fortunée que l'on ne comprend que lorsque l'on connaît l'existence de certaines femmes de notre monde parisien. Qui pourvoyait aux dépenses nécessitées par un tel genre de vie? Était-ce M. Hébert? Il avait une petite fortune de 100 à 150 mille francs, elle eût été vingt fois anéantie : M. Hébert ne payait rien, mais il servait à plaider contre les fournisseurs ; il s'occupait de calculs infâmes, il nourrissait des espérances basses et cupides; s'il laissait quelquefois échapper de ces cris de jalousie que le cœur est, à certains instants, impuissant à retenir, il revenait bientôt à ses sentiments habituels, et laissait courir sa femme à Bade, Wiesbaden ou Hombourg, la livrant ainsi toute seule à tous les dangers de ces maisons de jeux. Un pareil cynisme est effrayant. Pendant ces voyages, les deux époux s'écrivaient souvent ; deux lettres du mari ont, comme par miracle, échappé à la destruction. Rien ne saurait mieux peindre ce qu'était cet homme que leur contenu ; je les livre sans commentaire ; elles sont adressées à madame Hébert, alors à Bade. Les voici :

« Paris, 19 juillet 1855.

» Ma chère amie,

» Je reçois à l'instant ta lettre du 14 juillet ; rien dans le contenu ne me surprend ; d'avance, je pensais que tu éprouverais quelques désappointements, mais cela n'est pas une raison ; quand on est aussi belle que toi, on doit toujours triompher des difficultés ; mais laissons ce chapitre de côté, et parlons des choses qui causent ton ennui. J'ai été à Breux dimanche, je me suis bien promené avec tes enfants ; Boby a été charmante, je l'ai emmenée jusqu'à la Madeleine le soir à huit heures. Là, pour la quitter, il a fallu que Miss lui dise qu'elle oubliait son châle, que nous l'attendions avec Regis. Gaston, moins crédule, disait : Tu vois, Boby, ils vont partir chercher petite mère :

» Boby répondait : Oui, papa ; moi aller à Paris voir petite mère. Jamais je ne les ai vus plus aimables ; on aurait dit que ces pauvres petits sentaient le besoin de se rapprocher de moi, que ton absence était un malheur pour eux ; mes caresses leur ont fait oublier tout ; pauvres enfants, ta faute ne les atteindra pas, je l'espère. Reste donc à Baden, je compte aller t'y rejoindre la semaine prochaine, afin de sauvegarder ton honneur. Un jour, tu me tiendras peut-être compte de cette démarche, qui est encore de ma part une chose que je ne devrais pas faire, mais j'ai égard à tes bonnes intentions, et je te satisfais comme autrefois, mais non avec le même cœur. Tu me parles de mes prouesses ; quand on ne veut pas dépenser d'argent, elles ne doivent pas être larges ; juges-en par toi-même, j'ai reçu les bouillotteurs trois fois depuis ton départ, je n'ai pas perdu, c'est pour moi le principal, aussi je compte que mon voyage ne me coûtera pas cher, je verrai Baden-Baden et tout ce qu'il renferme d'amoureux.

» J'espère te trouver en reine wurtemburgeoise ; ce sera du changement avec Saint-Valery, où tu étais en paysanne bretonne. Je souhaite que ce costume de reine t'aille aussi bien, et que ton roi me fasse tout… pourvu que je sois son ministre des finances. Je pense que c'est là ton désir, car sans cela, je vaux, sans me flatter, encore mieux pour toi que tous les rois et princes de la terre.

» Je ne comprends pas que tu n'aies pas encore rencontré Ch…, il est cependant parti ; la chronique dit qu'il a emmené une petite blonde avec des petits cheveux bien frisotés ; peut-être la cachera-t-il aux connaissances. Il n'y a rien de nouveau quant aux affaires ; j'ai décidément acheté le moulin de Dampierre ; Poillard fait une figure comme ceux qui perdent à Baden.

» Je trouve que tu paies très cher à l'hôtel Victoria, certainement je ne paierai jamais tant que cela. Si le roi ne te trouve pas gentille, tu vas te ruiner. Fais ce qu'il te plaira avec lui ; un roi doit être privilégié, et l'on ne doit pas être jaloux, surtout s'il a la goutte.

» Voici quelque chose d'assez curieux. A la réception de la première lettre où tu m'annonces un camarade de voyage, je l'avais vu en rêve, comme la nuit dernière, où j'ai encore vu un grand personnage qui te reconduisait ; tu me diras si ce dernier se rapporte au précédent.

» Je sors de déjeuner à la maison avec Leperlier, et je dirige mes pas à la pension de M. Régis.

» Je ne te comprends pas, tu me dis que tu m'attends pour aller jouer, et à la fin tu me dis avoir perdu 5 francs sur la noire. Tu as donc trouvé quelqu'un qui t'a accompagnée ; je n'en suis pas jaloux. Je voudrais que tu trouves un millionnaire qui mette un peu d'ordre à tes finances. Quant à ta sagesse, je n'en doute nullement ; seulement je souhaiterais pour toi et ta famille qu'il n'en eût jamais été autrement. Tu ne serais pas obligée d'avoir recours à des moyens qui, plus tard, te causeront, si ton cœur parle, des peines affreuses, car je ne méritais pas ce que tu m'as fait, mon crime est de t'avoir rendue trop heureuse ; mais qu'importe le bonheur aux personnes qui ne le comprennent pas : les trésors les plus grands ne valent pas un caprice de marquis et de comte dont les bienfaits du moment surpassent les bienfaits de tout un avenir. Pauvre bête que je suis, où as-tu placé ta confiance, ton mérite aujourd'hui c'est d'être philosophe, de prendre le temps comme il vient afin de dissiper ton ennui par quelques distractions d'affaires commerciales, c'est ce qu'il y a de plus honnête ; ma famille, avec l'aide de Dieu, m'en récompensera un jour, je l'espère.

» Quant à la bonne nouvelle que tu devais m'annoncer, crois bien qu'avec tous les trésors du monde tu ne pourras jamais guérir la plaie pour racheter ton égarement ; c'est ton devoir, mais ne crois pas que je participe avec joie aux moyens que tu veux employer ; si tu m'avais envoyé la somme, je l'aurais de suite placée à ton profit pour te prouver une fois de plus combien je suis désintéressé, je ne voulais que ton amour, et, comme il est plus que partagé, je remplis un devoir qui n'est pas impérieux d'après ce qui s'est passé, mais je veux te faire voir que dans mon cœur il y a plus de bonté que de méchanceté, et tout ce que je te dis d'amer c'est que je suis malheureux et qu'il m'est bien pénible de te voir faire un métier tel que le tien ; je connais tout cela à fond et je sais qu'il y a toujours des empêchements tels que celui que tu me citais l'autre jour. Il est bien rare de trouver un être qui puisse satisfaire, surtout quand on est aussi exigeante. En pareil cas, qui peut vous instruire ? Personne. Il vaut donc mieux apporter le divin plat d'argent et visiter les pièces soi-même, chose impossible, alors rester sage : voilà ma devise et ce que je fais.

» Je t'embrasse de bon cœur,

» Ton Victor que tu as méconnu,   Signé : V. HÉBERT.

» *P. S.* Ton ami, M. Léon, a renvoyé les billets de loterie ; encore un ami (mon ennemi). »

« Paris, 24 juillet 1855.

» Ma chère amie,

» Le sort ne m'est pas plus favorable qu'à toi, tout ce que j'entreprends depuis deux jours ne me réussit pas. Hier, j'ai été dîner à Joinville, il y avait tant de monde à cause de la fête de Saint-Maur, qu'il m'a été impossible de revenir le soir ; j'ai couché là, et le lundi matin je n'ai pas été plus heureux, puisque j'ai été obligé de marcher jusqu'à Vincennes par une chaleur tropicale ; je suis arrivé à Paris exténué de fatigue, c'est ce qui m'a empêché de répondre à ton petit billet, quoiqu'il soit très laconique aujourd'hui. Je suis reposé, mais j'ai une barre dans le ventre qui me fait souffrir, j'espère que ce ne sera rien. Les enfants vont bien, ainsi sois tranquille.

J'ai reçu des nouvelles de la Nouvelle-Orléans. Les commissions sont assez importantes, mais cela est et doit être le moindre de tes soucis. Quand on est comme toi, il me semble qu'on n'a qu'une pensée, celle du plaisir ; du reste, tu me le prouves assez par ta dernière, puisque tu n'as pas même le temps de m'écrire ; et cependant tu dois être seule une partie de la journée ; à quoi donc passes-tu ton temps ? cela est, tu en conviendras, assez extraordinaire, mais n'approfondissons pas. Tu as été à Baden pour jouer et gagner, mais le sort est contraire, c'est un malheur, il faut espérer qu'il changera, et qui sait, peut-être, à l'heure qu'il est, fais-tu sauter la banque, rien ne m'étonnerait, tu es si heureuse dans tout ce que tu entreprends que je te vois déjà avec une bourse pleine de billets de mille francs.

» Comme je sais que tu aimes beaucoup l'argent et que j'ai eu l'occasion de m'apercevoir qu'il te donnait énormément de gaieté, je conclus que tu dois être ravissante dans les salons de Baden-Baden ; que maintenant il ne te manque plus que ton mari, pour satisfaire ton orgueil et abaisser le mien, car avec le caractère que je te connais, je sais que tu ne seras privée de rien ; mais qu'importe, j'ai promis de te satisfaire et je le ferai, ainsi donc je compte partir samedi sans faute, si je ne pars pas avant ; j'ai une opération à la bourse, aussitôt qu'elle sera terminée, je pars, il m'en coûte ; mais j'ai tant fait de sacrifices pour toi que je peux bien encore faire celui-là, d'autant plus que cette fois ce n'est pas pour te porter tes espèces, mais bien pour t'aider à les rapporter ; ne va pas me donner de déception, je t'en prie.

» Je n'ai vu personne de tes connaissances, je vis dans l'isolement et m'en trouve bien, je suis comme toi ; mais j'avoue que si j'étais à Baden, je n'aurais peut-être pas ta sagesse devant tant de séductions, il est toujours difficile de résister, c'est pour cela que je crois que tu ne me dis pas le fin mot et que tu me réserves une surprise, ce n'est pas tout à fait ce dont nous étions convenus avant ton départ ; tu devais m'instruire de tout ce que tu ferais, et, si mon voyage était nécessaire, je le ferais, sinon non. Comme tu ne me parles de rien, j'ai grand'peur d'en être pour mes frais et d'avoir, comme toujours, tenu la chandelle et fourni les moyens. Ce rôle ne me convient plus, et sincèrement je ne crois pas que tu persistes à le prolonger ; donc, je vais te chercher avec la ferme conviction que tu as tout ce que tu désires pour satisfaire toutes tes passions ; car autrement tu ferais mieux de revenir, tu auras assez dépensé ; mais ne parlons plus de cela, puisque c'est le dernier sacrifice si tu ne réussis pas.

J'ai entendu dire à la Bourse ce que tu m'avais écrit, qu'il y avait peu de monde dans tous ces bains ; que c'était encore à Baden qu'il y en avait le plus, et où on citait la meilleure société. Avec ces renseignements, je dois supposer que si tu ne parviens pas à captiver quelques millionnaires, tes toilettes, tes charmes et ta grâce en seront quittes pour revenir dans la capitale, où tu as joué le plus beau rôle de la jeunesse avec les comtes et les marquises de la jeune et vieille roche ; tout cela ne vaut pas encore celui que tu as si indignement trompé, et qui t'envoie, malgré cela, l'assurance de n'être jamais qu'à sa famille.

» Je t'embrasse avec un cœur déchiré et un avenir qui n'en est plus un ; la terre est vide pour moi ; qu'il n'en soit pas de même pour toi ; sois heureuse, c'est tout le mal que je te souhaite ; rappelle-toi seulement que tu as trahi le plus sacré des devoirs, et que tu as déshonoré tes enfants ; le repentir sera ton châtiment, car le jour n'est peut-être pas éloigné où tu commenceras à comprendre tout ce qu'il y a d'ignominieux dans une pareille conduite ; si je la tolère, c'est que je ne veux pas être victime de toutes les infamies dont tu t'es rendue coupable. L'avenir des enfants est désormais entre mes mains, et rien au monde ne me fera déroger de ce principe ; je te laisse livrée à toi-même, afin de juger ce que tu es capable de faire ; j'ai toujours cru et crois encore que toutes tes actions, jusqu'à preuve du contraire, sont contre moi et tes enfants ; il n'y a pas d'exemple au monde qu'une femme ait une pareille conduite de ruiner sa famille pour plaire à un marquis qui a eu le talent de lui faire croire qu'il ferait ton bonheur. J'attends la réalisation pour y croire moi-même ; j'attendrai probablement bien longtemps, mais qu'importe s'il t'entretient convenablement et qu'il paie tes dettes, je ne lui en demanderai jamais davantage ; s'il l'avait toujours fait, il nous aurait évité bien des discussions, et surtout beaucoup de mépris qui ne manquera pas de se répandre sur la tête de tes enfants, et tout cela par rapport à ton incroyable persécution de vouloir me faire passer pour ce que je n'étais pas.

» Tu croyais à une justification pour toi ; tu t'es encore trompée : le monde ne pardonne pas à la femme qui se déshonore, et l'homme n'emporte jamais aucune tache ; et, par conséquent, il n'en laisse jamais à sa famille, tu le sais bien ; ce n'est donc pas ce motif qui t'a fait agir ; ton intention était de t'en aller avec ton amant ; mais tu as été trompée, voilà le fin mot : aujourd'hui tu es déjà moins crédule, c'est ce qui fait que tu t'es ralliée à la raison ; mais tu ne rapporteras jamais le bonheur que tu as enlevé.

» Je t'embrasse.   Ton mari.   Signé : V. Hébert. »

Voilà l'homme qui se plaint d'avoir le cœur brisé ; ces lettres le font connaître tout entier ; elles font aussi connaître la femme : la femme, elle est jeune, capricieuse, légère, coquette, coupable même, je le reconnais ; mais celui qui devait la sauver de l'inexpérience de son âge et protéger la faiblesse de son sexe, l'a jetée lui-même dans la corruption, calculant le prix de sa chute ; lorsqu'il la voyait dans une fête, parée, charmante, il savait bien que ce n'était pas pour lui seul ; mais lorsqu'il a vu la beauté s'effacer et pâlir, il n'a eu pour sa femme que des paroles cruelles : un dernier trait va vous peindre M. Hébert.

Madame Hébert avait une liaison avec un homme haut placé, M. le marquis de L..... Quant à moi, je ne le désignerai pas autrement, je sais que de l'autre côté, on cherche le scandale, en tout cas, s'il en éclate dans cette affaire, ce ne sera pas moi qui en serai la cause : cette liaison était connue du mari, il était si bien instruit que c'est lui-même qui se charge d'avertir sa femme du retour de son amant, et qui lui indique l'heure d'un rendez-vous ; voici une lettre qui en fait preuve :

« Madame,

» M. le marquis est de retour depuis hier. Il a le plus grand besoin d'avoir avec vous un moment d'entretien. Il vous attend demain à une heure. »

Voilà l'homme ignominieusement complaisant ; je sais bien que l'adversaire prétend que c'est un faux de madame Hébert ; mais quand on compare l'écriture du mari et l'écriture de cette lettre, il ne saurait y avoir de doute ; il nous communique aussi des lettres de sa femme, il ne comprend pas qu'à la manière dont une femme parle à son mari dans sa correspondance, on connaît le degré d'estime et de respect qu'elle a pour lui. Dans une de ces lettres, je lis ceci :

« 21 août 1858.

» J'ai de l'argent à recevoir le 20 septembre ; mais à Paris nous arrangerons nos affaires en conséquence. »

Ainsi, voyez, cette femme mariée a des ressources personnelles, et elle l'écrit à son mari, et vous verrez même figurer sur un bilan de sa fortune, bilan dressé de sa main, ces mots : « reçu de ma femme... » de sa femme qui a pour tout bien une beauté dont elle fait un si déplorable instrument de fortune.

Dans une autre lettre datée de Hombourg, le 16 décembre 1856, elle écrit :

« Hombourg, mardi 16 décembre 1856.

« Mon cher ami,

» J'ai attendu pour t'écrire à pouvoir t'annoncer une bonne nouvelle. Je suis ici depuis jeudi, je suis arrivée très fatiguée, j'ai fait le voyage d'un seul coup et vingt heures de chemin de fer, c'est fatigant. Je t'ai envoyé de Strasbourg un pâté de foie gras, l'as-tu reçu ? Je me suis aperçue à Nancy que j'avais oublié mon passeport ; il m'a fallu me mettre sous la protection des gens qui étaient avec moi dans le char. Je ne sais pas comment on me laissera rentrer en France.

» J'arrive à mes opérations. J'ai commencé par tout perdre ; de désespoir, j'ai mis un louis, le dernier sur le 34, il est sorti, cela me faisait donc 34 louis ; j'en remets un sur le 36, il sort ; un sur le 35, il sort aussi. Tout le monde me regardait émerveillé. Enfin tu vois que j'ai de la chance, je ne reviendrai pas sans le sou. Je vais retourner au 30 et 40 ; hier j'y ai gagné 1500 francs, aujourd'hui j'espère gagner 6 000 francs. Envoie-moi des nouvelles des enfants, poste restante à Hombourg. Je partirai samedi pour Paris. Embrasse-les bien pour moi et soigne-toi bien.

» Je t'embrasse de bonne amitié.   M. HÉBERT. »

Voilà ce que vous avez fait de cette femme, lionne à Paris, joueuse à Hombourg ; et quand on a confié à un pareil homme, âgé de quarante ans, un enfant de dix-neuf ans, et qu'au bout de quatorze ans de ménage on retrouve cette femme ainsi flétrie, je dis qu'on a droit d'en demander compte à l'homme qui l'a si mal guidée. Mais en 1858, tout a changé ; M. Hébert était riche ; madame Hébert ne rapportait plus assez d'argent ; les séductions de sa personne diminuaient avec l'âge ; alors il n'y eut plus qu'injures, violences et misères pour elle et ses enfants. A cette vie élégante et ruineuse, à cette existence pleine de fêtes et de splendeurs, à ces toilettes si merveilleuses qu'il ne payait pas, il est vrai, a succédé une gêne rigoureuse imposée par le mari ; et les choses en sont arrivées à un point tel que madame Hébert s'est vue dans la nécessité de former, le 6 novembre dernier, une demande en séparation de corps. Trois faits ont été articulés par elle : elle se plaint d'avoir été excitée au désordre par son mari, ce qui constitue l'injure la plus grave que puisse subir une femme ; elle déclare en outre avoir été maltraitée et enfin laissée par son mari dans le dénûment le plus complet. Voilà ses griefs ; en même temps M. Hébert entretenait des liaisons intimes dans sa propre maison avec la femme de chambre de madame Hébert. Tel est cet homme dégradé par le cœur, dégradé par le goût, livrant sa femme et satisfaisant en même temps ses appétits adultères.

M. Hébert n'a d'abord pas répondu à notre demande ; mais ses honorables conseils lui ont bientôt fait comprendre qu'il ne pouvait laisser sans réponse des accusations aussi graves ; qu'il ne pouvait accepter d'être désigné comme ayant fait preuve d'une turpitude sans exemple et qui excitait l'indignation de tous les hommes honnêtes ; aussi, le 26 novembre suivant, répond-il par une demande reconventionnelle contre sa femme, et il articule un certain nombre de faits que je vais résumer.

M. Hébert signale d'abord les relations de sa femme avec le marquis de L..... Il lui reproche son adultère, oubliant que lui-même a été le complice de ce désordre, et comme le proxénète de sa femme ; qu'un tel mari serait repoussé à raison de son indignité devant la justice correctionnelle, qu'il doit l'être également devant la justice civile, car ce n'est pas pour des maris comme lui que la loi est faite ; il oublie aussi sa correspondance que je vous ai fait connaître ; il oublie que ce mobilier luxueux qu'il possède et qu'il garde, ce n'est pas lui qui l'a payé ; il oublie les dentelles, les bijoux de sa femme, soldés par d'autres, et ces dîners ruineux dont il ne payait pas les frais, mais auxquels il invitait ses amis : il savait tout jusqu'à l'existence de cette chambre à la campagne, où le mari avait une maison proche de celle de l'amant, et où l'on pénétrait par une trappe ; et c'est lui qui se plaint, lui qui est moralement responsable de tout ce désordre et qui en a fait un trafic indigne !

Et savez-vous ce qu'il fait encore ce mari ? Il cherche à faire croire à d'autres liaisons que sa femme aurait eues avec des personnes honorables et respectables ; les noms qu'il cite, je vous mets au défi de les faire connaître ici, car je sais bien que j'ai un adversaire loyal et honnête, qui ne voudrait pas se rendre complice d'un scandale inutile et injuste.

Madame Hébert a reçu dans son salon des hommes du monde ; jolie, spirituelle, elle s'est vue entourée des hommes de la meilleure société qui ignoraient le secret de ce mariage, et qui, en tous cas, en hommes bien élevés, avaient pour elle ce respect et cette politesse que l'on a pour les femmes du monde. Un vieillard lui a adressé un quatrain ; ce vieillard a soixante-quinze ans ; on a pensé que je lirais ces vers : vous les lirez, si vous le voulez ; ils sont bien innocents, et ce n'est pas moi qui ferai rire le public d'un homme honorable.

J'ai entre les mains une volumineuse correspondance, vous verrez, en la parcourant, si on peut y trouver la preuve des liaisons qu'on cherche à prêter à madame Hébert avec ceux qui lui écrivent :

Ainsi le comte de L... lui écrit :

« Voici un bouquet qui m'arrive de votre part, chère Marie. Que de tendres et douces prévoyances ! Je ne puis assez vous dire combien j'y suis sensible. Je suis si fatigué que je suis encore au lit. Il faut donc que vous veniez ajouter une fleur au bouquet, et cette fleur se nomme Marie, elle parfume tout ce qu'elle approche.

» A bientôt donc, à toujours de tendresse et d'attachement. »

Ce sont des phrases un peu vieilles, mais celui qui écrit a soixante-quinze ans.

Dans une autre lettre, le prince de M... s'excuse de « n'avoir pas été depuis trois semaines présenter ses hommages à madame Hébert. »

Une autre fois, le même écrit :

« Encore un dimanche néfaste, d'autant plus qu'une jolie carte m'assure même bon souvenir ; il vient éclairer mon horizon de mer orageuse, et j'espère me dédommager le dimanche suivant en renouvelant de vive voix les hommages que j'offre ici en tout dévoué ami. »

Style affecté, mais qui ne prouve rien ; peut-être mon adversaire et moi n'écririons-nous pas ainsi ; mais il n'y a là rien de mal.

Le vicomte C..... écrit :

« En attendant le plaisir de vous voir, permettez-moi, madame et amie, de baiser respectueusement vos jolies mains. »

Formule usuelle et banale de simple politesse. Ce ne sont certes pas là des lettres d'amant.

M. Hébert prétend en outre, il est vrai, que sa femme l'a ruiné, que c'est lui qui payait tout ; trésorier fidèle de sa femme, il plaidait, je vous l'ai dit, contre les fournisseurs, et, pour obtenir des transactions, disait payer avec son argent ; il aurait ainsi payé d'après les notes de bijoutiers, couturières, tapissiers, des sommes énormes. Eh bien ! voyons sa fortune ; il avait en se mariant environ 145 000 francs, et dans les papiers trouvés dans l'inventaire dressé lors de la demande formée par madame Hébert à fin de séparation, on a trouvé la preuve qu'il avait, en 1856, 400 000 francs de valeurs en caisse ; en 1848, il avait touché 101 000 francs des bons du Trésor ; en 1854, il avait 50 000 francs au Comptoir d'escompte ; il a un moulin à Dampierre, une maison à Angers. Cet homme ruiné a près d'un million : il n'avait d'autres ressources que 145 000 francs. Pendant dix ans il a vécu dans un luxe éblouissant, ayant chevaux, voitures, maisons de ville et de campagne, huit ou dix domestiques ; il a fait passer de l'argent à un fils naturel qu'il a en Amérique, il a fourni à toutes les dépenses plus de 200 000 francs par an, et il a encore trouvé moyen d'économiser un million.

Madame Hébert vous demande donc sa séparation, Messieurs ; M. Hébert a encouragé lui-même sa femme au désordre, il a tout connu, tout voulu, c'est une opération commerciale, sordide, qu'il a faite ; il est riche, aujourd'hui il ne veut plus de sa femme, et il veut jouir seul, peut-être avec cette femme de chambre sa maîtresse, de cette fortune. Il y a assez d'enseignements, assez d'immoralités dans cette affaire pour que tout débat plus long soit inutile ; il faut, pour l'honneur de la morale publique, que le tribunal flétrisse énergiquement la conduite de ce mari.

Comme question accessoire, madame Hébert demande 3500 francs de provision et une pension de 1000 francs par mois pour elle et ses enfants.

PLAIDOIRIE DE M· ALFRED VELLAUD (1).

Est-il rien, messieurs, de plus amer au cœur d'un époux que d'être obligé pour répondre aux attaques de sa femme, de se faire son accusateur ?

Quoi ! pendant treize ans, l'infortuné mari aura épuisé le calice de tous les désordres conjugaux ! Cependant il se sera tu, parce que, dans un coin de son cœur, s'était fixée une étincelle des anciennes amours, dont le feu pouvait se rallumer quand la raison aurait passé l'éponge sur le temps des folies. De là, sa résignation amère, mais toute d'espoir, en attendant, comme il le dit dans une de ses lettres, le retour du cœur de l'enfant prodigue ; et vous incriminez son silence, vous allez jusqu'à en faire le proxénète de sa femme !

Quoi ! la vie de madame Hébert n'a été que celle d'une courtisane ! Cependant le mari s'est tu, parce qu'à côté de sa dignité froissée, de son âme déchirée, il y avait l'intérêt d'enfants qui ne sont pas solidaires de l'hystérisme d'une mère ; et vous salissez son abnégation, vous le représentez comme le complaisant lâche et intéressé des débauches de sa femme !

Ne voyez-vous donc pas qu'il voulait éviter de laisser rejaillir sur l'établissement futur de ses enfants la situation anormale d'une séparation de corps, qu'il voulait les empêcher de mépriser leur mère, leur faire pratiquer ce beau commandement: « Père et mère honoreras, » base de toutes les autres estimes ?

Il espérait qu'à l'âge de leur puberté intellectuelle, ils n'auraient jamais connu la conduite échevelée de la mère, retirée alors forcément par l'âge des affaires amoureuses.

Voilà pourquoi il rongeait sa douleur en silence, pourquoi il faisait taire les grondements de sa colère, pourquoi il sacrifiait son repos à l'espérance de l'avenir, un peu pour lui, beaucoup pour ses enfants.

Oh ! ils sont bien rares les hommes assez dégradés pour se faire un marche-pied de leur compagne, en offrant son corps en holocauste à leur ambition !

Et telle est cependant l'accusation que vous insinuez contre mon client. Grand Dieu ! je rougis d'avoir à l'en disculper, tant elle est monstrueuse et ridicule.

Monstrueuse ! parce qu'elle est en désaccord avec toutes les pages de sa vie.

Ridicule ! parce que les amours externes de madame Hébert ne pouvaient rien pour le bien de la maison commerciale. Eh ! quand tous les Sigisbés de madame se seraient entendus pour monter leur bibliothèque de gens du monde au profit de la maison de commerce, la belle richesse ! Ah ! loin d'avoir contribué à l'édification de la fortune commune, c'est elle, comme je le démontrerai, qui l'a défaite par ses prodigalités insensées.

---

(1) En donnant cette plaidoirie curieuse à divers titres, nous faisons nos réserves sur la hardiesse grande d'un certain nombre d'images, sur la crudité de plusieurs expressions et la création de quelques autres. Nous croyons qu'il n'est permis d'introduire des expressions nouvelles dans la langue que lorsque des choses nouvelles apparaissent dans le monde. Voltaire, qui a manié toutes les idées en circulation de son temps, n'a pas inventé un seul mot, si ce n'est deux ou trois noms de choses tels qu'*impasse* pour *cul-de-sac*, et encore les a-t-il proposés timidement.   J. S.

Je dis que cette accusation est monstrueuse et ridicule : telles sont les deux rubriques de chapitre sous chacune desquelles je vais placer tous les faits de ma plaidoirie qui tendent à repousser les incroyables articulations de madame Hébert : qu'on aurait voulu la prostituer dès le lendemain du mariage et que durant son cours elle aurait toujours été la pourvoyeuse de la caisse commune. Je le ferai par des considérations morales tirées de la situation respective des deux époux, par les circonstances ambiantes et subséquentes à leur mariage, par la preuve de la ruine du mari par la femme. Quant aux accusations de commerce charnel avec les bonnes, je ne ferai que souffler dessus pour les annihiler.

J'aurai ainsi coupé le procès en deux et répondu victorieusement *de plano* aux articulations impossibles de l'adversaire ; il ne me restera plus qu'à établir péremptoirement celles du mari, c'est-à-dire l'adultère de la femme avoué par elle-même dans son système maladroit d'attaque, corroboré par les pièces que j'ai en main ; c'est alors que je donnerai le véritable commentaire des deux fameuses lettres dont mon confrère a cru se faire une arme si terrible contre nous, et que j'espérerai voir adjuger à mon client, *de plano*, ses conclusions.

CHAPITRE Ier. — L'ACCUSATION EST MONSTRUEUSE,

C'EST-A-DIRE FAUSSE.

Croira-t-on jamais qu'un homme qui fait un mariage d'amour prémédite de spéculer sur le trésor de son âme ? Y a-t-il une seule phase de la vie de M. Hébert sur laquelle on puisse étayer un pareil dire ?

Pauvre enfant d'aventure, né des amours de passage d'un officier de la grande armée et d'une servante d'auberge, élevé à l'école de la misère, tour à tour maçon dans son pays, employé de commerce à Paris, laissé sur le pavé à New-York par la ruine de son patron, couchant au bel air, obligé pour vivre de chercher la nuit, dans les ordures, les os nécessaires aux tourneurs en dominos (c'est lui qui trouva ceux avec lesquels on tourna le jeu du fameux Munito) ; toujours malheureux, jamais découragé, comme Figaro ; se montant, avec ses premières économies, un petit commerce de colportage, allant d'Amérique en France, de France en Amérique pour vendre en ce dernier pays les menus objets qui s'y débitent si bien. Ruiné par la fameuse banqueroute de 1836, perdant ainsi ses 25 ou 30 000 francs péniblement amassés. Obligé, pour recommencer, d'aller exploiter les bois chez les sauvages Chactas, capitaine de cabotage, c'est avec de nouvelles économies qu'il revient à son commerce de prédilection, la librairie, et c'est dans un de ses voyages à Paris qu'il voit, chez un de ses correspondants, Marie Guibert, celle qui devait être sa femme, qu'il idolâtra bientôt. Marie Guibert était sans fortune, M. Hébert possédait 180 000 francs. Le tribunal va voir comment le soi-disant exploiteur a été l'exploité.

La convalescence d'une maladie est le prétexte sous lequel les beaux-parents en expectative l'entraînent à la campagne, où ils habitaient un petit trou. La jeune fille se transforme en une sœur de charité ; comment ne pas idolâtrer l'ange qui a veillé à notre chevet !.... Il y avait là une chaumière et un cœur.

Je ne dirai pas au tribunal les longs tête à tête qu'on lui ménageait avec sa fiancée, pour mieux l'enlacer ; les promenades solitaires que des parents plus qu'imprudents leur laissaient faire dans les bois, au milieu des herbes et des fleurs amoureusement entrelacées, des feuilles qui se mêlent en de murmurants baisers, des appels magnétiques de cette grande voix de la nature où tout invite si bien à..... la rêverie. Le soin poussé jusqu'à faire gîter la jeune fille, la nuit, chez une vieille paysanne, pour que le prédestiné aille la trouver plus facilement ; ce qui s'en est suivi, la scène jouée de désolation de la mère, pleurant sur le déshonneur de sa fille, l'indignation simulée du père, profitant de la circonstance, croyant une reculade impossible, pour avouer à M. Hébert qu'il l'a leurré en lui faisant entrevoir une dot de 30 000 francs, qu'il n'en a pas à donner, le refroidissement momentané de celui-ci ; mais le moyen d'emporte-pièce employé par *Juliette* s'échappant nuitamment et censément furtivement du domicile paternel pour aller relancer chez lui *Roméo*, avec qui, ma foi, elle passe la nuit, et le beau-père arrivant le lendemain, se frottant les mains pour recevoir la confirmation du mariage ; la farce était jouée.

Je ne veux pour preuve des machinations des parents de la jeune fille à l'encontre de mon client, que la lettre du frère de M. Guibert, oncle de madame Hébert, en réponse à une épître que lui adressait sa nièce quelques jours après son mariage.

Voici cette lettre :

« Perpignan, le 1er octobre 1846.

» Ma chère nièce,

» Ce que vous m'apprenez sur la conduite de votre père et sur sa fâcheuse position de fortune actuelle ne me surprend nullement. Sa passion insurmontable pour la boisson et son dégoût du travail devaient naturellement l'amener à dissiper promptement sa portion d'héritage ; heureusement pour lui que vous êtes là et que puisque, d'après ce qu'il m'a écrit dans le temps à plusieurs reprises, vous avez épousé un homme immensément riche, vous ne voudrez pas le laisser dans le besoin. Je suis donc très tranquille sur son avenir. Mais je vous avoue que je suis d'autant moins porté à renouer avec lui des relations même de correspondance, qu'il m'a attaqué dans ce que j'ai de plus précieux, dans mon honneur. Vous me dites que lors de votre mariage votre père s'est plaint qu'on l'avait dépouillé : c'est une accusation dont il sait bien toute la fausseté, et que je ne lui pardonnerai jamais. Si quelqu'un a été dupe, certes ce n'est pas lui. Je ne lui ai jamais reproché la pension que notre père lui a continuée pendant si longtemps, pas plus que les dépenses qui ont été si souvent renouvelées pour parer à ses incartades coûteuses. Il sait combien j'ai mis de loyauté et même de désintéressement lors du partage que nous avons fait ensemble à Angers au mois de mars 1837.

» Votre oncle, GUIBERT. »

Le tribunal voit-il la tactique de ce père *ivrogne*, *paresseux*, qui a dévoré son maigre patrimoine, pour enlacer M. Hébert dans ses filets et en faire en même temps qu'une caisse de secours pour les parents, un mari à sa fille, d'une défaite si difficile malgré sa beauté, dans sa triste position de fortune ?

Hébert est homme du nouveau-monde, au cœur naïf et primesautier malgré l'écorce grossière ; on jette au feu de ses désirs une fille de Babel, c'est l'hameçon d'or avec lequel on va pêcher ses velléités de *conjungo*, et de peur qu'une irrésolution naisse du positivisme américain, on a bien soin de faire croire à quelque pécule, sauf, quand il sera trop compromis pour se désister, à forger une histoire de rapine de famille dont on aurait été la victime, allégation dont se plaint si amèrement l'oncle Guibert écrivant que son frère *l'a attaqué dans ce qu'il a de plus précieux, dans son honneur.*

Voilà par quel macairisme on a pigeonné, pour le mariage, M. Hébert, tout frais débarqué d'un pays où de pareils artifices inconnus ne l'ont pas appris à s'en sauvegarder.

Et c'est à lui qu'on a prêté des préméditations abominables, nées dans son cœur à la vue de la beauté de sa femme ! Ce ne serait pas un sentiment de monopole personnel qui l'aurait poussé vers cette splendide enfant, mais l'idée d'en faire une marchandise de luxe en magasin pour la détailler au plus offrant.

Lui, qui l'a aimée assez pour en faire sa femme malgré la question d'argent !

Rappelez-vous qu'il en avait joui, grâce à l'entremise de ses parents, ayant brûlé les vaisseaux de son honneur pour lui accrocher une position. Qui et quoi donc le forçait à l'épouser ? De deux choses l'une : ou il ne l'aimait pas, et alors il l'eût gardée comme maîtresse, l'exploitant comme telle, et il se serait adressé à une épouse plus riche ; ou il l'aimait, son mariage l'a prouvé, et alors la logique des sentiments repousse tout germe d'exploitation dans son cœur. Ce dilemme vous écrase.

Voyez ce mari : comme il n'a épousé sa femme que comme appeau, il va l'ensemencer de mauvais conseils pour la mieux mettre en culture du vice, et surtout bien se garder d'écorner ses chers écus ?

Pas du tout ! non-seulement il rachète la bicoque grevée du beau-père à Angers, mais il fait aussi l'acquisition de la chaumière de Breux, parce qu'il y a trouvé un cœur, et loin de s'abstraire du père et de la mère, comme l'eussent fait tant d'honnêtes gens qui n'auraient pas pensé à spéculer sur leur femme, lui qui va la mettre en coupe réglée, il entretient tous ses parents.

Il est même obligé de payer jusqu'au repas de noces, le beau-père n'ayant pas le sou et ayant bientôt fini par lui emprunter de l'argent.

Voyez ce monstre, dans les premières années de son mariage, quand sa femme n'a pas complétement jeté son bonnet par-dessus les moulins, et qu'il peut se croire encore un heureux mari.

Il s'aperçoit bien vite que l'éducation libre et peu morale qu'elle a reçue en a fait une enfant gâtée, prenant par jour vingt fantaisies aussitôt rejetées que satisfaites ; que ses justes observations pour changer ce petit caractère frivole, inconstant, ne font que l'agacer nerveusement : il fait toutes les concessions possibles pour éviter les brouilles ; et sauf quelques légers nuages, les premières années de mariage s'écoulent assez bien. Je n'en veux pour témoignage que la correspondance qui s'échange à cette époque entre les deux époux ; le tribunal verra les mauvais conseils que le mari donne à sa femme, et comment lui répond celle qu'il envoie soi-disant...... à la *boucherie de l'Amour !*

Voici cinq échantillons des lettres du mari :

« Le 10 juillet 1848.

» Je suis arrivé à bon port et je te dis que je suis assez heureux pour ne pas aller au Havre. J'ai reçu une lettre de Lemore ce matin, le contenu est satisfaisant ; Munodin est arrivé, sitôt que je l'aurai vu je retournerai à Breux. Je suis chez madame Fondary et j'y dîne ; je ne puis t'en dire davantage, seulement elle croit pouvoir venir samedi ou vendredi. En attendant soigne bien les mioches et ne te fatigue pas trop ; moi je n'en puis plus, je suis mort de fatigue, j'ai attendu plus d'une heure la voiture, ta mère m'a réveillé trop tôt.

» Je t'embrasse mille fois, ma petite Nini,

» V. HÉBERT. »

Voici une lettre écrite trois ans après le mariage, est-ce que s'il y avait eu entre les époux un secret aussi terrible que celui qu'on articule, le bourreau prétendu aurait envoyé à la victime une lettre aussi insignifiante en apparence ? N'est-ce pas là la causerie épistolaire avec sa moitié, d'un bon bourgeois qui la chérit de loin, et qui prend l'absence en patience parce qu'il travaille pour entourer d'aisance l'objet de son affection ? La femme se prélasse à la campagne à Breux, le mari habite l'enfer du travail. Oh ! oui, le vilain bourreau, mais de son propre corps, il se tue de fatigue pour donner à sa femme l'obole du plaisir et préparer l'avenir à ses enfants. Il finit *en embrassant mille fois sa petite Nini*, et il aurait la gangrène au cœur ! Je ne crois pas que cet embrassement soit un baiser de Judas.

Dans une seconde lettre dont je ne veux pas lire les inutilités au tribunal, *il annonce à sa femme multitude de visites à la campagne*, et il s'en gaudit parce qu'*elle ne s'ennuiera pas*. Quelle charmante précaution pour un homme sans cœur ! Puis, *il l'entretient de son commerce*, confidences bien difficiles à concilier avec sa manie d'exploitation, et qu'on ne fait qu'à des êtres chers et près de qui l'on cherche consolation ou encouragement. Il termine en lui enseignant *la façon dont elle doit tapisser sa chambre avec une perse qu'il lui envoie*. Un bourreau a-t-il l'habitude de descendre à ces détails d'intérieur avec sa victime ? ne voit-on pas là le bon mari qui, sans arrière-pensée, ne pouvant toujours conter sa flamme à son idole, préfère lui dire des riens que rester coi, parce que c'est encore être en communication de pensée avec elle ; et il signe sa lettre *Adieu, ton vieux mari qui t'aime plus que toi*, pour le coup je ne croirai jamais à sa mauvaiseté, l'antithèse serait trop forte !

Nous sommes au mois suivant, et dans sa sollicitude maritale pour l'amusement de sa femme, M. Hébert la laisse aller aux bains de mer du Havre, et il lui écrit ce qui suit :

« Paris, le 11 août 1848.

» Nini mon ange,

» J'ai reçu ta lettre hier soir, je ne puis te dire toute la joie que mon faible cœur a ressentie en apprenant que vous vous êtes parfaitement amusés et que ce petit voyage vous avait été favorable ; quoique éloigné de cinquante lieues je partage tous vos plaisirs. Je serai obligé, quant à présent, à m'en contenter, attendu qu'il m'est de toute impossibilité d'aller vous rejoindre, j'ai des affaires importantes, j'ai reçu plusieurs lettres dans lesquelles il y a diverses commissions qu'on demande au plus tard fin d'octobre ; je ne puis donc m'absenter, que cela ne t'empêche pas de prendre beaucoup de plaisir.

» J'ai reçu un mot de notre ami Boutet qui m'a dit l'avoir écrit ; je pense que tu seras tranquillisée sur la santé de ton fils Régis, son indisposition n'étant autre chose que des feux de dents, il n'y a pas à s'en inquiéter, d'ailleurs une lettre de ta mère reçue ce matin confirme ce que M. Boutet l'a écrit, même elle ajoute que le petit scélérat a joué toute la journée avec les petites à madame Jules et qu'il est d'une gaieté folle. Ton dernier ne s'est guère aperçu de son vaccin, il profite de jour en jour, ton médecin l'a parfaitement trouvé hier, il a recommandé de le promener, ce que j'ai fait faire. Comme je ne puis m'absenter, je t'attendrai pour renvoyer la nourrice ; ne t'inquiète pas et reste le plus longtemps que tu pourras quoique je sois bien privé de ne pas t'avoir près de moi ; je désire que tu t'amuses bien et surtout que tu te baignes beaucoup afin de me revenir bien portante et bien fraîche, ce sera une vraie noce. »

Puis il lui parle encore d'affaires, et il termine ainsi :

« Adieu, mon cœur, pense toujours à ton fidèle et vertueux mari.

» Je t'embrasse de tout mon cœur,   V. HÉBERT. »

Peut-on voir une lettre plus affectueuse de toutes les façons ?

Est-il un caraïbe de mari, celui qui débute par *Nini mon ange*, qui déclare que pourvu que sa femme s'amuse cela lui suffit, et qui jubile en pensant aux ardeurs de la réunion ? Mais c'est bien pour son compte qu'il l'aime et non pour celui des autres, c'est lui qui se promet de faire la noce quand la nouvelle Vénus lui reviendra sortant du sein d'Amphitrite ; aussi lui recommande-t-il de bien parfumer son corps aux senteurs des algues et au réfrigérant du cristal des ondes.

Les détails qu'il lui donne sur ses enfants sont touchants de paternité ; est-ce que le père qui parle avec tant d'amour de ses enfants pourrait mettre leur mère à l'encan ?

Il fait plus que d'aimer sa femme, il la respecte, puisqu'il signe son fidèle et vertueux mari ; il ne prostituerait même pas son souvenir avec d'autres.

Et cette autre lettre du 19 septembre même année :

« Chère petite,

» Il vient d'arriver deux steamers sans m'apporter de lettres. Je suis très mécontent de ces messieurs, leur négligence n'est pas pardonnable ; je n'ai pas de chance aujourd'hui, car la lettre que tu m'avais promise hier n'est pas arrivée non plus, de sorte que je suis dans une inquiétude mortelle ; j'espère que demain matin je serai plus heureux en apprenant que tu es parfaitement arrivée. Les enfants se portent très bien. Tous les matins ils viennent rendre visite à leur père, Fernand est très sage, mais Régis est un véritable diable, il ne fait plus que d'aller et venir à la cuisine et toujours crie nanan. Je crois que si on le laissait faire il mangerait toute la journée ; mais ne t'en inquiète pas, j'y veille, hier ils ont fait une promenade sur le boulevard, ils ont paru s'en bien trouver ; aujourd'hui le temps est couvert et froid, je n'ai pas voulu qu'ils sortent.

» Rien de nouveau, toutes ces dames t'envoient le bonjour, et moi je t'embrasse du plus profond de mon cœur et j'ai l'ardent désir de t'aller rejoindre.

» Tout à toi d'amitié, ma chère amie,

» V. HÉBERT. »

P. S. « Je n'ai pas une minute pour le courrier, c'est pourquoi je ne t'en dis pas davantage : ton petit Fernand t'embrasse et le petit Régis aussi, en ce moment Fernand vient me dire : papa, caca, et Régis est à la cuisine ; il ne quitte plus Marguerite. »

Toujours les mêmes protestations de tendresse ! Fera-t-on passer pour être un ogre celui qui est dans une inquiétude mortelle de ne pas recevoir de lettre de sa femme et à qui il tarde d'aller la rejoindre, à moins que ce ne soit pour aller toucher les dividendes de l'exploitation ?

Mais pareille idée peut-elle naître à l'égard d'un homme qui se complaît à narrer dans des détails aussi intimes qu'il le fait, ce qui a trait à ses fils ? L'amour paternel est un bouclier contre le mauvais mari, celui qui a des entrailles pour ses enfants ne peut avoir que des sentiments tendres pour leur mère.

Enfin dans une autre lettre dont je veux épargner la teneur à peu près la même au tribunal, répondant à sa femme alors à la campagne qui lui annonce une chute heureusement sans gravité de Fernand qu'elle a avec elle, il s'étend de la façon la plus attendrissante sur cet accident, il gronde doucement la mère de son défaut de soin, lui annonce le bonheur que ses cadeaux ont répandu dans une famille, et signe en *l'embrassant du plus profond de son cœur* et envoyant mille baisers à ses enfants, et après un post-scriptum *il la baise de nouveau et* signe : *Ton petit.*

Non, ce n'est pas là le langage d'un marchand de chair humaine, mais c'est celui d'un bon père, d'un tendre époux ; le style c'est l'homme, a dit Buffon, donc Hébert est un honnête homme dans toute l'acception du mot.

C'est vous, madame, qui, oublieuse des prémisses du bonheur qu'on vous a donné, avez parjuré votre foi, livré au libertinage la sainteté du lit nuptial et cherché à faire remonter jusqu'à votre mari la cause d'une débauche qui n'a eu pour mobile que vos sens volcaniques et votre pervertissement moral.

Vous n'étiez pas telle, alors que vous répondiez aux lettres que je viens de lire, celles dont je vais donner connaissance. On verra que ce ne sont pas des lettres de victime persécutée, mais d'une épouse encore digne de l'affection de son mari et qui la rend ostensiblement.

« (11 heures du soir). Havre le 9 août 1848.

» Mon cher petit,

» Je suis toujours en attendant des nouvelles de mes enfants, j'ai déjà été voir à la poste, mais il n'y avait rien ; j'espère que demain matin ce ne sera pas de même. Nous avons manqué le bateau de Honfleur de deux minutes, mais comme M. Lecomte voulait partir demain et que l'on tenait à lui faire voir la mer, nous avons pris un canot et nous sommes allés au phare de Sainte-Adresse. La mer était un peu agitée ; il n'y avait pas un quart d'heure que nous étions en route que M. Lecomte comptait ses chemises et demandait à revenir ainsi que madame Barré qui a été très malade aussi et qui n'a plus envie de se promener en canot ; il n'y a que nous deux M. Barré qui n'avons pas éprouvé le mal de mer.

» J'ai été voir M. Lemore aujourd'hui à midi, nous y avons trouvé M. Honold qui te dit bien le bonjour et désire te voir ainsi que la famille Lemore. M. Lemore désire te voir pour le compte courant ; il n'a pu décider M. Barré à rester au

Havre, M. Honold nous ayant dit qu'il y avait beaucoup de monde à Trouville. Il y a plusieurs navires au Havre, le *Zurich* que nous devons visiter demain jeudi. Nous avons été voir le *Malaga* aujourd'hui qui doit partir le 16 pour l'Espagne. C'est magnifique, la chambre du capitaine a coûté 150 000 fr. ; le capitaine nous a tout montré, jusqu'au service de table qui est en argent. Nous sommes restés une heure dans le navire, car il tombait de l'eau par torrents.

» Le *New-York* doit arriver d'ici à quelques jours ; M. Lemore le dit beaucoup plus beau que l'*United-States* ; il est de la force de 1000 chevaux. Ainsi je pense que tu viendras, M. Honold t'attend pour te serrer la main. Si Fernand peut partir samedi, tâche de partir avec lui et écris à maman de venir au-devant de lui pour que la nourrice ne descende pas seule de la voiture et qu'elle laisse tomber le petit, qu'elle prenne bien garde qu'il attrape froid, je fais la même recommandation pour Régis ; tu l'embrasseras bien pour moi ainsi que Fernand.

» Rien de nouveau à te dire, la mer est un peu agitée, nous aurons peut-être gros temps demain pour faire notre voyage ; bien des choses aux amis ; dis à M. Guenard qu'aussitôt arrivée à Trouville j'écrirai à sa dame si on est bien à l'hôtel.

» Je t'embrasse de tout mon cœur,

» Ta petite NINI. »

Que dites-vous de cette lettre ? Une femme qui aurait été contrainte par son mari au rôle ignoble qu'elle prétend aujourd'hui lui avoir été imposé, se complairait-elle à écrire ces inutilités à son sacrificateur ? Elle n'aurait pour lui que des pensées de haine et ne lui parlerait ou ne lui écrirait que pour les choses indispensables et d'une façon sèche, qui dénoterait l'ulcération dont son âme serait pleine.

N'est-ce pas au contraire qu'elle sait faire plaisir à son mari en lui rendant compte des moindres détails de sa vie ? Si elle cherche à lui donner cette satisfaction, c'est donc qu'elle l'aime ! On n'aime que ce qui est digne d'être aimé. M. Hébert n'est donc pas le coquin qu'on nous dépeignait tout à l'heure, autrement sa femme ne l'appellerait pas *mon cher petit*, elle ne signerait pas *en l'embrassant de tout son cœur, ta petite Nini*. Si son mari l'emploie par occasion aux affaires, c'est à des renseignements chez ses correspondants des villes où elle se trouve et non à des démarches immorales. »

Regardez en passant percer le côté frivole de la petite dame, ce qui la frappe le plus dans le navire qu'elle visite, c'est la chambre du capitaine, parce qu'elle a coûté 150 000 francs, *et que la vaisselle est en argent*. Elle ne s'attache qu'à la superficie, qu'à ce qui brille, elle a tout dans la tête rien dans le cœur ; voilà comment elle sera amenée par degrés à demander au libertinage la satisfaction de ses fantaisies dorées ; elle ne raisonne pas le mérite d'une chose, elle n'en apprécie que la forme. Briller comme la vaisselle du susdit capitaine, telle sera pour elle le bien suprême ; son cœur deviendra un creuset où le sentiment se fusionnera en métal ; son mari ne sera plus qu'un vieux meuble passé de mode bon à pourrir au grenier, elle papillonnera pour les beaux du jour, et ne leur demandera pas : m'aimez-vous ? mais, combien me donnez-vous ? Et voilà celle qui poussera le cynisme jusqu'à donner le croc en jambe au bon sens et à la vérité en posant son mari en empoisonneur de sa candeur !

Pourquoi lui écrivait-elle alors cette lettre :

« Havre, 12 août 1848.

» Mon cher petit,

» Si je n'attendais ta lettre annoncée par M. Barré, je partirais de suite pour Paris, car je ne comprends rien au silence que tu gardes avec moi : voici cinq jours que je suis ici et pas une nouvelle de toi pour me rassurer sur le sort de Régis.

» Je suis allée hier chez M. Lemore savoir s'il n'y avait pas de lettres pour moi, même résultat qu'à la poste, rien ; enfin j'en attends une aujourd'hui qui me récompensera peut-être d'avoir attendu si longtemps de vos nouvelles.

» M. Lemore a placé deux barils de piastres à 5 35 1/2, on aurait pu en faire autant pour les tiennes, maintenant il serait peut-être tard, il y en a beaucoup sur place. Le coton se vend bien, les affaires ne vont pas mal au Havre au dire de M. Lemore. Ils voudraient que je dîne avec eux dimanche, je ne sais si je dois accepter.

» Nous partirons lundi puisque tu es décidé à rester à Paris ; tu fais très bien, car tu ne t'amuserais pas au Havre, il y fait très froid et il y pleut toujours. Rien de nouveau à te dire : nous devons nous embarquer demain dimanche à 7 heures et demie sur le *Français* pour aller à Trouville directement, et revenir le soir à la même heure, puis nous partirons lundi matin à 11 heures pour Paris où nous arriverons à 4 heures. M. Honold doit partir le même jour pour Paris.

» Je pense que vous vous portez tous bien et que tu auras fait bien attention à Fernand ; tu les embrasseras bien tous les deux pour moi, car je pense que tu iras les voir dimanche. Je n'aurai ta lettre qu'à une heure et il en est dix, je ne pourrai y répondre.

» Adieu, mon petit, à bientôt nous ferons dodo ensemble.

» Ta petite Nini qui t'aime bien,   A. HÉBERT.

Comment, votre mari a pris votre corps jeune et beau et l'a vendu aux baisers impudiques des vieillards lascifs ! De votre jeunesse et de votre fraîcheur il a fait un piment pour leur dysorexie érotique ? Et vous osez prononcer son nom sans dégoût, son souvenir ne vous fait pas horreur, sa présence possible ne vous donne pas l'horripilation ? La colombe qui se sent déchirée par les serres cruelles du vautour l'appelle-t-elle son *cher petit ;* et la vierge avec l'honneur de laquelle on bat monnaie, a-t-elle la singulière résignation de bénir celui qui la déflore, et de lui crier le souhait *à bientôt nous ferons dodo ensemble ?*

C'est alors qu'il fallait jeter les hauts cris et vous rebeller contre le prétendu trafic honteux qu'on voulait faire de votre personne si vous vouliez qu'on vous crût aujourd'hui.

Non ! vous ne pouvez tromper l'œil clairvoyant de la justice, vous êtes la propre cause de votre perte, c'est dans vos veines que vous avez distillé le poison d'immoralité dont vous vous êtes abreuvée. Si la maison conjugale est devenue un *embolum*, vous seule y avez contribué ; une fois sur la pente du dérèglement, vous ne vous êtes plus arrêtée. Un beau jour vous avez trouvé d'un plaisant achevé de faire remonter à votre mari la source impure qui n'a pris naissance que dans votre sein, et vous le forcez à venir subir ici le scandale de vos accusations mensongères ; mais nous vous connaissons, vous vous appelez Messaline et vous ne donnerez le change à personne.

J'avais donc bien raison de dire que votre accusation était monstrueuse, mais je l'ai dite aussi ridicule!

CHAPITRE II. — L'ACCUSATION EST RIDICULE, C'EST-A-DIRE INADMISSIBLE.

Ah! si M. Hébert était un employé d'administration, s'il aspirait à des fonctions publiques, je comprendrais qu'on le représentât comme ayant cherché à faire de sa femme une madame Marneffe (type si bien créé par Balzac!); mais loin de l'avoir tenté, il n'est même pas dans les conditions pour qu'un pareil manége lui eût été utile.

M. Hébert fait la commission des livres pour la Nouvelle-Orléans, où il a un magasin. Le tribunal s'imagine-t-il l'aide qu'il aurait pu retirer de la fréquentation de sa femme avec le prince de M..., le vicomte C...? sont-ce eux qui auraient fait de la réclame pour lui en Amérique? et le comte de L.... était-il susceptible de faire affluer les plébéiens des États-Unis dans la boutique de la Nouvelle-Orléans?

Ce n'eût donc été que pour le pur amour-propre de se dire : la fine fleur de la chevalerie est aux pieds de ma femme, qu'il l'aurait couchée sur le lit de la prostitution sénile.

Mais outre que pareille incrimination est détruite par l'amour qui l'entraînait vers son épouse, étaient-ils atteints par les ans, l'imberbe et besogneux médecin, à qui, dès la première année de son mariage, madame Hébert prodiguait déjà un amour de contrebande; et le jeune M..., ce ruiné de province, frère d'un trappiste, qui se cloître lui dans l'amour de Marie Hébert, et s'attache comme une ombre à ses pas; et l'élégant et Abbevillois comte de P... avec lequel, au vu et au su de tout le pays, elle courait costumée en paysanne de l'endroit les rivages de Saint-Valery? sans oublier le roi de tous, le fameux marquis de L..., plus vert à cinquante ans que la pâle jeunesse qui l'entoure, et le seul capable, au dire de madame Hébert, d'accomplir les douze travaux d'Hercule?

Voilà l'échantillon des galants portraits de la galerie de cœur de Marie (doux nom que tous aimaient à lui donner), et parce qu'il plaît à la femme qui a secoué le joug de l'honnêteté conjugale de se laver de sa souillure en en faisant son mari l'éditeur responsable, il faudrait la croire!

Voyez la rusée, elle se garde bien d'insinuer que son mari l'aurait prostituée à des jeunes gens, qui ne payent qu'en nature, non! Pour donner de la vraisemblance à son inique allégation, elle en cherche le motif déterminant dans la cupidité, le vieillard devant compenser l'impuissance érectile par la puissance de l'or, et Marie d'enfourcher son grand dada, l'exhortation dès le lendemain du mariage, *à faire un homme d'un âge mûr et riche.*

Comme c'est croyable! je le répète, on pourrait peut-être imaginer un mari prostituant sa femme, à condition de sauver les apparences, pour une place... mais pour de l'argent donné, qu'il encaissera! Y a-t-il dans le milieu bourgeois où il coule son existence, un être assez cuirassé contre la dernière pudeur, pour descendre à cette ignominie?

Rappelez-vous qu'il apportait 180 000 francs en mariage à une femme sans le sou, dont il avait joui, quand il pouvait prendre une madone plus dorée ; non, il préfère celle-là pour la faire courir sus à la vieillesse.

Et c'est une femme jeune, romanesque, qui aurait souscrit à ce honteux marché, même au péril de sa vie, qui ne serait pas venue s'abriter sous l'égide de la justice, qui aurait attendu treize ans pour cela, alors que sa juvénilité fanée à l'accouplement de la sénilité, elle n'aurait plus eu de raison de changer une vie devenue pour elle une seconde nature.

Non ! c'est qu'avec sa rage de tous les plaisirs, cette femme a une pléthore de vanité qui la fait rechercher la fréquentation d'honorables vieillards, épaves d'un reste de chevalerie, dont le patronage sert à son orgueil dans les régions plus modestes où cela la pose et lui permet d'offrir tous les genres de séduction à ceux près de qui elle quête des assouvissements à sa nymphomanie. Que voulez-vous ! il y a des femmes comme cela. Eugène Suë en a fait l'histoire anatomique dans la Cécily des *Mystères de Paris*.

Malheur aux futurs maris qui rencontrent sur leur chemin de ces anges de séduction et d'immoralité !

Il semble en effet que cette frêle créature ait à la place du cœur une boîte de Pandore toujours ouverte.

D'abord, orgueil insatiable qui la fait rechercher la société des vieux blasons ; aussi en arrive-t-elle à mépriser son mari trop bourgeois, son intérieur trop plébéien ; le tribunal poufferait d'un rire de pitié si on lui narrait seulement une de ces scènes bouffonnes d'aristocratie domestique.

Puis le besoin de plaire, de briller, de se vanter, lui fait rechercher la société des femmes à célébrité ; elle est la commensale assidue des salons de plusieurs de nos beautés le plus en vogue. Non pas que je veuille dire du mal de ces charmantes pécheresses, elles ont bien le droit d'être les maîtresses des autres, étant les leurs propres ; mais une femme mariée, qui ne s'appartient pas, ne doit pas essayer de ces sociétés où on laisse sa vertu au vestiaire.

De là les chevauchages érotiques de Marie, sa vie prise à l'envers, toute de fièvre et de fantasmagorie.

Il est donc ridicule de prétendre que son mari l'ait dressée à la chasse de l'homme d'âge et riche, puisqu'il était riche lui-même, l'avait épousée par amour, et qu'elle était, elle, pleine de séve et d'illusions incompatibles avec une pareille obéissance.

Mais j'en prends à témoin les lettres des vieux amis (c'est le mot), des amis d'âge qu'elle a cherché à se créer. On ne peut voir lettres plus respectueuses, plus dégagées d'impur alliage.

Et mon confrère, lorsqu'il en citait des extraits, me mettant au défi d'y voir autre chose qu'une chaste amitié, abondait sans s'en douter dans mon sens, et plaidait contre son articulation de dévergondage excité par le mari. Je ne lui avais communiqué ces lettres que pour lui démontrer l'inanité de l'articulation, pour lui dire : vous accusez mon client d'avoir forcé sa femme à passer sous les fourches caudines de la libidinosité sénile, voyez la valeur de votre argumentation ; je vous remets les preuves écrites du seul genre de relation que madame Hébert a eues avec quelques respectables vieillards.

Eh ! mon Dieu, la vieillesse aime naturellement la jeunesse, celle-ci la re gaillardit en fictions, en lui gazant l'horizon désolé de sa fin ; une femme jeune, espiègle, est un rayon de soleil qui fait fondre la neige des ans ; quoi d'extraordinaire à ce que le vieillard soit chastement reconnaissant envers l'Antigone de son cœur usé, qui conduit tout doucement son être à l'anéantissement par les riants sentiers de l'affection ?

Je le répète, cette correspondance du prince de M..., du comte de L..., du vicomte C..., du comte de P... n'offrent rien que d'honorable, et en l'admettant, mon honorable confrère a plaidé pour moi contre son articulation de prostitution.

Voyez la rage de Marie de se faire la comparse des grands. Le prétexte d'une recommandation la fait s'aboucher avec le vicomte C... et voilà qu'elle continue la correspondance à l'occasion d'un cheval qu'elle veut acheter ou vendre ; le vicomte lui répond des lettres fort respectueuses sur cet innocent sujet, c'est toute une littérature de cheval dont je ne fatiguerai pas le tribunal. Accusera-t-on le mari de l'avoir jeté aussi en pâture à ce nouveau minotaure ?

Il faut aussi qu'à propos d'une location de chasse désirée par un ami elle corresponde avec le comte de P... ; le mari a-t-il encore fait un pacte avec celui-ci ?

Vous voyez donc bien que votre accusation est non-seulement monstrueuse, mais ridicule aussi, puisque justement les vieillards en question ne sont que des paravents de vanité que s'est donnés Marie et ne sont pas des banquiers conjugaux que lui a dépistés le mari, ce pauvre mari qui s'aperçoit trop tard, la lune rousse ayant détrôné la lune de miel, qu'au lieu d'un ange il a épousé le diable (dont il est même obligé de porter les cornes) ; qu'à la place de la sainte religion de famille, c'est l'ignominie qui est venue s'asseoir à son foyer, et qu'il s'est tout uniment envoyé au bagne du ménage.

Mais enfin, supposons qu'il ait, comme le dit Shakespeare, l'âme comme un noir Tartare. Si sa femme doit tant lui rapporter avec les autres, il se gardera bien, en cas de non-valeur, de lui délier les cordons de sa bourse.

Eh bien ! marié, au lieu de la garder à l'attache près de lui, où elle lui aurait rapporté beaucoup plus et coûté beaucoup moins, Paris étant le meilleur endroit pour ce genre d'exploitation, il la laisse, sous la tutelle de familles amies, se promener à la campagne et lui dore autant que possible l'existence.

Il ne connaît pas encore les folles emplettes de sa femme ni la source qui y satisfait ; autrement celle-ci eût-elle reçu de ses fournisseurs des lettres comme la suivante :

« 10 mars 1853.

» Madame,

» Je suis désolé sous divers points de vue de vous tourmenter encore pour ma facture, mais à la veille peut-être de vendre mon établissement ou d'en faire la liquidation, je me trouve forcé d'insister. Il m'est tout à fait égal si M. Hébert a connaissance de ce compte que vous me fassiez remise de *valeurs* à n'importe quelle échéance, ce dont je viens vous prier c'est de me solder comme vous voudrez, afin que plus tard il n'arrive pas pour vous l'ennui d'être obligée de me payer en espèces. J'irais chez vous en causer, *si je ne craignais vous être encore plus désagréable,* et vous seriez convaincue que c'est parce que je suis débordé par des engagements.

» Agréez, madame, toutes mes civilités, BONNAY. »

N'est-il pas évident que si M. Hébert avait été au courant de la façon dont sa femme se procurait de l'argent pour payer ses achats, le fournisseur n'aurait pas craint de contrarier la commettante en se présentant à domicile ; ne voit-on pas qu'il se sert même de la menace de sa présence comme d'un moyen de pression pour être plus vite soldé ?

Ah ! c'est madame Hébert qui engraissait la communauté avec l'argent des amants ! Pourquoi donc, lorsque son mari s'aperçoit, bien après les autres, qu'elle n'a pu avec le traitement bourgeois qu'il lui donne satisfaire à ses ruineuses fantaisies de toilettes, les créanciers étant venus frapper à sa porte, l'amour n'ayant pas donné, paie-t-il, paie-t-il toujours ?...

Ainsi, le 20 janvier 1854, madame Lecomte Beaudremont, lingère, rue Neuve-Vivienne, 34, reconnaît avoir reçu de lui, pour solde de fournitures faites à sa femme, la somme de 2,150 francs.

Ainsi, une couturière, madame Dreux-Bué, reconnaît, le 31 juillet 1854, que M. Hébert lui a payé 2,304 francs pour reliquat de ce que devait madame Hébert.

Ainsi un bijoutier, Didiot Bablin, au Palais-Royal, 166, lui réclame 4,248 francs pour joyaux pris à crédit par madame. M. Hébert, par transaction, en janvier 1854, fait reprendre une partie des bijoux fournis et paie 1 680 francs.

Pareille transaction est faite avec les joailliers Rollac et veuve Janisset, rue Richelieu, 112, qui, reprenant à la même époque 3,500 francs de bijoux, reçoivent du mari, à qui ils en donnent quittance, 500 fr. argent.

Qui donc après avoir payé ces factures et tant d'autres ; après avoir remboursé, il y a une couple d'années, pour 30,000 francs passés de dentelle, paiera encore celles qui pleuvent en ce moment de tous côtés pour l'année qui vient de s'écouler, si ce n'est toujours lui, en butte pour cette cause à 25,000 francs de réclamations ?

Si l'on chiffrait ce qu'ont coûté depuis douze ans qu'elle est mariée les ruineuses fantaisies de madame Hébert, on trouverait que son mari a payé pour elle environ 150,000 francs, et qu'à son insu primitivement, elle a dû dévorer à ses amants plus d'un million ; en tout, 100,000 francs par an.

Ah ! c'est elle qui faisait couler le Pactole dans la caisse conjugale ! Pourquoi y dérobait-elle avec effraction 10,000 francs, sur lesquels, prise d'un certain remords devant l'importance de la somme, elle restituait 5,000 francs par l'intermédiaire d'un ami commun, L..., qui en justifierait au besoin.

Pourquoi faisait-elle, sous le nom de son mari, de faux mandats jusqu'à concurrence de 6,000 francs, qu'elle touchait au Comptoir national d'escompte, que celui-ci m'a confiés et que je représente ?

Pourquoi volait-elle à son mari trois actions de l'Ouest qu'elle faisait vendre par un compère ?

Pourquoi, afin de ne pas éveiller l'attention de son mari sur une châtelaine de 3,500 francs, qu'elle venait de prendre à crédit chez un bijoutier, priait-elle un des associés de celui-là de dire qu'il lui en avait fait cadeau pour la misère de 700 francs ?

Pourquoi, ayant la fantaisie d'une boîte de parfumerie de chez Guerlain, du prix de 850 francs, se la fait-elle apporter comme si elle l'eût gagnée à la loterie, ce qui n'empêcha pas le mari qui, heureux de la bonne fortune, avait gratifié la messagère de 5 francs, de payer plus tard les 850 francs?

Pourquoi, jouant avec sa turpitude, pousse-t-elle le cynisme jusqu'à lui envoyer dans une caisse une tête de cerf garnie de monstrueux andouillers?

Il me semble qu'il n'est plus dans le rôle qu'on lui prête et que c'est lui qui a été furieusement exploité.

On le voit donc, on ne peut trouver un seul macrobe payant à cette femme. Si elle reçoit de l'argent de ses juvéniles amants, elle l'applique à ses orgies, à ses fantaisies multiples ; mais le mari n'a jamais perçu par son canal un argent qui lui aurait brûlé les doigts, c'est le sien qu'elle a aussi dévoré.

C'est alors qu'épuisé de concessions, voyant que cette âme de boue ne peut être touchée d'aucun sacrifice, il lui dit (gardant en son cœur trop faible l'étincelle vacillante d'amour qui peut y survivre, l'espoir de l'avenir, le soin de la réputation des enfants) : Je ne puis me faire votre geôlier ; faites ce que vous voudrez, mais je vous empêcherai au moins de ruiner moi et vos enfants.

C'est alors aussi que cette femme va demander au jeu les ressources taries du côté du mari, et qui font parfois défaut de la part des amants ; l'été à Bade, l'hiver à Hombourg, elle s'acoquine avec le tapis vert.

On a osé dire que c'était un nouveau labeur que lui imposait le mari.

Lui, obligé à chaque saison, quand la ruine était périodiquement arrivée, de lui envoyer l'argent nécessaire pour revenir, pour solder ses dettes d'hôtel et pour dégager ses effets engagés au Mont-de-Piété, car elle jouait et perdait jusqu'à l'indispensable vêtement.

La preuve que c'était contre le gré de son mari et à son grand détriment que madame Hébert allait escompter la chance dans les maisons de jeu, je la trouve dans les trois lettres suivantes :

« Baden, 7 août 1856.

» Mon cher ami,

» Tu ne me dis quand tu viendras avec M. André, les personnes que tu m'annonces ne sont pas arrivées, elles auront été par Francfort. *Je gagne toujours,* mais je m'ennuie de ne pas te voir, les enfants demandent tous les jours quand tu arrives ; le temps est superbe, cela ferait beaucoup de bien à M. André, car je compte toujours sur lui ; *j'ai toujours de la veine, si tu étais là...*

» Ecris-moi définitivement le jour de ton arrivée ; j'ai envie d'aller au-devant de toi à Strasbourg.

» J'attends ton arrivée, *mais cette fois ce ne sera pas pour m'apporter de l'argent.*

» Je t'embrasse de tout mon cœur,   M. HÉBERT. »

Quoi de plus significatif que ces phrases : « J'ai toujours de la veine ; si tu » étais là... J'attends ton arrivée, mais cette fois ce n'est pas pour m'apporter » de l'argent. » Ne voit-on pas la femme dont le mari a blâmé les illusions, et qui, toute fière d'un gain éphémère, lui crie : Tu vois bien que tu t'es trompé ; ce n'est pas ta bourse qui aura à réparer mes déboires.

Et lorsque sa lettre respire le désir qu'elle a de voir arriver son mari jusqu'à vouloir aller au-devant de lui, est-ce le cas d'une femme qui accomplirait un nouveau sacrifice en allant s'offrir aux coups de la fortune en bouc-émissaire de son tyran ?

« Hombourg, 16 décembre 1856.

» Mon cher ami,

» J'ai attendu pour t'écrire à pouvoir t'annoncer une bonne nouvelle : je suis ici depuis jeudi. Je me suis aperçue à Nancy que j'avais oublié mon passeport, il m'a fallu me mettre sous la protection de gens qui étaient avec moi dans le char. Je ne sais pas comment on me laissera rentrer en France. J'arrive à mes opérations : j'ai commencé par tout perdre ; de désespoir j'ai mis un louis, le dernier, sur le 34, il est sorti, cela me faisait donc 34 louis ; j'en remets un sur le 36, il sort ; un sur le 31, il sort ; un sur le 35, il sort aussi ; tout le monde me regardait émerveillé ; *enfin tu vois que j'ai de la chance, je ne reviendrai pas sans le sou.* Je vais retourner au 30 et 40 ; hier j'y ai gagné 1500 francs, j'espère en gagner 6000 francs aujourd'hui.

» Je t'embrasse de bonne amitié,   M. HÉBERT. »

On voit sa constante préoccupation de maîtriser la chance pour prouver à son mari que son étoile aura raison sur les sages conseils. « Je ne reviendrai » pas sans le sou, » dit-elle, c'est-à-dire je ferai mentir les sages prévisions de mon mari, me disant : Ne joue pas, tu engloutirais en quelques jours l'argent que je te donne pour passer un mois ou deux en voyage ; il faudrait alors que je contribuasse par de nouveaux frais à ton retour, ce que je ne suis plus décidé à faire ; eh bien ! vous n'aurez pas cela à craindre, mon mari ; vous voyez, j'enchaîne la fortune.

Car il n'y avait pas entre le mari et la femme d'autre rapport de jeu que la désapprobation que celui-là donnait à l'emploi que celle-ci faisait pour jouer, de l'argent destiné à un autre usage ; et comme il était en fin de compte toujours forcé à de nouveaux sacrifices pour faciliter le retour de sa femme ruinée, c'est cette conséquence qu'elle croyait fuir dans un moment de succès, oubliant, la malheureuse, que la fortune est inconstante ; que ses illusions d'un jour lui faisaient exposer des théories aléatoires dont eût rougi la femme la moins susceptible, et que son cynisme, dans ce nouveau vice ajouté à tous les autres, donnait le dernier coup au cœur de son mari.

Je me demande même si dans tous les entraînements que son tempérament lui fait subir, il n'y a pas un grain de folie et si elle n'est pas autant à plaindre qu'à blâmer. Elle part comme une folle, sans passeport ; si c'était à l'instigation de M. Hébert qu'elle fût allée tenter le sort, est-ce que dans son positivisme, il n'eût pas veillé à ce qu'elle fût en règle sous tous les rapports ? Est-ce que chaque année, avec l'enseignement de la déception, il eût fait la même école, car c'est toujours à la perte que sa passion du jeu la conduit, témoin cette dernière lettre :

« Baden, 21 août 1858.

» Mon cher ami,

» Je suis ici sans un sou depuis huit jours et j'ai grande hâte de retourner à Paris, surtout pour Mary qui est au lit depuis trois jours ; il y a une épidémie sur les enfants, et le médecin me dit de l'emmener de suite. *Envoie-moi mille francs, car je dois* 300 *francs à la maîtresse de logement qui ne me laissera pas partir sans cela*, et je reviens m'établir à Breux avec le reste ; j'ai de l'argent à recevoir le 20 septembre, mais à Paris ; nous arrangerons nos affaires en conséquence.

» Je suis très inquiète.

» Toute à toi,   M. Hébert. »

Son mari lui avait signifié que ses représentations contre l'entraînement du jeu étant vaines, elle eût à bien prendre garde à elle, parce qu'il était décidé, quoi qu'il arrivât, à ne pas lui envoyer de supplément à la somme qu'il lui donnait en partant pour son entretien et ses menus plaisirs, ainsi que pour ceux de sa fille. C'est alors qu'ayant tout perdu, sans argent pour revenir, et sous le coup de dettes, elle prend le prétexte de la soi-disant maladie de sa fille pour, à défaut du mari, attendrir le père, et celui-ci envoie les mille francs. Elle a si peur de ne pas les obtenir qu'elle assure devoir les rendre sur de l'argent qu'elle a à toucher à Paris. Veut-on savoir quelles sont ces ressources ? Ce sont des parts d'associations de jeu que lui devaient des femmes, légères comme elle, qu'elle avait fait entrer dans ses calculs prétendus infaillibles et pour le compte de qui elle jouait, *tam proprio quàm mandatorio nomine.* Elle avait une société en participation avec des écervelées de sa sorte, et non, comme on l'a prétendu, avec son mari, qui, s'il avait eu l'idée de tenter ces chances de la roulette, s'en fût acquitté personnellement sans s'en remettre à sa femme, dont il connaissait trop bien l'irréflexion.

Il n'a jamais cherché à pousser sa femme plus au jeu qu'au libertinage ; qui oserait le soutenir devant la lettre qu'il lui écrivait en 1857 à Hombourg, lettre qui résume le genre de conseils qu'il lui donnait et qui peint si tristement l'état d'ulcération de son âme vis-à-vis des débordements de tous genres de madame Hébert :

« Paris, le 22 mars 1857.

» Ma chère amie,

» Je vois sans peine que tes rêves sont un peu calmés, et que ta raison trop grandement altérée revient tranquillement à la réalité. Si le jeu *pouvait te corriger et te ramener à la vie ordinaire,* nous y gagnerions tous, mais il ne faut pas trop tôt nous réjouir, le temps des déceptions est encore trop éloigné pour ta pauvre tête. Il faut que tu passes six mois à ronger ton existence avec le même espoir, et quand tu seras bien fatiguée et bien usée, tu feras comme l'enfant prodigue, tu reviendras au bercail avec la conviction peut-être qu'il est *impossible de gagner dans tous ces tripots où une femme qui se respecte ne devrait jamais mettre les pieds pour son honneur et celui de sa famille.* Mais assez là-dessus, je t'ai déjà dit tout ce que j'avais à te dire, *cela n'a rien pu changer à ta résolution,* il est donc inutile de revenir là-dessus.

» Tout à toi,   V. Hébert. »

Cette lettre n'a pas besoin de commentaire ; mieux que toutes les paroles, elle donne une idée du drame intérieur qui s'est joué entre les deux époux. Extravagance sans nom d'un côté, conseils superflus et résignation de l'autre côté. Oh non ! les conseils n'ont pas manqué, la protection non plus, quoi qu'en ait dit mon confrère ; mais à l'impossible nul n'est tenu. Retenez donc l'avalanche qui de la cîme neigeuse se précipite sur la vallée, entraînant,

broyant, ensevelissant tout sur son passage ! Les passions de madame Hébert
sont comme les eaux du torrent qu'on croit aux époques calmes avoir endi-
guées, et qui, aux jours d'orage, grossies par la pluie, fouettées par le vent,
roulant avec fracas dans les gorges serrées de leurs âpres montagnes, débor-
dent et courent en soubresauts humides porter au loin la dévastation. Ainsi
ces passions, à l'âge des tempêtes, sous le souffle des désirs, sous l'averse des
impatiences, à travers les éclairs incandescents d'une imagination pervertie,
rompent tout frein ; et sourdes à la voix de la raison ou de la prière, empor-
tent comme le coursier de Mazeppa leur victime dans les steppes du vice
jusqu'à ce qu'il n'y ait plus qu'un cadavre !

Parlerai-je de cette autre accusation forgée contre mon client, d'avoir entre-
tenu un commerce soutenu avec des bonnes, d'avoir communiqué à notre
adversaire ce que la vengeance d'une femme donna, dit-on, à François Iᵉʳ ?

Le silence est ce qui convient le mieux devant des allégations mensongères.
Je me contenterai seulement, pour en montrer le peu de consistance, de narrer le moyen employé par madame Hébert pour se donner un droit de représailles contre son mari.

Elle avait introduit chez elle comme couturière une fille équivoque, avec
mission de se conduire avec M. Hébert comme madame Putiphar avait fait
avec Joseph. M. Hébert sortit de la tentation avec le même honneur, et la
couturière fut par lui congédiée avec un léger secours compensateur de la
perte de sa place ; mais elle ne se tint pas pour battue ; elle s'attache dès lors
aux pas de mon client, et un jour qu'elle l'accoste passage Jouffroy, alors
qu'un moment de désœuvrement et d'anesthésie morale le rendait plus mal-
léable, elle le détermine à venir voir le petit logement qu'elle s'est meublé
avec son aumône, et une fois là, l'esprit est fort, mais la chair est faible, elle
le décide à partager sa couche. Au même moment, madame Hébert, déguisée
en reine de tragédie, fait irruption le poignard à la main, la menace à la
bouche, hurlant ses imprécations pour ameuter les gens de la maison ; cela
fait, laissant choir l'arme, elle fut comme une vierge outragée. Il en coûta
40 francs pour faire rendre le poignard au concierge, qui s'en était emparé
comme de pièce à conviction, et l'empêcher de porter plainte.

Le tribunal est assez édifié sur l'idiosyncrasie morale des deux époux ; il a
assez vu de quel côté a été l'exploitation ; il a assez apprécié l'inanité des articulations de notre adversaire pour qu'il n'en reste plus trace et pour que je
puisse passer aux nôtres, à l'adultère de la femme.

Le tribunal verra si par les lettres dont je vais lui donner connaissance,
adressées à madame Hébert par son amant en titre, le marquis de L...,
M. Hébert n'est pas absous de tout reproche de complicité à propos de la
conduite dépravée de sa femme ; il verra si l'on peut admettre, autorisée par le
mari, une liaison où règnent les cachoteries, les ponts-levis, les rendez-vous
dans des petites maisons mystérieuses, car s'il avait tenu la chandelle, disons
le mot, c'est ce qu'on lui reproche, il eût tenu à ce que le toit conjugal abritât
l'immoralité pour parer au scandale et sauver par sa personnalité les apparences.

Loin de là ! Quand une domestique lui dévoile les intrigues de sa femme
avec le marquis de L..., il court lui faire une scène affreuse, au point que ce
dernier, tenant à se disculper par un coup d'audace, lui fait promettre qu'il

le recevra en rendez-vous chez lui devant madame Hébert pour que la justification soit claire et complète. Ce pourquoi M. Hébert, de retour au logis, fait passer à sa femme un mot qui l'avertit que le marquis désire l'entretenir le lendemain. C'est ce billet dont on s'est fait un argument pour établir que M. Hébert était le mercure galant des amants de madame vis-à-vis d'elle. Voici comme, en faisant abstraction des circonstances, on arrive à dénaturer la vérité.

Mais voyons les lettres :

M. LE PRÉSIDENT. — Passez-en la lecture et arrivez à la demande de pension alimentaire.

Mᵉ VELLAUD. — Je prie seulement le tribunal de me permettre une courte réfutation, ou plutôt une simple explication des deux fameuses lettres avec lesquelles on a cru nous terrasser.

Car ces lettres ne sont que les pensées malades qu'une âme ulcérée fournit à l'esprit et que la plume traduit sous une forme désolée.

Faut-il s'étonner que l'homme qui a passé par le laminoir de telles afflictions (quoique fort par sa nature primitive contre la douleur dans l'intérêt de ses enfants et de son propre cœur), n'ait pas toujours envisagé avec sérénité sa calamiteuse position, et que si, un jour, il écrivait la lettre de morale que vous savez, un autre jour, pris de découragement, il se soit laissé aller à des jets d'une terrible ironie, à cette amertume shakspearienne qui, sous l'apparence du rire de la forme, cèle l'angoisse poignante de la blessure.

Mon confrère vous a donné lecture de ces deux lettres, qu'il vous a livrées, a-t-il dit, sans commentaire. Celui-ci en effet était dangereux pour sa cause et tout à la justification du mari.

Permettez-moi de l'essayer à vol d'oiseau.

Vous remarquerez d'abord que les phrases qu'il a stigmatisées ne peuvent s'isoler du corps de la lettre. C'est un principe de bon sens qui se retrouve posé en droit pour les conventions, alors que l'article 1161 du Code Napoléon édicte : « Toutes les clauses des conventions s'interprètent les unes par » les autres, en donnant à chacune le sens qui résulte de l'acte entier. »

Comment donc vouloir que lorsque ces phrases amphibologiques sont enchâssées dans des préceptes de morale elles aient un autre sens que celui de la plainte d'un cœur blessé qui s'exhale sous la forme ironique, symptôme d'une grande douleur ?

Cet avertissement suffit pour qu'à la simple lecture on se rende compte de la véracité de ce que j'avance.

On en sera encore bien plus persuadé quand on aura le mot de l'énigme et que l'on saura que chacune des phrases incriminées a trait, non à une excitation à l'inconduite sous forme de plaisanterie prépostère, mais à un reproche d'analogie pour des actes similaires, dont le souvenir ravivé par les missives inconséquentes de la femme fait le sang brûlant comme du plomb fondu dans les veines du mari, volcanise son cœur, dont la lave de désespoir s'épanche sur le papier en mots terribles et significatifs.

Voyez plutôt.

Il répond à une lettre de sa femme, du 14 juillet ; il n'est pas étonné de ses désappointements (désappointements de jeu), et il lui dit que lorsqu'on est

« aussi belle qu'elle on doit toujours triompher des difficultés. » C'est une
allusion à ses échappées amoureuses qui n'ont jamais connu d'obstacles et qui
ont brisé sa vie. Mais laissons ce chapitre de côté, ajoute-t-il de l'air d'un
homme qui refoule sa douleur, sachant qu'il n'y a pas de remède, et il l'entretient de détails de famille. « Jamais je ne les ai vus plus aimables, écrit-il
» parlant de ses enfants ; on aurait dit que ces pauvres petits sentaient le
» besoin de se rapprocher de moi ; que ton absence était un malheur pour
» eux ; mes caresses leur ont fait oublier tout ; pauvres enfants, ta faute ne les
» atteindra pas, je l'espère. » Quoi de plus attendrissant dans sa simplicité que
cette exclamation toute paternelle ; est-ce que l'homme qui se montre père de
cette façon pourrait être le mari qu'on dit qu'il est? et, tout dégradé qu'il
serait, le serait-il assez pour oser pousser à la lubricité intéressée au moment
où il ouvre si paternellement son âme à l'expansion filiale? Il y a de ces
superstitions dont on n'est pas le maître, et je ne crois pas qu'il y ait un être
assez hypocritement osé pour blasphêmer de tels sentiments.

Voyez plutôt l'antithèse ; la vue de ces pauvres enfants lui fait sentir
plus durement la perte de leur mère, et il l'écrit d'une façon indirecte. Il
poursuit : « Reste donc à Baden, je compte aller t'y rejoindre la semaine
» prochaine, afin de sauvegarder ton honneur ; un jour tu me tiendras peut-
» être compte de cette démarche, qui est encore de ma part une chose que
» je ne devrais pas faire ; mais j'ai égard à tes bonnes intentions, et je te
» satisfais comme autrefois, mais non avec le même cœur. »

Voyez cette abnégation. Sa femme lui écrit qu'on la méprise à Baden,
qu'on la prend pour une fille, qu'on ne veut pas croire qu'elle est mariée, ce
qui n'est pas étonnant avec la vie qu'elle menait. Elle appelle son mari pour
donner un démenti à l'opinion, et lui, promet ce sacrifice, quoiqu'il n'aille
plus avec le même cœur qu'autrefois au-devant de ses vœux.

« J'espère, dit-il, te trouver en reine wurtembergeoise ; ce sera du chan-
» gement avec Saint-Valery, où tu étais en paysanne bretonne. » Sa femme
lui a écrit que le roi de Wurtemberg était à Bade ; connaissant la vanité
de sa femme, il ne doute pas qu'elle cherchera à se faire remarquer et il
fait allusion à un fait dont j'ai déjà parlé et dont la blessure qu'il en a reçue
saigne encore ; est-ce à dire pour cela qu'il exhorte sa femme à s'efforcer de
s'attirer les faveurs du roi ; faut-il l'induire de ce qu'il ajoute : « Je souhaite
» que ce costume de reine t'aille aussi bien, et que ton roi me fasse tout...
» pourvu que je sois son ministre des finances. » Mais la métaphore
continue ironiquement ; c'est comme lorsqu'il a dit précédemment : « Je
» verrai Baden-Baden et tout ce qu'il renferme d'amoureux. » Il sait les
penchants galants irréfrénables de sa femme ; il raisonne par induction, c'est
une occasion d'épancher sa bile pour ce qu'il a souffert, et sa dignité ne per-
mettant pas qu'il se plaigne sérieusement d'un état de choses si ancien et
auquel il n'a jamais rien pu changer, il profite de l'occurrence pour poser
au futur ou au conditionnel ce que son cœur redoute si fort. Interrogeons-
nous? Nous aimons à jouer chacun avec notre douleur, et ce que nous
craignons le plus, nous nous le donnons comme certain, ne serait-ce que
pour amener un doute. Puis la douleur s'use par sa violence même, et
c'est un instinct de régénérescence qui nous pousse à nous outrer ce qui

nous peine, à nous en nourrir à chaque instant pour le consommer plus vite.

Il faut convenir que cette malheureuse phrase : « Qu'il me fasse tout » pourvu que je sois son ministre des finances, » vient à point pour colorer les insinuations adverses, si elle n'a même été l'occasion de leur invention. Mon client a en vue ici les dépenses insensées de sa femme ; la traduction de sa pensée est qu'à un tonneau des Danaïdes comme celle-ci il ne faudrait rien moins que le trésor d'un roi pour lui suffire, et que s'il était ministre des finances, sa caisse, mieux remplie, se ressentirait moins des brèches qu'elle y a faites.

Puis complétez la phrase par ce qui suit : « Je pense que c'est là ton désir, » car sans cela je vaux, sans me flatter, encore mieux pour toi que tous les « rois et princes de la terre. » Quelle satire plus vraie du mobile qui emporte la malheureuse femme ; ce n'est pas le sentiment qui la fait voler d'amants en amants, mais la dissipation, le besoin du luxe et des fêtes. Ce ne doit être que pour l'argent que tu recherches un roi, lui dit-il, autrement ne vaux-je pas mieux que qui que ce soit. Dernier cri du cœur blessé.

Voyez la douleur qui suinte par chaque mot et la continuation de l'ironie : « Si le roi ne te trouve pas gentille, tu vas te ruiner ; fais ce qu'il te plaira » avec lui ; un roi doit être privilégié et l'on ne doit pas être jaloux, surtout » s'il a la goutte. » La vertu de sa femme ne peut plus le préoccuper ; c'est un fruit qui a été mordu par tant de monde ! Ce qui le préoccupe avec raison, ce sont les dettes qu'elle lui fait ; il y a là un rappel indirect à l'économie.

C'est pour cela qu'il lui dit : « Je voudrais que tu trouves un millionnaire » qui mette un peu d'ordre à tes finances. » C'est là un de ces souhaits comme on en fait tant sous l'empire de la colère, du désespoir, de la haine, de la jalousie, etc..., qui indiquent l'état maladif de l'âme, mais dont on est loin de souhaiter la réalisation.

Il a vu en rêve un grand personnage qui reconduisait sa femme ; elle lui dira s'il se rapporte à celui qui l'a accompagné au jeu. Il revient toujours à sa même marotte ; il en parle trop pour qu'il n'y trouve pas un charme de désespoir. Comprenez-vous maintenant ? Et tout cela précédé, suivi de regrets, de reproches, de morale, mais qui ne se déguisent plus sous le voile de l'ironie comme lorsqu'il souhaite pour sa femme et sa famille qu'elle n'eût jamais pêché, qu'il lui fait envisager l'avenir qu'elle se prépare, et qu'il l'assure que ce qu'il lui dit d'amer tient à ce qu'il est malheureux de lui voir faire pareil métier. Cette dernière pensée, par son amertume même, ravive la blessure comme du vinaigre versé dessus. Il finit par une nouvelle métaphore, qui, si elle pouvait s'expliquer, montrerait jusqu'où est descendue cette femme et ce que son mari a eu à supporter d'humiliations.

Dans la seconde lettre il commence encore par un narré de détails domestiques, et il s'interrompt au moment où il va lui parler de ses affaires, oubliant qu'elle ne connaît que le plaisir, toujours le coup de patte significatif, car elle ne lui écrit pas, et cependant le temps ne l'en empêche pas, puisqu'elle *doit être seule la journée.* Il plaide le faux pour savoir le vrai. Il plaisante ensuite sur ses illusions de jeu et finit par se plaisanter lui-même, le pauvre homme, disant que comme elle doit être ravissante dans les salons de Baden, il ne lui manque plus que son mari pour satisfaire son orgueil et abaisser le sien. Je crois bien, on la prenait pour une fille ; enfin, il lui fait ce dernier sacrifice, et, continuant la plaisanterie sur ses gains chimériques, il se loue de n'avoir pas à lui porter des espèces, mais bien à l'aider à rapporter ce qu'elle gagnera ; aussi la prie-t-il de ne pas lui donner de déceptions ; car il a peur, comme toujours, d'avoir tenu la chandelle et fourni les moyens de jeu et d'en être pour ses frais.

Et comme c'est plus fort que lui, il revient où le bât le blesse, aux promesses amoureuses qu'il suppose lui être familières et qui ne vaut pas celui qu'elle a si indignement trompé.

C'est alors qu'il parle de son cœur déchiré, de son avenir détruit, de la terre vide pour lui, du déshonneur, de ses repentirs tardifs, de l'avenir des enfants qu'il a entre les mains, seule cause de sa tolérance à son égard. Il en est réduit à souhaiter, pour éviter la ruine, que ses amants lui suffisent assez pour éviter toute déprédation dans la caisse sociale.

Est-il possible, après examen de ces lettres, d'y voir les mauvais conseils que vous savez ? Y a-t-il autre chose que la plainte d'un cœur blessé, qui va de la forme sérieuse à la forme ironique, comme le moribond qui ne sait quelle position prendre sur son lit de douleurs ?

C'est ainsi que le roi Lear anathématise. C'est ainsi qu'Hamlet fronde le crime et l'adultère. C'est ainsi que Triboulet joue avec sa rage.

Ah ! quelle amère philosophie sertie dans ces phrases terribles et significatives ! c'est un sanglot échappé au cœur trop plein qui se tord comme une grimace convulsive ; c'est un cilice d'occasion et de désespérance dont les pointes de fer ont encore du charme dans leurs meurtrissures.

Voilà où en arrivent ceux qu'une nature prime-sautière, sauvage peut-être, mais loyalement naïve, laisse sans défense vis-à-vis des séductions de ces jeunes sirènes en quête du mari qu'elles doivent circonvenir, et qui galopent à sa poursuite comme feu les Argonautes à la recherche de la toison d'or.

Chacun sait l'histoire de la fille sans le sou, appareillée de salon en salon par une mère ou une tante qui chante ses qualités sur toute une gamme.

La fille sans le sou, qui cache à l'ombre d'une retenue affectée une sentimentalité provoquante, dont le regard voilé par les franges noires ou blondes de ses cils, lance sournoisement le piquant du désir.

Que d'artifices déploie cette petite masque à l'air si niaisement pudibond !

Avec quelle angéliquité cette jolie poupée, façonnée d'avance, gazouille la romance du jour, promène l'effilé de ses doigts sur un clavier, s'affaisse sur le bras du valseur !

Avec quelle naïveté étudiée cette vestale à l'enchère répond aux questions les plus insidieuses ! Avec quelle confiance (qui subodorant l'ignorance du danger, repousse censément toute science du mal) elle se promène dans les sites solitaires avec l'imbécile qui a donné dans le piége, et qui, croyant avoir à s'imputer seul le déshonneur de sa prétendue victime, se figure être dans l'obligation, surtout avec sa position de fortune, de réhabiliter la vertu compromise !

Quelle est la conclusion à tirer de ces faits?

D'un côté, l'homme intègre, fils de ses œuvres, épousant malgré le manége répulsif des parents, malgré la perte du seul bien que possédait la jeune fille, parce qu'il croit avoir trouvé *mens blanda in corpore blando*, traitant sa femme en nabab, malgré les escroqueries conjugales, lui qui ne l'aurait prise que comme moule à monnaie, jetant sur ses blessures morales l'huile de l'espérance, attendant tout du temps, ayant encore la force de moraliser celle qui le fait damner, ne traduisant ses peines incommensurables que par des éclats d'ironie.

D'un autre côté, une jeune fille dressée par ses parents à lancer le lasso d'amour, jetant sa virginité en appât du mariage; femme, abdiquant toute pudeur au point de compter ses amants par ses caprices, faisant sa société de femmes galantes, qui en viendront jusqu'à dire qu'elle leur fait du tort; hantant les tripots, semant les dettes sur son passage, volant son mari, fabriquant des faux, et couronnant son œuvre de dérèglement et de scandale par la plus odieuse et la plus impossible des accusations.

Tenez, voulez-vous la clef de ce procès; elle est dans la demande en pension alimentaire de 12,000 francs par an! Madame Hébert a entendu dire que cette pension était en proportion de la fortune du mari (elle la croit très grande) et des besoins de l'impétrante (on sait si ses besoins sont immenses): de là son échafaudage d'accusations pour arriver à 12,000 francs de pension alimentaire; elle a seulement oublié que, lorsque la séparation était prononcée contre la femme, le tribunal se gardait bien de donner une prime à la débauche.

La situation pécuniaire de mon client n'est pas aussi prospère que veut bien le dire sa femme, se fondant pour le prétendre sur un chiffon de papier dérobé par elle en 1850, et qui semble un projet d'inventaire.

M. Hébert n'est guère plus avancé aujourd'hui qu'à l'époque de son mariage, en ce qui touche sa fortune, grâce aux dilapidations de madame, qui lui a mangé plus de 150,000 francs et l'a empêché d'en gagner autant par suite des tribulations qu'elle lui a apportées.

Avec un moulin, une petite maison de campagne, une autre maison en Amérique et son fonds de commerce, il n'arrive pas à un capital plus fort que 160,000 francs.

Le tribunal voit donc qu'en supposant qu'il puisse se faire un revenu de 10,000 francs, il ne peut offrir à sa femme plus de 1,500 francs de pension, puisqu'il a à élever quatre enfants qu'il demande à garder et qu'il désire faire quelques économies en vue de leur avenir.

Quant à la provision, elle se l'est fournie en emportant du domicile marital 29,000 francs au moins de bijoux, dentelles, objets de luxe, qu'elle a vendus ou déposés au Mont-de-Piété, et dont elle ne peut avoir sitôt dissipé le prix.

Marie Hébert, soyez-en persuadés, ne tient pas plus à gagner qu'à perdre son procès; elle ne tient qu'à sa pension, que le tribunal lui mesurera avec une juste économie.

Votre décision, messieurs, ne sera pas douteuse, entre la femme adultère qui se retranche derrière le vague d'une accusation incroyable, pour, sous le prétexte d'une séparation de corps, arriver à une pension alimentaire qu'elle espère en vain aussi forte ?

Et entre l'honnête homme, qui n'est descendu qu'à contre-cœur dans l'arène judiciaire, et qui espère de vous une décision, qui, toute victorieuse qu'elle soit, ne fera cependant qu'ajouter au chapelet de ses douleurs.

CONCLUSIONS DE M. L'AVOCAT IMPÉRIAL
SALLANTIN.

Messieurs,

Ce n'est pas sans un sentiment de tristesse que nous venons d'assister aux débats de ce procès. Dans ces déplorables affaires de séparation de corps, qui depuis quelque temps sont devenues si fréquentes, nous voyons se dérouler devant nous bien des drames intimes, bien des romans qui ne sont que trop réels, et qui montrent à nu tous les vices et toute la corruption du cœur humain. Que de faiblesses, que de misères, que d'actions honteuses nous sont révélées ! Quel acharnement les deux époux, unis à jamais par la loi civile et par la loi de Dieu, mettent en général à se déchirer et à se flétrir mutuellement ! Ce procès cependant dépasse tous les autres en scandale, et rarement, disons-le à l'honneur de notre société, quelque corrompue qu'elle soit, nous avons eu à entendre des faits semblables à ceux qui motivent la double demande en séparation de corps dont vous êtes saisis.

Madame Hébert, qui la première a formé la demande, s'est mariée il y a quatorze ans environ. Elle épousait un homme qui avait le double de son âge, qu'elle connaissait à peine, car il avait passé sa vie presque entière en Amérique ; mais cet homme était riche, il était à la tête d'une maison de commission de librairie importante : cela suffisait. Comment avait-il vécu jusque-là ? Quelles étaient ses mœurs ? ses habitudes ? Quelle avait été sa conduite privée ? Nul ne le savait, et la famille de Marie Guibert ne paraissait guère s'en préoccuper ; leur fille était sans fortune ; c'était aux yeux du monde un mariage inespéré ; le mariage se fit donc sans nul souci du passé ni de l'avenir.

Madame Hébert était jeune et inexpérimentée ; elle avait grand besoin que son mari lui servît de guide dans le monde où il allait l'introduire. Or, s'il faut l'en croire, c'est le contraire qui arriva. Son mari, peu soucieux de son honneur, ne cherchait qu'une chose, une vie de luxe et de plaisir ; et comme sa fortune ne suffisait pas à ses goûts ruineux, il voulut que la beauté de sa femme y pourvût. Madame Hébert a donc mené la conduite la plus scandaleuse sous les yeux mêmes de son mari. Celui-ci savait tout ; il connaissait toutes ses intrigues, toutes ses liaisons adultères, et il voulait qu'il en fût ainsi. D'ailleurs, il avait un train de prince, maison de ville, maison de campagne, chevaux, voitures, domestiques nombreux. Bien entendu il ne subvenait pas à ces folles dépenses dont il profitait, et il a vécu ainsi pendant près de treize ans sans que la rougeur lui montât au visage. Ce n'est pas tout ; il ne s'est pas contenté que sa femme puisât à pleines mains dans la bourse de ses adorateurs. Cette femme, il en a fait une joueuse, fréquentant les maisons de jeu, courant seule à Bade et à Hombourg, et demandant au 30 et 40 le moyen de satisfaire la cupidité de son mari.

Mais les années sont venues et madame Hébert a vu diminuer le nombre de ses amants. Alors, pour la première fois, le mari s'est plaint ; il a reproché à sa femme son honneur perdu et l'a accablée d'injures et d'outrages ; il l'a laissée sans argent, sans ressources, et elle s'est vue contrainte, pour pouvoir vivre, de demander la protection de la justice.

Voilà les faits qu'expose madame Hébert. Nous devons les examiner rapidement sans suivre, M. Hébert dans toutes les singulières aventures qu'il a cru devoir rassembler à l'appui de sa demande reconventionnelle. Avons-nous besoin, en effet, de rechercher dans quelles circonstances les deux époux se sont connus, si ce mariage n'était qu'une réparation tardive ou le résultat d'une intrigue habilement ourdie. Non, nous laisserons M. Hébert raconter à sa manière, comment, à quarante ans, il est tombé dans le piége que lui tendait une jeune fille de dix-neuf ans ; nous lui abandonnerons le triste privilége de déshonorer et de flétrir cette jeune fille qu'il s'est donnée pour compagne, et qu'il a la prétention d'avoir aimée. Singulier amour en vérité, qui a besoin d'avoir le public pour confident ! Pourquoi ce scandale et à quoi bon soulever le voile du passé ? Les faits présents ne lui suffisaient-ils pas ? Ne trouvait-il pas assez de sujets de plainte dans les événements qui ont suivi son mariage sans aller révéler les turpitudes d'autrefois ? Laissons donc de côté ces faits dont la preuve serait inutile, alors même qu'elle serait possible, et arrivons à ceux qui ressortent de la correspondance des deux époux.

Vous venez d'entendre la lecture de plusieurs de ces lettres ; je ne les relirai pas pour ne pas abuser de votre attention ; mais je ne puis taire l'impression que j'en ai ressentie. Eh quoi ! c'est un mari qui a écrit ces deux lettres du 10 et du 14 juillet 1855 ! C'est un mari qui donne à sa femme de pareils conseils ! « Quand on est aussi belle que toi, on doit toujours triompher des dif- » ficultés... Où en es-tu de tes frais de toilette ? N'as-tu pas mis la main sur « quelques-uns de ces amoureux qui promènent à Baden-Baden leurs loi- » sirs ?.. Je ne m'en plaindrai pas, pourvu qu'il soit millionnaire et qu'il réta- » blisse un peu d'ordre dans tes affaires... Qui sait ? Peut-être te trouverai-je » en reine wurtembergeoise... Je souhaite qu'il en soit ainsi, et que ton roi » me fasse tout, pourvu que je sois son ministre des finances. »

Plaisanteries, dit-on, plaisanteries d'un mari qui prend son malheur en patience. En vérité, ce sont là de tristes plaisanteries. Ah ! s'il haïssait les désordres de cette femme, s'il les détestait comme un honnête homme doit le faire ; s'il était ému ou troublé de son déshonneur, il n'écrirait pas de semblables choses et il trouverait dans son cœur un autre langage. Pourquoi donc, s'il souffre de l'inconduite de sa femme, pourquoi fait-il tant d'efforts pour l'enfoncer plus avant dans l'abîme où elle est tombée ? Pourquoi lui donne-t-il ces odieux conseils qui soulèvent l'indignation et le dégoût ? Pourquoi tolère-t-il que cette jeune femme, dont il connaît la légèreté et les fautes passées, coure seule de ville en ville au milieu d'un monde corrompu, étalant sa beauté dans les maisons de jeux et menant partout la vie la plus équivoque ? Pourquoi une telle imprudence ? Hélas ! c'est qu'il profite lui-même de ces honteux désordres ; sa femme lui écrit qu'elle ne réussit qu'à demi parce qu'elle est seule et qu'on la prend pour une femme perdue. Il court à Baden ; est-ce pour la ramener ? Non ; pour lui prêter complaisamment son appui et les moyens de séduire plus sûrement quelque millionnaire désœuvré ? Non. La conduite de cet homme est infâme, et quoi qu'il dise, quels que soient ses efforts pour dégrader sa trop facile compagne, il ne pourra effacer la tache qui résulte pour lui de ces lettres odieuses. Ces lettres, depuis la première ligne jusqu'à la dernière, montrent jusqu'à l'évidence qu'il connaissait les égarements de sa femme, qu'il y prêtait les mains, qu'il l'excitait dans ses débordements ; elles expliquent et commentent cet autre billet par lequel il lui annonçait complaisamment le retour de l'un de ses adorateurs, indiquant lui-même l'heure à laquelle le marquis de M... viendrait la trouver. Aussi, quand madame Hébert vient dire que son mari partageait le produit de son immoralité, profitant d'un bien-être et d'un luxe honteux que d'autres payaient, nous le croyons aisément sans qu'elle ait besoin de nous donner d'autres preuves.

Que répond M. Hébert à ces faits si accablants ? On dit en son nom que l'accusation dirigée contre lui est fausse parce qu'elle est ridicule. Sans doute les faits dont se plaint madame Hébert sont monstrueux. Mais ces faits sont-ils imaginaires ? Est-ce une articulation en l'air ? M. Hébert se charge lui-même d'en faire la preuve ; il a perdu le sens moral à un tel point qu'il ne paraît ni étonné ni troublé lorsqu'il écrit les lettres que vous connaissez. Qu'importe sa vie passée, qu'importent les vicissitudes de sa jeunesse, qu'importe qu'il ait conquis par le travail une position indépendante. Ce qui est certain, c'est que depuis son mariage il a foulé aux pieds le sentiment d'honneur le plus cher au cœur de l'homme, et qu'il a tout sacrifié à une passion démesurée de luxe et d'argent.

Aussi, quand il vient raconter les débordements de sa femme ; quand il vient parler de son indigne conduite, de ses dépenses insensées, nous sommes en droit de lui imposer silence et de lui dire : De quoi vous plaignez-vous ? Vous avez voulu qu'il en fût ainsi ; vous avez perdu le droit de l'accuser et de la maudire, car elle n'a fait que suivre vos détestables conseils.

Mais est-ce à dire que cette femme doive sortir de ce débat la tête haute ? Non, l'ignominie de son mari ne l'absout pas. En vain, elle chercherait une excuse dans la faiblesse de celui-ci ; en vain elle oserait prétendre qu'elle n'a fait que céder à ses conseils et à ses suggestions. Mauvaise excuse que celle-là. Si madame Hébert avait eu les sentiments d'une honnête femme ; si elle avait eu au fond du cœur la moindre vertu, elle aurait repoussé avec indignation de semblables conseils. Combien il lui eût été facile de faire comprendre à son mari l'infamie de sa conduite ! Quelle autorité elle aurait prise sur son esprit ! Non, encore une fois, l'ignominie de celui-ci n'excuse pas sa faute. Si elle a cédé, c'est qu'elle l'a voulu ; si elle s'est précipitée dans cette vie de désordres, c'est que cette vie convenait à ses goûts ; il lui a plu de briller dans ce monde équivoque, de trôner au milieu de ces femmes perdues qui ont sacrifié toute pudeur ; elle a voulu avoir un salon à la mode, être entourée de complaisants et d'adorateurs, vivre dans le luxe et l'opulence ; et elle a eu tout cela au prix de son honneur dont elle a fait elle-même bon marché. Ah ! si elle ne trouvait pas dans son mari l'appui qu'elle était en droit d'attendre, ne devait-elle pas puiser sa force en elle-même, dans sa conscience, qui lui donnait le sentiment du bien et du mal ; ne devait-elle pas demander à Dieu de lui donner la fermeté qui lui manquait ; enfin, si l'idée de Dieu même avait disparu de son cœur ; si tout sentiment religieux s'était éteint au fond de son âme, n'avait-elle pas auprès d'elle de jeunes enfants dont l'innocence et la pureté la rappelaient impérieusement à ses devoirs ? Pauvres enfants ! quels exemples elle leur a donnés ! N'emmenait-elle pas l'un d'eux dans ce malheureux voyage de Bade, pour être témoin de ses déréglements et de ses désordres ! Quel avenir les attend entre ce père si hautement corrompu et cette mère qui a oublié les devoirs les plus saints ! Je ne puis m'empêcher de les plaindre en pensant que c'est sur eux que retombe si cruellement la faute de leurs indignes parents. Quant à madame Hébert, qu'elle cesse de se poser en victime, car elle n'est digne ni d'intérêt ni de pitié ; qu'elle ne rejette pas sur son mari la responsabilité de sa chute ; les deux époux sont dignes l'un de l'autre ; aussi, en présence de faits semblables, nous pensons que le tribunal doit les flétrir l'un et l'autre en prononçant contre tous les deux la séparation de corps que chacun veut obtenir à son profit.

JUGEMENT.

Conformément aux conclusions de M. le substitut du procureur impérial, le tribunal prononce la séparation contre les deux époux, dit qu'il n'y a lieu de statuer sur la provision demandée, fixe à 3000 francs la pension à payer par M. Hébert à sa femme jusqu'à l'issue des opérations de la liquidation, et ordonne que trois des enfants seront placés en pension, et que le dernier sera, à cause de son âge, laissé à madame Hébert.

TRIBUNAL CIVIL DU HAVRE.

Audience du 5 mai 1859.

MLLE MARIE LEROUX

CONTRE

M. LE MAIRE ET M. LE DIRECTEUR DU THÉATRE DU HAVRE.

Demande en dommages-intérêts
pour inexécution d'engagement (1).

Mademoiselle Marie Leroux, après avoir paru sur plusieurs scènes de la capitale, a donné au commencement de l'année 1858 des représentations au théâtre du Havre. A la suite de ces représentations, dans lesquelles le public l'accueillit avec faveur, elle contracta avec le directeur un engagement qui, partant du mois de juin 1858, devait avoir une durée d'une année. Mais avant que cet engagement devînt définitif, elle dut se soumettre aux trois débuts qui, dans les départements, sont imposés aux artistes dramatiques. Ces débuts sont destinés à permettre au public d'apprécier le mérite de l'artiste qui se présente à son jugement et de manifester son approbation ou sa désapprobation. Après cette épreuve l'autorité décide, suivant les cas, que l'artiste est ou n'est pas admis à continuer à paraître sur le théâtre.

Dans l'affaire actuelle M. le commissaire de police prononça, malgré quelques signes de mécontentement, et obéissant selon lui au vœu de la majorité, l'admission de mademoiselle Marie Leroux. Celle-ci continua ses représentations. A la suite de troubles survenus

---

(1) Nous devons à l'obligeance de notre ancien collègue, M. Émile Grosselin, la communication de ce procès, qu'il a recueilli avec une grande fidélité.

à celle du 13 juillet, M. le maire du Havre prit un arrêté enjoignant à mademoiselle Marie Leroux de n'avoir plus à paraître sur la scène du Havre. Cet arrêté fut plus tard cassé par un arrêté préfectoral.

Aujourd'hui mademoiselle Marie Leroux demande des dommages-intérêts à M. le maire du Havre et au directeur du théâtre pour le préjudice qui lui a été causé par l'arrêté lui interdisant la scène du Havre.

C'est M⁰ Jules FAVRE qui est chargé de présenter sa demande. Il est assisté de M⁰ BROCAS, avoué.

M⁰ TOUSSAINT, assisté de M⁰ BAZAN, avoué, se présente pour M. le maire du Havre.

M⁰ OUIZILLE, assisté de M⁰ LEMOYNE-BORY, avoué, se présente pour M. Plichon, directeur du théâtre du Havre.

Une assistance nombreuse se presse dans la salle d'audience, attirée par le talent toujours admiré de l'avocat qui doit porter la parole au nom de mademoiselle Marie Leroux.

Avant que l'affaire se plaide au fond, le tribunal est appelé à vider un incident. M⁰ Toussaint, se fondant sur l'article 75 de la constitution du 22 frimaire an VIII, qui porte qu'aucune action ne peut être dirigée contre les agents du gouvernement à l'occasion de l'exercice de leurs fonctions sans qu'on ait obtenu l'autorisation du conseil d'État, demande la mise hors de cause de M. le maire du Havre. Il dit que c'est là une mesure d'ordre public qui tient à la séparation des pouvoirs, et qu'il en résulte une exception péremptoire faisant tomber l'action elle-même et devant être jugée avant la question de fond.

M⁰ Jules Favre déclare s'en rapporter à la sagesse du tribunal.

Le tribunal statuant immédiatement prononce le jugement suivant :

« Le tribunal ,

» Vu l'article 75 de la constitution de l'an VIII, et attendu que tout agent du gouvernement ne peut être poursuivi qu'en vertu d'une autorisation du conseil d'État ; que le maire du Havre a été assigné en sa qualité de maire du Havre pour des faits relatifs à l'exercice de son administration ; que mademoiselle Leroux n'avait pas préalablement obtenu l'autorisation de poursuivre le maire du Havre devant le tribunal civil ; que depuis elle s'est pourvue au conseil d'État, mais que par une décision formelle l'autorisation lui a été refusée.

» Par ces motifs ,

» Le tribunal ordonne que le maire du Havre sortira de cause et de procès et condamne mademoiselle Leroux aux dépens. »

PLAIDOIRIE DE M° JULES FAVRE.

Messieurs,

Dans la cause qui m'amène à l'honneur de paraître à la barre du tribunal, j'ai l'inestimable et très rare avantage de défendre un intérêt sur le caractère duquel aucune contestation ne saurait s'élever ; de parler de faits dont toute cette ville a été le témoin, et dont, je puis le dire, la majorité des habitants a été le désapprobateur; de me placer à l'abri d'actes émanés de l'autorité supérieure qui ont qualifié, comme elle devait l'être, une éclatante violation du droit privé, et qui ont décidé que cette violation était d'une nature telle que ceux dont elle émanait, quels que fussent d'ailleurs et l'honorabilité de leur caractère et la pureté de leurs intentions, devaient être publiquement blâmés.

Je viens tirer des conséquences de ces faits irrécusables, et c'est le droit qui est l'arme dont je prétends me servir pour faire triompher la demande de mademoiselle Leroux. Le respect des contrats, la volonté ferme et nette d'en maintenir l'exécution, de les soustraire à la violence, à l'illégalité, à l'arbitraire, ce sont là des principes qu'il suffit de poser devant vous et qui n'ont pas besoin d'être développés ; car je ne sache pas qu'il se puisse rencontrer en France, et ici moins qu'ailleurs, des magistrats qui, cédant à une complaisance quelconque vis-à-vis de l'autorité, voudraient consacrer, au mépris de l'intérêt privé, une erreur dans laquelle cette autorité serait tombée. Tout se tient en matière de principes, et la solidarité qui les unit est telle, que sacrifier à la fantaisie municipale celui qui serait le moins digne d'intérêt, ce serait courber la société civile tout entière sous les fourches caudines du bon plaisir, que, grâce à Dieu, nos législateurs ont pour toujours renversées.

Aussi suis-je sans crainte, et, quelle que soit votre décision, ces grandes considérations derrière lesquelles je pourrais m'abriter, ne subiront aucune atteinte, mais elles sont si intimement liées au sort de cette poursuite, elles protègent si efficacement la cause de mademoiselle Leroux, qu'après cette simple observation et l'appel fait à cette notoriété qui déjà a pénétré vos consciences, je pourrais presque m'asseoir et m'en rapporter à votre sagesse.

Quel est, en effet, le terrain du débat ? Il est fort simple. Mademoiselle Leroux a un contrat signé de l'adversaire vis-à-vis duquel j'ai l'honneur de me trouver. Ce contrat a été brisé. Par quelle cause ? Nous le savons aujourd'hui ; par une faute. Je veux me servir de cette expression contenue. Est-ce que cette faute pourra dégager celui qui a mis sa signature au pied de la convention ? Est-ce qu'il y pourra puiser une excuse quelconque pour légitimer sa défaillance ? Est-ce qu'il a d'ailleurs accordé à mademoiselle Leroux, à sa propre parole, à son honneur engagé dans le contrat, la protection et le respect qu'il leur devait ? Non, et vous verrez tout à l'heure qu'il a fait, au contraire, tout ce qui était en lui pour que la violence prévalût sur le respect de la convention.

Dès lors, mademoiselle Leroux, qui souffre un préjudice considérable dans son honneur, dans sa fortune, de l'inexécution de ce contrat, est en droit d'en réclamer la réparation. M. le maire du Havre est affranchi de toute espèce de responsabilité. Il s'en félicite, il en triomphe. C'est un goût qui lui appartient peut-être à lui seul. Il est d'autres administrateurs qui auraient été jaloux de revendiquer hautement la responsabilité que tout honnête homme doit subir de ses actes. Je respecte les motifs qui ont pu faire agir M. le maire du Havre; je constate seulement qu'il n'est plus au débat, qu'il s'en est retiré volontairement, que ce n'est pas d'office que le tribunal a consacré l'exception qu'il a invoquée avec ardeur. Il a réussi. Nous sommes vis-à-vis de M. Plichon, qui n'est pas un fonctionnaire public, qui a signé le contrat, et nous allons lui demander compte de son inexécution.

Cette inexécution est aussi évidente que la clarté du jour; il ne peut y avoir à cet égard aucune controverse, aucune contradiction. Permettez-moi cependant, en quelques mots très rapides, de vous rappeler des faits qui mettront encore en lumière combien a été grave la faute commise par M. Plichon, puisque c'est M. Plichon qui est notre adversaire.

Mademoiselle Leroux a été engagée au théâtre du Havre, dans les derniers jours de décembre 1857, en représentation extraordinaire, par la direction qui a précédé celle de M. Plichon, et elle a commencé à paraître sur le théâtre au mois de janvier. Qu'était-elle ? Ceci serait assez indifférent au procès, et peut-être jusqu'à un certain point périlleux à examiner. Il s'agit de la réputation d'une artiste, d'une femme, et nous n'en devons parler qu'avec une extrême réserve, d'autant plus que je la représente, et qu'il serait de très mauvais goût de ma part d'en faire un éloge de commande. Ce n'est donc pas moi qui parlerai; ce sont les faits, ce sont les organes de la presse du Havre que j'interrogerai. A coup sûr, je ne puis pas chercher des témoins qui soient moins suspects.

En 1857, lorsque mademoiselle Leroux est venue, sur les instances du directeur du Havre, mettre son talent à la disposition de son théâtre, elle n'était pas une inconnue, une artiste novice qui en fût à ses débuts.

C'est en 1849 que pour la première fois elle a paru sur la scène de Bruxelles, et bientôt, grâce à son intelligence, à son travail, à ses efforts, à sa persévérance, elle a conquis un rang honorable parmi cette pléiade d'artistes qui se vouent à l'art si difficile de reproduire sur la scène les passions et les faiblesses humaines, d'y traduire les chefs-d'œuvre de nos grands maîtres.

J'ai pour attester ces choses le témoignage de la presse, et je pourrais faire passer sous vos yeux un très grand nombre d'articles qui le constatent. Je choisirai pour ne pas vous fatiguer.

Voilà comment, le 18 octobre 1849, ses débuts ayant établi à Bruxelles l'incontestable supériorité de mademoiselle Leroux, et lui ayant valu un engagement, le *Charivari* de Bruxelles s'exprimait en parlant d'une dernière représentation qu'elle donnait dans cette ville, appelée qu'elle était par la direction de l'Odéon.

« Mais prêtons l'oreille aux applaudissements qui accueillent mademoiselle Leroux à son entrée en scène, jetons les yeux sur les couronnes que le public décerne à son talent. Dans cette représentation, où le luxe des parures, l'éclat des lumières, le charme de la bonne et vraie comédie, le talent des acteurs, où tout en un mot, s'était réuni en faisceau, pour faire de cette soirée une vraie solennité dramatique : mademoiselle Leroux m'a paru toute nouvelle, elle s'est montrée parfaite en tout, et..... nous allons la perdre... elle va prendre son vol vers Paris..... il ne nous restera plus d'elle que le souvenir ! !... »

Elle a pris en effet son vol vers Paris, et, sur la scène du Second Théâtre-Français, elle a obtenu de grands, d'incontestables, de légitimes succès. Elle a joué dans les *Contes d'Hoffmann*, dans *François le Champi*, dans chacun de ces rôles comme dans ceux du *Roman du Village* et de *Richelieu*, elle a été constamment applaudie. Elle a joué les premiers emplois ; elle en a été jugée digne, et par le directeur, et par le public, et par la presse. Voici des documents qui n'ont pas été faits pour les besoins de la cause.

Sur la couverture de ce petit livre, qui est le *Roman du Village*, une comédie en un acte et en vers de MM. Pol Mercier et Édouard Fournier, je rencontre ce petit quatrain qui témoigne de la reconnaissance des auteurs, qui à coup sûr ont le droit d'être exigeants vis-à-vis d'une artiste :

> « Le double amour de Madeleine
> » Est par vous si bien raconté,
> » Que notre *Roman* sur la scène
> » Grâce au fin talent qui le mène,
> » Devient une réalité. »

Ceci est à la date du 19 juin 1853.

Mademoiselle Leroux ne réussit pas moins dans le drame de *Richelieu*, de M. Félix Peillon, qui lui envoie avec une charmante dédicace la publication de cette œuvre, et de plus, dans la préface, s'exprime en ces termes :

« On sait l'effet produit par mademoiselle Marie Leroux dans le rôle de Loréda. La pièce entière a retenti de ses louanges et on tomberait dans les redites, en rappelant tout ce qu'elle a donné à ce personnage de charme, de sensibilité et de passion. L'hommage qu'elle reçoit ici est bien faible, après ceux que lui a valus cette création. Les personnes qui ont assisté à cette première soirée, ne sauraient oublier ce qu'elle a mis de dédain et de désespoir dans ce cri :

> » Mais dites-le-lui donc, Madame, vous qu'il croit ! »

» Avec lequel elle a soulevé la salle. Mademoiselle Marie Leroux venait de rencontrer un de ces éclairs d'inspiration que le contact d'une foule brillante dégage à de rares intervalles chez l'artiste, qu'elle-même ne retrouvera peut-être jamais, et dont on lui devait de marquer ici le souvenir. »

Enfin elle a joué dans la *Tour de Londres*, et voici comment M. Jules de Prémaray s'exprime dans la *Patrie* :

« Mademoiselle Marie Leroux est une Clary touchante, pathétique, se jetant avec passion dans tous les emportements du drame. Elle a retrouvé à l'Ambigu tout le succès qu'elle avait obtenu à l'Odéon dans le *Richelieu* de M. Peillon. »

Voilà comment elle a été appréciée par les auteurs, par la presse de Paris, et j'avais raison de dire qu'en 1857 elle ne pouvait pas, elle ne devait pas être considérée comme une artiste ordinaire dont on pût mépriser le talent; d'autant plus qu'à côté de ces faits, dont j'ai l'honneur d'entretenir le tribunal, s'en placent d'autres qui ont consacré ces premiers succès. En 1855, elle a eu l'honneur d'accompagner en Russie notre illustre tragédienne Rachel, que la scène du Théâtre-Français pleure, et elle a joué avec elle les premiers rôles du répertoire ; et dans les comédies où cette inimitable artiste ne craignait pas de montrer qu'elle était également supérieure dans tous les genres, mademoiselle Leroux l'a souvent suppléée, et elle l'a toujours fait avec succès. Elle a mérité ainsi l'amitié de ce noble cœur, et en même temps les applaudissements des souverains qui voulaient bien encourager par leur présence les efforts de nos artistes.

Elle est revenue en France en 1856. Elle a donné en province plusieurs représentations. Je prends encore au hasard quelques lignes du *Charivari* ainsi conçues :

« Une des rares comédiennes qui sachent encore dire les vers à notre époque, mademoiselle Marie Leroux, fait dans plusieurs départements une tournée où le succès l'accompagne partout. Il est vrai que son talent souple et varié interprète également bien les chefs-d'œuvre des maîtres de la scène et les gracieuses compositions de nos modernes auteurs. »

Tel est donc son passé, passé plein de travaux, d'efforts consciencieux, de noble courage. Elle a recueilli la récompense qui lui était due. Pourquoi faut-il qu'une malheureuse inspiration l'ait conduite dans la ville du Havre, où tout ceci est venu se briser devant l'arrêté municipal que vous connaissez?

En 1857, elle recevait de toutes parts des propositions d'engagements lorsqu'elle prêta l'oreille à celles qui lui étaient adressées par le directeur du théâtre du Havre. Elle s'engagea comme artiste en représentation, et de janvier à mai 1858, elle parut presque chaque soir sur la scène du Havre, et y fut constamment applaudie.

Ce fait est incontestable. Je ne sais pas s'il entre dans la tactique des adversaires de le discuter, mais pour répondre à l'avance à leur posthume dénigrement, j'ai entre les mains la preuve de leur admiration de la veille qui vaut bien leur mauvaise humeur d'aujourd'hui.

Voici les documents qui émanent de la presse du Havre et qui sur ce point sont unanimes.

C'est au mois de janvier 1858 que mademoiselle Leroux va paraître sur la scène du Havre. Voici comment un journal intitulé le *Théâtre* en parle :

« Autre bonne nouvelle. Nous possédons en ce moment une charmante artiste parisienne, mademoiselle Marie Leroux, engagée pour six semaines à notre théâtre. Mademoiselle Leroux, pour son essai, a voulu un coup de maître : elle a commencé par rendre très neuf et très intéressant un vieux drame, les *Orphelines de la charité*. Nous attendons mademoiselle Leroux dans Jack Sheppard des *Chevaliers du brouillard*, où l'on dit qu'elle fera merveille. Je n'en doute pas, et il n'est pas possible d'en douter après les nombreuses qualités que l'on a vu déployer à cette artiste véritablement supérieure. »

Elle joue dans les *Orphelines de la Charité* et elle y réussit complétement. Elle paraît ensuite dans la pièce intitulée les *Chevaliers du brouillard*, que j'ai l'irréparable malheur de ne pas connaître et dont je suis cependant forcé de dire un mot; mais ce mot m'est rendu facile grâce à la complaisance du journaliste du Havre, qui s'exprime ainsi dans le *Messager des théâtres et des arts*, le 29 janvier 1858 :

« Les *Chevaliers du brouillard* ont été reçus avec acclamation à leur première apparition, et cela devait être, après tous les soins donnés à la mise en scène par notre régisseur général, M. H. Lefebvre, et à l'ensemble remarquable qui préside à l'interprétation de ce drame. C'est à mademoiselle Marie Leroux que reviennent particulièrement les honneurs de ce grand succès, car elle a fait du rôle de Jack Sheppard une magnifique création. Actrice expérimentée, ayant la conscience de la tâche qui lui incombait, mademoiselle Marie Leroux s'est pendant plusieurs mois exercée au maniement des armes et s'est astreinte à passer chaque jour deux ou trois heures à faire de la gymnastique. Aussi à voir ce Jack Sheppard se battre, tirer l'épée, grimper, sauter, se mouvementer comme un gamin échappé de l'école, il est difficile, pour ne pas dire impossible, de se figurer qu'on a devant soi une fille d'Ève. Mais ce n'est pas seulement au point de vue purement plastique que cette excellente actrice a obtenu un succès étourdissant; c'est comme diction, comme énergie, comme sentiment dans l'expression parlée de son rôle. Après avoir été applaudie à chaque acte, à chaque scène de ce drame, mademoiselle Marie Leroux a été rappelée à la chute du rideau par la salle entière. C'est là un éclatant succès et qui aura certainement plus d'un lendemain. »

Où trouver un éloge plus complet et plus flatteur? Ceci s'adresse non-seulement à la femme intrépide qui, bravant la timidité de son sexe, a pu sans rien abandonner de ses grâces conquérir toutes les audaces du nôtre, qui a paru sur la scène comme le jeune homme le plus téméraire, le plus indomptable, le plus courageux et en même temps le plus charmant ; mais encore à la femme qui, par sa diction, par l'énergie de ses sentiments, par la profondeur de sa sensibilité, remue tous les cœurs et fait se mouiller tous les yeux. Aussi le journaliste ajoute-t-il qu'après la chute du rideau mademoiselle Leroux a été acclamée, rappelée, et que son succès a été étourdissant. Vous n'avez pas oublié cette expression.

Voici un autre journal de la même date, le *Courrier du Havre*, qui constate à peu près dans les mêmes termes le succès de mademoiselle Leroux :

« Après avoir parlé de Baroilhet, il nous reste à dire que mademoiselle Marie Leroux, la bénéficiaire, a recueilli de légitimes applaudissements dans le drame les *Chevaliers du brouillard*, dont elle a établi et dont elle continue la fortune. Mademoiselle Marie Leroux a été rappelée par acclamations à la chute du rideau. »

Voici, à la date du 24 février, un article du journal le *Théâtre*, dans lequel on apprécie en ces termes le talent de mademoiselle Leroux.

On parle du succès d'un petit opéra intitulé la *Fanchonnette* et on dit :

« Et maintenant constatons le succès immense des *Chevaliers du brouillard*. C'est le succès de mademoiselle Marie Leroux que je veux dire. Nous sommes à la huitième représentation, et l'enthousiasme ne s'est pas ralenti ; tous les jours on refuse autant de billets qu'on en délivre.

» Les auteurs des *Chevaliers du brouillard* ont évidemment travaillé en vue d'une artiste tout à fait supérieure. Leur pièce, abstraction faite de ce qui n'est que pour les yeux, est tout entière dans le rôle de Jack Sheppard. Ce rôle confié à une actrice même médiocre, la pièce ne se soutiendrait pas. J'ai déjà dit que mademoiselle Leroux la fait aller aux nues.

» C'est qu'il est difficile de se figurer un Jack Sheppard plus admirablement scélérat que mademoiselle Marie Leroux. On ne s'enivre pas avec plus d'esprit, on ne vole pas avec plus de grâce, on ne tue pas avec plus de courtoisie. Mademoiselle Leroux fait des armes comme Grisier, elle monte à cheval comme Bastien Franconi, elle grimpe comme un écureuil ou comme un mousse aux échelles de corde et elle marche avec l'aplomb d'un sapeur pompier sur les poutres brûlantes au milieu des décombres.

» Tout cela c'est la partie matérielle du rôle, c'est beaucoup.... mais ce n'est rien. Mademoiselle Marie Leroux, actrice consommée s'il en fut, a déployé dans les neuf actes de son épopée de grand chemin, toutes les ressources, toutes les finesses de son multiple talent.

» Jeu dramatique toujours juste, toujours bien accentué ; effets intelligemment ménagés, sans être cependant stéréotypés, comme trop souvent cela arrive aux artistes de Paris, diction toujours pure, toujours nette, jamais forcée.

» Il y a en Jack Sheppard, au milieu de son dévergondage, quelque chose de la femme ; c'est cette nuance qui le rend intéressant, quelque crime qu'il commette. Mademoiselle Marie Leroux a parfaitement saisi ce détail important. Chez elle on voit toujours dominer le sentiment, le dévouement, l'amour.

» Dans les scènes les plus pathétiques, au deuxième acte, lorsque Jack vient de frapper Camille ; au quatrième, lorsqu'il feint de méconnaître sa mère ; au sixième, lorsque le roi de la vieille monnaie serre dans ses bras sa mère épouvantée, la physionomie seule de mademoiselle Leroux est un drame complet.

» Je n'en finirais pas, si je voulais vous faire part de toutes mes observations. Il me faudrait m'appesantir sur chaque détail, sur chaque mot, car c'est là un des traits caractéristiques du talent de mademoiselle Leroux, qu'avec elle rien ne peut échapper au spectateur. A une première représentation on connaît la pièce par cœur aussi bien que les vieux drames qui depuis vingt ans sont la base de tous les répertoires.

» Aussi n'ai-je pas besoin de compter les applaudissements frénétiques et les chaleureux rappels qui, à chaque fois, accueillent l'éminente artiste.

» De tous côtés arrivent à mademoiselle Leroux des demandes d'engagement pour aller donner en province quelques représentations des *Chevaliers du brouillard*. Soit ! mais que mademoiselle Leroux nous reste d'abord le plus longtemps possible et nous verrons après.

» Les *Orphelines de la charité* nous ont déjà montré l'artiste aussi charmante, aussi gracieuse, aussi ravissante femme qu'elle est bandit audacieux et incorrigible ; mademoiselle Leroux ne voudra pas nous quitter sans créer un nouveau rôle de femme, elle doit bien cela aux bravos qui l'accueillent chaque jour. »

Elle a entendu cet appel de la presse et de l'opinion, et elle a paru dans plusieurs autres rôles et notamment dans un drame intitulé le *Fils naturel*, composé par M. Alexandre Dumas fils. Elle a encore obtenu un plein et entier succès.

« Les honneurs de la soirée, dit le *Courrier du Havre*, le 16 février 1858, ont été pour le bénéficiaire et pour mademoiselle Marie Leroux.

» Dans Clara Vignot, cette femme si douce, cette amante si bonne, cette mère si dévouée, qui eût reconnu le Jack Sheppard de la veille? Mademoiselle Marie Leroux a montré hier soir que si les genres varient, son talent reste le même. La grâce de sa diction, la finesse de son jeu, ont tenu aussi longtemps qu'elle était en scène l'assistance sous le charme et lui ont attiré à plusieurs reprises des applaudissements aussi chaleureux que mérités. »

Il est une autre pièce qu'on appelle les *Enfers de Paris*, où mademoiselle Leroux représente un rôle plus ou moins satanique, mais dont ses grâces adoucissent le côté acerbe, elle y a encore parfaitement réussi. Écoutez ce que constate le journaliste.

« Le rôle principal, celui de Geneviève, ou pour mieux dire de Satan, un diable de mauvaise société qui s'introduit partout et sous tous les costumes, était confié à mademoiselle Marie Leroux qui s'en est tirée à son plus grand honneur. Nous n'avions vu encore cette excellente artiste que dans des drames plus ou moins terribles, plus ou moins larmoyants; hier, elle nous est apparue sous un tout autre aspect. Elle a joué, chanté cette comédie-vaudeville en véritable Déjazet, lançant le mot avec esprit, riant, folâtrant de la meilleure grâce possible, et portant avec une égale aisance le costume de son sexe et celui de la plus laide moitié du genre humain.

» C'est dans ce sextuple personnage que mademoiselle Marie Leroux a fait apprécier la souplesse de son talent; elle a été surtout fort divertissante dans le rôle d'une vieille femme décrépite et édentée. Au troisième acte, un fort joli bouquet lui a été lancé, et cet acte de galanterie a excité de chaleureux applaudissements. »

Voilà comment elle a paru sur le théâtre du Havre, comment elle y a réussi, comment elle y a été jugée. Le public s'enivrait au son de sa voix. Elle est déclarée une artiste éminente dont la direction pure et correcte initie le spectateur aux moindres nuances de la pensée de l'ouvrage qu'elle exprime. Quand le rideau s'était baissé, le public, idolâtre de son artiste, la rappelait, et c'était sous une pluie de fleurs qu'elle faisait sa rentrée sur la scène.

Tels sont les faits que constatent ces journaux, et ces journaux ont pour approbateurs tous ceux qui ont applaudi mademoiselle Leroux.

C'est encouragée par ces succès que la direction, représentée, non plus cette fois par M. Desfossés, qu'une maladie avait forcé d'abandonner momentanément ses fonctions, mais par M. Plichon, notre adversaire actuel, a fait à mademoiselle Leroux de nouvelles propositions. Puisque comme artiste de passage, donnant des représentations extraordinaires, elle avait été si bien au cœur délicat du public du Havre, il était tout naturel de cimenter cette union passagère et de la rendre durable.

Mademoiselle Leroux avait toute espèce d'avantages à paraître sur d'autres scènes et à recueillir des bravos que l'attrait de la nouveauté eût rendus peut-être plus chaleureux, car nous nous lassons de tout, inconstants que nous sommes, même des plaisirs les plus doux et les plus légitimes. Mademoiselle Leroux pensa cependant, imprudente qu'elle était, que tous ces succès, toutes ces flatteries, toutes ces couronnes lui présageaient un avenir heureux, qu'elle ne verrait aucune de ces fleurs se faner, et qu'elle n'aurait pas affaire avec l'inconstance et l'intrigue. Elle s'est trompée. Mais enfin, au mois de juin, elle signe un engagement qui lui assurait un traitement annuel de 12 000 francs, plus un bénéfice et quelques autres avantages. Demandée par un grand nombre de directeurs de province, voilà des lettres d'Orléans, de Nancy, elle est obligée de rompre plusieurs engagements pour se tenir à la disposition du directeur du théâtre du Havre. Mais comment résister à toutes ces douceurs tant de fois prodiguées? Comment ne pas croire que sur ce terrain, qu'elle avait déjà fécondé par son dévouement et son intelligence, croîtraient de nouveaux buissons fleuris à l'ombre desquels elle pourrait continuer sa carrière ?

On lui a seulement demandé de se soumettre aux trois débuts d'usage. Cela pouvait paraître extraordinaire, car elle était au Havre depuis quatre mois et elle avait été acceptée sans restriction ni réserve; les applaudissements l'avaient consacrée, et son droit de bourgeoisie était écrit dans les colonnes des journaux du Havre, tout frémissants encore de l'enthousiasme universel. Cependant par amour pour les principes, par respect pour son art et par suite de cette déférence que les artistes doivent toujours professer pour les arrêts et les volontés du public, quel que soit d'ailleurs son aveuglement, elle consentit à ces trois débuts. Seulement ils ne pouvaient avoir pour elle le caractère qu'ils auraient eu pour une artiste ordinaire.

Trois débuts pour une artiste ! il faut en convenir, l'épreuve de l'eau et du feu que la barbarie du moyen âge réservait à certaines procédures n'étaient rien auprès de cette comparution devant un public curieux, malveillant, qui épie une faute, et qui, avec cet esprit français si prompt à saisir le moindre ridicule, tend involontairement à l'artiste des embûches au milieu desquelles il lui est fort difficile de ne pas tomber. Quant à mademoiselle Leroux, comme elle avait déjà parcouru d'un pas ferme cette scène, comme elle n'avait trouvé que des encouragements et des amis, elle n'obéissait à aucune de ces terreurs. Elle pensait que son succès était assuré et les deux premiers débuts qu'elle fit avec bonheur ne furent pas de nature à lui faire changer d'avis.

En fut-il autrement au troisième? C'est là un fait très grave que l'histoire contemporaine pourra raconter de diverses manières, et cela n'est pas étonnant. Même en remontant aux faits les plus importants, on rencontre partout l'incertitude et la divergence. Ici tout s'est passé au grand jour. C'était un soir, il est vrai, mais la rampe était éclatante de lumière, mais le public était nombreux, et mademoiselle Leroux n'avait pas dégénéré depuis la veille. Cependant elle paraît. C'était, je crois, dans le drame la *Mendiante*. Elle était voilée. Cette simple apparition est le signal de quelques actes d'opposition; parlons français, de sifflets; car l'opposition au théâtre se traduit par cette musique discordante. Les instrumentistes, si je suis bien informé, composaient un orchestre de six ou sept personnes, mais, comme les poumons étaient jeunes et vigoureux, le bruit était formidable. Il est cependant couvert par les applaudissements beaucoup plus nombreux, dans la proportion de mille ou de douze cents à six ou sept, et ces applaudissements ont bientôt fait taire les sifflets.

C'est ainsi que ce troisième début se consomme, non peut-être sans orages postérieurs ; nous en allons trouver tout à l'heure la trace dans un document dont je devrai parler. Mais qu'importe ! Est-ce que la mer sur laquelle s'aventure un débutant n'est pas toujours semée de quelques écueils ? Est-ce qu'il n'y a pas la lame et le vent ? Est-ce que sa barque n'est pas agitée ? Pourvu qu'elle entre au port, qu'elle y soit saluée, c'est l'essentiel. Mademoiselle Leroux y est arrivée à pleines voiles. Elle a traversé vaillamment ces bas-fonds sur lesquels on avait essayé de faire échouer son esquif, et les six ou sept siffleurs qui ont montré un courage digne d'une meilleure cause, ont été dans la nécessité de battre en retraite, et de leurs propres oreilles ils ont entendu la voix magistrale de M. le commissaire de police proclamer l'admission définitive de l'artiste. Ceci est la vérité pure, telle qu'elle sera écrite dans la grande histoire dramatique de la ville du Havre. (On rit.)

J'en tire cette conséquence que mademoiselle Leroux est admise, que son contrat est parfait ; car si l'engagement d'un artiste est subordonné à l'agrément du public, lorsque le public n'a pas fait une opposition sérieuse, lorsque l'autorité, juge de ces questions délicates, a prononcé l'admission, le contrat est irrévocable et doit être exécuté.

Est-ce qu'on professerait cette étrange et nouvelle doctrine, qu'il n'y a d'admission d'artiste au théâtre, qu'à la condition que le début n'ait rencontré aucune opposition ? Ce serait la méconnaissance de toutes les règles ordinaires de notre conduite. C'est par les majorités que nous nous décidons. Je sais bien que Montesquieu, dans son *Esprit des Lois*, dans un moment où il était sans doute de mauvaise humeur, a dit qu'il *serait peut-être plus sage de se laisser conduire par les minorités*. Mais *la loi du plus fort est toujours la meilleure*. C'est ce que dit notre grand fabuliste, et il a raison. Au théâtre, les choses se passent ainsi ; et lorsqu'on rencontre d'un côté un bataillon sacré de six personnes qui sifflent, de l'autre une salle entière qui applaudit un artiste, l'artiste est admis. Voilà ce qu'a pensé M. le commissaire de police, et suivant moi il s'est parfaitement acquitté de la mission qui lui était dévolue.

Mademoiselle Leroux ainsi admise le 26 juin, paraît sur le théâtre du Havre. Elle y est applaudie, en rencontrant cependant semées çà et là sous les roses quelques épines. Les siffleurs ne s'étaient pas tout à fait découragés ; ils avaient une sorte de parti pris. Ils étaient épars dans la salle, qui a droite, qui à gauche ; ils se répondaient comme des échos très désagréables ; mais enfin, ce qui est constaté par le procès-verbal de l'autorité, c'est qu'ils avaient le dessous, et ils l'ont eu jusqu'à la fameuse et terrible représentation du 13 juillet 1858.

C'est ici que se place le fait véritablement dramatique du procès. J'ai le droit de me servir à tous égards de cette expression. Mademoiselle Leroux paraît en scène, et, comme à son troisième début, elle y est accueillie par des applaudissements et des sifflets qui se combattent et se contredisent. Cependant les applaudissements étaient beaucoup plus nombreux et plus vigoureux que les sifflets. Que s'est-il passé ensuite ? Je l'ignore. Y a-t-il eu des menaces réciproques ? Les deux partis ont-ils voulu en venir aux mains ? A-t-on été sur le point de voir la scène changée en un théâtre de pugilat ? Je crois qu'on a singulièrement exagéré et travesti les faits. Les siffleurs d'un côté, ceux qui applaudissaient de l'autre, le commissaire de police au milieu. M. le commissaire de police, qui voulait apaiser la tempête, fa ait son devoir ; il a cherché à mettre le calme là où était l'agitation et le désordre. Seulement, comme il a rencontré de la résistance, il a eu recours à ce qui est l'*ultima ratio* même des commissaires de police, non pas au canon, mais à ce qui en est le diminutif, c'est-à-dire à la police qui a aussi la force derrière elle, et qui doit être respectée puisqu'elle représente la loi. Il est impossible, en effet, que, dans une grande assemblée réunie pour le plus noble et le plus délicat des plaisirs, on puisse impunément assister à des scènes de désordre et de violence, Il fallait à tout prix les faire cesser. On les a fait cesser par des moyens qui peuvent être désagréables pour ceux qui les subissent, mais qui sont nécessaires.

Lorsque huit ou dix personnes au théâtre ont manifesté, comme elles en ont le droit, leur sentiment d'opposition, si elles rencontrent des applaudissements vigoureux qui éclatent de toutes les parties de la salle, comme il faut en revenir à l'application de la règle que je disais tout à l'heure, il faut que les dix se taisent, car sept à huit cents valent mieux que dix. Ici, les dix n'ont pas voulu se taire. Ils ont cru qu'il y avait pour eux une question d'honneur à persister dans la résistance. Il fallait faire arrêter quelqu'un. Fallait-il arrêter toute la salle ou les dix personnes ? Voilà le problème. M. le commissaire de police l'a résolu avec la sagesse ordinaire de l'autorité. Il a pensé qu'il était plus convenable, plus logique, plus raisonnable, et, surtout, plus commode de faire arrêter le petit nombre, et le petit nombre a été escorté au violon. (Rires.) Certainement, je déplore un pareil état de choses, et je suis d'accord avec mon honorable adversaire que ce réduit infect et étroit ne ressemble en rien à la commode stalle dans laquelle ces messieurs avaient pensé passer leur soirée. Mais, enfin, ce sont eux-mêmes qui se sont conduits au violon : ils n'auraient eu qu'à se tenir paisibles et calmes, après avoir suffisamment sifflé, rencontrant une opposition qu'ils ne pouvaient vaincre. Ils ne l'ont pas voulu. Le désordre a été étouffé ; la représentation a continué : mademoiselle Leroux a été applaudie.

Dire qu'après il n'y a pas eu parmi ceux qui avaient été arrêtés, leurs amis, leurs parents, une certaine émotion, ce serait méconnaître les faits. Mais cette émotion était inévitable, et aurait cédé le lendemain devant une nuit de réflexion. Les séditions civiles, quand elles prennent la forme d'une émeute théâtrale, n'ont rien de bien inquiétant. On se réunit pour s'amuser, on se contrarie, on se taquine par des sifflets. Cela peut être excellent un soir. Il y a des jeunes gens qui trouvent à ces choses un plaisir infiniment délicat, mais c'est un plaisir qui ne peut se continuer impunément. Le lendemain, il est moins vif ; le surlendemain, il dégénère en ennui, et l'artiste peut continuer son rôle. Les choses auraient pris ce tour s'il n'était intervenu un incident imprévu qui va changer singulièrement la face de la question.

Mademoiselle Leroux est rentrée chez elle. Elle m'a déclaré, je la crois sans peine, que la ville du Havre jouissait de son calme accoutumé, qu'on n'avait vu apparaître ni patrouille armée, ni drapeau noir, ni émeutiers terribles, que la sécurité de qui que ce soit n'avait été mise en question, que cette nuit du 13 au 14 juillet s'était passée comme une autre. Cependant, le lendemain, la municipalité a pensé qu'il fallait faire un coup de vigueur; que le désordre ayant été poussé à son comble c'était le cas de le prévenir.

Comment le désordre avait-il éclaté? Il ne m'appartient pas à moi, défenseur de mademoiselle Leroux, de prendre parti entre ceux qui l'attaquaient et ceux qui la défendaient, mais estimant qu'une représentation doit continuer lorsque la majorité du public la demande, j'arrive à cette conséquence bien simple et bien sotte qu'il fallait que M. le commissaire de police la fît continuer par un moyen ou par un autre; que si les deux oppositions étant durables, tenaces, il fallait expulser l'une ou l'autre, M. le commissaire de police a bien fait d'expulser l'une des deux. Laquelle? C'est ce que je ne veux pas examiner, quoique j'aie à cet égard mon opinion.

M. le maire pense que ce n'est pas là la véritable cause du désordre. On a voulu applaudir une artiste, la siffler; on a eu recours à la force légitime, à celle qui émane de la loi pour faire cesser cette opposition. Donc c'est l'artiste qui doit être sacrifiée, dit M. le maire. C'est une logique à laquelle il est assez difficile de se soumettre et qui ne se justifie pas d'elle-même. Voyons si les termes dans lesquels est conçu cet arrêté du 14 juillet 1858 vont nous donner plus de satisfaction :

« Nous, maire, etc.,
» Considérant que lors du troisième début de mademoiselle Marie Leroux, qui a eu lieu le 26 juin dernier, des faits regrettables se sont passés!... »

Ici la surprise me fait tomber le papier des mains. Comment! nous sommes au 14 juillet; il s'est passé la veille, le 13, une scène violente, et le maire ne parle que des désordres qui ont éclaté *le 26 juin*. Est-ce que la prudence municipale a sommeillé du 26 juin au 14 juillet? Si on n'a pas pris de mesures le 27 juin, j'ai tout lieu de croire que des faits regrettables ne se sont pas passés le 26 juin, et que c'est par une erreur involontaire de dates que M. le maire a transporté les prétendus désordres du 13 juillet au 26 juin. Pourquoi? C'est qu'il était nécessaire de rencontrer sous la date du 26 juin un échec fait à l'admission de mademoiselle Leroux, et M. le maire a, par *cette précaution trop grande*, comme disent les jurisconsultes, prouvé qu'il voyait déjà le côté faible de la question, et que si mademoiselle Leroux était admise, le contrat était parfait et l'autorité municipale n'avait plus rien à y voir:

Mais je continue la lecture de l'arrêté :

« Que les partisans de cette artiste ont été renforcés par un nombre considérable d'individus auxquels des billets avaient été donnés gratuitement, dans le but de fausser l'opinion publique; que la représentation a été signalée par la violence de ces mêmes individus; que des menaces ont été adressées à plusieurs reprises aux personnes qui s'opposaient à l'admission de mademoiselle Marie Leroux ;
» Considérant que ces faits ont produit un état d'irritation qui se traduit en manifestations hostiles à la personne de mademoiselle Marie Leroux ; »

Voilà mademoiselle Leroux menacée, il faut donc la protéger. Nous allons voir comment on va s'y prendre :

« Considérant qu'il en résulte pour les représentations un trouble qui menace de se prolonger tant que la présence de cette artiste rappellera les faits ci-dessus relatés, qu'il est de notre devoir d'assurer, de calmer les représentations du théâtre ;

» Arrêtons :

» Article 1er. — Mademoiselle Marie Leroux cessera de paraître sur la scène de notre théâtre. »

Et ceci a été notifié à mademoiselle Leroux.

A la bonne heure ! Les temps n'ont pas changé. Nous n'avons pas à regretter le Fort-l'Évêque. Les acteurs ne sont pas privés de leur liberté ; on ne les confine plus pour deux ou trois jours de correction dans un isolement salutaire, où la réflexion peut calmer la fougue de leurs passions. On fait bien mieux ; on leur retire leurs moyens d'existence, on brise leur avenir ; on porte atteinte à leur honneur, à leur dignité d'artiste ; on déclare de par son autorité toute-puissante que l'artiste cessera de paraître sur la scène, que le contrat est brisé. Allons donc ! de pareilles choses ne vont pas à la cheville de la municipalité.

Cet acte mérite d'être critiqué pour plusieurs raisons graves et sérieuses. Non-seulement, il dépasse les pouvoirs de celui qui a cru devoir l'accomplir ; mais il manque de franchise. En effet, mademoiselle Leroux, ainsi que le déclare l'arrêté, était exposée à des menaces, sa présence pouvait être compromettante pour sa propre sécurité. Dans quelles circonstances ces menaces avaient-elles été proférées ? Il est incontestable que c'est à l'occasion de la scène du 13 juillet que l'arrêté a été pris le 14. Cependant cette scène n'y est pas mentionnée. On ne parle que de la scène du 26 juin, jour du début de mademoiselle Leroux. On dit qu'à l'occasion de ce début, le théâtre aurait été, pour ainsi dire, envahi par des applaudisseurs soldés, porteurs de billets qui auraient été distribués gratuitement. C'est un fait qui atteint au plus haut degré deux personnes en cause, le directeur, mademoiselle Leroux. Où est la preuve ? Est-ce que mademoiselle Leroux et le directeur n'étaient pas en droit de la demander, et si cette preuve n'a pas été faite, est-ce qu'il n'est pas certain que l'autorité municipale a été induite en erreur, qu'aucun fait de cette nature ne s'est manifesté, et qu'en conséquence, cet acte qui contient une illégalité, j'ai le droit de le dire, puisque je parle avec la décision de l'autorité supérieure, repose également sur des faits inexacts et controuvés ? Jamais aucun billet n'a été distribué gratuitement et aucun romain n'est venu grossir la cohorte de ceux qui avaient appuyé chaudement, j'en conviens, les succès de mademoiselle Leroux. En conséquence, M. le maire se trompe quand, s'appuyant sur ces faits, il déclare que mademoiselle Leroux devra cesser de paraître sur le théâtre.

M. le maire notifie à mademoiselle Leroux cet arrêté qui devait lui fermer l'accès de la scène. Le commissaire central est chargé de le faire exécuter. Elle rencontre donc sur son passage l'autorité publique, et tant que ses actes ne sont pas désavoués, l'autorité doit être obéie. Cependant mademoiselle Leroux était en droit de protester, elle a protesté ; elle était en droit de réclamer, elle a réclamé. Et savez-vous le reproche que je fais aujourd'hui à

M. Plichon, son seul adversaire ? C'est de n'avoir pas réclamé et protesté avec
elle ; c'est de ne s'être pas associé à son action. S'il l'avait fait, infailliblement
nous aurions obtenu du conseil d'État l'autorisation qui nous a été refusée ;
car le conseil d'État a compris que M. Plichon, ne s'associant pas à mademoiselle Leroux, approuvait la conduite du maire, et il nous a formellement
été dit : Que M. Plichon demande l'autorisation, nous verrons ce que nous
aurons à décider. M. Plichon s'est tenu dans la réserve ; il a courbé la tête et
il a paru penser que M. le maire avait eu raison de procéder ainsi qu'il l'a fait.

Cet arrêté a reçu une publicité déplorable pour mademoiselle Leroux. Il a
été imprimé dans tous les journaux de théâtre de France et d'Europe. Il
était nécessaire que mademoiselle Leroux fît une réponse, elle l'a faite ;
elle est insérée dans un numéro de la *Gazette des Théâtres*, qui l'a fait
précéder de quelques réflexions dont je vous donnerai lecture si vous m'y
autorisez.

« Quelques journaux ont publié le récit de scènes regrettables, et encore inexpli-
quées, qui ont signalé tout récemment, au Havre, le troisième début de mademoiselle
Marie Leroux. Une opposition imprévue et qui a étonné tous ceux qui, à Paris, ont
pu apprécier le talent de mademoiselle Leroux, a eu pour conséquence un arrêté
du maire, en vertu duquel l'actrice en cause était, par mesure d'ordre public,
éloignée de la scène, où quelques mois auparavant on l'applaudissait avec une
chaleur que justifiait son mérite. Rien de plus bizarre, on le voit, que le public,
de province, rien de plus capricieux et surtout rien de moins compréhensible que
ses caprices. Nous l'avons dit maintes fois, les cabales sont incompatibles avec la
prospérité de l'art dramatique. En se déjugeant, en se donnant des démentis du
jour au lendemain, le public compromet sa dignité et l'importance de ses arrêts.
En définitive, c'est lui qui perd à tous ces conflits soulevés trop souvent par la
rancune et la passion.

» Mademoiselle Marie Leroux va, sur la fin de la saison dernière, *donner des
représentations au théâtre du Havre*. On l'applaudit, et son succès est tel que la
nouvelle administration croit de son intérêt de s'attacher mademoiselle Leroux pour
toute l'année. A coup sûr, l'administration a agi dans la plénitude de sa liberté.
Mademoiselle Leroux n'était imposée par aucune obligation antérieure, n'avait à
son service d'autre influence que celle du succès. Elle avait fait ses preuves ; le
public avait émis son avis. Dans le cas où cet avis eût été défavorable à l'actrice,
qu'y avait-il de plus simple que de ne pas l'engager ? M. Plichon l'engage, cependant, et il fait bien. Bien d'autres auraient agi comme lui, et voilà qu'une partie
du public proteste, et accueille par une avanie, la comédienne applaudie la veille.
Évidemment ceci n'est ni juste, ni raisonnable, ni concevable pour nous qui
jugeons les choses à distance.

» Quoi qu'il en soit, mademoiselle Marie Leroux a voulu se défendre autant
qu'il était en elle contre l'hostilité dont elle a été l'objet, hostilité qu'elle considère
comme injuste et dont les conséquences peuvent être nuisibles à sa carrière d'artiste. Elle a écrit aux journaux qui avaient donné une publicité éclatante à son
exclusion, une lettre pleine de mesure et de dignité, pleine de reconnaissance pour
le public qui l'a appréciée, et de respect pour l'autorité, devant laquelle son devoir,
comme le nôtre, est de s'incliner. Cette lettre, qui a déjà été publiée par la
Patrie et le *Journal des Débats*, nous la reproduisons :   Achille DENIS.

« Permettez-moi, monsieur le rédacteur, de venir réclamer de votre impartialité
» et de votre courtoisie, l'insertion de ces quelques lignes dans les colonnes de

» votre journal, afin d'anéantir l'effet désastreux que pourrait avoir pour moi l'ar-
» rêté de M. le maire du Havre, en date du 14 courant, qui me concerne et qui
» porte une atteinte si grave à ma dignité de femme et à ma réputation d'artiste.

» Pour atteindre le but que je me propose, je n'aurai qu'à faire ressortir le seul
» fait qui domine de sa puissante logique l'inexplicable événement qui est venu me
» frapper d'une façon aussi étrange qu'imprévue. Ce fait, c'est le succès immense
» et spontané que j'ai obtenu, pendant quatre mois consécutifs, sur la scène du
» Havre, en qualité d'*artiste en représentation*, aux appointements de mille francs
» par mois et une soirée à bénéfice ; succès constaté dans les termes les plus flat-
» teurs par les journaux de la localité et par toute la presse théâtrale.

» Reconnaissante de l'accueil si chaleureux, si sympathique, que j'avais reçu du
» public, je consentis à accepter de M. Plichon, successeur de M. Desfossés, un
» engagement qui m'attachait au théâtre du Havre pour toute la campagne de 1858,
» non plus comme *étoile* ou artiste en représentation, mais dans les conditions
» plus modestes, d'artiste ordinaire de la troupe. Au point de vue de la hiérarchie
» théâtrale, c'était évidemment une concession énorme d'amour-propre que je
» faisais au public et aux convenances administratives du nouveau directeur. Il
» allait sans dire que mes débuts n'auraient lieu que pour la forme, mon admis-
» sion étant, à l'avance, considérée par l'opinion publique comme un fait accompli.
» Et en effet, malgré cependant l'opposition systématique de huit à dix individus,
» l'autorité proclama mon admission, aux acclamations d'une majorité immense,
» impartiale *et désintéressée*. Eh bien ! croira-t-on que, même après mon admis-
» sion, officiellement prononcée, l'acharnement d'une minorité infime et absurde
» ait eu raison de l'autorité et de mon droit ! ! !...

» Je livre, sans commentaire aucun, la moralité d'un fait aussi grave à la sage
» appréciation du public, juge toujours sûr et équitable qu'il m'importait d'édifier
» sur la vérité *réelle* des faits.

» Agréez, monsieur le rédacteur, avec mes remercîments empressés, l'expres-
» sion bien sincère de tout mon dévouement.   Marie Leroux. »

Mademoiselle Leroux ne se contenta pas de cette réclamation. Convaincue
qu'elle était dans son droit ; pensant avec raison que l'autorité avait eu tort de
se mettre du côté de la minorité et de donner la victoire à la sédition théâtrale, mademoiselle Leroux invoqua les hautes lumières et la puissance non
moins considérable de M. le ministre de l'intérieur, et celui-ci, qui n'a pas
oublié qu'avant d'être un homme d'État, il a été un avocat illustre et un
magistrat éminent, a reconnu que les droits de mademoiselle Leroux avaient
été méconnus, que M. le maire du Havre avait dépassé ses pouvoirs, et il a
donné à M. le préfet de la Seine-Inférieure l'ordre de prononcer l'annulation
de l'arrêté du 14 juillet 1858. Voici dans quels termes M. le préfet a pris son
arrêté le 29 novembre 1858 :

« Considérant que mademoiselle Leroux, après avoir fait un traité avec le directeur du théâtre du Havre, s'est soumise aux trois débuts d'usage, que les rapports
de police constatent que si quelques oppositions ont été manifestées au troisième
début, l'actrice n'en a pas moins été admise à une *imposante majorité* ;

» Qu'à partir de ce moment, la convention intervenue entre le directeur et
mademoiselle Leroux était devenue définitive ;

» Que si, aux représentations suivantes, les désordres se sont produits, il appartenait au maire d'en assurer la répression, en vertu des pouvoirs qu'il tient de la

loi des 16 et 24 août 1790, mais que son droit ne pouvait aller jusqu'à prendre
une mesure dont le résultat était de briser un contrat légitimement formé ;

» Arrête :

» ART. 1er. — L'arrêté précité de M. le maire du Havre, en date du 14 juillet
1858, est annulé. »

Voilà un langage ferme et décisif. Les principes y sont rappelés, et c'est à
leur ombre que M. le préfet de la Seine-Inférieure, suivant en ceci les ordres
de son supérieur hiérarchique, brisa, pour qu'il n'en restât rien, l'arrêté du
14 juillet.

Cette justice faite, il restait à mademoiselle Leroux le droit et je puis dire le
devoir de saisir la vôtre. Il ne peut se faire en effet qu'un acte illégal soit
consommé d'où qu'il vienne, qu'un préjudice en soit le résultat, et que vous
demeuriez impuissants. Mademoiselle Leroux l'a ainsi compris. Elle a assigné
devant vous et M. le maire du Havre, auteur de l'arrêté, et le directeur du
théâtre, qui a signé l'engagement si témérairement brisé. M. le maire n'a
pas accepté le débat ; il s'est réfugié derrière le texte de l'article 75 de la
Constitution de l'an VIII ; il a dit : « Je suis inviolable. J'ai pu me tromper ;
mais comme agent du gouvernement je ne puis être poursuivi qu'après l'autorisation du Conseil d'État ; tant que la barrière ne s'est pas abaissée devant
moi, elle me sert de bouclier pour défier tous vos traits. » J'aurais compris
un autre langage, mais il ne m'appartient pas de critiquer ce qui n'est que
l'exécution de la loi de mon pays. Seulement tout de même que M. le maire
du Havre a été appelé à présenter tous ses moyens de défense et toutes ses
objections sur les réclamations de mademoiselle Leroux tendant à briser l'arrêté qu'il avait pris, tout de même il a fait valoir avec une très grande ardeur
les moyens qu'il soulevait suivant la procédure administrative, il a été examiné, instruit au ministère de l'intérieur, où il n'a pas rencontré de faveur.

M. le ministre de l'intérieur a donné un avis favorable à la poursuite. Cet
avis n'a pas prévalu, et le conseil d'État, par un arrêt qui porte la date du
23 mars 1859, a refusé l'autorisation.

Grâce à Dieu, le conseil d'État, qui est un tribunal administratif, est dans
la nécessité de motiver ses décisions. Nous allons donc trouver dans ces motifs
les théories du droit, les considérations puissantes qui peuvent expliquer
comment, dans une affaire de cette nature et au milieu de l'émotion qu'elle
avait produite, le conseil d'État juge à propos, se plaçant ainsi dans une
situation complétement opposée à celle de M. le ministre de l'intérieur, de
résister à son avis. Le fait est grave en matière administrative. On sait quelles
ont été les conséquences de ce déplorable conflit, qui a eu pour résultat de
priver la ville du Havre, par les susceptibilités les plus honorables, d'une
administration qu'elle regrette et de la placer dans une position précaire vis-
à-vis de l'autorité supérieure. Tous les bons citoyens devaient désirer que
cela n'eût pas lieu. Le conseil d'État va donc intervenir, faire entendre sa
voix puissante et sage, et sous la plume des habiles conseillers d'État qui
composent la section du contentieux, nous allons trouver le développement de
toutes les raisons qui l'ont déterminé, malgré l'avis du ministre, à refuser
l'autorisation.

« Considérant, porte son arrêt, que, dans les circonstances de l'affaire, il n'existe pas de motifs suffisants pour autoriser des poursuites contre le sieur Larue. »

Cela n'est pas long et cela n'est guère instructif. Voilà la théorie ! voilà le droit ! voilà la logique ! Quand M. le ministre de l'intérieur, quand M. le préfet de la Seine-Inférieure, agissant d'après l'ordre du ministre, connaissant la loi de 1790 et le respect dû aux contrats, établissent d'une main ferme la délimitation qui sépare les droits de l'administration de ceux des simples particuliers, quand un fait aussi grave que celui-ci éclate, qu'un homme honoré, respecté, dont le caractère n'est pas en question, s'est trompé, mais s'est trompé gravement, lourdement, et qu'il subit l'humiliation désagréable de voir un de ses arrêtés brisé, quand il est traduit en justice, quand ce conflit existe, le conseil d'État n'a pas d'autre raison que celle-ci : « *Dans les circonstances de l'affaire...* » Pourquoi pas la décision opposée alors? *Dans les circonstances de l'affaire* il y a lieu d'autoriser la poursuite. *Dans les circonstances de l'affaire* il y a lieu de ne pas l'autoriser. L'une ou l'autre de ces décisions s'accommode de ce considérant. Vous avez le droit pour vous, la justice, la sainteté des contrats. Il est évident que tous ces grands principes doivent prévaloir. Ils parlent pour vous, ils crient pour protéger votre situation. *Dans les circonstances de l'affaire* vous ne pouvez être entendu. Les contrats, la probité, la délicatesse, toutes ces choses n'ont pas cours. *Dans les circonstances de l'affaire* le plus faible est victime du plus fort. *Dans les circonstances de l'affaire* la justice ne doit pas être saisie.

A Dieu ne plaise que je veuille tourner en ridicule la décision du conseil d'État; mais je m'étonne, et jusqu'à un certain point je m'afflige qu'un des grands corps de l'État, parlant dans une circonstance de cette nature, n'ait pas cru devoir s'exprimer avec plus de netteté et dire par quelles raisons de droit l'autorisation était refusée. Elle est refusée. Nous nous inclinons. C'est le prince qui a parlé. Il y aurait de notre part une bien grande inconvenance à tenir un langage opposé au sien. Dès lors, voici M. le maire qui n'est plus dans le débat. Il ne peut plus être attaqué. Est-ce tout ? Est-ce qu'il ne comprend pas que tout protégé qu'il est, il aurait un devoir de conscience à remplir ? Qu'il ait obéi à une nécessité publique; qu'en rendant cet arrêté il ait été un sage administrateur, je le veux. Je suis loin d'attaquer ses intentions. Mais il a eu le malheur de méconnaître ses droits, d'outrepasser ses devoirs. Il a rendu un arrêté qui a été brisé. Cet arrêté a eu pour l'avenir et la fortune d'une artiste des résultats terribles. Il expose mademoiselle Leroux à perdre son pain quotidien; les 12 000 francs qui lui étaient assurés lui échappent. Dès lors, est-ce qu'il n'y a pas pour lui une obligation de conscience à remplir ?

Si, conduisant un char rapide, lancé par des chevaux fougueux, le premier citoyen de cette grande ville avait écrasé un passant sous ses roues, quand bien même il ne pourrait pas être déclaré responsable d'une imprudence quelconque, est-ce qu'il ne se croirait pas dans la nécessité morale de venir au secours de cette infortune dont il aurait été la cause involontaire ? Je n'en veux pas dire davantage, c'est une question de conscience que je livre aux honnêtes gens. Je suis convaincu que M. le maire la comprendra ainsi posée, et s'il ne le comprend pas, je suis forcé de lui dire que nous ne sommes pas du même avis.

Je passe à celui de mes adversaires qui n'est pas protégé par l'exception que M. le maire a invoquée. Cet adversaire, c'est le directeur du théâtre. Le directeur du théâtre cherche cependant à repousser l'action que mademoiselle Leroux intente contre lui, attendu qu'il a eu la main forcée, qu'il a été commandé par un chef auquel il devait obéir.

Tout cela n'est plus possible à prétendre après l'arrêté de M. le préfet de la Seine-Inférieure, du 29 novembre 1858. Je dénie à M. Plichon le droit de tenir un pareil langage. Je viens avec mon contrat. Ce contrat subsiste. Il a été un instant mis en question. La foudre l'a frappé, mais une main plus puissante l'a vengé, et aujourd'hui je le représente intact et inexécuté. C'est là un spectacle qui ne peut pas se manifester en justice sans appeler une réparation. Il est impossible qu'un innocent subisse un préjudice, et que ce préjudice ne soit pas réparé. Mademoiselle Leroux était dans son droit; elle aurait dû y être maintenue. Au lieu de la frapper, il fallait sévir contre les perturbateurs, assurer le calme des représentations théâtrales. Elle est en droit de demander l'exécution de son contrat et des dommages-intérêts.

M. Plichon s'y refuse, cependant. Il soutient que, subordonné du maire, il ne lui a pas été possible d'échapper à son action puissante. En d'autres termes, et pour parler le langage du droit, c'est derrière l'article 1148 du Code Napoléon qu'il croit trouver son refuge. Il dit : J'étais débiteur, je n'ai as pu livrer ce que j'avais promis par *force majeure*. Vous allez voir que cette retraite est mal assurée pour le directeur du théâtre du Havre, et qu'il ne peut échapper à votre justice.

Qu'est-ce que la force majeure ? Vinnius la définit, et cette définition me paraît si complète que je l'accepte, car elle va servir de base au très court raisonnement que je vous prie d'entendre.

Il dit : « La force majeure, c'est ce qu'on ne peut pas empêcher, ou, lorsqu'on est atteint, ce qu'on ne peut pas repousser. »

C'est le *vis divina*, l'impétuosité de l'ouragan, le feu du ciel, l'action des voleurs, le fait du prince. Les auteurs joignent toutes ces choses, et il faut bien ne pas les séparer, puisqu'elles produisent les mêmes résultats.

Y a-t-il dans les circonstances de l'affaire quoi que ce soit qui ressemble à cette définition ? Je montre que non par deux raisons qui sont également sérieuses.

Je dis que le fait derrière lequel M. Plichon se retranche n'était pas de ceux qu'on ne puisse pas empêcher.

Je dis qu'il n'est pas de ceux qui, consommés, ne peuvent pas et ne doivent pas provoquer une réparation.

On pouvait l'empêcher, car de deux choses l'une, ou l'arrêté du 14 juillet 1858 repose sur des faits exacts, ou ces faits ont été inexactement rapportés.

S'il repose sur des faits exacts, quelle en sera la conséquence ? Que le troisième début subi par mademoiselle Leroux a été un début frelaté par des manœuvres frauduleuses ; qu'il y a eu dans la salle des hommes placés exprès auxquels des billets avaient été distribués gratuitement, afin de créer à mademoiselle Leroux un succès qu'elle ne méritait pas. Dans ce cas, qui serait responsable d'un pareil fait ? Est-il imputable à mademoiselle Leroux ? A-t-on jamais dit que de près ou de loin elle s'était rendue coupable de cette bassesse ? Son caractère la protège suffisamment contre un pareil soupçon. Mais en fait, jamais on ne lui a adressé ce reproche ; il tomberait directement sur M. Plichon. C'est M. Plichon, qui, dans un but que j'ignore, aurait ainsi organisé pour elle une cabale, qui aurait préparé à l'avance ce succès de mauvais aloi, lequel aurait alarmé la susceptibilité de M. le maire du Havre. Il aurait ainsi tendu un piége à mademoiselle Leroux. Il lui aurait présenté un contrat dont il connaissait la fragilité, et il aurait à l'avance préparé les moyens de s'en délivrer. S'il en était ainsi, M. Plichon serait responsable, et non-seulement il ne pourrait pas se plaindre du fait qui émane de la municipalité, mais c'est lui qui en serait l'auteur.

Supposez, ce qui est la vérité, que le succès de mademoiselle Leroux ait été légitime. Où l'autorité a-t-elle pris les renseignements qu'elle s'est procurés ? Comment l'arrêté du 14 juillet a-t-il été rédigé ? Évidemment, c'est sous les inspirations du directeur et d'après les renseignements donnés par lui. C'est le directeur qui seul a rendu possible l'erreur si regrettable dans laquelle est tombée la municipalité. En conséquence, c'est lui encore qui de ce chef est responsable de cette violation du contrat à laquelle il s'est associé de tous ses efforts et de laquelle il doit aujourd'hui réparation.

D'ailleurs, est-ce que je ne suis pas en droit de dire à M. Plichon, ainsi que je le disais tout à l'heure au maire, que c'est à lui qu'il appartient, comme à l'autorité publique, de maintenir sur son théâtre et dans la salle la paix et le calme qui sont nécessaires à la dignité de la représentation théâtrale ? M. Plichon a-t-il fait à cet égard tout ce qui était en lui ? Il paraît que non, et si les perturbateurs ont été saisis et conduits momentanément sous la main de la force publique, si l'on a arrêté, ce qui paraît être le sens de l'acte du 14 juillet 1858, précisément ceux qui étaient dans leur droit, c'est encore M. Plichon que j'en accuse. Ses précautions avaient été mal prises. Ses mesures avaient été maladroites, et il a fourni à l'autorité des renseignements qui l'ont induite en erreur.

Quoi qu'il en soit, artiste admise après les trois débuts d'usage, acclamée par le public, précédée par ce cortége d'ovations qui avaient signalé mes représentations pendant quatre mois et demi au Havre, je ne saurais être responsable d'un fait de cabale que le directeur pouvait empêcher.

Voilà ce que j'avais à dire en ce qui concerne la première partie de la définition de la force majeure. Il ne s'agit pas ici d'un fait que M. Plichon ne pouvait pas empêcher. Sa conduite a été telle que le fait s'est produit, et il est probable que s'il avait été mieux avisé, s'il avait mieux pris ses mesures, le fait eût été impossible.

A un autre point de vue, la conduite de M. Plichon est encore plus inexcusable, et elle a engagé d'une manière formelle sa responsabilité juridique devant vous.

L'arrêté est rendu. Incontestablement, ainsi que mademoiselle Leroux, M. Plichon doit s'y soumettre. Ne croyez pas que je veuille faire un crime à M. Plichon de n'avoir pas armé ses partisans pour marcher à la tête de cette ardente sédition à la conquête de la municipalité ébranlée. Non, il ne fallait pas qu'un pareil scandale se produisît dans une ville si honorable. M. Plichon a parfaitement bien fait d'apaiser au lieu d'exciter le tumulte. Ce n'est pas à ce désordre de la salle de spectacle ou de la rue que je lui reproche d'avoir manqué ; mais je suis en droit de l'accuser de défaillance civile, de lui reprocher d'avoir manqué de ce courage qui est si rare de nos jours, qui serait si précieux et qui pourrait nous sauver de tant de catastrophes, ce courage qui consiste à s'attacher fermement au droit, à le considérer comme un solide rempart, à ne pas douter de l'indépendance et de la fermeté des magistrats, à épuiser jusqu'au bout la voie des réclamations qui sont ouvertes par la loi. Je lui reproche de n'avoir pas suivi mademoiselle Leroux, d'avoir eu moins de courage qu'une femme. Mademoiselle Leroux l'a supplié de partir avec elle sur l'heure pour Paris, de venir aux pieds du ministre de l'intérieur réclamer sa puissante intervention. M. Plichon n'a pas voulu. A Dieu ne plaise que j'accuse ses sentiments. Je méconnaîtrais ceux de ma cliente. M. Plichon est le plus honnête homme du monde, mais il a manqué de fermeté, d'intelligence. Il a voulu tout ménager, il s'est prononcé pour le plus fort. Il était à côté du maire lorsque le maire se trompait. Aujourd'hui que le maire échappe, grâce à l'omnipotence et à la protection du conseil d'État, M. Plichon, demeuré seul dans l'affaire, doit être responsable de la faute que lui Plichon a commise. S'il avait accompagné mademoiselle Leroux, l'autorisation eût été accordée par le conseil d'État, et le débat serait complet devant vous. On aurait pu examiner laquelle de ces deux personnes est en faute vis-à-vis de mademoiselle Leroux, car je ne puis pas admettre qu'un contrat soit impunément brisé, qu'on puisse en prendre la poussière et la jeter à la face de celui qu'on humilie et qu'on vole en lui disant : Vous perdez votre avenir, peu importe ; le contrat est brisé ; c'est une illégalité qui l'a fait disparaître, et la justice, organe de la légalité, ministre de la loi, sera impuissante à le faire revivre et à vous venger.

Il y a dans le domaine de l'administration publique des conflits dont cette cause est l'exemple. C'est un fait regrettable, mais ne produisant pas un mal irréparable. Les administrateurs sont investis d'un pouvoir nécessaire, souvent immense ; mais ils ont un contrôle, une garantie, c'est la loi. On ne peut laisser la loi dans une théorie abstraite. Il faut la rendre efficace, vigoureuse et vivante ; il faut qu'elle passe par votre sage interprétation. C'est donc à vous, en définitive, que viennent aboutir toutes ces grandes questions qui agitent et bouleversent les sociétés, soit dans une humble, soit dans une élevée sphère. C'est à votre conseil qu'on a recours lorsque éclate une division qui menace la paix publique ou qui alarme les intérêts privés.

Un contrat existait, il a été brisé par un fait, non par un droit. Le droit subsiste, tant qu'il n'a pas obtenu satisfaction ; aurons-nous l'humiliation et la douleur de voir la force triompher et la légalité sacrifiée ? Est-ce que mademoiselle Leroux, qui n'a rien fait pour arriver à un résultat si désastreux pour ses intérêts, qui a obéi à son contrat, qui a exécuté toutes ses obligations, qui s'est dévouée avec ardeur au culte de son art, et qui n'avait recueilli jusqu'au 13 juillet 1858 que des ovations et des applaudissements, peut s'en retourner de cette enceinte sans consolation, sans appui ? Forcés d'énoncer dans votre jugement que le droit est pour elle, est-ce que vous direz aussi que *dans les circonstances* actuelles le droit ne peut être écouté, qu'il doit être chassé hors de ce prétoire comme un témoin incommode et malsain du préjudice que souffre une victime innocemment immolée ?

Si ces tristes spectacles sont possibles dans les régions où se débattent les intérêts tumultueux d'où dépendent les destinées des empires, dans le domaine calme, serein, de la vie civile, là où se meut votre justice, là où, interprètes patients, intègres et fermes de la loi, notre commune souveraine, vous faites respecter sa volonté et vous maintenez la sainteté des contrats, un pareil malheur n'est pas à craindre.

Ici est-ce qu'il n'aurait pas un caractère doublement déplorable, quand ces principes ainsi violés atteindraient à la fois dans sa double faiblesse une femme et une artiste, une femme qui se dévoue vaillamment à l'exercice de son art, qui a obtenu des succès qui vous ont émus, une femme qui a mouillé plusieurs fois vos yeux de larmes et qui a rendu avec une fidélité telle nos passions, nos faiblesses, nos vertus, que votre âme elle-même est allée au-devant de la sienne ? Se pourrait-il que tous ces succès ne fussent qu'autant d'embûches tendues sur ses pas pour la mieux faire tomber ? Je ne le saurais croire, et sans invoquer pour elle ce passé qui, dans tous les cas, est cher à son cœur, je suis convaincu qu'il ne ressortira jamais de votre jugement une leçon qui pourrait faire croire que sous toutes ces couronnes, sous tous ces applaudissements, il y avait une pensée de déloyauté et de trahison. Que cette femme sache bien qu'en dévouant son organisation à cet art, qui fait les plus nobles plaisirs du public, elle rencontrera toujours la garantie de votre sagesse, et qu'on n'arrachera pas à ses mains, qui ont été couvertes de fleurs, l'humble salaire qui assure son existence.

<hr>

PLAIDOIRIE DE Mᵉ OUIZILLE.

Messieurs,

Mademoiselle Leroux, se prétendant lésée par un arrêté pris par M. le maire du Havre, a assigné devant vous M. Plichon, qui y est parfaitement étranger, pour le faire condamner à 20 000 francs de dommages-intérêts en réparation du préjudice que lui a causé cet arrêté.

Il y a quelque chose qui choque la raison dans ce fait de mademoiselle Leroux de vouloir faire peser les conséquences d'un fait dommageable, imputable à une personne, sur une autre personne, de séparer d'une si étrange façon la faute de la responsabilité, et d'appeler sur la tête d'un innocent la peine qui ne devrait atteindre que le coupable. Aussi, dans la plaidoirie si belle et si attachante que vous venez d'entendre, j'ai trouvé mille raisons pour poursuivre le maire du Havre, pas une pour poursuivre M. Plichon.

Quelle est la position de M. Plichon à l'égard de mademoiselle Leroux ? Au mois de juin 1858, à une époque que je ne puis pas bien préciser, car on me communique à l'instant même deux engagements dont l'un porte la date du 15 juin 1858, et d'après ce que m'a dit M. Plichon, c'est le 3 juin que l'engagement a été signé, mademoiselle Leroux a été engagé au théâtre du Havre, comme jeune première, aux appointements de 1000 francs par mois.

Au moment où mademoiselle Leroux a été ainsi engagée elle n'était pas inconnue au Havre. Depuis quatre mois elle avait figuré sur la scène du Havre comme artiste en représentation. Son talent avait été goûté, apprécié du public. Je me garderai à cet égard d'apporter la moindre contradiction au témoignage qu'on vous a donné du talent et de la popularité de mademoiselle Leroux. C'est même en raison des succès qu'elle avait obtenus que M. Plichon l'a engagée.

Il semblait que mademoiselle Leroux, qui avait été accueillie, adoptée par la majorité, ne dût pas être soumise à des débuts. Vous savez cependant qu'elle a dû s'y soumettre.

Les deux premiers débuts ont été franchis sans obstacle. Je vais trop loin, car les journaux de la localité sont là pour témoigner que dès le second début mademoiselle Leroux avait senti passer sur sa tête le souffle de la désapprobation du public.

Elle avait senti que les fleurs qu'elle avait cueillies, pour me servir du langage de l'adversaire, n'étaient pas immortelles, et qu'elle était exposée à les voir se flétrir sous le vent de l'inconstance populaire.

J'ai là un article du *Journal du Havre* du 11 juin, dans lequel on rend compte des débuts de mademoiselle Leroux et qui témoigne de ce que j'avance.

Je ne veux élever aucun doute sur le talent de mademoiselle Leroux. Ce que je veux constater, c'est le commencement de l'opposition qui se manifeste de la part du public, jusqu'alors si empressé, lors du second début de mademoiselle Leroux.

Au troisième début, ce fut bien autre chose. Des manifestations hostiles à mademoiselle Leroux se firent entendre, émanant d'une minorité, puisque le juge compétent, l'organe officiel, le commissaire de police, a proclamé l'admission de mademoiselle Leroux.

Mademoiselle Leroux admise, attachée comme artiste ordinaire au théâtre du Havre, rencontre d'une manière malheureusement plus prononcée la désapprobation du public dans la pièce de Scribe intitulée les *Doigts de fée*, où elle paraît après ses débuts.

J'arrive immédiatement à la représentation du 13 juillet. C'est dans le rôle de Gabrielle que se fait entendre mademoiselle Leroux.

Elle est accueillie par des murmures, par des sifflets. La police croit devoir, dans l'intérêt de la tranquillité publique, intervenir, et quelques-uns des perturbateurs sont expulsés. Le lendemain, le maire du Havre prend l'arrêté que vous connaissez, et qui est notifié à mademoiselle Leroux et à M. Plichon.

Quelle a été la conduite de mademoiselle Leroux après cet arrêté qui l'a frappée ?

Mademoiselle Leroux a-t-elle insisté auprès de son directeur pour paraître sur la scène ? Lui a-t-elle dit : Voilà un arrêté que je considère comme illégal, comme nul, comme n'existant pas ; en conséquence, le contrat qui nous lie n'est pas brisé ; les obligations que vous avez contractées vis-à-vis de moi je les considère comme toujours existantes ; j'entends que vous m'acceptiez ?

Telle n'a pas été la conduite de mademoiselle Leroux. Mademoiselle Leroux, à partir du 14 juillet, a cessé de paraître au théâtre. Le 3 août 1858 elle a touché 1000 francs pour ses appointements du mois de juillet tout entier, bien que depuis le 14 juillet, par suite de l'arrêté du maire, elle eût cessé de faire partie de la troupe, ou du moins de donner des représentations sur le théâtre.

Ce n'est pas tout. Mademoiselle Leroux a quitté le Havre. Nous voyons en effet par les actes même de sa procédure que dès le 4 août, jour auquel elle cite M. Plichon en conciliation devant le juge de paix, et à la date du 12 août, jour auquel elle cite conjointement et solidairement devant vous M. Plichon et M. le maire du Havre, mademoiselle Leroux prend son domicile à Paris. Elle n'avait donc déjà au Havre qu'une simple résidence dans laquelle elle descendait lorsque ses affaires l'amenaient au Havre.

Mademoiselle Leroux a pris une mesure plus efficace que le procès qu'elle nous fait aujourd'hui. Blessée dans sa considération et dans son intérêt par l'arrêté de M. le maire du Havre, elle s'est pourvue contre cet arrêté auprès de l'autorité supérieure, et elle est parvenue à faire annuler par le préfet de la Seine-Inférieure, suivant les instructions à lui adressées par M. le ministre de l'intérieur, à faire casser l'arrêté municipal du 14 juillet.

En même temps que mademoiselle Leroux poursuivait l'annulation de l'acte qui lui était préjudiciable, elle se proposait de poursuivre le fonctionnaire qui l'avait rendu, pour en obtenir, s'il était possible, la réparation du préjudice qu'elle avait éprouvé. Elle s'est donc pourvue devant le conseil d'État pour obtenir l'autorisation de suivre la demande que dès avant elle avait formée contre M. le maire du Havre devant l'autorité judiciaire. Après avoir obtenu l'annulation de l'arrêté du 14 juillet, mademoiselle Leroux pouvait se flatter d'obtenir cette autorisation, qui semblait en être la conséquence. Mademoiselle Leroux a été trompée dans son attente ; le conseil d'État a refusé l'autorisation de poursuivre le maire du Havre. Je n'ai pas à m'expliquer sur l'inconséquence apparente qui résulte de l'annulation de l'arrêté et de la décision du conseil d'État qui met le fonctionnaire qui l'a rendu à l'abri de toute poursuite de la part de mademoiselle Leroux.

Mademoiselle Leroux, qui à l'origine avait assigné M. Plichon conjointement avec M. le maire du Havre beaucoup plus pour qu'il lui servît d'appui et lui apportât un témoignage en justice, pour qu'il fût bien constant que comme conséquence de l'arrêté pris contre elle le directeur n'avait pu lui distribuer des rôles qu'elle-même était dans l'impuissance de jouer, oubliant la pensée qui avait présidé à sa demande, lorsque l'autorisation de poursuivre M. le maire du Havre lui eut été refusée et qu'il ne lui fut plus possible d'obtenir contre lui une condamnation, s'est retournée contre M. Plichon, et persévérant de plus fort, comme elle dit dans ses conclusions, dans la demande formée contre M. Plichon, elle persiste à lui demander aujourd'hui 20 000 francs de dommages-intérêts.

Est-il possible que dans les circonstances que vous connaissez, M. Plichon puisse être condamné à une indemnité, quelle qu'elle soit, pour le préjudice, considérable qu'il puisse être, que mademoiselle Leroux aurait éprouvé par suite de l'arrêté du 14 juillet? Je ne le crois pas.

Je n'ai rien à opposer aux principes que dans son magnifique langage mon adversaire vous exposait tout à l'heure sur le respect des conventions, sur la protection que la justice doit accorder aux intérêts privés. Je me sépare de toutes les préoccupations qui peuvent exister dans d'autres régions. C'est en vertu du droit, c'est en vertu d'un texte de loi que j'entends mettre M. Plichon à l'abri des poursuites de mademoiselle Leroux.

S'il est déplorable que mademoiselle Leroux, blessée, préjudiciée par un arrêté du maire du Havre, se voie sans recours possible contre le maire, à raison de ce refus d'autorisation de poursuite, il serait au moins aussi inique que M. Plichon, qui n'est pas l'auteur de l'arrêté et qui a dû se courber devant l'arrêté, fût obligé de réparer au profit de mademoiselle Leroux le préjudice que le maire lui aurait causé.

De quoi s'agit-il? D'un engagement entre un directeur et une artiste. C'est là une convention comme une autre, soumise aux règles qui régissent les contrats. Ce sont ces règles et ces principes que l'adversaire invoque. Il dit : Vous avez signé une convention aux termes de laquelle vous me devez 1000 francs par mois; vous n'exécutez pas votre obligation, je vous demande les dommages-intérêts que la loi impose à celui qui ne remplit pas ses obligations.

Mais la loi, toujours équitable, n'a voulu punir par des dommages-intérêts que l'infraction à la parole donnée, quand elle est volontaire et imputable à celui qui s'en rend coupable. Elle n'a pas voulu que ceux qui se trouvent dans un cas de force majeure qui leur rend impossible l'exécution de la convention pussent être condamnés à des dommages-intérêts.

Voilà le débat bien précisé. Il s'agit de savoir si M. Plichon a pu dans la position qui lui était faite par l'arrêté du 14 juillet, exécuter la convention qu'il avait passée avec mademoiselle Leroux, ou si au contraire l'existence de l'arrêté, sa notification au directeur obligé de le subir, n'ont pas constitué pour lui un obstacle de force majeure qui le met à l'abri derrière les dispositions de l'art. 1148 du Code Napoléon.

La force majeure est définie par les auteurs. Au nombre des cas qui constituent la force majeure, il y en a un que les auteurs mettent en avant, c'est le fait du prince.

Le premier devoir de tout citoyen, c'est de se soumettre à la loi, à l'ordre du souverain s'il agit dans les limites de son pouvoir. Et par souverain il faut entendre le fonctionnaire qui exerce par délégation la souveraineté, à quelque échelon de la hiérarchie qu'il soit placé; de sorte que le maire le plus obscur de la plus petite commune de France fait acte de prince quand il rend un arrêté, aussi bien que le chef de l'État quand il rend un décret impérial.

M. le maire du Havre a pris, le 14 juillet, un arrêté qui dit que mademoiselle Leroux cessera de faire partie du théâtre du Havre, et enjoint à son directeur de pourvoir à son remplacement. C'est là l'obstacle de force majeure contre lequel il n'était pas possible à M. Plichon de lutter, devant lequel il a dû s'incliner.

Il est vrai qu'on a voulu jeter des doutes sur la légalité de l'arrêté. Examinons si l'arrêté était légal, et si dans tous les cas il n'était pas impérieusement obligatoire pour M. Plichon.

La légalité de l'arrêté ne me paraît pas pouvoir être sérieusement discutée. Les dispositions de la loi spéciale qui est applicable, qui détermine les pouvoirs donnés à certains fonctionnaires, et notamment aux officiers municipaux, ne peut laisser place à la discussion. La loi des 16-24 août 1790 place la police des établissements publics, des théâtres, dans les mains des maires. D'autres lois subséquentes confirment ces pouvoirs. M. le maire du Havre agissait donc dans l'étendue de ses pouvoirs, lorsqu'il prenait, le 14 juillet, l'arrêté dont on conteste aujourd'hui la légalité. Permettez-moi de mettre sous vos yeux un passage d'un ouvrage spécial sur la législation des théâtres, de MM. Lacan et Paulmier, qui fait aujourd'hui autorité en justice :

« L'autorité municipale est chargée par la loi de tout ce qui tient à la police des théâtres. Ce pouvoir lui est expressément attribué par les lois des 16-24 août 1790, 13-19 janvier 1791, 14 août et 1er septembre 1793, l'arrêté du 25 pluviôse an IV, et le décret du 17 frimaire an XII. L'autorité municipale est représentée dans les départements par les maires, et, à défaut des maires, par les adjoints. »

Les auteurs examinent quelles sont les fonctions qu'ont à remplir les maires. Après avoir dit que dans les départements les maires relèvent des préfets quant à ces fonctions, ils ajoutent :

« Les préfets, de leur côté, sont sous la dépendance du ministre ; les mesures qu'ils ordonnent, soit spontanément, soit par confirmation ou annulation des arrêtés municipaux, peuvent toujours être revisées par le ministre.

C'est donc, en définitive, au ministre que viennent aboutir tous les rouages de la police théâtrale ; il exerce sa surveillance et son action sur les théâtres de Paris et sur ceux compris dans la circonscription que trace l'arrêté du 3 brumaire an IX, par le préfet de police, et sur ceux des départements par les préfets.

» Les arrêtés du ministre en cette matière, étant des actes de pure administration, ne sont pas susceptibles d'être attaqués devant le conseil d'État par la voie contentieuse. »

Et les auteurs examinent les cas dans lesquels les maires peuvent agir, et prévoient spécialement celui qui nous occupe, c'est-à-dire un arrêté pris relativement à la présence d'un acteur qui, dans l'opinion de l'autorité, à tort ou à raison, serait une cause de trouble, d'agitation.

« La présence d'un acteur peut occasionner des désordres dans la salle : un acteur peut avoir encouru la disgrâce du public, ou par son jeu, ou par des faits étrangers à sa profession. Il suffit qu'il soit un obstacle au maintien de l'ordre pour que l'autorité ait le droit d'exiger son élimination, sans préjudice des droits qui peuvent résulter de son engagement avec le directeur. »

Je fais mes réserves quant à la dernière partie du passage. Ce que je voulais constater, c'est la légalité parfaite de l'arrêté du 14 juillet 1858.

L'arrêté préfectoral lui-même n'implique pas la réfutation de ce que je dis quant à la légalité de l'arrêté du maire. Je sais bien que le préfet dit que le maire pouvait, en vertu des pouvoirs qu'il tient de la loi, assurer la répression du désordre, s'il y en avait, mais que son droit ne pouvait aller jusqu'à prendre une mesure dont le résultat était de briser un contrat légitimement formé. Il y a là, je crois, un vice de rédaction, et les expressions de M. le préfet ont trahi sa pensée.

Ce qu'il vient dire, ce n'est pas que le maire ait outrepassé ses pouvoirs et ses droits en prenant un arrêté dont la conséquence a été d'annuler une convention prise entre une artiste et le directeur. Nous en avons la preuve dans la décision du conseil d'État, qui a refusé à mademoiselle Leroux l'autorisation de poursuivre le maire. En effet, si l'acte du 14 juillet avait été de la part de M. le maire du Havre un excès de pouvoir, s'il avait été brisé par l'autorité supérieure pour cause d'incompétence, croyez-vous que le conseil d'État eût refusé l'autorisation de poursuivre M. le maire du Havre ?

La décision du conseil d'État qui refuse l'autorisation sollicitée par mademoiselle Leroux se concilie parfaitement avec la légalité de l'arrêté. En effet, le conseil d'État a pu considérer que le maire avait porté trop loin l'exercice de ses pouvoirs, et qu'en conséquence l'arrêté avait pu être brisé par l'autorité supérieure ; mais il a pu apprécier que le fonctionnaire qui se trompe dans l'exercice de ses fonctions, sans sortir des limites de son pouvoir, n'est pas responsable envers la partie lésée du préjudice qu'elle a éprouvé. Si ces fonctionnaires qui ont à prendre dans l'intérêt général, souvent pressant, impérieux, des mesures promptes, pouvaient être arrêtés par la crainte de la responsabilité personnelle qu'entraîneraient pour eux ces mesures prises dans un intérêt général, dans le cas où ils se seraient trompés, vous comprenez les inconvénients qui en résulteraient.

Si l'arrêté est légal, ce n'est pas seulement pour M. Plichon qu'il est obligatoire, c'est pour tout le monde. Quand un arrêté est pris par l'autorité dans la mesure de ses devoirs, le premier devoir des citoyens est de s'y soumettre.

Je vais plus loin. Je suppose que l'arrêté n'ait pas été légal, je me demande s'il n'était pas forcément exécutoire pour M. Plichon, directeur de théâtre.

En effet, quelle est la position d'un directeur de théâtre vis-à-vis de l'autorité municipale ? Le directeur de théâtre est subordonné à l'action de l'autorité municipale ; il ne vit que sous son bon plaisir ; il est porteur d'un privilége révocable.

Sans aller si loin, et sans supposer que M. Plichon s'expose à se voir retirer son privilége dans le cas où il aurait résisté à l'arrêté du 14 juillet, l'administration municipale avait dans les mains bien d'autres armes qui suffisaient pour entraîner la ruine du directeur. Elle pouvait fermer le théâtre provisoirement. M. Plichon aurait eu le droit peut-être de recourir à l'autorité supérieure ; mais, en attendant que l'autorité eût fait justice aux réclamations de M. Plichon, le directeur aurait été ruiné. Il ne faut pas plus d'une quinzaine ou d'un mois de fermeture d'un théâtre pour en amener la ruine complète.

A cet égard, je parle avec l'autorité de MM. Lacan et Paulmier, qui s'expriment ainsi :

« L'autorisation accordée est révocable, si l'entrepreneur ne remplit pas les conditions que l'administration y a mises. Le règlement du ministre de l'intérieur du 25 avril 1807, approuvé par l'article 6 du décret du 29 juillet 1807, disposait à l'égard des directeurs de troupes ambulantes, que l'inexécution des conditions auxquelles les concessions étaient faites serait dénoncée au ministre par les préfets et punie par la révocation des autorisations, et, s'il y avait lieu, par des indemnités qui seraient versées dans la caisse des pauvres. »

Voilà à quoi il fallait que M. Plichon s'exposât pour complaire à mademoiselle Leroux, à se voir retirer son privilége, ou tout au moins à voir fermer son théâtre pendant un temps plus ou moins long. N'est-ce pas là la force majeure avec ses conséquences les plus impérieuses ?

Je sais que des arrêts ont décidé que les directeurs pouvaient être condamnés à des dommages-intérêts à l'égard d'artistes auxquels l'autorité municipale avait défendu de reparaître sur la scène. Cependant il existe entre ces espèces et les circonstances de l'instance actuelle des circonstances bien significatives.

Il résulte des faits exposés par un arrêt de la Cour de Toulouse, qu'un acteur qui avait été reçu après ses débuts était devenu l'objet de l'animadversion du public. Le maire avait écrit une lettre au directeur du théâtre pour lui enjoindre officieusement de ne plus recevoir l'acteur. Le directeur se soumit à l'injonction officieuse que lui faisait le maire, et l'artiste l'assigna devant le tribunal pour obtenir des dommages-intérêts. Le directeur sentit si bien qu'une simple lettre émanée du maire ne constituait pas un obstacle de force majeure, c'est-à-dire un acte devant lequel il dût se courber sous peine de se mettre en contravention avec la loi, qu'il offrit une indemnité à l'artiste.

Il y a une étrange inconséquence de la part de l'arrêt de la Cour. Elle dit qu'une injonction sous forme de lettre est un obstacle de force majeure, et néanmoins elle condamne le directeur à des dommages-intérêts. La Cour s'est plus ou moins bien expliquée dans son arrêt ; elle a apprécié le fait tel qu'il se présentait. Il ne s'agissait pas d'un arrêté municipal, d'un règlement ayant force exécutoire ; il s'agissait d'un avertissement officieux auquel il était permis au directeur de résister. On comprend que la justice, en pareil cas, ait pu dire au directeur : Vous avez été bien vite. Sur un simple avertissement, sur une lettre officieuse, vous avez brisé le contrat qui vous liait ; vous avez interdit à l'acteur l'entrée du théâtre. Il fallait résister, dire au maire : Exercez votre autorité, prenez contre moi les mesures que vous croirez devoir prendre ; quand vous les aurez prises, je m'inclinerai. Il ne suffit pas, pour que les actes d'un fonctionnaire aient une autorité légale, qu'ils émanent d'un fonctionnaire compétent et qu'ils soient pris dans les limites de ses pouvoirs ; il faut qu'ils se produisent dans la forme de la loi. Aussi bien que l'arrêté du maire, pris dans la force déterminée, est un règlement ayant force de loi, la lettre émanée d'un maire n'est que l'avis émané d'un simple particulier, et ne peut pas constituer au profit du directeur un cas de force majeure.

Voici un arrêt de la Cour d'Orléans rendu dans des circonstances identiques, rappelé par MM. Lacan et Paulmier :

« Ainsi jugé par la Cour d'Orléans, le 28 novembre 1826, dans l'affaire de mademoiselle Élisa Martin. Après avoir rempli ses rôles pendant plusieurs mois, mademoiselle Martin ne paraissait plus sur la scène sans exciter quelques murmures. Le maire écrivit au directeur d'avoir à lui notifier qu'elle ne pouvait plus jouer sur le théâtre. Le directeur obéit à l'ordre du maire. Mademoiselle Martin répondit à cette injonction par une demande en payement d'indemnité. Le directeur fut en effet condamné à lui payer l'indemnité arbitrée par la Cour. »

Je reconnais qu'un directeur qui s'incline sans protestation devant la parole non officielle de l'autorité prend sur lui la responsabilité de la rupture du contrat. Ce n'est pas l'autorité qui le brise comme dans notre espèce, c'est le directeur qui, par faiblesse, manque à la parole donnée à l'engagement pris.

A côté de ces arrêts il y en a un rendu dans une espèce qui présente des analogies avec le nôtre, où la Cour de Rouen motive le rejet de la demande de l'artiste, M. Fleury, contre son directeur, sur ce fait que son admission avait été le résultat d'une erreur ; qu'en conséquence, l'engagement ayant été subordonné à l'avénement d'une condition, c'est-à-dire à l'approbation du public, et cette condition ayant manqué, le traité n'existait pas.

Y a-t-il une grande différence entre cette situation et celle de M. Plichon ? L'arrêté du 14 juillet dit que mademoiselle Leroux, à son troisième début, a été en effet admise, ainsi que l'a proclamé le commissaire de police ; mais que son admission a été le résultat, non pas d'une erreur, mais d'une fraude ; que mademoiselle Leroux aurait vicié le public par l'introduction dans le parterre d'un nombre considérable de spectateurs à sa dévotion ; qu'il était résulté de cet état de choses une agitation, un désordre, auquel le maire du Havre a le droit et le devoir de porter remède, et qu'en conséquence l'accès de la scène est refusé à mademoiselle Leroux.

C'est dans les mêmes termes que le maire, intervenant dans l'affaire de M. Fleury, avait défendu à M. Fleury l'accès du théâtre. Le maire n'a pas plus entendu juger que l'engagement de M. Fleury était le résultat de la fraude. Donner des considérants, ce n'est pas juger la question. Il a mentionné en fait que M. Fleury ayant été admis par erreur, et que cette admission par erreur étant la cause de protestations et de désordre, il intervenait, lui maire, chargé d'assurer la tranquillité publique, et non pas de juger entre les parties.

Le maire a pris son arrêté sur cette considération que mademoiselle Leroux n'a été reçu qu'en apparence ; que son admission a été viciée dans son principe par l'introduction dans la salle de billets de faveur.

Je suis loin d'accuser mademoiselle Leroux. Tout ce que je sais, dont je n'entends tirer contre mademoiselle Leroux aucune espèce d'induction, c'est qu'au troisième début, dans la matinée, 250 francs de billets de parterre avaient été pris au bureau de location. Le nom de mademoiselle Leroux sur l'affiche, la composition du spectacle, peuvent être une explication suffisante de l'empressement du public. Mais, enfin, il y a identité entre la position de M. Fleury et celle de mademoiselle Leroux, sauf cette différence que l'admission de M. Fleury a été considérée comme résultant d'une erreur, et celle de mademoiselle Leroux comme résultant d'une fraude.

Ce que je demande, c'est d'appliquer les principes de la Cour de Rouen, qui ne sont pas autre chose que la déclaration de l'existence d'un obstacle de force majeure et de la conséquence légale qui en résulte, l'irresponsabilité de celui qui, sous la pression de cette force majeure, est dans l'impuissance d'exécuter ce contrat.

Enfin, un autre arrêt qui s'éloigne de ceux-là, et cependant présente des principes applicables, est un arrêt de la Cour de Paris, du 25 janvier 1850. Il s'agissait de savoir si le retrait du privilége des mains du directeur était pour les artistes une cause possible de dommages-intérêts pour le temps qui restait à courir de leur engagement. L'arrêt décide en fait que le retrait du privilége au directeur est une circonstance de force majeure ; que d'ailleurs les engagements n'ont été souscrits que dans la vue de la durée du privilége, et qu'en conséquence l'extinction du privilége emporte l'extinction des obligations.

Nous ne sommes pas seulement en matière de conventions, ce qui m'autoriserait suffisamment à invoquer l'obstacle de force majeure comme une circonstance qui délie M. Plichon vis-à-vis de mademoiselle Leroux. Nous sommes en matière de contrat de louage. En pareille matière, les auteurs font une distinction. Ou la force majeure tombe sur ce qui est la matière même du contrat, ou elle tombe sur le maître, ou elle tombe sur l'ouvrier. Quand elle tombe sur la matière du contrat, il y a résolution sans dommages-intérêts. Si elle tombe sur le maître, l'ouvrier peut réclamer en certains cas des dommages-intérêts, car il est prêt à donner ses services, et ce n'est pas sa faute si on ne les réclame pas. Si elle tombe sur l'ouvrier, il est possible, suivant les circonstances, que le maître lui demande des dommages-intérêts.

Considérons, et cela me paraît incontestable, l'arrêté du maire comme un fait de force majeure, et appliquons ces principes au contrat qui nous lie et qui est bien le louage d'ouvrage ou d'industrie. Demandons-nous si c'est sur le maître, c'est-à-dire sur M. Plichon, ou sur l'ouvrier, c'est-à-dire sur mademoiselle Leroux, que tombe le fait de force majeure. Si c'est sur M. Plichon, il y a peut-être lieu d'examiner si M. Plichon n'est pas tenu de donner des dommages-intérêts à mademoiselle Leroux. S'il tombe sur mademoiselle Leroux, peut-être M. Plichon aurait-il des dommages-intérêts à lui demander. Il s'en garde bien. A plus forte raison, mademoiselle Leroux ne pourra-t-elle pas demander des dommages-intérêts à son directeur pour un fait de force majeure qui tombe sur elle.

Quelle est donc la cause qui a déterminé l'arrêté du maire ? Ce sont des manifestations, de bon ou de mauvais aloi, mais des manifestations publiques, qui ont paru à M. le maire du Havre avoir une valeur assez grande pour nécessiter son intervention et éloigner de la scène mademoiselle Leroux. Je ne conteste pas les succès ni le talent de mademoiselle Leroux. Je n'accepte pas sans réserve les articles élogieux des journaux. Je m'en tiens seulement à l'effet qu'elle a produit au Havre. Mademoiselle Leroux, après avoir recueilli les applaudissements du public pendant quatre mois, commence à son second début à voir poindre l'opposition. L'opposition grossit, et quand ces débuts sont consommés, quand elle a été proclamée, à raison peut-être de cette proclamation dans les circonstances que le public regarde comme constituant une admission forcée, surprise, l'opposition devient un orage, et elle ne peut

pas paraître en scène sans être accueillie par des murmures et des sifflets.
Quelle en est la cause ? Peut-être la cause la plus frivole. Ce sera, si voulez,
le physique de l'artiste.

> « Elle avait le nez fait de cette façon-là.
> » C'était ceci, c'était cela.

Le parterre a, un peu comme les coquettes, ses caprices du lendemain qui
détruisent ses sympathies de la veille. Le public a changé d'avis sans motifs,
par pur caprice. Ce n'est pas la faute de mademoiselle Leroux, je le veux bien ;
ce n'en est pas moins un fait de force majeure qui tombe sur elle, et non pas
sur M. Plichon.

L'arrêté s'adresse à mademoiselle Leroux. Il dit que mademoiselle Leroux
cessera de faire partie de la troupe. Il ne s'adresse à M. Plichon que pour lui
enjoindre de pourvoir à son remplacement, considérant l'exclusion de l'artiste
comme un fait consommé et dans lequel l'autorité municipale n'a pas besoin
des conseils du directeur.

Ceci me suffirait pour mettre M. Plichon à l'abri de tout danger de condamnation. Mais j'ai encore d'autres objections tirées de textes de lois à opposer
à la demande de mademoiselle Leroux. En effet, quelque opinion qu'on puisse
avoir sur la valeur de l'arrêté du maire du Havre comme obstacle de force
majeure, si mademoiselle Leroux l'a accepté, si elle s'est résignée, si à l'encontre de son directeur elle a considéré comme désormais rompu, anéanti, le
traité qu'elle avait avec lui, à coup sûr, quelque préjudice qu'elle puisse en
éprouver, elle ne peut revenir sur ce consentement tacite et lui demander
aujourd'hui des dommages-intérêts. C'est ce qu'il est facile de démontrer.

Après l'arrêté du 14 juillet, mademoiselle Leroux n'a fait aucune espèce de
protestation. Elle s'est présentée à la caisse et a touché non-seulement ce qui
lui était dû, mais au delà de ce qui lui était dû. Je ne prétends pas dire qu'une
transaction soit intervenue entre mademoiselle Leroux et M. Plichon. Je ne
veux rien dire de hasardé et m'exposer à aucun démenti, mais elle a touché
non-seulement jusqu'au 14 juillet, jour auquel expirait son droit aux appointements, mais jusqu'à la fin de juillet.

Il y a deux phases à distinguer dans la cause. La première, c'est le temps
qui s'est écoulé entre l'arrêté et le jour où il a été brisé. Jusque-là c'eût été
vainement que mademoiselle Leroux eût fait une protestation ; mais ne fût-ce
qu'à titre de protestation et pour s'en servir dans l'avenir, elle pouvait la faire.
Mademoiselle Leroux ne l'a pas faite. Elle a fait bien plus. Mademoiselle Leroux,
dès le commencement d'août, avait été établir son domicile à Paris, elle n'avait
conservé au Havre qu'une résidence où elle n'apparaissait que passagèrement.
Le 14 décembre 1858 elle a définitivement quitté le Havre, n'y gardant même
plus un pied à terre. Est-ce que ce n'est pas de la part de mademoiselle Leroux
l'abandon le plus complet d'une prétention quelconque à continuer son service d'artiste sur le théâtre du Havre ? Elle a manifesté ainsi que dans sa
pensée, et sauf les dommages-intérêts que déjà elle avait demandés à qui de
droit, elle ne pouvait s'attendre à être requise par M. Plichon pour des représentations.

Mademoiselle Leroux dit : Mais avant tous ce faits j'avais suffisamment protesté par la demande même et par l'assignation que j'avais donnée à M. le maire du Havre.

A quelle fin l'aviez-vous assigné ? Vous pouviez, le 12 août, quand vous m'avez assigné, dire que je serais tenu, sous une contrainte d'une certaine somme, à exécuter l'engagement que vous aviez passé avec moi. Ce n'est pas cela que vous avez dit. Vous saviez bien qu'il n'était pas possible pour vous de reparaître sur la scène du Havre, et vous n'en avez pas eu la prétention, parce que vous compreniez le danger de jouer encore au Havre après l'arrêté ; et cependant vous considériez l'arrêté comme anéanti, comme le résultat d'un abus de pouvoir, puisque vous m'assigniez conjointement avec le maire du Havre en payement d'une somme de 20 000 francs.

Mademoiselle Leroux fait une autre objection et dit : Ce n'était pas à moi à me mettre à la disposition du directeur. C'était à mon directeur à m'avertir que j'aurais à jouer tel jour, puisque d'après les habitudes c'est au directeur qu'appartient la rédaction de l'affiche du spectacle pour toute la semaine. A défaut par M. Plichon de m'avoir affiché à l'intérieur du théâtre pour les rôles qu'il m'eût attribués, je n'avais rien à faire. Vous ne pouvez pas m'imputer de ne l'avoir mis en demeure.

Si les parties étaient restées dans les conditions primitives, je comprends que ce n'est pas à l'artiste à aller au-devant du directeur, à lui dire chaque matin : Voulez-vous que je joue. C'est au directeur, auquel appartient le règlement intérieur du théâtre, la rédaction des affiches, la distribution des rôles, à déterminer par des affiches intérieures que les artistes vont voir, l'ordre de service et les pièces dans lesquelless ils figurent. Mais étions-nous dans cette position ? Comment pourrez-vous faire abstraction de l'arrêté du 14 juillet, en vertu duquel vous ne pouviez pas paraître ? Est-ce qu'il y a un doute possible sur la pensée de l'inaction du directeur ? Est-ce que les artistes sont habitués à toucher des appointements sans jouer ? M. Plichon a constamment reconnu les talents de mademoiselle Leroux, et s'il a cessé de l'afficher, c'est à cause de l'arrêté. Mademoiselle Leroux le savait parfaitement. C'était donc à elle à le mettre en demeure.

Si M. Plichon venait aujourd'hui demander à mademoiselle Leroux des dommages-intérêts, et lui dire : Non-seulement je ne vous payerai pas vos appointements depuis le 14 juillet, jour où vous avez cessé votre service, mais, comme j'ai été obligé de vous remplacer par une autre actrice qui ne valait pas mieux que vous, j'entends que vous me payiez des dommages-intérêts. Je comprendrais que mademoiselle Leroux vînt dire : Si vous entendiez me faire jouer nonobstant l'arrêté, il fallait me mettre en demeure. Mais est-ce la position ? Il existait un arrêté que j'étais forcé de respecter aussi bien qu'elle, auquel, sauf son recours à l'autorité supérieure, elle n'a pas tenté de résister par la force.

L'arrêt est cassé. Si, l'arrêté une fois cassé, mademoiselle Leroux était venue avec l'arrêté préfectoral dire à M. Plichon : Voilà l'arrêté du 14 juillet brisé ; notre engagement subsiste, me voici à votre disposition, M. Plichon serait responsable, parce qu'il n'aurait plus l'excuse de la force majeure, l'obstacle mis à l'exécution de son engagement n'existant plus.

Je ne sais si l'arrêté préfectoral a été notifié à mademoiselle Leroux. Ce que je sais, c'est que mademoiselle Leroux qui me poursuivait, ne me l'a pas fait connaître. Mademoiselle Leroux connaissait l'arrêté. Elle pouvait rentrer dans les droits que lui donnait le traité du mois de juin 1852. Elle ne l'a pas fait. Elle a laissé ignorer l'annulation de l'arrêté à son directeur. C'est à elle à s'imputer de ne l'avoir pas mis en demeure.

On reproche à M. Plichon de n'avoir pas poursuivi, comme l'a fait mademoiselle Leroux, devant l'autorité supérieure l'annulation de l'arrêté du 14 juillet. Quel eût été le résultat de l'adjonction de M. Plichon aux efforts de mademoiselle Leroux ? Mademoiselle Leroux n'a rien à regretter ; elle a obtenu un succès complet, et la compagnie de M. Plichon n'aurait été peut-être qu'un embarras contre elle.

Pourquoi n'avoir pas accompagné mademoiselle Leroux devant le conseil d'État et n'avoir pas demandé l'autorisation de poursuivre le maire du Havre ? J'étais assigné directement et conjointement avec le maire du Havre. Tant qu'il était poursuivi, j'étais dans une sécurité parfaite, parce que j'étais bien convaincu, et je le suis encore aujourd'hui, que mademoiselle Leroux pouvait choisir entre le maire et moi, je n'avais rien à craindre. Je n'avais pas jusque-là formé de demande en justice contre le maire. Il y a même ici une circonstance qui modifie ma position de manière à rendre moins favorable encore l'action de mademoiselle Leroux contre moi. Ce n'est que par suite du refus d'autorisation que mademoiselle Leroux fait peser sur moi tout le poids de sa réclamation. C'est alors que, dans des conclusions récemment signifiées, j'ai demandé acte de mes réserves de me pourvoir à mon tour contre le maire du Havre, dans le cas où, par impossible, des condamnations viendraient peser sur moi. Jusque-là je n'avais pas à former de demande en autorisation, et il était inutile d'aller devant le conseil d'État m'immiscer dans la demande de mademoiselle Leroux. Je ne sais pas comment serait appréciée en certains lieux la poursuite d'un directeur de théâtre demandant l'autorisation de poursuivre un maire qui a pris un arrêté dans la limite de ses pouvoirs, étant son subordonné, ne vivant que sous son bon plaisir.

Par tous ces motifs, vous repousserez la demande de mademoiselle Leroux, et si vous pouvez regretter que le préjudice éprouvé par mademoiselle Leroux doive rester sans réparation, vous vous garderez bien de substituer une iniquité à une autre, et, pour faire disparaître ce scandale dont parle l'adversaire, d'un droit impunément méconnu et violé, vous n'y ajouterez pas le scandale beaucoup plus grand, de prononcer une condamnation contre un homme auquel on ne reproche pas d'avoir en quoi que ce soit, activement au moins, causé le préjudice dont on se plaint, de punir un innocent, et de prendre dans la personne de M. Plichon des dommages-intérêts qui, s'ils sont dus, ne seraient évidemment dus que par l'auteur de l'arrêté, que par M. le maire du Havre.

Je persiste avec confiance dans mes conclusions.

Messieurs,

La discussion à laquelle vient de se livrer l'un de mes adversaires rend, de ma part, une réplique tout à fait indispensable, car, ou je m'abuse fort, ou cette discussion roule sur une confusion involontaire des principes qu'il importe de maintenir avec fermeté.

Cette cause touche par toutes sortes de points à des questions graves, qui, une fois posées devant vous, doivent être éclaircies.

Quelle est la destinée des artistes? Où seront leurs garanties? Quand et comment pourront-ils se croire assurés contre des événements ou des volontés qui les tiendraient en servage? Sont-ils placés en dehors des conditions communes, et les règles salutaires auxquelles nous nous soumettons tous ne sont-elles rien pour eux? Ces questions, je n'ai pas besoin de vous en dire l'importance. L'art qu'ils exercent est essentiellement lié à la dignité et à la prospérité des lettres. Supposez, par exemple, que notre immortel Molière, qui n'était pas seulement le plus grand des comiques, mais qui était encore un des artistes les plus achevés de son temps, eût pu être arraché à la scène qu'il illustrait, par une fantaisie, de quelque ordre qu'elle fût, ces chefs-d'œuvre dont la scène française s'enorgueillit pourraient n'avoir jamais vu le jour. Faute d'interprètes fidèles, les auteurs demeureront stériles. Je vais plus loin, et je ne crois pas que je m'abuse dans mon culte persévérant et obstiné et de tous les temps, quels qu'ils soient, pour la liberté: faute d'interprètes indépendants, les auteurs n'auront plus cette flamme inspiratrice qui seule peut éclairer et enflammer leur génie. Il est donc important pour tous que les artistes reçoivent le bénéfice de la loi, qu'elle soit faite pour eux, qu'on connaisse au moins les conditions auxquelles leur existence professionnelle pourra s'acomplir.

C'est sur ce point que j'appelle votre bienveillante attention, mon adversaire m'ayant paru faire à cet égard une théorie trop commode et trop élastique que tout à l'heure je vais essayer de préciser.

S'il est nécessaire qu'on sache à quelles conditions les artistes vivent, sont acceptés et peuvent exercer leurs droits, il n'est pas moins indispensable qu'aucune obscurité ne vienne envelopper le pouvoir municipal qui touche à nos intérêts à toutes les heures, qui, paternel, et cependant chargé de contenir et de réprimer, ne peut avoir de puissance au milieu de nous qu'à la condition d'être accepté par toutes les consciences, et de ne jamais être sérieusement contesté.

Sous ce rapport, le conflit qui s'est élevé entre l'autorité supérieure et l'autorité locale me paraît contenir un véritable enseignement, dont, je l'espère, la dernière, la morale, la salutaire leçon ressortira de votre sagesse; et il ne se peut faire que dans cette enceinte soit dénoncé un fait aussi grave, sans qu'on en recherche la moralité et sans qu'on en trouve la légale solution. Il ne se peut faire que j'affirme que l'arrêté du maire est illégal, que mon honorable adversaire le déclare légal, et que le tribunal passe cette question sous silence.

Donc, à ce point de vue, il faut essayer en aussi peu de mots que possible, et sans revenir sur des faits maintenant très bien connus, préciser les questions qui se présentent à votre jugement, et je dois dire, à mon humble point de vue, comment je les comprends et comment, suivant moi, elles doivent être résolues.

Mon honorable adversaire, cherchant à poser son client, M. Plichon, à l'abri d'une exception toute-puissante, n'a fait que développer cette thèse, que l'arrêté du 14 juillet 1858 était un fait de force majeure, un acte du prince devant lequel M. Plichon, comme mademoiselle Leroux, devait s'incliner, devant lequel ils se sont inclinés l'un et l'autre, si bien que ni l'un ni l'autre n'en peuvent faire une arme qui puisse atteindre l'un des deux contractants. Ce qui revient à dire, contrairement à l'opinion de M. le ministre, exprimée par l'arrêté du préfet de la Seine-Inférieure, que le contrat peut être brisé par le fait du prince, que la convention qui lie l'artiste et en vertu de laquelle il prodigue au public ses travaux et ses efforts dépendra de la volonté pure, de l'arbitraire, de la fantaisie du pouvoir qui voudra le briser.

Je proteste contre une pareille théorie. La loi qu'invoquait tout à l'heure mon adversaire n'a jamais investi un pouvoir quelconque d'une pareille et si dangereuse autorité. Rien n'est plus simple que de rétablir sur cette matière la vérité légale que mon adversaire me paraît avoir mal interprétée.

Quelle est la situation d'un directeur de théâtre vis-à-vis de l'autorité publique ? C'est une situation précaire et subordonnée. Je ne veux pas entretenir le tribunal des contradictions que peut présenter la législation sur cette matière. Le tribunal sait aussi bien que moi que toutes les entreprises théâtrales ne sont pas placées dans les mêmes conditions ; que notamment dans la capitale il en existe qui sont complétement soumises au contrôle de l'autorité dans toutes les parties de leur manifestation ; qu'il en est d'autres, au contraire, qui en sont affranchies en certains points ; mais que toutes subissent cette suzeraineté en ce qui touche la permission de donner des représentations et d'ouvrir un théâtre. Que le théâtre soit concédé à titre de privilége, qu'il existe comme propriété, ce n'en est pas moins une propriété d'une nature particulière ; elle existe *sub arbitrio*, et non pas *sub lege*, et le pouvoir municipal, le pouvoir supérieur, sont toujours les maîtres de la permettre ou de l'interdire.

Ces grands principes posés, il faut en tirer les conséquences qu'ils contiennent. Là où cette permission ne subsiste plus, il n'y a plus matière à contrat, et je comprends l'économie de l'arrêt de Paris de janvier 1850 qui dit : « Le privilége retiré, tous les contrats s'évanouissent. » Pourquoi ? Les contrats n'ont été faits que sous cette condition précaire. Lorsque l'artiste a mis sa main dans la main du directeur du théâtre, il savait que le directeur avait mis l'autre main dans celle de l'autorité, et que l'autorité l'avait enchaîné. Conséquemment, l'artiste ne peut se plaindre quand il voit se briser un contrat dont il a connu à l'avance la fragilité dans certaines conditions. Mais il faut se hâter de dire, afin de rassurer les craintes qu'une pareille déclaration pourrait faire naître, que dans la pratique les retraits de privilége sont si rares, que les artistes ne se peuvent pas effrayer d'un pouvoir si considérable que l'autorité se réserve.

Mais en dehors de ce droit incontestable, le directeur, agissant dans l'ordre des attributions qui lui sont reconnues, se conformant aux clauses de son cahier des charges, jouissant du privilége qui lui a été accordé, est en droit de faire avec les artistes et tous les gagistes qui viennent se mettre à son service, des contrats sur le sort desquels les pouvoirs publics, les pouvoirs administratifs sont sans aucune espèce d'action.

Voilà le principe qu'il faut maintenir. Voyons les faits qui, un instant, ont pu faire douter de son application.

Mon adversaire vous a rapporté certains arrêts qui semblent se rapprocher de l'espèce actuelle. Ils s'en rapprochent si bien, que je pourrais les invoquer, et qu'entre un arrêté et une lettre du maire il n'y a pas la plus légère différence. Tout ce qui a été plaidé par mon adversaire sur le pouvoir municipal pesant sur un directeur de théâtre, et le rendant subordonné à la moindre de ses volontés, est exact. Cela est si vrai, que le maire a toujours le droit d'empêcher une représentation théâtrale ; que l'autorisation qu'il donne à cet égard est toujours sujette à révocation. En conséquence, lorsqu'un directeur reçoit la dépêche dont il est question dans les arrêts de la Cour de Toulouse et de la Cour d'Orléans, il se trouve en face d'un obstacle qui vient de l'autorité. Cet obstacle peut-il être légal ? J'affirme que non, et je diffère ici complétement de l'opinion très respectable, d'ailleurs, de mes honorables confrères et amis MM. Lacan et Paulmier, dans l'ouvrage auquel mon adversaire faisait tout à l'heure un emprunt. Ces messieurs affirment que le maire est en droit d'interdire la scène à un artiste qui est lié par le contrat avec le directeur. Cela me paraît une erreur, et ce qui le prouve, c'est que les tribunaux, dans des cas pareils, ont accordé une indemnité à l'artiste évincé par un fait qui ne lui était pas personnel.

Mais, dit-on cependant, c'est une pratique à peu près constante que celle qui permet à MM. les maires d'interdire la scène à un artiste qui est cause d'un désordre ; et, d'ailleurs, c'est une considération que mon adversaire a indiquée très nettement en citant la loi de 1790, qui investit les maires du droit de faire la police des théâtres. Est-ce qu'il est tolérable qu'une représentation puisse se poursuivre au milieu des cris et du tumulte, qu'elle donne lieu à des rixes, à des scènes désastreuses, et que le public du théâtre, animé qu'il est par le feu de la contradiction, par les émotions d'une pièce qui remue les cœurs, et peut-être aussi par l'heure, qui n'est pas toujours très favorable au sang-froid, à laquelle s'accomplissent les représentations théâtrales, se livre dans l'intérieur de la salle à des actes qui deviendraient des délits? Ces dangers, il appartient à l'autorité municipale de les prévoir et de les prévenir. Elle ne serait pas paternelle si elle attendait que des coups fussent donnés, que le sang eût coulé, que des familles fussent, sinon en deuil, au moins en proie à l'inquiétude et au chagrin. Donc, si un artiste, à tort ou à raison, dit mon adversaire, est la cause d'un désordre, le maire doit préventivement lui interdire la scène. C'est couper le mal dans sa racine.

Cela est vrai quant au résultat. La question est de savoir si le maire a ce droit et si ses intentions le peuvent excuser. Je ne le crois pas, et M. le ministre de l'intérieur ne l'a pas cru davantage. Mon adversaire, qui vous citait l'arrêté du préfet, expression affaiblie de la pensée ministérielle, ne prenait pas garde au passage que voici :

« Que si, aux représentations suivantes, des désordres se sont produits, il appartenait au maire d'en assurer la répression, en vertu des pouvoirs qu'il tient de la loi des 16 et 24 août 1790 ; mais que son droit ne pouvait aller jusqu'à *prendre une mesure dont le résultat était de briser un contrat légitimement formé.* »

La pensée est nette, positive. Vous n'avez pas fait un mauvais usage d'un pouvoir qui vous appartenait ; vous avez usé d'un droit qui ne vous appartenait pas. Vous ne pouviez pas toucher à un contrat, vous y avez touché.

Vous aviez, dites-vous, un pouvoir de police. Est-ce que vous allez plaider que la police sera désormais l'arbitre des conventions entre les citoyens, qu'il dépendra d'elle de faire respecter ou de briser une convention ? Je dis ces choses pour faire voir jusqu'où vont involontairement votre pensée et votre systèm

Je pourrais forcer l'argumentation. S'il dépend du bon plaisir du maire de briser le contrat d'un artiste, s'il ne relève que de sa propre conscience, vous en direz autant pour toutes les personnes engagées au théâtre. Voici par exemple un décor qui ne conviendrait pas au public ; le public s'insurge contre tel ou tel mur qui demeure immobile, malgré la prétention du machiniste ; contre un arbre qui, au lieu de présenter une végétation luxuriante, ne présente qu'un carton imparfaitement jauni. Le public prononce le nom de l'artiste qui a fait ce décor. Est-ce que le maire pourra dire que l'artiste cessera de peindre pour le directeur et sera privé de toute indemnité, s'il en réclame une ? Évidemment, mon adversaire n'ira pas jusque-là.

Prenez garde ! je suppose le public se mettant du côté du maire. Est-ce que j'ai besoin d'aller jusque-là ? La doctrine doit être entendue dans son sens absolu. Le maire a ou n'a pas le droit qu'on veut lui attribuer. S'il l'a, il en use discrétionnairement, comme bon lui semble, et peut rayer du contrôle du théâtre telle ou telle personne qui lui déplaît. Je ne veux pas dire que de tels faits se passent. Je ne voudrais pas que le développement de ma pensée atteignît qui que ce fût. Mais il y a eu des administrateurs qui n'ont pas toujours été des modèles de vertu, de modération. Précisément parce qu'ils ont un grand pouvoir, il est nécessaire que la loi les contienne et leur fasse voir les limites de leur propre autorité. Tous tant que nous sommes, est ce que nous n'avons pas besoin d'un frein ? Est-ce que, dans les limites mêmes de nos propres actions, il n'est pas bon qu'une règle nous modère et nous avertisse ? A plus forte raison, quand nous avons charge d'âmes, quand nous disposons d'une certaine autorité, il faut qu'un joug soit placé sur notre autorité. Cela est nécessaire au repos de tous, et surtout au repos de celui qui est investi du rôle toujours difficile d'exercer l'autorité.

Voilà pourquoi je cherche les limites de l'autorité municipale. Je les rencontre précisément dans le texte de cette loi de 1790 qui a été invoquée par M. le ministre de l'intérieur contre la légalité de l'arrêté. La police peut prévenir, peut empêcher. Elle ne touche pas aux conventions, elle doit s'incliner devant elles ; elles ne sont pas de sa compétence. Si un désordre se produit sur un théâtre, si les représentations y sont troublées, l'autorité municipale doit rechercher la cause de ce désordre, et si ce désordre provient d'une minorité mécontente, s'il arrive, et la chose n'est pas complétement impossible, qu'une poignée d'étourdis vienne après dîner au théâtre avec le parti pris de siffler une actrice ! Mon adversaire vous l'a dit : elle avait le nez fait de cette façon-là ! Je voudrais bien qu'il y eût toujours des motifs aussi graves de mécontentement du public. On a vu l'admission d'un artiste jouée aux dominos ou aux cartes avant que le rideau se levât. Certainement le public est souverain, mais quand sa souveraineté s'abaisse à de pareilles pratiques, il faut bien un peu s'en méfier, et s'il a ses flatteurs, il est bon qu'il ait aussi ceux qui lui disent la vérité.

Si le maire est convaincu que le désordre a de pareilles causes, il l'arrêtera facilement en le décomposant, en faisant venir dans son cabinet ces jeunes têtes que l'âge n'a pas encore calmées, et en leur faisant comprendre que tout ce tapage n'est qu'un jeu d'écoliers qui trouble les grands-papas heureux d'applaudir l'artiste. La plupart du temps ces exhortations auront leur effet ; le désordre s'apaisera, et l'on verra ce qui apparaissait d'abord avec les proportions d'une sédition tumultueuse s'en aller comme une volée d'oiseaux mutins qui ne tiennent pas devant le moindre obstacle.

Si, au contraire, il y a dans la tenue de l'artiste, dans son jeu, dans son geste, quelque chose de provocant pour le public, d'alarmant pour les mœurs, si l'artiste est lui-même la cause du désordre qui éclate, le maire dira au directeur : « Vous avez choisi cet artiste sous votre responsabilité. Cet artiste, quand il paraît sur la scène, est votre mandataire (je parle comme un robin, que le tribunal me pardonne cette expression d'homme de loi) ; sa faute est la vôtre ; comme je ne puis pas souffrir ce qui est de nature à troubler le public, je vous enjoins de le faire cesser, et si vous n'êtes pas assez puissant pour que cette faute cesse, vous allez vous pourvoir, à vos périls et risques, d'un autre artiste ; vous vous arrangerez avec celui-ci comme bon vous semblera. »

Je suppose que l'artiste a oublié ses devoirs. Il peut oublier son rôle, ce qui est à peu près aussi grave. Nous sommes au théâtre pour nous amuser, pour nous instruire, quand il plaît à MM. les auteurs de nous instruire ; nous n'y sommes pas pour assister à l'enfantement pénible d'un rôle avorté et qui ne peut sortir que de la cabane du souffleur. Si donc il arrivait qu'une artiste perdît la mémoire, qu'un chanteur fût victime d'une grippe rebelle qui élût un domicile obstiné dans son gosier, ils déplairaient au public ; est-ce que le maire pourrait dire : « Considérant que Mademoiselle une telle a perdu la mémoire ; considérant que Monsieur un tel a un gosier éraillé et n'a plus la voix fraîche, ils cesseront de paraître sur le théâtre ? » La loi de 1790 ne lui donne pas tout ce pouvoir, et il s'en félicite. Si le maire disait simplement au directeur : « Le public se fâche, vous avez un artiste usé, il faut en avoir un autre. Il a un contrat, vous vous en arrangerez comme bon vous semblera, ce n'est pas mon affaire ; mon affaire, c'est de maintenir l'ordre quand l'ordre est troublé. » Comme c'est l'*ultima ratio* du maire, il est bien simple de dire au directeur : « Vous êtes dans ma main, je la ferme, et en la fermant je ferme votre théâtre. » Le directeur s'arrangera avec l'artiste, il lui fera comprendre qu'il est impossible que le rôle continue, et le tribunal interviendra, s'il y a lieu. Tous les pouvoirs resteront ainsi dans leurs limites, les contrats seront maintenus, le directeur sera sous la main du maire, le maire exercera son pouvoir paternellement ou avec sévérité, suivant les cas. Nous ne rencontrerons plus de ces confusions regrettables, de ces conflits fâcheux qui font éclater aux yeux du public la faiblesse et les contradictions dans lesquelles l'administration peut involontairement tomber.

Dans le jugement que nous attendons de votre souveraine sagesse, il demeurera donc établi que l'arrêté du 14 juillet était un arrêté illégal. Il est impossible que le tribunal, placé entre l'arrêté annulé, le pouvoir du ministre qui l'a brisé, les raisons de droit qui ont été données, ne fasse pas connaître, ne fût-ce que pour l'instruction des populations qui l'attendent, dans l'intérêt des artistes qui méritent quelque sympathie, ne dise pas de quel côté est la vérité légale.

Si je l'ai sainement aperçue, quelle en sera la conséquence ? C'est que l'obstacle de force majeure invoqué par M. Plichon se trouve singulièrement affaibli.

Il n'est pas dans mon dessein, c'est une question très délicate, de rapporter les opinions des auteurs anciens, car les auteurs modernes se sont peu occupés de ces choses, d'examiner s'il est possible de s'opposer à un acte du prince quand cet acte est en dehors de la loi; si le fait du prince, quand il n'est pas dans la limite de ses attributions, peut être considéré comme force majeure. Cela ne fait pas question pour moi. Le fait du prince n'est fait du prince que parce qu'il émane de l'autorité légitime, que parce que cette autorité légitime demeure dans la sphère de ses attributions. Si, au contraire, le fait du prince est entaché d'excès de pouvoir ou d'erreur, c'est ce qui arrive tous les jours ou peut arriver, pour me servir d'un langage plus convenable, car les hommes qui exercent le pouvoir sont des hommes sujets à l'erreur, à la passion même. Le fait du prince peut donc être en dehors des limites mêmes des pouvoirs du prince, et si on le ramène à ces limites, il en résulte qu'il n'a jamais existé, que la cause qui l'anéantit rétroagit du jour où il a fait son apparition dans le monde. En conséquence, cet arrêté du 14 juillet, brisé qu'il est, n'est plus qu'une vaine poussière qui ne pouvait vous arrêter, vous, Plichon. Vous avez été dans la nécessité de vous incliner un instant devant lui, c'est possible: mais vous l'avez fait à vos risques et périls. Si l'arrêté est brisé, vous n'avez plus de raison qui puisse vous défendre d'avoir inexécuté le contrat qui vous liait à mademoiselle Leroux.

Vous dites cependant que mademoiselle Leroux a respecté cet arrêté. Vous prétendez que mademoiselle Leroux a reconnu qu'il avait été rendu dans la limite des attributions du maire, et qu'elle n'a pas voulu protester contre lui.

Combien vous me paraissez méconnaître les faits les mieux établis de ce procès? Je ne veux prendre que vos propres déclarations. Elles vous condamnent.

C'est le 14 juillet que l'arrêté a paru. Mademoiselle Leroux, je le demande, pouvait-elle prendre de force la scène du théâtre du Havre? Tout à l'heure je disais que je ne conseillais pas à M. Plichon de se retirer sur le mont-Aventin pour y faire paraître mademoiselle Leroux. Mais retranché qu'il était dans sa forteresse dramatique, il est incontestable qu'il ne pouvait être pris d'assaut par mademoiselle Leroux toute seule ; d'ailleurs vous n'avez pas oublié les expressions par lesquelles l'arrêté du maire se termine. La volonté du maire ne doit pas demeurer stérile et sans protection. Elle est placée sous la sauvegarde du commissaire de police, c'est-à-dire que les gendarmes sont derrière, et il faut les respecter au moins par force. (On rit.)

Mais mademoiselle Leroux est venue chez vous, Monsieur Plichon : quel langage y a-t-elle tenu ? Les paroles ne laissent pas de trace, j'en conviens ; vous ne vous rappelez pas qu'elle vous a supplié d'aller à Paris, d'attaquer l'arrêté du 14 juillet. J'accepte votre explication, je suis sûr du fait, je conviens que ce n'est pas ma seule allégation qui doit prévaloir. Il n'y a pas de preuve au procès ! Il y en a une que vous y avez mise. Le 4 août 1858, elle touche 1000 francs. Pourquoi 1000 francs ? Parce qu'elle considère son traité comme subsistant. Si le traité a été anéanti le 14 juillet, il ne lui est dû que 500 fr. Si son traité subsiste encore, il lui est dû un mois entier. Elle touche 1000 fr., c'est vous qui l'avez dit. Donc vous avez reconnu, vous Plichon, le 4 août 1858, que le traité subsistait. Votre quittance à cet égard est au moins imprudente. Le traité subsistait si bien, que vous n'avez pas morcelé les appointements et que vous avez payé le mois entier.

Vous dites : Mademoiselle Leroux n'a pas mis en demeure son directeur.

Comment ! elle ne l'a pas mis en demeure ? Le 4 août 1858, le jour même où elle touchait ses 1000 francs d'appointements, elle assignait M. Plichon, ainsi que le maire du Havre, en payement de dommages-intérêts.

Est-ce qu'il n'y a pas dans cette assignation et dans les motifs qu'elle renferme la protestation la plus éclatante et la mise en demeure la moins discutable ?

Est-ce qu'à la suite de cette assignation, M. Plichon a dit à mademoiselle Leroux : « Je considère cet arrêté comme illégal, je vais l'attaquer avec vous ; je considère cet arrêté comme illégal et vous allez paraître sur le théâtre du Havre. » M. Plichon n'a tenu ni l'un ni l'autre de ces langages.

Mademoiselle Leroux a cité ses adversaires devant le juge de paix en conciliation. M. le maire y a paru, l'article 75 de la Constitution de frimaire an VIII à la main, s'en faisant une sorte de bouclier, et disant : « Je réponds que je ne veux pas répondre » (Rires). Quant à M. Plichon, il a bien mieux fait, il n'a pas paru du tout, et le procès-verbal du juge de paix constate qu'il a fait défaut.

Il nous dit aujourd'hui qu'il n'avait aucune espèce d'intérêt à provoquer l'autorisation du conseil d'État, parce qu'il était bien sûr que mademoiselle Leroux, ayant la possibilité de choisir entre le maire et lui, choisirait le maire. A condition qu'elle pût choisir, car si elle n'a plus qu'un seul adversaire, le choix est assez difficile. Elle n'en a plus qu'un précisément par votre fait. C'est si bien par votre fait que, aujourd'hui découvert que vous êtes, vous demandez acte de votre droit d'exercer contre le maire une action en garantie. Il est bien tard, et cependant j'ai la conviction que si le tribunal vous condamne, comme la loi paraît lui en faire une obligation, cette action en garantie forcera la barrière que le conseil d'État a élevée devant nous, et le procès pourra se présenter dans son entier, parce que devant le conseil d'État on a sans cesse répondu à mademoiselle Leroux : « Attaquez votre directeur. » Elle attaque son directeur ; elle obéit au conseil d'État. Si M. Plichon avait paru avec elle à la barre du conseil d'État, s'il avait pris contre le maire du Havre des conclusions semblables à celles de mademoiselle Leroux, le conseil d'État aurait jugé que, dans les circonstances de l'affaire, il y avait lieu d'accorder l'autorisation. C'est ce qu'il jugera après la condamnation prononcée par le tribunal.

Ainsi l'arrêté illégal du maire du Havre ne pouvait constituer un cas de force majeure. Au lieu de protester contre lui, vous l'avez exécuté. En présence des protestations et de la mise en demeure de mademoiselle Leroux, vous avez continué ce système d'oppression qui était dirigé contre elle.

Et puis, est-ce que je n'étais pas en droit, dans mes premières observations, de vous attaquer de ce chef, que si des imprudences avaient été commises lors de ces représentations qui ont été fatales à l'avenir de mademoiselle Leroux, vous deviez en être responsable ? Lors du troisième début un grand nombre de billets auraient été, dit-on, pris d'avance. Qui devait surveiller entre les mains de qui ces billets allaient passer ? N'est-ce pas à vous directeur ? L'avez-vous fait ? L'autorité municipale vous accuse d'avoir laissé introduire dans la salle de spectacle des personnages suspects qui venaient apporter à mademoiselle Leroux le tribut de leur admiration gagée. Vous démentez ce fait, je le démens aussi. Si l'autorité municipale maintient cette allégation, c'est sur vous que le poids en repose. Mademoiselle Leroux n'a jamais été accusée de ces détestables pratiques. Elle proteste contre elles, et son passé de quatre mois au sein de la population havraise, qui l'avait acceptée, acclamée, applaudie, lui était un sûr garant qu'elle n'avait pas besoin de descendre à ce moyen qu'elle eût rougi d'employer, mais qui était dans sa position la plus périlleuse des superfluités.

Comment donc tout ce bruit, tout ce tumulte, tout ce scandale, ce grand choc des pouvoirs de l'État, cet appel fait à la majesté de la loi et à l'indépendance des juges, comment tout cela s'est-il accompli ? En vérité, quand on remonte à l'origine, on est à la fois surpris et affligé. On n'éprouve pas ce sentiment d'admiration pour la grandeur et la bonté de Dieu qui saisit le voyageur à la source des grands fleuves qui, à quelques centaines de lieues plus loin, portent des navires et le tribut de leurs eaux à l'océan. Non, c'est un sentiment de pitié profonde pour l'erreur et la fragilité des jugements humains. Savez-vous qui nous fait l'honneur de paraître devant vous, pourquoi cette solennité, pourquoi les foudres ministérielles et les décisions concises du conseil d'État ? Le voici, et c'est mon adversaire qui l'a dit en citant les numéros des journaux qui rendent compte des obstacles imprévus rencontrés par mademoiselle Leroux à poursuivre ses représentations. Elle avait été pendant les quatre mois de ses représentations extraordinaires acceptée par le public. Le premier début se passe sans orage. Au second, dit mon adversaire, on entend je ne sais quel murmure qui fait présager du trouble. Au troisième, il a pris la forme menaçante de quelques sifflets qui se font entendre. Ces sifflets s'obstinent, même quand il est constaté par l'autorité supérieure que ces sifflets sont une infime minorité. Le succès de mademoiselle Leroux est proclamé, et avec son succès son admission.

Je n'ai pas besoin de faire ressortir les conséquences légales de ce fait, de vous dire qu'il différencie du tout au tout l'espèce que vous avez à apprécier de l'espèce jugée par la Cour de Rouen. Dans l'espèce jugée par la Cour de Rouen, on avait notifié à l'artiste que c'était par erreur qu'on avait proclamé son admission. Malgré cette notification, l'artiste avait prétendu reparaître sur la scène. Il avait méconnu à la fois les arrêts du public et les arrêts de l'autorité administrative. Ici on notifie à mademoiselle Leroux son admission, et les rapports de police disent que si quelques oppositions se sont manifestées au troisième début, l'actrice n'en a pas moins été admise à une imposante majorité. Voilà la vérité légale, la vérité juridique, la vérité administrative.

Dans l'intérêt des artistes, et j'ajoute dans l'intérêt de l'art, permettez-moi de dire un mot à ce souverain capricieux et fantasque qu'on appelle le public, et qui me paraît dans toute cette affaire avoir joué un rôle bien mal compris.

Sans aucun doute, assis qu'il est dans une salle de spectacle, appelé là pour son plaisir, il a le droit de témoigner qu'il en éprouve peu ; mais ce droit le peut-il exercer par des manifestations bruyantes le lendemain du jour où un artiste a été admis par son jugement souverain ? Si je voulais épuiser la matière, je pourrais demander si cette épreuve pour ainsi barbare des trois débuts ne tourne pas presque toujours, non-seulement contre l'artiste qui la subit, mais contre le public avide d'épier la moindre faiblesse et conspirant contre ses plaisirs. Si je voulais demander à la cabale théâtrale compte de son existence, si je voulais la décomposer, traduire au grand jour ses chefs et montrer la misère de leurs résolutions, je pourrais venger les artistes de bien des dédains et de bien des injustices. Mais en ai-je besoin dans la cause actuelle ? En aucune manière. Il est constaté par les documents mêmes que mon adversaire a cités que l'artiste n'avait pas dit un mot que la cabale se montrait contre elle. « La salle était pleine, dit le journaliste, et à son entrée » en scène dans *Gabrielle*, mademoiselle Marie Leroux a été accueillie par » une bordée de sifflets lancés particulièrement d'un groupe de jeunes gens. »

Ainsi, voilà quelques jeunes hommes charmants, je n'en doute pas, pleins des séductions de leur âge, ayant toute cette irréflexion adorable qui caractérise vingt ans, les voici groupés dans un coin du parterre, ayant arrêté à l'avance ce tumulte si aimable auquel ils vont se livrer et qui va empêcher la représentation. La toile se lève, l'artiste paraît. On n'a pas prononcé un mot, mais les jeunes gens sont à leur poste, et les voici qui exécutent leur bruit. Il est impossible de continuer. Le commissaire de police intervient. Que vouliez-vous qu'il fît ? Il fallait donc qu'il pliât devant cette charmante jeunesse, qu'il s'avouât vaincu, qu'il humiliât son écharpe en présence de cette résistance de collége ? Vous ne l'auriez pas voulu. Le commissaire de police a eu raison de demander que le silence fût rétabli. Mais les têtes étaient montées ; le silence ne s'est pas rétabli, le trouble a continué. Alors, ce que je ne veux pas juger, ce qui a vivement offensé certaines familles, ces jeunes gens charmants, je le répète, très bien élevés en dehors du théâtre, dans les salons de leur mère, où ils ne sifflent pas, j'en suis convaincu, ont continué leur tapage et ont été conduits au poste. C'est un grand dommage ; j'en suis bien fâché, mais enfin il n'y avait pas là de quoi amener une sédition dans la cité. La place publique était couverte de leurs camarades. Ces camarades sont entrés en foule dans la salle. Cependant, la représentation s'est achevée sans trouble, et lorsque le rideau a été baissé, c'est encore le journaliste qui le déclare, il y a eu un concert de sifflets mêlés à des applaudissements. Voilà tout et pas autre chose.

Si je veux, par ces faits, répondre à la question que je me posais tout à l'heure, d'où vient tout ce bruit? A quoi bon le tumulte qui s'est accompli au théâtre? A quoi bon ces contrats brisés par l'autorité? A quoi bon le pouvoir municipal saisissant d'une main ferme et vigoureuse l'épée qui, malheureusement, ne lui appartient pas, et forcé de la remettre au fourreau devant l'injonction peut-être un peu sévère de M. le ministre de l'intérieur? Pourquoi ce procès? Pourquoi cette décision contre laquelle nous sommes forcés de nous élever? Tout cela parce que cinq ou six de ces charmants étourdis ont rêvé de faire, le 13 juillet 1858, l'espièglerie que vous savez. Je la tiens pour espièglerie. Je ne veux pas envenimer des faits qui me paraissent par eux-mêmes simples et sans portée. Je ne veux pas croire que, dans ce cœur où la malice peut quelquefois trouver accès, se soit glissée une seule pensée méchante. Le fabuliste l'a dit : « Cet âge est sans pitié..... » Oui, pour le jeu, pour la plaisanterie, quelquefois poussée trop loin. Mais j'en prends à témoin ces séditieux de vingt ans qui ont joué un rôle si considérable, dont les lèvres appliquées au foret d'une clef ont renversé une municipalité et mis une ville tout entière dans l'émotion la plus grande, s'ils avaient pu prévoir les conséquences de leur expédition tumultueuse et de leur tapage enfantin, ah! soyez sûrs, quoique jeunes, ils sont assez bons citoyens pour qu'ils s'en fussent abstenus. Ils auraient compris que c'était là plus qu'une faute, que cela devenait un véritable danger.

Aujourd'hui que la vérité tout entière nous est connue, aujourd'hui que nous pouvons voir que c'est à cette résolution que cette tempête a pris naissance, est-ce qu'il est possible d'offrir comme holocauste les droits sacrés d'un artiste qui n'a jamais eu d'autre pensée que le dévouement à son art et le culte de ses devoirs? Vous ne le penserez pas, et faisant la part de chacun, laissant enfin tomber de vos lèvres fermes et impartiales ce qui doit être la vérité légale, vous accorderez satisfaction aux intérêts qui trouvent toujours protection devant vous, c'est-à-dire à ceux que défendent la loi et le respect des conventions.

RÉPLIQUE DE M⁰ OUIZILLE.

Messieurs,

Un mot seulement.

Mon adversaire a contesté la légalité de l'arrêté. Je n'ai pas à le défendre, si ce n'est au point de vue de ma cause. Sans m'expliquer sur le bien ou mal jugé de la décision émanée du maire, j'ai la conviction profonde que cet arrêté a été pris dans la limite de ses pouvoirs; et s'il a été brisé, ce n'est pas pour incompétence.

Y a-t-il quelque chose qui constitue la force majeure à un degré plus élevé que l'existence d'un acte de l'autorité auquel tout le monde doit le respect, et dont la violation constitue un délit ou une contravention. Évidemment c'est un obstacle de force majeure plus infranchissable qu'un obstacle matériel qui résulterait d'une maladie ou d'un accident quelconque. Mon adversaire est tombé d'accord avec moi sur la subordination des théâtres vis-à-vis de l'autorité municipale. C'est là, abstraction faite de la légalité de l'arrêté, une circonstance qui faisait de l'arrêté du maire un obstacle de force majeure d'une nature spéciale, devant lequel le directeur devait nécessairement s'arrêter, puisque, s'il avait résisté, son privilége aurait pu lui être retiré sans recours possible.

Un document m'a été communiqué par mon adversaire, qui contient un argument puissant en ma faveur. C'est l'engagement signé au mois de juin 1856, entre mademoiselle Leroux et M. Plichon, aux termes duquel elle s'engageait à remplir son emploi *au gré de l'autorité, de la direction et du public.*

Mademoiselle Leroux s'est soumise à l'avance, en signant cet engagement, aux prescriptions légales qui seraient prises à raison ou à tort par l'administration. C'est là la limite consentie par elle à l'obligation que prenait M. Plichon de l'employer comme artiste, et de lui payer 1000 francs d'appointements par mois.

Je n'aurais pas besoin, à la rigueur, de l'engagement. Il me suffit que le fait de force majeure soit constaté pour que la responsabilité de M. Plichon soit mise à l'abri.

Quand M. Plichon aurait affiché mademoiselle Leroux dans l'intérieur du théâtre, elle ne l'aurait pas su, car elle n'y a pas remis les pieds, si ce n'est pour aller à la caisse, le 4 août, toucher les 1000 francs.

On veut trouver, dans la quittance qu'a donnée mademoiselle Leroux des 1000 francs, pour ses appointements de juillet, la preuve que M. Plichon aurait reconnu la persistance de son engagement malgré l'arrêté du 14 juillet, puisque, pouvant ne payer ses appointements que jusqu'au 14 juillet, il a consenti à les payer jusqu'au 31.

S'il y a là un argument pour quelqu'un, c'est pour moi, et non pour mon adversaire. Si M. Plichon a payé à mademoiselle Leroux une quinzaine de plus que celle à laquelle elle avait rigoureusement droit, c'est de sa part un procédé qui n'implique pas reconnaissance d'une obligation. Ce qui est constant, c'est que mademoiselle Leroux ne s'est pas présentée au mois de septembre pour toucher son mois d'août, ni au mois d'octobre pour toucher septembre; c'est qu'à partir du mois d'août elle a reconnu que son directeur ne lui devait plus ses appointements. Elle a considéré, non pas que l'obligation était annulée, mais qu'il était dans l'impuissance de l'exécuter, et qu'il était excusé par un cas de force majeure.

Tant que l'arrêté a subsisté, illégal ou non, M. Plichon n'avait pas à le discuter, car, à supposer qu'il y eût excès de pouvoir, jusqu'à ce que tous les degrés de juridiction fussent épuisés, il n'était pas permis de considérer l'arrêté comme illégal et d'y opposer résistance.

Quand l'arrêté a été brisé par l'arrêté préfectoral, quand mademoiselle Leroux est rentrée dans la faculté d'exiger de M. Plichon l'exécution de l'engagement, c'était à elle de faire connaître à M. Plichon cet arrêté préfectoral. M. Plichon a été dans l'ignorance légale de l'existence de cet arrêté, ignorance que mademoiselle Leroux ne peut invoquer, puisque c'est sur sa poursuite qu'il a été rendu.

On me dit : Il y a rétroactivité, et, en conséquence, le contrat est censé n'avoir jamais été inexécutable.

Oui, sans doute, de mademoiselle Leroux à l'administration l'arrêté préfectoral a toujours existé. Il a toujours existé de vous à moi, si vous voulez ; mais il y a eu une époque pendant laquelle moi, tiers, j'ai été placé en présence d'un obstacle que je ne pouvais pas franchir. Ce n'est que du moment que l'obstacle a disparu par l'arrêté préfectoral qui a mis à néant l'arrêté municipal que la convention est devenue exécutoire.

Je le dis donc, quelque regrettable qu'il puisse être, que mademoiselle Leroux ait éprouvé un préjudice considérable, immérité, de l'arrêté du 14 juillet, qui a été la conséquence d'un caprice du public, auquel l'autorité aurait eu le tort de céder trop facilement, y a-t-il une seule circonstance qui puisse engager la responsabilité de M. Plichon ; et peut-il souffrir de ce que la seule partie responsable ait été mise par la décision du conseil d'État en dehors de vos atteintes ?

Vous ferez bonne justice en renvoyant M. Pichon sans dépens.

CONCLUSIONS DE M. LE PROCUREUR IMPÉRIAL MARTIN.

Messieurs,

Il nous a fallu oublier ce langage si éloquent que vous avez entendu hier, cette pensée si émue, cette ironie si fine que les blessures sont à peine senties, toute cette poésie, en un mot, et retomber dans cet odieux réalisme si fatal aux arts, nous le voulons bien, mais avec lequel il faut toujours compter. Nous avons examiné la cause, et dépourvue de tout ce prestige d'éloquence, elle se réduit à bien peu de chose. L'intérêt engagé est un intérêt bien ordinaire. Laissons donc de côté toutes ces considérations générales qu'on a rattachées à l'affaire, et abordons la seule question du procès.

Un maire a-t-il le pouvoir d'interdire à un acteur sa présence sur le théâtre ?

Puis découlant de cette première question, cette autre : L'arrêté municipal pris en vertu des pouvoirs que les maires ont à cet égard crée-t-il, non pas la rupture des conventions, mais un cas de force majeure pour les parties, tel qu'il les empêche d'exécuter leurs conventions ?

Voilà pour nous toute l'affaire.

Les pouvoirs des maires sont écrits dans la loi de 1790, dans les règlements qui ont suivi. La police des théâtres appartient aux municipalités. C'est aux maires qu'appartiennent le maintien de l'ordre pendant les représentations, la surveillance de tout ce qui les précède, la composition des troupes. Comment les maires pourront-ils remplir cette mission de maintenir l'ordre et la sécurité publique au théâtre comme ailleurs ? Un arrêté du Directoire, de germinal an VI, donne aux maires le pouvoir, exorbitant à certains égards, et néanmoins indispensable, de fermer le théâtre provisoirement, mais pour un temps dont la durée est indéterminée.

Si le maire a ce droit, n'a-t-il pas, comme conséquence le droit, qui lèse moins d'intérêts, d'éloigner un artiste de la scène ? Ses décisions engagent le directeur. Il a le droit de lui faire contracter des engagements, de compléter sa troupe. Vous n'avez pas oublié que, dans un temps plus reculé, la Comédie française, avec son organisation toute particulière, avec ses priviléges aussi étendus que possible, a été obligée, par l'ordre de l'autorité, de subir Talma qu'elle repoussait. C'est un engagement qu'on fait contracter à un tiers, malgré sa volonté, non pas pour protéger un intérêt privé, mais dans un intérêt général.

Nous disons donc, nous appuyant de cet exemple, que la municipalité a le droit non-seulement de surveiller les choses de l'art, mais qu'à plus forte raison elle a le droit de surveiller les intérêts qui lui sont le plus spécialement confiés, les intérêts de l'ordre, de la sécurité publique. L'autorité municipale peut faire disparaître une cause de trouble du théâtre, que cette cause soit une chose, qu'elle soit un artiste.

Sera-ce rompre un engagement? Non, l'autorité municipale n'intervient pas dans ce cas pour rompre les engagements contractés par les parties, et son arrêté n'a pas pour effet immédiat la rupture de cet engagement. C'est leur exécution qu'elle empêche par un intérêt qui doit dominer tout, par un intérêt général. Cet arrêté blesse-t-il l'intérêt privé? Il le sauvegarde complétement, car si quelque faute l'a provoqué, si ce cas de force majeure, sur lequel nous aurons à nous expliquer tout à l'heure, a été amené par un fait qui puisse constituer un individu en faute ou en négligence, il y aura pour celui qui en est victime une action en dommages-intérêts.

Si cet arrêté constitue un abus de pouvoir en raisons de circonstances dans lesquelles il a été pris, si cet arrêté, comme on a voulu l'insinuer dans les conclusions qu'on a prises dans cette affaire, est le résultat d'une passion, la garantie pour l'artiste est écrite dans la loi. Il a le droit de poursuivre l'autorité qui l'a lésé. Mais ce droit ne doit pas être livré à tous les caprices, et doit être réglementé, et cette réglementation consiste dans la nécessité d'obtenir l'autorisation de poursuivre les officiers publics.

S'il y a faute, vous pouvez faire valoir cette faute à votre profit. S'il n'y a faute de la part de personne, l'intérêt particulier doit être sacrifié à l'intérêt général. C'est un grand principe dont il ne nous paraît pas possible de s'écarter.

Il en est de la suppression d'une pièce de théâtre comme de l'éloignement d'un acteur de la scène. Est ce qu'en 1835 la Cour de Paris ne jugeait pas qu'une pièce de théâtre déjà jouée et autorisée par le ministre pouvait être supprimée par ordre de ce ministre, et que cet ordre devait être considéré comme un cas de force majeure ? Est-ce qu'il n'y avait pas de conventions intervenues entre les parties ? Est-ce que le directeur du théâtre n'avait pas stipulé des arrangements avec l'auteur de la pièce ? Est-ce que le contrat ne se trouvait pas rompu ? Cependant la Cour de Paris n'a pas vu qu'il y eût là un droit exorbitant de la part du ministre de l'intérieur, elle l'a consacré. Ministre de l'intérieur, maire de commune, c'est toujours l'autorité légale ; leurs pouvoirs sont les mêmes quant à l'exercice de protection à l'égard des théâtres.

Nous disons donc que l'arrêté du maire du Havre était légal. Nous en trouvons la preuve dans tous les arrêts qu'on a invoqués à l'audience dernière. Partout on reconnaît aux maires le droit d'interdire l'entrée de la scène à un acteur.

Si nous avons bien lu les conclusions déposées au commencement de cette affaire par le maire du Havre, le ministre de l'intérieur a reconnu dans la lettre qu'il a écrite, que l'arrêté avait été rendu dans les limites des pouvoirs de l'autorité municipale. Seulement il a engagé le maire à donner une satisfaction à l'amour-propre de l'artiste ? Que cette opinion ait été abandonnée, cela est évident, puisque c'est sur l'ordre du ministre de l'intérieur que l'arrêté du préfet est intervenu ; mais ceci nous permet au moins de dire notre opinion.

Pour nous, la légalité est incontestable, le tribunal aura-t-il besoin de l'exprimer dans son jugement ? Nous ne le pensons pas, parce qu'il suffit que l'arrêté du maire ait été formulé pour constituer un cas de force majeure. Qui fait la loi ? C'est le règlement de l'autorité légale pris dans ses attributions. Admettons un instant que cette autorité ne soit pas compétente ; tout citoyen y est soumis jusqu'à ce que l'arrêt rendu soit rapporté ; on verbalisera, le tribunal condamnera tout comme si l'arrêté, pris dans les attributions du maire, était légal. Peu importe donc que cet arrêté ait été pris en dehors des attributions du maire. Il existe, vous deviez vous y conformer. Vous êtes dans un cas de force majeure que la loi a prévu.

Nous ne pensons pas, comme on l'a prétendu, que les mesures de police intérieure du théâtre concernent le directeur. Le directeur s'occupe des représentations, de la partie intellectuelle de son administration. Quant à tout ce qui regarde l'ordre, la sûreté, les dispositions extérieures, la loi attribue cette surveillance à l'autorité municipale qui doit placer dans la salle tous les agents propres à donner cette sécurité. M. Plichon pouvait-il éviter les troubles qui sont survenus ? M. Plichon s'est trompé. Mademoiselle Leroux a, pendant quatre mois, de très grands succès au théâtre du Havre, elle y arrive précédée d'une réputation très grande, s'il faut en croire ces articles de journaux qu'on vous a lus ; mais vous savez, et ceux qui reçoivent les éloges savent peut-être mieux que nous, ce que valent de semblables articles de journaux. Ne nous en rapportons qu'à la presse locale, et encore, pour être bien sincère, devons-nous dire que nous n'avons pas toujours retrouvé, dans le compte rendu de la veille, reproduite bien exactement l'impression que nous avions reçue nous-mêmes. Il y a entre les artistes et les journalistes de ces rapports de bienveillance dont on ne veut pas s'éloigner, de ces considérations d'entourage auxquelles on est obligé d'obéir. Jugeons donc par ce que chacun de nous a entendu.

Mademoiselle Leroux a débuté dans des conditions exceptionnelles. C'est là ce qui a fait son succès. On a vu qu'elle montait à l'échelle d'un pied leste et fringant, on a applaudi à tout rompre pendant quatre mois. Cela a inspiré confiance au directeur. Un engagement est intervenu. Mademoiselle Leroux devait débuter ; personne n'a voulu dire la cause de cette antipathie qui avait pu s'élever quand la position de mademoiselle Leroux s'est dessinée au théâtre du Havre d'une manière définitive. Cela ne peut pas blesser l'artiste, c'est une affaire de date. Nous comprenons parfaitement qu'elle n'ait pu acquérir son talent qu'aux dépens de sa jeunesse, que même en gardant sa jeunesse, ses études forcées, un peu en dehors de la nature de la femme, aient eu un résultat fâcheux pour elle.

Le parterre a de bons yeux, il est délicat dans ses goûts. Pour une jeune première surtout, il faut de la fraîcheur et de la jeunesse, il n'a peut-être pas trouvé tout cela chez mademoiselle Leroux. Quand on a vu confier à l'artiste qu'il avait applaudie dans le rôle exceptionnel de Jack Sheppard, des rôles qu'il était habitué à voir par des artistes chez lesquelles il rencontrait des qualités que n'avait pas mademoiselle Leroux, le public a fait ses réflexions ; il a eu un caprice. Une certaine agitation a marqué les premiers débuts de mademoiselle Leroux ; l'opposition s'est très franchement manifestée au troisième début. Cependant elle a été admise. Il se place ici un fait qui, pour nous est certain, c'est ce fait d'une acquisition de billets faits en dehors des habitudes du théâtre pour le parterre. Des partisans trop dévoués sont venus assurer le succès de mademoiselle Leroux. Cependant ne se rendant pas compte de ce qu'il pouvait y avoir de frauduleux dans le moyen qui avait été employé, le commissaire de police a prononcé l'admission de mademoiselle Leroux. Comme il arrive toujours en pareil cas, le public du jour, le public du moment décisif a disparu le lendemain, il n'est plus resté que le vrai public. Au Havre, le vrai public n'est pas nombreux, mais il a voulu manifester aussi son opinion. Il l'a manifestée jusqu'au 13 juillet.

Ceci répond à une objection qu'on faisait au maire du Havre. On lui disait : « Vous avez outrepassé vos pouvoirs. En pareil cas, est-ce qu'il ne vaut pas mieux attendre ? Il fallait laisser la minorité s'user. »

Nous croyons au contraire que, même au théâtre, les minorités s'exaltent par une lutte constante. Si tous les jours, au théâtre du Havre, on avait recommencé ce qu'on avait fait dans la soirée du 13 juillet ; si tous les jours des agents apostés étaient venus enlever de la salle les jeunes gens qui manifestaient leur opinion, nous sommes convaincus que ces faits auraient pris des proportions inquiétantes. Ce n'étaient pas des gens aussi capricieux qu'on a bien voulu, par une charmante ironie, vous les représenter. C'étaient des jeunes gens de bonne famille, qui n'ont pas l'habitude de jouer aux dominos l'existence d'une artiste. Pour eux, leur opposition était sérieuse. Ce qu'ils faisaient, ils le faisaient dans leur propre intérêt d'habitués du théâtre.

A tout ceci que pouvait M. Plichon ? Rien. Il pouvait dire au maire : « Prenez donc garde : voilà ma position. Épargnez-moi. Si vous fermez mon théâtre, j'ai autour de moi cent, deux cents familles qui vivent de mon théâtre tous les jours ; qui ne reçoivent pas 1000 francs de moi, mais à qui 75 centimes ou 1 franc suffisent pour nourrir leurs enfants. Fermer mon théâtre, c'est ma ruine et la ruine de tous ceux qui sont autour de moi. »

Exclure une artiste c'est malheureux ; mais elle a du talent, toutes les portes lui sont ouvertes. Elle a rompu, pour venir au Havre, je ne sais combien d'engagements. Elle perdra un mois sur douze : c'est peu. Elle vivra encore avec le reste et trouvera des engagements où elle voudra. Le maire du Havre a pris la mesure la plus sage ; il a sacrifié l'intérêt d'un seul à l'intérêt de tous; il a agi dans l'intérêt général, car nous oublions que ce n'est pas seulement dans la salle que tout ceci s'est passé, que ce qui a pu donner des inquiétudes c'est ce qui a eu lieu en dehors du théâtre ; c'est que les amis de ceux qui avaient été un peu malmenés peut-être par les agents, allant trop vite dans les ordres qu'on les avait chargés d'exécuter, se sont mis à siffler, non plus mademoiselle Leroux, mais toute la troupe et le directeur. Dans ces circonstances, quand le maire, pour éloigner la cause du désordre, donne l'ordre à une artiste de ne plus paraître sur la scène, il fait un acte sage. Qu'il le fasse illégalement, nous lui pardonnons son illégalité en faveur de l'intention qui l'a dictée.

Mademoiselle Leroux pouvait se défendre contre cet arrêté. Elle l'a fait. Vous savez comment cet arrêté a été annulé. Mais en même temps elle intentait une autre instance. Elle ne demandait pas à être réintégrée dans son emploi. Comprenant très bien que son apparition sur la scène du Havre serait l'occasion de manifestations beaucoup plus désagréables, beaucoup plus tumultueuses que celles qui avaient en lieu à son égard, elle se bornait à demander devant le conseil d'État l'autorisation de poursuivre le maire du Havre en dommages-intérêts. Cette autorisation lui est refusée. Nous ne savons pas si l'abstention de motifs, qu'on faisait remarquer d'une façon un peu amère dans la décision du conseil d'État, doit s'expliquer par le désir de ne pas entrer en lutte avec le ministre de l'intérieur et l'autorité préfectorale qui avait prononcé, ou si le conseil d'État n'a vu, dans les faits qui se sont passés, aucun motif de suspecter la bonne foi du maire; mais, ce que nous savons, c'est qu'il a jugé que l'arrêté était légal, que les conditions dans lesquelles le maire avait pris cet arrêté étaient telles que sa responsabilité personnelle ne pouvait pas être engagée.

Mademoiselle Leroux alors se retourne brusquement vers son directeur, et vient lui demander la réparation du dommage qu'elle a éprouvé.

Elle lui reproche de ne pas s'être associé à ses démarches pour faire rapporter l'arrêté du maire.

Était-ce un devoir pour M. Plichon ? L'arrêté ne le concernait pas. C'était à mademoiselle Leroux qu'il était enjoint de ne plus paraître sur la scène du Havre. Nous voulons bien qu'il eût dû, pour protéger les conventions faites avec sa pensionnaire, l'aider de ses conseils, de son assistance. Elle a marché toute seule, elle a réussi. L'abstention de M. Plichon ne lui a donc porté aucun préjudice.

Elle lui reproche encore de ne pas l'avoir accompagnée devant le conseil d'État.

Est-ce que le directeur contre lequel aucune condamnation n'est prononcée va se mettre à l'avance en opposition avec le maire sous la domination duquel il est? Il attendra sa condamnation; il attendra que le tribunal ait donné gain de cause à son adversaire pour prendre les mesures qu'il croira devoir prendre.

Donc, dans tous ces faits, il n'y a pas cette complicité de laquelle puisse résulter une obligation quelconque de la part de M. Plichon. Il a obéi à un cas de force majeure. M. Plichon n'a rien fait pour le créer; il n'avait rien à faire pour l'éviter.

Mademoiselle Leroux subit une loi commune à tous les artistes de théâtre. En supposant que rien dans ses actes n'ait provoqué l'arrêté, il ne serait pas plus juste que ce fût M. Plichon, qui n'a rien à se reprocher, plutôt qu'elle, qui dût subir les conséquences de cet arrêté.

Nous concluons au rejet de la demande en dommages-intérêts.

JUGEMENT.

« Attendu que la demoiselle Leroux demande à Plichon, directeur du théâtre du Havre, des dommages-intérêts pour inexécution de l'engagement qu'elle avait contracté avec lui, et dont il ne méconnaît pas l'existence;

» Attendu que cette demande ne peut réussir qu'autant que la demoiselle Leroux établira que Plichon a volontairement violé le contrat, ou que, par son fait, sa faute, son imprudence, sa négligence, il a été la cause involontaire de l'inexécution de ce contrat;

» Attendu que si la demoiselle Leroux, engagée le 3 juin 1858, a cessé de paraître sur le théâtre du Havre à partir du 14 juillet, ce n'est point par suite du fait ou de la volonté de Plichon;

» Qu'en effet ledit jour 14 juillet, M. le maire du Havre a pris un arrêté portant que la demoiselle Leroux cesserait de paraître sur la scène, et que Plichon devrait pourvoir à son remplacement; et que cette décision a été notifiée à Plichon et à la demoiselle Leroux;

» Attendu que le tribunal n'a pas à s'expliquer sur cet arrêté; qu'il lui suffira de constater qu'émané de l'autorité, qui avait la police du théâtre et qui pouvait disposer de la force publique pour faire exécuter ses ordres, il constituait pour Plichon comme pour la demoiselle Leroux un obstacle insurmontable à la continuation de l'exécution de leurs engagements respectifs; qu'aussi ni l'actrice ni le directeur n'ont cherché à poursuivre cette exécution; que le directeur n'a, sans aucun doute, distribué aucun rôle à la demoiselle Leroux, mais que cette demoiselle a quitté le Havre sans aucunement manifester l'intention de reparaître sur la scène, malgré l'arrêté; qu'en un mot, une force majeure a, momentanément au moins, empêché chaque partie de faire ce à quoi elle était obligée; que ni l'une ni l'autre n'est donc passible de dommages-intérêts;

» Attendu que l'action intentée par la demoiselle Leroux, dès le 12 août, à Plichon et au maire du Havre, confirme même la décision du tribunal sur la position créée à cette demoiselle par l'arrêté du 14 juillet; qu'elle considère son engagement comme anéanti ; qu'elle qualifie d'arbitraire la décision qui lui a interdit la scène ; qu'elle reconnaît donc la force majeure qui a, suivant elle, brisé le contrat ;

» Attendu qu'il est vrai que la demoiselle Leroux s'est aussi pourvue administrativement contre l'arrêté du 14 juillet, et a obtenu le 29 novembre 1858 une décision préfectorale qui l'a annulé ; que l'obstacle de force majeure qui avait suspendu entre elle et Plichon l'exécution de leurs engagements a dès lors disparu ; que la marche que la demoiselle Leroux avait à suivre était tracée par la loi ; qu'elle devait, conformément à l'art. 1146 du Code Napoléon, notifier l'arrêté préfectoral à Plichon et le mettre en demeure de lui ouvrir la scène du Havre ; qu'elle n'en a rien fait ; que la mise en demeure non suivie d'exécution pouvait seule cependant donner lieu à des dommages-intérêts ; que Plichon, étranger au pourvoi administratif, n'avait pas d'initiative à prendre ; qu'avant l'arrêté préfectoral du 29 novembre comme depuis, il n'a donc pu encourir aucune responsabilité ;

» Attendu que le tribunal a d'ailleurs remarqué que, dans les écritures du procès, la demoiselle Leroux n'impute à Plichon aucun fait personnel et volontaire ; qu'elle dit seulement qu'il a exécuté l'arrêté municipal ; mais que le tribunal a démontré qu'il ne pouvait faire autrement, et que, d'ailleurs, la demoiselle Leroux s'est aussi soumise provisoirement à cette exécution ;

» Attendu que si Plichon est à l'abri du reproche d'avoir volontairement violé ses engagements, on ne peut davantage l'accuser d'avoir contribué à leur inexécution par sa faute et sa négligence ; qu'aucun fait de cette nature n'a été articulé contre lui ;

» Qu'à la vérité la demoiselle Leroux soutient qu'il aurait dû s'associer à son pourvoi contre l'arrêté municipal ; mais qu'elle n'a pas à se plaindre de son abstention, toute naturelle d'ailleurs, puisqu'elle a obtenu gain de cause ;

» Qu'elle ne peut, en outre, lui reprocher de n'avoir pas sollicité, de concert avec elle, l'autorisation de poursuivre le maire du Havre ; que c'était à elle à mettre sa procédure en état ;

» Par ces motifs ;

» Le tribunal, statuant en premier ressort et matière ordinaire, déclare la demoiselle Leroux mal fondée dans son action, l'en déboute et la condamne aux dépens. »

TRIBUNAL CIVIL DE LA SEINE.

(1re CHAMBRE.)

PRÉSIDENCE DE M. BENOIT-CHAMPY.

Audience du 23 février 1859.

M. HENRI DE MONTGOMERY

CONTRE

LE GÉRANT DU COURRIER DE PARIS.

Demande en 10 000 francs de dommages-intérêts.

Le 14 janvier 1858, le *Courrier de Paris* inséra une lettre qui lui avait été adressée et qui était signée Henri MONTGOMERY. Dans cette lettre, le signataire se plaignait de ce que, quelques jours auparavant, à propos du mariage de Mlle Blanche de Portes, avec M. Alfred de Montgomery, un article du journal avait donné à ce dernier le titre de *comte*.

Cette lettre était l'œuvre d'un faussaire. De retour d'Amérique, où il était retenu, M. Henri de Montgomery intente contre le gérant du *Courrier de Paris* une demande en 10 000 francs de dommages-intérêts avec insertion du jugement dans six journaux à son choix.

Me BERRYER, avocat, assisté de Me CASTAIGNET, avoué, se présente pour obtenir cette demande.

Me Alex. SOREL, avocat, assisté de Me Oscar MOREAU, avoué, est chargé de la défense du gérant.

Par suite de l'absence momentanée de Me Berryer, Me Sorel, quoique défendeur, est obligé de prendre la parole le premier.

PLAIDOIRIE DE Mᵉ ALEXANDRE SOREL.

Messieurs;

Je regrette pour M. Henri de Montgomery qu'il ait persisté dans une demande, qu'un sentiment, d'ailleurs fort honorable, avait pu lui inspirer le jour même où il apprenait la mystification dont le *Courrier de Paris* a été la première victime. Il me semble, qu'avec un peu de réflexion, il eût été plus digne d'un vrai gentilhomme et surtout d'un sujet américain, de mépriser les insinuations plus ou moins malveillantes dirigées contre sa famille, et de suivre à cet égard la ligne que lui avait si bien tracée M. Alfred de Montgomery son frère. Aussi le seul mérite qu'une pareille demande puisse avoir à mes yeux, c'est de nous procurer l'occasion d'entendre une fois de plus mon éminent contradicteur.

Quant à moi, mon rôle sera des plus simples et des plus modestes. A Dieu ne plaise que je vienne ici excuser la conduite du faux signataire de la lettre qui fait l'objet du débat, ni mettre en doute les titres et parchemins de la famille de Montgomery ! Je me bornerai à rechercher quel a été dans cette affaire le rôle du *Courrier de Paris* et si, en fait comme en droit, l'action dirigée contre lui a quelque fondement.

Voici les circonstances qui ont donné lieu au procès.

Dans son numéro du 9 janvier 1858, le *Courrier de Paris* empruntait au *Lexovien* l'article suivant :

» Le charmant bourg de Fervagues, si gracieusement situé dans la riche vallée de Livarot, avait revêtu dimanche dernier ses plus beaux habits des grands jours de fête. Il s'agissait de recevoir la nouvelle châtelaine, mademoiselle Blanche de Portes, que la mort de madame la marquise de Portes sa mère rend héritière du dmaine de Fervagues et du magnifique château, si riche de souvenirs historiques, et de fêter son mariage avec M. le comte de Montgomery qui a été célébré à Paris le 21 décembre dernier.

» A l'arrivée de la jeune châtelaine, dix-neuf demoiselles furent admises à lui offrir une magnifique corbeille de mariage. M. le comte de Montgomery et madame la comtesse offrirent à leur tour un dîner aux habitants de Fervagues. Plus de deux cents invités étaient réunis dans les salles du banquet, ornées de guirlandes de verdure et dans l'une desquelles était placé le portrait de la comtesse ; le service était splendide et la gaieté la plus vive animait les convives ; les manifestations ont redoublé, lorsque la jeune comtesse conduite par son époux, a fait le tour des salles adressant à chacun quelques bonnes et affectueuses paroles.

» Après le dîner, il y a eu bal, feu d'artifice, le château et le bourg étaient illuminés ; la fête s'est prolongée jusqu'à deux heures du matin.

» Les pauvres n'ont point été oubliés dans cette heureuse journée. Madame la comtesse de Montgomery dont la charité est inépuisable, et qui veut qu'il n'y ait plus à l'avenir de pauvres dans la commune, a fait remettre à chacun des nécessiteux 3 kilogrammes de pain et 1 kilogramme et demi de viande ; une somme de 500 francs a été versée au bureau de bienfaisance du bourg. »

Il y avait peut-être dans les louanges que contenait cet article de quoi effaroucher quelque peu le puritanisme d'un citoyen américain. Mais ces louanges pouvaient tourner au profit des pauvres, et il n'en fallait pas davantage pour que le *Courrier de Paris* s'associât à cette publicité toute gratuite.

Deux jours après, c'est-à-dire le 11 janvier, arrive au journal une lettre signée *Henri Montgomery*, 94, *rue Saint-Lazare*. Aussitôt l'administration envoie quelqu'un à l'adresse indiquée à l'effet de s'assurer que c'était bien là qu'habitait M. Henri Montgomery. Le concierge de la maison répond : «Oui, c'est ici, » mais il est absent en ce moment. » L'envoyé du journal attachant à cette réponse le même sens que si l'on avait dit : M. de Montgomery est sorti, n'en demande pas davantage et transmet à la rédaction le résultat de sa démarche. En présence de ce renseignement, on ne voit aucun inconvénient à publier la lettre qui est remise, à cet effet, à M. Paul d'Ivoy, chargé alors de faire ce qu'on appelle la *chronique parisienne*, et le 14 janvier paraît l'article qui suit :

« Nous donnions dans notre numéro du 9 janvier, d'après un journal de Lisieux, le *Lexovien*, le récit d'une fête champêtre que l'on eût dite calquée sur les fêtes pastorales de l'Opéra-Comique. Il s'agissait de recevoir les nouveaux seigneurs du village. Tous les bons villageois étaient en liesse. On avait mis les beaux habits des dimanches et le bouquet au côté. Le galoubet et le tambourin mariaient leurs accents, les cloches sonnaient à toute volée, le bailli affairé courait de droite à gauche, ne sachant où donner de la tête. M. le comte et madame la comtesse de Montgomery dont le mariage venait d'être célébré à Paris, arrivaient dans leur château de Fervagues et l'on voulait leur faire une réception digne d'eux.

» A propos de la reproduction du récit de cette fête d'après le *Lexovien*, on nous adresse la lettre suivante, avec prière de la publier. Les sentiments qui y sont exprimés sont trop honorables pour que nous ne fassions pas droit à cette demande. Voici donc la lettre ; nous nous bornons à faire remarquer que la réclamation s'adresse au journal de Lisieux, et non pas au *Courrier de Paris*.

« Monsieur,

» Permettez-moi de venir réclamer contre une méprise que vous avez faite dans votre numéro du 9 janvier en parlant de la réception de M. et madame Montgomery. Je ne sais pas d'où a pu venir cette idée aristocratique de donner le titre de comte à M. Montgomery mon frère ; sachez, monsieur, que nous sommes Américains (citoyens), que nous ne sommes pas de la famille du fameux Montgomery. Notre père a commencé par être petit épicier, notre mère l'a secondé et nous voilà millionnaires ; mais je ne crois pas que cela donne le titre de comte. Nos deux sœurs ont épousé de vrais comtes de Larochefoucault et de Béthune. Il y a quelques années, au mariage de ma sœur de Larochefoucault, on a fait la biographie de nos parents comme étant d'honnêtes et bons marchands, cela nous a fait plaisir.

» Je vous prie, monsieur, de faire insérer cette lettre dans votre journal.

» Recevez, etc.   ¡ Henri MONTGOMERY. »

« Paris, le 11 janvier 1858.

« On lira avec plaisir, nous en sommes sûr, continue M. Paul d'Ivoy, cette lettre puritaine d'un républicain des États-Unis. Cette sincérité n'est pas ordinaire même en Amérique et nous avons bien des citoyens transatlantiques fiers de leur habit noir veuf de toutes décorations et qui n'étaient pas fâchés de nous apprendre qu'ils descendaient d'un chevalier de l'ordre de Cincinnatus, de ce véritable patriciat, de cette noblesse militaire qui serait devenue une noblesse civile si elle eût été héréditaire.

» Mais M. Montgomery eût été homme à refuser stoïquement cette distinction, et à répondre, si on la lui eût offerte, par ce passage d'une lettre de Washington : *The glory of soldiers can not be completed without acting well the part of citizens.* »

Le lendemain du jour où cette insertion parut, M. Alfred de Montgomery, frère du prétendu signataire de la lettre, se présente dans les bureaux du *Courrier de Paris* et annonce que cette lettre est fausse. Aussitôt on lui montre l'original, on lui raconte comment les choses se sont passées, et convaincu de la sincérité des explications qui lui sont données spontanément, il se borne à demander la publication d'une lettre rectificative qu'il écrit lui-même, et en effet, on insère dans le numéro du 16 janvier ce qui suit :

« Nous avons été, il y a deux jours, victime d'un faussaire qui a pris toutes les précautions possibles pour tromper notre bonne foi. La lettre que nous avons publiée, et qui était signée Henri Montgomery était un faux. Nous regrettons vivement l'erreur où nous avons été induit, et nous nous empressons de publier la lettre suivante que nous adresse M. Alfred de Montgomery. Signé : Paul d'Ivoy. »

« Paris, 14 janvier 1858.

» Monsieur,

» Je lis dans votre feuille de ce jour une lettre très faussement attribuée à mon frère Henri de Montgomery. Si, avant de l'insérer, vous aviez pris la peine de vous informer, vous auriez su que mon frère est depuis six mois aux États-Unis, et par conséquent incapable d'être le signataire d'une lettre datée de Paris le 11 de ce mois.

» Cette lettre, monsieur, n'est donc que l'œuvre d'un misérable diffamateur caché sous un nom bien maladroitement emprunté. Elle ne mérite, du reste, que le mépris qui revient à tout écrit de ce genre et auquel on ne doit ni discussion ni réponse.

» Je désire que ma lettre soit insérée dans votre prochain numéro.

» Recevez, etc. Alfred DE MONTGOMERY. »

Cependant au journal on se perdait en conjectures pour savoir qui avait pu commettre un faux pareil, quand le même jour on reçut une nouvelle lettre ainsi conçue ;

« Versailles, 16 janvier 1858.

» Monsieur,

» Je viens rétracter l'article du 11 signé Henri Montgomery, j'avoue moi-même que c'était une calomnie, une fausseté. Mais je ne pensais pas que cela aurait des suites si fortes et que le *Courrier de Paris* aurait renvoyé ledit article au château de M. Alfred de Montgomery, mais je m'engage de donner toute satisfaction de tout genre à ce monsieur qui verra qu'il y avait plus d'étourderie, d'irréflexion que de méchanceté : j'espère qu'il se contentera de cette déclaration franche et loyale. Dans le cas contraire, je suis prêt à aller lui présenter mes excuses moi-même. Je prie le *Courrier de Paris* d'indiquer son jour et son heure. »

La lettre cette fois n'était pas signée ; mais précisément l'anonyme sous le voile duquel se cachait l'auteur, et la couleur rose tendre du papier sur lequel elle était écrite, démontraient qu'elle pouvait bien émaner d'une personne ayant vu le message de M. Alfred de Montgomery avec moins d'enthousiasme que les habitants de Fervagues.

Quoi qu'il en soit, tout semblait terminé quand le 12 mai, c'est-à-dire quatre mois après, M. Lerousseau, alors gérant du *Courrier de Paris*, reçut une assignation par laquelle M. Henri de Montgomery demande 10 000 fr. à titre de dommages-intérêts avec trois ans de contrainte par corps et l'insertion du jugement dans six journaux, notamment dans le *Galignanis' Messager*.

J'ai bien peur, quant à moi, que ce soit là une voie détournée, et que le véritable but de M. Henri de Montgomery consiste à faire enregistrer par justice des lettres de noblesse dont nous ne pouvons apprécier, quant à présent, la valeur.

Mais enfin, pour que sa demande, telle qu'elle est formulée, puisse être accueillie, il faut qu'il établisse d'abord qu'il y a eu de la part du *Courrier de Paris* une faute grave, et en second lieu qu'il a éprouvé un préjudice sérieux.

M. LE PRÉSIDENT — Cela suffit, Mᵉ Sorel. Le tribunal continue la cause à huitaine pour entendre Mᵉ Berryer, auquel vous pourrez répondre.

Audience du 2 mars 1859.

PLAIDOIRIE DE Mᵉ BERRYER.

Messieurs,

A la fin de la dernière audience, le défenseur du gérant du *Courrier de Paris* vous a indiqué quel était l'objet du procès actuel. Le peu de mots qu'il a prononcés devant vous a pu, malgré les nécessités de son rôle, vous faire apprécier l'importance réelle de ce procès. Une branche de la famille Montgomery, établie en France depuis plusieurs années, c'est-à-dire revenue au premier berceau de cette antique et illustre famille, a été, depuis sa présence en France, l'objet d'hostilités secrètes, cachées, mais obstinées, des persécutions les plus graves. On s'est efforcé de la présenter dans le monde à peu près comme une famille d'aventuriers, enrichie par les hasards du commerce, usurpant tout à la fois et un nom qui ne lui appartient pas et une origine qui lui appartient moins encore, usurpant un titre de noblesse auquel elle n'a aucun droit. On a commencé par des circulaires distribuées avec persévérance parmi les personnes qui étaient en relations avec cette famille. Bientôt on a compris, dans ce besoin de haine et de dénigrement qui animait je ne sais quelles personnes, que cette manière d'attaquer sans cesse, mais sourdement, était insuffisante, et l'on imaginé un moyen de donner une plus grande publicité à ces incessantes attaques. On a procédé par la voie des journaux, et sous une forme qui mettait à peu près à l'abri de toute poursuite les auteurs de cette publicité de dénigrement. Pour donner plus ample carrière à cette publicité injurieuse, offensante, à cette persécution de tous les instants, on a pensé qu'il serait bon de profiter de l'absence de l'un des membres de la famille, de M. Henri de Montgomery, mon client. On a poussé l'impudence jusqu'à se servir de son nom pour attaquer la famille tout entière, pendant son absence de Paris, pendant qu'il était aux États-Unis, M. Henri de Montgomery vient aujourd'hui demander la réparation qui lui est due, non pas, comme on vous l'a dit, avec la prétention de faire enregistrer par vous des lettres de noblesse américaine, mais avec la prétention légitime, parfaitement légale, d'obtenir devant un tribunal français, réparation d'une offense faite à son honneur comme homme, comme fils et comme frère. C'est là l'objet du procès.

Sans invoquer les livres des généalogistes, sans ouvrir un seul de ceux qui constatent la descendance parfaitement régulière des Montgomery qui sont en France, il ne me sera pas difficile d'établir que M. Henri de Montgomery a véritablement nom et qualité pour soutenir le procès actuel. A cet égard, messieurs, je serai fort sobre de détails. Deux documents suffiront pour vous faire comprendre qu'il y a au fond des choses un droit très réel pour M. Henri de Montgomery d'intenter l'action présente, et que c'est une réparation légitime qu'il demande contre ceux qui se sont prêtés à être les organes d'un dénigrement dont la cause ne peut pas être pénétrée.

Les Montgomery ne sont pas les descendants directs de la branche qui s'est éteinte depuis le xvi° siècle. Non, nous savons parfaitement que cette branche n'a pas laissé de postérité. Mais antérieurement, et en remontant à la conquête de Guillaume de Normandie, une branche de la famille Montgomery le suivit. Cette branche s'est établie en Écosse, où elle est aujourd'hui représentée par le comte d'Eglinton. Un membre de cette branche d'Écosse s'est rendu aux États-Unis au commencement du siècle dernier. Deux actes ont été dressés en 1770 comme pour subvenir précisément à l'absence totale des registres d'état civil aux États-Unis. Voici ces deux documents, ils sont très courts :

« New-Jersey.

» Soit notoire que le 5 mai de l'an de Notre-Seigneur 1770, par-devant moi, Charles Pettit, écuyer, l'un des maîtres en haute Cour de la chancellerie, et secrétaire délégué et registrateur de cette province, est personnellement comparu William

Montgomery, écuyer, demeurant dans le comté de Moumouth, personne bien connue et digne de crédit, qui est un des membres de la communauté des Grakers, et qui a prêté affirmation conformément à la loi ; il a ensuite déclaré, attesté et dit qu'il est maintenant âgé de soixante-six ans et qu'il est né dans la ville d'Aire en Écosse, dans l'île de la Grande-Bretagne, où son père habitait d'ordinaire pendant la saison d'hiver. Que son père, M. William Montgomery était communément appelé et connu sous le nom de Montgomery de Bridge-End ou Brigend et était propriétaire et possesseur du bien appelé Bridge-End à environ un mille de ladite ville d'Aire, et il habitait fréquemment ledit domaine de Bridge-End dans l'été. Que ledit William Montgomery, père dudit déclarant, était marié avec Isabella, fille de Robert Burnet, seigneur de Laithenlord ou Laithenly, de laquelle il a eu pour enfants quatre fils, savoir : Robert son fils aîné ; William, le présent déclarant ; James et Alexander. Que dans ou vers l'an 1701 ou 1702, ledit William Montgomery de Bridge-End est parti avec sa famille (y compris son fils aîné) pour le New-Jersey en Amérique. Que ledit Robert Montgomery s'est marié il y a environ soixante ans avec Sarah Stacy dans le New-Jersey, de laquelle il eut pour enfants James Montgomery, qui fut le fils aîné et l'héritier dudit Robert ; que ledit James Montgomery s'est marié avec Esther Wood, de laquelle il eut pour enfants cinq fils, savoir : James son fils aîné, John, William, James, Joseph, et que ledit Robert, fils aîné et héritier dudit James, est maintenant vivant dans le comté de Moumouth dans la province de New-Jersey, et que ledit Robert Montgomery, fils de William Montgomery de Bridge-End, est mort il y a plus de trois ans, et que James Montgomery, fils dudit Robert Montgomery et père de Robert le jeune, est mort il y a plus de dix ans. Et ledit déclarant n'a rien dit de plus.

» William Montgomery. Affirmé devant moi les jour et an écrits ci-dessus.

» Charles PETTIT,

» secrétaire délégué et maître en chancellerie. »

« New-Jersey.

» Soit notoire que le cinquième jour de mai de l'an de Notre-Seigneur 1770, par-devant moi, Charles Pettit, écuyer, l'un des maîtres à la haute Cour de chancellerie de la province du New-Jersey, et secrétaire délégué et registrateur de ladite province, est personnellement comparue Esther Montgomery, veuve laissée par James Montgomery, qui était le fils aîné de Robert Montgomery, fils aîné et héritier de William Montgomery, laquelle étant membre de la communauté des Grakers, et ayant prêté affirmation conformément à la loi, a ensuite déclaré, attesté et dit qu'elle s'est mariée légalement avec ledit James Montgomery il y a environ vingt-quatre ans, qu'elle a eu avec lui plusieurs enfants, dont l'aîné et premier né Robert est maintenant vivant dans ledit comté de Moumouth et est âgé de plus de vingt et un ans, que ledit James, son défunt époux, est mort il y a dix ou onze ans et que ledit Robert, père dudit James, est mort il y a trois ou quatre ans. Et ladite déclarante n'a rien dit de plus.

» Esther Montgomery. Affirmé les jour et an écrits ci-dessus pardevant moi.

» Charles PETTIT,

» secrétaire délégué, registrateur, et un des maîtres en chancellerie. »

« État du New-Jersey (sceau du secrétaire d'État du New-Jersey).

» J. Thomas, S. Allison, secrétaire d'État de l'État du New-Jersey, certifie par le présent que ce qui précède est une copie fidèle des déclarations écrites et affirmées de William et d'Esther Montgomery, inscrites dans le livre Y des documents, pages 529 et 530, comme ayant été extrait et collationné avec l'original dans les archives de mon bureau.

» En témoignage de quoi j'ai apposé aux présentes ma signature et mon sceau officiel à Frenton, ce 3 août 1853.

» THOMAS, S. ALLISON, secrétaire d'État. »

« Je certifie par le présent, que j'ai attentivement collationné le document par écrit ci-annexé avec l'original qui a été présenté dans ce consulat par M. Alfred Montgomery, ce 1ᵉʳ novembre 1853, et que j'ai trouvé qu'il en est une copie exacte.

» En témoignage de quoi j'ai apposé ma signature et mon cachet d'office les jour et an écrits ci-dessus.

» (L. S.) signé : D. K. M. RAE, consul des États-Unis. »

« Je soussigné, interprète traducteur, juré assermenté près la Cour impériale de Paris, le tribunal de commerce de la Seine, etc., pour les langues européennes, certifie que ce qui précède est une traduction fidèle et conforme à l'original ci-dessus que j'ai signé *ne varietur*. En foi de quoi j'ai signé le présent, à Paris ce 3 mars 1858.

» Signé : Ch. HASENFELD. »

Voilà des actes parfaitement authentiques qui constatent que cette branche d'Écosse s'est transportée aux États-Unis ; voilà des actes de descendance parfaitement établis et qui imposaient à M. Henri de Montgomery l'obligation de porter devant le tribunal l'action qu'il intente aujourd'hui, comme membre de cette branche de Montgomery établie en Écosse depuis la conquête de Guillaume.

Une des demoiselles Montgomery a épousé M. le comte Olivier de Larochefoucauld. Vous comprenez que M. le comte de Larochefoucauld, qui a une si haute position en France, n'a pas voulu contracter mariage sans s'assurer si cette descendance de la famille Montgomery, établie en Angleterre, était reconnue. On s'est adressé au chef de la maison d'Écosse, c'est-à-dire au comte d'Eglinton, lequel a répondu qu'il reconnaissait parfaitement la famille de Montgomery établie en France comme une branche de celle d'Écosse venue en Angleterre avec Guillaume le Conquérant. Voici ce qu'il écrit :

« D'après divers documents que j'ai vus, je ne puis établir aucun doute que la famille de Montgomery, dont vous me parlez, est une ancienne et directe branche de ma propre famille, et j'ai grand plaisir à la reconnaître comme telle.

» Croyez-moi, etc.,   » EGLINGTON et WINTON. »

C'est assurément quelque chose de bien grave que la déclaration du comte d'Eglinton faite à un homme tel que M. de Larochefoucault qui le consultait pour savoir si la personne qu'il allait épouser, avait l'honneur d'appartenir à l'illustre maison de Montgomery, et ce n'est assurément pas une déclaration légère que la réponse du duc d'Eglinton. Je n'ai pas besoin de multiplier les documents. Il me suffira d'ajouter que dans ces derniers temps, un des frères de M. Henri Montgomery ayant dû se marier avec mademoiselle de Portes, le comte d'Eglinton lui a écrit pour lui dire qu'il le félicitait sincèrement de cette alliance, et qu'il en félicitait toute sa famille. Après avoir dit combien il est flatté de cette nouvelle alliance de sa maison avec une maison illustre, il ajoute que bientôt il fera part, lui-même, d'un événement semblable à l'occasion du mariage de sa fille.

Les rapports de famille, comme vous le voyez, sont parfaitement constatés. Ce ne sont donc pas des aventuriers qui sont venus en France prendre un nom qui ne leur appartenait pas. Leur nom est établi d'une manière authentique ; leurs relations avec la souche de la famille sont justifiées par des correspondances dont je me borne à vous donner des extraits. C'est à l'occasion du mariage de M. Alfred de Montgomery avec mademoiselle Blanche de Portes qu'a pris naissance la nouvelle attaque dont je demande aujourd'hui réparation. Ce fut en effet, messieurs, à l'occasion de l'arrivée des nouveaux époux, M. Alfred de Montgomery et mademoiselle de Portes, dans leurs terres de Normandie, qu'ils reçurent un accueil comme on en fait à tout propriétaire aimé, qui, quoiqu'on en dise, n'a rien de commun avec les anciennes cérémonies féodales, et c'est aussi à l'occasion de l'arrivée des époux dans leur propriété de Normandie, qu'on essaye de jeter le ridicule sur la famille Montgomery. A quelque classe que l'on appartienne, qu'on soit financier, propriétaire ou noble, c'est un usage constant en Normandie de faire fête au propriétaire qui arrive. Le journal de Lisieux, le *Lexovien*, avait fait un article plus ou moins brillant, plus ou moins développé, plus ou moins solennel, sur l'accueil fait à M. Alfred de Montgomery et à sa jeune épouse.

Cet article a été reproduit par le *Courrier de Paris*. Au moment où le *Courrier de Paris* paraissait, madame de Montgomery, la mère, reçut sur le papier rose que je vous présente, une lettre ainsi conçue :

« 11 janvier 1858.

» Madame,
» J'ai été très étonné d'apprendre par les journaux que votre fils qui vient d'épouser mademoiselle Blanche de Portes, prend le titre comte.

» Au nom de mes compatriotes américains, je vous préviens, madame, que s'il ose continuer cette sotte vanité, nous ferons imprimer dans les journaux la biographie de votre digne mari, ancien, bon et brave épicier.

» Vous savez d'ailleurs, madame, que la famille des fameux Montgomery est éteinte, ceux d'Angleterre sont d'une ligne bâtarde, et d'ailleurs, vous savez aussi, citoyenne, que le nom de Montgomery est aussi commun en Amérique que celui des Dubois, des Dupin à Paris. »

Et le même jour une lettre était adressée au *Courrier de Paris*, qui l'inséra en ayant la bienveillance ou la malveillance d'en corriger les fautes et d'en rendre le style plus piquant :

« Monsieur,
» Permettez-moi de venir réclamer contre une méprise que vous avez faite dans votre numéro du 9 janvier, en parlant de la réception de M. et madame Montgomery. Je ne sais pas d'où a pu vous venir cette idée aristocratique de donner le

titre de comte à M. Montgomery, mon frère. Sachez, monsieur, que nous sommes Américains (citoyens), que nous ne sommes pas de la famille du fameux Montgomery. Notre père a commencé par être petit épicier, notre mère l'a secondé, et nous voilà millionnaires, mais je ne crois pas que cela donne le titre de comte.

» Nos deux sœurs ont épousé de vrais comtes de Larochefoucauld et de Béthune. Il y a quelques années, au mariage de ma sœur de Larochefoucauld, on a fait la biographie de nos parents comme étant d'honnêtes et bons marchands ; cela nous a fait plaisir.

» Je vous prie, monsieur, de faire insérer cette lettre dans votre journal.

» Recevez, etc.,   Henri MONTGOMERY. »

A la suite de cette lettre, on lit, d'une autre écriture : 94, *rue Saint-Lazare.* C'est le domicile de M. Henri de Montgomery.

Cette lettre est publiée par le journal le *Courrier de Paris* à la date du 14 janvier ; le rédacteur la fait précéder des réflexions suivantes :

« Nous donnions dans notre numéro du 9 janvier, d'après un journal de Lisieux le *Lexovien*, le récit d'une fête champêtre que l'on eût dite calquée sur les fêtes pastorales de l'Opéra-Comique. Il s'agissait de recevoir les nouveaux seigneurs du village. Tous les bons villageois étaient en liesse. On avait mis les beaux habits des dimanches et le bouquet au côté ; le galoubet et le tambourin mariaient leurs acccents ; les cloches sonnaient à toute volée, le bailli affairé courait de droite à gauche ne sachant où donner de la tête. M. le comte et madame la comtesse de Montgomery dont le mariage venait d'être célébré à Paris, arrivaient dans leur château de Fervaques et l'on voulait leur faire une réception digne d'eux.

» A propos de la réproduction du récit de cette fête d'après le *Lexovien*, on nous adresse la lettre suivante avec prière de la publier. Les sentiments qui y sont exprimés sont trop honorables pour que nous ne fassions pas droit à cette demande. Voici donc la lettre ; nous nous bornons à faire remarquer que la réclamation s'adresse au journal de Lisieux et non pas au *Courrier de Paris.* »

Suit la lettre que je viens de lire, puis viennent les réflexions suivantes :

« On lira avec plaisir, nous en sommes sûr, cette lettre puritaine d'un républicain des États-Unis. Cette sincérité n'est pas ordinaire, même en Amérique, et nous avons vu bien des citoyens transatlantiques fiers de leur habit noir veuf de toutes décorations, et qui n'étaient pas fâchés de nous apprendre qu'ils descendaient d'un chevalier de l'ordre de Cincinnatus, de ce véritable patriciat, de cette noblesse militaire qui serait devenue une noblesse civile..... si elle eût été héréditaire.

» Mais M. Montgomery eût été homme à refuser stoïquement cette distinction et à répondre, si on la lui eût offerte, par ce passage d'une lettre de Washington : *The glory of soldiers can not be completed without acting well the part of citizens.* »

Voilà la lettre, ainsi que le préambule qui la précède et le commentaire qui la suit.

Elle est exactement de la même main, de la même écriture, et sur le même papier que celle qui avait été adressée à madame de Montgomery la mère, sous la fausse signature de Henri de Montgomery. M. Henri de Montgo-

mery n'était pas en France. Il n'y avait en France que son frère, M. Alfred
de Montgomery. Celui s'empressa de protester et de déclarer que cette lettre
était évidemment l'œuvre d'un faussaire, puisque son frère n'était pas à Paris.
Sa protestation fut faite le jour même et envoyée au journal. Le journal inséra
la protestation, et, je dois le dire, il la fit précéder de la note suivante :

« Nous avons été, il y a deux jours, victime d'un faussaire qui a pris toutes
les précautions possibles pour tromper notre bonne foi. La lettre que nous avons
publiée et qui était signée Henri Montgomery, était un faux. Nous regrettons vivement l'erreur où nous avons été induit, et nous nous empressons de publier la
lettre suivante que nous adresse M. Alfred de Montgomery.

» Paul d'Ivoy. »

Puis il inséra la lettre qui est ainsi conçue :

« Paris, 14 janvier 1858.

« Monsieur,

» Je lis dans votre feuille de ce jour une lettre très faussement attribuée à mon
frère, M. Henri de Montgomery. Si, avant de l'insérer, vous aviez pris la peine de
vous informer, vous auriez su que mon frère est depuis près de six mois aux
États-Unis et, par conséquent, incapable d'être signataire d'une lettre datée de
Paris le 11 de ce mois.

» Cette lettre, monsieur, n'est donc que l'œuvre d'un misérable diffamateur,
caché sous un nom bien maladroitement emprunté.

» Elle ne mérite, du reste, que le mépris qui revient à tout écrit de ce genre, et
auquel on ne doit ni discussion, ni réponse.

» Je désire que ma lettre soit insérée dans votre prochain numéro.

» Recevez, etc.   Alfred de MONTGOMERY. »

Voilà la protestation qui a été insérée par le journal. Cette protestation de
M. Alfred de Montgomery est-elle une réparation suffisante ? L'est-elle surtout lorsqu'il est facile de démontrer que le journal s'est emparé malignement, avec intention de nuire, de la lettre qui lui a été adressée et qu'il a pris
le soin de corriger ?

M. Henri de Montgomery absent, reçoit aux États-Unis la communication
de ces différents documents. M. Henri de Montgomery s'empresse de revenir en France et de présenter une requête pour demander réparation du
tort personnel qui lui a été causé par les réflexions dont le journaliste a fait
précéder et suivre l'insertion de la lettre qui lui a été adressée. Il s'agit d'une
chose qui touche à l'honneur d'un homme, d'une famille. Il n'y aurait rien
d'honorable assurément de la part d'un frère qui, à l'occasion du mariage d'un
de ses frères, viendrait jeter le ridicule sur la famille.

Quand il serait vrai que la famille Montgomery n'aurait pas l'illustration
qu'elle s'attribue, quand il serait vrai qu'elle ne devrait sa fortune qu'au
commerce de l'épicerie, n'y aurait-il pas indignité de la part d'un frère à venir
faire cette révélation ? N'y aurait-il pas indignité surtout à venir la faire au

moment d'une solennité de famille, où l'un de ses membres est appelé à une des alliances les plus honorables de France ? C'est là assurément ce qui devait frapper le journaliste.

Au lieu de donner son approbation à la conduite prétendue de M. Henry de Montgomery, le journaliste devait dire : C'est une indignité ; s'il est des gens qui aient le droit de contester les prétentions de la famille Montgomery, il n'y a qu'une seule personne qui n'ait pas ce droit, c'est celle au nom de laquelle on insère une telle lettre. M. Henri de Montgomery est donc légitimement fondé à s'élever contre une attaque personnelle qui lui fait jouer un rôle indigne et imprudent dans ce temps où la législation devient plus sévère pour maintenir les droits de famille, et les préserver d'usurpations le plus ordinairement ridicules, mais souvent fâcheuses, aux regards des véritables ayants-droit. M. Henri de Montgomery se trouve donc dans la position pénible de venir en France, de ne pas se contenter de la protestation de son frère, mais de demander réparation de l'attaque personnelle dirigée contre son honneur, comme fils et comme frère.

Quelle est la défense du journal ? Il ne faut pas oublier qu'il a inséré la lettre par une disposition toute personnelle et toute favorable à l'attaque dirigée contre la famille Montgomery.

C'est donc avec sympathie, et non-seulement avec sympathie, mais, comme vous l'avez remarqué, avec un entraînement, un empressement qui fait peser sur le journal une plus grande responsabilité. Cette sympathie s'est manifestée par la correction du texte.

Je ne veux pas vous fatiguer par la comparaison de la rédaction présentée au *Courrier de Paris* et celle que ce journal a donnée, mais enfin, vous voyez avec quel soin il a rectifié la lettre dont il a retranché des passages qu'il croyait inutiles, dont il a corrigé tous les défauts de style, à laquelle il a donné une correction à peu près régulière et un caractère tout à fait dramatique.

C'est dans ce sens que le journal montre la sympathie qu'il avoue. Il dit, dans le préambule qui précède la lettre : « Les sentiments qui y sont exprimés sont trop honorables pour que nous ne fassions pas droit à la demande d'insertion qui nous est faite. » Et dans le commentaire qui la suit :

« On lira avec plaisir, nous en sommes sûr, cette lettre puritaine d'un républi- des États-Unis. Cette sincérité n'est pas ordinaire. même en Amérique, et nous avons vu bien des citoyens transatlantiques fiers de leur habit noir veuf de toutes décorations, qui n'étaient pas fâchés de nous apprendre qu'ils descendaient d'un chevalier de l'ordre de Cincinnatus, de ce véritable patriciat, de cette noblesse militaire qui serait devenue une noblesse civile..... si elle eût été héréditaire. »

Convenez, messieurs, que ces éloges ont une singulière signification, en supposant que la lettre et l'effet dramatique qui l'accompagne émanent de M. de Montgomery. Il est difficile de pousser plus loin le ton de persifflage et de mépris.

C'est une erreur dans laquelle on nous a entraînés. Voilà la seconde excuse que nous trouvons à la demande formée par M. Henri de Montgomery. Une erreur ! non, car il était trop facile de l'éviter.

Et d'abord, puisque l'adresse de la lettre était indiquée, la première chose à faire était de s'y rendre. Quant à l'indication de cette adresse qui est au bas de la lettre, je ne puis pas me dispenser de répéter qu'elle est d'une autre écriture. Il suffit, pour tout homme de bonne foi, de regarder la lettre et d'en voir la signature pour reconnaître que l'écriture est affectée, que les caractères en sont agencés de telle manière qu'il est impossible, à première vue, de n'y pas reconnaître l'œuvre d'un faussaire. Mais enfin, je suppose, je le veux bien, malgré la différence d'écriture, malgré tout ce qui indiquait que la lettre était fausse, ou au moins anonyme, nonobstant cette prétendue signature, je suppose que la bonne foi du journaliste ait pu être un instant surprise, il fallait se rendre à cette adresse, demander M. Henri de Montgomery, s'assurer, en un mot, que la lettre fût de lui.

« C'est ce que nous avons fait, répond l'adversaire, nous nous sommes rendu rue Saint-Lazare, 94 ; on nous a dit que M. de Montgomery était absent pour le moment ; nous nous sommes assuré qu'il demeurait bien rue Saint-Lazare, 94. »

Ce n'est pas là une réponse de bonne foi. Évidemment, le journaliste n'a pas pris les renseignements qu'il dit avoir pris, on ne lui aurait pas dit que M. Henri de Montgomery était absent *pour le moment*, puisqu'il y avait quatre mois qu'il avait quitté la France. Si l'on s'était présenté chez le concierge, le concierge, certainement, aurait répondu : M. de Montgomery n'est pas ici, il est absent depuis quatre mois ; il est parti pour les États-Unis. M. de Montgomery avait gardé un appartement à Paris ; mais cet appartement était fermé depuis quatre mois, et si, de bonne foi, on avait été s'enquérir si M. de Montgomery était là, s'il avait pu écrire une lettre le 12 janvier, on aurait parfaitement su qu'il n'était pas là depuis longtemps, qu'il était aux États-Unis. Il n'est donc pas vrai que le journaliste, pour mettre sa responsabilité à couvert, se soit rendu sur les lieux, et que là, il ait constaté la réalité d'un domicile avec des circonstances qui lui permissent de croire que l'habitant de cet appartement avait pu écrire une lettre datée de Paris à l'époque où elle a été écrite.

Mais, ajoute-t-on, qu'importe la publication que nous avons faite, la protestation du frère ne suffit-elle pas pour la famille ? J'entends bien que cette protestation du frère puisse détruire le soupçon que M. Henry de Montgomery est l'auteur de la lettre ; mais est-ce là une réparation suffisante pour M. Henri de Montgomery ? Est-ce là une réparation suffisante pour un homme dont on a emprunté le nom pour jeter du dénigrement, du ridicule dans sa famille ? Il me semble, messieurs, que je n'ai pas besoin de développer beaucoup de principes de droit pour dire que les actions sont personnelles ; que c'est personnellement et directement que M. Henri de Montgomery avait le droit de se présenter, de signifier son nom, son origine, sa qualité. C'est en France que tout ceci se passe, et je demande s'il est possible qu'on puisse être ainsi atteint par l'imputation d'une action véritablement déshonorante ; si le diffamateur peut être excusé par ce simple faux-fuyant, qu'il a réparé depuis en disant que la lettre paraissait fausse. C'est là un système que nous ne pouvons pas faire consacrer par nos tribunaux, il serait trop protecteur de la diffamation. Si un journal, s'appropriant avec sympathie, avec collaboration, par les corrections qu'il fait, des lettres anonymes ou signées faussement du nom d'une personne connue, pouvait dire : Que voulez-vous? j'ai pu être trompé ; j'ai peut-être été léger, mais j'ai satisfait complétement la personne offensée. Je maintiens que votre prétendue satisfaction ne serait complète qu'autant que vous feriez connaître l'auteur de la lettre. Vous dites que le faussaire est démasqué. Il ne l'est en aucune manière ; il reste toujours couvert pour nous. Il ne l'est peut-être pas pour vous ; il ne vous est peut-être pas inconnu, car d'autres lettres semblent prouver qu'il existe quelques relations habituelles entre l'auteur de la lettre et le journal qui l'a imprimée avec tant de sympathie.

J'ai un autre fait à citer. Lorsque le 16 janvier a paru la protestation de M. Alfred de Montgomery, voici la lettre qui lui a été adressée, lettre encore anonyme, et toujours de la même écriture et sur le même papier que la lettre adressée à madame de Montgomery mère. Elle est ainsi conçue :

« Versailles, 16 janvier 1858.

» Monsieur,

» Je viens rétracter l'article du 11, signé Henri Montgomery. J'avoue moi-même que c'était une calomnie, une fausseté, mais je ne pensais pas que cela aurait des suites si fortes et que le *Courrier de Paris* aurait renvoyé ledit article au château de M. Alfred de Montgomery ; mais je m'engage de donner toute satisfaction de tout genre à ce monsieur qui verra qu'il y avait dans tout cela plus d'étourderie, d'irréflexion, que de méchanceté. J'espère qu'il se contentera de cette déclaration franche et loyale. Dans le cas contraire, je suis prêt à aller lui présenter mes excuses moi-même.

» Je prie le *Courrier de Paris* d'indiquer son jour et son heure. »

Voilà encore une lettre anonyme. Depuis ce temps, les lettres anonymes n'ont pas cessé, elles ont été répandues en grand nombre dans la société de Paris. Celle qui a été insérée dans le *Courrier de Paris*, et qui portait le nom de M. Henri de Montgomery, bien qu'il ne fût pas ici, bien que son absence soit constatée, a été répandue à Paris avec profusion. On l'a adressée par la poste à tous les amis de la famille de Montgomery.

Je le répète, ce n'est pas ici une question de vanité, mais une question d'honneur. C'est le nom de M. Henri de Montgomery qui a été emprunté ; c'est la signature de M. Henri de Montgomery qui a été présentée dans le journal, comme étant bien certainement émanée de lui. L'explication qu'il était absent n'a pas été donnée.

Le journal pouvait s'assurer de cette absence, il ne l'a point fait ; il s'est associé avec sympathie aux sentiments exprimés dans la lettre, il en a corrigé la rédaction ; à cet égard sa responsabilité est incontestable. Encore une fois, il ne peut pas suffire pour propager une diffamation, de se faire écrire une lettre revêtue d'une fausse signature, et de venir déclarer après que la lettre est fausse, que la lettre n'est pas émanée de celui à qui on l'avait attribuée. Il serait trop facile d'éluder de cette façon les dispositions de la loi protectrice des étrangers qui nous demandent l'hospitalité, aussi bien que des nationaux qui viennent l'invoquer. Je persiste dans mes conclusions.

RÉPLIQUE DE Mᵉ SOREL.

Messieurs ,

Malgré la plaidoirie que le tribunal vient d'entendre, je persiste à croire que l'action de M. Henri de Montgomery n'est pas fondée, et qu'il eût mieux fait d'imiter la conduite de son frère.

Mais enfin puisqu'il persiste, discutons !

Et d'abord y a-t-il eu faute de la part du rédacteur du *Courrier de Paris?* Mon honorable adversaire a soutenu l'affirmative et il s'est attaché à démontrer que cette faute consistait à n'avoir pas pris de renseignements rue Saint-Lazare, 94.

Mais c'est là une erreur de sa part ! J'ai dit quand et comment ces renseignements ont été pris. C'est un usage constant au journal et l'on n'y aurait pas dérogé en pareille circonstance. On nous objecte, il est vrai, que nous n'en apportons pas la preuve et que, s'il était vrai que ces renseignements eussent été pris, nous nous fussions empressé de le dire dans notre rectification.

Mais on oublie que le fait a été signalé à M. Alfred de Montgomery, le lendemain même de l'insertion de la lettre incriminée, et que s'il l'eût mis en doute, à ce moment le contrôle était facile, tandis qu'au bout de quatre mois il n'en était plus de même.

D'un autre côté, lorsque M. d'Ivoy, dans les quelques lignes qui ont précédé la lettre de M. Alfred de Montgomery, disait : « Nous avons été vic- » time d'un faussaire qui a pris toutes les précautions possibles pour tromper » notre bonne foi, » ces mots, toutes les *précautions possibles*, ne renfer- maient-ils pas implicitement tout ce qui est relatif à l'indication de la demeure de M. Henri de Montgomery et aux renseignements qui ont été pris à ce sujet?

Mon adversaire a ajouté que la simple inspection de la lettre, le corps d'écri- ture, la signature et le style, tout était de nature à éveiller les soupçons du rédacteur en chef, et que dès lors il aurait dû s'abstenir de toute publi- cation.

A cet égard, je répondrai qu'il ne faut pas juger de la valeur d'un écrit par le corps de l'écriture. Sans quoi il y a plus d'une production excellente qui devrait être bien mal notée, tant les règles les plus élémentaires de la calli- graphie y sont violées.

Quant au style, c'est autre chose : je ne nie pas que celui de la lettre en question ait quelque chose d'original. J'ajouterai même que M. Paul d'Ivoy a dû en être frappé. Mais, après tout, est-ce que cette originalité ne pouvait suffisamment s'expliquer pour lui en songeant que l'œuvre émanait d'un citoyen d'Amérique, ce pays si fécond en excentricités. D'un autre côté, sous cette forme bizarre, il lui sembla que les sentiments exprimés avaient quelque chose d'honorable, et il crut sincèrement que M. Henri de Montgomery était, suivant l'expression de Voltaire :

« ..... De ces mortels favorisés des cieux ,
» Qui sont tout par eux seuls et rien par leurs aïeux. »

Eh bien ! il s'est trompé. Voilà tout...

D'ailleurs, comment admettre que le *Courrier de Paris* ait été de mauvaise foi, ainsi qu'on le soutient ? Quel intérêt aurait-il eu à agir ainsi ?

D'abord, s'il était vrai qu'il eût voulu s'associer aux persécutions anonymes dont la famille de Montgomery se dit victime, comment aurait-il inséré l'article du *Lexovien*, contre lequel MM. Henri de Montgomery n'auraient certes pas protesté. Il n'eût pas prodigué gratuitement de pareilles louanges, et quand, plus tard, il s'est trouvé lui-même induit en erreur, si cette erreur n'avait pas été involontaire, il n'en eût pas fait un aveu aussi spontané.

Mais il est impossible d'admettre qu'un journal aussi sérieux que le *Courrier de Paris* puisse se jouer aussi facilement des personnes et s'exposer aux conséquences rigoureuses d'une action judiciaire, et cela pour satisfaire quelque rancune privée ou s'associer à une plaisanterie de mauvais goût, alors qu'il n'a aucun bénéfice à en retirer. Encore une fois cela est inadmissible.

Mais à supposer le contraire, où donc sera le préjudice causé à M. de Montgomery ?

Est-ce parce qu'on a méconnu à son frère le titre de comte ? Mais, sans vouloir entrer dans aucune discussion à ce sujet, il me semble que le faux signataire de la lettre n'a dit que la vérité. On n'a produit en effet aucun document sérieux établissant que M. Alfred de Montgomery fût comte, et j'ai vu, au contraire, dans les actes judiciaires, qu'il ne prenait point ce titre. Ainsi, dernièrement, en me promenant dans la salle des Pas-Perdus, le hasard me fit porter les yeux sur une immense affiche annonçant la vente sur licitation du domaine de Fervaques. Je me suis approché de cette affiche, et j'y ai remarqué que M. Alfred de Montgomery était dénommé sans d'autre titre nobiliaire que la particule *de*. Or, s'il avait été réellement comte, on n'eût pas manqué de le mettre et on eût eu raison.

Est-ce parce qu'on a dit qu'il ne descendait pas du fameux Gabriel de Montgomery, qui, en 1559, fut la cause involontaire de la mort du roi Henri II et que ses ancêtres étaient d'infimes commerçants? Mais à tout prendre, ce ne serait point là une allégation qui pût donner ouverture à une action judiciaire, car elle n'entache ni l'honneur ni la moralité. Les réflexions de M. Paul d'Ivoy sont au contraire tout à l'avantage de M. Henri de Montgomery.

Je sais bien que mon adversaire en juge autrement et qu'il les trouve empreintes d'un certain persifflage contre son client. C'est là une appréciation toute personnelle qu'il me permettra de combattre et que repoussent les termes mêmes dont s'est servi M. Paul d'Ivoy.

Mais, ajoute-t-on, on présente M. Henri de Montgomery comme déversant le dénigrement et l'injure sur sa propre famille, et commettant, par cela même, une action indigne.

Ce reproche, en admettant qu'il fût sérieux, pourrait être adressé à l'auteur de a ettre, mais il ne saurait l'être au *Courrier de Poris*, car vis-à-vis de lui la question revient toujours à savoir si la lettre qu'il a insérée l'a été de mauvaise foi, et je crois avoir démontré le contraire.

M. Paul d'Ivoy n'a pas jugé aussi sévèrement la prétendue dénonciation faite par M. Henri de Montgomery. Il l'a admise comme possible et il a pensé qu'il pouvait bien y avoir des gens qui revendiquassent une honnête roture avec la même énergie que d'autres qui courent après une noblesse douteuse. C'est plus rare assurément, il en fait lui-même l'aveu ; mais encore une fois, il croit avoir affaire à un citoyen américain et un pareil désintéressement ne l'étonne plus.

Que M. de Montgomery poursuive donc le faussaire ; contre lui son action sera bien fondée. En vain il objecte qu'il ne le connaît pas. Il est impossible, en effet, qu'il n'arrive pas à le découvrir ; mais peut-être craint-il de trouver un adversaire par trop incommode.

Ainsi donc point de préjudice, partant point de dommages-intérêts.

Quant à l'insertion demandée dans plusieurs journaux, c'est surtout ici que j'ai peine à comprendre la persistance de M. de Montgomery. En effet, si ses conclusions étaient adjugées, il me semble que le remède serait pire que le mal. Voilà plus d'un an que l'article a paru : tous ceux qui l'ont lu l'ont certainement oublié, car bien des événements sont venus depuis préoccuper les esprits. Or ce serait le ressusciter que de faire de pareilles insertions. A cet égard, suivant moi, la meilleure réparation a été dans la rectification publiée le surlendemain. Elle a été lue de tous ceux qui avaient connu le premier article et s'il est vrai de dire que celui-ci ait pu être considéré comme un poison, on peut ajouter que le contre-poison ne s'est pas fait attendre.

Reste une dernière considération que je soumets au tribunal.

A l'époque où la dernière lettre incriminée a paru, M. Lerousseau était gérant du *Courrier de Paris*. Depuis lors l'administration du journal a changé deux fois. M. Paul d'Ivoy lui-même a quitté la rédaction. Il s'ensuit que si une condamnation quelconque pouvait être prononcée contre l'ancien gérant, elle rejaillirait toujours dans une certaine limite sur l'administration actuelle qui est cependant bien innocente du fait dont on se plaint aujourd'hui.

Je comprends la sévérité de la justice contre le journalisme quand, sans égard pour les personnes, scrutant leur vie privée, il déverse sur elle à plaisir le mépris et la calomnie. Mais quand le journalisme n'a eu ni l'intention d'injurier ni intérêt à le faire, je ne comprendrais pas qu'il devînt l'objet d'une condamnation semblable à celle qu'on réclame au nom de M. de Montgomery. Que M. Henri de Montgomery envoie au *Courrier de Paris* toutes les rectifications qu'il jugera convenables, le journal est encore prêt à les recevoir.

RÉPLIQUE DE M° BERRYER.

Messieurs,

Un faux a été pratiqué ; il a été accueilli avec sympathie par le *Courrier de Paris*, avec une collaboration toute paternelle, avec de prétendus éloges qui aggravaient la diffamation. Eh bien, pour ce fait-là, une réparation est due à M. Henri de Montgomery. La satisfaction donnée à M. Alfred de Montgomery n'est pas la satisfaction à laquelle a droit son frère. On ne peut pas dire : Il exerce son droit trop tard. Il ne vient pas trop tard, puisqu'il n'était pas en France lorsque le journal a accueilli la lettre. La diffamation pourrait-elle être contestée ? N'apparaît-elle pas avec la dernière évidence dans la satisfaction de produire un outrage de la nature de celui qu'on était si heureux de trouver sous la plume d'un citoyen américain ? C'est pour cela que le journaliste a accueilli la lettre avec tant d'empressement, et qu'il a pris la peine de la corriger, pour qu'elle fût acceptée du public. Cette lettre est d'un faussaire, le style, l'écriture, tout l'indique, et avec une évidence qui rend sans excuse la légèreté du journaliste, car s'il s'était rendu à l'adresse qu'on lui donnait, il aurait su que M. Henri de Montgomery était absent depuis quatre mois. En un mot, il s'agit d'un faux, d'un faux avec intention malveillante, avec intention de dénigrer, accueilli avec une sympathie marquée par le rédacteur du *Courrier de Paris*. Dans cette situation, M. Henri de Montgomery use du droit personnel qu'il a de demander réparation. C'est cette réparation qu'il sollicite du tribunal, et que le tribunal, je l'espère, ne lui refusera pas.

CONCLUSIONS DE M. L'AVOCAT IMPÉRIAL
SALLANTIN.

M. Henri de Montgomery se plaint qu'un faussaire ait publié sous son nom une lettre qu'il considère comme portant atteinte à son honneur, et il demande une réparation judiciaire au gérant du journal le *Courrier de Paris*, qui a inséré cette lettre dans le numéro du 14 janvier 1858. Pour savoir si cette demande est fondée, nous devons examiner si la lettre en question constitue une injure dont M. de Montgomery ait le droit de se plaindre ; nous devons en outre rechercher s'il a une action utile contre le gérant du journal.

Je ne relirai pas la lettre, assez étrange d'ailleurs, qui est l'occasion de ce procès : vous savez dans quelle circonstance elle a été écrite. M. Alfred de Montgomery, le frère du demandeur, venait de se marier. Il s'était rendu à son château avec sa jeune épouse, et il avait été reçu comme au temps passé, par les paysans en habits de fête : un journal de Normandie avait rendu compte de cette fête seigneuriale et son récit avait été reproduit dans le *Courrier de Paris*.

Le lendemain de cette publication une lettre signée Henri de Montgomery était adressée au rédacteur en chef de ce journal. M. Henri de Montgomery avait lu avec indignation le singulier récit du *Courrier de Paris;* il était citoyen américain, disait-il, et en cette qualité, il devait protester contre les prétentions nobiliaires de son frère, le prétendu comte Alfred de Montgomery.

La vérité est que ni lui ni son frère ne descendent de l'illustre famille des Montgomery qui s'est éteinte depuis longtemps. Leur père était un simple épicier qui s'est enrichi dans son commerce et a laissé à ses fils une certaine fortune. Or, le bonhomme n'avait jamais prétendu au moindre titre de noblesse et il était trop bon Américain pour y avoir jamais songé.

Cette lettre était assez extraordinaire, cependant la rédaction du journal l'accueillit avec empressement; on la rendit plus piquante encore par quelques corrections, et on la publia avec un préambule, afin qu'elle ne passât pas inaperçue.

Que M. Henri de Montgomery ait le droit de se plaindre de la publication de cette lettre qui lui était attribuée faussement, cela est incontestable.

M. de Montgomery n'est pas le fils d'un épicier enrichi, une sorte d'aventurier d'outre-mer, qui se pare d'une noblesse usurpée. Son habile et illustre défenseur vient de l'établir : M. de Montgomery descend de la noble et ancienne famille des Montgomery dont une branche a quitté l'Écosse pour s'établir en Amérique; c'est un vrai gentilhomme, allié ou parent des plus grandes familles de France et d'Angleterre. La lettre publiée par le *Courrier de Paris* constitue donc une injure, non-seulement pour M. Henri de Montgomery, mais encore pour sa famille tout entière.

Ce n'est pas tout : l'injure, pour le public, n'est pas l'œuvre d'un étranger qui, par envie ou tout autre sentiment, veut faire naître des doutes sur la légitimité d'une noblesse que s'attribue une famille ancienne. C'est un Montgomery qui se charge de l'insulte à son père et à son frère, c'est un Montgomery qui renie ses ancêtres et couvre de ridicule le nom qu'il porte, et afin que le scandale soit plus grand encore, il veut que l'insulte soit publique et qu'elle soit répétée dans tous les salons de Paris au moment où son frère vient de contracter un mariage qui a eu une certaine notoriété. C'est là le côté odieux de cette lettre, voilà pourquoi elle est doublement condamnable. Ah ! sans doute elle est l'œuvre d'un faussaire : mais le public le sait-il? Le public qui aime et aimera toujours le scandale n'est-il pas fondé à croire à la sincérité d'une lettre qu'un journal donne comme authentique, avec la signature d'un Montgomery? La rétractation viendra plus tard, me dit-on. Mais le lecteur y croira-t-il? N'y verra-t-il pas autre chose qu'un acte de complaisance et de faiblesse de la part du journaliste? Vous le voyez, le mal est fait, et M. de Montgomery est fondé à demander une réparation de l'injure qu'il **a** reçue; il le doit au nom qu'il porte, il le doit à la mémoire de son père indignement outragée.

Que répond-on au nom du *Courrier de Paris?*

Le rédacteur en chef du journal a été le premier trompé, et sa bonne foi a été surprise. Lorsqu'il a reçu cette malheureuse lettre, il a envoyé un de ses employés pour savoir si M. H. de Montgomery habitait à l'adresse indiquée; on lui a répondu affirmativement, en ajoutant seulement qu'il était absent.

Ne devait-il pas croire dès lors que M. Henri de Montgomery était bien le signataire de la lettre en question? Dès qu'il a appris qu'il avait été dupe d'un faussaire, il s'est empressé de faire toutes les excuses possibles à M. Alfred de Montgomery. Il lui a offert d'insérer gratuitement toutes les rectifications qu'il jugerait nécessaires, et en effet, il a publié une lettre que M. Alfred de Montgomery lui avait adressée. Pourquoi M. H. de Montgomery se montre-t-il plus sévère que son frère? Pourquoi ne pardonne-t-il pas comme celui-ci? Le procès actuel donnerait lieu de supposer qu'il veut donner à ses titres de noblesse une consécration judiciaire dont il pourrait peut-être avoir besoin à défaut de parchemin authentique.

Reprenons ces différents arguments. La bonne foi du rédacteur en chef du journal est-elle bien établie? J'admets qu'il ait envoyé un employé pour s'assurer du domicile du signataire de la lettre; il aurait dû au moins choisir quelqu'un qui fût capable de remplir cette mission. Comment! cet employé n'a qu'un point à vérifier. Il n'est chargé que d'une chose, de savoir si la personne, qui a écrit la veille une lettre au *Courrier de Paris*, demeure bien rue Saint-Lazare, n° 93, et quand on lui répond que cette personne est absente, il ne lui vient pas à la pensée de demander depuis quand elle a quitté Paris! Cette question si simple faisait découvrir la fraude, puisque M. Henri de Montgomery était en Amérique depuis cinq mois; il faut avouer que cet employé a fait preuve de bien peu d'intelligence!

Quant au rédacteur du journal, n'a-t-il pas accueilli avec une bien grande légèreté les renseignements qui lui ont été donnés? L'absence de M. de Montgomery ne devait-elle pas faire naître un soupçon dans son esprit? N'était-ce pas un devoir pour lui de prescrire une vérification faite avec plus de soin et d'intelligence?

Ah! si sa bonne foi avait été aussi complète qu'il veut bien le dire, il y avait mille motifs pour lui de faire cette nouvelle vérification. Je ne parle pas seulement de l'état matériel de la lettre dont l'écriture déguisée, dont la signature contournée trahissaient la main d'un faussaire. Il y avait autre chose encore qui aurait frappé toute personne de bonne foi. Le texte de cette lettre n'était-il pas plus que singulier? Comment admettre qu'un frère, serait-il le critique le plus excentrique des États-Unis, vienne ainsi, sans motifs, jeter le ridicule sur son frère au moment où celui-ci s'allie à une famille honorable? Mais je dirai au rédacteur en chef du *Courrier de Paris* : Il y avait là une action tellement odieuse que le doute devait naître dans votre esprit. Vous deviez avoir immédiatement la pensée d'une mystification. Vous alliez de bonne foi, dites-vous, mais alors avant d'accueillir avec tant de complaisance cette lettre injurieuse, vous deviez écrire à M. Henri de Montgomery pour lui demander s'il avait bien compris la gravité de ses allégations, et comme sa réponse ne vous serait pas parvenue, vous auriez reconnu enfin que cette lettre était l'œuvre d'un faussaire. Vous deviez encore vous adresser à M. Alfred de Montgomery dont le domicile vous était connu, et qui vous aurait dit que son frère avait quitté Paris depuis six mois. Ne parlez donc pas de votre bonne foi, car elle est plus que douteuse.

Mais je vais plus loin, et en admettant même la bonne foi complète du journal, je soutiens que l'action de M. de Montgomery n'en serait pas moins fondée. En effet, il reste toujours une publication faite dans un journal, publication de faits faux portant atteinte à l'honneur de M. de Montgomery ; or, par le seul fait de cette publication, celui-ci a le droit d'exiger une réparation, alors même que le journaliste qui a fait le mal, établirait qu'il n'avait aucune intention coupable. Nul doute à cet égard : M. de Montgomery puise son droit dans l'art. 1382 du code Napoléon qui veut que chacun soit responsable de son fait. Si le fait existe cela suffit, l'action a un principe certain, et ce n'est que dans l'appréciation des dommages-intérêts que la bonne foi de l'auteur du fait pourra être appréciée. Remarquez, messieurs, qu'il n'y a pas seulement un fait imputable au gérant du *Courrier de Paris*, il y a une faute, une faute grave même.

Je le disais tout à l'heure, l'étrangeté de cette lettre devait lui ouvrir les yeux, il devait reconnaître que ce n'était qu'une mystification, une de ces œuvres de lâche diffamation comme les journaux en reçoivent chaque jour. S'il ne le comprenait pas, il y avait quelque chose au moins qu'il ne pouvait ne pas voir : c'était le caractère odieux de ces attaques d'un frère contre son frère, d'un fils qui renie le nom de son père. Pourquoi alors insérer cette lettre ? Quelle nécessité de se faire le complice de la vengeance qu'un frère veut tirer de la vanité de son frère ? Pourquoi se mêler sans cesse des affaires d'autrui et initier le public à un débat de famille en tous cas regrettable ? M. Henri de Montgomery n'avait pas été nommé dans l'article emprunté au journal de Lisieux, donc il n'avait pas le droit d'y répondre. Pourquoi alors lui ouvrir vos colonnes avec tant d'empressement, alors qu'en général vous ne cédez qu'aux sommations d'un jugement pour insérer une réclamation légitime ? Ah ! si vous avez été si empressé, c'est qu'il s'agissait de faire du scandale, de jeter du ridicule sur une famille ancienne, d'attaquer d'une manière générale ces titres de noblesse que le *Courrier de Paris* n'aimait pas alors.

Mais dites-vous encore, pourquoi M. Henri de Montgomery ne suivrait-il pas l'exemple de son frère qui s'est déclaré satisfait d'une rétractation insérée dans les colonnes du journal ? Messieurs, chacun est juge de ses actions. Certes, je crois que M. Henri de Montgomery aurait pu, sans grand inconvénient, laisser dans l'oubli cette lettre d'un imposteur qui n'était digne que de son mépris. Il en a jugé autrement, et nous n'avons pas à lui demander compte du parti qu'il a cru devoir prendre. Son frère s'est contenté d'une rétractation de l'un des rédacteurs du *Courrier de Paris*, c'était son droit ; M. Henri de Montgomery se montre plus exigeant, il veut une réparation judiciaire, c'est aussi son droit et je crois que cette réparation doit lui être accordée.

Dans quelle limite le sera-t-elle ? M. de Montgomery, dans son assignation, avait demandé 10 000 francs à titre de dommages-intérêts, et l'insertion de votre jugement dans plusieurs journaux ; son défenseur n'a pas parlé de la condamnation pécuniaire et je crois qu'il a eu raison. Le préjudice que M. de Montgomery a éprouvé ne se répare pas par une somme d'argent. C'est la publication faite dans le journal le *Courrier de Paris* qui a causé le mal : vous apprécierez s'il ne suffirait pas d'ordonner l'insertion dans ce journal du jugement que vous allez prononcer. Quant à moi, je pense que cette réparation serait suffisante.

JUGEMENT.

Le tribunal,

Attendu que dans le numéro du *Courrier de Paris* du 14 janvier 1858, Le Rousseau gérant dudit journal a publié une lettre signée Henri de Montgomery.

Que cette lettre était l'œuvre d'un faussaire ;

Que si le journal le *Courrier de Paris* a pu, à certains égards, être induit en erreur lors de la publication de ladite lettre, néanmoins il est constant qu'il n'a pas pris toutes les précautions nécessaires pour s'assurer que cette lettre était réellement du prétendu signataire ;

Que notamment il pouvait vérifier au domicile indiqué dans la lettre, rue Saint-Lazare, 94, que Henri de Montgomery était absent de Paris depuis plus de quatre mois, qu'il se trouvait momentanément aux États-Unis et que, par suite, il était matériellement impossible qu'il eût écrit et signé la lettre ;

Que par cette publication le *Courrier de Paris* a agi avec une légèreté regrettable ; qu'il a porté atteinte à la considération de Henri de Montgomery et lui a causé un préjudice dont il doit réparation ;

Que le tribunal a les éléments nécessaires pour fixer l'importance de ce préjudice et déterminer le mode de réparation.

Condamne Le Rousseau à faire insérer le présent jugement dans les trois jours de sa signification dans le journal le *Courrier de Paris* et dans le *Galignani's Messager*, sinon le condamne à payer à Henri de Montgomery 20 francs de dommages-intérêts par chaque jour de retard et ce, pendant trois mois, après quoi il sera fait droit.

Le condamne en outre aux dépens.

TRIBUNAL CIVIL DE LA SEINE.

(5ᵉ CHAMBRE.)

PRÉSIDENCE DE M. LABOUR.

Audience du 6 avril 1859.

Mᵐᵉ LA BARONNE DE KORF

CONTRE

Mᵐᵉ DELPHINE BARON.

**Demande en payement de prix de deux costumes.
Demande en dommages-intérêts.**

Une grande dame russe, madame la baronne de Korf et ses deux filles, invitées à un bal costumé chez M. le comte de Morny, se sont adressées, pour avoir deux costumes de bouquetières Louis XV, à madame Delphine Baron, qui a succédé depuis peu de temps à la célèbre maison Moreau. Seulement madame la baronne de Korf a refusé ces costumes en disant qu'on les lui avait apportés trop tard, et qu'en outre ils étaient immodestes; elle demande en conséquence 3000 francs de dommages-intérêts, tandis que de son côté madame Baron demande le payement du prix des costumes.

Mᵉ Léon Duval, assisté de Mᵉ Boudin, avoué, se présente pour madame la baronne de Korf; et Mᵉ Chaix d'Est Ange, assisté de Mᵉ Razetti, pour madame Delphine Baron.

PLAIDOIRIE DE Mᵉ LÉON DUVAL.

Messieurs,

Madame la baronne de Korf, femme du général baron de Korf, venue de la cour de Russie à Paris, est établie avec ses enfants hôtel Richmond, rue du Helder. En février dernier, elle y reçut, d'un personnage distingué, une invitation qu'elle était bien aise d'accepter; il s'agissait du bal que M. de Morny a donné le 2 mars dernier.

Il fallait trois costumes, un pour madame de Korf, un pour chacune de ses deux filles. Afin d'être servie avec plus d'exactitude, elle divisa la besogne, commanda le sien chez Delille, et celui de ses deux filles chez madame Baron. Pour ceux-ci elle remit un modèle, c'était une gravure dont il fallait copier les vêtements, et surtout elle exigea que les costumes fussent livrés la veille de la fête, le 1ᵉʳ mars, avant neuf heures du soir. Elle en fit sa condition inexorable, car une mère ne pouvait manquer de veiller sur la toilette de ses filles en pareille occurence, et il fallait pouvoir corriger à temps.

Delille fut exact, et son costume fut accepté sans difficulté. Mais madame Baron se fit attendre tant et si bien, que, malgré de nombreux messages expédiés dans la journée, les costumes n'arrivèrent qu'à neuf heures du soir. Encore y manquait-il les fleurs qui avaient été promises, elles allaient, dit-on, arriver dans un quart d'heure. Mais quand on développa les costumes, on eut bien d'autres désappointements ; ils péchaient par le goût, ils manquaient de style, ils montraient de la toile où il avait été promis de la soie, mais surtout ils étaient étroits, ils serraient de trop près, enfin ils étaient immodestes.

Madame Baron fut immédiatement avertie ; elle envoya deux ouvrières, qui furent reçues à bras ouverts, car on comptait sur leur aiguille pour exécuter rapidement les corrections. Malheureusement ces deux jeunes filles, qui avaient la langue facile et une habitude démesurée du bal masqué, au lieu de réparer le mal, se mirent tout à fait en licence. Elles dirent que, dans un pays d'égalité, la femme d'un boyard n'était pas plus qu'une autre, qu'il n'y avait pas de serfs en France, qu'au surplus, les costumes n'étaient pas trop décolletés, et qu'on les portait ainsi dans le grand monde, à savoir sur tous les théâtres du boulevard. Là-dessus, après quelques semblants de réparations, elles s'esquivèrent.

Très étonnée de cette équipée, madame de Korf envoya chercher des ouvrières chez mademoiselle Fortunée, couturière de la maison Delille. Il en vint plusieurs ; elles trouvèrent les costumes incorrigibles ; et enfin, à onze heures du soir, au moment précis où entrait à l'hôtel Richmond un messager qui apportait les fleurs destinées aux deux costumes condamnés, madame de Korf se résolvait à priver ses enfants de la soirée qui s'ouvrait chez M. de Morny.

Le lendemain matin, sur l'avis que madame Baron entendait soutenir la gageure, un avoué consulté par madame de Korf fut d'avis de refuser les deux costumes par un acte en règle, qui fut immédiatement signifié.

Mais le surlendemain, 5 mars, madame Delphine Baron se vengea bien. Sur les sept heures du soir, entrait chez madame de Korf un huissier, que je ne veux pas nommer, escorté de recors. Ces messieurs pénètrent dans le salon, où la famille était réunie ; ils se dispensent de toutes civilités, s'établissent sur les canapés et les fauteuils sans la permission de personne, et protestent qu'ils vont saisir conservatoirement si on ne leur compte pas 700 francs. Par un heureux hasard, il se trouvait là un Russe de distinction, M. Nabokoff, conseiller d'État, homme sage et plein de mesure. Il avait justement sur lui plus qu'il ne fallait pour empêcher la saisie ; il offre donc les 700 francs si étrangement réclamés et il demande une quittance.

Une quittance ! l'huissier la refuse ; et comme M. Nabokoff se récrie, on lui dit que s'il fait la mauvaise tête on le régalera de deux mois de prison.

Sur quoi la théorie des deux ouvrières de madame Baron recommence son cours, qu'on est en France, que c'est un pays d'égalité, qu'on ne craint personne, et que les dames peuvent s'asseoir sur les chaises, la place étant prise sur le canapé. Il faut dire que l'huissier abusait là, de toutes façons, surtout en ceci qu'il avait en effet le droit de refuser une quittance à M. Nabokoff, à la charge de mentionner la réception des espèces sur son procès-verbal, mais qu'il se gardait d'expliquer la chose à M. Nabokoff, lequel était dans une vraie stupeur de ce qu'en France on ne parvenait point à arrêter une saisie, même en payant.

En effet, la saisie continua ; et comme il y avait sur la cheminée une épingle montée d'un camée, l'huissier la saisit à bon escient. Cela dépassait déjà de beaucoup la valeur des deux costumes.

N'importe ! la saisie va son train, et on ne sait où elle se serait arrêtée, si M. Roisin, huissier le plus voisin, mandé en toute hâte, n'était intervenu.

M. Roisin demande l'exhibition des pouvoirs au nom desquels on agit, et il lit dans l'ordonnance qu'en cas de difficultés, M. le président ordonne qu'il lui en soit référé, disposition bienveillante sans laquelle la justice française paraîtrait peut-être un peu tranchante. Puisqu'il suffisait de s'adresser au magistrat pour empêcher cette procédure blessante, il aurait donc fallu avertir ces étrangers qu'il dépendait d'eux d'en appeler au magistrat mieux informé. Non-seulement on n'en avait rien fait, mais M. Roisin ayant déclaré formellement qu'il formait ce recours, l'huissier persévéra, alléguant que les bijoux pouvaient disparaître pendant qu'il chemineraît par-devant M. le président. En termes de l'art, il voulait empêcher le *divertissement*, et il faut convenir qu'il ne pouvait pas mieux s'y prendre.

Alors M. Roisin, poussé à bout, conseilla de résister à la saisie en fermant les portes et en soutenant un siége, s'il le fallait. J'ai entendu les belles plaidoiries de M. Dupin et de M. Barthe, dans l'affaire Isambert, sur la résistance légale, et je ne doute pas que M. Roisin ne fût dans son droit. Cependant le saisissant outra les choses jusqu'à requérir le commissaire de police pour appuyer son coup de collier. Ce fonctionnaire eut le tact de prendre parti pour la saisie, et en conséquence il fallut renoncer au recours que M. le président nous avait ouvert.

Rien ne pouvait plus empêcher madame de Korf d'être sergentée, quand M. Roisin s'avisa de renouveler l'offre des 700 francs, et, plus expert que M. Nabokoff, il n'exigea même pas de quittance. Alors seulement, l'huissier et les recors lâchèrent prise, et M. le commissaire de police emporta triomphalement nos 700 francs, jusqu'à ce que la justice eût statué.

Mais, pour l'honneur de nos mœurs judiciaires, pour notre renom d'esprit et de politesse, cette étrange scène n'en peut rester là.

Et d'abord, il faut rendre à madame de Korf son argent, et condamner madame Baron à reprendre ses costumes.

Et d'abord, il faut châtier madame Baron par des dommages-intérêts pour l'avanie qu'elle a faite à madame de Korf.

Je vais m'expliquer rapidement sur ces deux points.

Sur le premier, on m'objecte que les costumes sont loyaux et marchands, que madame de Korf est tenue de les prendre, et qu'en cas de refus, madame Baron requiert une expertise.

Une expertise pour savoir si une robe va bien ! autant vaudrait une expertise pour apprécier si une mouche est bien placée. Je soutiens, moi, qu'en
ces matières, même en un pays d'égalité, les dames sont souveraines, et que
c'en serait fait de la grâce française et du goût français, si les couturières faisaient la loi. Qu'un mécanicien ne soit pas à la discrétion d'un industriel pour
qui il a fabriqué une machine à vapeur, je le conçois. Il y a là des conditions
précises, mathématiques, connues ; si elles ont été observées, la machine
marche ; elle donne tout ce que peut donner une machine normale et bien
exécutée : il n'y a pas de raison pour la refuser, ou s'il y a une raison, j'admets qu'une expertise en décidera. Mais en fait d'habits, c'est le goût individuel qui décide. On est dans le monde un homme sérieux ou bien un évaporé,
une femme comme il faut ou bien une femme appartenant à toutes les nuances
de la société parisienne, suivant la façon dont on s'habille. Ce que les Latins
appelaient *habitus corporis*, la façon d'être dépend beaucoup de la façon dont
on se met. Les grands tailleurs, les Staub et les Dusautoy sont les premiers à
le reconnaître : tel qui leur a refusé beaucoup d'habits, a fait leur fortune en
portant celui qui a fini par lui plaire. Labruyère l'a dit : « ...Il n'y a qu'un
philosophe qui se laisse habiller par son tailleur. » C'est qu'un habit peut très
bien s'adapter à notre taille, et n'en rester pas moins un habit de mauvais
goût.

Voyez plutôt ces sages et sévères critiques faites par mademoiselle Fortunée
des costumes de madame Baron. Ils sont gauches, ils sentent le carnaval de
l'an dernier, ils manquent d'inspiration, ils sont plats.

Ici Me Léon Duval lit plusieurs certificats de couturières, après quoi il
continue ainsi :

Vous le dirai-je ? madame de Korf s'est trompée. A Saint-Pétersbourg, elle
aurait fait un bon choix ; elle aurait donné à ses filles la couturière des grandes
dames, parce que là elle est sur son terrain, et elle sait où est l'art, où est le
mérite. Mais à Paris, les étrangers sont gauches ; ils se méprennent, ils ont
la main malheureuse. Par exemple, madame Baron se donne pour être la couturière des grands bals, des bals de la cour, des bals des ministères. Madame
de Korf l'a crue, et elle a eu tort. Ah ! si, voulant envoyer quelque camériste
au bal de l'Assommoir, elle avait eu la fantaisie de l'affubler... madame Baron
était son affaire.

Reste à faire justice du sans-façon de la saisie. Je crois qu'ici il faut savoir
être sévère. Malheur aux marchands de luxe ! malheur aux modistes, s'ils nous
brouillaient avec la Russie ! On sait très bien en Russie qu'ils ne sont pas des
serfs, et qu'on en trouverait sur le pavé de Paris moins que partout ailleurs ;
mais, quand on est naturellement des grands de ce monde, je dis naturellement
par le sang, par les aïeux, par le ton, par l'éducation, par le savoir-vivre,
comme madame de Korf, on est au moins l'égal de madame Baron.

Pourquoi donc madame Baron a-t-elle été impolie ? Pourquoi a-t-elle lâché
des recors dans le salon ? Pourquoi a-t-on occupé les fauteuils avec cette verve
de roture ? L'égalité ne consiste pas à s'asseoir avant d'en être prié, ni à se
mettre à son aise dans la bonne compagnie, ni à narguer ni à molester une
femme qui a le malheur d'être titrée, ni à saisir un camée de 10 000 francs
pour une prétendue dette de 700 francs. Enfin, il était bien inutile de pé-

rorer sur les droits de l'homme, puisqu'il ne s'agissait que de couture. Le tribunal bridera, j'en suis sûr, ces façons de faire. On n'était pas là à l'estaminet, il y avait des dames; il ne faut pas qu'à l'étranger on s'imagine que le code Napoléon une fois établi chez nous, la civilité s'en est allée. Jadis les huissiers au Châtelet faisaient un état périlleux : chez les grands ils attrapaient quelquefois des coups de bâton. On le trouvait mauvais et on avait raison; mais ces licences ont été amplement vengées en 93 : il ne faut pas qu'aujourd'hui ce soient les huissiers qui donnent des coups de bâton aux gentilshommes.

On dira, je le sais, que les gens de justice ont été traités chez madame de Korf comme il arrivait jadis sous l'ancien régime. Ce sera, de la part de mon adversaire, un amusement de le dire ; et il nous le dira certainement de façon à nous amuser, mais ce sera un conte. De nos jours, les réparations que la justice accorderait à l'huissier offensé seraient terribles, tant la vraie et bonne égalité est pratiquée ! Et les honnêtes gens applaudiraient, car l'huissier est l'homme de la loi, et la loi ne doit pas être insultée en sa personne. Mais l'huissier sans gêne qui a procédé chez madame de Korf a été invité à s'expliquer sur ses faits et gestes au parquet de M. le procureur impérial. Il aurait été bien heureux de pouvoir imputer quelque rebellion, ou quelque incartade à la partie saisie; il n'en a rien fait; il n'en a pas même eu la pensée. Et d'ailleurs il n'était pas homme à oublier cette circonstance dans son procès-verbal : or il verbalisait avec des suppôts, la moindre avanie aurait donc été constatée.

———

PLAIDOIRIE DE Me GUSTAVE CHAIX D'EST ANGE.

Messieurs,

Je ne sais pas si c'est parce qu'il s'agit dans ce procès de bal costumé et de déguisement, que madame la baronne de Korf s'est crue autorisée à travestir les faits d'une façon aussi étrange. Je vous demande la permission de les rétablir tels qu'ils se sont réellement passés.

Vous savez, messieurs, que la fin du carnaval a été signalée par un véritable déluge de bals costumés; c'est ainsi que le 28 février, il y avait bal costumé chez M. le ministre d'État; le 2 mars, bal costumé chez M. le comte de Morny; le 5 mars, bal costumé aux affaires étrangères, et le 7 enfin, bal costumé chez l'impératrice; et je ne parle ici que des fêtes officielles, sans compter toutes les réunions particulières qui ont été nombreuses.

Vous concevez à merveille quelle est, dans un pareil moment, l'activité qui règne dans la maison Moreau et Delphine Baron : vous comprenez à combien de demandes il faut répondre, à combien d'exigences il faut satisfaire; on n'y dort plus, on ne s'y couche plus; c'est, pardonnez-moi l'expression, un véritable coup de feu.

C'est au milieu de ce coup de feu que, le 27 février, la veille du bal donné par M. Fould, c'est-à-dire la veille d'une grande bataille à livrer pour la maison Moreau, madame la baronne de Korf se présente avec ses deux filles chez ma cliente, et lui demande, quoi? deux costumes neufs pour ses filles; et pour quel jour? pour le 2 mars, c'est-à-dire pour le bal de M. le comte de Morny. Deux costumes neufs à un pareil moment, deux costumes à livrer dans trois jours, quand déjà madame Baron, ceci est à la lettre, a refusé pour environ 20 000 francs de commandes; c'était impossible, et ma cliente exprima tous ses regrets de ne pouvoir faire les deux costumes. Je ne peux pas vous dire quelle fut la désolation de ces dames, et surtout des deux jeunes filles; ce désespoir, je le comprends : il s'agissait d'aller au bal, d'aller au bal costumé, et d'aller au bal costumé chez M. de Morny ; je ne peux pas vous dire surtout quelle fut l'insistance, quelles furent les prières, j'allais dire les supplications auxquelles on eut recours pour décider ma cliente; madame Baron eut le tort de céder, et vaincue, fatiguée par cette insistance qui s'attachait à elle, qui la poursuivait dans toutes les pièces, qui ne la lâchait plus, elle accepta la commande et promit de faire le véritable tour de force qu'on lui demandait. C'est par le procès actuel et par les aménités qu'on vient de lui adresser qu'elle est aujourd'hui récompensée de sa complaisance.

Il fallut alors choisir le costume : après bien des hésitations, on se décida pour ce costume de bouquetière dont je représente la gravure au tribunal ; il paraît que sous Louis XV, c'est ainsi que s'habillaient ou plutôt que..... se déshabillaient les bouquetières, car il m'est impossible de ne pas vous faire remarquer que, sur la gravure au moins, si le corsage est très décolleté et très indiscret, en revanche la jupe est très courte ; quoi qu'il en soit, ce costume fut choisi, et le prix fixé à 450 francs pour les deux.

Le surlendemain 1er mars (le bal étant pour le 2), on vint essayer les costumes ; on ne trouva rien à dire à la façon dont ils allaient ; on ne trouva pas la jupe trop courte, les corsages trop décolletés ; je n'ai pas besoin de dire d'ailleurs qu'on les avait faits plus montants que sur la gravure ; tout était au mieux ; seulement madame de Korf demanda que les velours qui relèvent la jupe de dessus fussent remplacés par des guirlandes de roses ; c'était plus joli assurément, mais c'était plus cher ; c'était aussi plus long à faire, puisqu'on n'avait pas les guirlandes de roses, et qu'il fallait les commander. Madame Baron ne fit aucune objection et la chose fut conclue.

Madame de Korf éleva une autre prétention, mais celle-là en vérité par trop étrange ; c'était que les costumes lui fussent livrés le lendemain à midi ; à midi !... pour un bal indiqué à dix heures du soir ; à midi, quand déjà c'était un tour de force d'avoir promis les costumes pour l'heure du bal, et quand ma cliente avait d'abord déclaré que c'était chose impossible ; c'était là, je le répète, une étrange prétention, et j'affirme au nom de ma cliente qu'elle promit seulement de livrer les costumes aussitôt qu'ils seraient prêts, mais qu'elle ne s'est jamais engagée à les livrer à midi.

A quelle heure ont-ils donc été livrés ? A huit heures moins vingt minutes, les deux costumes ont été portés rue du Helder, chez madame la baronne de Korf, par une ouvrière qui devait habiller les deux jeunes filles et remédier en même temps aux petites irrégularités qui, malgré l'essai fait la veille, pouvaient au dernier moment nécessiter des retouches.

Était-il trop tard ? Incontestablement non, et je répète que livrer à cette heure des costumes commandés l'avant-veille seulement, c'était un véritable tour de force que l'extrême ténacité de ces dames avait arraché à l'extrême complaisance de ma cliente.

Cependant les costumes furent renvoyés ; à son tour, madame Baron, qui croit à un malentendu, les fit reporter chez madame de Korf, cette fois par sa première demoiselle, qui fût reçue... je ne peux pas vous dire comment; je ne sais pas si, en Russie, on traite de cette façon les serfs qui y sont encore, mais, en France, il y a peu de grandes dames qui s'émanciperaient jusqu'à pousser aussi loin la liberté du langage. La première demoiselle fut stupéfaite d'une réception aussi..... énergique, mais, enfin, elle ne se découragea pas, on mit les costumes, qui allaient à merveille, si ce n'est qu'il fallut resserrer un peu un des corsages, qui était trop large, et à dix heures tout était parfaitement terminé, parfaitement en état; la première demoiselle rentrait chez ma cliente, et mesdemoiselles de Korf n'avaient plus qu'à partir pour le bal.

A dix heures ! Était-il trop tard? Il suffit de faire remarquer que les invitations portent dix heures, et que, quelque désir que l'on pût avoir de ne rien perdre d'un pareil bal, y venir avant dix heures et demie, c'eût été s'exposer à voir allumer les lustres et frotter les parquets ; que mesdames de Korf soient étrangères, ce n'est pas une raison pour arriver comme des provinciales.

Les costumes étaient donc livrés bien assez tôt puisqu'ils l'étaient à huit heures moins un quart et qu'à dix heures on pouvait partir. Je sais bien que sur ce point de fait, nous ne sommes pas d'accord ; et si je prends l'assignation de madame de Korf, j'y vois que les costumes n'ont été livrés qu'à dix heures; je suis désolé d'avoir à donner un démenti formel à l'assignation, et comme ce serait à madame de Korf à prouver ce qu'elle avance, et qu'elle n'apporte rien à l'appui de son allégation, je pourrais m'en tenir là. Mais madame de Korf oublie trop facilement, pour les besoins de sa cause, une circonstance qu'il faut bien que je lui rappelle, c'est que les costumes ont été mis. On prétend qu'ils allaient mal, c'est là un point auquel je vais arriver ; mais enfin les costumes ont été mis, on y a même fait quelques rectifications, donc on pouvait encore aller au bal, et on ne jugeait pas qu'il fût trop tard ; les adversaires ont compris que c'était là un moyen auquel il fallait renoncer et ils ont eu recours à d'autres arguments qui ne valent pas mieux que le premier.

Les costumes, nous dit-on, ne sont pas conformes à la gravure; c'est de l'ingratitude que de s'en plaindre ; on vous a mis des guirlandes de roses là où il y avait des nœuds de velours ; ce n'est pas par économie, cela coûte plus cher; d'ailleurs ce changement, c'est vous qui l'avez demandé, et vous avez eu parfaitement raison de comprendre que des guirlandes de roses siéraient mieux que des nœuds de velours sur des costumes de jeunes filles, et surtout des costumes de bouquetières ; c'était de la couleur locale, et à cet égard il est évident, qu'on me pardonne l'expression, qu'on se plaint que les mariées fussent trop belles.

Mais les costumes, ceci est le grand grief, étaient trop décolletés et trop étroits. Trop étroits ; il s'agissait alors, ce me semble, de reculer quelques agrafes, et comme il y avait là deux ouvrières et une première demoiselle, c'était chose assez facile, si facile même que c'est précisément ce qu'on a fait au seul corsage qui n'allât pas parfaitement; on l'a resserré un peu parce qu'il était un peu trop large. Les corsages étaient trop décolletés : je comprends toute la gravité d'un pareil reproche adressé à un corsage ; je comprends qu'un corsage manque à tous ses devoirs quand il ne remplit pas exactement la mission de confiance dont il a été chargé ; c'est un coupable auquel on est (quelquefois, pas toujours) d'autant plus tenté de pardonner, qu'il est tombé plus bas….. mais c'est un coupable, et surtout lorsqu'il s'agit de deux jeunes filles, je comprends les scrupules de madame la baronne de Korf.

Seulement, je les trouve tardifs ; car enfin, la veille vous avez essayé les costumes et vous les avez trouvés convenables ; vous n'avez pas dit un mot, vous n'avez pas fait une objection sur la hauteur du corsage ; je m'explique peu que ce qui était assez collet-monté la veille, vous le trouviez trop décolleté le lendemain, et cet accès d'amour subit pour les corsages très montants, qui vous saisit juste au moment de payer la note qu'on vous présente, eh bien ! cet accès-là me surprend, m'étonne et….. que voulez-vous ?.... me paraît suspect.

Cependant madame la baronne de Korf ne veut pas en avoir le démenti, et à l'appui de sa prétention, elle vous apporte des certificats, je puis dire des certificats de toutes les couleurs ; car il y en a un bleu, un blanc, un rouge ou rose, tout ce qu'il faut pour faire un drapeau ; c'est une allégorie par laquelle madame de Korf veut faire entendre sans doute qu'une noble étrangère vient se mettre sous la protection des couleurs de la France ; c'est très ingénieux, mais je doute que le tribunal ajoute une grande confiance à ces certificats.

Je prends d'abord le certificat blanc ; je ne sais pourquoi on a eu le soin de couper le bas de ce certificat, et d'enlever quelque chose qui évidemment y était écrit ; ceci déjà m'inspire peu de confiance : j'en ai encore moins quand j'entends une couturière qui vient dire qu'on ne peut remédier à un corsage trop étroit et corriger un corsage décolleté ; je n'ai pas la prétention d'en savoir plus que madame Fèvre, et je n'ai jamais été clerc dans une étude de couturière ; mais je me suis laissé dire, et j'avoue même que cela m'a paru très raisonnable, que quand un corsage était trop étroit, il suffisait de l'élargir ; que lorsqu'il était trop décolleté, on pouvait en dix minutes ajouter une dentelle, un ruban, que sais-je ! enfin quelque chose qui fût de nature à rassurer les pudeurs les plus farouches. Madame Fèvre va donc beaucoup trop loin, elle se laisse trop aller au désir d'être agréable à sa riche cliente, et, pour vouloir trop prouver, son certificat ne prouve plus rien.

Je passe au certificat bleu ; celui-là, il n'est plus du même avis que son confrère le certificat blanc, et il ne dit nullement que les corsages soient décolletés ; c'est sans doute que le diapason de la maison Delisle, en matière de corsage, est moins élevé que le diapason de la maison Fèvre ; il dit seulement qu'ils sont trop étroits, si étroits qu'il est impossible de les agrafer ; je répondrai encore que dans ce cas il suffisait de reculer les agrafes, mais que d'ailleurs le fait est inexact, puisque mesdemoiselles de Korf ont mis ces corsages et que rien n'a été plus facile que de les agrafer.

J'arrive enfin au certificat rose, qui est, certes, le plus curieux de la collection, et qui nous traite bien mal, malgré les tendres couleurs qu'il affecte. Celui-là émane évidemment d'une grande dame ; je n'en juge pas par l'orthographe, qui est toute de fantaisie, mais j'en juge par la couronne qui surmonte

la lettre et par la devise que je lis au-dessous : *Fide, sed cui vide;* ce qu'
pourrait se traduire : Il faut de la confiance, mais il n'en faut pas trop, ou
bien encore : Les certificats sont une bonne chose, mais il ne faut pas les
accueillir aveuglément.

Voyons donc ce que dit de nos costumes la couturière de la maison du
Zéphir ; ils sont *non métables*, parce qu'ils sont trop décolletés, *vu l'âge et la
condition des personnes* ; c'est là une distinction philosophique pleine de profondeur, et à laquelle je n'avais pas songé, et il faut reconnaître que la maison
du Zéphir ne traite pas légèrement les questions qui lui sont soumises.

Permettez-moi seulement, messieurs, deux observations sur ces certificats ;
la première est celle-ci : vous savez à merveille ce que valent les certificats,
comment on les obtient, et l'on ne dira pas que ceux-ci ne soient pas faits
pour les besoins de la cause ; vous savez à merveille qu'il n'y a pas un repris
de justice qui ne se présente devant ses juges, les mains pleines de certificats
attestant sa moralité et le proclamant digne de tous les prix de vertu ; comment madame la baronne de Korf, qui est parfaitement honorable, qui est
dans une grande situation de fortune, n'aurait-elle pas obtenu des certificats
de toutes les couturières qu'elle veut bien honorer de sa confiance? Ma
seconde observation, c'est qu'il suffit qu'on présente à une couturière une
robe qui ne sort pas de ses mains, pour qu'elle lui trouve tous les défauts ;
exactement comme quand on a été chez deux maîtres d'armes, le second
a toujours commencé par vous démontrer que vous n'aviez appris rien qui
vaille chez le premier.

Ce n'est donc pas par des certificats, et surtout par de pareils certificats,
que vous vous croirez éclairés ; je vous rappelle que les costumes ont été
essayés ; qu'on n'a pas trouvé alors qu'ils fussent trop décolletés ; qu'ils le
sont beaucoup moins que la gravure que je représente ; j'ajoute que d'ailleurs,
en dix minutes, on pouvait remédier à cet inconvénient, de même qu'on
pouvait élargir les corsages s'ils étaient trop étroits ; qu'il y avait chez madame
de Korf une ouvrière et une première demoiselle, et qu'à dix heures, lorsqu'elles sont parties, les costumes étaient mis et allaient à merveille. Vous
condamnerez donc madame de Korf à payer à ma cliente la note qu'elle
lui doit.

Subsidiairement, si le tribunal n'est pas dès à présent édifié, il est évident
qu'il ne refusera pas d'ordonner une expertise, dans le résultat de laquelle
nous avons confiance entière ; qu'on renvoie les parties devant le costumier
du Théâtre-Français ou devant celui de l'Opéra ; il dira si ces costumes ne
sont pas charmants et s'ils ne vont pas à merveille. Ce serait là évidemment
le seul moyen pour le tribunal de s'éclairer, car il serait peut-être difficile
qu'il ordonnât la comparution devant lui des parties en costumes ; je le
regrette, car je suis sûr que ce serait pour nous le gain assuré du procès.

J'aurais fini, messieurs, s'il ne s'était passé d'autres faits dont je suis bien
forcé de vous parler.

Lorsque, le lendemain du bal de M. de Morny, on renvoya les costumes par
huissier, ma cliente fut confondue ; usant des mêmes moyens et suivant
l'exemple qu'on lui donnait, elle renvoya sa note par huissier ; il est bien
entendu qu'on refusa de la payer.

Alors, il faut bien que je le dise, ma cliente fut persuadée qu'elle avait eu affaire à des intrigantes ; je le dis librement, parce que madame de Korf est une grande dame, qu'elle le dit, et que je le crois ; mais enfin ma cliente, se rappelant le langage étrange, pittoresque, trop énergique, et les manières non moins énergiques avec lesquelles on avait accueilli sa première demoiselle, fut persuadée que madame de Korf était ce que je viens de dire ; elle prit cependant quelques informations, et elle sut que madame de Korf n'habitait pas Paris, qu'elle était seulement de passage dans un hôtel. C'est alors qu'elle crut prudent de faire faire une saisie-conservatoire, et qu'elle obtint à cet effet une ordonnance de M. le président.

L'huissier se présenta, non avec des recors, comme il plaît à mon adversaire de le dire, mais avec des témoins comme la loi l'exige, pour remplir son mandat ; il trouva, non pas madame de Korf, mais un monsieur qui est, à ce qu'on assure, un très grand seigneur en Russie, et qui lui demanda ce qu'il voulait. L'huissier le lui dit ; alors ce monsieur lui proposa, quoi ! 700 francs, comme le prétend mon adversaire ? Non pas, ce monsieur lui proposa de le jeter par la fenêtre ; et je dois avouer, je suis forcé de convenir que l'huissier eut le mauvais goût de ne pas s'y prêter, je dois avouer aussi qu'il en conçut peut-être un peu d'irritation, et, en vérité, il me semble qu'à sa place beaucoup d'honnêtes gens auraient fait comme lui. Il déclara donc qu'il procéderait à la saisie, parce que en référer à M. le président, c'était donner à madame de Korf le temps de faire ses malles et de déguerpir, et c'est seulement lorsque le commissaire de police, qui d'ailleurs lui donna raison, eut été appelé, lorsqu'on lui eut versé 700 francs entre les mains, qu'il quitta la place.

C'est pour cela qu'on nous demande 3 000 francs de dommages-intérêts. Il faut avouer que madame de Korf entend bien les affaires ; commander des costumes, ne pas les payer et demander 3 000 francs ! elle était née pour le commerce.

Mais en définitive, qu'avons-nous fait ? nous avons usé de notre droit ; ce n'est pas nous qui avons inventé la saisie foraine, c'est la loi qui la permet en vertu d'une ordonnance de M. le président ; cette ordonnance, l'a-t-on surprise à sa religion ? Non, car notre requête explique l'affaire ; et si mon adversaire en avait pris lecture, il aurait vu, contrairement à ce qu'il vous a dit, que cette requête fait mention des offres réelles qui nous ont été faites des costumes.

Maintenant, l'huissier s'est-il assis en entrant sur un fauteuil, sur un canapé ou sur un tabouret, j'avoue qu'il m'est difficile de le défendre à cet égard, que je n'ai pas pensé à demander des renseignements à ma cliente, et que je regarde ce point comme assez indifférent au procès.

Madame de Korf ne s'est pas contentée de demander des dommages-intérêts, elle a porté plainte contre l'avoué, contre l'huissier. En Russie, on nous aurait donné le knout à tous ; mais, en France, le knout n'existe pas... C'est un malheur, mais il n'existe pas ; en attendant que cette lacune regrettable de notre législation fût comblée, on s'est contenté, je le répète, de porter plainte ; je n'ai pas besoin de dire que ces différentes plaintes ont été mises au panier : ainsi ferez-vous, messieurs, de la demande de madame de Korf ; car madame Baron n'a fait qu'user de son droit. Elle a été autorisée à pratiquer une saisie-foraine, et elle l'a pratiquée dans la mesure de la légalité.

Voilà, messieurs, ce procès, duquel on peut tirer peut-être une petite moralité; c'est que quand on commande des costumes, il faut les payer; c'est que la loi est faite pour madame la baronne de Korf comme pour tout le monde; c'est qu'enfin, en France, les huissiers ont le droit, qu'on ne peut pas trouver exorbitant, de s'opposer à ce que même M. Nabokoff les jette par les fenêtres.

JUGEMENT.

M. David, substitut de M. le procureur impérial, a estimé dans ses conclusions qu'il y avait lieu de faire procéder à une expertise. Mais le tribunal, attendu que les costumes ont été livrés tardivement; qu'ils ne sont pas suffisamment décents et convenables, qu'ils n'ont pas été portés, a validé les offres réelles faites par madame de Korf; et, à raison du préjudice qui lui a été causé par la saisie conservatoire qui pouvait être considérée comme vexatoire, a condamné madame Baron à lui payer 1000 francs à titre de dommages-intérêts, et aux dépens.

TRIBUNAL CIVIL DE LA SEINE

(1re CHAMBRE.)

PRÉSIDENCE DE M. BENOIT-CHAMPY.

Audience du 18 mars 1859.

LA FAMILLE THILLET

CONTRE

LES COMPAGNIES D'ASSURANCES SUR LA VIE

LE PHÉNIX ET LA PATERNELLE.

**Demande en payement de 150 000 francs,
montant d'une assurance sur la vie.**

Un jeune officier ministériel, M. Thillet, commissaire-priseur à Paris, s'assure le 27 juin 1858 aux deux compagnies d'assurances sur la vie *le Phénix* et *la Paternelle*, pour une somme de 150 000 fr. Le 6 septembre suivant on entend une détonation dans une voiture de place qui venait du chemin de fer de Lyon et suivait le boulevard. On ouvre la portière et on trouve le cadavre de M. Thillet qui venait d'être frappé au front d'un coup de fusil; l'arme se trouvait dans ses jambes, le corps reposait dans le coin de la voiture. Il était dit dans la police d'assurance qu'en cas de suicide la police serait annulée. M. Thillet s'était-il tué, était-il mort par accident? Tel est le procès soutenu par les deux Compagnies d'assurances contre la famille Thillet.

Me GRANDMANCHE DE BEAULIEU, assisté de Me PLOCQUE, avocat, et de Me BOINOD, avoué, se présente pour la famille Thillet.

M^e DE SÈZE, assisté de Me Desboudets, avocat, et de Me Castagnet, avoué, se présente pour la compagnie *la Paternelle*.

M. Ernest PINARD, substitut du procureur impérial, occupe le siége du ministère public.

PLAIDOIRIE DE Mᵉ GRANDMANCHE DE BEAULIEU.

Messieurs,

La famille de M. Thillet remplit un devoir sacré, elle vient défendre contre des calomnies intéressées l'honneur de celui qu'elle aimait et qui n'est plus.

M. Thillet, commissaire-priseur à Paris, s'était assuré aux deux Compagnies d'assurances *le Phénix* et *la Paternelle*, pour une somme de 150 000 fr. Une des clauses de la police était qu'en cas de suicide le contrat serait annulé, et lorsque quelques mois plus tard, M. Thillet mourait victime d'un de ces malheureux accidents de chasse si fréquents, il s'est trouvé des gens intéressés à dire qu'il s'était suicidé ; quatre directeurs de Compagnies sont venus, assistés d'officiers ministériels, au milieu d'une famille en larmes, arrêter un convoi funèbre, verbaliser sur un cadavre ; et comme la science consultée, ou repoussait complétement l'idée de suicide, ou refusait de se prononcer d'une manière certaine, on a scruté la vie privée de l'homme, recherché le passé de l'officier ministériel, groupé d'une façon plus ou moins habile certains faits isolés, altéré les uns, inventé les autres, et on a osé dire, publier dans des conclusions : « Thillet était un homme ruiné, perdu, déshonoré, à la veille d'être destitué » et, quand on aura bien ainsi et impunément traîné un homme dans la boue, on le jettera au suicide comme au baptême de sang, seul capable de laver les souillures dont on l'aura couvert ; à défaut de preuves matérielles, on aura des probabilités morales qu'une enquête complétera s'il le faut. Le gant que vous jetez au fils, c'est le père qui le relève, c'est un vieil officier de l'empire, chevalier de la Légion d'honneur, vieillard de quatre-vingts ans, qui remercie Dieu d'avoir épargné ses jours puisqu'il peut encore, au déclin de la vie, défendre la mémoire de l'enfant qu'il a perdu et que vous calomniez.

Je vous l'ai dit avant de plaider : pas de transactions, il ne s'agit plus d'une question d'argent plus ou moins grave, il s'agit d'une question d'honneur, et je porterai haut et ferme celui qui m'est confié. Je n'attends même pas, comme j'en ai le droit, le développement de vos imputations calomnieuses, je ne veux pas rompre devant un adversaire quelque puissant qu'il soit et je vais droit à l'attaque sans l'attendre.

La famille de M. Thillet est une de ces familles de braves gens vivant modestement retirée dans un coin de petite ville de province, entourée de l'estime du petit nombre de ceux qui la connaissent jusqu'au jour où un procès comme celui-ci lui donne momentanément une sorte de célébrité.

Je ne puis cependant me refuser au plaisir de citer un de ces faits glorieux qui illustrent un nom et qu'on se répète de père en fils avec orgueil.

C'était lors de cette malheureuse retraite de Portugal où Masséna pour la dernière fois commandait nos armées, Almeida et une garnison de huit mille hommes se trouvaient sacrifiées par un mouvement de retraite précipité. Masséna se décide à livrer bataille, mais comment prévenir la garnison de faire sauter les murs de la ville et sortir sur les derrières de l'ennemi, tandis que le général en chef attaque en tête ; cent vingt mille Anglais et Espagnols sur un parcours de 3 lieues nous séparent ; Masséna demande un homme de bonne volonté pour porter la dépêche : dix se présentent ; un seul revint, c'était M. Thillet, celui-là même que je représente aujourd'hui. En effet, la garnison enfonça le corps d'armée anglais, rejoignit l'armée, elle était sauvée ; nous étions vainqueurs encore une fois, et le général anglais Bevan, disait le général Foy, racontant ce fait historique à la tribune de la chambre des députés, se brûlait la cervelle de désespoir. M. Thillet était fait officier, décoré de la main de Masséna sur le champ de bataille, une pension viagère de 6000 francs lui était allouée, château en Espagne, évanoui avec notre conquête elle-même.

Fils d'un soldat, sans fortune, mais jouissant déjà de l'estime publique à vingt-six ans, aimant le travail, Thillet après sept ans de cléricature dans une étude de notaire à Mâcon, trouva de l'appui chez quelques amis ; il acheta en 1853 l'étude de M. Masse, commissaire-priseur à Paris, moyennant 60 000 francs, dont 25 000 étaient payés comptant et 35 000 devaient être payés six ans après la prestation de serment et ne seront à échéance que dans deux ans. Des amis lui prêtaient les 25 000 francs comptant, son ancien patron les 20 000 nécessaires pour parfaire son cautionnement. D'une intelligence, d'une activité prodigieuses au bout de quatre ans, en 1858, Thillet avait fait de cette étude une des premières de Paris, la troisième comme importance ; en quatre ans, il faisait, ce qui résulte du répertoire de la chambre, 2292 actes, vendait pour plus de 3 300 000 francs, gagnait en 1855, 20 711 francs ; en 1856, 22 069 francs ; en 1857, 36 709 francs ; en 1858, dans les neuf premiers mois, 36 574 francs, versait pareilles sommes à la caisse commune, puisque chaque commissaire-priseur abandonne 3 des 6 pour 100 qui lui reviennent ; aussi, lorsque dégoûté de sa profession par les jalousies, les haines de la médiocrité professionnelle, il se décidait à quitter une carrière où, sauf les résultats d'argent, il ne trouvait que déboires et persécutions mesquines, il vendait, en juin 1858, 140 000 francs l'étude achetée 60 000 fr. quatre ans plus tôt. Dès 1856, il avait pu rembourser les 45 000 francs empruntés lors de son traité ; son étude, son cautionnement de 20 000 francs, un mobilier somptueux lui représentaient un avoir considérable, et il n'avait d'autres charges qu'un reliquat de prix de vente d'étude de 35 000 francs ne venant à échéance que dans deux ans et 54 000 francs de faits de charge, qu'une mort subite allait empêcher de régler.

En vendant son étude, M. Thillet avait pour but de réaliser enfin un projet depuis longtemps conçu, calculé, combiné depuis trois ans et préparé avec l'appui de hauts personnages. On a encore trouvé sur lui, couverte de son sang, une lettre relative à ce projet, dont je fournis tous les éléments.

Quiconque, comme moi, a voyagé en Algérie, a remarqué que notre colonie manque de bras, et encore plus de capitaux ; l'argent, à Alger, est à 10 pour 100, taux légal, à 12 pour 100, taux commercial ; basant ses calculs sur ces besoins, M. Thillet avait imaginé une banque hypothécaire algérienne, projet sage, raisonné s'il en fût jamais, et pour la réalisation duquel il allait partir en Algérie. En partant, il comprit qu'il allait exposer sa vie aux aventures des voyages, aux fièvres d'Afrique, que tout l'avenir de son père, de sa mère, de ses deux sœurs, reposait sur sa tête et que cette assurance sur la vie qu'il avait refusée aux sollicitations intéressées des agents recruteurs des Compagnies, alors qu'il vivait d'une vie parisienne et sans dangers, il était devenu sage de la faire. Il s'assura donc le 27 juin. Deux Compagnies, *la Paternelle* et *le Phénix* se partagèrent l'assurance.

On a dit qu'à l'époque de cette assurance, M. Thillet avait une position perdue, ruinée, et que décidé dès lors à mourir, il avait voulu laisser le prix de son sang à sa famille et le faire payer par des Compagnies. Je répondrai avec des chiffres. Je réponds dès à présent par le récit des faits qui ont précédé sa mort, et le bon sens jugera.

Trois jours après la signature de cette police, en attendant la prestation de serment de son successeur, M. Thillet va se reposer aux bains de mer de Dieppe ; il n'en reviendra que le 18 juillet : c'est de là qu'il écrit cette lettre qui vous fera connaître le cœur de l'homme et vous permettra de juger tout à l'heure la possibilité morale d'un suicide :

« 14 juillet.

» Je suis toujours à Dieppe, mais il manque à ma gaîté votre présence, mes chères sœurs ; quand on est habitué à vivre en famille, c'est une privation réelle d'en être éloigné. Montmartre n'est pas délirant de gaîté, c'est vrai, mais nous y sommes tous et la vie est pleine, pas de vide autour de vous, on se sent partout, on est même où on n'est pas. Quoique je ne sois pas là-bas, j'espère bien que Thérèse invite souvent papa et maman à descendre et que vous dinez tous quelquefois chez moi. Ne vous privez de rien, cela me ferait de la peine, ce que j'ai est autant à vous qu'à moi, je ne suis pas égoïste et je n'aime pas à vivre seul. Vous me dites, toutes deux, de me ménager, j'ai une dose d'activité qu'il faut bien que je dépense, et je serais malheureux si je m'adonnais au farniente, ma santé n'en souffre pas, mon corps plutôt ; mon énergie morale est de fer, et tant que cette faculté ne baissera pas, je marcherai, et, Dieu aidant, j'arriverai au but que je me propose. N'allez pas croire que c'est une fortune monstre que je désire, non, mais pour vous et pour moi, une honnête aisance qui nous place au-dessus des besoins et de la domesticité. Je ne connais qu'une chose, la liberté, et malheureusement dans le temps où nous vivons elle ne s'acquiert qu'avec du pain pour le reste de ses jours. C'est donc après un morceau de pain un peu gros, il est vrai, que nous courons tous ; une fois que nous le tiendrons, nous aimant toujours comme nous l'avons fait jusqu'à présent, nous serons heureux ; pour moi, il n'y a de sacré que la famille, et je vous aime tous par-dessus tout. Je ne serai véritablement heureux que lorsque vous le serez complétement.

» Il ne faut pas me faire un si beau tableau de la fête de Montmartre, pour me donner des regrets, vous vous êtes amusés, c'est tout ce qu'il me faut, et je trouve mon lot assez gros ; une autre fois, ne vous habituez pas à me regarder comme indispensable, j'apporte mon contingent au plaisir, voilà tout. »

Le 18 juillet, Thillet revient à Paris ; jusqu'au 28 août, il va s'occuper de la nomination de son successeur, faire soixante-deux décharges de ventes non encore réglées s'élevant à plus de 95 000 francs, faire dix-sept ventes, une dernière de 14 000 francs le 27 août, la régler comptant le 28, et partir pour Mâcon le 28 à neuf heures du soir, en remettant, en cas de besoin, à son secrétaire, un bon de 3000 francs sur l'hôtel des ventes ; il va faire l'ouverture de la chasse le 30, à Saint-Gengoux près Mâcon, de là, il a le projet d'aller à Saint-Sorlins chez M. Quillet, de là à Matour, voir sa sœur.

Le jeudi, 2 septembre, quatre jours avant le fatal événement, il écrit à son secrétaire et son beau-frère Chanut :

« Mon cher Chanut,

» Je reviendrai à Paris mardi matin, que ma vente soit fixée au 17, qu'importe. Vois donc M. Clérault, pour une vente qu'il a à faire, je suis allé deux fois chez lui avant mon départ sans le rencontrer. J'y retournerai à mon retour, mais si cette vente était pressée, il faudrait la donner à un autre. *Prends-tu un permis de chasse, dis-le-moi, je laisserai chez Moulette à Mâcon, mon fusil, mon carnier et mes bottes de chasse.* Fais en sorte que je reçoive ta lettre samedi. J'ai été assez heureux à la chasse, j'ai déjà tué deux lièvres, des perdrix et des cailles ; le premier lièvre qui se couchera devant moi sera pour toi. Lorsque Veniard sera de retour vers le 10 ou le 12, il faudra songer à retenir la salle 1 pour la vente qu'il veut faire. Comment se trouve mon papa, le temps lui dure-t-il ? Il ne doit plus avoir de café, dis-le à Nanette. »

Le dimanche, 5 septembre, trente-six heures avant sa mort :

« Mon cher Chanut,

» L'heure du courrier arrive, je n'ai pas le temps de te dire que j'ai reçu ta lettre. Ne demande la salle 1 que pour les 22 et 23, je verrai Veniard à mon arrivée à laquelle je ne change rien, c'est toujours pour mardi soir ou mercredi matin. Ne t'occupe pas du règlement de cette vente, je m'en charge.

» Je vous embrasse tous. »

Même jour, à sa sœur, qu'il devait aller voir à Matour ;

« Ma chère Hélène,

» Une nouvelle lettre de Thérèse me disant de rentrer demain, me prive du plaisir d'aller à Matour, et pour me rattraper, je reviendrai très incessamment. Ne m'attends donc pas et crois que je suis vivement contrarié. Je laisserai en passant à Mâcon du calicot et une chemise (modèle) pour les petits. Je t'embrasse bien. S'il t'arrive des lettres, envoie-les-moi à Paris, d'où je t'écrirai. »

Voilà l'homme que les Compagnies représentent comme ayant, dès le 27 juin, arrêté le projet de sa mort, fuyant Paris et ses créanciers, pour mettre son affreux projet à exécution.

Je vois, moi, un homme chassant gaiement pour se reposer d'une année de travail, tout en reportant parfois sa pensée vers ses affaires, et faisant retenir des salles de vente pour le 17 ou le 22, annonçant son retour, laissant renvoyer ses lettres à Paris, proposant à son beau-frère, qui pourra quitter l'étude à son arrivée, de lui laisser à Mâcon le fusil qui doit le tuer vingt-quatre heures plus tard.

M. Thillet joue-t-il donc la comédie de la mort même avec sa famille, et, mourant, le sourire du cynisme sur les lèvres, va-t-il vous dire : Baissez la toile, la farce est jouée. La vie humaine est-elle donc une parodie, ou, ce simple bon sens qui court les rues ne vous crie-t-il pas à l'absurdité, lorsque vous parlez de suicide ?

Comment ! Voilà un homme que vous représentez discutant froidement avec lui-même, comme l'amant de Julie dans cette fameuse lettre sur le sui-cide, de la *Nouvelle Héloïse*, le droit plus ou moins contestable qu'un homme peut avoir de se tuer, qui a décidé que la vie était devenue pour lui un mal incurable, qu'il était temps de s'en guérir avec quelques grains de plomb, et a fixé l'heure de sa mort; et malgré tout le calme de cette résolu-tion, vous croyez que lorsque cet homme que vous avez vu dans cette lettre, écrite de Dieppe, si plein d'affection, de tendre sollicitude pour son père, sa mère, ses sœurs, va écrire pour la dernière fois, la veille de sa mort, à sa sœur, envoyer un dernier et pieux baiser à son père, il ne va pas sentir l'affreuse douleur de toutes ces fibres du cœur que sa main va briser, et pas un sanglot ne montera à sa bouche, et sa main ne tremblera pas et ne trahira pas, même dans un mot d'affection et de regret, les sensations de son âme, et vous aurez ces feuilles de papier banales, gaies, oiseuses, comme dernier adieu d'une âme aimante et qui retourne à Dieu ! Non, vous blasphémez, la nature humaine n'est pas ainsi faite; c'est mon cœur qui me le dit et vous le sentez comme moi.

Le dimanche soir (5 septembre), Thillet part en costume de chasseur, le fusil chargé, de Saint-Gengoux, il veut s'arrêter avant d'arriver à Mâcon, à Saint-Sorlin, chez M. Guillet, il change d'idée en route, pousse jusqu'à Mâcon, et arrivé là, au moment de monter en chemin de fer pour Paris, écrit le lundi (6 septembre), à cinq heures du soir, à M. Guillet.

« Mâcon, 6 septembre.

» Impossible de ne pas partir ce soir, je le regrette plus que vous, car outre le plaisir que j'aurais eu à être avec tous mes amis, je sentais que ma santé se trou-vait bien de l'air que l'on respire ici (*moins cependant les trop bons déjeuners et dîners*). Au mois de novembre je vous assigne un rendez-vous à Paris, ne crai-gnez pas de me déranger pour vous trouver votre appartement; donc, à bientôt. »

Et voilà le dernier acte de cet homme, une formalité de politesse avant de se tuer.

Il arrive à Paris à cinq heures et demie, retient une voiture, va chercher sa malle aux bagages, la remet au cocher, 33, rue Laffitte; la voiture part. Dix minutes après, sur le boulevard Beaumarchais, à la hauteur de la rue de la Mule, on entend une détonation, on appelle le cocher qui n'a rien entendu, on arrête la voiture, on l'ouvre, on trouve un cadavre.

M. Thillet avait chassé huit jours, venait de faire 120 lieues, avait passé la nuit, était brisé de fatigue et presque aussitôt monté en voiture s'était endormi son fusil entre les jambes, désarmé, mais chargé; par une de ces fatalités si fréquentes, le fulminate s'était enflammé soit par le frottement, soit par la percussion causée ou par un cahot de la voiture ou par une saccade nerveuse de la main endormie qui aura permis au chien retenu par un pli du vêtement de se relever et de retomber, le coup est parti; les muscles du cou distendus par l'action du sommeil laissaient la tête du dormeur inclinée par suite de son propre poids dans la direction du fusil, perpendiculaire par conséquent au canon; le coup a frappé au front au-dessous du sourcil gauche.

Le commissaire de police appelé dresse le procès-verbal suivant, dont extrait textuel.

« Avons trouvé dans ladite voiture, assis dans l'angle gauche, les jambes croisées, dans la position d'une personne cherchant à se reposer, un homme de trente à trente-cinq ans (suit le signalement) ; il a une majeure partie du crâne côté droit enlevée, à partir du milieu du front, la cervelle a jailli partout, près de lui sont sa canne et un fusil de chasse à doubles canons, le canon de gauche est encore chargé et amorcé, celui de droite est déchargé, et le chien auquel on a probablement touché après l'accident n'est pas au repos. Sur notre réquisition, le docteur Anguard, après avoir prêté entre nos mains le serment voulu par la loi, a examiné le corps de l'individu trouvé dans la voiture de place sus-désignée et a remis ensuite son rapport, pour être annexé au présent. »

Rapport du médecin Anguard :

« J'ai vu dans la voiture un individu étendu dans un des coins, ayant le crâne ouvert complétement, une grande partie du cerveau était répandue de tous côtés. *L'inspection et l'attitude du cadavre font présumer que la mort a été le résultat d'un accident* provenant de la détonation d'un fusil de chasse qu'on a trouvé entre ses jambes. Cette mort a été récente et instantanée. »

On entend un témoin, le nommé Weber, qui le premier a vu l'accident et arrêté la voiture. Il déclare que :

« Le susdit voyageur était assis dans l'angle gauche de la voiture, avait les jambes croisées, les pieds chaussés, une partie du crâne enlevé, que la cervelle avait jailli partout, et qu'il lui avait paru que la mort de ce voyageur ne pouvait être que accidentelle. »

Et le commissaire de police conclut :

« Attendu qu'il en résulte que la mort de M. Thillet est certaine, qu'elle est purement accidentelle, que personne n'y a contribué ni directement ni indirectement. »

Voici le fait en lui-même, la position du cadavre photographiée pour ainsi dire au moment même où il vient d'être surpris par la mort, foudroyé. Si la justice peut chercher des éléments de conviction, ce ne peut être que dans les rapports d'hommes, magistrats, médecins ou passants qui ont pris la mort pour ainsi dire en flagrant délit et peuvent s'être fait une opinion sérieuse.

Eh bien ! le magistrat vous dit :

« M. Thillet était assis dans la position d'un homme cherchant à se reposer. La mort est purement accidentelle. »

Le médecin, sous la foi du serment :

« L'inspection et l'attitude du cadavre font présumer que la mort a été le résultat d'un accident. Elle a été instantanée. »

Le passant, témoin Weber :

« La mort du voyageur ne peut être qu'accidentelle. »

Et les Compagnies osent affirmer le suicide ! Est-ce une erreur de leur imagination ou n'ai-je pas le droit de dire qu'elles commettent une mauvaise action sciemment et que le cœur se soulève de dégoût en voyant jusqu'à quel degré de calomnie peuvent arriver des gens qui se laissent aveugler par un mobile d'argent ?

Il y a suicide !

J'en ai démontré l'impossibilité morale, voyons-en l'impossibilité physique.

Et d'abord, une remarque me frappe, le bon sens me la suggère.

M. Thillet chasse depuis plusieurs jours, un accident est vite arrivé à la chasse, la moindre branche d'arbre sous un bois, passée sur la gâchette, et l'accident s'explique, pourquoi M. Thillet attend-il, pour se tuer, qu'il soit revenu à Paris, en plein boulevard, dans une voiture de place ?

M. Thillet a la figure calme de l'homme qui dort ; vous cherchez à pénétrer les décrets de Dieu ; ne semble-t-il pas vous dire ainsi qu'il a appelé à lui ce malheureux jeune homme dans son sommeil ? Croyez-vous donc que le visage ne conserve pas dans les premiers instants qui suivent la mort l'empreinte des sensations de l'âme ?

Mais prenons le fait matériel.

Avec quoi M. Thillet a-t-il pu faire partir son fusil ? avec la main ? Prenez un fusil, mettez-le entre vos jambes, inclinez la tête sur l'extrémité du canon et vous verrez, ce que j'ai expérimenté moi-même, qu'il s'en faut de 6 à 7 centimètres que le doigt arrive à la gâchette. L'homme n'a pas assez d'envergure de la tête à la main, et puis, on eût trouvé la main sur la gâchette, puisque le coup a été foudroyant. On eût au moins trouvé les muscles de la main contractés, reproduisant encore l'action qu'ils venaient de produire et non une main endormie pour ainsi dire.

Avec le pied ? Il était chaussé, il s'en faut de plus d'un centimètre que l'extrémité de la botte puisse pénétrer entre la languette d'acier et le canon, dans cette partie fort étroite qui contient les gâchettes. Aussi voyez-vous toujours les malheureux soldats qui se suicident, le pied déchaussé et l'orteil pressant sur la gâchette ; et puis les muscles de la jambe eussent été contractés et non la jambe droite au repos et croisée sur la gauche.

Avec sa canne ? Elle fût demeurée dans la main qui l'eût tenue, contractée encore par la rigidité cadavérique, placée encore sur la gâchette qu'elle eût fait partir, et certes, cette circonstance eût été notée par le magistrat rédigeant son procès-verbal.

Comment donc veut-on que le coup soit parti, si ce n'est par un frottement ou une percussion étrangère à la main ou au pied ?

Où le coup a-t-il porté ? au-dessus du sourcil gauche, sur la partie la plus solide du corps humain, les parois du cerveau, parties tellement fermes que la plupart des plombs se sont aplatis sur le crâne, que quelques grains seulement pénétrant par l'arcade sourcilière ont causé la mort et qu'un demi-millimètre plus haut toute la charge glissait entre les parois du cerveau et l'épiderme pour sortir derrière la tête, et M. Thillet se blessait à peine. Quand un homme veut se tuer, il ne marchande pas avec la vie, il choisit l'endroit où il veut se frapper, le cœur, la bouche, la gorge, l'oreille, la tempe, l'œil, mais quel est l'homme qui choisira une surface convexe et dure comme le crâne ?

Comment était chargé le fusil ? avec du plomb n° 6, petit plomb d'ouverture.

Si M. Thillet se fût suicidé, obligé par l'acte même de porter son corps en avant pour incliner sa tête sur le canon et rapprocher la main ou le pied de la gâchette, au moment de la commotion, le corps penché déjà fût tombé du côté où il penchait, en avant, la face contre le sol et non couché en arrière et de côté.

Mais, peut-on dire : « Les règlements de chemin de fer défendent d'entrer dans une gare avec un fusil chargé, les employés doivent visiter les armes à cet effet ; le fusil de M. Thillet ne pouvait donc être chargé en montant en chemin de fer ». Toute la conséquence que je tirerai de cette objection, c'est que les employés font mal leur service, car on a retrouvé et porté à l'inventaire, dans la malle de M. Thillet, mise aux bagages, à Mâcon, puis à côté du cocher, toutes ses munitions. Comment et avec quoi eût-il chargé ?

Voyez les déclarations de Perrin, l'armurier qui a déchargé le second coup du fusil après l'accident, de Devismes auquel nous avons présenté l'arme :

« L'arme est mauvaise, disent-ils, de qualité inférieure, la batterie, la noix, la détente, tout est usé, elle n'a pas de cran de sûreté. L'inflammation du fulminate a pu se produire de différentes manières, par le frottement et par le choc : 1° le chien désarmé, c'est-à-dire reposant sur la capsule, peut recevoir un choc et produire la percussion ; 2° le chien a pu être retenu par un pli du vêtement, peut-être la banquette de la voiture, s'armer, retomber sur la capsule et percuter. »

Une mauvaise voiture de place conduite par un cocher sommeillant, puisqu'il n'entend même pas la détonation, transporte, au milieu de cahots faciles à comprendre, un voyageur endormi, son fusil entre les jambes, un choc a lieu, le coup part, qui peut s'étonner ?

Une circonstance relevée par M. le commissaire de police dans son procès-verbal m'a frappé :

« Le canon gauche, dit-il, est encore chargé et amorcé, le canon de droite est déchargé, et le chien, auquel on a probablement touché après l'accident, n'est pas au repos. »

Le magistrat cherche l'explication de cette anomalie, on aura peut-être touché au fusil après l'accident ; non, nous savons tous quelle crainte superstitieuse, en cas de suicide ou d'accident, éloigne la foule du cadavre et de l'arme avant l'arrivée de l'autorité. Ce fait bizarre en apparence s'explique facilement : lorsque le fulminate s'enflamme, un double mouvement de projection s'opère aux deux orifices du canon, la projection la plus forte a lieu à l'orifice le plus large, mais un mouvement semblable quoique moins vif se fait sentir à l'orifice qui communique du canon à la cheminée, c'est le mouvement de recul, la force de cette réaction ou recul tend à faire relever le chien, lorsqu'il y a explosion. Quand le coup part naturellement, le chien sollicité par la pression du doigt sur la détente à s'abaisser, subit une force d'impulsion qui neutralise sa tendance à se relever sous l'influence de la force de réaction ; mais si l'explosion a lieu par accident, le chien étant au repos, le mouvement de réaction n'étant plus contrarié par le mouvement d'impulsion, le chien se relèvera et s'armera soit au premier cran, soit même au second, pourra même briser la noix si la charge est trop forte. Dans l'arme qu'examinait M. le commissaire de police, l'explosion ayant eu lieu par accident a dû surprendre le chien au repos et le contraindre nécessairement à se relever et s'armer. Concluez de l'effet à la cause.

Les Compagnies ne se sont pas tenues pour battues ; le lendemain de l'accident, au moment où une famille sanglotait autour d'un cadavre, elle voit arriver quatre directeurs de Compagnies, des officiers ministériels, un médecin commis par la justice comme expert. La famille tout entière se retire sans vouloir même se faire représenter.

L'expert fait le rapport suivant :

« Le cadavre qui nous a été présenté est celui d'un homme de taille moyenne, âgé de trente-deux ans environ, assez fortement musclé ; la roideur cadavérique est prononcée. Aucune lésion n'existe sur le tronc ni sur les membres. La main gauche, dont les doigts sont contractés, est tachée de sang à l'intérieur, et principalement au pouce et au doigt indicateur. Toute la face, les cheveux et la barbe sont souillés de sang et de fragments de matière cérébrale. La partie inférieure de la face ne présente aucune lésion, l'intérieur de la bouche est intact ; les paupières du côté droit sont ecchymosées ; du sang s'est écoulé par l'oreille gauche ; l'œil gauche est déprimé, *les parties voisines fortement ecchymosées, mais sans plaie.* Immédiatement au-dessous du sourcil gauche et à sa partie moyenne, se remarque une plaie irrégulière de trois centimètres de large, ses bords sont garnis d'un liséré noir formé de grains de poudre.

» Cette plaie avec perte de substance est l'ouverture d'entrée des projectiles. Les grains de poudre qui garnissent tout son pourtour prouvent que le coup de feu a été tiré à bout portant, et que l'extrémité du canon du fusil a dû être placée perpendiculairement à la surface du crâne au moment de l'explosion. *Immédiatement au-dessous* de cette plaie, l'os frontal est percé par *une ouverture correspondante* ; la fracture est irradiée ; ses fragments sont disjoints et tiennent encore par les parties molles voisines. Le côté gauche du crâne est largement ouvert par le déchirement du cuir chevelu et les nombreuses fractures qui intéressent le pariétal, l'occipital et le temporal de ce côté. C'est par cette large ouverture qu'une partie de la masse cérébrale du côté gauche a été projetée au dehors. Dans ce qui reste au dedans du crâne et sous le cuir chevelu, on trouve quelques grains de plomb d'un petit calibre, les uns conservant encore leur forme sphérique, les autres aplatis par les os. Les fractures du côté gauche se prolongent à droite, mais de ce côté elles sont linéaires et sans disjonction des os.

» Nous croyons pouvoir conclure que le coup de feu qui a tué M. Thillet, a été tiré à bout portant ; que le canon du fusil a été dirigé perpendiculairement à la surface du front au moment de l'explosion, et que par conséquent, dans la voiture qu'occupait M. Thillet, sa tête a dû être inclinée sur l'extrémité du canon, que la main gauche tachée de sang a pu maintenir cette extrémité du canon appliquée sur le front ; et qu'enfin, si l'on ne peut affirmer d'une manière absolue par l'inspection seule faite du cadavre que le concours de circonstances n'a pu se produire et donner lieu à une mort par accident, il n'en reste pas moins de très grandes présomptions pour que la mort ait été volontaire et le résultat d'un suicide.

» Signé : ALEXIS MOREAU. »

Je ne veux rien dire de M. Moreau jeune qui puisse le blesser. M. Moreau est le fils d'un homme fort distingué. Je doute que son père eût signé son rapport, et je regrette que les directeurs de Compagnie n'aient pas rencontré à son domicile le médecin commis d'abord comme expert, M. Tardieu ; je crois que le procès ne fût pas né, et qu'on eût évité ainsi de torturer inutilement toute une famille de braves gens.

Pour moi, un expert en recevant sa mission de la justice, reçoit quelque chose de l'impartialité et de l'inviolabilité de la magistrature, et pour moi, à ce point de vue, il est inattaquable.

M. Moreau jeune a certainement cherché la vérité dans l'honnêteté de sa conscience et la limite de ses forces. Seulement on lui a dit : Venez et vous verrez un homme qui vient de se tirer deux coups de fusil dans la bouche. C'est ainsi que s'exprimaient les Compagnies dans l'assignation tendant à la nomination d'un expert, et M. Moreau est venu, convaincu d'avance qu'il n'avait qu'un suicide évident à constater, étonné de n'en pas trouver les signes apparents dans la bouche dont un croc de fer lui permettait de briser la rigidité cadavérique et s'arrêtant facilement aux premiers indices qui frappaient ses yeux. Il faut à un homme une grande habitude et une grande certitude de diagnostic pour que le libre examen parvienne à dégager chez lui l'intelligence des idées préconçues de l'imagination ; c'est, je crois, cette expérience et cette force de raisonnement qui ont manqué à M. Moreau jeune.

Il note deux faits.

Premièrement. — La main gauche est contractée et tachée de sang à l'intérieur, principalement au pouce et au doigt indicateur, donc la main gauche a pu servir à maintenir le canon appliqué sur le front.

Réponse. — 1° Si la main gauche avait maintenu le canon sur le front, elle eût conservé cette position, puisque la mort a été foudroyante et on l'eût noté ;

2° Elle serait tachée de sang, *non pas à l'intérieur, mais seulement à l'extérieur ;* si elle est tachée de sang à l'intérieur, c'est par suite du frottement de la main ballottée pendant le transport du cadavre le long des vêtements couverts de sang à gauche principalement, puisque le coup avait frappé à gauche, et que c'est par l'oreille gauche que le sang s'était écoulé ;

3° Le cerveau est une unité et de la base du cerveau partent tous les nerfs qui transmettent l'action de la volonté, le mouvement à toutes les parties du corps. Or le cerveau a été foudroyé, d'après l'expert lui-même, au milieu de l'accomplissement de ce dernier et terrible acte de volonté, le suicide, puisque de la contraction des muscles de la main gauche vous concluez que cette main a été surprise par la mort au moment même où elle accomplissait l'acte de pression sur le front ordonné par le cerveau, montrez-moi donc également contractées toutes les autres parties du corps qui avaient reçu du cerveau la même impulsion une et indivise, et qui, concourant au même acte, avaient été subitement arrêtées dans l'accomplissement de leur œuvre ; montrez-moi les muscles de la main droite ou du pied pressant sur la gâchette et remplissant un office bien plus important que la main gauche, contractés ; montrez-moi les muscles du cou, ceux du tronc également contractés et dans une action commune, et je comprendrai sinon une conclusion du moins une induction. Mais en présence de l'inertie d'un corps endormi, en présence du calme du visage tirer une conclusion de la contraction d'un doigt, ce n'est pas sérieux.

Deuxièmement. — Le coup a été tiré perpendiculairement au front et à bout portant.

Réponse. — Il est évident en effet que le coup a frappé perpendiculairement, il ne peut en être autrement, puisque les muscles du cou distendus par l'action du sommeil laissent tomber la tête du dormeur inclinée par son propre poids vers le canon du fusil.

Quant au coup tiré à bout portant, qui ne sait que l'extrémité du canon étant hermétiquement appliquée sur une surface dure qui ne cède pas sous la pression comme le front, l'effet de projection produit par l'inflammation du fulminate se trouvant balancé et presque annihilé par la résistance de la colonne d'air comprimé, le canon eût éclaté et le plomb fût tombé à terre sans frapper. Qui ne se souvient d'un semblable fait arrivé à un des ministres du gouvernement représentatif condamné par la Cour des Pairs? Le coup n'a donc pas pu être tiré à bout portant.

Tel est le rapport. Deux faits mal observés. Les causes de ces faits mal expliquées. Pas de conclusions. Et en effet, la justice demande à la science de l'éclairer. Que peut faire le médecin appelé? Il peut vous dire la cause de la mort de M. Thillet, c'est l'introduction de grains de plomb dans la masse cérébrale causée par la détonation d'une arme à feu ; mais comment le coup de feu est-il parti? Est-ce volontairement, est-ce accidentellement; il ne peut que tirer des inductions tirées de la position du cadavre. Ici deux médecins sont consultés, Hippocrate dit oui, Galien dit non. Le premier saisit le drame et la mort sur le fait, il vous dit : c'est un accident. Le second ne voit qu'un cadavre étendu sur un lit, ne conservant plus, comme tout à l'heure, trace de la dernière pensée ou de la dernière action, c'est une chose inerte ; il n'ose conclure. Qui croire? Celui qui a vu et affirme ou celui qui n'a pas vu et ne craint pas d'avouer le doute.

Ainsi tout fait défaut aux Compagnies, le suicide qu'elles doivent prouver, il est nié par le magistrat chargé de le constater, nié par le médecin de la mairie qui doit le vérifier, l'expert lui-même déclare la mort accidentelle possible, et tout en croyant pouvoir admettre des probabilités, n'ose conclure ; un troisième docteur, le médecin de la famille, assistant à l'examen du cadavre et contradictoirement à l'expertise de M. Moreau, combattra ce rapport dans une savante discussion que j'ai sous les yeux et qui conclura en ces termes : « Il y a bien plus de certitude que la mort est le résultat d'un accident que de la volonté. » Comment faire? l'intérêt des actionnaires exige que les administrateurs n'émargent au passif de la Société 150 000 francs que contraints et forcés, peut-être même ces messieurs croient-ils leur responsabilité engagée en s'exécutant, et veulent-ils la mettre à l'abri de votre jugement, de sorte que, malgré la communication de cette correspondance que je vous ai lue et qui, je le croyais, devait dissiper l'erreur de nos adversaires, il nous faut continuer cette lutte atroce. Aussi bien mon œuvre n'est pas terminée. Sans respect pour sa tombe, vous avez calomnié la mémoire d'un homme mort, je veux qu'elle sorte pure de vos mains et j'ai droit à une rétractation. Vous avez dit, vous avez publié que M. Thillet était ruiné, perdu, à la veille de poursuites criminelles, obligé de se tuer : j'exige que vous le prouviez.

M. Thillet était ruiné !

En 1853, il n'avait rien, achetait à crédit son étude 60 000 francs, trouvait à emprunter 25 000 francs pour remettre à masse l'à-compte exigé comptant, 20 500 francs pour parfaire son cautionnement ; en 1858, il a remboursé ces 45 500 francs, il vient de vendre son étude 140 000 francs ; son cautionnement est de 20 500 et libre par le fait de la vente de l'étude ; l'inventaire établit que la vente de son mobilier a produit 11 729 francs et qu'il reste pour 2000 francs d'objets invendus, et constate pour 5790 francs de créances. C'est donc un actif de 180 019 francs. Quel est son passif ? D'après le même inventaire, 35000 francs dus à masse à échéance dans deux ans seulement, 54 000 francs de faits de-charge, produits de ventes non réglées, soit par suite d'oppositions, soit par suite de taxes de frais non encore faites, créances portées à l'inventaire 20000 francs, total du passif, 109000 francs. État de situation qui se solde en balance par 71 000 francs d'actif, gagnés en quatre ans.

J'établis la position pécuniaire de M. Thillet telle qu'il a dû la comprendre au moment où, vendant son étude, il faisait cette police d'assurances. En réalité le fait seul de sa mort entourée des soupçons que les Compagnies ont fait naître a fait réduire le prix de son étude de 140 000 à 75 000 francs, de sorte que sa mort fait déjà perdre 65 000 francs à sa famille et réduit son actif à 6000 francs. En résumé, un actif ou libre ou d'une réalisation prochaine, comme les 80 000 francs devant être payés comptant sur l'étude. Pas une dette pressante, et si un des clients auxquels étaient dûs les 54 000 francs de prix de ventes non réglées se plaignait, comme M. Brugerolles, le seul qui, oublieux que douze oppositions, s'élevant au chiffre de 10 969 francs frappaient sur un prix de vente de 14 000 francs en ait réclamé judiciairement le versement, M. Thillet pouvait, soit faire repousser sa demande comme intempestive, ainsi que l'a fait la deuxième chambre pour M. Brugerolles, soit transporter partie de son cautionnement ou du prix de son étude. Mais quelle conclusion peut-on tirer, comme probabilité de suicide, de la position de fortune de M. Thillet ? Admettons-le un moment dans une position pécuniaire désastreuse, deux sentiments ont pu l'engager à contracter cette police d'assurance frauduleuse et à se tuer : ou il a voulu enrichir cette famille qu'il aimait et lui laisser le prix de son sang, mais il devait savoir que les 150 000 francs payés par les Compagnies passeraient à ses créanciers avant d'arriver à ses héritiers ; ou il a voulu désintéresser ses créanciers, c'est donc pour la satisfaction d'honneur de ne rien faire perdre à ses créanciers qu'il se déshonore en volant 150000 francs.

M. Thillet avait été deux fois condamné correctionnellement pour contraventions aux règles de sa profession !

C'est malheureusement vrai !

La profession de commissaire priseur est régie par une loi du 25 juin 1841. Cette loi a pour but de protéger le commerce sédentaire contre une concurrence insoutenable, en prohibant la vente aux enchères de *marchandises neuves* fabriquées exprès pour être vendues à la criée. Ce n'est pas une loi d'ordre public, c'est une loi d'économie commerciale, préférant le système protecteur et ses entraves à la libre concurrence, loi fort critiquée jadis et que les Anglais qui font toutes leurs ventes par courtiers et aux enchères comprendraient difficilement ; mais enfin telle qu'elle est, cette loi doit être observée ; or, son application est d'une extrême difficulté. Pour qu'il y ait marchandise, il faut objet et acte de commerce ; un objet fabriqué ou acheté avec intention de le revendre ; donc tout objet qui est devenu une propriété particulière, alors même que l'usage auquel il était destiné n'a pas commencé, cesse d'être marchandise en sortant du commerce, et peut être vendu aux enchères, sans qu'il y ait à examiner s'il est neuf ou non ; plus tard ce même objet étant revendu à un marchand redevient marchandise en rentrant dans le commerce, mais ayant servi comme propriété particulière, il n'a plus la qualité de neuf, condition exigée par la loi, donc tout objet qui est ou a été propriété particulière ne tombe pas sous l'application de la loi du 25 juin 1841. On comprend combien facilement un commissaire priseur peut se tromper, peut même être habilement trompé sur la possession d'un des mille objets qui figurent à une vente ; pas un commissaire priseur ne résisterait à l'application stricte de la loi ; aussi une commission d'inspecteurs règle en famille et arbitrairement ces questions ; M. Thillet qui gênait par sa trop grande ardeur au travail la concurrence confraternelle, qui manquait de cette souplesse de caractère qui plie prudemment devant l'observation d'une chambre, s'est exposé en refusant d'obéir à des avertissements qu'il croyait empreints de partialité et qui n'étaient sans doute que justes, à toute la sévérité de la justice qui, lui appliquant dans toute sa rigueur la loi du 25 juin 1841, l'a deux fois condamné à une amende, le 7 août 1856 et le 13 août 1858.

Ces condamnations ont été douloureuses à M. Thillet, mais ne touchaient pas à son honneur. Celle de 1856 était pour lui depuis longtemps perdue dans la brume des souvenirs ; celle de 1858 ne compromettait pas sa carrière d'officier ministériel, son étude était vendue depuis deux mois. Ainsi soit que nous établissions le bilan de sa position pécuniaire, soit que nous recherchions le passé de l'officier ministériel, soit enfin que nous scrutions sa vie intime, nous ne voyons chez M. Thillet aucune de ces fautes qui entachent le nom d'un homme, perdent son avenir et expliquent un suicide par une de ces défaillances de l'âme, une de ces dernières surexcitations du sentiment d'honneur que nos consciences de chrétiens réprouvent mais que nos cœurs comprennent ; nous voyons chez M. Thillet une nature jeune, ardente, aimante, buvant la vie à pleins bords, marchant à la fortune et envisageant l'avenir avec la confiance et les illusions de la jeunesse jusqu'au jour marqué par Dieu ; nous ne surprenons même chez lui, dans les derniers jours de sa vie, aucun de ces moments d'abandon, de tristesse que son âge ne sait pas cacher. C'est la belle jeunesse avec sa gaieté insouciante, son ardeur et sa croyance à l'avenir, et puis le sommeil de la mort. Ainsi, vous l'avez voulu, j'ai mis à nu pour vous le corps et l'âme, cette tombe si prématurément ouverte n'a plus de secrets pour vous.

Osez donc conclure maintenant au suicide quand la science ou le nie ou se récuse, quand le bon sens et le plus simple examen en démontrent l'impossibilité morale et physique. Mais quand tout cet ensemble de faits que j'ai réunis et qui auraient fait reculer devant son affreuse accusation tout autre adversaire que des adversaires anonymes et se croyant moralement irresponsables, quand tous ces faits formeraient au contraire des présomptions de suicide, quel est l'homme de cœur, quel est le magistrat qui osera, sur de simples probabilités, sans une preuve plus évidente que le jour, dire d'un homme : « Il s'est tué? »

Je ne cherche pas à pénétrer les décrets de la Providence, ni même à comprendre le but de notre existence ici-bas, mais certes, tout homme a la conscience de devoirs à remplir et d'un but moral à atteindre, et sent que le but ne peut être atteint que lorsque Dieu lui-même le juge ainsi, en le rappelant à lui.

L'ouvrier ne s'endort pas avant d'avoir fini sa journée. Certes, la route est souvent pénible et le calice amer. Eh bien ! on lutte, et c'est faire acte de lâcheté que d'abandonner la lutte sans combattre. Le suicide, c'est ou un acte de folie ou un grand crime, c'est le dernier blasphème jeté à la face de Dieu, c'est la négation de notre essence immortelle et de la justice divine. Celui qui se tue, chrétiens, nous le vouons à la malédiction céleste et l'Église elle-même refuse ses prières, elle n'espère pas faire fléchir la colère de Dieu; hommes, nous le tenons pour lâche et criminel, et faisons retomber l'opprobre sur toute une famille. Consultez votre conscience et osez donc maintenant parler de suicide.

Les Compagnies le sentent, le terrain manque sous leurs pas; mais n'y a-t-il pas enfin, disent-elles dans leurs conclusions subsidiaires, suffisamment de présomptions pour admettre une enquête? Et elles articulent une série de faits qu'elles demandent à établir. Une enquête! mais oubliez-vous donc qu'elle est faite ! et le commissaire de police et le médecin de la mairie, le docteur Anguard, et l'expert commis par la justice, et ces témoins entendus par le commissaire de police, quelle était donc leur mission, sinon de rechercher à la requête des Compagnies ce qu'ils n'ont pas trouvé? Non, assez de calomnies; assez de souffrances pour cette famille de braves gens que je représente, les forces humaines ont des bornes. Respect aux morts !

PLAIDOIRIE DE Mᵉ AURÉLIEN DE SÈZE.

Messieurs,

Mon premier besoin, en prenant la parole dans cette cause, est d'exprimer mon regret très vif d'avoir à la plaider. Oui, il est douloureux d'avoir à lutter contre les illusions très naturelles et très respectables d'une famille qui ne veut pas avoir deux malheurs à déplorer à la fois, celui d'une mort prématurée et celui plus déchirant encore d'une mort volontaire.

Mais c'est la famille Thillet elle-même qui a provoqué cette lutte, c'est elle qui, dans son imprudence, nous poursuit devant vous : il faut bien se défendre, il faut bien vous montrer la vérité tout entière, il faut bien vérifier le droit de ceux qui se sont faits demandeurs.

De quoi s'agit-il donc dans ce procès?

D'une question de résiliation d'un contrat d'assurance sur la vie ; non pas qu'aucune difficulté de droit s'élève..... Le contrat est clair et précis, mais le cas prévu pour la résiliation s'est-il réalisé ? telle est la question.

Toutes les polices d'assurance sur la vie portent cette clause : « Si l'assuré se donne volontairement la mort, la police est résiliée de plein droit. »

Je ne crains pas de dire que cette clause est aussi juste qu'elle est morale, et quant au droit pour les Compagnies d'en réclamer l'exécution, quand les circonstances les y autorisent, ce droit est si évident que je ne prendrai pas la peine de les justifier d'en user, contre les reproches passionnés de nos adversaires.

La douleur d'un père rend tout excusable..... même l'injustice ! il ne comprend pas que les Compagnies traitent les affaires de leurs actionnaires, autrement « qu'au point de vue du sentiment. » Il se plaint de ce mot qui peut-être n'a pas été dit ; il se plaint d'une lutte qui lui est essentiellement douloureuse, et qu'il a cependant entamée le premier ; il se plaint d'une résistance qui ravive une blessure incurable ; il se plaint qu'on fouille d'une main impie dans les secrets d'une vie qui a pris fin si tragiquement et si vite ; il se plaint de tout..... il crie à la profanation !... Nous n'avons pas le courage de l'en blâmer. Nous ne pouvons même pas nous en étonner..... mais le tribunal ne s'étonnera pas lui-même qu'après avoir payé à ce vieillard brisé par la douleur le tribut de juste sympathie que nous lui devons, nous discutions sérieusement cette affaire et que nous essayions de soulever, de déchirer même le voile qu'on a jeté sur cette tombe, si brusquement et si mystérieusement fermée.

§ 1. Le 28 juin 1858 (prenez note de cette date), deux assurances étaient souscrites simultanément par le même individu : l'une à la Compagnie la *Paternelle*, l'autre à la Compagnie le *Phénix*, la première de 100 000 francs, la deuxième de 50 000 francs. Le capital assuré, payable après la mort de l'assuré, s'élevait ainsi au chiffre considérable de 150 000 francs. La prime annuelle était :

Pour la première Compagnie, de. . . . . 2564 fr.

Pour la deuxième Compagnie, de. . . . . 1280 fr. 60 c.

Total. . . . . 3844 fr. 60 c.

C'était près de 4000 francs, vous le voyez, que l'assuré s'engageait à payer chaque année pendant toute sa vie, pour assurer à sa succession (et non point à lui) le bénéfice du capital de 150 000 francs.

Quel était l'assuré, messieurs ? et quel motif prédominant pouvait l'engager à souscrire un contrat de cette nature ? Tous les contrats ont une cause, et je ne parle pas seulement de cette cause légale dont l'absence vicie et annule le contrat, mais, au point de vue de la raison qui préside aux actions humaines, je dis que tous les contrats sont déterminés, chez celui qui les souscrit, par des motifs en harmonie avec la situation, avec les besoins, avec les convenances qui déterminent la volonté. Il est toujours permis de rechercher cette cause, ce motif déterminant des contrats! Ici, peut-être, cette recherche préliminaire est plus nécessaire que partout ailleurs, et vous allez voir, dès l'abord, sans rien creuser encore, en ne prenant que la surface des choses, vous allez voir, dès l'abord, quelque chose d'étrange et de bizarre dans ce contrat.

I. — L'assuré, c'était M. Thillet; il était né en 1827, à peine âgé de trente et un ans : sa santé était florissante, son tempérament vigoureux. Il avait, nous dit-on, de l'énergie et de la gaieté dans le caractère. Il était donc présumable qu'il vivrait longtemps, et que, par conséquent, il s'imposait pour longues années; cette obligation, assez lourde, de payer, chaque année jusqu'à sa mort, une somme de près de 4000 francs!! Je dis présumable, et le contrat lui-même nous en donne une preuve sensible. Les Compagnies calculent habilement sur des tables savamment dressées les diverses chances de la vie humaine; eh bien! pour assurer 150 000 fr. au décès, elles n'ont exigé que 3841 fr. 50 c. de prime annuelle, c'est-à-dire à très peu près, 2 et demi pour 100 de cette somme; 2 et demi pour 100 seulement!! n'est-ce pas dire que, suivant les probabilités les plus ordinaires, elles savent, elles comptent que l'annuité sera longtemps payée? Et pour Thillet lui-même, tel qu'on vous l'a dépeint, fort de jeunesse, de vie, de santé, d'espérance, de joie et d'avenir, ne devait-il pas espérer aussi que les chances d'une longue vie tourneraient pour lui? Pouvait-il croire qu'il aurait à payer ces annuités moins souvent qu'un vieillard caduc? Non, il devait croire les payer longtemps!

Eh bien! je me demande, dans cette situation, quel était pour lui le motif déterminant de la lourde et longue charge qu'il s'imposait. Si un homme marié, père de famille, ayant une fortune assise, soit en immeubles qui lui donnent des revenus assurés, soit en rentes solides sur l'État, ou bien et mieux encore (s'il n'a pas cette fortune personnelle), ayant une charge, un office, une profession, qui lui garantit des revenus importants, si cet homme est atteint d'une pensée de prévoyance; si, songeant à la mort, dont la visite est certaine, et dont l'heure est inconnue, il consent à prélever, à sacrifier chaque année sur ses revenus, c'est-à-dire sur ses jouissances personnelles, sur l'aisance de sa vie une somme importante (comme est celle de 3840 fr.) et cela, dans l'intérêt de sa veuve, de ses enfants, afin que sa mort ne soit pas pour eux un amoindrissement trop marqué de fortune, afin qu'un nouveau capital vienne compenser les revenus que son travail donnait, nous comprenons immédiatement cette pensée de prévoyance et de dévouement; le motif déterminant du contrat nous apparaît avec clarté. C'est la sagesse, c'est la prudence, c'est le cœur qui l'ont inspiré, et j'irai plus loin : j'irai jusqu'à dire que dans un contrat de ce genre (où le souscripteur s'engage à payer une prime annuelle et où le capital n'est payable qu'à son décès), je ne crains pas de dire que dans un contrat de ce genre, il ne peut guère y avoir d'autre motif déterminant que celui-là.

Étudions, à ce premier point de vue, la situation de Thillet. Thillet n'était pas marié, il n'avait pas d'enfants; dira-t-on que son cœur s'ouvrait à l'affection et à la prévoyance paternelle avant le temps?... Qu'il aimait déjà dans un avenir inconnu, l'image vague et confuse d'une épouse et de descendants qui n'auraient eu de forme et de vie que dans son rêve?... Ce serait une puérilité de le prétendre : l'amour conjugal et l'amour paternel tiennent de la nature même une sorte de gravité et surtout une réalité profonde qui n'ont rien de commun avec les écarts et les rêves de l'imagination! Il n'était pas marié! donc ce n'était pas prévoyance pour sa veuve et pour ses enfants. Pour qui donc s'imposait-il cette charge dont il renonçait à bénéficier pour lui-même? Pour son père? Ce vieillard n'oserait pas le dire! à quatre-vingt-deux ans (il nous a dit son âge), si on a besoin de secours, le fils les verse tous les jours dans les mains de son père au lieu de les verser dérisoirement dans une caisse qui ne s'ouvrira très probablement que lorsque la tombe du père sera fermée depuis bien longtemps. Quel motif donc le poussait? Ce n'était ni pour lui, ni pour une veuve et des enfants qu'il n'avait pas, ni pour son père, qu'il souscrivait un contrat qui l'entraînait à des privations de toute sa vie! Était-ce pour ses sœurs? Qui pourrait le croire? Je le veux bon et affectueux pour elles; mais enfin, elles étaient plus âgées que lui, et l'affection fraternelle n'a guère de ces délicates prévoyances qui, remarquez-le, pourraient d'ailleurs si facilement ne tourner au profit de personne, parmi ceux qu'on voudrait gratifier. En outre, pour ses sœurs aussi, ces sommes versées dans leur propre caisse valaient mieux et étaient plus sûres, plus à elles que versées dans la caisse des Compagnies. Ainsi, l'âge de Thillet et son état civil seulement n'expliquent pas d'une manière satisfaisante pour la raison, la souscription d'un contrat si lourd et son motif déterminant.

II. — Mais ce n'est pas tout! et toujours en restant à la surface des choses, sans rien creuser encore, cet examen préliminaire n'est pas fini. Ce contrat suppose, disions-nous, ou une fortune assise qui donne des revenus fixes, ou bien une charge, un office, une profession qui garantit des bénéfices excédant les besoins annuels. L'engagement fixe de payer chaque année une somme de près de 4000 francs est essentiellement un engagement téméraire, injustifiable et suspect si ces deux conditions manquent à la fois, et si rien ne garantit à celui qui l'a pris des ressources assurées et régulières. Or, quelle était la position de Thillet sous ces deux rapports? Avait-il une fortune personnelle garantissant des revenus réguliers et assez forts pour en distraire facilement 3800 francs chaque année? On a avoué au tribunal qu'il n'avait aucune fortune acquise ou patrimoniale, et que pour payer son étude en 1854, il avait été obligé d'en emprunter le prix en entier, dont 30 000 francs sont encore dus! Ainsi, aucune fortune personnelle!

Avait-il du moins cette ressource puissante et féconde dans des mains économes, une charge donnant des produits importants? Avait-il encore une charge? Non! il n'en avait plus!... il l'avait vendue sept jours auparavant, le 24 juin! cette garantie de produits certains, il l'avait brisée dans ses mains, la veille du jour où il s'offrait aux Compagnies, promettant le payement régulier et annuel pendant toute sa vie, d'une prime de 3800 francs! Il venait de vendre sa charge!...

C'est ici, messieurs, que, pour la première fois, je rencontre les objections de notre adversaire, non pas sur le fait en lui-même (on avoue cette vente de la veille, parce qu'elle indissimulable), mais sur les causes de cette vente.

Je n'en suis pas encore à ce point... J'examinerai tout à l'heure si les animo-
sités jalouses de ses confrères, si les séductions de l'Orient, l'ont déterminé à
se défaire d'un office qui, dans moins de quatre années d'exercice, aurait
donné au titulaire ainsi que les adversaires le plaident, plus de 130 000 francs
de produits! Nous verrons ce qu'il faut conclure de ces chiffres mêmes et s'ils
n'ont pas leur éloquence! Ce que je constate, c'est que la charge était vendue!... vendue depuis quelques jours! c'est que quelque brillantes espérances
que cet avenir oriental pût offrir, le présent, le certain, les produits importants et progressifs que donnait sa charge; l'assurance qu'ils se maintiendraient
avec de la santé, de l'honnêteté et de l'ordre; le moyen assuré, acquis de faire
face aux exigences du contrat, tout cela disparaissait avec la vente de l'office,
et que la vente était consommée la veille même du jour où le contrat était
souscrit.

Ainsi point de fortune personnelle, plus d'office, plus de charge, plus de
profession, pour fournir avec ses ressources certaines et annuelles les échéances
annuelles et certaines d'un contrat auquel, par ailleurs (nous venons de le
voir), on ne peut assigner aucune de ces causes déterminantes qui décident
raisonnablement à accepter le joug toujours si lourd, si pénible, si effrayant
même d'une rente importante annuelle et à échéance inflexible jusqu'à la
mort!!

III. — Est-ce tout! pas encore! Nous n'en sommes qu'à l'examen superfi-
ciel et général de la situation. Restons-y un moment de plus; jetons un dernier coup d'œil sur cet extérieur des choses, et bientôt nous les fouillerons de
plus près.

La vente de l'office a lieu le 21 juin! Thillet avait reçu de son acquéreur,
à titre d'à-compte, 40 000 francs!... il souscrit notre contrat le 28, sept jours
après la vente définitive, et déjà les 40 000 fr. ont disparu!!! Au 28 juin 1858,
il en est réduit à ce point qu'il ne peut payer en argent la première prime!
c'est l'agent intermédiaire de l'assurance auquel est ordinairement abandonnée
la première prime, c'est lui qui reçoit de Thillet des billets à ordre au lieu
d'argent : et ces billets sont impayés encore aujourd'hui! Ainsi 40 000 francs
reçus depuis peu! et il n'en réserve pas même de quoi payer sa première
prime!... et il n'a pas payé non plus avec cette somme les 30 000 francs
restant dus par lui sur sa charge!!... et on prouve en son nom, qu'il gagnait
38 000 fr. par année depuis quatre ans! et il n'avait pas un enfant à nourrir!

Voilà, messieurs, ce que nous apprend le premier aspect de cette cause. Je
dis que le contrat nous apparaît déjà sans qu'on puisse en saisir facilement
le motif déterminant et raisonnable! je dis qu'il apparaît avec un caractère
éminemment étrange, suspect, inquiétant.

Et de là, nous dit-on, avec ces vagues suspicions, vous concluez à un suicide! à un suicide pesé, débattu, arrêté, délibéré deux mois à l'avance! Non,
messieurs, non, nous n'allons pas si vite. Notre adversaire a émis sur le suicide
en termes très élevés et très éloquents, une doctrine religieuse et physiologique
que je suis loin de combattre au fond, mais qui, je crois, n'embrasse pas le
suicide sous toutes ses faces. Il vous disait : le suicide est forcément ou un
grand crime ou une grande folie!

Messieurs, les formules trop exclusives sont toujours un peu exagérées et par conséquent elles dépassent la vérité. Sans doute il y a du crime dans tout suicide, puisqu'il y a dans tout suicide un grand oubli du devoir ; sans doute aussi, il y a de la folie dans tout suicide (et je ne parle pas de ceux que provoque une démence furieuse et maladive), il y a de la folie à un certain degré dans tout suicide, puisque dans tout suicide il y a un égarement de l'esprit..... Mais il y a ou il peut y avoir dans le suicide bien d'autres choses !... Les causes qui peuvent entraîner dans cet abîme, ces causes sont aussi nombreuses que les misères morales de l'homme !! Il y a la douleur, la honte, le désespoir, les déceptions du cœur, le faux orgueil, ce fatal préjugé surtout qui, en présence du déshonneur menaçant, vous pousse à le fuir dans la tombe, comme si vous l'empêchiez ainsi de s'y asseoir et d'y écrire la flétrissure de votre nom ! Il y a mille misères !... Il y a donc mille causes de suicide !

Mon adversaire semble n'en connaître qu'un (car la folie furieuse est hors de tout débat)... Celui dont il parle, c'est le suicide que j'appellerais volontiers philosophique : celui qui délibère avec lui-même, qui n'emprunte rien aux égarements de la passion, de la honte ou du désespoir... celui qui pèse froidement le pour ou le contre ; qui commence, pour ainsi dire, par étudier la question dans les auteurs ; qui vérifie les arguments de Jean-Jacques, et sans doute, la jurisprudence de Caton, et puis qui, tout considéré, tout vu, affirme ou nie, se tue ou non. S'il se tue, il fixe froidement son jour, son heure : il fait ses apprêts, il calcule tout et il se drape pour tomber avec grâce !... Ce suicide-là, messieurs, c'est assurément le plus détestable de tous... mais ce n'est pas le plus commun !

Le suicide dont nous sommes trop souvent les témoins, le suicide réel, vulgaire, si vous voulez, n'est pas le fruit absolu de l'orgueil et de cette révolte de l'esprit qui crie avec Satan : « *Non serviam !*... » Non, non... le suicide commun, c'est le produit de sentiments mélangés et bouillonnants qui travaillent, qui fatiguent, qui oppressent, qui fascinent, qui font peur et qui attirent..., c'est une lutte progressive qui trouble et qui affaiblit la raison..., c'est un étourdissement de l'esprit et du cœur..., c'est quelque chose de semblable (pourrait-on dire) au vertige que donne au cœur la vue d'un précipice sans fond. On le regarde avec terreur..., on ferme l'œil pour respirer plus à l'aise, et puis, on ne sait quelle fascination se fait..., on regarde encore..., la tête tourne, le cœur se serre ! le sang bat violemment dans vos tempes..., si vous ne fuyez pas, si vous regardez une fois de plus, vous vous précipiterez malgré vous !... malgré vous !!! Voilà le suicide vrai! il ne délibère pas !... Il cède ! Si vous regardez plusieurs fois cette tentation horrible, elle vous entraîne..., le fantôme du suicide vous promet le repos ! Si vous êtes douloureusement agité, si le repos vous fuit dans la vie, vous vous jetez, tout éperdu, dans les bras du fantôme, et vous lui demandez le repos de la mort.

Je ne veux donc pas dire, messieurs, Dieu m'en garde ! et ce serait une calomnie..., que le 28 juin 1858, quand Thillet souscrivait le contrat, sans que nous ayons pu en saisir le motif déterminant et raisonnable, quand il était sans enfants, sans épouse, sans héritiers que son cœur pût voir dans le lointain..., quand il n'avait aucune fortune assise, quand il venait de vendre sa charge, quand les 40 000 fr. qu'il en avait reçus avaient déjà disparu, quand il n'avait pas même en numéraire de quoi payer la première prime !!... eh bien ! je ne veux pas dire que ce jour-là il eût délibéré froidement sa mort pour le 7 septembre suivant ; mais je dis que par le peu que nous en avons vu jusqu'ici, le contrat, dans ces conditions, est un contrat suspect et inquiétant. Je dis que peut-être, peut-être... Thillet avait déjà jeté un regard troublé, un premier regard sur le fantôme, et qu'il l'avait déjà vu dans le lointain comme un refuge dans les bras duquel il irait un jour s'abriter peut-être, si la fortune le poursuivait, si les embarras du présent ne trouvaient pas dans l'avenir une autre issue ! Je dis que peut-être avait-il compris déjà que pour ce cas, 150 000 francs à recevoir des Compagnies formeraient un actif qui satisferait toutes les exigences et feraient taire tous les murmures !...

Ah ! messieurs, l'amour d'une bonne renommée ne s'en va pas toujours avec les désordres secrets de la vie. La jeunesse peut être entraînée aux plus graves dissipations, sans pour cela avoir bu toute honte, et c'est précisément ce mélange de sentiments bons et d'entraînements mauvais qui explique les douleurs, les troubles, les égarements de l'esprit, et finalement, après des tortures morales infinies, la fatale et folle résolution du suicide, qui ne vous sauve de rien et qui est un crime de plus. Eh bien ! Thillet souscrit le contrat le 28 juin et le 7 septembre, dans une voiture, où il est seul, à sept heures du matin, sur le boulevard, sa cervelle est emportée par le coup d'une arme qu'il tenait dans sa main, et dont les deux coups étaient chargés et amorcés.

§ 2. — Et maintenant n'avons-nous pas le droit de fouiller plus avant dans la situation de Thillet pour rechercher la cause vraie de cette mort violente et subite que nos adversaires ne savent pas eux-mêmes expliquer ? Ne nous sera-t-il pas permis de voir où il en était au moment du contrat, au point de vue moral, au point de vue pécuniaire ?

Ne nous sera-t-il pas permis de voir ensuite où il en était arrivé le jour de sa mort, au point de vue moral, au point de vue pécuniaire ?

Vous allez voir, messieurs, vous allez voir ce malheureux, menacé dans sa fortune, menacé dans son honneur, et ayant à peu près perdu tout avenir, dès le moment où il vient chez nous sans argent souscrire un contrat qui assure 150 000 francs à ceux qui lui survivent, c'est-à-dire à ses créanciers. Vous allez le voir, à dater de ce jour, et jusqu'à sa mort, perdu de plus en plus, se sentant pressé par la ruine et par le déshonneur... Ils vont s'asseoir à son chevet, monter autour de lui comme le flot de la marée qui vous enferme de toutes parts, et vous vous demanderez, vous qui savez lire dans le cœur humain, si le flot des pensées funestes ne devait pas en même temps monter dans le sien jusqu'à le jeter dans le désespoir et dans la mort.

I. — On vous l'a dit, en 1854. Thillet achète sa charge très bon marché, il la paye à l'aide d'emprunt, son office prospère... je prends les chiffres donnés :

Près de 21 000 francs la première année.

       32 000 — la deuxième.

       38 000 — la troisième.

       38 000 — la quatrième.

C'est 129 000 francs gagnés en quatre ans.

Qu'en a-t-il fait ? Grande question dans cette cause... Il a payé la moitié de sa charge ; il doit encore 30 000 francs, la moitié du prix ! Qu'a-t-il fait du reste ? Il est seul, sans dépense forcée ; s'il est prudent, s'il est sage, s'il est économe, il doit avoir déjà une forte réserve. Au jour du contrat, il n'a rien ! et il doit beaucoup !

Il n'a rien... car nous l'avons vu toucher 40 000 fr. sur sa charge, et ne pas pouvoir payer sa prime ! Il n'a rien.., car avec ces 40 000 fr. reçus sur sa charge, il n'en a pas soldé le prix !... La créance n'était pas échue, dit-on, je le veux : Mais où donc ont passé ces 40 000 francs, qui ne permettent pas de payer une misérable somme de 3 840 francs autrement qu'en billets à terme ? Où ont-ils passé ? Qu'en a-t-il fait ? A-t-il éteint des dettes ?... Il en avait donc ? mais quelles pouvaient être ces dettes plus pressées que le remboursement de sa charge ? Comment les avait-il faites pendant ces quatre ans, avec des produits de cette importance ? Pas de réserves, et des dettes ! était-il au pair du moins, avec ces 130 000 et ces 40 000 francs dévorés en quatre ans (sauf le remboursement de la première moitié du prix de sa charge) était-il au pair ? Vous en jugerez tout à l'heure en constatant l'inventaire fait après sa mort.

Voilà la situation pécuniaire, au 28 juin : il avait dévoré dans quatre ans 130 000 francs de produit, sauf le remboursement d'une moitié de sa charge, et 40 000 francs reçus sur la vente... et il n'était pas au pair !.,.

Moralement, ce n'était pas mieux ! il n'avait que quatre ans d'exercice et déjà une condamnation correctionnelle l'avait frappé !... déjà le ministère public l'avait poursuivi et fait condamner dès 1856, pour un abus grave dans ses fonctions ! Déjà donc il était noté au parquet avec ces fâcheux stigmates si douloureux et si gênants dans une carrière qui vit de confiance et de bon renom ! Aussi dès ce moment il cherche à vendre !... Il a trente ans ; la valeur de son étude semble doublée dans moins de quatre ans ! Ses produits sont beaux, ils montent en progression croissante !... et il vend ! ! ! et il touche immédiatement 40 000 francs qui disparaissent !...

Que nous parle-t-on des obscures calomnies de ses rivaux, qui le décident à briser lui-même ce magnifique avenir ? Est-ce à vous, messieurs, qu'on espère faire accepter une illusion aussi grossière pour une réalité sérieuse ? Les jalousies des rivaux ? Mais c'est le sel de la prospérité, c'est le couronnement du succès.

Et puis, et puis, ne savons-nous pas que si vous êtes honorable, vos succès n'éveillent pas de jalousies chez ceux de vos confrères dont l'estime peut vous toucher ?... et pour les autres que vous importe ? Laissons cette banalité fausse, la jalousie des confrères !

Vous vendez ! à trente ans ! quand tout prospère ! quand tout grandit en apparence ! nous savons pourquoi ! ! Une force cachée vous y pousse, une plaie secrète vous ronge... — Pécuniairement vous dissipez plus que vous ne gagnez ; moralement, votre position est fausse ; vous êtes déjà condamné une fois... ; vous avez peur ! votre office chancelle sur votre tête... vous voulez parer au danger d'une destitution possible...

L'Algérie l'appelait, dit-on !... L'Algérie, cet Eldorado des aventuriers !... autre rêve ! L'Algérie manque de bras et d'argent, c'est vrai ! mais les bras d'un commissaire priseur ne sont pas ceux dont elle a besoin, et quant à l'argent, où donc était le sien ? snr sa charge vendue 140 000 francs (et à supposer que ce prix fût maintenu), déjà 40 000 francs avaient été absorbés dans un clin d'œil : 30 000 francs étaient dus sur sa charge ; de ces 140 000 fr. il ne restait plus que 70 000 francs disponibles... Disponibles ? Étaient-ils à lui ? Pouvait-il les emporter en Algérie et remplacer ainsi par des placements à 10 pour 100, qui lui auraient fait 7000 francs de revenu, les 38 000 francs que lui donnait déjà son étude ?... Folie ! A trente et un ans, gagnant 38 000 francs à Paris, dans une position honorable, s'expatrier volontairement ! ! courir les chances d'un climat meurtrier, d'un travail inconnu ?... Folie !

Mais les 70 000 francs n'étaient pas à lui, il n'avait plus rien ! Vous allez le voir... Voilà la double situation de Thillet au jour du contrat. Dans sa fortune : rien, sinon des dettes ; dans son titre : condamnation déjà subie pour abus de charge, et dès lors, sur sa tête, ce poids si lourd d'une destitution menaçante ? et il a trente ans ! et tout aurait pu lui sourire !... et la surface était brillante... et son étude prospérait !... et il fallait la vendre ! ! ! et il la vendait, et il ne pouvait pas garder dans ses mains les 40 000 francs qu'il en recevait en à-compte !... Comprenez-vous déjà, messieurs, quels tourments intérieurs d'avoir corrompu dans leur fleur tant d'espérances ? d'avoir gâté (par je ne sais quels désordres secrets) une vie que la Providence lui avait faite si belle ? Comprenez-vous qu'il fallait se relever ou mourir ? S'est-il relevé ?

II. — Depuis le contrat, jusqu'au jour du décès, qu'est-il survenu ? L'horizon s'est-il éclairci ? Thillet peut-il reprendre un peu d'espérance ? A-t-il du moins la certitude que ce présent si sombre, si douloureux, si démuni, ne va pas se gâter encore ? Est-il certain que ce sacrifice si pénible, que la vente de son étude le sauvera de la honte et lui permettra de niveler ses affaires ? S'il en est ainsi, il sera bien dépouillé sans doute, il aura perdu une situation bien brillante, et que l'avenir ne lui rendra pas... Mais enfin, il est jeune, son nom ne sera pas flétri... Je le comprends : il reprendra courage, il essayera de refaire sa vie, il tentera les hasards de l'Algérie, et si des pensées de suicide l'ont assailli dans ses veilles, quand tout était douteux autour de lui, il les rejettera au loin, quand il pourra mesurer exactement son malheur et se dire : Je suis aussi pauvre qu'au premier jour ; c'est quatre ans de perdu : mais la vie et l'avenir sont encore à moi ! Mon nom est sauf, et mes créanciers sont payés ! En a-t-il été ainsi ?... Je croirais à une mort accidentelle, quelque inexplicable qu'elle dût rester... Mais achevons ce douloureux examen. J'en ai presque fini sur ce point, et je ne veux rappeler que deux faits, deux faits accablants et qui renferment la plus sûre et la plus terrible révélation.

J'ai dit que le 7 août 1856, il avait été condamné correctionnellement pour un abus grave dans sa charge. Les vieux services de son père et son jeune âge peut-être lui avaient servi d'égide ; il avait obtenu grâce de sa peine, il ne restait de cette condamnation qu'un souvenir qu'il pouvait effacer.

Le malheureux ! dans sa soif ardente, disons plutôt dans son fatal et impérieux besoin d'avoir de l'or, il récidive !... il retombe dans le même abus !...

Au jour du contrat (remarquez-le), la poursuite était commencée... et peut-être songeait-il secrètement à cette menace du sort, quand il assurait sa vie 150 000 francs !... Le 13 août, il est condamné, condamné de nouveau, deux fois condamné par la même chambre ! Voilà deux condamnations correctionnelles sur sa tête, et il n'a sa charge que depuis quatre ans !

Comprenez-vous maintenant la vente de l'office ? Mais cette satisfaction devait-elle suffire ? Le ministère public ne poursuivrait-il pas une mesure que son devoir semblait lui tracer ?... Il ne m'appartient pas de pénétrer le secret de ses résolutions et la mort les a forcément arrêtées, mais le tribunal pourra s'informer et dire si je suis téméraire en affirmant que la résolution du parquet était prise... Pour lui, deux condamnations correctionnelles ne peuvent pas rester unies à un office ministériel ; le scandale et la honte finiraient par atteindre non plus l'office, mais la compagnie !

Le second fait est plus grave encore ! Dès le mois d'avril précédent, il avait procédé à la vente des marchandises et du mobilier d'une société de commerce. Il avait touché, à cette occasion, pour compte de ses commettants 17 000 et quelques cents francs, c'était en avril et en mai ! ! ! Au 21 juin, quand il vend sa charge, il n'avait pas rendu compte de ce mandat, et les fonds étaient depuis longtemps dissipés... il avait touché 40 000 francs ! il n'en avait plus rien, et pas une obole n'est rendue sur ce dépôt... Au 22 juillet, il est mis en demeure par ses créanciers, il ne répond rien ! Un avoué est chargé de le poursuivre... Ai-je à vous dire qu'en ces occasions son devoir et sa générosité le portent à épuiser toutes les ressources, tous les ménagements de la sympathie : prières, lettres, visites personnelles, supplications, des mots timides sur les terribles suites d'une telle affaire... tout, tout fut mis en usage et tout inutilement ! le malheureux ! il n'avait plus rien ! tout était dissipé ! noyé !... et laissez-moi le plaider pour lui ! ne dites pas qu'il était riche, ne dites pas qu'il allait transporter ses capitaux en Algérie, ne le rendez pas odieux !... Non ! il n'avait plus rien ! et c'était là l'excuse du présent, en même temps que la condamnation du passé !

Et puisque j'en suis là, regardons immédiatement, pour avoir une idée exacte de la situation, l'inventaire dressé au décès ; nous l'aurons là, officielle et avouée (sans parler des dettes qui n'y figurent point et qui n'y ont pas été déclarées). Il nous apprend d'abord que tous les héritiers renoncent (excepté le père et la mère qui acceptent sous bénéfice d'inventaire, remplissant là un pieux devoir !...) Quelle lumière, messieurs ! Voilà un jeune homme de trente ans qui, depuis quatre ans, gagne 38 000 francs par année ; il a sa charge sur laquelle il est dû 100 000 francs ; sa vie est assurée pour 150 000 fr. et on renonce !...

Mais l'inventaire renferme bien d'autres lumières... Il nous apprend que le 10 août, le 10 août (il était condamné le 13 pour la deuxième fois), il mettait en gage ses tableaux (dont il était amateur) chez le brocanteur du coin ! et vous savez qu'avec l'argent qu'il retirait de ce nantissement, il ne payait pas cette dette sacrée et surtout pressante de ventes faites depuis quatre mois et pour laquelle on le menaçait d'une assignation...

L'actif est misérable ou bien plutôt nul ! ! ! et le passif nous apprend, si nous consultons les oppositions, qu'il y a pour 55 000 francs d'oppositions pour ventes de meubles non suivies de décharges !... Il vendait !... et il dissipait l'argent, car il n'était pas dans sa caisse, ce n'était pas le mandant dont je parlais tout à l'heure qui pouvait se plaindre pour 17 000 francs détournés, c'étaient d'autres encore ! c'était 55 000 francs de détournement ! Le passif s'élève, d'après un compte facile à faire, à 179 000 francs, et là ne figurent point les 30 000 francs dus sur sa charge, les 40 000 francs reçus sur le prix de la revente...

Ainsi, il a mangé en moins de quatre ans :

    130 000 francs de produits d'office ;

    179 000 francs de passif connu ;

    40 000 francs touchés sur sa charge.

    349 000 francs au moins.

et il n'a payé là-dessus que la moitié de 60 000 francs, reste environ 320 000 fr. engloutis !...

L'abîme est-il assez profond ? Avais-je tort de dire que la ruine le saisissait à la gorge, et qu'il en sentait les plus rudes étreintes ?...

Comment cet abîme s'était-il creusé ?... Quel est le mot de ce désastre ? Vous l'avez deviné, messieurs ! ce mot, c'est celui que prononce sans cesse et le monde des finances ! et le monde politique ! et le monde des affaires ! et le monde des plaisirs ! Ce mot, c'est celui qui retentit si souvent même à cette barre, pour y révéler ou des scandales ou des malheurs ! le mot du procès c'est la BOURSE ! ! !

Ah ! la Bourse ! Quand je pénètre par hasard sous les colonnes de ce temple, consacré d'abord au commerce qui vivifie les empires et dont on a fait le temple du Veau d'or qui les épuise et les déshonore, quand j'entends ces cris discordants et sauvages qui ressemblent à des hurlements de bêtes fauves dans les forêts, il me semble quelquefois que c'est le cri de malédiction des victimes qui s'y sont perdues... c'est de là qu'elles partent pour courir après la mort et la chercher dans toutes ses voies... Il y en a qu'on rencontre hideusement pendues sous les frais ombrages du bois de Boulogne, d'autres livrent leurs cadavres à la Seine... et si une voiture longe le boulevard... un matin ! si vous entendez une détonation subite, si, vous approchant plein d'effroi, vous trouvez une tête horriblement broyée... c'est une victime des jeux de bourse ! ! Ce cadavre sanglant, c'est celui d'un joueur... c'est une question de hausse ou de baisse ! !... (*mouvement*). Eh bien !... Thillet jouait à la Bourse !... tout est expliqué !...

Thillet, vous a-t-on dit, avait une tête à vastes projets, un esprit aventureux et hardi...

Ah ! nous les connaissons, ces esprits hardis et aventureux de notre siècle, qui rêvent une existence d'or... ils ne vont plus avec Cortez à la conquête d'un monde nouveau... Les esprits hardis de ce temps sont ceux qui trouvent que le travail, même le plus lucratif, ne mène pas assez vite à la fortune... ce sont ceux qui, à trente ans, trouvent qu'un office donnant près de 40 000 fr. par année, est un moyen trop lent de parvenir... ce sont ceux qui veulent être millionnaires demain, je me trompe — aujourd'hui ! ! ! ce sont ceux qui risquent, pour y arriver, tout ce qu'ils gagnent... et même les dépôts qui sont confiés à leur honneur... Ils seront millionnaires ce soir !... ils rendront tout!... et si la roue tourne fatalement... un coup de feu les délivrera de la honte et du remords !

Je dis de la honte, messieurs, vous venez de voir la ruine complète, achevée. Où en était Thillet, à l'autre point de vue? Je l'ai dit : le flot montait des deux côtés... deux condamnations correctionnelles, vous le savez : la dernière du 15 août... c'était déjà énorme, puisqu'une destitution pouvait suivre...

Mais ce n'était pas tout... Les jalousies... c'est-à-dire la haute probité de la chambre syndicale s'émeut quand elle apprend que l'on parle de détournements, de ventes anciennes et non réglées, de mises en demeure restées vaines, d'une assignation prochaine... Elle s'émeut ! Elle reçoit des plaintes ! et alors elle charge l'un de ses membres d'aller vérifier la caisse du confrère, de constater les déficits et d'éclairer la chambre sur sa situation.

Le membre de la chambre (je nomme mes témoins à l'avance, c'est Me Boulan, on peut s'en assurer près de lui), le membre de la chambre écrit à Thillet à la fin d'août, lui fait part de sa mission douloureuse et lui donne rendez-vous pour le lendemain !... Cette fatale lettre arrive rue Laffitte... Thillet la reçoit... il frémit et il part !...

Elle est suivie presque immédiatement d'une assignation ; l'avoué qui n'avait pu rien obtenir de Thillet, pressé par ses clients, l'assigne en chambre des vacations pour restituer 17 000 francs de ventes faites en avril ! et nous sommes à la fin d'août !

Ainsi, d'une part, ses confrères vont constater par le vide de sa caisse ses dilapidations et ses désordres, et d'autre part, le ministère public qui délibère déjà si deux condamnations correctionnelles suffisent, va apprendre par l'audience même et par le débat un abus de confiance de 17 000 francs.

Le délit, il est depuis longtemps dans sa conscience troublée, mais il va être public tout à l'heure !...

Ce n'est plus une destitution seulement, c'est la prison peut-être, c'est la honteuse prison qui l'attend demain ! !

Et son père vit ! Et il a quatre-vingt-deux ans ! Et c'est un vieil officier plein d'honneur ! Et il mourra de douleur et de honte s'il apprend un tel désastre!... Et il mourra, en maudissant son fils !...

Voilà ce que sait bien Thillet... Voilà les idées du *joyeux chasseur !*...

Eh bien! le déshonneur est-il au niveau de la ruine? Le flot est-il monté assez haut? C'est le 30 août qu'arrive la lettre du membre de la chambre ; c'est le 31 août qu'arrive cette assignation qui recèle la mort dans ses replis. La mort aussi sûre et plus longue qu'un coup de feu, et c'est le 7 septembre, quand il est près de sa maison, quand il va toucher de ses mains ce papier qui le brûle au cœur, quand il va se trouver en face de son confrère avec une caisse vide des dépôts confiés à sa loyauté, c'est à ce moment, avant de frapper à ce senil désolé, qu'une détonation subite éclate, et que le malheureux se délivre ainsi de tant de tortures !

Et maintenant, comprenez-vous l'audacieux défi qu'on nous portait d'assigner un motif pour qu'il ait pu se donner la mort?... et moi, je vous porte à mon tour le défi d'en trouver un pour qu'il eût pu vivre dans cette situation déshonorée! !... Il n'y en a qu'un possible... le motif sublime et tout à fait surhumain qui saisit une âme humiliée sous le poids de ses fautes !... Le repentir !... Le repentir chrétien qui seul peut faire accepter humblement au cœur de l'homme jusqu'à la honte, jusqu'au mépris des hommes, quand l'âme transformée sent qu'elle se purifie ainsi sous le regard de Dieu, par la grande loi de la réparation (*mouvement*) ! Mais pourriez-vous dire que cette pensée était celle qui rattachait Thillet à la vie ?

Il y a un autre motif possible... c'est qu'il eût dépouillé, abjuré tout sentiment de pudeur, et qu'il fût résolu à braver le mépris public ? Le croyezvous ? Son père le croit-il ? Moi je ne le crois pas...

On a parlé de quelques lettres dans ces derniers jours,.. faut-il y répondre ? Tenez ! il y en a une de trop dans votre dossier... C'est celle où la famille a raturé et biffé six lignes avec tant de soin qu'on ne peut reconnaître aucune syllabe, aucune lettre de ces six lignes !... Que portaient-elles donc de funèbre qu'il fallût les soustraire à tous les regards ?... L'annonce d'un suicide arrêté ? Non, non ! je ne le prétends pas ; on ne l'annonce pas ainsi, et d'ailleurs je ne crois pas qu'il en ait jamais définitivement arrêté l'heure dans sa pensée avant l'exécution, si ce n'est, peut-être, pendant cette longue nuit qu'il a passée en chemin de fer, tenant à la main son fusil chargé, armé, amorcé, et s'acheminant vers Paris !...

Mais peut-être ces lignes exprimaient-elles le trouble de son cœur !... peut-être peignaient-elles quelques-unes des tortures qu'il subissait ! Il y a un mot qu'on aurait bien fait d'effacer aussi ; c'est celui-ci : « Tu comprends, écrivait-il à son beau-frère, tu comprends que ta lettre n'est pas faite pour me faire plaisir ? » Qu'écrivait donc le beau-frère ? Ah ! cela se devine !... Non ! Rien de ce qui venait de Paris n'était fait pour lui faire plaisir !... des réclamations, des plaintes, l'annonce de la visite du trésorier de la chambre, et de son profond étonnement quand il trouva Thillet parti sur un rendez-vous de ce genre ; l'annonce de cette assignation fatale du 31 août !!! tout ce qui pouvait venir de Paris était pour lui marqué de ce double sceau que nous avons constaté tout à l'heure ; ruine et honte !! scandale et condamnation !

Mais pourquoi ne s'est-il pas tué dans les bois, nous dit-on, c'est plus facile et le suicide reste plus caché...

Mon Dieu ! mon jeune adversaire parle toujours comme si ces choses se combinaient profondément et dans le calme et le sang-froid d'une raison prévoyante ! comme si Thillet, dans ces moments désespérés, n'eût songé qu'au contrat d'assurance et aux précautions à prendre pour dissimuler sa volonté. —Il était au désespoir, et tout bouillonnait dans son esprit. Pourquoi ne s'est-il pas tué dans les bois ? Que sais-je ? peut-être parce qu'il n'en a pas eu le courage, et que la vue de Paris, le souvenir ravivé de ses malheurs et de ses fautes, la vue de leurs suites inévitables et prochaines, la vive appréhension de ce qui l'attendait dans une heure, cette visite du membre délégué par la chambre qu'il ne pouvait plus éviter, tout cela lui a donné cette agitation fiévreuse, cette inquiétude, ces serrements de cœur, ce désespoir et en même temps ce courage factice qui vous décident, quand vous avez passé une nuit d'angoisse, à vous jeter dans les bras de la mort... Pourquoi ? peutêtre parce que la vue des champs, l'atmosphère qu'on y respire, le calme que la nature porte à l'âme humaine, même quand les passions l'agitent, l'éloignaient de cette idée fatale, de cette tentation du désespoir ? peut-être, parce que dans les forêts, l'homme seul se sent plus près de Dieu et qu'il y pense ! peut-être parce qu'il voulait jouir le plus longtemps possible du beau soleil qui l'éclairait !... peut-être, parce que ses amis étaient près de lui, et qu'il était heureux de s'étourdir dans les enivrements de la chasse une dernière fois ! peut-être enfin, parce qu'il n'était décidé à rien, parce qu'à trente ans, la vie paraît belle, parce qu'on recule et qu'on se débat pour la perdre... parce que le suicide n'est pas l'acte de la raison, mais du désespoir, et que le désespoir a ses crises et ses moments !

La grande crise, ici, le vrai moment du désespoir pour Thillet, c'était surtout celui où il atteignait sa demeure, où l'attendait la mort morale... et c'est ce moment qu'il choisit, ou plutôt il ne choisit pas... il a reculé jusqu'à la dernière minute... mais la dernière minute est arrivée... quelques pas encore et rien ne restera plus du voyage qu'il vient de faire et qui l'a mis, pour un instant, à l'abri... La hideuse réalité se dresse, l'atmosphère épaisse de Paris l'y ramène... C'est déjà le boulevard !... la rue Laffitte est à deux pas !... la voiture marche toujours !... il ferme les yeux, il prie peut-être et il se fait *sauter la cervelle*, comme l'a dit le cocher qui le conduisait...

Est-ce que vous en doutez, messieurs ? Est-ce que personne en peut douter ? Est-ce que tous ceux auxquels ces faits ont été révélés en ont douté ? Est-ce que ces deux mois qui ont préparé pour Thillet la flétrissure, la ruine, le scandale, les condamnations, la prison, n'ont pas jeté une lueur éclatante sur la cause vraie de sa mort !

Un accident, dit-on ! — Un accident dans ces circonstances !... Ah ! Dieu n'eût pas permis ce miracle fatal !... Non, non ! Si, en effet, les jours de Thillet étaient comptés par sa providence... si cette jeune vie eût dû être tranchée, dans sa fleur, par un accident, non, Dieu n'eût pas permis que tant de circonstances accumulées vinssent forcer la conscience humaine à accuser sa mémoire d'un crime dont il eût été innocent.

Mais, nous dit-on, vous n'invoquez là que des preuves morales !... Nous allons dire un mot, en finissant, des preuves de fait ; mais est-ce que par hasard les preuves morales ne suffiraient pas en cette matière ? Comment ! La justice ne redoute pas d'infliger des peines sur des preuves morales !... Une tête d'homme tombe sous la hache du bourreau, sur une déclaration du jury que des preuves morales ont convaincu... Comment ! l'assassinat, l'incendie, le viol, les crimes les plus odieux, les égarements les plus épouvantables de la perversité et de la dépravation humaine, s'affirment sur des preuves morales... et le suicide ne pourrait pas s'affirmer ? Avec elles et par elles, le glaive de la loi peut frapper, et vous ne pouvez pas résilier un contrat ! Vos consciences seront convaincues, et la vérité restera enchaînée ! et votre jugement dira ce que vous ne pensez point !! Comment ! Je suis libre de plaider qu'il y a suicide... et vous ne serez pas libres de juger qu'il y a suicide... et il vous faudra une preuve matérielle, même quand votre conscience n'en a pas besoin ?

Et pourquoi ? Si la loi le dit... il faut se soumettre... mais où est la loi absurde qui parlerait ainsi ?...

J'en connais une toute contraire... une qui dit qu'une obligation (et sans doute aussi un cas de résiliation) se prouvera par témoins ou par présomptions quand il est impossible d'en avoir la preuve littérale. Me demanderez-vous de prouver le suicide par écrit?... ce serait absurde. Je peux donc le prouver par témoins... je peux donc aussi le prouver par présomptions, et qu'est-ce donc que des présomptions? La loi les définit ainsi :

L'article 1349 dit : « Les présomptions sont des conséquences que la loi ou le magistrat tire d'un fait connu à un fait inconnu. »

Et l'article 1353 ajoute que celles qui ne sont pas établies par la loi, sont abandonnées aux lumières et à la prudence du magistrat.

C'est à votre prudence, c'est à votre sagesse, c'est à vos lumières, c'est à vos consciences, que nous nous adressons, messieurs; n'est-il pas évident, n'est-il pas certain pour vous, que Thillet s'est donné la mort, parce qu'il ne pouvait plus supporter la vie telle qu'elle s'offrait désormais pour lui? Si vous en avez la conscience, viennent les preuves de nos adversaires qui prétendent qu'il y a accident! Voyons cependant les détails du fait. Il y a trois documents écrits sur le fait. Mais avant de dire un mot sur chacun, voyons ce qui a précédé la mort.

Thillet était parti pour Mâcon, le jour même où devait avoir lieu la visite du délégué de la chambre... la veille de celui où arrivait à son domicile, et il était assez prévenu, la fatale assignation du 30 août. Pourquoi partait-il?

Ah! répond-on, les vacances, le repos, le plaisir, la chasse, la jeunesse, les amis, la gaieté...

Laissons cela! Il n'est plus temps de badiner si près d'une tombe! il n'est plus possible, d'ailleurs, de tromper nos juges... il allait à Mâcon pour fuir une situation devenue insoutenable, pour s'y dérober quelques heures, pour échapper au délégué de la chambre! Il y allait surtout pour tâcher d'y trouver quelque argent. Vous savez, messieurs; ces dernières ressources qu'on emprunte à l'amitié, et qui, sans vous sauver, prolongent l'agonie! il n'en trouve pas!... il supplie, et il dit ces mots prophétiques :

« Si tu ne m'en procures point, il arrivera un malheur. »

I. — Il écrit, de Mâcon, à son beau-frère, qu'il espère en obtenir (ceci est bien frappant! et c'est avoué!) il lui écrit :

« Prends un port d'armes et viens chasser à ton tour. Je te laisserai ici mon » fusil, mon carnier et mes bottes de chasse. »

Voilà ce qu'il écrit quand il espère encore emporter quelque argent.

Il n'en trouve pas! ses amis ne lui en procurent pas! et ne pouvant emporter d'argent, il emporte... son fusil (*Mouvement*) !

Tout ceci, c'est le fait! la lettre est là! on nous l'oppose!

Il dit trois jours auparavant : Prends un port d'armes, je te laisserai mon fusil! et il l'emporte!! à Paris! Pourquoi faire?... pour qu'une fatalité imprévue le fasse partir entre ses jambes, sur son front, dans un fiacre!... et on parle d'accident! et on dit que nous n'avons que des présomptions morales!

II. — Est-ce tout? Non! de beaucoup! il emporte ce fusil, qu'il devait laisser, qui devait servir à son beau-frère!... Mais ce fusil a un fourreau en cuir, un étui (comme tous les chasseurs en ont...), pour le préserver surtout pendant les voyages!... Le sien en a un! vous allez le voir! et il l'avait emporté... apparemment que, puisqu'il se décide à rapporter son fusil, à le rapporter à Paris, où il ne doit plus servir à rien, à l'emporter en chemin de fer pendant une longue nuit, il va le mettre à l'abri dans son fourreau (le fourreau n'est fait que pour cela) !

Il ne le fait point !... Comment ! il a donc oublié l'étui à Mâcon ! Pas du tout !... Il prend soigneusement l'étui (qu'il n'oublie point), il le plie en deux, au risque de le gâter, et il l'enferme sous cadenas dans sa malle !... Voyez l'inventaire ! il y était encore le 20 septembre ! ! ! Quant au fusil, il le garde à la main, libre, dégagé, pouvant partir à tout instant... Pourquoi ? Ah ! pour accumuler les chances d'un accident... Que voulez-vous ? Il était imprudent et joyeux chasseur !

III. — Est-ce tout, cette fois ? Mais, non ! Il a chassé à Mâcon. Il revient à Paris, où sans doute il ne compte pas chasser dans la rue Laffitte !... Eh bien, son fusil qu'il emporte (après avoir dit qu'il le laisserait), ce fusil qu'il dégage de son fourreau, fourreau dont il ne sait plus que faire, et qu'il est obligé d'introduire, plié en deux, dans sa petite malle ; ce fusil, qui ne doit pas servir à Paris, il est chargé par les deux canons ! !

Est-ce assez ? Non ! Les amorces y sont ! ! Les deux capsules, que le chasseur ne place que quand il entre en chasse... qu'il enlève dès qu'il est de retour... Il a passé la nuit en chemin de fer, et les deux capsules sont là l'une et l'autre !... Ainsi, le fusil est libre dans la main de Thillet, il l'a sciemment séparé de l'étui qui empêche de s'en servir, ou bien qui dénonce, si on le dégage dans le fiacre, il est libre dans sa main, et nous allons voir que sa main crispée le tenait. Il est chargé par les deux canons !... il est amorcé des deux côtés ! !...

Messieurs, dans une exécution militaire, quand les armes du peloton commandé en sont là !... un mot suffit... et le condamné tombe frappé par le plomb ! Pour Thillet, il n'est pas même besoin d'un mot ! Une résolution... une pensée... un mouvement... et il est mort !...

Est-ce que ce sont là des preuves morales ! Ah ! sans doute, elles le sont !... Il en résulte des inductions invincibles !... mais elles sont bien aussi des preuves de fait ! Combinez ces faits et la situation... et voyez si un doute peut subsister...

Pour terminer, voyons les documents écrits. Il y en a trois : d'une part, procès-verbal du commissaire de police et du médecin qu'il a appelé ; d'autre part, rapport d'un expert commis par justice.

Les deux premiers ! Les adversaires les invoquent parce qu'ils y trouvent le mot : *mort accidentelle.*

Entendons-nous ! Une détonation a lieu. On ouvre la voiture, on y trouve un homme qui a la cervelle emportée. Quelle est la cause de l'événement ? Est-ce un crime ou délit ? Pour le commissaire de police c'est la question, et son unique devoir est de la vérifier en ces termes. S'il y a crime, il y a bien des choses à faire !... s'il n'y a ni crime ni délit, il n'y a rien !...

Et s'il croit à un suicide, l'écrira-t-il ? Ah ! l'écrire ! et pourquoi ? La loi elle-même, dans un sentiment admirable de respect pour la mort et pour les familles, défend que nos tables mortuaires parlent du condamné supplicié autrement que de chacun de nous !... et le commissaire de police écrirait de son chef, sans motifs, suicide !... Pour lui, la distinction se fait ainsi : délit, accident.

Puis l'accident se subdivise en volontaire ou involontaire... mais il n'a pas à l'indiquer dans un procès-verbal officiel... Voyez en effet comment il parle de l'accident ! c'est la seule fois qu'il prononce ce mot :

« De ce qui précède, attendu qu'il en résulte que la mort du sieur Thillet est certaine, qu'elle est purement accidentelle, *que personne n'y a contribué ni directement ni indirectement.* »

C'est cela, ni meurtre ni même homicide par imprudence.

« Nous avons rédigé le présent qui sera transmis à M. le procureur impérial, à qui nous *proposons l'inhumation pure et simple du corps.* »

Voilà. L'autopsie est inutile !... Il faut rendre le cadavre à la famille... Personne n'a contribué à cette mort ! Personne ne peut être accusé !

Quand il aurait cru au suicide, est-ce que, dans ce procès-verbal, comme le médecin qu'il a appelé, ils devaient le dire, ils pouvaient le dire dans des pièces officielles ? évidemment l'argument est sans valeur.

Mais il y a un troisième document, le rapport du médecin commis. Celui-là est interrogé par la justice, sur cette question : Y a-t-il suicide ou mort involontaire ? il répond :

« Que si on ne peut affirmer d'une manière *absolue* et par l'inspection *seule* du cadavre que ce concours de circonstances (celles qu'il vient de constater) n'a pu se produire et donner lieu à une mort par accident, il n'en reste pas moins de *très grandes présomptions* pour que la mort ait été volontaire et le résultat d'un suicide. »

Voilà l'opinion de l'homme de l'art, le seul appelé à donner son avis sur la question même du suicide, et cela à la seule inspection du cadavre !

Au surplus, prenons les cinq faits constatés et reconnus par ces trois documents, et avoués au procès !

1° Thillet était assis dans un angle de la voiture...

2° Son fusil était entre ses jambes...

3° La blessure était au-dessus de l'œil gauche, et a été faite à peu près perpendiculairement !

4° Le coup a été tiré à bout portant, puisqu'il a fait balle...

5° Les doigts de la main gauche étaient encore contractés et sanglants, et par conséquent tenaient le canon par l'extrémité.

Voilà cinq faits avérés, et je dis qu'ils prouvent le suicide à eux seuls, et rendent impossible l'accident involontaire !

I. — Et d'abord, pour admettre l'accident, il faut, à peu près nécessairement, admettre le sommeil ! Le voilà donc qui dort ! seul, s'adossant dans un angle de la voiture !... Or, pour dormir plus sûrement, admettrez-vous que le voyageur ne posera pas son fusil dans l'autre angle !... qu'il va le mettre debout entre ses jambes, et tenant par la main le canon braqué sur lui !!! et le fusil est chargé de deux coups, amorcé de deux coups ! Ce serait donc l'imprudence poussée au délire !!! Quoi ! il est seul, il y a tant de place, et c'est sur sa poitrine qu'il va poser ces deux canons, et le fusil entre ses jambes pour mieux dormir ! Première impossibilité que la raison ne peut admettre... première preuve saisie sur le fait du suicide !

VII.　　　　　　　　　　　　　　　　　　　23

II. — S'il dort, seul, appuyé contre les coussins de la voiture, sa tête reposera, appuyée elle-même, contre ces coussins. Le fusil, partant par accident, lui labourera la figure de bas en haut ! Et comment était la blessure ? au-dessus de l'œil, perpendiculaire à l'os frontal !! Il ne dormait donc pas ? il a donc lui-même disposé son front comme la victime qu'on incline pour l'abattre !...

Sa tête, dit-on, pouvait être balancée, par le sommeil, à droite ou à gauche...

Y pensez-vous ? Le fusil est petit... jamais sa tête ne se serait inclinée involontairement jusqu'à se mettre le front perpendiculairement au fusil, et jusqu'à toucher, pour ainsi dire, le canon... Or, le coup est perpendiculaire, et il a fait balle !... la poudre a tracé, sur le front seul, son cercle noir... il n'y a pas un autre point atteint, même à la face !...

III. — Et cette main gauche, est-ce que le sommeil, en balançant la tête, n'eût pas aussi ramolli la main ? est-ce qu'elle n'aurait pas lâché le canon ?... Elle est crispée, les doigts contractés ! La mort a fixé à jamais l'effort du dernier moment !... L'intérieur de cette main, mais particulièrement du pouce et de l'indicateur, est taché de sang !... Est-ce qu'on ne voit pas cette main, cette main gauche, pressant convulsivement l'extrémité du canon, et le maintenant au-dessus de l'œil gauche, pendant que la droite, armée d'une canne à bec-de-corbin, fait partir la détente !...

Tenez ! cette canne elle-même !... Voilà un voyageur qui a passé une longue nuit en chemin de fer, il a une canne et un fusil !... il entre seul dans un fiacre ! il veut dormir ! et c'est sa canne qu'il laisse de côté... et c'est le fusil chargé, amorcé, qu'il met dans ses jambes, et qu'il tient à la main, sous sa figure !... pour reposer plus tranquillement !

Messieurs, je ne crains pas de le dire, et la cause le permet, jamais l'évidence n'a été portée aussi loin !

S'il y a doute, disait l'adversaire, j'ai gagné ma cause !... mais il n'y a pas doute ! et puis, quand il y aurait doute, il ne l'aurait pas encore gagnée, car le tribunal pourrait encore l'éclaircir.

Nous avons coté des faits complémentaires qui lèveraient tout doute. Je n'en veux rappeler que cinq ; à eux seuls ils suffiraient. Nous offrons de prouver :

1° Que Thillet, cherchant de l'argent à Mâcon, aurait dit à un ami : « Si tu ne me trouves pas 15 000 francs, il arrivera un malheur. »

2° Qu'à son départ, un tiers a voulu décharger son fusil, et qu'il s'y est opposé, prétextant qu'il allait chasser dans le voisinage, alors qu'il partait pour Paris.

3° Que pendant le trajet de la gare de Lyon au boulevard il avait soigneusement fermé le store de devant et celui du côté gauche de la voiture.

4° Qu'il avait reçu, la veille de son départ de Paris, la lettre du trésorier de la chambre qui lui annonçait sa visite pour le lendemain, à l'effet de vérifier sa situation.

5° Que le médecin préposé aux décès par l'administration a exprimé, dès qu'il a vu le cadavre de Thillet, l'opinion que sa mort était l'effet d'un suicide.

Si le tribunal avait encore un doute, il le pourrait lever par ce complément de preuves; mais il n'en peut conserver aucun, et il prononcera la résiliation d'un contrat que Thillet a lui-même annulé !!

CONCLUSIONS DE M. L'AVOCAT IMPÉRIAL
ERNEST PINARD.

Le 7 septembre 1858, à sept heures du matin, un coup de feu retentit sur le boulevard Beaumarchais. Une fumée s'échappe d'une voiture de place ; le témoin Wéber fait arrêter le cocher, et on trouve dans l'angle gauche de la voiture le corps d'un homme dont le crâne était ouvert et dont la mort avait été instantanée.

Cet homme était Thillet, commissaire-priseur, âgé de trente et un ans, poursuivi et condamné deux fois pour des faits professionnels, et dans une situation de fortune déplorable. La présomption du suicide devait naître. C'est à la justice de se prononcer aujourd'hui, soit pour les Compagnies qui refusent de payer les 150 000 francs, prix de l'assurance, soit pour la famille qui réclame le capital, qui, j'aime à le croire, tient à défendre aussi devant vous un intérêt d'honneur.

Or, n'oublions pas le point de départ de ce débat. Il s'agit de résilier un contrat. La base de la résiliation, c'est le suicide. C'est donc aux Compagnies qui demandent la résiliation à faire la preuve. Cette preuve, elles ne peuvent la demander qu'à des constatations matérielles ou à des constatations morales.

Les constatations matérielles, envisageons-les d'abord en elles-mêmes. Nous verrons ensuite le jugement qu'en ont porté les hommes de l'art.

Le premier fait à relever, c'est la blessure. Le procès-verbal constate que le crâne est ouvert et la cervelle répandue. Les Compagnies en tirent la conséquence que le coup tiré à bout portant a dû être dirigé perpendiculairement ; si Thillet avait dormi, disent-elles, il aurait posé son fusil près de lui, ou si le fusil était parti par accident entre ses mains, il aurait labouré la figure de bas en haut.

Il y a là un indice en faveur des Compagnies ; mais la famille peut encore répondre : S'il a voulu se tuer, pourquoi choisir le front, cette partie la plus résistante de la tête, qui peut permettre si facilement une déviation de la balle ou du plomb ?

Le second fait, c'est la main gauche contractée et tachée de sang à l'intérieur, principalement au pouce et au doigt indicateur. Les Compagnies s'en emparent et disent : Cette main contractée et tachée a dû maintenir l'extrémité du canon sur le front, donc il y a direction donnée et volonté de se tuer.

Il y a encore là un indice ; mais la famille répond encore avec certaine vraisemblance : Si le fait s'était ainsi passé, vous trouveriez autre chose que cette main gauche contractée et tachée. Les muscles du cou seraient contractés, ceux du tronc le seraient également, et le corps penché alors sur le canon, serait, au moment de la mort, tombé en avant, au lieu de s'affaisser en arrière dans l'angle de la voiture.

Voilà les deux constatations essentielles sur lesquelles s'appuient les Compagnies. Mais si elles ont leur valeur, on peut y répondre par des vraisemblances à peu près analogues.

Poursuivons l'examen : les autres constatations matérielles, il faut en convenir, permettent mieux l'hypothèse de la mort accidentelle que celle du suicide.

L'arme qui a donné la mort est un fusil de chasse à deux coups, en assez mauvais état : l'armurier Perrin constate qu'il n'a pas de cran de sûreté. Le procès-verbal ajoute que le canon de droite est déchargé et que le chien n'est pas au repos. Il n'est pas probable qu'un tiers se soit permis, avant l'arrivée de M. le commissaire de police, de relever le chien. Nous savons avec quelle crainte superstitieuse la foule se garde de toucher à ces choses avant l'arrivée de l'autorité ; certains même ont le tort de ne porter aucun secours aux suicidés ou aux asphyxiés tant que le commissaire de police n'est pas là. L'arme est donc restée probablement telle qu'elle se trouvait immédiatement après l'explosion. Or, si le chien n'est pas au repos, c'est qu'il a eu un mouvement de recul. Ce recul, à lui seul, prouve le mauvais état de l'arme. Sans doute, ce recul a pu se produire rigoureusement dans deux hypothèses : celle du suicide, alors que la gâchette, tirée volontairement, a fait tomber le chien ; celle de la mort accidentelle, alors que le fusil n'était pas armé et que le chien reposait sur la cheminée. Mais, si le mouvement de recul a pu avoir lieu dans les deux cas, il faut reconnaître cependant qu'il est plus rare dans le premier cas et plus fréquent dans le second.

Dans le premier cas, en effet, il est combattu et empêché par le mouvement d'impulsion que donne le tireur ; dans le second cas, au contraire, il est d'autant plus facile à produire dans une arme mauvaise qu'aucune impulsion ne le combat. L'arme et l'état dans lequel on la trouve sont un argument d'une valeur très relative, j'en conviens ; mais c'est un argument pour le système de la famille.

Comment ce fusil est-il chargé ? Avec du petit plomb, disent le docteur Moreau et l'armurier Perrin. Si Thillet a l'intention arrêtée du suicide, et s'il vise au front, la partie la plus dure de la tête, n'est-il pas étrange de charger avec du petit plomb et de s'exposer à une blessure plutôt qu'à la mort ? C'est encore là une circonstance matérielle plus favorable à l'hypothèse d'une mort accidentelle.

La décharge volontaire, comment se sera-t-elle produite ? Thillet aura-t-il fait usage de la main ? Il semble à peu près impossible que le front, appuyé contre le canon, il ait pu avec la main atteindre la gâchette. A-t-il fait usage du pied ? Le pied non déchaussé n'aurait pu que très difficilement toucher à la gâchette, et dans tous les cas, c'était s'exposer à de singulières déviations. A-t-il fait usage de sa canne ? La canne alors se fût trouvée entre ses jambes, à côté même du fusil qu'il aurait lâché en même temps sous le coup d'une mort instantanée. Une décharge volontaire semble donc improbable.

La décharge involontaire est-elle possible ? Oui, dans une voiture de place assez mauvaise, avec un cocher qui sommeillait, puisqu'il n'entend même pas la détonation, et que le témoin Wéber est obligé de l'arrêter, avec les cahots si faciles dans une voiture ainsi conduite, avec une arme à feu en mauvais état, et lorsque le voyageur, fatigué d'une nuit en chemin de fer et de huit jours de chasse, peut d'un moment à l'autre s'appuyer sur le canon et accrocher le fusil à une draperie, à une banquette, à un vêtement.

Voilà toutes les circonstances matérielles relevées ; la blessure, la main, l'arme, la charge de plomb, la difficulté de la décharge volontaire, la possibilité de la décharge accidentelle. Si les deux premières circonstances peuvent s'interpréter en faveur du système des Compagnies, les autres semblent militer en faveur de la défense. La preuve du suicide n'est donc pas là.

Voyons ce qu'ont été ces constatations matérielles aux yeux des hommes d'expérience et de science. Pour eux, qui se prononcent tous les jours sur le suicide ou la mort accidentelle, peut-être parleront-elles plus haut que pour nous. Un médecin, avec un symptôme, peut affirmer une maladie ; avec une blessure, une arme, une cicatrice, il peut préciser le genre de mort.

Le commissaire de police est obligé de constater, soit le suicide, soit la mort accidentelle. Si, par respect pour la tombe, l'acte de l'état civil ne doit rien dire, le procès-verbal de l'officier de police judiciaire doit parler. Or voici le langage du commissaire une heure après l'événement : « Attendu que la mort de Thillet est certaine, qu'elle est *purement accidentelle*, que personne n'y a contribué, ni directement, ni indirectement. » Je veux bien que le commissaire de police se soit préoccupé surtout de la question de savoir s'il y avait ou non un crime ou un délit à poursuivre. Mais l'hypothèse du crime et du délit écartée, il a vu plutôt une mort accidentelle qu'un suicide, et les circonstances matérielles ne lui ont point tenu un autre langage qu'à nous-même.

Le premier médecin appelé conclut une heure et demie après l'événement comme le commissaire de police. « L'inspection et l'attitude du cadavre, dit-il, font présumer que la mort a été le résultat d'un *accident* provenant de la détonation d'un fusil de chasse qu'on a trouvé entre ses jambes. »

Le second médecin, M. Moreau, commis par ordonnance de référé, sur la demande des Compagnies, relate les deux charges dont nous avons parlé ; la nature de la blessure de la main gauche tachée et contractée, et il opine pour le suicide ; mais c'est en admettant comme possible, sinon comme probable, la mort accidentelle : « Attendu, dit-il, que si on ne peut affirmer d'une manière absolue, par l'inspection seule faite du cadavre, que le concours de ces circonstances n'ait pu se produire et donner lieu à une mort par accident, il n'en reste pas moins de très grandes présomptions pour que la mort ait été volontaire et le résultat d'un suicide. »

Vient enfin le médecin de la famille, que vous n'entendrez à ce titre, je le comprends, que sous toutes réserves, et qui conclut ainsi : « Il y a bien plus de certitude que la mort est le résultat d'un accident que de la volonté. »

Voilà, messieurs, le langage des hommes d'expérience et de science. Un seul, sur ces quatre témoins, opine pour le suicide. Il ne le fait qu'à titre de présomption. Il faut reconnaître au moins que cette contradiction permet le doute, et que la science n'a pu faire, de toutes les circonstances matérielles réunies, une démonstration. Elles restent, ce qu'elles étaient tout à l'heure, des constatations sans portée décisive, autorisant le procès, et ne manifestant pas la vérité.

Arrivons à la seconde partie de ce débat. J'entends encore ce langage élevé, si approprié à la dignité de la pensée, avec lequel l'éloquent défenseur des

Compagnies disait à votre dernière audience : « Une tête d'homme tombera sur la déclaration d'un jury convaincu par des preuves morales ; le vol, l'incendie, l'assassinat s'établiront par des preuves morales, et ici, devant des magistrats, nous ne justifierons pas du suicide de la même manière. » Messieurs, j'admets complétement cette théorie ; je dis même aux Compagnies : En dehors de toute preuve matérielle, je me contenterai de la preuve morale ; à elle seule, elle déterminera ma conviction. Mais il faut qu'elle soit la preuve, et non pas la présomption ; entre une preuve et une présomption, il y a souvent un abîme. La présomption, elle me permet de dire : Il y a tant de chances pour, il y a tant de chances contre. La preuve, qu'elle soit morale ou matérielle, elle ne me permet pas un calcul de chances, une supposition de probabilités ; elle s'impose à moi, elle me subjugue, elle me fait dire sans hésiter : C'est là la vérité ; je suis vaincu, deux fois vaincu, je suis convaincu.

Un exemple, si vous le permettez, messieurs, pour montrer que je ne nie pas la puissance de la preuve morale, mais que je la veux seulement nette et lumineuse comme la preuve matérielle.

Pourquoi la première ne serait-elle pas aussi forte que la seconde ? Pourquoi ne lui serait-elle pas supérieure, même comme l'esprit l'est à la matière. Cet exemple, c'est un souvenir. Il y a huit ans, un crime se commet, un enfant disparaît ; la justice se transporte, et ne trouve ni le cadavre ni le coupable. Elle revient longtemps après. La coupable est une femme. Elle a enseveli l'enfant dans un verger, et comme si les victimes se vengeaient après leur mort de leurs assassins, cette femme subit une attraction qui la ramène souvent au lieu du crime et de la sépulture. Elle est interrogée comme témoin ; on ne la soupçonne pas plus que d'autres. Elle répond d'une manière impassible. Le magistrat se retire. Il traverse le verger ; il s'arrête machinalement, et par un hasard providentiel sur le lieu où, à cinq pieds de terre, sont les débris du cadavre. La femme l'a suivi pour se perdre ; elle l'embrasse de son regard effaré, et en le voyant s'arrêter au lieu même : Ah ! mon Dieu ! mon Dieu ! l'enfant ! s'écria-t-elle, et elle s'évanouit. L'esprit du magistrat est éclairé, il fait fouiller et il retrouve le cadavre. Ces mots étranglés, c'était la preuve morale, vivante, palpable, domptant la conscience. La femme reprend ses sens ; elle veut nier ; elle retrouve son attitude impassible. Elle résiste aux questions du juge comme elle avait résisté au remords. Elle demande qu'on produise un témoin, qu'on établisse un fait matériel. Vains efforts ! Son cri avait parlé plus haut que le témoignage, plus haut que les plaintes de l'enfant, s'il était revenu.

La preuve morale était faite. Je n'insiste pas. Vous comprenez ce que j'appelle la preuve morale ; ce n'est pas ce qui fait incliner mon jugement, c'est ce qui le détermine ; ce n'est pas ce qui avertit ma conscience, c'est ce qui la subjugue.

Cherchons donc ici la preuve morale. Elle est faite peut-être. Voyons, elle ne peut résulter que de trois faits : 1° le contrat d'assurance en lui-même ; 2° la situation pécuniaire de Thillet ; 3° sa position comme commissaire-priseur.

Le contrat d'assurance, il est étrange, c'est vrai, à deux points de vue, et parce que Thillet est célibataire et sans enfants, et parce qu'il lui coûte un sacrifice annuel assez lourd pour sa situation obérée. Mais est-ce qu'à ces deux objections la famille ne peut pas répondre avec une vraisemblance relative ?

Il est célibataire et sans enfants; il s'impose une charge de 3800 francs par an. Mais si une sorte d'affection de famille pour le père, pour les sœurs, pour les êtres avec lesquels il vivait en commun, au sein du même foyer, est insuffisante pour expliquer cela, il ne faut pas oublier qu'il avait vendu sa charge le 21 juin 1858, que des rêves aventureux de fortune attestés par les lettres du 21 décembre 1857 et 14 juillet 1858, traversaient son esprit, et que son activité fiévreuse le poussait à se créer un avenir industriel. Si c'est en Afrique qu'il va le fonder, est-il étonnant qu'il cherche dans cette assurance même un moyen nouveau et plus certain de crédit ? A un jeune homme qui va se fixer sous un climat nouveau et dangereux et qui présente peu de garanties personnelles, toute apitaliste doit refuser une avance.

L'avance devient plus facile, si la mort, au lieu de diminuer le gage du créancier, vient verser dans une succession une somme de 150 000 francs. L'assurance, c'est tôt ou tard une promesse de remboursement. En Angleterre, où l'assurance de ce genre est autrement connue que chez nous, elle est aussi souvent un moyen de crédit qu'une source d'épargne. Est-il étonnant que, pour se créer une solvabilité, et en dehors même d'une idée d'affection et de prévoyance pour les siens, Thillet se soit fait assurer ? Et alors pour lui qui rêve une fortune et qui poursuivra des emprunts pour l'atteindre, qu'est-ce qu'une prime annuelle versée comme escompte sur l'avenir ?

Aussi les Compagnies n'osent-elles pas soutenir qu'en contractant l'assurance le 28 juin 1858, Thillet songeait déjà au suicide qui devait les dépouiller. On ne médite pas de pareilles fraudes quand on ne doit point en profiter soi-même, on ne les fait même pas pour la famille, quand on est célibataire et sans enfants. Thillet d'ailleurs ne l'aurait même pas fait pour sa famille dans l'hypothèse des Compagnies, puisqu'au-dessous de ses affaires, et comptant d'après elles un passif supérieur à son actif, il n'aurait atteint d'autre résultat que celui de désintéresser d'abord ses créanciers. Or, M. Thillet songeait si peu à les payer de son vivant, qu'on peut lui supposer difficilement l'intention de s'être assuré pour les rembourser par un suicide prochain.

Laissons donc de côté le contrat d'assurance ; ce n'est pas là que se trouve la preuve morale. Elle serait plutôt et dans les embarras de la situation financière, et dans son discrédit comme commissaire-priseur.

La situation financière est déplorable. Son passif se compose de la dette masse, 35 000 fr. ; de 40 000 fr. prêtés par son successeur ; de 55 000 fr. de ventes non réglées ; de 26 000 francs de dettes réclamées lors de l'inventaire. C'est un total approximatif de 156 000 francs. Son actif se compose de ses 40 000 francs de cautionnement ; des 14 000 francs prix de son mobilier ; de 3000 francs de créances déclarées douteuses en grande partie à l'inventaire ; des 75 000 francs prix auquel on a réduit la charge. C'est un total approximatif de 112 000 francs. Le déficit serait donc de 44 000.

Dans l'opinion de Thillet, il est vrai, les chiffres ne devaient point être ce qu'ils sont aujourd'hui. Il avait vendu sa charge 140 000 francs, et il pouvait ne pas s'attendre à une réduction de 65 000 francs. Si vous tenez compte de cette différence, il avait dans la pensée 21 000 fr. de boni au lieu de 44 000 fr.

de déficit. On peut ajouter encore que la dette masse de 35 000 francs n'était exigible que dans deux ans. Mais ce qui rendait toujours la situation très mauvaise, c'était cette dette de 55 000 francs pour ventes non réglées.

Sans doute, des oppositions, dont on fait monter le nombre jusqu'à douze, l'empêchaient légalement de payer une partie de ces sommes, mais la majeure partie de la dette était libre; les oppositions se lèvent d'ailleurs d'un jour à l'autre, et, en présence d'une caisse vide pour répondre à de semblables faits de charge, Thillet pouvait d'un moment à l'autre être dénoncé, poursuivi, condamné pour abus de confiance.

Je n'ai pas dissimulé la force de l'argument que donnent aux Compagnies les embarras financiers de Thillet. Je serai aussi sévère pour sa situation comme commissaire-priseur.

Au milieu de la plaidoirie, très remarquable d'ailleurs, du jeune défenseur de la famille Thillet, se sont glissées quelques allégations qu'il est de mon devoir de relever, soit parce qu'elles blessent l'honorable susceptibilité de certains membres de la chambre des commissaires-priseurs, soit parce qu'elles blessent la vérité elle-même. On a dit qu'en quatre ans Thillet avait fait de sa charge une des premières de Paris, la troisième comme importance. Je ne sais le rang qu'elle occupe, mais je sais bien que ses produits se sont accrus sous l'influence de moyens désavoués par la justice et punis deux fois par elle.

On a dit encore que Thillet, dégoûté de sa profession par les jalousies, les haines de la médiocrité professionnelle, s'était décidé à quitter une carrière où il ne trouvait que déboires et persécutions mesquines. Non; si Thillet a vendu, c'est qu'il arrivait à un état de cessation de payement, et cet état, ce n'étaient point des haines jalouses, des persécutions mesquines qui l'avaient créé; il ne les devait qu'à la légèreté de son esprit et au désordre de sa gestion. Si la chambre et son président ont exercé sur lui une surveillance qui a révélé les contraventions poursuivies et punies, la chambre et le président n'ont fait que remplir un devoir, et cette surveillance légitime, le ministère public qui la provoque et qui la couvre, ne peut la laisser indirectement attaquer. On a dit encore que le fait seul de sa mort, entouré des soupçons que les Compagnies ont élevés, a suffi pour faire réduire de 140 000 francs à 75 000 francs, le prix de la charge. Nouvelle erreur; ce n'est pas la nature de la mort, ce ne sont point les soupçons des Compagnies qui peuvent déterminer une réduction, c'est la pensée équitable et d'ordre public, de faire au successeur dont les produits baisseront une situation qui lui permette de ne jamais oublier les devoirs professionnels.

Ces trois erreurs relevées, il reste acquis aux débats un fait: c'est que la situation du commissaire-priseur ne valait pas mieux que la situation financière. C'était lui qui, en 1856, se mettait en relation avec des marchands de meubles neufs et mal fabriqués, pour les vendre, contrairement à la loi, à l'hôtel des commissaires-priseurs; il était condamné pour ce fait à 1000 francs d'amende; c'était lui qui, en 1858, vendait encore des marchandises neuves, introduites à l'hôtel des ventes à l'aide d'une saisie simulée, et qui était condamné, le 13 août, à 1200 francs d'amende. C'était lui enfin qui devait 55 000 francs de ventes non réglées, et qui, d'un moment à l'autre, pouvait être poursuivi pour abus de confiance.

C'est dans cette double situation d'homme obéré et d'officier ministériel discrédité que doit se trouver la preuve morale du suicide, si elle existe. Je n'ai certes pas dissimulé la gravité des charges, j'ai insisté sur ce sombre tableau, et un instant vous pouviez croire la preuve faite. Mais, en y réfléchissant attentivement, vous n'y verrez qu'une présomption grave qui peut se combattre, et qui, par conséquent, n'est pas déterminante. Dans le système des Compagnies, c'est cette triste situation qui a amené le suicide. Mais comme cette situation ne s'est pas révélée le 7 septembre, comme elle avait une date ancienne déjà, la résolution qu'elle a fait naître n'a pu être instantanée chez cet homme ; elle a dû se former et progresser lentement, à mesure que l'avenir était sombre et que l'abîme se creusait.

La résolution, ou au moins la préoccupation qui l'amène, avait donc une date bien antérieure à l'événement. Cette pensée qui germe, pensée si triste, qu'elle doit amener le suicide, elle devra lui arracher de temps à autre un mot douloureux, une exclamation de tristesse, un retour sur le passé, un regard de découragement sur l'avenir. Les âmes les plus fortement trempées, même celles qui veulent cacher leur désespoir et la résolution fatale, fruit de ce désespoir lui-même, ont des accès involontaires où la douleur se montre. C'est là la nature humaine, et quand cette faiblesse apparente, constante, universelle, s'impose aux êtres les plus fermes, comment en supposer exempt Thillet, l'homme ardent, impressionnable et léger? Thillet aura donc parlé. Il n'aura pas révélé le projet de suicide, mais ces angoisses qui le déterminent, ils les aura trahies.

Pas un mot ne lui échappe. Pas une parole de confidence à un ami, quand on a trente et un ans, et que le célibat lui-même rend l'épanchement à la fois nécessaire et facile. Pas un mot dans ses lettres, où on ne relève que cette ligne à son beau-frère : « Tu comprends que ta lettre n'est pas faite pour me faire plaisir. »

Dira-t-on qu'une lettre contient quelques mots biffés, et que là était peut-être le secret ? Si la famille, et non Thillet, eût biffé ces mots-là, elle se serait gardée de produire cette lettre aux débats et de fournir ainsi une preuve contre elle-même. La lettre, en effet, est des plus insignifiantes; elle porte une date très antérieure à l'événement : elle est du 10 juillet 1858; elle vient du Havre, et non pas de Mâcon. Quand la lettre ne dit rien d'utile pour le système de la famille, la produire aux débats après avoir biffé un secret compromettant qu'elle eût contenu, ce serait folie.

Non-seulement on ne surprend pas chez Thillet ces faiblesses momentanées, ces tristesses involontaires, ces demi-confidences qui trahissent involontairement la fatale résolution, mais jusqu'au dernier jour, on voit se révéler la gaieté ou la légèreté. Lisez la correspondance depuis le 14 juillet jusqu'au jour de la mort, suivez-le pas à pas du 28 août au 7 septembre, il n'a ni le style ni l'attitude de l'homme désespéré. Ce désespoir, il veut le cacher, dit-on. Soit! mais le dissimuler avec un pareil empire ou une pareille habileté, c'est avoir une trempe d'âme presque héroïque ou un suprême cynisme. Ces deux extrêmes-là sont bien rares.

Le 14 juillet, quinze jours après l'assurance, il écrit de Dieppe à sa famille cette lettre d'allure assez franche sur les fêtes de Montmartre. Il songe à un avenir pour lui, pour ses sœurs. C'est là une des meilleures lettres qu'il ait écrites ; il y a de la gaieté et de la tendresse dans ces lignes-là, mais pas de préoccupations.

Le 28 août il part pour Mâcon, sans que rien établisse qu'il ait reçu une lettre du trésorier de la chambre. Le 3 septembre, après quelques jours de chasse, il écrit à son beau-frère : « Prends-tu un permis de chasse ? Dis-le moi ; je laisserai à Mâcon mon fusil, mes bottes et mon carnier. » Puis il annonce son retour, et parle de ses ventes pour le 10, le 12 et le 17 septembre.

Le beau-frère a répondu, puisque, le 5 septembre, Thillet lui écrit qu'il a reçu sa lettre, et, comme la réponse était négative, on comprend dès lors que Thillet ne laisse pas son fusil à Mâcon, ainsi qu'il l'avait offert, mais qu'il l'emporte à Paris.

Le même jour, 5 septembre, Thillet écrit à sa sœur Hélène mariée à Matour. Il s'excuse de ne pouvoir aller la voir, mais il promet de revenir incessamment. Sa lettre se termine par l'annonce d'un petit cadeau qu'il laisse à Mâcon pour les enfants.

En partant de Saint-Gengoux, le 5 septembre, Thillet avait le projet de chasser à Saint-Sorlin chez Guillet. Ce qui le prouve, c'est la lettre qu'il écrit de Mâcon le 6 septembre à Guillet pour s'excuser de n'avoir point passé à Saint-Sorlin. Il le regrette, dit-il, d'autant plus que sa santé se trouvait bien de cette vie en plein air ; il se plaint seulement des trop bons dîners, et donne rendez-vous à son ami à Paris pour le mois de novembre.

S'explique dès lors une circonstance sur laquelle les Compagnies insistaient. Pourquoi Thillet avait-il emporté son fusil sans le revêtir de son étui, et pourquoi l'étui se retrouve-t-il dans sa malle ? Quittant Saint-Gengoux avec l'intention de chasser en route et de s'arrêter à Saint-Sorlin, il part avec son fusil et met l'étui dans la malle qu'il doit retrouver à Mâcon. Arrivant à Mâcon le 6 septembre, partant le soir même pour Paris, et n'ayant besoin d'aucun effet, il ne se donnera pas la peine d'aller ouvrir sa malle, uniquement pour y reprendre l'étui de son fusil.

Ainsi, l'attitude et les lettres de Thillet pendant ce fameux voyage de Mâcon semblent écarter toute idée de suicide. Ajoutons que, dans le système des Compagnies, Thillet doit, en se tuant, faire croire à une mort accidentelle, et éviter ainsi le procès en résiliation. Or, n'était-il pas plus naturel alors de se tuer dans les bois ? S'avancer seul dans un fourré, accrocher le fusil à un buisson, c'est donner de suite l'idée d'un de ces accidents de chasse malheureusement trop fréquents. Se tuer, au contraire, dans une voiture de place, c'est faire naître immédiatement le soupçon du suicide, c'est amener ces débats, susciter le procès, faire plaider la résiliation du contrat et le déshonneur de l'assuré.

Faut-il parler du caractère de l'homme ? C'est là un point délicat, toujours environné de mystère, et qu'il est difficile d'apprécier exactement, quand la personne n'est plus là. Thillet, s'il faut en croire ceux qui l'ont approché, était actif, ardent, léger. Sa position, comme officier ministériel, atteste à la fois l'imprévoyance et le défaut de sens moral. Il devait supporter fort légèrement les deux condamnations qui l'avaient frappé. Ils n'appartenait ni à la catégorie de ceux que le repentir chrétien doit, comme on l'a si bien dit, préserver du suicide, ni à celle de ceux qui se tuent parce qu'ils ont, en dehors de toute foi, un sentiment délicat et exagéré, de l'honneur. Il prenait la vie sans songer beaucoup au devoir, sans songer davantage au remords.

Si maintenant vous réunissez tous ces éléments ; le silence gardé, l'insouciance montrée, la correspondance si facile et si gaie jusqu'à la dernière heure, le lieu si mal choisi le 7 septembre, lorsque le lieu s'offrait lui-même tous les jours précédents ; le caractère même de l'homme, vous arrivez à dire qu'il y a là autant de contradictions étranges pour un homme qui court au suicide. Est-ce un motif pour affirmer la mort accidentelle ? Non, peut-être ; mais ce sont des présomptions, des indices opposés à des présomptions, à des indices contraires. Admettons, si on le veut, que les présomptions tirées de sa mauvaise situation financière et de son discrédit comme commissaire-priseur sont plus fortes que les secondes. La question ne sera pas résolue pour cela, parce que la preuve morale ne sera pas faite ; non, vous ne pouvez pas dire que vous êtes arrivés à cette évidence morale, votre conscience n'est pas convaincue, elle n'est pas subjuguée.

Irez-vous plus loin avec une enquête ? Voyons l'articulation.

Le premier fait serait le plus grave : Thillet aurait dit à Mâcon à un ami : Si tu ne me trouves pas 15 000 francs, il arrivera un malheur. Mais l'importance de ce fait s'amoindrit en présence de cinq ou six lettres et d'une procédure que je signale au tribunal. Il en résulte que Thillet, avec cette imprévoyance que j'indiquais tout à l'heure, faisait encore, avec une caisse en déficit, des avances à un de ses amis, notaire dans les environs de Mâcon. Ce dernier lui devait 6000 francs souscrits par deux billets qui furent protestés au mois de novembre, après la mort de Thillet. Le propos articulé serait-il établi, qu'on pourrait l'appliquer aux affaires du notaire à peu près insolvable auquel Thillet avançait des fonds, aussi bien qu'aux affaires de Thillet lui-même.

Le second fait serait celui-ci : à son départ, un tiers a voulu décharger son fusil ; il s'y est opposé, prétextant qu'il allait chasser dans le voisinage, alors qu'il partait pour Paris. Ce fait est-il bien pertinent ? Si Thillet a répondu au tiers qui voulait décharger le fusil qu'il allait chasser dans le voisinage, c'est que la scène s'est produite dans la journée, et non à la gare au moment du départ, qui n'a eu lieu que le soir. Dès lors la réponse et l'opposition de Thillet plusieurs heures avant le départ n'ont plus de gravité.

Voici le troisième fait : pendant le trajet de la gare de Lyon au boulevard, Thillet aurait soigneusement fermé le store de devant et celui du côté gauche de la voiture. Qu'importe ? Si c'était pour cacher à tous les yeux l'acte prémédité, pourquoi ne pas fermer le troisième store ?

Voici le quatrième fait : Thillet aurait reçu, la veille de son départ de Paris, la lettre du trésorier de la chambre qui lui annonçait sa visite pour le lendemain, à l'effet de vérifier sa situation. La famille prétend que jamais semblable lettre n'est arrivée, soit avant, soit après le départ de Thillet. A-t-elle été écrite et envoyée par le trésorier ? Le tribunal peut vérifier le fait sans enquête.

Le cinquième et dernier fait serait celui-ci : le médecin préposé aux décès par l'administration aurait exprimé, dès qu'il a vu le cadavre de Thillet, l'opinion que sa mort était l'effet d'un suicide. Je réponds que ce médecin ne pourra pas en dire plus que ne l'a fait, le jour de la mort, M. Moreau, commis par la justice sur la demande des Compagnies.

Messieurs, supposez l'enquête faite, supposez, ce qui arrive rarement, que son résultat réponde complétement à l'articulation, aurez-vous la conviction qu'on vous demande? Les constatations matérielles, elles sont, en somme, un peu plus favorables à l'hypothèse de la mort accidentelle qu'à celle du suicide. Les constatations morales, elles donnent des présomptions de suicide, mais des présomptions combattues pour partie, et l'articulation, fût-elle établie, ne serait point encore décisive.

Je comprends, messieurs, qu'on me trouve difficile pour la preuve. Mais à cela il y a deux raisons : la première, c'est qu'il s'agit d'une résiliation, et que les Compagnies doivent l'établir comme demanderesses. La seconde, c'est qu'il s'agit d'un suicide, et qu'un semblable fait ne doit pas s'induire, mais se prouver comme un délit.

Je n'examine pas ces théories élevées que l'on a données de part et d'autre sur le suicide, je ne me demande pas à l'aide de quels principes on y résiste, avec quelles tendances on y succombe. Je constate seulement un fait matériel et palpable, et ce fait, le voici : nous sommes loin de ces législations trop sévères qui, sans pitié pour la mort, jetaient aux gémonies ou attachaient sur une claie le cadavre des suicidés. Nous vivons, au contraire, au sein d'une société affaiblie qui voit le suicide se multiplier avec indifférence. Elle a pour lui plus de pitié que de colère. Le regarde-t-elle comme un bien, le regarde-t-elle comme un mal? On dirait, à entendre certaines doctrines et à voir les ravages de cette maladie s'étendre à toutes les classes, que la société a des doutes à cet égard, et qu'elle amnistie ceux qui la quittent. Faut-il s'étonner de ces doutes, quand il se rencontre des poëtes pour dire aux âmes malades : La mort est un sommeil, on peut dormir et briser le vase si la liqueur est trop amère? Faut-il s'en étonner, quand il se rencontre des esprits plus hardis pour dire à tous : La mort est un droit, et les déshérités peuvent quitter un monde qui les abandonne? Messieurs, contre ce double cri de la faiblesse ou de l'orgueil, il faut que nous maintenions ce vieux principe que l'on a taxé de lieu commun, comme si les lieux communs n'étaient pas des vérités éternelles ; ou le suicide vient de la folie, et il est un malheur ; ou il vient de la volonté, et il reste toujours un crime.

N'est-il pas une protestation contre l'autre vie, une protestation contre le principe immortel que nous portons en nous, une protestation contre ces devoirs sociaux qui nous ont fait naître et que nous devons accomplir jusqu'au bout? Dès lors toute société qui tient à se perpétuer, doit garder contre ce mal des croyances immortelles. Dès lors, devant des magistrats, il faut que le suicide soit toujours une tache à infliger à l'homme, un crime à graver sur une tombe, un déshonneur à léguer à une famille.

Voilà pourquoi nous sommes difficile sur la preuve. Thillet est pour nous un prévenu. Nous lui faisons, à lui, mort, la situation que nous lui aurions faite vivant. Avait-il à répondre de contraventions graves aux devoirs de sa profession? Nous lui devions la preuve, et vous condamniez. Aujourd'hui sa mémoire répond d'un fait plus grave. Que les Compagnies fassent la preuve comme le ministère public; si la preuve est faite, elle nous trouvera impitoyable, malgré l'âge de son vieux père, malgré les larmes de sa famille, malgré ce respect que l'on doit aux tombes et ce silence que l'on doit aux morts. Mais si la preuve n'est pas faite, si l'alternative me poursuit, si je suis encore entre la mort accidentelle possible et le suicide probable, oh! alors j'incline pour le possible et je maintiens le contrat.

JUGEMENT.

« Le tribunal,

» Attendu que, pour s'affranchir du payement des assurances stipulées, la Compagnie *le Phénix* et la Compagnie *la Paternelle* soutiennent que la mort de Thillet a été le résultat d'un suicide, et que, par suite, le cas de résiliation prévu par l'article 2 des polices s'est réalisé; mais attendu que la preuve du suicide est nécessairement à la charge des Compagnies, et que cette preuve n'est pas faite par elles; que les présomptions morales qu'elles invoquent et les circonstances de fait qu'elles relèvent sont insuffisantes pour l'établir;

» Attendu que les faits articulés ne sont pas pertinents, et que, s'ils étaient constatés, ils ne conduiraient pas nécessairement à la preuve du suicide;

» Dit qu'il n'y a lieu de s'arrêter à l'enquête demandée par les Compagnies, les déboute de cette demande, et les condamne à payer, savoir : la Compagnie *la Paternelle*, la somme de 100 000 francs, et la Compagnie *le Phénix*, celle de 50 000 francs résultant des assurances faites sur la tête de Thillet avec les intérêts tels que de droit, les condamne aux dépens dont distraction à Boisnon qui est autorisé à les employer en frais de bénéfice d'inventaire. »

TRIBUNAL CIVIL DE COMPIÈGNE.

PRÉSIDENCE DE M. LANUSSE.

Audience du 7 juillet 1859.

M. MOREL, négociant, contre M. BRÉGEAULT, avoué.

L'avoué qui a reçu de son client une certaine somme en payement de frais dus par ce dernier dans des affaires perdues par lui, et qui a donné un reçu *pour solde*, peut être admis à rectifier plus tard son compte s'il s'est trompé dans l'établissement de ce compte.

S'il prévient son client, et que celui-ci ne fasse aucune diligence pour apprécier l'erreur alléguée par l'avoué, ce dernier ne saurait être responsable des frais nouveaux occasionnés par le non payement de ceux dus à la partie qui a gagné son procès.

Mᵉ Émion, avocat du barreau de Paris, assisté de Mᵉ Chovet, avoué, se présente pour M. Morel.

Mᵉ Brégeault se défendra lui-même.

M. le procureur impérial Demarsy occupe le siége du ministère public.

PLAIDOIRIE DE Mᵉ ÉMION.

Messieurs,

Ce n'est pas sans une certaine émotion que je viens aujourd'hui prendre devant vous la parole pour M. Morel. Appelé, par ma position d'avocat, à être continuellement en rapport avec les officiers ministériels, j'ai appris à les connaître, et je sais combien ils sont d'ordinaire honnêtes et loyaux dans la manière dont ils gèrent les affaires de leurs clients. Je sais aussi, messieurs, que j'ai affaire dans l'espèce actuelle à un homme fort honorable, je le déclare tout d'abord, car je ne veux, en quoi que ce soit, attaquer la probité et le caractère honorable aussi incontestables qu'incontestés de M. Brégeault. Seulement je vois en face de M. Brégeault un homme également très honorable, M. Morel, négociant qui, depuis vingt-six ans, fait des affaires sans avoir jamais eu contre lui un jugement du tribunal de commerce, une sommation, un protêt, un homme en un mot irréprochable sous tous les rapports. Quand j'envisage la position de ces deux personnes, le résultat de leurs rapports, j'arrive à cette conclusion forcée et douloureuse que M. Brégeault l'honnête homme, comme je le qualifiais tout à l'heure, a commis une inconvenance grave dans l'exercice de ses fonctions, et causé involontairement à son client un dommage considérable ; le tribunal en sera convaincu quand j'aurai exposé en peu de mots les faits qui ont lieu au procès.

M. Morel avait une contestation de peu d'importance avec M. François. Il s'agissait d'une transaction que M. Morel soutenait avoir existé et que M. François contestait. Le tribunal de commerce pensa que des témoins pourraient éclairer sa religion. Sur ces entrefaites, M. Morel s'étant désisté de sa demande, dut payer les frais de l'instance : pas de difficulté sur ce point. M. Brégeault occupait dans cette affaire pour M. Morel.

Une seconde affaire amena M. Morel devant la justice. Il s'agissait de trois-six qu'il avait achetés d'un M. Solanier, et dont il refusait de prendre livraison, trouvant que les trois-six qu'on voulait lui livrer, n'étaient pas d'une qualité égale à l'échantillon. De là, procès gagné par M. Morel devant le tribunal de commerce. Le tribunal ordonne que dans la quinzaine de son jugement, M. Solanier sera tenu d'offrir à M. Morel d'autres trois-six conformes à l'échantillon. M. Solanier offre, en effet, dans la quinzaine du jugement, de nouvelles marchandises à M. Morel. Celui-ci déclare de nouveau qu'elles ne sont pas conformes à l'échantillon. Le tribunal nomme trois experts pour examiner ces nouvelles marchandises. Les experts reconnaissent que la qualité n'est peut-être pas complétement conforme à l'échantillon, mais qu'elle s'en rapproche beaucoup, et, qu'en conséquence, il y a lieu de condamner M. Morel à prendre livraison. Les experts constatent ce fait : que la marchandise, qui devait avoir 90°, n'en avait que 88. A la suite du dépôt de ce rapport ; le tribunal condamne M. Morel à prendre livraison de la marchandise. Je n'ai pas, le tribunal le comprend, l'habitude de discuter les jugements rendus par messieurs les juges. M. Morel devait s'exécuter, il s'exécuta de la manière la plus loyale aussitôt que le jugement fut rendu.

Il y avait, le tribunal le comprend encore, un compte à établir pour les frais de cette affaire dans laquelle M. Brégeault occupait comme dans l'affaire François, pour M. Morel. Ce compte devait mettre à la charge de M. Morel : 1° les frais de l'affaire François ; 2° les frais du jugement définitif de l'affaire Solanier, puisqu'il avait perdu son procès. Mais les frais du premier jugement rendu par le tribunal de commerce devaient être supportés par M. Solanier qui avait succombé.

Le 6 février 1859, n'attendant pas que le compte des frais soit établi, M. Morel se rend chez M. Brégeault, son avoué, et lui remet une somme de 900 francs dont il lui est donné reçu en ces termes :

« Je soussigné, avoué devant le tribunal de Compiègne, reconnais avoir reçu aujourd'hui de M. Morel, négociant à Compiègne, la somme de 900 francs, à valoir sur les frais de ses procès.

» BRÉGEAULT. »

Le tribunal remarque tout d'abord que M. Morel verse à son avoué cette somme de 900 francs, sauf à lui remettre le complément de ce qu'il devra quand M. Brégeault aura dressé la note de ses frais.

Deux jours se passent, M. Brégeault établit la note, il met à l'avoir de M. Morel les frais de l'affaire que M. Solanier a perdue devant le tribunal de commerce, et met au débit de M. Morel les frais de la seconde instance ainsi que ceux de l'affaire François. Il établit donc la note, et il déclare que M. Morel est débiteur pour solde de la somme de 259 fr. 43 c. M. Morel, qui avait versé 900 francs le 6 février, verse 259 fr. 43 c. le 8, ce qui forme un chiffre total de 1159 fr. 43 c. M. Brégeault donne à M. Morel un reçu ainsi conçu :

« Je soussigné, avoué devant le tribunal de Compiègne, déclare avoir reçu aujourd'hui de M. Morel, négociant, demeurant audit lieu, la somme de 259 fr. 43 c., formant le solde de ce qu'il redoit pour ses frais contre François et Solanier.

» BRÉGEAULT. »

Je pourrais m'arrêter ici, et le tribunal se demanderait où est le procès. M. Morel a gagné un procès, il en a perdu deux. M. Morel fait payer par son adversaire les frais du procès que celui-ci a perdu ; M. Morel s'empresse de payer les frais des deux procès qu'il a perdus. Il en remet le montant à son avoué qui lui donne une quittance pour solde, par conséquent, M. Morel est dégagé de toute responsabilité, il n'aura plus rien à donner, il n'aura plus à s'occuper de ces affaires. Il en avait du moins la conviction, mais cette illusion ne devait pas durer longtemps, puisque après avoir donné, le 8 février, le complément pour solde des affaires François et Solanier, il recevait, le 18 mars, sommation de payer les frais de l'affaire François :

Voilà ce que, le 18 mars 1859, M. Morel reçoit à la requête de M. François, alors que le 8 février précédent, il avait consigné entre les mains de M. Brégeault une somme suffisante pour payer MM. François et Solanier. Le tribunal remarquera qu'il ne s'était élevé ni avant, ni après cette sommation, aucune contestation sur le montant des frais dus à François, que par conséquent, M. Brégeault n'avait aucun prétexte pour ne pas exécuter en temps utile l'obligation qu'il s'était imposée par le reçu qu'il avait donné le 8 février.

J'avais besoin de mettre ces divers actes sous les yeux du tribunal pour lui faire comprendre la disposition d'esprit de M. Morel vis-à-vis de M. Brégeault au moment où les faits que je vais avoir l'honneur de rappeler commencent à se passer. Quand la signification François lui est faite, M. Morel s'étonne. Il n'y avait, en effet, que deux affaires à payer : une sur laquelle aucune contestation ne s'était jamais élevée ; une sur laquelle des difficultés pouvaient s'élever. M. Brégeault n'en paye aucun, et il poursuit son client jusqu'à la saisie, jusqu'à la ruine. Voici ce qui se passe. Quand Mᵉ Buffard, avoué de MM. François et Solanier, veut être payé de ses frais par M. Brégeault, il paraît qu'une contestation s'élève entre ces messieurs. La question est de savoir s'il ne serait pas dû par M. Morel 40 francs de plus qu'on n'avait compté dans la note, c'est-à-dire, si sur 102 francs de frais mis à la charge de M. Solanier, 40 francs ne devaient pas être supportés par M. Morel. Je ne sais si cela était juste, mais telle est la prétention de M. Brégeault et c'est ce que M. Brégeault fait savoir à M. Morel. Le tribunal le voit, je ne cache pas la vérité ; je reconnais de suite que M. Brégeault a fait part de cette circonstance à M. Morel. Mais le tribunal comprend sous quelle impression était M. Morel qui voyait M. Brégeault ne payer ni l'affaire François, ni l'affaire Solanier. M. Morel répondit : « Nous verrons plus tard, je ne sais pas si je dois. » Que devait faire M. Brégeault ! Payer d'abord, puis s'adresser plus tard à M. Morel, et au besoin le poursuivre. Mais M. Brégeault n'agit pas ainsi. Il établit une nouvelle note de frais et honoraires. Cette nouvelle note, au lieu de s'élever, comme la première, à une somme de 240 fr. 07 c., y compris les honoraires, est tout à coup portée à 264 francs.

Mᵉ Brégeault. — C'est par la taxe que mon chiffre a été augmenté.

Mᵉ Émion. — Il aurait fallu nous communiquer ce document.

Mᵉ Brégeault. — Je ne suis pas tenu de communiquer, je suis défendeur.

Mᵉ Émion. — Je ne voudrais pas aller trop loin, mais ce n'est pas ainsi que les choses doivent se passer.

Mᵉ Brégeault. — Je vous permets d'aller jusqu'aux limites que vous voudrez.

Mᵉ Émion. — Vous êtes généreux. Je ne me croyais pas permis d'aller au delà de certaines limites.

Mᵉ Brégeault. — Je vous en prie, permettez-vous tout.

Mᵉ Émion. — Je me permettrai ce que je croirai utile à ma défense ; j'ai le droit et le devoir de défendre mon client comme je l'entends.

Je disais donc que la note primitive, honoraires compris, ne s'élevait qu'à 240 fr. 07 c., et que M. Brégeault présente après coup une nouvelle note s'élevant à 264 francs. Je trouve dans les conclusions signifiées par M. Brégeault, sa note portée à 264 francs en vertu de la taxe. Je n'insiste pas davantage, mais je fais connaître au tribunal cette circonstance qui a dû étonner quelque peu M. Morel.

Quoi qu'il en soit, M. Brégeault, prétendant qu'il lui est dû une somme de 40 francs, mise à tort à la charge de M. Solanier, puis 30 francs résultant de la taxe de ses frais personnels, refuse catégoriquement de payer les 1199 fr. 43 c. ; il dit à M. Morel : « Faites ce que vous voudrez, reprenez » votre argent, ne le reprenez pas, toujours est-il que je ne veux pas ajouter » les 40 francs, arrivera ce qui pourra. » Or, voici ce qui arrive, M. Solanier fait faire une signification du jugement, après la signification un commandement, après le commandement la saisie. La saisie, messieurs... mais dans la situation de M. Morel c'était quelque chose de déplorable ! L'huissier vient, accompagné de deux personnes parfaitement honorables, je ne dis pas le contraire, mais appartenant à la police et qui viennent opérer une saisie chez un négociant. On saisit au rez-de-chaussée, on saisit dans un cabinet à côté, et là, dans ce cabinet, on ouvre un secrétaire, on y trouve une somme de 200 fr., on la saisit immédiatement et on la remet, non pas à M. Morel gardien des scellés, mais au commissaire de police, et puis on saisit dans le débit de boissons, dans la cour, dans les magasins, on saisit partout ! Et pourquoi tout ce bruit, tout ce scandale ? pour 40 francs qui manquent, dit-on, sur une somme de près de 1200 francs. C'est pour 40 francs que M. Morel se voit sous le coup de toutes ces poursuites et de cette saisie dans laquelle on ne se contente pas des objets mobiliers, mais où l'on s'empare de tout l'argent qu'on trouve chez lui, dans son secrétaire. M. Morel ne peut rien comprendre à cela. Il s'imagine que M. Solanier lui fait une affreuse chicane et M. Morel d'assigner à son tour M. Solanier, et de lui dire : « Vous êtes payé puisque j'ai payé » M. Brégeault. M. Brégeault ayant payé, pourquoi ces tracasseries. » Malgré l'assignation qu'il a reçue, M. Solanier continue ses poursuites, les affiches annonçant la vente sont posées, les insertions dans les journaux sont faites, et c'est au moment où la vente de ses meubles va être opérée, toujours pour cette misérable somme de 40 francs, que M. Morel, ne voulant pas laisser vendre son établissement, se résigne à payer comme contraint et forcé.

Tels sont, messieurs, dans toute leur sincérité les faits qui se sont passés entre les parties et qui ont donné lieu au procès dont vous êtes saisis. Je n'ai maintenant que deux points à établir : le premier, qu'il y a eu imprudence et imprudence grave de la part de M. Brégeault ; le second, que cette imprudence a causé à M. Morel un préjudice considérable, dont réparation lui est due.

Mon premier devoir est d'enlever à l'affaire le sens que lui a donné M. Brégeault. M. Brégeault se prétend indignement calomnié ; hélas ! je voudrais pour lui que cela fût vrai, mais je ne le crois pas. C'est au contraire M. Brégeault, qui, outrepassant les droits du plaideur devant la justice, a dirigé contre M. Morel des invectives mal placées, démenties par tous les faits de la cause. M. Brégeault se présente d'abord avec une déclaration de la chambre des avoués, derrière laquelle il se retranche. Je ne sais pas si M. Brégeault ne se flatte pas trop. Bien loin d'y trouver une approbation, j'y vois, en l'examinant de près, quelque cachée et quelque vague qu'en soit la pensée, un blâme de la conduite de M. Brégeault. En effet, la chambre dit bien que la conduite de M. Brégeault ne peut être l'objet d'aucun reproche, mais elle le dit avec une restriction singulière sur laquelle j'appelle toute votre attention.

Et pour mettre un terme au refus systématique de Morel d'accepter les offres de M. Brégeault, la chambre estime que le seul parti à prendre serait de réitérer par huissier les offres inutilement renouvelées à l'amiable à quatre reprises différentes.

Or, voici la réflexion que me suggère cette délibération : si la chambre ne dit pas en termes exprès à M. Brégeault qu'il eût dû faire des offres réelles de suite, c'est pour ne pas blesser sa susceptibilité, mais elle lui explique dans les termes les plus gracieux, ce qu'il aurait dû faire il y a trois mois. Elle ne lui impose rien, elle lui donne un conseil. Voilà ce que signifie cette déclaration si anodine en apparence de la chambre des avoués. Elle réprimande l'adversaire avec une douceur extrême ; car si elle eût voulu lui donner entièrement raison, elle se serait bornée à dire qu'il ne pouvait être l'objet d'aucun reproche.

Maintenant j'ajouterai que j'estime infiniment la chambre des avoués de Compiègne, comme tous les officiers ministériels dont elle se compose, mais je me demande si c'était bien à la chambre de discipline à donner son avis sur la question. Est-ce que nous avons dit qu'un fait disciplinaire pouvait être reproché à M. Brégeault, et lui faire infliger une peine ? Jamais ! nous avons dit à M. Brégeault : « Vous êtes un homme de bonne foi, mais vous êtes un » homme imprudent. Nous vous incriminons de ne pas avoir sauvegardé nos » intérêts. C'est pour cela que nous vous avons appelé devant le tribunal. » Eh bien ! je me demande si M. Brégeault a bien fait de s'adresser à la chambre des avoués, je me demande si, quand le tribunal était saisi, quand M. Brégeault savait qu'il allait comparaître devant messieurs qui le connaissent et l'apprécient comme il mérite de l'être au point de vue de la moralité, je me demande si M. Brégeault, bien sûr de lui, aurait dû provoquer l'avis de ses pairs et venir dire au tribunal : « J'ai déjà obtenu un bill d'indemnité de la » part de la chambre de discipline de ma compagnie. » J'avoue que dans la position de M. Brégeault, en face d'un homme qui paraissait disposé à poursuivre l'affaire devant le tribunal, j'aurais mieux aimé y paraître sans être accompagné de la chambre des avoués, sans autre escorte que la conscience de ma bonne foi. Voilà ce que j'aurais fait pour mon compte, M. Brégeault a cru devoir faire autrement, le tribunal appréciera.

M. Brégeault fait une seconde objection. Il dit avoir fait des offres réelles. C'est vrai, je les ai dans mon dossier. Seulement ces offres réelles ont ce côté curieux, qu'elles ont été faites le 6 mai 1859, après la délibération de la chambre des avoués, ce qui me permet bien de supposer que la chambre des avoués a donné officieusement à M. Brégeault le conseil formel de faire des offres. Mais du 8 février au 6 mai, trois mois se sont écoulés ! Pourquoi laisser perdre un temps si précieux qui est devenu si fatal à M. Morel ! Pourquoi dès le 10, dès le 12 février, n'a-t-on pas dit à M. Morel : « Reprenez votre » somme, je n'en veux pas ? » Et si M. Morel ne répondait pas, quoi de plus facile que de faire immédiatement des offres réelles ? Je répète que ces offres sont tardives, et qu'ainsi elles ne peuvent être prises en considération. D'ailleurs, agir ainsi que vous l'avez fait, c'est trancher la question par la question. Si nous avons raison, vos offres sont insuffisantes ; si vous avez raison, elles sont tardives. Qu'est-ce que tout ceci prouve ? Que vous croyez être dans votre droit, soit, et je suis persuadé que si vous soutenez le procès, c'est que vous pensez être à l'abri de tout reproche, mais il n'en est pas moins certain que vos offres réelles, en les supposant sérieuses, devaient être faites plus tôt, et que, tardives, elles ne résolvent pas la question.

Enfin M. Brégeault nous dit : « Je fais une articulation de faits ; je veux » établir que M. Morel a été averti à une certaine époque de la contestation » qui s'élevait. »

Je réponds d'abord qu'il y a des faits qui ne sont ni pertinents, ni admissibles. Voulez-vous qu'ils le soient ? Je le veux bien. Voulez-vous qu'ils soient vrais ? Je le veux encore, quoique M. Morel les conteste. Mais arrivons droit au but, et voyons si en fait et en droit vous avez bien agi.

En fait, je l'avoue, je ne puis pas m'expliquer la conduite de M. Brégeault. Le 6 février, avant que la note soit établie, M. Morel lui remet à valoir 900 fr. Le 8 février, lorsqu'il a établi sa note, M. Brégeault lui demande et obtient de lui le complément de ce qui lui est dû. Il avait donc devant lui un client de bonne foi, de bonne volonté, un homme sur lequel à coup sûr il pouvait compter pour 40 francs, puisque M. Morel était venu, dès le principe, consigner dans ses mains non-seulement les frais qui incombaient à sa charge, mais les honoraires de M. Brégeault. J'admets pour un instant que la contestation survenue depuis soit sérieuse, que les 40 francs réclamés par M. Brégeault soient dus par M. Morel, je me mets pour un instant à la place de M. Brégeault, homme honorable et sérieux, je l'ai dit, que vais-je faire? Mais je vais commencer par payer les 40 francs, et je ferai ensuite juger la contestation par qui de droit; puis la contestation jugée en ma faveur, je dirai à M. Morel : Payez ou je vous poursuivrai et vous ferai condamner. Voilà ce qu'aurait dû faire M. Brégeault alors même qu'il n'aurait reçu d'argent que pour payer M⁰ Buffard, avoué de M. Solanier, parce qu'un avoué ne doit pas, pour 40 francs, laisser entraîner son client dans des frais si considérables. Mais la position de M. Brégeault n'était pas celle-ci. Il avait en mains 240 fr. qu'il avait reçus pour son compte personnel et sur sa demande, 240 francs le solde de ce qu'il prétendait alors lui être dû. Sur la note écrite par M. Brégeault et que j'ai dans mon dossier, je trouve après les frais la mention de 40 francs pour honoraires. Je ne dis pas que ces 40 francs n'étaient pas dus; M. Morel n'avait aucune raison pour soutenir que M. Brégeault ne devait pas recevoir d'honoraires en dehors des frais. Mais ce que M. Brégeault ne peut pas prétendre non plus, c'est qu'alors qu'il est payé, quand bien même 40 francs lui auraient été dus, son devoir ne fût pas d'empêcher son client d'être poursuivi à outrance, que son devoir ne fût pas de dire à M. Buffard : « Je vous remets les 40 francs, je m'arrangerai plus tard avec M. Morel. » Voilà ce qu'au point de vue du fait, M. Brégeault aurait dû faire, et je crois que cela est incontestable.

M. Brégeault veut-il se retrancher derrière la question de droit? Je l'y suivrai volontiers. Que se passe-t-il? M. Brégeault reçoit de M. Morel 1159 fr. *pour solde* des frais qui sont dus dans les deux affaires François et Solanier. Par conséquent, M. Brégeault déclare à M. Morel qu'il est dégagé de toute responsabilité, relativement aux deux affaires François et Solanier. M. Brégeault fait plus encore, il donne à M. Morel un titre signé de lui Brégeault, et constatant que M. Morel n'était débiteur que de 1159 fr. 43 c. ; qu'il lui avait loyalement compté ces 1159 fr. 43 c. Voilà donc un contrat passé. Si ce contrat est loyal, il va s'exécuter, s'il ne l'est pas, vous allez le faire tomber, mais vous ne l'avez pas essayé parce que nous avons loyalement réglé un compte et que ce compte a été approuvé par le créancier comme par le débiteur. Puis un moment est venu où le créancier et le débiteur n'ont plus été d'accord, quelque chose est donc venu changer le compte ! Je sais bien que vous allez me dire : Erreur n'est pas compte. Cela est vrai, quand il s'agit d'une erreur matérielle, d'une erreur de chiffre. Si dans votre note vous avez mis par exemple que 10 et 10 font 15, vous avez le droit de revenir sur ce point et de me dire : J'ai commis une erreur matérielle que vous ne pouvez contester, et par conséquent, vous devez me payer la différence. Mais, permettez, il ne s'agit pas entre nous d'une erreur de chiffre, il s'agit d'une appréciation, d'une contestation. Cela est si vrai que vous allez chez M. Morel et que vous lui dites : « Nous pensons, M. Buffard et moi, que vous devez » 40 fr. de plus que nous n'avons cru, parce que sur les 102 fr. de frais faits » par M. Solanier, il y a 40 francs qui doivent être à votre charge. » Est-ce là une erreur de chiffre, qui ne puisse pas donner lieu à une contestation? C'est évidemment une erreur d'appréciation qui peut engendrer un procès et non une de ces erreurs qui peuvent être rectifiées, même lorsqu'il y a un reçu pour solde.

Le tribunal me permettra de faire une observation sur ce point, c'est que M. Morel devait être prévenu contre la manière d'opérer de M. Brégeault. Si M. Morel avait vu l'affaire tranchée, les frais exactement payés au moment où ils étaient dus, si M. Morel avait vu M. Brégeault, aussitôt les fonds reçus, exécuter l'obligation qu'il avait prise, j'aurais compris qu'il se dît : « Il est » probable que j'ai tort, si M. Brégeault qui n'est pas le moins du monde » négligent, qui est soigneux des intérêts de ses clients, m'affirme que je suis » son débiteur, c'est qu'évidemment je le suis. » Mais M. Morel, il faut en convenir, n'était pas très certain que M. Brégeault ne se trompât jamais et qu'il exécutât ses obligations exactement. Eh bien, je comprends que M. Morel ait demandé la preuve de ce qui était allégué. C'était donc une obligation, au point de vue du droit de la part de M. Brégeault, de faire rectifier l'erreur commise. Il ne pouvait de sa seule volonté faire tomber le titre qu'il avait lui-même donné à M. Morel en lui remettant un reçu pour solde. C'est dans ces circonstances que se présente l'affaire et je crois pouvoir dire, sans pensée méchante, que M. Brégeault est dans son tort, qu'en fait pas plus qu'en droit il ne saurait sortir victorieux de la lutte.

Voyons maintenant le préjudice causé par les faits dont j'ai donné connaissance au tribunal. M. Morel demande 2000 francs de dommages-intérêts. Je n'ai pas besoin de dire que, quant au chiffre, je m'en rapporte entièrement au tribunal, seulement je dois lui fournir les éléments de son appréciation.

Le préjudice a été très grave pour M. Morel. M. Morel est dans le commerce, il a besoin de crédit, et, par conséquent, d'inspirer confiance à tous ceux qui l'entourent. Or, on le poursuit, on saisit chez lui dans les circonstances les plus défavorables, on saisit dans son appartement, dans sa cave, dans son magasin, dans sa cour, partout, à la vue du public! C'est donc un préjudice très grave que cette saisie chez un homme qui n'a pas toujours habité Compiègne, qui y est arrivé depuis peu de temps, qui a besoin par conséquent de se faire connaître et que l'on signale à la confiance du public par une saisie et par des affiches de vente. C'est quand tout cela est fait, que M. Morel, pour éviter la vente de ses meubles par adjudication publique, se voit obligé de payer une seconde fois ce qu'il a déjà payé.

Ce n'est pas tout, M. Morel avait un banquier qui avait bien voulu lui ouvrir un crédit, ce banquier arrête ce crédit, le jour où les affiches sont posées. Voilà donc M. Morel dans la nécessité de renoncer aux ressources que lui offrait son crédit chez le banquier.

Je me résume, messieurs, je ne veux pas dire un mot contre l'honorabilité de M. Brégeault, je le crois au contraire un homme très loyal, mais il me permettra de lui dire que je le regarde comme n'apportant pas assez de diligence dans les affaires dont il est chargé. Dans celles-ci, je vois un homme qui, ayant en mains les sommes nécessaires pour payer les frais François, ne les paye pas, qui, ayant ces sommes depuis quarante jours dans ses mains, laisse prononcer un jugement, faire un commandement, pratiquer une saisie...

plutôt que de payer. Je vois un homme qui, soldé de ses frais et de ses honoraires, se refuse à faire une avance de 40 francs pour un client, quitte à les redemander plus tard. Je dis qu'un avoué qui s'est placé dans cette situation, a eu complétement tort. Il a eu tort en fait, il a eu également tort en droit, en ce sens qu'il a donné un titre à son client et que ce titre doit le faire condamner s'il n'est pas exécuté.

Je ne veux pas donner à ce procès plus d'importance qu'il n'en a réellement, mais, permettez-moi de le dire, il ne suffit pas que MM. les avoués soient des gens fort honorables, il faut qu'ils soient vigilants. Que voulez-vous que dise un client lorsque, se croyant parfaitement en règle, il se voit saisi, menacé de la vente de ses meubles, lorsque son conseil, après lui avoir donné quittance pour solde vient lui dire : « Tout cela arrive par votre faute, » vous me redevez 40 francs. » Non, non, un avoué qui se respecte, ne doit pas, pour une misérable somme de 40 francs, quand il a touché ses frais et ses honoraires, exposer son client au discrédit et à toutes les tracasseries dont M. Morel a été victime. Il faut qu'on puisse avoir confiance dans les avoués, non-seulement au point de vue de l'honorabilité qui ne peut leur manquer, mais encore au point de vue de la diligence. Le client qui sort de chez un avoué doit pouvoir se dire ce que se disait à tort M. Morel : « Je ne m'occupe » plus de mon affaire, je ne la connais plus, j'ai payé à mon avoué, tout se ter- » minera donc sans difficulté. » Je persiste dans mes conclusions, tout en répétant à la fin de ma plaidoirie ce que j'ai dit en commençant : M. Morel n'a jamais eu l'intention de faire un mauvais procès à M. Brégeault.

———

PLAIDOIRIE DE Me BRÉGEAULT.

Messieurs,

Je me bornerai à faire au tribunal le récit de ce qui s'est passé. Ce sera une troisième ou une quatrième édition de ce récit que j'ai déjà fait devant la chambre des avoués et devant le juge de paix.

L'avocat de M. Morel s'est servi d'une mauvaise expression. Je ne veux pas invectiver M. Morel; pas un mot de mes conclusions, pas un seul ne peut donner ce soupçon. Je ne sais pas comment mon contradicteur a lu mes conclusions, mais, je le répète, il ne s'y trouve pas un mot qui soit une invective pour son client. Je me garderais bien d'invectiver M. Morel. A quoi bon ? dans quel but ?

Mon contradicteur a dit que je me fais une arme de la délibération de la chambre des avoués. Il est étonné que j'aie demandé cette délibération. Véritablement je suis étonné moi-même de son étonnement. Comment! mon contradicteur ne comprend pas que le premier besoin d'un officier ministériel placé dans la situation où je suis, en présence des soupçons que M. Morel veut faire peser sur moi, mon contradicteur ne comprend pas que cet officier ministériel ait voulu avoir l'avis de la chambre des avoués, l'avis de ses pairs! mais c'était évidemment la première démarche que je dusse faire et ce que mon contradicteur ne comprend pas, le tribunal le comprendra.

Je ne me retranche pas le moins du monde derrière la délibération de la chambre des avoués, et la preuve c'est que si mon contradicteur n'en avait pas parlé, je n'en aurais pas parlé moi-même. Quoi qu'il en dise, je suis venu à l'audience, non pas derrière cette délibération, mais accompagné d'un témoignage qui ne peut être que flatteur.

Encore un mot sur cette délibération que mon adversaire a cru devoir critiquer, en ce que mes confrères m'auraient donné le conseil de faire des offres que j'aurais dû faire de moi-même, ne prenant conseil que de moi. Je lui en demande bien pardon, mais c'est précisément sur le conseil que je leur ai demandé, que mes confrères m'ont répondu. A quoi bon leur demander leur avis si je n'avais pas dû le suivre?

Passons maintenant en deux mots aux faits de cette affaire, et véritablement il faut que je le dise, si mon contradicteur les avait connus, comme je vais les faire connaître en toute sincérité, il est évident pour moi qu'il n'aurait pas plaidé le procès. Je n'ai pas à me plaindre de lui, puisqu'il a rendu justice à mon caractère, mais assurément il n'aurait pas trouvé place pour une de ses éloquentes paroles.

En effet, ces faits sont extrêmement simples : M. Morel a eu deux affaires, l'une contre M. François, l'autre contre M. Solanier; dans ces deux affaires, il a été malheureux : il les a perdues toutes deux.

Le 6 février, M. Morel a demandé sa note à l'étude et il a déposé 900 fr. Je ne voulais pas recevoir ces 900 francs à compte. Je lui dis de venir payer le tout plus tard, que j'aimais beaucoup mieux cela. Cependant, j'ai consenti à recevoir cette somme, et je lui ai donné le reçu qu'on vous a lu tout à l'heure.

Dans l'intervalle j'ai demandé sa note à celui de mes confrères qui était chargé des intérêts de M. Solanier, et puis il a fallu déduire, avant le règlement, le montant d'une note qui avait été payée par M. Pinson, mon confrère, et qui devait être défalqué des frais de M. Morel, parce qu'une affaire précédente entre M. Solanier et M. Morel ayant été jugée d'une manière favorable à ce dernier, M. Solanier avait été condamné aux dépens. Ces dépens étaient dus par M. Solanier, il fallait les déduire de la note de M. Morel. J'ai fait demander à M. Pinson la note de ses frais taxés dans l'affaire Solanier. M. Pinson me fait remettre cette note dans laquelle les frais de l'affaire Solanier étaient portés à la somme de 102 fr. 25 c. C'étaient donc 102 fr. 25 c. que j'avais à déduire. J'envoie chez M. Buffard pour le prier de me faire passer sa quittance. M. Buffard examine les notes et me dit : « Permettez, ce n'est pas 102 fr. 25 c. à déduire, ce n'est que 60 francs.

J'oubliais de dire que, dans l'intervalle, le compte de M. Morel avait été fait, qu'il avait payé le reliquat de ce qu'il devait, et emporté une quittance pour solde. M. Buffard me fait dire : Ce n'est pas 102 fr. 25 c. qu'il y a à déduire, ce n'est que 60 francs. Je fais ce que tout le monde aurait fait : j'envoie le clerc de M. Buffard qui était venu pour régler avec le mien; chez

M. Morel. Le clerc de M. Buffard dit à M. Morel : « Il y a une erreur qui a
été commise dans le règlement, ce n'est pas 102 francs qu'il faut déduire,
ce n'est que 60 francs. Voici le détail de M. Pinson. » On dit cela à M. Morel ;
qu'est-ce qu'il répond ? Il répond : « Ah ! très bien ! Je verrai M. Pinson et
M. Brégeault. » Les témoins déposeront de ce fait, si le tribunal croit devoir
ordonner une enquête. Il est évident que si M. Morel doit voir M. Pinson,
c'est pour lui demander si, en effet, il n'y a à déduire que 60 francs au lieu
de 102 francs et venir ensuite m'avertir que ce n'est que 60 francs qu'il y a
à déduire, car s'il ne m'avertit pas, s'il ne me donne pas l'autorisation de
déduire, je ne puis le faire de moi-même. J'attendais donc qu'il vînt me
dire : « J'ai vérifié chez M. Pinson, c'est seulement 60 francs à déduire,
ajoutez 40 francs. » Vous comprenez que quand il me dira cela : « Ajoutez
40 francs, » je les ajouterai de ma caisse ; mais pour cela, il faut qu'on soit
d'accord sur la somme à déduire.

Rien de cela ne se fait, M. Morel ne va pas chez M. Pinson et ne vient pas
chez moi. Ceci se passait le jour même où la somme de 259 francs était déposée par M. Morel, comme complément de ce qu'il devait, puisque ce jour-
là j'ai fait prévenir M. Buffard de m'envoyer sa quittance.

Nous voici au 15 février, j'attends la visite de M. Morel, la réalisation de la
promesse de M. Morel. Personne ne vient. J'envoie chez lui. Deux, trois,
quatre jours se passent, M. Buffard me presse ; mais c'est extraordinaire.
M. Morel, il faut que je le dise au tribunal, m'avait paru un homme assez
singulier. Alors je me dis : il faut prendre garde à M. Morel, il ne bouge pas,
c'est un homme singulier. Il faut que je me mette sur mes gardes. Je dis à
l'étude : « Faites taxer notre note, je veux envoyer à M. Morel son compte.
On soumet la note à la taxe, et huit jours après, le 23 février, j'écris à M. Morel
une lettre ainsi conçue :

« Monsieur, voici votre compte dans les affaires Solanier et François...

» *Affaire Solanier.*

» Principal.	788,90	
» Frais taxés de Me Buffard.	203,48	
» Qualités signifiées.	6	
» Frais taxés de Me Brégeault.	45,55	1043,93

» *Affaire François.*

» Frais taxés de Me Buffard.	129,33	
» Frais taxés de Me Brégeault	218,57	347,90
		1391,83

» De cette somme il y a lieu de déduire, selon la note de Me Buffard, 64 fr. 90 c.,
montant des frais de l'affaire au commerce à la charge de Solanier.

» Total. . . , ...	1329 fr. 93 c.
	1259 45
» Reste dû	70 fr. 48 c. »

C'était 70 francs au lieu de 40, par suite de cette circonstance que la note
avait passé à la taxe, et que la taxe avait été plus élevée que la note que

j'avais présentée à M. Morel. J'avais été extrêmement modéré pour M. Morel, notamment dans l'affaire François où j'avais plaidé quatre ou cinq fois dans l'intérêt de M. Morel. J'avais été très modéré, parce que l'affaire avait mal tourné pour lui. Je n'avais donc demandé que ce qui m'était strictement dû ; mais la taxe ayant été plus élevée que ce que je demandais à M. Morel, c'est ce qui faisait la différence de 40 fr. à 70.

« Je vous prie, ajoutais-je dans ma lettre, d'apporter demain cette somme de 70 fr. 48 c., afin que je règle ces deux affaires et que les qualités ne soient pas déposées au greffe pour la signification du jugement. Dans tous les cas, et si vous désirez régler vous-même, je mets à votre disposition la somme de 1259 fr. 45 c. que vous avez déposée à l'étude pour ce règlement. Si des frais nouveaux surviennent, c'est à vous que vous le devrez. »

Je croyais que, sur cette lettre, M. Morel allait s'expliquer. M. Morel avait été prévenu deux fois par mon clerc, j'espérais qu'il serait venu me donner au moins l'autorisation de régler, car du moment qu'une difficulté existait, je ne me croyais plus autorisé à régler avec Me Buffard et à donner les 40 francs. Le tribunal le comprend, il fallait que M. Morel vînt m'y autoriser. Le tribunal comprend aussi qu'il était très indifférent que je prisse les 40 francs dans ma caisse ou dans la somme que m'avait remise M. Morel, mais il fallait que je fusse autorisé par M. Morel, et si je l'avais été, il est évident que Me Buffard aurait été réglé.

Le 18 mars, on fait un acte dont M. Morel a cru devoir faire grand bruit dans ce procès. C'est une sommation émanée de l'étude de Me Buffard et que je n'ai connue que quand elle m'a été envoyée. Je n'avais pas employé un centime des fonds qui sont encore dans ma caisse tels qu'ils y ont été déposés. J'avais offert à M. Morel de les lui remettre. Je n'avais pas réglé l'affaire François, mon confrère disait tout à l'heure que j'aurais dû régler l'affaire François. Je ne pouvais pas la régler plus que l'affaire Solanier. Du jour où j'avais dit à M. Morel que je tenais les fonds à sa disposition, il est évident que je ne pouvais pas régler l'une plus que l'autre.

Mon collègue, Me Buffard avait fait la signification des qualités le 25 février, immédiatement j'y avais formé opposition pour gagner du temps et voir si M. Morel en viendrait à de meilleurs sentiments. Un mois s'écoule sans qu'un signe de vie me soit donné par M. Morel. J'envoie plusieurs fois chez lui, j'en parle à mes confrères, M. Morel fait la sourde oreille, il m'est impossible d'obtenir un mot de sa bouche. Un mois s'écoule depuis l'opposition que j'ai formée aux qualités. Enfin M. Buffard voyant que c'était mauvaise volonté persistante, finit par m'envoyer une note émanée de son étude, dans laquelle il me dit que si on ne paye pas dans les trois jours, il procédera rigoureusement. Le jour même, aussitôt après la réception de cette note, je l'envoie à M. Morel et je la lui envoie dans une lettre ainsi conçue (cette lettre est copiée dans mes copies de lettres que le tribunal verra s'il le désire) :

« Monsieur, je vous fais passer une dernière note que je reçois de l'étude de Me Buffard. Si vous voulez éviter les frais de signification du jugement, il faut donc que vous veniez à l'étude avant mardi pour retirer vos fonds (1259 fr. 45 c.), si vous voulez régler vous-même ainsi que je vous l'ai déjà dit dans ma lettre du 25 février, ou que vous m'autorisiez à régler avec la réduction sur la note de M⁰ Buffard, de 61 fr. 90 c. (et non de 102 fr. 25 c.), montant des frais dus à M⁰ Pinson par M. Solanier, et en ajoutant les frais faits depuis ma dernière lettre. »

Notez que rien n'était fait encore, que le jugement n'était pas même signifié et que voici trois fois qu'il était averti.

On ne peut pas être plus clair : si vous ne voulez pas retirer vos fonds et terminer l'affaire vous-même, autorisez-moi à faire cette déduction de 60 fr. au lieu de 102 fr. 25 c., et je prendrai le reste dans ma caisse, bien entendu.

Maintenant, messieurs, permettez-moi de mettre sous vos yeux la note de M⁰ Buffard.

« M⁰ Buffard prévient M⁰ Brégeault qu'il ne lui est plus possible d'attendre dans l'affaire Solanier et Morel. Il fera signifier le jugement mardi et poursuivra rigoureusement l'exécution. »

Le 22 mars 1859, cette lettre est envoyée à M. Morel avec la note que je viens de lire au tribunal. Cette fois M. Buffard tient parole. Le 29 mars, la signification à avoué a lieu, il ne s'agit pas là de saisie, pas même de commandement, mais de ce qui se fait habituellement dans toutes les affaires, de la signification du jugement. M. Morel a été trois fois averti avant cette signification, et il ne m'autorise pas à payer les 40 francs. M. Morel ne m'autorise pas à faire l'avance de cette somme et il ne vient pas chercher celle qu'il a déposée chez moi. On fait cette signification à avoué, M. Morel est appelé à s'expliquer, une nouvelle démarche est tentée auprès de lui ; elle reste aussi infructueuse que les précédentes. Désormais, M. Morel n'a plus d'excuse, il est bien prévenu, il ne peut pas argumenter de ce qu'il n'a pas reçu de lettres, je vous ai lu celles que je lui ai écrites ; il a été parfaitement prévenu que les sommes par lui déposées chez moi étaient complétement à sa disposition, qu'il eût à m'autoriser à faire le payement ou à reprendre ses fonds. Jusque-là il n'y avait pas de frais, si ce n'est la signification d'avoué à avoué. M. Morel ne fait rien, il ne bouge pas, et notez bien, ce qui est caractéristique, depuis le 8 février, jour où cet homme m'a déposé le complément des 1259 francs, je ne l'ai pas vu une fois, je n'ai pas reçu un mot de lui, toutes mes démarches sont restées sans résultat. Je lui demande l'autorisation de régler, il s'y refuse. Il me dit aujourd'hui : Il fallait régler. Mais, permettez, il fallait m'y autoriser. Quand est arrivé le dernier moment, quand il a été saisi, quand il a été sous le coup d'une vente par expropriation, il s'est laissé aller à une petite spéculation de publicité et de scandale ; cela est dans les habitudes de M. Morel, et à cette audience il y a un sténographe qui ne perd pas un mot de ce que nous disons. Il voulait faire publier une note dans laquelle il disait qu'il était obligé de payer deux fois les frais qu'il avait déjà payés. Mon Dieu ! je ne veux pas être amer pour M. Morel, que le ciel m'en garde ! mais je puis dire ici sans amertume qu'il a écrit de sa main, dans l'exploit de conciliation, pour demander l'insertion, dans les journaux, du jugement que vous allez rendre. S'il n'a pas eu le courage de renouveler cette demande dans l'assignation, je le dois sans doute aux sages conseils de mon contradicteur.

Voilà la tournure que M. Morel veut donner à cette affaire. A coup sûr ce n'est pour lui qu'une affaire d'animosité. Pourtant si jamais affaire a coûté des soins, a demandé de l'exactitude, pour moi connaissant M. Morel, son caractère, sachant à qui j'avais affaire, c'est bien assurément celle dont il m'avait chargé. La multiplicité des démarches, les incidents qui se sont présentés, tout vous prouvera l'exactitude du fait ; je ne veux rien dire d'amer, je le répète, contre la singularité d'esprit de M. Morel, mais je veux le répéter au tribunal, j'ai tout fait pour le ramener à des sentiments raisonnables, et le tribunal, en y réfléchissant, aura la conviction que si je n'y suis pas parvenu, ce n'a pas été ma faute. Voilà ce qui s'est passé. J'ai consulté ma conscience ; elle ne me reproche absolument rien. Ce n'est pas ma conscience isolée que j'invoque, c'est celle de mes honorables confrères de la chambre des avoués qui, dans toute cette affaire, ont approuvé ma conduite et j'ai la confiance, messieurs, que ce témoignage de ma conscience et de celle de mes honorables confrères sera confirmé par votre jugement.

RÉPLIQUE DE Mᵉ ÉMION.

Mon honorable adversaire disait, en commençant sa plaidoirie, que si j'avais connu les faits, j'aurais conseillé à mon client de ne pas faire ce procès. Je répondrai qu'avant d'avoir entendu Mᵉ Brégeault, je le croyais un honnête homme. Eh bien ! après l'avoir entendu, je déclare que je l'estime plus encore. Mais avant de l'avoir entendu, je pensais qu'il avait tort ; après l'avoir entendu, j'en suis plus certain que jamais. En effet, il suffit d'examiner les moyens développés par Mᵉ Brégeault, pour reconnaître que sa cause est mauvaise.

M. Brégeault a soutenu que M. Morel était un homme difficultueux. Permettez-moi de vous le dire, M. Brégeault, vous êtes peu généreux. Quoi ! M. Morel est un homme difficultueux et il veut vous solder ce qu'il vous doit avant même que vous lui demandiez de le faire ! C'est un homme difficultueux, et dès le 6 février, avant que vous ayez rédigé votre note, il veut vous faire accepter 900 francs que vous recevez sans savoir si vous êtes son débiteur ou s'il est resté le vôtre, je livre ce simple fait à l'appréciation du tribunal.

Maintenant M. Brégeault entre dans l'appréciation de l'affaire et il dit : M. Morel a mis dans toute cette affaire la mauvaise volonté la plus constatée, la plus persévérante. Il avait été averti que Mᵉ Buffard exercerait contre lui des poursuites, il n'en a tenu aucun compte. Il avait été convenu entre M. Brégeault et lui qu'il irait chez M. Pinson pour régler le chiffre d'une réduction, que, ce règlement fait, il reviendrait chez M. Brégeault lui en donner avis et il n'a rien fait de tout cela.

Messieurs, je dois croire mon client, et mon client proteste de la manière la plus formelle contre ces paroles de Me Brégeault. Il affirme que jamais il n'a promis d'aller chez M. Pinson. J'avoue d'ailleurs que ce système me paraît quelque peu contraire à celui de l'adversaire lui-même, car il dit dans ses conclusions que M. Morel a toujours déclaré qu'il ne payerait pas. Or, dire qu'il ira chez M. Pinson pour terminer l'affaire, et dire qu'il ne payera pas, ce n'est pas précisément la même chose.

M. Morel vous avait remis avant tout règlement de compte 900 francs, vous lui demandez 1159 francs, c'est-à-dire, 259 francs de plus, il vous les apporte, et vous lui donnez une quittance pour solde. Plus tard vous lui demandez encore 40 francs, et vous lui écrivez une lettre à ce sujet, dites-vous; je veux bien que cela soit vrai. Mais enfin il doit lui paraître étrange que, dans l'espace d'un mois, vous lui demandiez trois sommes différentes pour la même chose. Pourquoi? D'abord parce qu'il y a, dites-vous, une erreur de 40 francs, et vous alléguez l'erreur. Puis à côté de cette erreur, il y en a une autre. Il se trouve qu'après avoir fait une note, vous en faites une seconde et que cette seconde est taxée à un chiffre supérieur à celui de la première, parce que vous avez eu soin de l'élever de 30 francs, et vous voulez faire payer à votre client ces 30 francs de plus, tout en vantant votre modération et l'énergie de vos plaidoiries! Mais c'est là vraiment ce que je ne puis admettre.

Si M. Morel avait élevé une objection quelconque sur les honoraires ou sur les frais demandés en premier lieu, je comprendrais parfaitement que Me Brégeault vînt nous dire : J'avais fait une concession à M. Morel, puis voyant que M. Morel y mettait de la mauvaise volonté, j'ai retiré cette concession ; mais j'ai dans les mains les notes écrites par M. Brégeault lui-même, et dans ces notes qu'est-ce que je vois? Non pas une somme réduite à 1159 francs, mais une somme portée à 1199 fr. 10 c., c'est-à-dire augmentée de 40 fr. 10 c. pour honoraires. Par conséquent ne venez pas dire que vous avez fait une concession à M. Morel et que vous l'avez retirée. Comment! vous demandez un supplément d'honoraires à votre client alors qu'il y avait déjà eu une erreur de 40 francs qui augmentait ses charges! c'est au moment où vous le voyez sous le coup de la signification d'un jugement, d'une saisie, d'une expropriation, c'est au moment où vous le voyez le plus malheureux, que vous lui demandez plus que vous n'aviez réclamé d'abord! Et pour cela, vous êtes obligé de faire une seconde note avec un chiffre différent, puis de la présenter au juge taxateur! Eh bien! je dis que vous avez eu le plus grand tort et que, cela explique la résistance de M. Morel. M. Morel ne peut pas comprendre que ayant demandé 240 francs, que, les ayant reçus, qu'ayant donné quittance pour solde de vos frais et de vos honoraires, vous alliez faire une nouvelle note plus élevée que la première et la soumettre à la taxe. Il avait assurément raison de s'étonner d'une telle façon d'agir.

Maintenant, on dit : M. Morel n'a pas payé, il a eu grand tort, et moi, ajoute M. Brégeault, je ne demandais à M. Morel que l'autorisation de payer. Mais, prenez garde! l'autorisation que vous demandiez à M. Morel avait pour but de faire tomber le titre que vous lui aviez donné le 8 février, de faire juger que les 40 francs que vous lui réclamiez vous étaient réellement dus par lui. Quant à vous, vous auriez toujours dû payer, vous n'y étiez pas seulement autorisé, vous y étiez obligé parce que M. Morel devait vous inspirer toute confiance, parce que vous aviez de l'argent à lui, parce qu'il vous l'avait apporté avant que vous le lui eussiez demandé, parce qu'après avoir payé vous pouviez constater qu'une somme de 40 francs vous était redue par lui, et le faire condamner à vous la payer. Supposons que vous l'eussiez fait, que serait-il arrivé ? Vous auriez assigné M. Morel devant le juge de paix, et en dépensant 5 ou 6 francs, vous l'auriez fait condamner à vous payer s'il vous avait dû ; vous auriez ainsi évité la signification, le commandement, la saisie, l'affiche de la vente, c'est-à-dire tout ce qui fait aujourd'hui le procès, et rien ne vous était plus facile. M. Brégeault, qu'il me permette de le lui dire, s'est entêté. Il a dit à son client : « Vous ne voulez pas vous en rapporter à moi, vous êtes défiant, vous en subirez les conséquences, vous serez poursuivi, saisi, vendu peut-être. » Je dis que cette conduite est mauvaise en fait comme en droit, qu'en supposant que M. Morel eût des torts de caractère, M. Brégeault, plus éclairé que lui, ne devait pas en avoir, et que si sa conduite peut échapper à un blâme sévère, elle doit être nécessairement taxée d'une certaine inconvenance. Je persiste dans mes conclusions.

***

RÉPLIQUE DE Mᵉ BRÉGEAULT.

Je ne dirai qu'un mot sur la question de la taxe. La taxe a produit un excédant de 20 et quelques francs, j'avais demandé ce qui m'était dû très légitimement en fait d'honoraires, le taxateur a pensé qu'il m'était dû plus que je n'avais d'abord demandé, ma demande n'était donc pas exagérée. Le tribunal comprend qu'ayant plaidé une affaire très rude pour M. Morel, mais que ce dernier l'ayant perdue, c'était malheureux pour lui. J'avais été conséquemment très modéré dans la question d'honoraires. J'avais cru demander ce qui m'était dû, le tribunal m'a alloué 70 francs, c'est ce qui a fait une différence de 40 francs. Le tribunal comprend que lorsque j'écrivais à M. Morel les lettres que j'ai lues, M. Morel aurait dû rendre hommage à ma modération. En définitive la taxe m'a accordé plus que je n'avais demandé, mais il est bien entendu que je m'en tiens à ma première note et que je ne fais aucune difficulté de restreindre ma demande au chiffre primitif que j'avais fixé.

***

CONCLUSIONS DE M. L'AVOCAT IMPÉRIAL DEMARSY.

Messieurs,

Les débats de cette affaire sont extrêmement fâcheux ; il n'aurait pas fallu saisir le tribunal d'une difficulté qui roule sur 40 francs. Il eût cent fois mieux valu que, soit M. Brégeault lui-même, soit M. Morel de son côté, eussent prévenu cet éclat. Il eût été cent fois préférable que M. Brégeault supportât au besoin la perte de cette somme et que M. Morel, qui se prétend dans son droit, en eût fait lui-même le sacrifice. Je le répète, cette affaire est très fâcheuse, mais le tribunal n'a plus à l'examiner en ce moment que dans ses résultats. Il ne s'agit pas de savoir s'il y a inconvenance d'un côté ou susceptibilité de l'autre, mais de quel côté peut être le droit.

Vous connaissez les faits. Plusieurs jugements avaient été rendus par le tribunal civil ou par le tribunal de commerce, et M. Morel, en définitive, dans deux affaires avait succombé, il avait donc à payer des frais. Il remet une première fois une somme de 900 francs à M. Brégeault qui ne voulait pas la recevoir, qui voulait régler la totalité de ce qui lui était dû, cela paraît résulter des débats. M. Brégeault écrit à son confrère pour lui demander la note de ses frais. Un compte est établi, ce compte s'élève à 1200 et tant de francs. M. Morel paye cette somme et on lui donne un reçu pour solde. En donnant ce reçu, M. Brégeault aurait dû ajouter *sous toutes réserves*, ou bien s'assurer qu'il recevait la totalité de ce qui lui était dû. Mais enfin le reçu est donné de cette façon et il s'agit d'examiner maintenant si c'était dans les mains de M. Morel un titre absolu qui dût le délier de toute obligation de payements à faire à M. Brégeault.

Le jour où M. Brégeault demande sa note à M. Buffard, il est reconnu que le montant d'une affaire Solanier qui avait eu lieu devant le tribunal de commerce, et qui devait être déduit de ce qui était dû par Morel, ne s'élevait qu'au chiffre de 60 francs au lieu de s'élever à 102 fr. 25 c. comme on l'avait cru dans le principe. Cela faisait une différence de 40 francs. Ce même jour, on en donne avis à Morel qui ne répond pas, à ce qu'il paraît, aux lettres qu'on lui adresse. Mais le clerc de M. Brégeault et celui de M. Buffard se rendirent chez lui pour lui faire comprendre sa situation. Morel fut donc, dès le premier jour, parfaitement averti que la somme qu'il avait versée entre les mains de Brégeault et de laquelle celui-ci avait donné un reçu pour solde, n'était pas suffisante et qu'il restait 40 francs à sa charge. Que devait faire alors Morel? il devait s'expliquer. Il paraît même qu'il aurait dit qu'il irait voir M. Buffard pour s'assurer s'il redevait ces 40 francs.

On ne peut pas se retrancher dans cette circonstance que le chiffre a été arrêté d'une manière absolue, parce que le reçu a été donné pour solde, on peut toujours revenir sur une erreur matérielle. L'erreur matérielle est celle qui peut résulter d'une addition, par exemple, qui ferait que 15 et 15 ne font pas 30. Nous irons plus loin, lorsqu'il s'agit de déduire 100 francs et qu'on n'en déduit que 40, il y a erreur parfaitement matérielle et qui donne lieu à un redressement de compte. M. Morel ne peut pas venir arguer de ce qu'il serait porteur d'une quittance pour solde. M. Morel a été parfaitement prévenu de la difficulté qui surgissait, il devait s'expliquer ou fournir le complément qui était dû.

Il prétend qu'ayant remis une somme de près de 1300 fr. à M. Brégeault, celui-ci aurait dû dans tous les cas commencer par payer les frais qui étaient dus à M. Solanier, mais M. Brégeault avait prévenu Morel que du moment qu'il n'avait pas la totalité de ce qui était dû, il ne voulait pas payer et que son client pouvait reprendre les 1300 francs qui étaient chez lui pour régler lui-même ses affaires. Il est évident que si on avait pu prévoir ce qui est

arrivé, M. Brégeault aurait pu payer, sauf à exercer son recours plus tard sur
Morel, mais enfin, ce n'est pas là la question à examiner par le tribunal.
M. Brégeault était-il obligé de payer lorsque son client ne lui remettait pas
ce supplément de 40 francs? M. Brégeault était-il tenu de payer? En parlant
au nom du droit, nous pensons qu'il n'y était pas tenu. Il a mis à la disposition de son client la somme qu'il lui avait versée, il ne voulait pas en faire
emploi pour la totalité des frais qui étaient à solder. Vous savez les conséquences de cette affaire. Morel a été prévenu à différentes reprises, maintes
fois on lui a envoyé les clercs de l'étude et jamais il n'a répondu. Il s'est
retranché derrière ce fait qu'il avait payé, que M. Brégeault était chargé de
régler les frais, qu'il n'avait pas à s'en occuper. Arrivé à cette époque,
il est évident que Morel a mis un singulier entêtement de son côté. Des
poursuites sont exercées contre lui, on lui notifie le jugement rendu par
le tribunal. Si réellement il pensait que M⁀ Brégeault devait acquitter ces
frais, il devait, aussitôt la notification du jugement, s'expliquer avec lui, lui
faire des reproches. Comment se fait-il qu'ayant en mains une somme plus que
suffisante pour désintéresser François vous ne le désintéressiez pas? Morel ne
fait pas même cette démarche, il ne fait rien. On le fait saisir, il reste impassible. Enfin ce n'est que le jour de la vente, après avoir laissé faire une procédure et des frais considérables qu'il se décide à payer et **qu'il exerce son recours**
aujourd'hui contre M. Brégeault.

Morel peut-il exercer ce recours? Peut-il soutenir que M. Brégeault n'a pas
rempli son mandat? Je crois que dans cette regrettable affaire, le recours ne
peut pas être exercé, et qu'à rigoureusement parler, M. Brégeault a fait ce
qu'il devait faire, que du moment qu'il n'avait pas dans les mains une somme
suffisante pour désintéresser les créanciers de Morel, il n'était plus tenu à
aucune espèce d'obligation. Que si des conséquences très fâcheuses en sont
résultées pour Morel, Morel doit s'en imputer la faute, puisque c'est par suite
de son entêtement à ne pas s'expliquer, à ne pas donner l'autorisation de
payer ou remettre le supplément que tous ces désagréments lui sont arrivés.
Nous croyons donc que l'action qu'il intente doit être rejetée.

JUGEMENT.

Le tribunal :
Après en avoir délibéré conformément à la loi :
Attendu en fait, qu'après avoir occupé pour M. Morel dans deux affaires,
M⁀ Brégeault avait porté le compte de celui-ci en principal et frais à 1361 fr. 88 c.,
qu'il en avait déduit 102 fr. 25 c. pour les frais à supporter par un tiers dans
une autre affaire, suivant la note qu'en avait remise qui avait occupé pour
Morel. — Que les 6 et 9 février dernier il avait donné à Morel quittance du
reliquat, montant à 1259 fr. 43 c. pour solde des deux affaires. — Que cependant on ne tarda pas à s'apercevoir que sur les 102 fr. 25 c., 40 fr. 35 c.

qui se composaient d'émoluments étaient à la charge de Morel; qu'il lui en
fut immédiatement donné avis; — que Me Brégeault lui transmettant de nouveau son compte, après avoir fourni un de ses mémoires à la taxe du président du tribunal de commerce, porta ce compte à 70 fr. 48 c. au-dessus de
ce qui avait été payé, à savoir : 40 fr. et des centimes pour la déduction pré-
citée et 30 fr. dus pour supplément d'honoraires taxés 24 fr. et pour le coût
des qualités du jugement rendu au profit d'un sieur Solanier dus à Me Buffard,
invita par écrit ledit Morel à se libérer et mit à sa disposition la somme reçue
pour le cas où il voudrait régler lui-même; — que cependant Morel s'abstint de
toute communication avec Me Brégeault et persista dans son abstention malgré
de nouveaux avis;

Que Me Brégeault n'ayant pas payé les frais auxquels devait faire face une
partie de la somme versée en son étude, il s'ensuivit des poursuites contre
Morel, et que de là est née l'action de ce dernier contre Me Brégeault; —
attendu qu'il y avait évidemment erreur dans la quittance donnée par Me Brégeault et que, quels que fussent les termes de cette quittance, cette erreur
devait être réparée;

Attendu que Morel en a été instruit; qu'averti dès lors de ce qu'il avait à
faire et mis en demeure de compléter les sommes à payer ou de donner des
instructions à son avoué, il a à s'imputer de n'avoir rien fait et qu'il en doit
supporter les conséquences; — attendu que si Me Brégeault n'a pas complété
lui-même la somme, ce qui eût empêché les poursuites ultérieures, cela s'explique suffisamment par la persistance même du silence et des refus de Morel;
— attendu que dans l'état des faits, c'est à bon droit que Me Brégeault, laissant
alors à Morel le soin de régler l'affaire, lui a fait offre de la somme qu'il avait
reçue; — attendu que Me Brégeault déclare ne pas vouloir profiter des 30 fr.
de supplément d'honoraires dont il a été parlé :

Le tribunal jugeant en premier ressort et comme en matière ordinaire sans
s'arrêter à l'offre de preuve faite par Me Brégeault — donne acte de la déclaration de Me Brégeault qu'il n'entend pas profiter des 24 fr. d'honoraires compris dans les frais à lui dus, — déclare Morel mal fondé dans sa
demande du 31 mai dernier; — autorise Me Brégeault à faire le dépôt à la
caisse des consignations de Compiègne des 1259 fr. 43 c. qu'il a entre les
mains appartenant à Morel sous la déduction de celle de 240 fr. montant des
frais dus à Me Brégeault par Morel, sous celle des frais de la présente instance,
lesquels frais seront supportés par Morel.

M. POISSON CONTRE Mᴹᴱ POISSON.

Séparation de corps. — Un mari séduit par sa femme. — Rapports intimes entre les époux séparés. — Cessation des effets du jugement de séparation. — Reprise de la vie commune. — Conditions légales. — Arrêt de partage.

Les rapports intimes survenus entre deux époux postérieurement à un jugement de séparation de corps prononcée contre la femme pour cause d'adultère, s'ils ne sont pas accompagnés du rétablissement de la vie commune et de la réintégration de la femme au domicile conjugal, ne peuvent être considérés comme opérant la reprise de la femme par le mari dans le sens de l'article 309 du Code Napoléon, et comme faisant tomber les effets du jugement de séparation.

En conséquence, la femme ne peut se prévaloir de ces rapports pour demander sa réintégration dans le domicile conjugal.

Cette question toute nouvelle avait d'abord partagé la 2ᵉ chambre de la Cour, présidée par M. Eugène Lamy. Elle a dû être plaidée de nouveau devant la même chambre, présidée extraordinairement par M. le premier président Devienne, auquel étaient adjoints deux conseillers nouveaux. C'est de ce dernier débat que nous rendons compte à nos lecteurs, tout en regrettant de ne pouvoir faire passer sous leurs yeux le texte même de certains documents qui ont été lus à l'audience, mais que leur excessive crudité nous interdit d'imprimer.

Mᵉ Prosper PÉRONNE se présente pour M. Poisson ;

Mᵉ GRESSIER se présente pour madame Poisson.

PLAIDOIRIE DE Mᵉ PROSPER PÉRONNE.

Messieurs,

Les jurisconsultes romains ont défini le mariage : *viri et fœminæ conjunctio, individuam vitæ consuetudinem retinens.* Cette définition, qui nous a été transmise à travers les âges, et que les rédacteurs du Code Napoléon n'ont fait que commenter en l'adoptant, doit-elle être aujourd'hui maintenue en son entier dans les deux éléments qui la composent ? Faut-il, au contraire, faire consister essentiellement, exclusivement, la vie conjugale dans l'union des deux sexes, sans tenir compte de cette communauté d'habitation, d'habitudes, de pensées, de sentiments, de relations de tous les instants, qui ennoblit et spiritualise le mariage ?

Telle est, sous son aspect le plus élevé, la question qui peut se dégager des faits de cette cause, faits déplorables, faits scandaleux, et qui sont de nature à faire penser que si jamais la vertu des femmes s'exilait des villes, ce n'est pas aux champs qu'il faudrait tenter de la retrouver.

Au mois de septembre 1849, M. Sosthène Poisson, mon client, a épousé mademoiselle Désirée Aubry, qui était encore mineure. Ils appartenaient tous les deux à de bonnes familles de fermiers champenois. Ils avaient une dot à peu près égale. Elle était douée d'avantages physiques remarquables ; et il était lui-même des mieux accommodés sous ce rapport.

Le jeune ménage s'installa dans une ferme, au village de Chaumuzy, dans les environs de Reims. Bientôt la naissance d'un enfant vint cimenter leur union. Huit années s'étaient écoulées sans troubles graves, lorsque tout à coup, en 1857, madame Poisson quitta le domicile conjugal, et forma contre son mari une demande en séparation de corps pour sévices et injures graves. M. Poisson, cherchant à se défendre, apprit bientôt sur le compte de sa femme des faits d'immoralité tellement scandaleux qu'il dut, à son tour, se porter accusateur et demander reconventionnellement la séparation contre sa femme.

On vint devant le tribunal de Reims, les enquêtes s'ouvrirent, à Dieu ne plaise que je veuille fatiguer la Cour par la lecture de ces volumineux documents. Mais voilà une femme qui soutient aujourd'hui que nous l'avons reprise..... un peu, et qui demande que nous la reprenions tout à fait. Il faut la connaître. Il faut dire aussi un mot de M. Poisson. Quelques lignes de l'enquête et de la contre enquête suffiront à cette double information.

Quant aux sévices exercés par M. Poisson sur sa femme, il est vrai de dire qu'il n'avait pas toujours été d'une modération exemplaire Mais madame Poisson l'accusait d'avoir violé la foi conjugale, d'avoir aimé une fille qui portait un nom prédestiné dans la cause, celui de *Messaline.* Le fait fut formellement démenti. Elle l'accusait encore d'avoir fait violence à une boulangère, nommée Léonie Nolin. Permettez-moi de vous lire la déposition de ce témoin, c'est un badinage tout champêtre, c'est une berquinade, c'est du Théocrite en action :

« Il y a deux ans environ, M. Poisson, passant près de moi, dans les champs, demanda à m'embrasser. Je refusai, il s'approcha de moi comme s'il voulait m'embrasser. Je lui donnai un soufflet, et il se retira.

» *D.* — M. Poisson n'a-t-il pas voulu vous mener dans le bois?

» *R.* — Non, Monsieur, il m'a bien dit que les doucettes, et j'en cherchais alors, poussaient dans le bois, mais il n'a pas voulu m'y emmener. »

Vous le voyez, messieurs, avec M. Poisson, nous sommes en pleine idylle; avec madame Poisson, nous allons tomber du pastoral dans le rural, de l'églogue dans l'obscénité, dans ce que les dérèglements d'une femme ont de plus grossier et de plus honteux.

Il y a eu vingt-sept témoins entendus, je ne lirai que deux fragments de déposition, cela suffira pour que la Cour acquière cette conviction qu'il est impossible, inadmissible que M. Poisson ait jamais pu se rapprocher d'une femme tombée à un pareil degré d'avilissement.

Mᵉ Péronne donne lecture de ces deux dépositions que leur crudité toute rurale nous empêche de reproduire, il continue ainsi :

Ne voyez-vous pas, messieurs, dans les désordres inouïs de cette femme, dans les conséquences de ses confidences et de sa conduite, le dernier degré de la brutalité sensuelle, et n'a-t-elle pas dépassé dans ses déportements la femme adultère dont parle un poëte romain dans ces vers que j'ai entendu citer devant vous par un de nos maîtres :

> « Si non longa satis, si non bene mentula crassa,
> » Deserit imbelles thalamos.....

Comme la Cour l'a déjà pressenti, de tels actes furent énergiquement flétris et punis par la justice. Voici la sentence du tribunal de Reims :

« En ce qui touche la demande principale de la dame Poisson :

» Attendu que la plupart des faits articulés par la dame Poisson contre son mari n'ont pas été établis ; que s'il résulte de l'enquête que souvent Poisson s'est servi envers sa femme d'expressions injurieuses et outrageantes, il résulte en même temps des enquêtes et contre-enquêtes, que ces expressions peuvent être sinon excusées, au moins expliquées et considérablement atténuées par la conduite de la femme Poisson ;

» Que dans ces circonstances, il n'y a pas lieu d'accueillir la demande en séparation de corps formée par la femme Poisson ;

» En ce qui touche la demande reconventionnelle de Poisson :

» Attendu qu'il résulte des enquêtes et contre-enquêtes auxquelles il a été procédé, que la femme Poisson a eu des relations adultères avec deux des domestiques de son mari ; que ces relations adultères se sont continuées avec l'un d'eux même après son départ, par l'envoi de lettres, d'argent, de bagues, de cheveux ; qu'avec l'autre, ces circonstances ont été accompagnées des circonstances les plus dégradantes pour la femme et les plus outrageantes pour le mari ;

» Qu'il est dès lors constaté que la vie commune est devenue insupportable, et qu'il y a lieu de prononcer sa séparation demandée par Poisson ;

» Déboute la femme Poisson de la demande; reçoit Poisson reconventionnellement demandeur, et faisant droit sur sa demande, déclare les époux Poisson séparés de corps et de biens; dit que l'enfant issu du mariage sera confié aux père et mère de la femme Poisson, etc. ;

» Statuant sur les réquisitions du ministère public ; vu l'article 308 du Code Napoléon, condamne la femme Poisson à trois mois de réclusion dans un maison de correction, etc. »

Cette condamnation, toute méritée, toute indulgente qu'elle fût, jeta le désespoir dans le cœur de madame Poisson et de toute sa famille. Comment y échapper? Faire appel du jugement? C'était une imprudence ; car un succès était impossible en face de pareils témoignages, et l'on pouvait craindre au contraire que la Cour n'élevât du *minimum* au *maximum* la peine prononcée.

Des gens à ce connaissant, initièrent madame Poisson au texte de l'article 337 du Code pénal, il fallait *qu'elle se fît reprendre par son mari; et* cela, le plus tôt possible, car le parquet de Reims ne plaisante pas touchant l'exécution des jugements.

Un programme fut tracé à madame Poisson, c'était un plan de conduite, ou plutôt d'inconduite, qu'elle se promit de suivre avec persévérance. Dès ce moment, en effet, elle fit littéralement le siége, l'investissement de son mari. Les prétextes ne lui manquaient pas pour entrer à la ferme : c'était tantôt son enfant, tantôt un objet oublié. Elle sut se ménager des intelligences dans la place, puis elle y pénétra le jour, la nuit, sur les pas de M. Poisson, le poursuivant de ses agaceries intéressées, prenant devant lui, dans des lieux solitaires, des attitudes provocantes ; s'efforçant de le compromettre en se faisant voir auprès de lui par des confidents qu'elle avait soin d'aposter, et pratiquant ainsi, dans des intentions toutes différentes, le *se cupit ante videri* de la Galatée de Virgile.

M. Poisson se vit obligé de renvoyer deux domestiques infidèles ; madame Poisson s'empressa de s'en faire des amis, des auxiliaires, et surtout des témoins dévoués.

Bientôt, grâce au concours zélé de la famille, qui est nombreuse, de ses champions (et la beauté en a toujours, surtout la beauté facile), une sorte de rumeur publique se répandit dans le village de Chaumuzy. Les désœuvrés de l'endroit et les commères du village croyaient savoir que M. et madame Poisson s'étaient mis d'accord, qu'ils allaient se *remarier*, et que la rentrée triomphale de madame Poisson à la ferme était fixée au 11 novembre, jour de la Saint-Martin.

Madame Poisson, auteur de ces bruits par elle ou par les siens, y donnait créance entière, et arrêtait pour ce jour-là une bonne qui devait l'aider dans sa réinstallation à la ferme. Elle fit même venir M. Aubry son oncle pour le grand jour ; s'il faut en croire le témoignage, bien suspect assurément, de M. Aubry, madame Poisson accepta deux ou trois fois son bras à des heures différentes pour être reconduite par lui auprès de M. Poisson ; et la joie qui était d'abord très vive se changea en un vif désappointement lorsque M. Poisson refusa sa porte non-seulement à sa femme, mais encore à M. Aubry lui-même.

Madame Poisson, voyant ainsi crouler toutes ses espérances, si tant est qu'elle en eût jamais eu, imagine alors de former contre son mari une demande afin d'être reçue au domicile commun, les effets de la séparation judiciaire se trouvant détruits, au moyen de la réconciliation opérée et de la reprise de madame Poisson par son mari. C'était une demande étrange et qui, par elle-même, impliquait contradiction; car à quoi bon demander sa réception au domicile commun si elle y avait été réintégrée?

Néanmoins des faits furent articulés par elle ; le tribunal de Reims en ordonna la preuve ; on entendit des témoins de part et d'autre, et finalement, les faits parurent d'une part suffisamment graves, d'autre part assez complétement justifiés pour que la demande de madame Poisson fût accueillie.

Elle le fut par jugement du tribunal de Reims, conçu dans les termes suivants :

« Attendu qu'il résulte de l'article 309 du Code Napoléon que, après la séparation de corps, le mari peut reprendre sa femme;

» Attendu que lorsque cette reprise a eu lieu, elle opère entre les époux une réconciliation dont le mari ne peut faire cesser les effets en refusant de recevoir la femme au domicile conjugal ;

» Qu'en effet, la dignité du mariage exige que cette réconciliation soit sérieuse, et qu'il ne puisse dépendre du caprice du mari de laisser sa femme après l'avoir reprise ;

» Attendu qu'il résulte de l'enquête à laquelle il a été procédé que peu de temps après le jugement de séparation de corps, Poisson a manifesté à plusieurs personnes l'intention de reprendre sa femme ; que cette dernière est venue chez lui soit le jour, soit la nuit, et qu'ils ont été vus en état de relations intimes de mari et femme ;

» Qu'il suit de là que les rapports conjugaux se sont rétablis entre Poisson et sa femme ;

» Attendu que ces rapports conjugaux constituent nécessairement la reprise de la femme au domicile conjugal ;

» Attendu qu'il n'y a pas lieu, quant à présent, d'attribuer à la femme Poisson une pension alimentaire pour le cas où son mari refuserait de la recevoir, mais seulement les dommages-intérêts auxquels l'inexécution de l'obligation de son mari pourrait lui donner droit ; que le tribunal peut déterminer le montant de ces dommages-intérêts d'après les éléments d'appréciation fournis au procès ;

» Autorise la femme Poisson à réintégrer le domicile conjugal ; dit que dans les trois jours du jugement, Poisson sera tenu de l'y recevoir ; sinon et faute par lui de ce faire, le condamne dès à présent envers la femme Poisson en 80 francs de dommages-intérêts par chaque mois de retard à partir du jour de son refus de recevoir sa femme, régulièrement constaté ;

» Condamne Poisson aux dépens. »

Telle est la décision que M. Poisson a frappée d'appel. Il a cru qu'il importait non-seulement à la tranquillité de sa vie, mais encore à son bonheur, de n'accepter ni en fait, ni en droit, les appréciations des premiers juges. Leur sentence est entièrement basée sur les témoignages de l'enquête. Mais le tribunal a-t-il équitablement pesé ces témoignages ? a-t il tiré des conséquences légitimes des faits allégués en les supposant établis ? C'est ce que la Cour ne peut décider qu'après examen de l'enquête et de la contre-enquête.

M. Péronne donne lecture de ces deux documents, et il les résume en faisant observer à la Cour que deux faits seulement résultent des dépositions des témoins. Le premier, c'est que vers le milieu de l'été dernier, M. et Mme Poisson auraient été surpris dans une grange en état de conversation qui aurait été criminelle si elle ne s'était passée entre époux. Mais ce fait n'est attesté que par un seul témoin, ancien domestique que M. Poisson a renvoyé, qui a des sentiments d'animosité contre lui, et qui est au contraire l'un des champions de madame Poisson, et l'un des complaisants apostés par elle aux alentours ou dans l'intérieur de la ferme. Une erreur de ce témoin sur la personne de M. Poisson n'aurait rien que de très admissible, en présence des antécédents judiciairement constatés de madame Poisson.

Quant au second fait, également attesté par ce témoin, il se serait passé suivant lui, en présence de cinq ou six autres personnes; la mère de M. Poisson aurait dit, presque publiquement, que *Désirée serait venue faire une bonne nuit avec Sosthène.*

Il y a un malheur : c'est que, indépendamment des dénégations formelles de madame Poisson mère, et de l'invraisemblance qu'un pareil propos et dans de pareils termes ait été tenu publiquement par cette dame, dont le caractère est respectable et respecté par tous, quatre témoins sur six viennent donner le plus énergique démenti au témoin accusateur, et déclarer que madame Poisson mère n'a pas tenu le propos qu'on lui attribue.

Le surplus des faits est sans signification aucune. Que M. Poisson ait été rencontré dans les champs, près d'un endroit où se trouvait assise madame Poisson, avec des vêtements qu'on a cru voir verdis à l'épaule gauche et aux reins, il n'y a rien là qui ne s'explique par l'entreprise même de madame Poisson, par sa résolution de se trouver toujours sur le chemin de son mari, et de le compromettre publiquement avec elle. Il ne faut pas non plus attacher aucune gravité, et pour les mêmes causes, à cette rumeur publique rapportée, il faut l'avouer, par un grand nombre de témoins, mais contraire à la réalité des faits, puisque madame Poisson, et le procès même le démontre, n'a fait qu'espérer rentrer au domicile de son mari, sans avoir jamais obtenu sa réintégration effective.

Quel aurait été le mobile de M. Poisson? Quel intérêt aurait-il eu à se rapprocher d'une femme pour laquelle il ne pouvait éprouver qu'un sentiment profond de mépris et de dégoût?

Éviter l'appel du jugement de séparation? mais M. Poisson pouvait-il à cet égard concevoir la moindre crainte? Les dépositions des témoins n'étaient-elles pas accablantes pour madame Poisson? Toutes les craintes n'étaient-elles pas plutôt de son côté?

Mais il a voulu, dit-on, endormir sa femme pendant les délais fixés pour l'acceptation de la communauté, afin qu'elle fût présumée renonçant.

Les réponses abondent à cette assertion. D'abord madame Poisson avait des conseils habiles et connaissant fort bien la loi. Les questions d'argent, après séparation de corps, sont indépendantes des questions de sentiment. Tenez pour certain que si madame Poisson y avait eu intérêt, ses conseils n'auraient pas laissé passer le délai pour accepter la communauté.

Mais la vérité est que la communauté était mauvaise. Comment les désordres et l'inconduite de la femme, qui, dans toutes les conditions, sont une cause de ruine, n'auraient-ils pas ruiné une ferme, dans laquelle la maîtresse de la maison exerce toujours une action si salutaire ou si pernicieuse? Au surplus les chiffres sont là, et l'inventaire en dit plus que tous les raisonnements de la terre.

Tout cela n'est pas sérieux : une seule personne était intéressée à la reprise de la femme, c'était la femme elle-même, pour échapper au juste châtiment de sa coupable conduite. C'est elle qui a fait les premiers pas, les premières démarches. Je n'en veux d'autres preuves que la lettre qu'elle écrivait en octobre 1858, à M. et Mme Poisson père et mère, pour les supplier d'engager leur fils *à reprendre la mère et l'enfant*, ce qui prouve catégoriquement que, même à cette époque, la rentrée de madame Poisson au domicile conjugal, loin d'être une chose réalisée, n'était pas même promise par M. Poisson, mais seulement convoitée très ardemment, convoitée par madame Poisson et par toute sa famille.

Ceci dit sur les faits, j'aborde la question de droit, question qui se pose très carrément, je dois le dire, entre mon adversaire et moi.

Il soutient qu'en fait quatre ou cinq rapprochements charnels ont eu lieu entre M. et Mme Poisson ; mais que, n'y en eût-il qu'un seul, cela suffirait pour anéantir la sentence de séparation.

Je maintiens, en fait, qu'il n'y a pas eu un seul rapprochement ; mais qu'en admettant même le nombre indiqué par mon adversaire, ces faits, dans les circonstances où ils sont produits, ne sauraient constituer dans le sens légal, une *reprise de la femme par le mari*, un rétablissement de la vie conjugale.

La jurisprudence moderne s'est occupée d'une question qui touche à celle-ci sans être identique.

C'est celle de savoir si l'époux qui a seul obtenu la séparation de corps peut forcer l'autre époux à reprendre la vie conjugale. La doctrine et deux arrêts ont répondu négativement. La sentence une fois prononcée est acquise aux deux parties, il faut leur consentement mutuel pour qu'elle soit mise à néant.

Combien l'espèce actuelle est plus favorable ! non-seulement il n'y a pas consentement des deux époux ; mais c'est l'époux jugé coupable, celui contre lequel la séparation a été prononcée, qui demande l'anéantissement de la séparation, malgré la résistance du conjoint qui l'a obtenue.

En dehors de ces précédents judiciaires, aucune décision n'a encore éclairci le point en litige, celui de savoir ce qui peut constituer dans le sens de l'art. 309 du Code Napoléon, et 337 du Code pénal, le *consentement par le mari à reprendre sa femme*.

Pour soutenir qu'il suffit d'un seul fait de rapprochement charnel, je sais, messieurs, que mon adversaire m'opposera l'autorité des plus savants casuistes. Il est vrai, j'ai contre moi l'autorité de Guttierez, de Navarrez, de Henriquez, de Sotus, de Menochius, de Coninchius, de tous les noms en *ez* et de tous les noms en *us*, sans parler du fameux nom en *as* que Pascal a immortalisé dans ses *Provinciales*. J'ai contre moi entre tous le grand Sanchez dans son traité *De matrimoniis*, dont un écrivain moderne a pu légitimement dire que c'est un ouvrage « destiné spécialement aux confesseurs et aux personnes chargées » de la conduite des âmes, mais dans lequel les détails les plus scabreux sont » présentés avec un cynisme dont on n'a pas d'autre exemple. »

Il y a un tribunal, mais un seul, devant lequel ces savants théologiens ont une grande autorité ; c'est le tribunal de la pénitence ; mais ce n'est pas la Cour devant laquelle nous avons l'honneur de plaider.

Les casuistes ont examiné le mariage au point de vue exclusif de la religion. Ils ne voient d'autre but au mariage que la procréation des enfants. C'est à cette fin qu'ils rapportent tout, c'est dans cet esprit qu'ils s'occupent du *debitum conjugale*, de la *copula carnalis*, qu'ils en étudient avec les détails les plus circonstanciés les conditions normales et les moralités défendues, *quod sit licitum, quod sit peccaminosum*.

Parmi tous ces savants hommes je n'en citerai qu'un, parce qu'il a le mérite d'être venu l'un des derniers, et de réformer la doctrine de ses prédécesseurs, c'est Martin Bonacina, professeur de théologie à Milan, qui écrivait vers la fin du XVIIe siècle son ouvrage *De magno matrimonii sacramento*, dédié *ad sanctam virginem Deiparam* :

« Addo non solum (conjugem) adulterum occultum, sed etiam publicum, aut
» eum qui per sententiam fuit separatus, posse amicabiliter petere debitum ;
» quamvis enim sit privatus jure petendi, nihilominus potest debitum petere ut
» acquirat jus amissum ; quod potest acquirere *per reconciliationem sibi con-*
» *cessam à conjuge innocente* (quæstio IV, punctuum V, num. 21). »

Ainsi, suivant les casuistes, et c'est là, quelque variété qu'on trouve dans les expressions, le fonds commun de leur doctrine, avant l'adultère, avant le *divortium*, avant la séparation *quoad torum et habitationem*, les époux ont réciproquement le *jus petendi debitum*, ils le perdent par la séparation, mais il y a entre eux un rapprochement même isolé, cela suffit pour faire revivre le droit perdu. L'époux offensé a pardonné, par ce fait seul qu'il a accordé une fois ce qu'il pouvait refuser toujours ; *una copula sufficit*, et il est désormais obligé (en conscience) *reddere debitum* comme avant la séparation.

La Cour voit quel est le point de vue exclusif des casuistes. Tous ces droits, toutes ces obligations sont du ressort de la conscience, et je ne sache pas qu'aucune législation positive ait fait une obligation régie par les principes du droit civil de ce qui n'est qu'un détail d'intérieur, un secret d'alcôve, un des éléments les plus insondables, les plus heureusement mystérieux de la vie des époux.

La législation qui nous régit s'est inspirée de considérations d'un ordre tout différent ; et c'est à une autre source que le législateur de 1804 est allé puiser non-seulement les principes, mais les expressions mêmes de l'art. 309 du Code Napoléon.

Voici en quels termes la novelle 134 de Justinien prévoit le cas où le mari consent à reprendre sa femme après une sentence d'adultère :

« Adulteram mulierem competentibus vulneribus subactam in monasterium
» mitti ; et si quidem intra biennium *recipere eam vir suus voluerit*, potestatem
» ei damus hoc facere et copulari ei nullum periculum ex hoc metuens.... si vero
» prædictum tempus transierit, aut vir, priusquam recipiat mulierem, moriatur,
» tunderi eam, et monachium habitum accipere, et habitare in ipso monasterio in
» omni propriæ vitæ tempore. »

Ces dispositions ont été en vigueur jusqu'au siècle dernier, ainsi que Pothier l'atteste dans le passage suivant, où il traduit presque mot pour mot la novelle de Justinien (*Contrat de mariage*, n° 525).

« La peine qui est en usage dans notre droit contre la femme convaincue d'adultère, et que nous avons tirée de la novelle de Justinien, est la réclusion dans un monastère, où son mari peut *la voir et la visiter*, et, au bout de deux ans *l'en faire sortir pour la reprendre et la recevoir chez lui*, sinon ledit temps passé, faute par le mari *de la reprendre*, elle doit être rasée et rester dans ledit couvent le reste de ses jours. »

C'est incontestablement dans ces textes, et non pas dans Sanchez *De matrimonio*, que les auteurs du Code Napoléon ont pris ces mots « en consentant à reprendre sa femme » qui sont textuellement répétés par deux fois dans les articles 309 du Code Napoléon et 337 du Code pénal.

Or, ce n'est pas sans une intention positive, que le législateur a évité d'employer dans ces deux articles, l'expression beaucoup plus large de l'art. 272, le mot de *réconciliation*.

L'article 272 dispose, en effet, pour le cas où la demande est seulement formée, où les choses sont entières, *rebus integris*, où la justice n'a pas prononcé cette sentence toujours si grave, rendue après des débats souvent scandaleux, toujours regrettables.

Rien n'est plus désirable à ce moment qu'une réconciliation dans l'intérêt des enfants, des familles, des époux eux-mêmes : les tribunaux accueillent favorablement le moindre indice de rapprochement et de pardon.

Et cependant il a été maintes fois jugé que la cohabitation même des époux, pendant un temps plus ou moins long, ne suffisait pas à elle seule pour justifier l'exception de réconciliation ; qu'il fallait tenir compte des circonstances, des intentions, des sentiments, que le fait *matériel* n'avait qu'une importance secondaire dans l'appréciation d'un fait essentiellement *moral*, tel que le pardon, la réconciliation. C'est ce qu'a jugé la Cour de cassation par arrêt du 15 juin 1836, rendu sur un rapport très explicite et très remarquable de M. le conseiller Viger.

Si tels sont les principes lorsque l'instance n'est pas encore jugée, combien ils doivent être plus rigoureux, lorsque la séparation de corps a été définitivement prononcée ? Il s'agit alors de mettre à néant une décision qui a déclaré la vie commune impossible entre les époux. Ne faut-il pas dès lors que la renonciation au bénéfice de cette sentence soit formelle, manifeste, incontestable ? peut-on dire que le mari aura légalement repris sa femme, lorsqu'il n'aura eu avec elle que des relations momentanées, clandestines, j'oserai dire honteuses ? Qui ne voit ce qu'aurait de contraire et à la dignité du mariage, et à l'autorité de la chose jugée, un système qui soumettrait le sort d'une sentence de séparation, à un caprice irréfléchi, à une surprise des sens, à des faits matériels dans lesquels n'a joué aucun rôle la volonté de reprendre la vie conjugale ?

Non, il n'est pas possible que l'on se joue ainsi des décisions de la justice, il faut, pour que l'état de séparation cesse, que les époux aient publiquement manifesté l'intention de le faire cesser. Il faut que la femme ait été replacée par le mari dans la situation de femme légitime ; qu'elle ait repris notoirement sa place au foyer domestique, à la table commune, dans le lit nuptial. Alors seulement on pourra croire qu'il a consenti à rétablir le mariage dans son intégrité. S'il n'a pas consenti à cela, il n'a consenti à rien, et la séparation, qui, du reste, serait infailliblement redemandée, et qui motiverait de nouveaux débats et de nouveaux scandales, doit être maintenue telle qu'elle a été judiciairement prononcée.

C'est ainsi que l'ont compris toutes les législatures qui se sont occupées de la question depuis le Code Napoléon.

Le projet de loi adopté en 1816 à la chambre des pairs, et présenté en 1817 à la chambre des députés portait dans son article 37 :

« La séparation de corps cessera par le *rétablissement notoire de l'habitation commune*, ou par la déclaration que feront les époux dans un acte authentique, qu'ils entendent faire cesser l'état de séparation. »

Était-ce là une innovation aux principes ? Dérogeait-on au Code Napoléon, à son texte, à son esprit ? Non sans doute. Voici comment s'exprimait M. de Seze, président de la Cour de cassation, dans son rapport à la chambre des pairs :

« Le projet de loi *n'a fait que rendre hommage aux principes de tous les temps*, en déclarant que la séparation de corps cesserait par le rétablissement notoire de l'habitation commune, ou par la déclaration que feraient les époux dans un acte authentique, qu'ils entendent faire cesser l'état de séparation. »

Mais, dit-on, les conséquences d'un rapprochement pourraient être graves ; supposez un enfant né des relations de M. et de Mᵐᵉ Poisson ; quel sera son état ? Un bâtard ? Un adultère ? quel malheur, et quel scandale !

Je réponds, messieurs, avec le texte de la loi de 1850, qui se trouve précisément avoir prévu le cas, plus fréquent qu'on ne pense, d'une réunion de fait entre deux époux séparés de corps ; je réponds, dis-je, que l'enfant sera légitime ; que le père ne sera pas admis à le désavouer ; et je ne vois pas quel malheur pourrait résulter de ce qu'il y aurait dans le monde un enfant né dans des conditions étranges, mais protégé par un texte formel contre toutes actions en désaveu : *L'action en désaveu*, dit la loi de 1850, *ne sera pas admise, s'il y a eu réunion de fait entre les époux*. Et la loi parle des époux séparés de corps ou en instance de séparation.

C'est qu'en effet, comme le disait l'honorable et savant M. Demante dans son rapport à l'Assemblée législative, « le mariage subsistant, le commerce » des époux demeure licite ; tout autre commerce constituerait un adultère ; » donc la loi, qui ne peut supposer le mal, doit, s'il naît un enfant, présumer » la paternité du mari. » C'est aussi ce qu'enseignait saint Augustin dans son traité *De bono conjugali* (cap. 7).

« Interveniente divortio, non aboletur ista confœderatio nuptialis. Ita ut sibi

conjuges sint, etiam separati, cum illis autem adulterium committant, quibus
» fuerint post suum repudium copulati. »

Ne soyons donc pas étonnés, et surtout ne soyons pas choqués de ce qui est,
en définitive, conforme aux idées religieuses aussi bien qu'à la loi civile, à
savoir que deux époux, en haine de l'adultère, qui subsiste après la séparation
de corps par la *fornicatio cum aliâ quam cum conjuge*, puissent avoir ces
réunions de fait prévues par le législateur de 1850.

Sans aucun doute, ces actes isolés ne sont pas par eux-mêmes le rétablissement de l'habitation commune, de la vie conjugale, qui a été jugée et qui
reste toujours impossible entre les époux jusqu'à ce qu'elle ait été réellement reprise. Mais ces actes sont peut-être un acheminement vers un résultat
toujours désirable ; avec le temps, avec un long repentir, la femme pourra
mériter d'être reçue sous le toit marital qu'elle avait souillé par ses désordres ;
un jour viendra peut-être, où le mari, touché de ses larmes, oubliant un
passé douloureux, lui permettra de rentrer auprès de lui, la tête haute, la
main dans sa main, et la reprendra comme sa femme légitime, comme la
compagne de sa vie.

M. Poisson était-il sur ce chemin ? Il est certain que madame Poisson a
voulu l'y entraîner, mais il est certain aussi, en admettant même avec les
adversaires qu'ils aient réussi à faire faire à M. Poisson quelques pas dans
cette voie, qu'il s'est arrêté à temps, parce qu'il n'a vu ni larmes, ni repentir,
parce qu'il a vu s'ouvrir sous ses pieds un nouvel abîme de malheurs et de
scandales.

Non, ces actes isolés, clandestins, honteux, qu'on prétend opposer à
M. Poisson, ne sauraient équivaloir à la réhabilitation de la femme, à la rentrée notoire dans le domicile de son mari. Ces actes de concubinage conjugal
n'ont rien de commun avec la dignité, la sainteté du mariage. Leur caractère
répréhensible aux yeux de la morale, eu égard aux circonstances qui les ont
entourés, doit leur ôter toute valeur, toute portée juridique.

Que celle qui ose s'en prévaloir devant vous, alors qu'elle devrait en
rougir, soit écartée par la maxime : *Nemo auditur suam turpitudinem
allegans.*

Qu'elle soit d'autant plus malvenue à en faire la base de ses prétentions,
que c'est sur elle que doit retomber tout l'odieux de ces accouplements extra-
matrimoniaux. D'abord parce que c'est elle qui les aurait provoqués, dans les
vues intéressées que la Cour connaît à présent ; ensuite parce qu'au lieu
d'attester un repentir de son impudicité passée, ces actes, par leur ressemblance avec les anciens faits d'adultère, témoigneraient qu'elle a persisté dans
ses habitudes de libertinage, qu'elle serait seulement parvenue à y associer
son mari ; enfin, parce qu'elle est femme, parce que la responsabilité de pareilles obscénités pèse sur la femme bien plus que sur le mari, ainsi que le dit
Montesquieu dans ces lignes qui termineront cette trop longue plaidoirie :

« Les lois politiques et civiles de presque tous les peuples ont demandé aux
femmes un degré de retenue et de continence qu'elles n'exigent point des hommes,
parce que la violation de la pudeur suppose dans les femmes un renoncement à
toutes les vertus. »

Messieurs,

L'appel relevé par M. Poisson soumet à la haute appréciation de la Cour deux ordres de questions.

En fait, des relations intimes, fréquemment répétées, accompagnées d'une promesse de rentrée au domicile conjugal, ont-elles eu lieu entre M. et Mme Poisson depuis le jugement qui, en les séparant de corps, a condamné madame Poisson à trois mois de prison?

En droit, le consentement à reprendre sa femme, donné par le mari, n'annule-t-il pas immédiatement et par lui seul les effets du jugement de séparation de corps, alors même qu'il ne serait pas suivi ultérieurement de la rentrée effective au domicile conjugal?

Dans tous les cas, la reprise des relations intimes entre les époux postérieurement au jugement de séparation ne suffit-elle pas pour effacer tous ses effets?

Le fait, mon contradicteur le nie; la seule pensée des relations intimes entre M. et Mme Poisson, après les énormités que l'enquête a constatées, lui paraît monstrueuse.

M. Poisson était beaucoup moins affirmatif quand il n'avait pas le bonheur d'être représenté par mon contradicteur.

Devant les premiers juges, il ne niait pas, il concluait en droit, et se gardait bien de protester.

Toute dénégation, du reste, est impossible; l'enquête est là, vous l'avez entendue, vous avez encore présents à l'esprit tous les témoignages.

Vous savez qu'ils constatent que presque immédiatement après le jugement de séparation de corps, les deux époux ont été vus ensemble.

Que leurs rendez-vous ont d'abord eu lieu sur un terrain neutre, en plein air, sur la gerbe ardente; que plus tard une grange les abrita, et que même le premier témoin, le sieur Nicolas Siégé, ayant un jour ouvert sa porte, la referma brusquement pour ne pas troubler M. et Mme Poisson dans leur amoureux tête-à-tête. Je ne veux pas reproduire la crudité de sa déposition, mais cette crudité je l'aime cependant, car elle ne laisse pas la plus légère place au doute.

Bientôt le jour ne suffit plus à ces rapprochements.

Écoutez les premier, neuvième, quatorzième et dix-neuvième témoins, ils vous diront que l'on a vu la nuit descendre de la fenêtre de madame Poisson… qui? Son mari; que l'on a vu madame Poisson à trois heures du matin sortir de la chambre de M. Poisson, et celui-ci lui donner amoureusement le bras pour la reconduire jusqu'à la porte du jardin, les époux ne demeuraient qu'à dix minutes de distance; qu'enfin une fois M. Poisson s'est oublié dans le lit de madame Poisson jusqu'à huit heures du matin, et qu'en vrai mari, il y lisait un numéro du *Journal des Débats*.

C'était là un fait notoire de même que l'accord des époux de reprendre la vie commune.

Leur date précise avait été fixée pour la rentrée définitive de madame Poisson chez son mari, c'était la Saint-Martin, une jeune domestique avait même été arrêtée pour cette date et dans ce but.

Les dépositions de M. le curé de Chaumuzy, un vieillard de soixante-six ans, qui atteste en outre que depuis le triste procès de séparation de corps, madame Poisson a mené une conduite irréprochable ; les dépositions du maire de l'endroit, de M. Aubry, de madame Lefebvre, ce mercure habituel de M. Poisson, ne permettent aucun doute à cet égard.

Pourquoi cette échéance bizarre de la Saint-Martin ? C'est que M. Poisson est un riche fermier, entouré d'un nombreux personnel engagé à l'année, de la Saint-Martin à la Saint-Martin ; c'est que, dans le procès de séparation de corps, ce personnel avait déposé comme un seul homme contre madame Poisson ; que ces dépositions avaient un caractère de gravité et de vivacité tel que, si madame Poisson rentrait, il fallait que ce personnel sortît ; que ce personnel ne pouvait sortir qu'à la Saint-Martin, et partant, madame Poisson ne pouvait rentrer qu'à cette époque.

Pourquoi maintenant madame Poisson n'est-elle pas rentrée ? Si l'on en croit mon adversaire, c'est parce que M. Poisson, après avoir cédé à quelques dangereux entraînements, après avoir succombé à quelques séductions intéressées de madame Poisson, s'est aperçu à temps qu'il n'y avait chez celle-ci ni repentir du passé ni bon vouloir pour l'avenir, et qu'il courait à un nouvel abîme de malheur et de scandale.

J'ai de la peine à comprendre le langage de M. Poisson.

Le jugement qui a prononcé la séparation de corps à sa requête est du 29 mai 1857.

Dès les premiers jours de juin, c'est-à-dire au cours du délai d'appel, il avait renoué avec sa femme des relations intimes.

Si à la suite de cette reprise d'intimité celle-ci eût appelé, point de difficultés.

Le jugement du 29 mai tombait devant la Cour et avec lui la séparation de corps et la condamnation pénale.

Elle ne l'a pas fait parce qu'elle a cru à la sincérité du pardon de M. Poisson, à la sincérité de la promesse de la reprendre à la Saint-Martin.

Je comprends que M. Poisson aurait pu se croire le droit de retirer sa parole si de nouveaux faits d'inconduite s'étaient produits, mais il n'ose pas même l'alléguer et le certificat de M. le curé viendrait, du reste, lui donner à cet égard le démenti le plus formel.

Non, rien de tout cela n'est exact, si madame Poisson n'est pas rentrée, c'est à l'influence de madame Poisson mère qu'il faut l'attribuer.

Autrefois madame Poisson mère demeurait avec son fils, le mariage a fait cesser cette existence, de là un premier ferment de discorde entre la belle-mère et la bru, de là des insinuations, des récriminations qui n'avaient pas été étrangères au désaccord survenu entre les époux.

La séparation de corps prononcée, la mère était revenue prendre sa place au foyer filial, elle allait être obligée de la céder à sa bru, le jour où celle-ci rentrerait chez son mari. M. Poisson avait compris tout le premier la nécessité de se séparer de sa mère, il l'avait promis à sa femme, il le voulait, il l'a voulu jusqu'au dernier moment, mais il a rencontré une de ces résistances passives, des difficultés à vaincre, surtout lorsqu'on lutte contre sa mère, M. Poisson finit par céder.

Voilà la vérité qu'attestent les témoignages de l'enquête les plus dignes de foi.

Ainsi la dame Lefebvre rapporte que, vers la Saint-Martin, M. Poisson est venu chez elle la charger de dire à sa femme qu'elle ne s'ennuyât pas, que madame Poisson mère *délogerait* bientôt. Ainsi M. Aubry raconte que le jour fixé pour la rentrée officielle de madame Poisson, il lui donnait le bras à neuf heures du soir dans le but de la reconduire à la ferme, lorsqu'ils rencontrèrent un messager de M. Poisson venant prévenir que le père et la mère *n'étant pas déménagés*, il était préférable d'attendre encore quelques jours. Ainsi le témoin Ponsart ajoute que le lendemain un nouveau messager est venu prier madame Poisson *de ne pas se faire de bile*, qu'elle rentrerait certainement le dimanche suivant, et que d'ici-là les mesures nécessaires pour le départ du père et de la mère allaient être prises.

Qu'importe maintenant que plus tard, M. Poisson ait changé d'avis? Le pardon avait été accordé, il avait été accompagné de la reprise des relations intimes, de la promesse de restituer à sa femme sa place au foyer conjugal; l'époque n'en avait été retardée que par des convenances de détails, ces faits étaient notoires, publics, son mari ne s'en cachait pas, ils avaient enlevé à sa femme la pensée d'un appel qu'ils devaient rendre inutile.

Le pardon ne pouvait pas être repris.

Et vous ne croirez pas M. Poisson quand il vient ici tardivement faire plaider que ce pardon il ne l'a jamais sérieusement accordé, qu'il a obéi à je ne sais quelle détestable pensée, à je ne sais quel appétit bizarre du fruit défendu, éveillé chez lui par les séductions intéressées de sa femme.

M. Poisson se calomnie, il a obéi à un bon mouvement envers celle qui avait été huit ans sa compagne, envers la mère de son fils, de ce fils enlevé à sa tendresse et par le jugement confié aux soins de sa mère, de madame Poisson. Il a cédé plus tard aux obsessions de madame Poisson mère.

Que l'arrêt à intervenir lui force la main à cet égard, et n'en déplaise aux prédictions sinistres de mon contradicteur, sous peu de mois M. Poisson sera le premier à s'applaudir d'avoir perdu un procès qu'il n'aurait jamais dû intenter.

L'honorable avocat de M. Poisson comprend parfaitement *que le fait* n'est pas favorable à ce dernier, aussi essaye-t-il de se réfugier *dans le droit*.

Il soutient que les effets d'un jugement de séparation de corps ne peuvent tomber que devant la reprise effective et publique de la femme par le mari, que par la rentrée de celle-ci au domicile conjugal, en un mot que par la reconstitution de la vie commune.

Je soutiens moi, que la reconstitution de la vie commune est la conséquence légale, obligatoire, forcée du pardon accordé par celui qui a obtenu le bénéfice du jugement de séparation de corps;

1° Que le simple consentement donné par le mari de reprendre sa femme suffit pour faire cesser les effets du jugement de séparation, que ce consente-

ment est synonyme du pardon et que la reconstitution de la vie commune en
est la conséquence, que la femme a le droit de l'exiger ;

2° Qu'en l'absence même de ce consentement, le signe le plus certain du
pardon est la reprise des relations intimes ;

Que lorsque, malgré la formule usuelle de ces sortes de jugements, les
époux ont recommencé à se *hanter* et *fréquenter* de nouveau, il en résulte
pour la femme contre laquelle la séparation avait été formulée le droit de venir
reprendre sa place au domicile conjugal, de même qu'il en naîtrait pour elle
le devoir si le jugement avait été prononcé à son profit.

Je dis d'abord que le simple consentement suffit.

Et en effet, l'art. 309 porte :

« Le mari restera le maître d'arrêter les effets de cette condamnation en consentant à reprendre sa femme. »

L'article ne dit pas en reprenant; ce consentement, la seule condition
exigée, ne doit pas dès lors être confondu avec la reprise effective. C'est un
signe extérieur que le législateur a jugé suffisant pour constater à ses yeux le
pardon du mari, la seule chose qui produise effet, et j'ajoute que c'est toujours ainsi que la loi a été interprétée. Et j'en appelle à cet égard aux souvenirs
de tous les membres du parquet de la Cour impériale, lorsqu'à la suite d'une
condamnation civile ou correctionnelle pour fait d'adultère, ils reçoivent une
lettre d'un mari constatant son consentement à reprendre sa femme, ils joignent
sa lettre au dossier, et se considèrent comme désarmés, comme n'ayant plus le
droit de poursuivre l'exécution du jugement ou de l'arrêt, sans qu'il soit
jamais venu à l'un d'eux la pensée de s'enquérir si ce consentement avait été
suivi d'une reprise effective.

Sans doute, ce que la loi considère, ce n'est pas seulement l'intention, le
projet de se réunir, il faut que le consentement existe, qu'il soit constant,
précis, formel, mais dans ces conditions, il suffit.

Aller plus loin, c'est aller au delà du texte de l'art. 309. Ce texte tel qu'il
a été formulé a sa raison d'être; entre époux le législateur est avant tout
favorable au pardon.

Dès lors il n'a pas dû exiger du mari l'oubli complet et absolu de la faute;
ce qu'il a pu, ce qu'il a dû vouloir, a été une manifestation du mari faisant
présumer le pardon.

Sans aucun doute le consentement une fois donné crée pour la femme un
droit, celui de demander l'accomplissement de l'engagement pris; c'est ce
que madame Poisson vient faire devant la Cour.

Qu'on ne lui objecte pas qu'elle ne rapporte pas la preuve écrite de ce
consentement, l'art. 309 ne l'assujettit à aucune forme, il suffit qu'il soit
prouvé, et il l'est ici par des faits géminés et par les témoignages les plus
précis.

Demander plus, c'est aller au delà du texte de la loi, c'est aller au delà
de son esprit qui n'a voulu ici apporter aucun entrave. Maintenant pour
avancer dans cette discussion, et aborder la seconde question posée, je suppose que madame Poisson ne fasse pas preuve du consentement articulé. Il

lui reste alors à invoquer les conséquences des relations intimes volontaire-ment recommencées et continuées par le mari pendant plusieurs mois.

Et ici je plaide énergiquement :

Que la reprise de ces relations entre mari et femme, séparés de corps, même lorsqu'elle n'est pas suivie de la reprise de l'habitation commune, même lorsqu'elle ne serait constatée que par des seuls faits isolés, même lorsque la séparation a été prononcée pour adultère de la femme et que le jugement contient contre elle une condamnation à l'emprisonnement, *suffit* pour faire cesser tous les effets légaux de la séparation de corps ;

Qu'à la suite de ces faits, la femme a le droit de demander sa réintégration au domicile conjugal.

Posons d'abord nettement les principes sur lesquels tout le monde est d'accord, afin de mieux préciser où commencent les divergences et en quoi elles consistent.

La séparation de corps, judiciairement prononcée par sentence passée en force de chose jugée, n'est cependant pas un état nécessairement définitif.

L'époux peut toujours renoncer au bénéfice du jugement rendu et par l'effet de la réconciliation qui en est la conséquence, les devoirs du mariage reprennent pour l'avenir toute leur force légale.

Cette renonciation, cette réconciliation ne sont pas, comme dans le cas du rétablissement de la communauté, assujetties à se formuler authentiquement :

« Et autant, dit Massol, page 347, il convenait d'assujettir sa demande de sépa-ration de corps à des formes difficiles, autant il était à souhaiter que la volonté des époux ne rencontrât pas d'entraves pour opérer le rétablissement de cette société qu'impose le mariage. »

Ces prémices sont acceptées par tout le monde, ils ne soulèvent aucune controverse. Il me semblerait dès lors que tout doute doit disparaître. Du moment, en effet, où le mari a renoué avec sa femme la principale relation du mariage, celle qui doit ou peut, peut et doit amener la création ou l'accrois-sement de la famille légitime, but premier de l'union des époux aux yeux de la loi, le mariage doit nécessairement reprendre son cours naturel et légal ;

Le mari *en reprenant l'exercice de ses droits a repris en même temps l'obligation de ses devoirs.*

Comment donc un mari pourrait-il refuser à sa femme la position com-plète d'épouse, sa place au foyer conjugal publiquement et en face de tous, quand, par exemple, une grossesse aurait été le résultat de ses relations clan-destines ?

Est-ce que sa femme n'aurait pas alors le droit de lui dire : *Avouez* dès aujourd'hui et *publiquement* la légitimité de l'enfant que je porte, *avouez* votre paternité, ne me laissez pas en butte à d'indignes soupçons que l'état de séparation apparente où nous vivons ne peut manquer de faire naître.

Le jour où vous avez consenti à m'élever de nouveau aux honneurs d'une maternité légitime, ce jour-là vous avez fait un pacte nouveau avec l'avenir, vous avez pardonné dans la meilleure forme que le pardon puisse prendre, vous m'avez *réhabilitée* et j'ai reconquis tous mes droits d'épouse.

Ce qui paraît incontestable dans l'hypothèse d'une grossesse advenue, l'est également dans le cas des relations intimes qui peuvent y donner naissance.

L'on conteste cependant.

L'art. 272 du Code Napoléon, dit-on, éteint l'action en séparation de corps par la réconciliation des époux survenue *soit depuis les faits qui auraient pu autoriser cette action, soit depuis la demande en séparation;* or cette disposition suppose que l'action est encore à juger, elle est sans application lorsque la séparation de corps a été prononcée. La raison de cette différence ajoute-t-on, est facile à saisir : quand il s'agit, soit de prévenir, soit d'étouffer des contestations scandaleuses, une simple manifestation de l'époux offensé dans le sens du pardon et de l'oubli est toute-puissante, mais si la lutte s'est engagée, si le scandale s'est fait jour, si les déportements de la femme ont été constatés, il n'y a plus les mêmes motifs d'aller au-devant de la réconciliation.

Il faut alors, non plus une présomption de pardon, mais une certitude, laquelle ne peut résulter, aux termes de l'art. 309, que de la *reprise* de la femme par le mari, que de sa réintégration publique au domicile conjugal :

Que c'est ce qui ressort clairement de la comparaison des termes de ces mêmes art. 272 et 309;

Que ce dernier est le seul qui se rapporte à la cessation des effets du jugement définitif de séparation de corps;

Et qu'enfin l'on a peine à comprendre comment des faits, insuffisants pour impliquer la volonté expresse du mari de remettre à sa femme sa peine de l'adultère, suffiraient au contraire pour constituer de sa part sa renonciation à la séparation prononcée pour cause d'adultère.

Je réponds :

Tous les auteurs anciens sont contraires à cette doctrine.

Jusqu'à la loi du 20 septembre 1792, qui a substitué le divorce à la séparation, celle-ci, comme tout ce qui concernait le mariage, était en majeure partie réglementée par les lois ecclésiastiques. Tous les commentateurs, jurisconsultes, casuistes d'avant 1789, proclamaient que le pardon de l'épouse adultère pouvait être *expresse* ou tacite.

Reconciliatio conjugis adulteri alia expressa alia tacita.

Ils se demandaient ensuite :

An reconciliatio tacita efficietur per copulam ?

Et dans leurs réponses, ils distinguaient le cas où *copula* était intervenu après l'adultère connu de l'époux, mais avant la sentence de divorce (synonyme alors de séparation), du cas où *copula* avait eu lieu entre les époux postérieurement à cette sentence. Dans le premier cas, deux opinions, l'une qui inclinait à penser que, tant que la sentence judiciaire n'était pas intervenue, l'époux innocent avait pu se croire obligé, *en conscience*, de se conformer aux liens du mariage; *debitum reddidit*, disaient quelques théologiens, et son obéissance à ce devoir, qui a ôté à l'acte sa spontanéité, ne peut lui nuire.

L'autre plus favorable à la réconciliation et qui s'induisait *de copula una etiamsi occulto*, pourvu que l'époux eût alors connaissance de l'adultère.

« Qua ne re quidem censent non videre reconciliatum conjugem adulterum, *nisi
» copula illa habita sit post divortii sententiam*, quando, ante sententiam reddit
» innocens *debitum* adultero petenti, dicunt eam redditionem non præjudicare
» innocenti.
    » Fatentur quia *redditio debiti* debet esse spontanea ut reconciliatio censeatur.
    » Alii autem existimant tunc redditionem debiti præjudicare juri huic innocentes,
» ac censeri reconciliationem quando adulterium adeo notorium est ut nulli dubi-
» tationi locus sit.
    » Conjux innocens copulam habens cum conjuge adultera etiam occulto, sive
» petendo, sive reddendo debitum, censetur condonare adulteri injuriam ac ad
» pristinam suam amicitiam conjugem adulteram revocare : ac proinde deinceps
» non est sibi *integrum divertere*, sive adulterium ad judicium criminale aut civile
» deferre. Et quidam, et communiter juris periti, copulam censeri condonationem
» probent.
    » Nec refert an ea copula contingat *ante* vel *post* divortium celebratum, nam
» ea utroque casu censetur reconciliatio nec in posterum fas erit innocenti divor-
» tium persistere. »

Le jésuite Sanchez, après avoir successivement rapporté ces propositions, ajoute :

« Ita censent doctores Bonea, Abericus primus, Mathœus, Aulensus, Sylva-
» Gregorius Lopes, Teracius Barbosa, Armilla, *Julius Clarus.* »

Le Code Napoléon, dans l'art. 272, a tranché l'hésitation des anciens docteurs dans le sens le plus favorable à la réconciliation.

Comment dès lors aurait-il été plus sévère que ceux-ci à l'occasion de la réconciliation à intervenir après le jugement.

Est-ce que si la première a le mérite d'empêcher le scandale, la seconde n'a pas celui de faire cesser un état anormal, contraire aux vœux et au but du mariage.

Mais on objecte que ce même article 272 n'a parlé dans son texte que de la réconciliation avant le jugement, d'où l'on conclut qu'il n'est plus applicable dès que la sentence judiciaire est intervenue.

En produisant ce raisonnement, on oublie certainement que cet article est écrit au chapitre du divorce et qu'au même chapitre se trouve, quelques lignes plus loin, l'art. 295, *lequel défend aux époux divorcés de se réunir.*

L'art. 272 ne pouvait pas dès lors prévoir le cas d'une réconciliation après le divorce.

En cette matière il ne faut pas surtout perdre de vue que lors de la rédaction du projet du Code Napoléon, la séparation de corps n'y avait pas été admise.

Mais dans la discussion on rappela que les idées chrétiennes n'étaient pas mortes en France, qu'il était dès lors utile et indispensable même de venir au secours des catholiques qui, au nom de leurs principes religieux, ne croyaient pas pouvoir recourir au divorce, qu'on ne devait pas les placer dans cette cruelle alternative de fausser leur croyance ou de succomber sous un joug intolérable.

Toutefois, le principe de la séparation de corps ne fut accepté qu'après des discussions très animées et presque à regret.

Aussi, tandis que quatre chapitres comprenant soixante-seize articles étaient consacrés au divorce, six dispositions seulement réglaient la séparation de corps.

De là des lacunes regrettables, de là la nécessité de recourir aux anciens principes en l'absence de toute disposition précise.

L'on objecte encore que l'art. 309 est le véritable siége de la matière, qu'il est la seule disposition légale qui se rapporte à la cessation des effets du jugement définitif de la séparation de corps.

Mais l'art. 309 ne statue qu'en ce qui concerne la remise de la peine prononcée, non à la requête du mari, mais sur les conclusions du ministère public.

Ce n'est pas lui qui a créé le droit de faire cesser les effets du jugement de séparation. Ce droit, il le puise dans les principes généraux qui permettent à toute personne de renoncer au bénéfice du jugement par elle obtenu, surtout en présence du silence de la loi au chapitre de la séparation, alors qu'au chapitre du divorce l'art. 295 défendait aux époux divorcés de se réunir.

Dans tous les cas, je l'ai déjà dit et je le répète, parce que là est le procès, les termes de l'art. 309 ne doivent pas être entendus dans le sens étroit et judaïque que lui donne l'opinion adverse. D'abord il n'est pas juste de dire :

« Ce que la loi considère ce n'est pas seulement l'intention des époux de se réunir, c'est le fait même, le fait réel de leur réunion. »

Le texte de l'art. 309 porte :

« Le mari restera le maître d'arrêter les effets de cette condamnation en consentant à reprendre sa femme. »

Le consentement à reprendre suffit donc seul. C'est une position identique avec celle de l'ancien droit, telle que la rapporte Pothier (du *Contrat de mariage*, n° 525 et suivants), et cependant l'on a vu que sous l'ancien droit :

« Si conjux unam copulam habuerit, seu in domo conjugali, seu foras et in tene-
» bris, condonasse injuriam et pacem fecisse ac ad pristinam suam amicitiam con-
» jugem adulteram revocasse censetur. »

Et comment pourrait-il en être autrement?

Est-ce que la reprise des relations intimes ; est-ce que ces caresses reçues et rendues ne sont pas quelque chose de bien autrement significatif que ce banal consentement à reprendre?

Est-ce que la prison est encore possible pour celle à qui le mari, ne fût-ce que pendant quelques instants, a prodigué de nouveau les marques de sa tendresse?

En résumé, si la reprise des relations intimes postérieurement au jugement de séparation de corps n'est pas de la part de l'époux qui l'a obtenu le signe d'un pardon complet et absolu, comment qualifier alors sa conduite, quel nom donner à ces relations qui ne sont ni le concubinage, ni le mariage, ni l'état de séparation de corps ?

Elles ne constitueraient qu'une sorte de libertinage légal portant la plus grave atteinte à la dignité du mariage et qu'un arrêt ne saurait consacrer.

CONCLUSIONS DE M. L'AVOCAT GÉNÉRAL MOREAU.

MESSIEURS,

Cette affaire présente d'abord une question de droit, celle de savoir comment cessent les effets de la séparation de corps prononcée contre la femme pour cause d'adultère.

D'après l'article 272 du Code Napoléon, l'action en séparation de corps est éteinte par la réconciliation des époux survenue, soit depuis les faits qui auraient pu autoriser cette action, soit depuis la demande en séparation. Mais cette disposition suppose que l'action est encore à juger, tandis qu'il s'agit dans l'espèce, du cas où la séparation de corps a été définitivement prononcée.

Quand il s'agit, soit de prévenir, soit d'étouffer les contestations scandaleuses que présentent les procès en séparation de corps, une simple manifestation de la volonté de l'époux offensé dans le sens du pardon et de l'oubli est toute-puissante, et cette pensée d'oubli et de pardon, on présume facilement qu'elle anime le mari quand il se rapproche de sa femme, dont il accepte les caresses et les embrassements. Ici s'applique la maxime de Julius Clarus I, jurisconsulte célèbre du XVIe siècle. *Caveat maritus ne, sciens uxorem esse adulteram, se cum eâ carnaliter commisceat, nam ex eo videtur illi adulterium remisisse.*

En est-il de même du rapprochement des époux après que la sentence de séparation a été rendue ?

Il semble, au premier aperçu, qu'il n'y ait aucune difficulté à admettre l'affirmative. Examinons cependant.

Ici la disposition textuelle de l'article 272 est sans application, puisqu'elle n'élève qu'à l'égard de l'action la fin de non-recevoir tirée de la réconciliation. Quant à la cessation des effets du jugement définitif de séparation de corps, l'article 309 est la seule disposition légale qui s'y rapporte. D'après cet article le mari, en consentant à reprendre sa femme, restera le maître d'arrêter l'effet de la condamnation à l'emprisonnement, prononcée sur les réquisitions du ministère public, par ce tribunal qui prononce en même temps contre elle la séparation de corps pour cause d'adultère.

Telle est la condition du droit de grâce qui appartient au mari. Celui-ci doit reprendre sa femme, en d'autres termes il doit la réinstaller au domicile conjugal, où elle rentre sur le même pied qu'avant la demande en séparation de corps, c'est-à-dire comme épouse désormais rétablie dans ses droits. Il ne faut rien moins que le rétablissement de la vie conjugale pour désarmer la sévérité de la loi et arrêter les effets de la sentence du juge.

Au lieu de ce retour de la femme dans la maison conjugale, où elle reprend sa place aux yeux de tous, supposez qu'elle y vienne clandestinement, comme si elle craignait d'y être vue ; supposez encore qu'elle s'y présente ainsi, même de l'aveu de son mari qui consent bien à l'y recevoir, et même, dans l'égarement des sens, à s'oublier près d'elle, ce sera de la part du mari une indigne conduite. Assurément par là il se ferme, le cas échéant, la voie du désaveu de paternité ; mais si le mari a par ce rapprochement momentané refusé à sa femme les honneurs du domicile conjugal, et si son ardeur satisfaite il prend soin de l'éconduire, de peur qu'on ne le considère comme s'étant départi de la sentence de séparation de corps, assurément il ne sera pas possible de dire d'un tel mari qu'il a consenti à reprendre sa femme, et que celle-ci, en pareille situation, est affranchie de la condamnation pénale qui l'avait atteinte.

Ce qui est vrai de la condamnation pénale proprement dite, ne l'est-il pas également de la disposition qui prononce la séparation de corps ? On a quelque peine à comprendre comment des faits insuffisants pour impliquer la volonté expresse du mari de remettre à sa femme la peine de l'adultère, suffiraient au contraire pour constituer de sa part la rénonciation à la séparation de corps prononcée pour cause d'adultère. Si la rénonciation existe, pourquoi la femme devra-t-elle néanmoins subir la peine ? Et si elle n'existe pas, pourquoi le mari sera-t-il contraint à reprendre sa femme ? Sous ce rapport il y a, à proprement parler, indivisibilité morale dans les effets de la condamnation ?

A un autre point de vue, le droit du mari est d'exécuter le jugement qu'il a obtenu, tant qu'il n'a pas abandonné le droit qu'il lui confère. Or, il n'y a pas abandon d'un droit sans volonté de l'abandonner, et de la part du mari, une fois la séparation prononcée, cet abandon ne saurait s'induire à titre de fin de non-recevoir, comme avant ou pendant l'existence d'un simple fait de rapprochement entre les époux : quelles qu'aient été les circonstances de ce rapprochement dans l'hypothèse où se place la question, loin de supposer l'intention du mari de renoncer aux effets d'un jugement souverain et irrécusable, il y a lieu de présumer une intention contraire.

Il ne s'agit plus, avons-nous dit, d'une fin de non-recevoir, mais de l'effet légal d'un jugement définitif ; il suffit, pour en être convaincu, de comparer les termes des articles 272 et 309. Les rédacteurs du projet de loi sur les séparations de corps, qui fut votée en 1816 par la chambre des pairs et présentée en 1817 à la chambre des députés, ont emprunté cette distinction au Code Napoléon, en la rendant, il est vrai, beaucoup plus explicite. Le projet reproduisait (art. 24) les termes de l'art. 272. Puis il ajoutait (art. 37) :

« La séparation de corps cessera par le rétablissement notoire de l'habitation commune, ou par la déclaration commune que servent les époux dans un acte authentique qu'ils entendent faire cesser l'état de séparation. »

En ce qu'il exigeait, soit la notoriété absolue, soit la déclaration par acte authentique, le projet de loi ajoutait aux prescriptions du Code, mais il est resté fidèle à son texte et à son esprit, en ce qu'il voulait que l'état de séparation ne cessât que par le rétablissement de l'habitation commune.

C'est en ce sens que dans son rapport à la chambre des pairs, M. de Sèze avait dû dire : « Le projet de loi n'a fait que rendre hommage aux principes de tous les temps en déclarant que la séparation de corps cesserait par le rétablissement notoire de l'habitation commune, ou par la déclaration que feraient les époux dans un acte authentique, qu'ils entendent faire cesser l'état de séparation. » Enfin Pothier (du contrat de mariage n° 525 et suivants) traitant de la séparation de corps pour cause d'adultère dit : « La peine qui est en usage dans notre droit contre la femme convaincue d'adultère, et que nous avons tirée de la novelle de Justinien, est la réclusion dans un monastère, où son mari peut la voir et la visiter, et au bout de deux ans l'en faire sortir pour la reprendre et la recevoir chez lui; sinon ledit temps passé, faute par le mari de la reprendre, elle doit être rasée et rester dans ledit couvent le restant de ses jours. »

Si nous n'admettons pas que la présence à intervalles, au domicile conjugal, de la femme séparée de corps qui n'y vient que d'une façon furtive, son mari n'ayant pas consenti à l'y recevoir autrement, suffise pour mettre au néant la sentence de séparation de corps, nous n'admettons pas davantage que la promesse sincère ou non, faite dans le cours de cette relation par le mari à sa femme, de rétablir la vie commune, puisse avoir ce résultat ; quand cette promesse n'est pas suivie d'exécution.

Ce que la loi considère, ce n'est pas seulement l'intention des époux de se réunir, c'est le fait même, le fait réel de la réunion. Tant que cette réunion n'a pas eu lieu, quelques promesses que les époux se soient faites, l'état de séparation résultant de la sentence subsiste, et le mari qui a obtenu cette sentence n'a pas perdu le droit de s'en prévaloir. N'est-il pas possible que ce qu'il a promis à sa femme dans un moment de faiblesse, il hésite à l'accomplir parce qu'il doutera en définitive du repentir dont on l'assure ? Et s'il en est ainsi, s'il suspecte encore les sentiments de l'épouse adultère, s'il hésite à la croire capable de remplir à l'avenir ces devoirs auxquels elle a si essentiellement manqué, pourquoi l'obliger à reprendre cette vie commune dans laquelle il ne rentrera qu'avec de telles appréhensions ? Pourquoi l'y contraindre quand l'état de séparation de corps est encore légalement établi, et par cela seul qu'il avait imprudemment manifesté l'intention d'en sortir sans cependant en être réellement sorti ?

Messieurs, il n'est certes pas sans danger d'éteindre un procès de séparation de corps sur la foi d'une réconciliation incomplète; mais du moins en refusant l'accès du prétoire à l'époux demandeur, dont les hésitations sont interprétées dans le sens de la réconciliation, on peut espérer d'éviter un scandale et de rendre la paix à la famille.

Mais si la lutte s'est engagée, si le scandale s'est fait jour, si enfin la séparation de corps a été prononcée, où seraient les inconvénients le plus à redouter, si ce n'est dans ce retour à la vie commune entre une femme dont le repentir serait équivoque, et un mari en défiance contre les intentions de sa femme, et s'attendant à de nouveaux désordres qu'il lui faudrait encore dénoncer aux tribunaux ?

Ce sont là, si nous ne nous trompons, de graves considérations : elles nous portent d'autant plus à maintenir l'opinion que nous avons développée, et à insister sur ce principe que la séparation de corps doit subsister contre la femme tant que son mari ne l'a pas reprise, en d'autres termes tant que la vie commune n'a pas été réellement rétablie.

Appliquant ces principes aux faits ressortant de l'enquête et de la contre-enquête, M. l'avocat général admet comme constatés les deux faits de rapprochement qui se sont accomplis en plein jour, l'un dans une grange de la ferme, l'autre en dehors de l'habitation : comme possibles, quelques visites nocturnes faites par la femme au mari dans le domicile marital, clandestinement et en se cachant aux yeux des domestiques de la ferme.

Ces rapprochements, poursuit M. l'avocat général, dégradants pour les deux époux, ne sont pas la réhabilitation de la femme, ils en sont la honte et l'avilissement; car elle s'est rapprochée de son mari comme aurait pu le faire une concubine éhontée. Les magistrats ne sauraient voir là cette réintégration de la vie conjugale que la législature considère comme le moyen légal d'effacer la sentence de séparation de corps. Accorder à de tels faits la qualification que la femme Poisson sollicite lorsqu'elle s'en fait un titre au rétablissement de ses droits d'épouse, ce serait offenser la majesté de la loi, et dans la réalité placer sous sa protection le cynisme et l'impudicité.

Nous nous expliquons sur une autre partie de l'enquête, celle qui a pour objet la promesse qu'aurait faite le mari à sa femme de la réintégrer à la ferme, à l'époque de la Saint-Martin, quand ses père et mère, habitant avec lui, auraient pris une autre demeure, et quand ceux des domestiques qui avaient déposé contre la femme, auraient été remplacés.

Cette promesse, aucun témoin ne l'a entendu faire, et ce que l'on peut seulement présumer, est que dans ses entretiens avec sa femme, Poisson lui aurait fait espérer un prompt rapprochement. En cela le mari n'était pas sincère, si l'on en croit la femme elle-même, son mari aurait voulu lui laisser croire que la communauté de biens serait rétablie entre eux et qu'elle n'avait pas à s'occuper de l'acceptation, à défaut de laquelle la femme est réputée renonçante.

Peut-être, messieurs, est-il plus vrai de dire que Poisson a fait au moment décisif les réflexions qu'il aurait dû faire plus tôt et qu'il a été effrayé de l'avenir qu'il se préparait en reprenant la vie commune avec une femme dont le procès de séparation de corps avait dévoilé les déportements. Les faits tels qu'ils sont racontés par l'un des principaux témoins de l'enquête se prêtent à l'hypothèse des hésitations et des appréhensions du mari. La femme se dispose à reprendre sa place au foyer conjugal. Le jour est enfin venu où cette place, qu'elle n'occupe pas encore, va lui être rendue, et c'est alors que le mari s'inquiète et s'effraye. Il fait dire à sa femme, vers le milieu du jour, qu'elle ne vienne qu'à neuf heures du soir. Puis un peu plus tard, il lui envoie un autre message pour la prévenir qu'il faut attendre quelques jours. Au moment où nous le voyons, son parti est pris de ne pas reprendre sa femme. Aussi, pour échapper aux sollicitations et aux représentations, il ferme sa porte et refuse de recevoir l'oncle de sa femme.

Que conclure de tout ceci? Que Poisson s'est repenti des promesses que sa femme lui oppose aujourd'hui, et qu'au moment de l'exécution il n'a pas voulu les tenir.

Avait-il le droit d'agir ainsi? Est-il légalement tenu de reprendre sa femme? Nous croyons avoir exposé les raisons de décider. Ces raisons se fortifient de cette circonstance que la femme ne rapporte pas une preuve positive, et est obligée d'en appeler à ses conversations avec son mari. Ce qu'il a pu dire dans le cours de ces relations dont vous connaissez le caractère ne saurait avoir l'importance d'un consentement sérieux et réfléchi, ni servir de base à l'exception qui n'appartient qu'à la femme réellement réintégrée par son mari.

ARRÊT.

« Considérant qu'il a toujours été admis que le rétablissement de la vie commune entre les époux entraînait seul de leur part l'abandon du jugement de séparation de corps; que c'est dans ce sens qu'avait disposé pour le cas d'adultère de la femme la loi romaine, dont les termes mêmes ont passé dans les art. 309 du Code Napoléon et 337 du Code pénal;

» Considérant que si en effet la renonciation à des droits et surtout à des droits acquis par la voie judiciaire ne se présume pas, il faut reconnaître que le rétablissement de la vie commune étant inconciliable avec l'état de séparation légale, entraîne légitimement la preuve que les époux y ont renoncé;

» Que ce rétablissement est un fait public sur l'existence et le caractère duquel il ne peut s'élever de contestation;

» Qu'il n'en est pas de même de la réconciliation prise dans toute l'étendue du mot, telle qu'elle est admise comme exception à la demande par l'art. 272 du Code Napoléon;

» Que c'est là un fait composé de circonstances variables, d'une appréciation souvent difficile, livré à toutes les incertitudes des enquêtes et aux interprétations les plus arbitraires;

» Considérant qu'on ne peut transporter ainsi l'article 272 du Code Napoléon, qui seul admet la preuve de la réconciliation; que cet article est placé sous le titre des fins de non-recevoir contre l'action; qu'en rapportant son application après le jugement, on assimile l'époux qui a obtenu la séparation à celui qui la demande, effaçant ainsi la décision rendue, et imposant à la conservation du droit acquis une condition que la loi n'a mise qu'à son obtention;

» Considérant qu'il est contre tous les principes de confondre les situations et de mettre constamment en question un droit appuyé sur un jugement; que

si une telle condition était faite aux époux séparés, ils se verraient forcés de
s'abstenir des relations que l'apaisement des irritations et la communauté des
intérêts amènent entre eux, exposés qu'ils seraient à les voir interpréter
comme des preuves d'abandon du jugement de séparation ;

» Considérant que, dans la décision de la question de droit qui est soulevée, il
ne faut pas se préoccuper des faits spéciaux que présente la cause ; que s'il était
reconnu en principe qu'après le jugement de séparation on peut accueillir contre
son exécution l'exception que l'article 272 du Code Napoléon n'admet que
comme préjudicielle, la nature et le caractère des faits de réconciliation ren-
treraient dans l'appréciation générale qu'admet cet article ; qu'on mettrait à
la disposition de l'époux séparé un moyen perpétuel d'anéantir le jugement ;
qu'on ouvrirait une nouvelle arène aux difficultés judiciaires entre époux, le
procès en preuve de réconciliation venant à la suite de ceux en séparation ;
causes nouvelles de trouble pour la famille et souvent occasion de scandale,
comme le prouve la cause même en ce moment soumise à la décision de la
Cour ;

» Considérant qu'ainsi la règle qui n'admet que le rétablissement de la vie
commune comme pouvant faire supposer l'abandon formel des droits résultant
du jugement de séparation de corps, appuyée sur les termes de la loi romaine
et sur l'interprétation qu'ils ont toujours reçue, sur le texte du Code Napoléon et du Code pénal, est en même temps protectrice des intérêts bien
compris des époux et de la paix des familles ;

» Considérant que, dans la cause, les faits résultant des enquêtes n'établissent pas entre les époux des rapports constants et publics qui puissent être
considérés comme le rétablissement de la vie commune ; qu'il est établi, au
contraire, que, jusqu'au jour de la demande, la femme a vainement réclamé
de son mari sa rentrée dans la maison conjugale ; que l'appelant n'a jamais
repris ni consenti à reprendre sa femme ;

» La Cour met l'appellation et ce dont est appel au néant ;

» Déboute l'intimée de ses fins et conclusions, etc. »

FIN DU SEPTIÈME VOLUME.

TABLE DES MATIÈRES

CONTENUES DANS LE TOME VII.

M. Poisson contre madame Poisson. (*Cour impériale de Paris, 2ᵉ chambre.*)
— Séparation de corps. — Un mari séduit par sa femme. — Rapports intimes
entre les époux séparés. — Cessation des effets du jugement de séparation. —
Reprise de la vie commune. — Conditions légales. — Arrêt de partage.

9 782329 012476